¡BRAVO! 3

¡BRAVO! 3

JOHN McMULLAN

JOSEPH MOORE

POLLY J. HODGE

ELEANOR M. GONZÁLEZ

LINDA PAULUS

KATHLEEN L. KIRK

MARY B. ROGERS

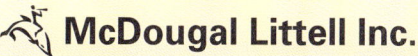

McDougal Littell Inc.
A Houghton Mifflin Company
Evanston, Illinois   Boston   Dallas   Phoenix

Warning: No part of this book may be reproduced or transmitted in any form or by any means, electronic or mechanical, including photocopying, recording, or by any information storage and retrieval system, without permission in writing from the Publisher.

ISBN 0-395-42135-7

Copyright © 1996 by McDougal Littell Inc. All rights reserved.

4 5 6 7 8 9 10 – VJM – 99 98

Cover credit: Pablo Picasso, *Still Life with Guitar*, 1922. Oil on canvas, 83 × 102.5 cm. Photo Galerie Rosengart, Lucerne, Switzerland.

Illustrators: Christiane Beauregard, Tuko Fujisaki, Lori Heckelman, Joe LeMonnier, José Ortiz Tufalla, Redondo, Joel Snyder, Ron Zalme

Grateful acknowledgment is made for use of the following:

Photographs: *Page xix* (*top left*) © Jim Pickerell/Stock, Boston; (*center left*) © Stuart Cohen; (*bottom left*) © Bob Daemmrich/The Image Works; (*top right*) Francisco de Goya y Lucientes: *El sueño de la razón produce monstruos* (Plate 43 of *Los Caprichos*), Photograph: Foto Marburg/Art Resource, NY; *xx* (*left*) © Jim Pickerell/Stock, Boston; (*top right*) © Stuart Cohen; (*bottom right*) © Bob Daemmrich/The Image Works; *xxi* (*bottom right*) Francisco de Goya y Lucientes: *El sueño de la razón produce monstruos* (Plate 43 of *Los Caprichos*), Photograph: Foto Marburg/Art Resource, NY; *1* (*clockwise from top left*) © Robert Frerck/Odyssey/Chicago; © Jose Fernandez/Woodfin Camp & Associates; © Bob Daemmrich/The Image Works; © Robert Fried/D. Donne Bryant Stock Photo; © Bob Daemmrich/The Image Works; © Froscher/The Image Works; *6* © Yoram Kahana/Shooting Star; *8* © Beryl Goldberg; *9* Salvador Dalí, *Persistence of Memory* (*Persistence de la mémoire*), 1931, Oil on canvas, 9½ × 13 in. (24.1 × 33 cm.). The Museum of Modern Art, New York. Given anonymously. Photograph © 1996 The Museum of Modern Art, New York. © 1996 Demart Pro Arte, Geneva/Artists Rights Society (ARS), New York; *10* (*top*) Pablo Picasso, *Violin and Grapes* (*Céret and Sorgues*), spring-summer 1912. Oil on canvas, 20 × 24 in. The Museum of Modern Art, New York. Mrs. David M. Levy Bequest. Photography © 1996 The Museum of Modern Art, New York. © 1996 Artists Rights Society (ARS), New York/SPADEM, Paris; (*bottom*) © Stuart Cohen; *11* Frida Kahlo, *The Two Fridas*, 1939. Museo Nacional de Arte Moderno, Mexico City, Mexico. Photograph: Schalkwijk/Art Resource, New York; *13* (*left*) Frida Kahlo, *La venadita* (*El venado herido*) (*The Little Deer* [*The Wounded Deer*]), 1946. Oil on canvas, 8⅞ × 11⅞ in. (22.4 × 30 cm.) Collection of Carolyn Farb, Houston; (*top right*) Frida Kahlo, *Fulang-Chang and Me*, 1937. Oil on composition board, 15¾ × 11 in. Detail of two-part ensemble assembled after 1939, including painted mirror frame on this image (frame 22¼ × 17⅜ × 1¾ in.), and accompanying mirror with painted frame (25¼ × 19⅛ × 1¾ in.), The Museum of Modern Art, New York. Mary Sklar Bequest. Photography: © 1996 The Museum of Modern Art, New York; (*bottom right*) Frida Kahlo, *Self-Portrait Dedicated to Leon Trotsky*, 1937. Oil on masonite, 30 × 24 in. The National Museum of Women in the Arts. Gift of the Honorable Clare Booth Luce; *14* (*top*) Joan Miró, *Self-Portrait*, 1919. Oil on canvas, 73 × 60 cm. Musée Picasso, Paris. Photograph: Agence Photographique de la Réunion des Musée Nationaux. © 1996 Artists Rights Society (ARS), New York/ADAGP, Paris; (*center*) Pablo Picasso, *Self-Portrait with a Palette*, autumn 1906. Oil on canvas, 36¼ × 28¾ in. Philadelphia Museum of Art: A. E. Gallatin Collection. © 1996 Artists Rights Society (ARS), New York/SPADEM, Paris; (*bottom*) © Fritz Henle/Photo Researchers, Inc.; *18* (*top to bottom*) © Robert Frerck/Odyssey/ Chicago; © Chip and Rosa Maria de la Cueva Peterson; © Robert Frerck/Odyssey/Chicago; David D. Judson; *19* (*top*) © Beryl Goldberg; (*bottom*) © Robert Frerck/Odyssey/Chicago; *21* © Robert Frerck/Odyssey/Chicago; *22* (*left, right*) © Stuart Cohen; *32, 33* © Chip and Rosa Maria de la Cueva Peterson; *34* UPI/Bettmann Newsphotos; *36* © Sipa/Frilet/ Leo de Wys, Inc.; *48* (*top left, top left center*) © Georges de Keerle/Gamma Liaison; (*top right center, top right*) Bettmann Archives; (*bottom left*) © Ulf Andersen/Gamma Liaison; (*bottom left center*) © Steve Allen/Gamma Liaison; (*bottom right center*) © Edie Baskin/Onyx; (*bottom right*) © Rob Brown/Onyx; *53* (*left*) © Robert Frerck/Odyssey/

(*continued on page 530*)

ABOUT THE AUTHORS

John McMullan teaches Spanish at The Hotchkiss School (Connecticut), where he is head of the Language Department. He is a Consultant Administrator for the correction of the spoken portion of the A.P. Spanish Language Exam. He received his Masters from Middlebury College. Mr. McMullan was the chief writer for the College Board's *Teacher's Guide to Advanced Placement Courses in Spanish Literature*. He has coauthored the *High School Study Guide* for McGraw-Hill's *Destinos: An Introduction to Spanish* and an AP Spanish Language Exam preparation book, *Triángulo*, for Wayside Publishing.

Joseph Moore has a B.A. in Spanish from The Ohio State University and an M.E., with emphasis in Spanish, from Bowling Green State University. He taught at Colegio San Carlos, a bilingual school in Bogotá, Colombia, and has taught all levels of high school Spanish; he currently teaches at Columbian High School in Tiffin, Ohio. Mr. Moore has given numerous workshops and presentations on teaching methodology at national, regional, and state conferences.

Polly J. Hodge received her Ph.D. in Spanish at the University of California, Irvine. She has taught language and literature at the college level and served as a high school teacher for seven years. She worked as a consultant for the reading activities on the third edition of *Dos mundos* (McGraw-Hill) and the "Storyteller Series." She has given presentations on incorporating literature in the classroom, worked as editorial assistant for the bilingual journal *Gestos*, and has published articles on contemporary Spanish theater.

Eleanor M. González is cochair of the Foreign Language Department at Wilton High School (Connecticut), where she teaches Spanish. She received her M.A. in Spanish from Brown University and taught English as a Second Language at the Universidad Autónoma de Madrid (Spain). She is currently a Faculty Consultant for the Advanced Placement Spanish Language Exam. Ms. González also coauthored the *High School Study Guide* for *Destinos: An Introduction to Spanish* (McGraw-Hill).

Linda Paulus received her B.A. in Spanish, with a concentration in Teaching ESL/Foreign Languages, from the University of California, Irvine. She has taught English as a Second Language, English as a Foreign Language, elementary bilingual courses, and high school Spanish; she currently teaches Spanish at Mundelein High School in Illinois. Ms. Paulus has given numerous presentations at national, regional, and state conferences, and she is currently finishing her M.A. in Latin American Studies at the University of Chicago.

Kathleen L. Kirk received her M.A. and Ph.D. in Spanish Language and Literature from the University of Kentucky. She was a Peace Corps Volunteer in Latin America, and has taught Spanish at the university and high school levels. Dr. Kirk is a contributing editor of several Spanish dictionaries.

Mary B. Rogers holds an A.B. and M.A.T. in French from Vanderbilt University. She teaches French and second-language pedagogy and supervises student teachers at Friends University (Kansas). She is a coauthor of the college-level Natural Approach text *Deux mondes* (McGraw-Hill). Ms. Rogers has been a certified tester for the ACTFL oral proficiency interview and has given numerous workshops and presentations in the area of foreign language teaching.

CONTRIBUTORS

Contributing Writers

Alma Amell is an Associate Professor of Spanish and head of the Latin American Studies Department of the Josephinium College in Columbus, Ohio.

Anita Aragon Bowers received her M.A. in Spanish from Case Western Reserve University. She has taught Spanish at the college and high school levels and is currently teaching ESL and History at Oakland High School in Oakland, California.

Horacio Centanino works as a political commentator for a Los Angeles–based Spanish newspaper, and is a Ph.D. candidate in Latin American Literature at the University of California, Berkeley.

Juan Miguel Godoy received his Ph.D. in Contemporary Spanish Literature from the University of California, Berkeley. He is an Assistant Professor of Spanish at Connecticut College.

Carolina González is a Ph.D. candidate in the Comparative Literature program at the University of California, Berkeley, specializing in Latin American literature and African-American and Latino literature in the United States.

Vicente Lecuna is a Ph.D. candidate in the Department of Hispanic Languages and Literatures at the University of Pittsburgh.

Gabriela Martínez Escobar is an ethnographic filmmaker with expertise in the Southern Andean region of Peru and the Quechua nations. She is affiliated with the Center for Andean Studies in Cuzco, Peru.

Carol L. McKay has a Ph.D. in Foreign Language Education from The Ohio State University in Columbus. She currently teaches Spanish at Muskingum College in New Concord, Ohio.

Luz Elena Nieto received a B.A. in Spanish, English, and secondary instruction in ESOL and an M.A. in counseling and guidance from the University of Texas, El Paso. She is an Instructional Facilitator of Foreign Languages and Parental Involvement for the El Paso Independent School District.

María Esther Quintana is a Ph.D. candidate in the Department of Spanish and Portuguese at the University of California, Berkeley. She has taught university-level courses in Spanish language and conversation and has published an article in the journal *Lucero*.

María J. Treviño holds an M.A. in Spanish from the University of Texas, San Antonio. She is Supervisor for International Languages for the Northside Independent School District in San Antonio.

Ann S. White has a Ph.D. in Spanish Applied Linguistics and Teaching Methodology from the University of Pittsburgh. She is currently an Assistant Professor of Spanish at Connecticut College.

María Griselda Zuffi is a Ph.D. candidate in the Department of Hispanic Languages and Literatures at the University of Pittsburgh.

Language and Content Consultants

Jorge Martínez has a Ph.D. in Contemporary Latin American and Spanish Narrative from the University of California, Irvine. He is a Lecturer in Spanish at the California State Polytechnic University and also teaches A.P. Spanish and Spanish for Native Speakers at the Hollywood High Magnet School.

Richard V. Teschner holds a Ph.D. in Spanish Linguistics from the University of Wisconsin, Madison. He is Professor of Languages and Linguistics at the University of Texas, El Paso.

TEACHER REVIEWERS

Elaine Alarid
Del Norte High School
Albuquerque, NM

Susan K. Arbuckle
Mahomet-Seymour H.S.
Mahomet, IL

Lauren Bearden
Columbus High School East
Columbus, MS

Helena Camilo
Lee Junior High School
Woodland, CA

Ruth D. Campopiano,
Retired
West Morris Regional HSD
Chester, NJ

Flora Maria Ciccone
Holly High School
Holly, MI

John M. Darcey
Conard High School
West Hartford, CT

Esther M. Enríquez
Cocoa High School
Cocoa Beach, FL

Michael Ferger
Merritt Island High School
Merritt Island, FL

Gayle Ann Gadus
Glendale UHSD #205
Glendale, AZ

Ellen Giannini
Piedmont High School
San Jose, CA

Anna Maria Gonzales
Casa Roble High School
Orangevale, CA

Rebecca P. Hadley
Harvard High School
Harvard, IL

Bill Heller
Perry High School
Perry, NY

Deborah Heer
Oak Park River Forest High School
Oak Park, IL

Faye Jaeger
Whitmer High School
Toledo, OH

Lynn Katsaros
Traverse City East Jr. High School
Traverse City, MI

Rosemary E. Leiva
West Valley High School
Yakima, WA

Brenda Lozano
Stratford High School
Houston, TX

Robert J. Ludwig
Schenectady City Schools
Schenectady, NY

James Martin
Forest Hill High School
Jackson, MS

Albert T. Martino
Norwich City Schools
Norwich, NY

Katy Mead
Woodrow Wilson Sr. High School
Washington, D.C.

Susan Nees
West Valley High School
Spokane, WA

Anne-Marie Quihuis
Paradise Valley High School
Phoenix, AZ

Mary Jo Ramos
Sandia Preparatory School
Albuquerque, NM

Patricia Ray
R.L. Turner High School
Carrollton, TX

Barbara Rupert
Franklin Pierce High School
Tacoma, WA

Bill Sanders
Pascagoula High School
Pascagoula, MS

Emily Serafa-Manschot
Northville High School
Northville, MI

Susan Seraphine
Astronaut High School
Titusville, FL

Margaret E. Skinner
Western High School
Auburn, MI

Christine Starzynski
Hoffman Estates High School
Hoffman Estates, IL

Thomas F. Strotman
Purcell Marian High School
Cincinnati, OH

Adam Stryker
Brooklyn, NY

Jane Thompson
Parker High School
Janesville, WI

Linda Tibensky
Oak Park River Forest High School
Oak Park, IL

Frances Villani Martínez
Northglenn High School
Northglenn, CO

Nona York
New Berwyn High School
Pewaukee, WI

Maria Nieto Zezas
West Morris Regional High School
Warren, NJ

PILOT TEACHERS

John M. Darcey
Conard High School
West Hartford, CT

María del Carmen Martín
Green Fields Country Day School
Tucson, AZ

Peggy Linton
Johnson High School
Columbia, SC

Shirley Persutti
North High School
Akron, OH

Irma Rosas
Coronado High School
El Paso, TX

OVERVIEW

¡BRAVO!
at a glance...

¡Bravo! 3 contains a section called Pasaporte cultural after each unit. Each Pasaporte cultural is a voyage to a different part of the Spanish-speaking world and includes photos, maps, and cultural and historical information.

¡Bravo! 3 also contains four sections called Clásicos ilustrados, each of which offers a beautifully illustrated episode from a literary classic of the Spanish-speaking world.

El tercer año: Un mundo para explorar		xix
Unidad de repaso ¿Quién soy?		1
Pasaporte cultural 1		**53**
UNIDAD 1	¿Quiénes forman tu «familia»?	57
Pasaporte cultural 2		**105**
Clásicos ilustrados 1		**109**
UNIDAD 2	¿Cómo es nuestro mundo?	113
Pasaporte cultural 3		**161**
UNIDAD 3	¿Influyen en ti las imágenes populares?	165
Pasaporte cultural 4		**217**
Clásicos ilustrados 2		**221**
UNIDAD 4	¿Cuáles son nuestros lazos culturales?	225
Pasaporte cultural 5		**277**
UNIDAD 5	El mundo del trabajo	281
Pasaporte cultural 6		**331**
Clásicos ilustrados 3		**335**
UNIDAD 6	Héroes, heroínas y los momentos clave de la vida	339
Pasaporte cultural 7		**389**
UNIDAD 7	El mundo de las ideas	393
Pasaporte cultural 8		**441**
Clásicos ilustrados 4		**445**

In the preliminary unit of ¡Bravo! 3 you will review vocabulary and structures you already know.

In the seven main units of ¡Bravo! 3 you will explore topics and situations that will help you to discover more about yourself as well as the world around you.

¿QUIÉN SOY?

In this lesson, you will review physical characteristics and personality traits and learn new ways of describing yourself and others.

LECCIÓN 1 Así soy yo 2

Así se dice... 4
Y tú, ¿qué dices? 6
Lectura: Clave al mundo hispano 9
  ■ Rincón cultural: Notas sobre el arte del siglo XX 9
  ■ Lectura: Frida Kahlo, pintora de su realidad 11
  ■ Tradición y cambio: Frida Kahlo en la moda de hoy 14
¿Por qué lo decimos así? 15
  ■ ¿Cómo eres? (parte 1): Adjective–Noun agreement 15
  ■ ¿Cómo eres? (parte 2): Position of adjectives 17
  ■ ¿Cómo estás? ¿De dónde eres? ¿Cómo eres?:
    Using **ser** and **estar** 19
VOCABULARIO 1 Palabras nuevas 25

In this lesson, you will talk about what you and others like to do in your spare time and how leisure activities vary across cultures and generations.

LECCIÓN 2 ¿Qué hago yo? 26

Así se dice... 28
Y tú, ¿qué dices? 30
Lectura: Clave al mundo hispano 34
  ■ Rincón cultural: José Martí (Cuba, 1853–1895): La
    pluma y la política 34
  ■ Lectura: «Versos sencillos» (selecciones) 36
  ■ Tradición y cambio: José Martí: Gran amigo de los niños 38
¿Por qué lo decimos así? 39
  ■ ¿Tienes hambre?: Idioms with **tener** 39
  ■ En mis ratos libres corro y buceo: Present-tense verbs:
    Review and expansion 40
  ■ ¿Qué quieres hacer hoy?: Present tense of stem-changing
    and spelling-change verbs 41
  ■ ¿Adónde vas esta noche?: Present tense of irregular verbs 42
  ■ ¿A qué hora te acuestas?: Reflexive pronouns 44
  ■ ¿Qué es esto?: Gender of nouns 45
  ■ ¿Qué son estos?: Plural of nouns 47
VOCABULARIO 2 Palabras nuevas 49

Ya llegamos 50
¡Te invitamos a escribir! Empezando a escribir:
  Cómo generar tus ideas 50
Actividades finales 52

Pasaporte cultural 1 México 53

¿QUIÉNES FORMAN TU «FAMILIA»?

LECCIÓN 1 Las relaciones familiares	58
Así se dice...	60
Y tú, ¿qué dices?	62
Lectura: Clave al mundo hispano	67
■ Rincón cultural: La educación en España	67
■ Lectura: ¡Sorpresa! (adaptado), por Rafael Portillo	70
■ Tradición y cambio: Imágenes de la mujer	74
¿Por qué lo decimos así?	75
■ Lo que hacías y cómo te sentías: The imperfect: Ongoing activities or conditions in the past	75
VOCABULARIO 1 Palabras nuevas	79

In this lesson, you will talk about your family and how your family influences many aspects of your life.

LECCIÓN 2 Ritos y tradiciones	80
Así se dice...	82
Y tú, ¿qué dices?	84
Lectura: Clave al mundo hispano	89
■ Rincón cultural: El quetzal, símbolo de la libertad	89
■ Lectura: La leyenda del Zurquí	90
■ Tradición y cambio: El matrimonio	93
¿Por qué lo decimos así?	94
■ Lo que pasó y lo que tú hiciste (parte 1): Preterite of regular verbs: Events in the past	94
■ Lo que pasó y lo que tú hiciste (parte 2): Preterite of other verbs: Events in the past	98
■ Lo que pasaba y lo que pasó: Imperfect versus preterite	100
VOCABULARIO 2 Palabras nuevas	102

In this lesson, you will talk about the traditions that are important to you now and those that will be important to you in the future.

Ya llegamos	103
¡Te invitamos a escribir! Una conversación por escrito: Cómo se le escribe a una persona determinada	103
Actividades finales	104
Pasaporte cultural 2 Centroamérica	105
Clásicos ilustrados 1 *El Popol Vuh*	109

xi

¿CÓMO ES NUESTRO MUNDO?

In this lesson, you will explore the world in which you live and how it affects you.

LECCIÓN 1 El mundo en que vivimos … 114

Así se dice…	116
Y tú, ¿qué dices?	118
Lectura: Clave al mundo hispano	124
▪ Rincón cultural: El metro: Una alternativa al uso del automóvil	124
▪ Lectura: «El arrebato» (adaptado), por Rosa Montero	126
▪ Tradición y cambio: Los parajes sagrados	129
¿Por qué lo decimos así?	130
▪ Nunca se sabe lo que pasará: The future tense	130
▪ ¿La tarea? Ya se la di a usted.: Direct, indirect, and double object pronouns (review)	133
VOCABULARIO 1 Palabras nuevas	135

In this lesson, you will talk about the environment and how you can affect it positively or negatively.

LECCIÓN 2 El medio ambiente … 136

Así se dice…	138
Y tú, ¿qué dices?	140
Lectura: Clave al mundo hispano	146
▪ Rincón cultural: La naturaleza y la poesía: Machu Picchu	146
▪ Lectura: «Oda a la tormenta» (selecciones), por Pablo Neruda	148
▪ Tradición y cambio: Los animales fantásticos de Nasca, Perú	150
¿Por qué lo decimos así?	151
▪ ¿Qué pasaría si yo… ?: The conditional tense	151
▪ ¡Me duele la cabeza!: Verbs like **gustar**	154
VOCABULARIO 2 Palabras nuevas	157

Ya llegamos … 158

¡Te invitamos a escribir! Escribir para aprender: Un diario	158
Actividades finales	159

Pasaporte cultural 3 La zona andina … 161

xii

¿INFLUYEN EN TI LAS IMÁGENES POPULARES?

LECCIÓN 1 Más allá de las imágenes 166

In this lesson, you will talk about radio, television, magazines, and newspapers and how they influence you in your daily life.

- Así se dice... 168
- Y tú, ¿qué dices? 170
- Lectura: Clave al mundo hispano 176
  - ■ Rincón cultural: La literatura y la cultura popular 176
  - ■ Lectura: Como agua para chocolate (selecciones), por Laura Esquivel 179
  - ■ Tradición y cambio: El castellano: Metamorfosis en camino al siglo XXI 182
- ¿Por qué lo decimos así? 183
  - ■ Expresando deseos y opiniones: The present subjunctive: Forms 183
  - ■ Expresando deseos y opiniones: Uses of the present subjunctive (part 1) 185
  - ■ Es posible que nos sintamos mejor mañana: The present subjunctive of stem-changing verbs 188
  - ■ Haciendo preguntas: Interrogative words 189
- VOCABULARIO 1 Palabras nuevas 191

LECCIÓN 2 La publicidad y su impacto 192

In this lesson, you will discuss advertisements and the impact they can have on your life.

- Así se dice... 194
- Y tú, ¿qué dices? 196
- Lectura: Clave al mundo hispano 201
  - ■ Rincón cultural: La representación de los hispanos en el cine 201
  - ■ Lectura: Hollywood Hispanics: Los latinos en el mundo del cine (selecciones), por George Hadley-García 203
  - ■ Tradición y cambio: María Félix 206
- ¿Por qué lo decimos así? 207
  - ■ Expresando dudas: Uses of the present subjunctive (part 2) 207
  - ■ Nos conocimos el sábado pasado: Imperfect versus preterite: Changes in meaning of the verb 210
  - ■ ¿Cuál es el mejor reloj?: Comparatives and superlatives 212
- VOCABULARIO 2 Palabras nuevas 214

Ya llegamos 215
¡Te invitamos a escribir! Escribir un resumen 215
Actividades finales 216

Pasaporte cultural 4 España 217

Clásicos ilustrados 2 El Poema de Mío Cid 221

¿CUÁLES SON NUESTROS LAZOS CULTURALES?

In this lesson, you will examine the cultural diversity of the Hispanic world and how we are influenced by our environment.

LECCIÓN 1 La diversidad del mundo hispano ... 226

Así se dice... ... 228
Y tú, ¿qué dices? ... 230
Lectura: Clave al mundo hispano ... 236
- Rincón cultural: La cooperación internacional y el caso de Nuevo Progreso, Guatemala ... 236
- Lectura: Me llamo Rigoberta Menchú y así me nació la conciencia (selecciones), por Elizabeth Burgos ... 238
- Tradición y cambio: La Real Academia Española: Lo venerable sigue adelante ... 241

¿Por qué lo decimos así? ... 242
- ¡Me alegraba de que conocieras Puerto Rico!: The imperfect subjunctive ... 242
- Si yo fuera guatemalteco/a: Imperfect subjunctive with **si** clauses ... 244
- Vamos por aquí para llegar al cine: Meanings of **por** and **para** ... 246

VOCABULARIO 1   Palabras nuevas ... 249

In this lesson, you will learn more about your own cultural heritage and the Hispanic cultures in the United States.

LECCIÓN 2 El mundo hispano de los Estados Unidos ... 250

Así se dice... ... 252
Y tú, ¿qué dices? ... 254
Lectura: Clave al mundo hispano ... 260
- Rincón cultural: Puerto Rico: Isla del encanto, isla de encuentros ... 260
- Lectura: «Santa Clo va a La Cuchilla», por Abelardo Díaz Alfaro ... 262
- Tradición y cambio: Nuestra herencia común: La revolución norteamericana vista de nuevo ... 265

¿Por qué lo decimos así? ... 266
- Te escribo tan pronto como pueda: Conjunctions of time with indicative and subjunctive ... 266
- Aquí se habla español: The impersonal **se** (review); the passive **se** ... 269
- ¿Hay algunas noticias? —No, no hay ninguna. Negative and affirmative terms ... 270
- Busco un libro que sea informativo e interesante: Use of the subjunctive in adjective clauses ... 272

VOCABULARIO 2   Palabras nuevas ... 274

Ya llegamos ... 275
¡Te invitamos a escribir!   El discurso indirecto ... 275
Actividades finales ... 276

Pasaporte cultural 5 El Caribe ... 277

xiv

EL MUNDO DEL TRABAJO

LECCIÓN 1 La formación profesional — 282

In this lesson, you will talk about preparing yourself for a future career and how you can realize your professional and personal goals.

Así se dice... — 284
Y tú, ¿qué dices? — 286
Lectura: Clave al mundo hispano — 292
- Rincón cultural: ¿Cómo escoger una carrera? — 292
- Lectura: Entrevista con la profesora Ángela del Carmen Martín Gorno — 294
- Tradición y cambio: El español en el mundo del trabajo — 297

¿Por qué lo decimos así? — 298
- ¿Has pensado en el futuro?: Past participles; present perfect; present perfect subjunctive — 298
- No te ofrecemos el puesto a menos que tengas mucha motivación: Conjunctions that always take subjunctive — 301
- Tu carrera y la mía: Possessive adjectives; possessive pronouns — 303

VOCABULARIO 1 Palabras nuevas — 305

LECCIÓN 2 ¿Qué puesto quieres conseguir? — 306

In this lesson, you will learn more about professions and how previous education and experience can help you achieve your future goals.

Así se dice... — 308
Y tú, ¿qué dices? — 310
Lectura: Clave al mundo hispano — 316
- Rincón cultural: Mirando el progreso con ojo crítico — 316
- Lectura: «Apocalipsis», por Marco Denevi — 318
- Tradición y cambio: El genio redescubierto de los aymaras — 320

¿Por qué lo decimos así? — 321
- Abran el periódico y busquen el anuncio: Informal and formal commands — 321
- El señor que te llamó quiere verte mañana: Relative pronouns — 324
- Este candidato fue recomendado por el gerente: The passive voice with **ser** — 326

VOCABULARIO 2 Palabras nuevas — 327

Ya llegamos — 328
¡Te invitamos a escribir! Una carta de recomendación — 328
Actividades finales — 330

Pasaporte cultural 6 La cuenca del Río de la Plata — 331

Clásicos ilustrados 3 *Martín Fierro*, por José Hernández — 335

XV

HÉROES, HEROÍNAS Y LOS MOMENTOS CLAVE DE LA VIDA

LECCIÓN 1 ¿Quiénes influyen en ti? 340

In this lesson, you will explore how the people you admire have influenced your life and talk about other important events in your life.

- Así se dice... 342
- Y tú, ¿qué dices? 344
- Lectura: Clave al mundo hispano 352
  - ■ Rincón cultural: César Chávez: Sí a la justicia, no a la violencia 352
  - ■ Lectura: Jaime Cruz: Retrato de un ex pandillero ... 353
  - ■ Tradición y cambio: La ayuda mutua 356
- ¿Por qué lo decimos así? 357
  - ■ Habían viajado a Colombia pero no habían vivido allí: Past perfect 357
  - ■ Dudo que los bisabuelos hubieran aprobado de los jóvenes de hoy: Past perfect subjunctive 359
  - ■ Habría llegado a tiempo si no me hubiera perdido: Conditional perfect 361
- VOCABULARIO 1   Palabras nuevas 363

LECCIÓN 2 Sucesos y consecuencias 364

In this lesson, you will talk about events that have occurred and their outcomes, and how they help define who you are.

- Así se dice... 366
- Y tú, ¿qué dices? 368
- Lectura: Clave al mundo hispano 375
  - ■ Rincón cultural: Los héroes y la búsqueda de la libertad 375
  - ■ Lectura: Sor Juana Inés de la Cruz (adaptado), por Kathleen Thompson 376
  - ■ Tradición y cambio: Una visita al pasado de la República Dominicana 379
- ¿Por qué lo decimos así? 380
  - ■ A la señora Molino no le gustan los gatos: Use of definite and indefinite articles; the neuter article **lo** ... 380
  - ■ Los veo frecuentemente: Adverbs 384
- VOCABULARIO 2   Palabras nuevas 386

Ya llegamos 387

¡Te invitamos a escribir!   Preguntas y respuestas 387
Actividades finales 388

Pasaporte cultural 7 Los hispanos en los Estados Unidos 389

xvi

EL MUNDO DE LAS IDEAS

LECCIÓN 1 La imaginación creadora — 394

In this lesson, you will explore your creative imagination.

- Así se dice... — 396
- Y tú, ¿qué dices? — 398
- Lectura: Clave al mundo hispano — 405
  - Rincón cultural: El mundo creativo de Remedios Varo — 405
  - Lectura: «Mimetismo», por Marcela del Río — 407
  - Tradición y cambio: El fruto de los encuentros culturales — 409
- ¿Por qué lo decimos así? — 410
  - Seguimos aprendiendo: The **-ndo** form — 410
  - No me gusta correr después de comer: Uses of the infinitive — 412
- VOCABULARIO 1 Palabras nuevas — 415

LECCIÓN 2 El mundo de la fantasía — 416

In this lesson, you will explore the world of fantasy.

- Así se dice... — 418
- Y tú, ¿qué dices? — 420
- Lectura: Clave al mundo hispano — 427
  - Rincón cultural: Cuando la fantasía se convierte en realidad — 427
  - Lectura: «Casa tomada», por Julio Cortázar — 428
  - Tradición y cambio: Lo fantástico a través de los siglos — 432
- ¿Por qué lo decimos así? — 433
  - Se puso muy contento: Reflexives to express changes of state — 433
  - ¡Bailemos! Y que se sienten y hablen ellos: Present subjunctive for let's . . . ; indirect commands — 435
- VOCABULARIO 2 Palabras nuevas — 437

Ya llegamos — 438

¡Te invitamos a escribir! Mirando hacia atrás y hacia adelante: Una carta de autorreflexión — 438

Actividad final — 439

Pasaporte cultural 8 Colombia y Venezuela — 441

Clásicos ilustrados 4 Doña Bárbara,
por Rómulo Gallegos — 445

xvii

MATERIALES DE CONSULTA

Verbs	449
Vocabulario español-inglés	455
Vocabulario inglés-español	511
Index	521

EL TERCER AÑO: UN MUNDO PARA EXPLORAR

¡Bienvenidos! *Bravo! 3* takes you on an exciting adventure in Spanish. On this journey, you will explore who you are and how you perceive the world in which you live. You will visit exotic islands and lost cities, experience diverse cultures, and encounter both the new and the familiar. Along the way you will tour eight different regions of the Spanish-speaking world and read illustrated versions of episodes from four classic literary works. The language skills you've developed so far will provide you with the tools you need to acquire new skills and enhance your ability to communicate with different people in different parts of the world.

TOUR HIGHLIGHTS

YO

On your first stop you will encounter a familiar friend: yourself. You'll learn new ways to express your likes and dislikes and to talk about who you really are. You'll also learn a lot of interesting things about your classmates and teacher, who will be your "travel companions" on this trip.

You'll see the latest fads in Hispanic pop culture and the most popular movie stars . . .

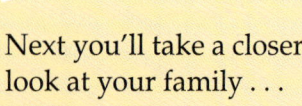

Next you'll take a closer look at your family . . .

. . . and then you'll explore your community and the world you live in.

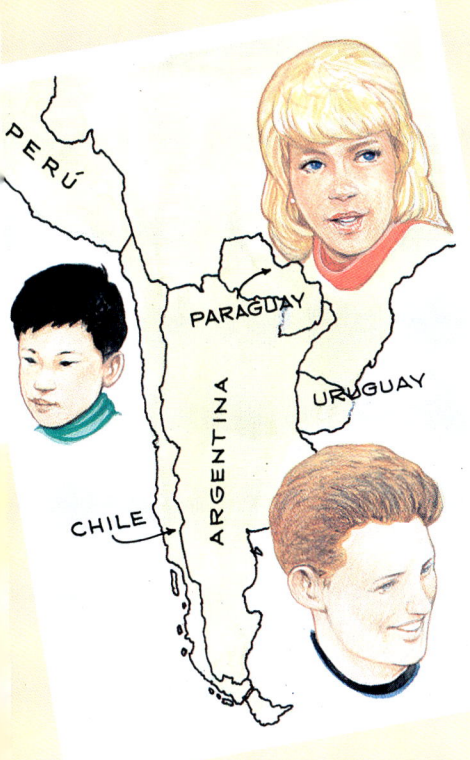

. . . and then you'll explore what it means to be a hero or a heroine in today's society.

. . . and learn about the diversity of the Spanish-speaking world.

Finally, your voyage will take you to a place beyond space and time: the creative imagination!

Next you'll investigate the world of work and careers . . .

Are you ready to begin the adventure and expand your world? **¡Buena suerte y buen viaje!**

TIPS FOR SUCCESS ON YOUR ADVENTURE

1. So that you don't get lost along the way, you will need to master certain words and expressions. One way to learn them is to practice them in context. When you read a sentence that contains a new word or expression, read it over and over in your head and also out loud, until it makes sense to you. Visualize a situation in which you might use that sentence and imagine saying it to another person; then imagine what that person might say in response. This will help you learn the word and how to use it, and also how to think in Spanish!
2. Look for opportunities to use your newly acquired vocabulary and structures. As you walk or ride home, for example, try to describe to yourself in Spanish the things, people, and events you see.
3. You can't be a passive observer on this trip; instead, you must be an active participant. Practice your assignments orally with a classmate, listen carefully when someone else is speaking Spanish, and regularly review and add to your notes.
4. Don't hesitate to ask questions when something isn't clear to you. This will help you understand the new concepts you are learning so that you can use them for more effective communication.
5. Expand your reading skills by visiting your school or local library and looking for reading materials in Spanish. Browse through a variety of materials, select something that interests you, and read without worrying about details. Relax and enjoy as you read!
6. Ask your teacher about opportunities for locating a pen pal in another country. If you have access to the Internet, you could also connect with a "keypal" in a Spanish-speaking country. Corresponding with native speakers gives you a chance to put your language skills to use. It's a great way to develop a long-distance friendship and learn about another culture at the same time.

ANTES DE EMPEZAR

The following are some expressions that you have probably already learned. They will help you as you continue to expand your ability to communicate in Spanish.

Expresiones del profesor / de la profesora:

Escuchen. (Escucha.)	Listen.
Hablen (Habla) más alto/bajo.	Speak louder/softer.
Háganme (Hazme) el favor de...	Please . . .
Abran/Cierren (Abre/Cierra) el libro.	Open/Close your book.
¿Hay preguntas?	Are there any questions?
¿Qué opinan (opinas) sobre... ?	
¿Qué piensan (piensas) de... ?	What do you think about . . . ?
¿Qué les (te) parece... ?	
¿Qué significa... ? (¿Qué quiere decir... ?)	What does . . . mean?
Saquen (Saca) los libros (papeles, lápices...)	Take out your books (papers, pencils . . .)

Expresiones de los estudiantes:

Con permiso. (Perdón.)	Excuse me.
¿Cuál es la tarea para mañana?	What's the assignment for tomorrow?
¿En qué página estamos?	What page are we on?
Lo siento.	I'm sorry.
¿Me lo puede(s) explicar otra vez?	Could you explain it to me again?
¿Puede(s) repetir, por favor?	Can you repeat that, please?
Tengo una pregunta.	I have a question.
Yo creo (opino) que...	I think that . . .

Expresiones para contestar a los demás:

¡Eso es!	Exactly!
¡Qué va!	No way!
¡Fenomenal! (¡Qué bien!)	Great!
¡Chévere! (¡Genial!)	Cool!

MAPAS

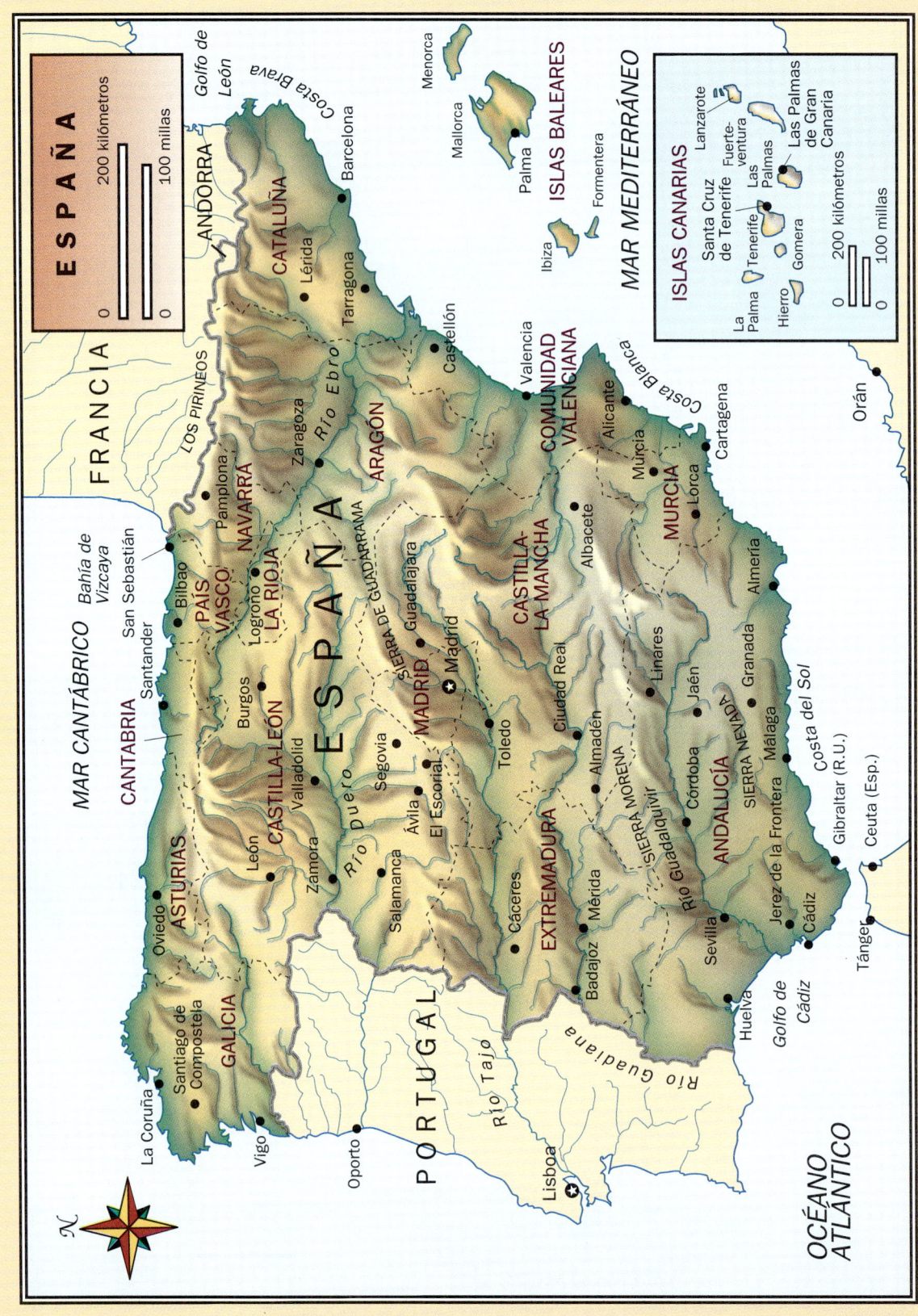

xxvii

¿QUIÉN SOY?

UNIDAD DE REPASO

Ciudad de México, México.

Quito, Ecuador.

YO

Cabo Rojo, Puerto Rico.

Nueva York.

Lima, Perú.

Cuernavaca, México.

ALLÍ VAMOS

En esta unidad vas a hacer tu propio retrato. En el retrato vas a hablar de cómo eres de verdad. También vas a describir qué te gusta hacer en el tiempo libre.

Al mismo tiempo, vas a tener la oportunidad de hablar con tus compañeros de clase. Vas a conocerlos a todos y vas a saber mucho de ellos también.

- ¿Qué puedes decir de estos jóvenes?
- ¿Cómo te ves a ti mismo/a?

«Cada cabeza es un mundo.»

LECCIÓN 1: ASÍ SOY YO

¿Quién soy yo? Yo no soy como tú, ni en apariencia física ni en personalidad. Es fácil mostrar mi apariencia física pero, ¿cómo revelo mi personalidad?

bilingüe · canoso · comunicativo · aplicada

bromista · el enano · el toro · el monstruo · calvo

gigante · el chico · YO · la joven · dulce

comilón · la galleta

exigente · el perro · el entrenador · alta · feo

de pelo rizado · musculoso · corta de vista

UNIDAD DE REPASO

puntual mimado delgado peludo

justa

vieja

ágil

rubia

baja

atlética comprensiva morena

pelirroja

chistoso

traviesa

precoz

¿QUÉ PODEMOS DECIR?

- ¿Conoces a personas parecidas a estos personajes? ¿Cómo son?
- ¿Puedes dar por lo menos dos descripciones de cada personaje? Por ejemplo: El enano es calvo. Es una persona comunicativa.
- ¿Cuáles de estas palabras te describen a ti? ¿Por qué?

VOCABULARIO

LOS COMPAÑEROS DE LA ANTIGÜEDAD

Don Quijote y su compañero Sancho Panza son personajes muy famosos en la literatura española. Tienen personalidades muy distintas. ¿En qué se diferencian? ¿Se parecen en algo?

Don Quijote es un hombre **callado.** Habla poco porque pasa el tiempo leyendo novelas de aventuras y novelas románticas. Lee muchas historias de caballeros **valientes**, fuertes y guapos y de mujeres bonitas. Por eso es un gran **sabelotodo.** Aquí tiene una novela en la mano izquierda. ¿Es **zurdo**?

Su compañero **fiel** Sancho Panza siempre está con don Quijote. A Sancho no le gusta trabajar; prefiere dormir o no hacer nada. Es un hombre muy **vago**, pero es **amable** y se lleva bien con todos.

Don Quijote sale en busca de aventuras. Es un hombre muy optimista. Siempre cree que todo le va a salir muy bien, especialmente si lo hace en nombre de Dulcinea, su amada. Considera que está **en buena forma** para sus aventuras. Pero Sancho Panza sabe que su amo no es muy fuerte; es muy delgado.

Sancho está molesto porque prefiere dormir; no le interesa salir en busca de aventuras. Va hablando y protestando. Pero don Quijote no lo oye porque está pensando en Dulcinea y en las aventuras que lo esperan.

Don Quijote es viejo, alto y **flaco**, pero se cree **invencible**. Está enamorado de Dulcinea y su amor lo hace valiente; no le tiene miedo a nadie. Por eso, está listo a pelear con el otro caballero. Don Quijote es muy **terco**. Cuando decide hacer algo, sigue adelante sin pensar y nadie puede detenerlo.

Sancho, que es más **realista**, sabe que su amo no puede ganar la batalla, así que se pone muy **enfadado** con don Quijote. Sancho es bajo y gordo y no lo puede ayudar.

Don Quijote cree que el otro caballero es una persona muy importante. Por eso se presenta delante de él de una manera muy **humilde**. El caballero está muy **sorprendido** por la actitud humilde de don Quijote, pero es **bien educado** y quiere tratarlo bien.

A Sancho, un gran **hablador chismoso,** le gusta hablar de otras personas. Está contando la vida de don Quijote al compañero del caballero. Le cuenta además que no está muy **entusiasmado** con las aventuras de su amo porque no le gustan las sorpresas. Prefiere quedarse en casa.

¿Es realista o idealista don Quijote? Y ¿cómo es Sancho? ¿A cuál de los dos te pareces tú? ¿O te pareces a los dos?

LECCIÓN 1

cinco 5

Conexión gramatical
Estudia las páginas 15–25 en
¿Por qué lo decimos así?

ACTIVIDADES ORALES Y LECTURAS

PIÉNSALO TÚ **Las tiras cómicas**

▶ ¿Reconoces a tus personajes favoritos de las tiras cómicas si ves una imagen de ellos? ¡Claro! Pero, ¿qué tal si la imagen se describe con palabras en vez de colores? Lee las siguientes descripciones e identifica a quiénes se refieren.

Personajes: Mafalda, Correcaminos, Bugs Bunny, Garfield, Wile E. Coyote, la señorita Cerdita

1. Es perezoso y comilón. No es muy activo y, por eso, es bien gordo. Es muy mal educado pero también es cómico.

2. Es alto y muy delgado. No es atlético, pero corre rapidísimo. Es listo y casi siempre está de buen humor. Es callado. No dice sino dos palabras.

3. Es baja y gordita. Tiene pelo negro y una gran imaginación, por lo cual hace preguntas interesantes. Es optimista y, a veces, filosófica. Su hermanito Guille siempre le causa problemas.

4. Aunque no es atleta, es muy ágil. Es alto y flaco con pelo gris. Es bromista, impulsivo y, sobre todo, muy vivo.

5. Es baja y gordita. Tiene pelo rubio y es muy elegante. Es bastante animada, y a veces es egoísta e impaciente. Le gusta pegar a su novio Kermit pero ellos pronto hacen las paces.

6. Es alto, flaco y siempre está un poco despeinado. Tiene pelo color café y una nariz larguísima. Le gustaría ser más listo que su amigo, pero no lo es. Siempre pierde.

UNIDAD DE REPASO

2 • INTERACCIÓN   ¿Cómo se sabe que es así?

▶ Con un compañero / una compañera, hablen de don Quijote y Sancho Panza.

Paso 1. Escoge algunas características de Sancho Panza. Pregúntale a tu compañero/a cómo se sabe que Sancho es así. Él/Ella te va a contestar basado en lo que sabe de Sancho Panza.

MODELO:
TÚ: ¿Cómo se sabe que Sancho Panza es *fiel*?
COMPAÑERO/A: Porque es honrado y buen compañero.

Palabras útiles: comilón, chismoso, realista, vago

Paso 2. Ahora tu compañero/a va a hacerte preguntas sobre don Quijote.

MODELO:
COMPAÑERO/A: ¿Cómo se sabe que don Quijote es *terco*?
TÚ: Porque no le gusta aceptar consejos. (No escucha a nadie.)

Palabras útiles: callado, optimista, sabelotodo, valiente

Y AHORA, ¿QUÉ DICES TÚ?

1. ¿Cuáles son tus características personales más importantes? ¿Por qué crees que son importantes?
2. ¿Cómo es tu mejor amigo/a físicamente? ¿Cuáles son sus características personales más importantes?

Adivinanza

▶ Mil veces doy alegría
y otras mil causo dolor;
y aunque saben que yo engaño[1]
todos me tienen amor.

[1]*deceive*

---

3 • CONVERSACIÓN   La persona ideal para mí

▶ Con un compañero / una compañera, describan las características que debe tener el tipo ideal de las siguientes personas.

MODELO:
TÚ: ¿Qué características buscas en *el atleta ideal*?
COMPAÑERO/A: Debe ser fuerte, alto, musculoso... y siempre debe estar en buena forma.

¿Qué características buscas en... ?

1. el hermano / la hermana ideal
2. el abuelo / la abuela ideal
3. el actor / la actriz ideal
4. el novio / la novia ideal
5. el profesor / la profesora de matemáticas ideal

LECCIÓN 1

¡A charlar!

▶ To add the sense of *very* (*exceptionally; extremely; super*) to an adjective, use the emphatic ending **-ísimo/a/os/as.**

    malos → **malísimos**
    larga → **larguísima**
    grande → **grandísimo/a**

You can also add the sense of *very* to an adjective by using the diminutive ending **-ito/a/os/as (-cito/a/os/as).**

    chico (*small*) → **chiquito**
        (*very small*)
    joven (*young*) → **jovencito**
        (*very young*)

When used with nouns, the diminutive ending can indicate affection, cuteness, or smallness: **mamacita, hermanito, perrito.**

---

4 • CONVERSACIÓN — Identificaciones

▶ Describe bien a una persona de la siguiente foto de tal manera que tu compañero/a pueda identificar a la persona. Luego túrnate con tu compañero/a para describir a otras personas.

MODELO:

  TÚ: Esta persona tiene el pelo corto y canoso y es de estatura mediana. Lleva una camisa morada y tiene una mochila negra.
  COMPAÑERO/A: Es la persona número dos.

Palabras útiles: ágil, alto/a, atlético/a, bajo/a, bonito/a, calvo/a, delgado/a, feo/a, flaco/a, gordo/a, guapo/a, joven, musculoso/a, pelo (canoso, castaño, corto, lacio, largo, negro, pelirrojo, rizado, rubio), viejo/a

Músicos en una calle de Madrid, España.

---

5 • PIÉNSALO TÚ — ¿Cómo te sientes cuando... ?

▶ ¿Qué emociones o sentimientos asocias con estas situaciones?

MODELO: ¿Cómo te sientes cuando estudias mucho pero no sales bien en un examen? →
Me siento frustrada y aburrida y no quiero estudiar más.

¿Cómo te sientes cuando...

1. quieres decir algo importante pero tus amigos no te prestan atención y te interrumpen?
2. alguien te manda un regalo muy especial?
3. tienes mucho trabajo y te parece que nunca vas a terminarlo?
4. un amigo / una amiga tiene algo que te gustaría tener pero no tienes dinero para comprártelo?
5. no tienes nada que hacer para la escuela mañana?
6. un pariente favorito a quien no has visto durante mucho tiempo llega a tu casa sin avisarle a nadie?
7. tienes que compartir tu cuarto con tu primo/a? (Él/Ella es muy simpático/a pero se levanta muy temprano y no se baña con frecuencia.)

UNIDAD DE REPASO

READING TIP 1

When reading in Spanish, remember that your ultimate goal is to understand written Spanish, not to translate Spanish into English. The reading strategies you have probably used up to now to achieve that goal involve four stages: things you do before you read (pre-reading), a first reading of the piece, a second reading, and things you do after reading (post-reading). This sounds like a lot, but each stage can be accomplished rather quickly, especially once these strategies become a habit.

Pre-reading:

1. **Use other information** Before you begin to read, gather as much information as you can from the title, pictures or tables and their captions, and pre-reading activities. If you are reading a textbook, you can even look over the comprehension activities to see what kind of information you are expected to pick up as you read.

2. **Scan for specific items** Before beginning a closer reading, scan (run your eyes quickly along each line) for cognates. Don't try to understand all of the text. Next, if you are reading a textbook, scan for all the glossed terms and read their definitions. What have these two things added to what you understand of the reading so far?

3. **Skim for the general idea** Now skim (sweep your eyes rapidly over the entire reading), noting key words and phrases that stand out. Skimming will give you a general idea of the content of the reading.

(continued in Reading Tip 2, **Unidad 1**)

LECTURA: Clave al mundo hispano

Salvador Dalí, **Persistencia de la memoria,** 1931.

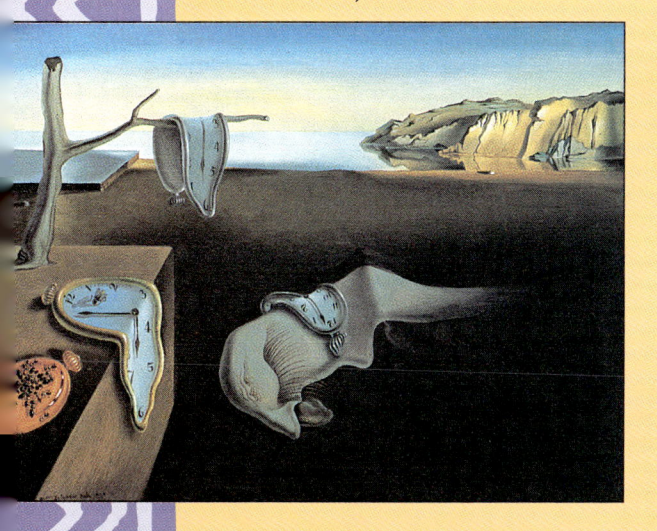

RINCÓN CULTURAL: Notas sobre el arte del siglo XX

En la primera mitad del siglo XX había varias escuelas artísticas importantes. En Europa el surrealismo llegó a ser un movimiento importante en los años veinte.

La pintura surrealista es un tipo de pintura «automática»: los artistas pintan sin plan específico. Las imágenes que producen son muchas veces ilógicas y parecen algo que viene de los sueños, es decir, de la subconsciencia del artista. Salvador Dalí, famoso artista de Cataluña, España, es conocido por sus pinturas surrealistas. Una de las más populares se llama *Persistencia de la memoria,* en la que se ven unos relojes distorsionados en un ambiente desierto.

LECCIÓN 1

El cubismo también era un movimiento popular en Europa. Los cubistas tenían interés en manipular la forma de un objeto o de una persona. Intentaban mostrar varios lados de un objeto a la vez. Por eso, muchas veces la imagen cubista resulta como una serie de cubos, círculos y esferas que solamente sugiere el sujeto. Pablo Picasso, gran pintor español del siglo XX, pintó muchos cuadros en este estilo. Su obra *Violín y uvas* representa bien el estilo cubista. El cubismo influyó también en la obra de Juan Gris, pintor español de Madrid y amigo de Picasso.

Pablo Picasso, **Violín y uvas,** *1912.*

En México, el arte muralista predominaba durante la primera parte de este siglo. A los grandes muralistas mexicanos como Diego Rivera les interesaban temas como la revolución y la historia de su país. Ellos representaban su herencia cultural en las paredes de los edificios de gobierno. En el Palacio Nacional, por ejemplo, Rivera pintó sucesos clave de la historia de México como las ceremonias aztecas y la llegada de los españoles.

Dentro de este ambiente cultural, empezó a pintar la artista mexicana Frida Kahlo. Es considerada una de las figuras más interesantes del siglo XX. En 1929 se casaron Diego Rivera y Frida Kahlo, pero ella no pintó como su esposo; ella pintó su propia realidad.

Ciudad de México, México: Un ejemplo del arte muralista de Diego Rivera en el Palacio Nacional.

A EXPLORAR EL TEMA

ACTIVIDAD ¿Cómo es tu realidad?

▶ En general, ¿cómo son tu estado físico y tu estado emocional? ¿Es más fácil describir el aspecto físico (exterior) que el emocional (interior)? ¿Por qué? ¿Se reflejan las emociones en el estado físico de una persona? ¿Cómo?

LECTURA

A PROPÓSITO Frida Kahlo (1907–1954) no consideraba las palabras suficientes para describir su vida, su realidad. Por eso prefirió el arte, y usaba la pintura para expresarse.

Para comprender mejor

1. Note the use of the passive voice with **se** in this reading. The use of **se** implies the lack of an active subject doing the action. For example: **se le fracturaron unas costillas** means *a few of her ribs were fractured*. A more "active" statement would tell who or what fractured her ribs. See if you can find other examples of this structure in the reading.

2. As you read the phrase **magnética e independiente,** did you remember that the word **y** becomes **e** before words beginning with **i** or **hi**? Do you remember why?

*Frida Kahlo, **Las dos Fridas**, 1939.*

FRIDA KAHLO, PINTORA DE SU REALIDAD

«Yo pinto mi realidad», decía Frida Kahlo, famosa artista mexicana. En efecto, ella representó sus experiencias y sentimientos íntimos en la gran cantidad de autorretratos° que pintó. «Lo único que sé es que pinto porque necesito hacerlo, y siempre pinto todo lo que pasa por mi cabeza, sin más consideración.»

Kahlo se pintó llorando, durmiendo y aun sangrando.° Aparece en sus cuadros con monos, esqueletos, aves,° insectos, flores y plantas. El mundo que representa en sus cuadros se compone de imágenes variadas; a veces son suaves y tranquilas, pero muchas veces son grotescas, violentas y llenas de sangre.

° self-portraits

° bleeding
° birds

LECCIÓN 1

Estas representaciones reflejan el dolor y la angustia° de Kahlo. En 1925, cuando tenía solamente 18 años, aconteció algo inesperado° en su vida: ella sufrió un accidente horrible. El autobús que la llevaba a Coyoacán, su pueblo, chocó con un tranvía. Una barra de hierro° le penetró el cuerpo y se le fracturaron unas costillas° y la pierna derecha. El pie derecho se le dislocó y le quedó aplastado.° El accidente transformó su vida y le causó un sufrimiento continuo, tanto emocional como físico.°

angustia° *anguish*
aconteció... *something unexpected happened*
barra... *iron bar*
costillas° *ribs*
aplastado° *crushed*
tanto... *both emotional and physical*

A pesar del frágil estado de su salud, la obra y la persona de Kahlo se caracterizan por su energía y su fuerza. Vivió en varias ciudades de los Estados Unidos, como San Francisco (1930), Nueva York (1931) y Detroit (1932). Viajó a esos lugares con su esposo Diego Rivera, conocido muralista de la época que tenía proyectos en esas ciudades. Aunque Kahlo era bastante tímida y solitaria, empezó a conocer a mucha gente. Disfrutó del cine y de los restaurantes con sus nuevos amigos y, cuando volvió a su país, era más extrovertida.

En 1939 presentó sus cuadros en una exposición de arte en París. Allí conoció a algunas figuras importantes de la vanguardia° del siglo XX, entre ellos, Pablo Picasso y Joan Miró. Lo más importante fue que ellos conocieron la obra de Kahlo y quedaron fascinados.° Picasso, en especial, se convirtió en un gran admirador de ella y de su obra; hasta° le regaló a Kahlo unos aretes en forma de pequeñas manos que él mismo había diseñado.° Pronto se reconoció el talento de Kahlo como pintora y ella comenzó a ganar fama.

vanguardia° *avant-garde, leaders of a cultural revolution*
quedaron... *they were fascinated*
hasta° *even*
había... *had designed*

Frida Kahlo, una mujer magnética e independiente, tuvo muchos obstáculos personales en su vida. Sin embargo, nunca se dio por vencida.° Sus limitaciones físicas y el sufrimiento constante en que vivía nunca impidieron su deseo de usar su talento para hacer lo que le gustaba y necesitaba: pintar su realidad.

nunca... *she never gave up*

¿QUÉ ENCONTRASTE?

ACTIVIDAD 1 Los marcadores del tiempo

▶ Empareja cada fecha con un suceso importante de la vida de Frida Kahlo.

MODELO: Fue a Detroit con su esposo. Era menos tímida después de sus viajes a los Estados Unidos. →
1932

Fechas: 1907, 1925, 1930, 1931, 1932, 1939, 1954

Sucesos de la vida de Kahlo

1. Participó en una exposición de arte en París y conoció a Picasso.
2. Viajó a Detroit con su esposo.

3. Tuvo la oportunidad de conocer San Francisco y Nueva York.
4. Murió Kahlo.
5. Kahlo sufrió un accidente que cambió su vida para siempre.
6. Nació Frida Kahlo.

ACTIVIDAD 2 **Los autorretratos**

▶ Mira estos autorretratos de Frida Kahlo.

Paso 1. Con un compañero / una compañera, escojan uno y descríbanlo detalladamente: los colores, el fondo, la ropa, el pelo, la cara de la artista, etcétera.

Paso 2. ¿Qué sentimientos se reflejan en el rostro de Kahlo en el autorretrato que ustedes escogieron? ¿Parece feliz o parece que sufre? ¿Da la impresión de que está... aburrida, triste, alienada, sola, desilusionada, enojada? ¿Por qué? Justifiquen su respuesta.

*Frida Kahlo, **La venadita**, 1946.*

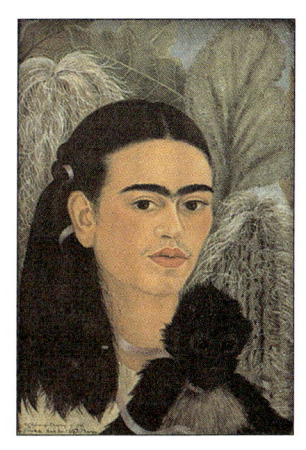

*Frida Kahlo, **Fulang-Chang y yo**, 1937.*

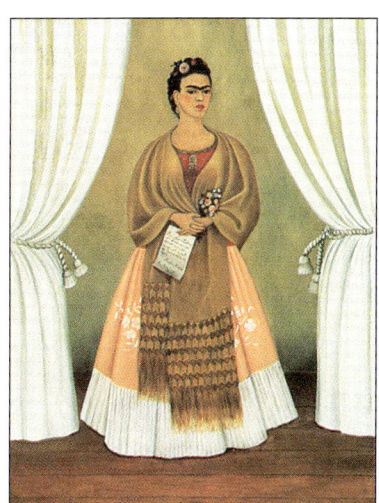

*Frida Kahlo, **Autorretrato dedicado a Leon Trotsky**, 1937.*

LECCIÓN 1 trece 13

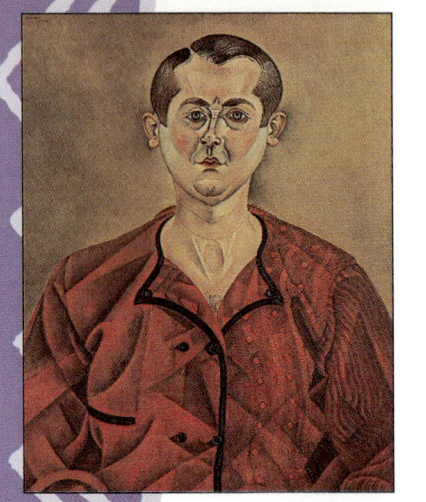

Joan Miró, **Autorretrato,** *1919.*

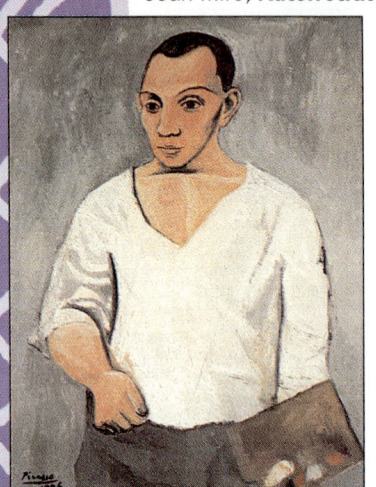

Pablo Picasso, **Autorretrato con paleta,** *1906.*

En esta foto tomada en 1937 durante una visita a Xochimilco, México, se ven las cuentas[1] y las figuras de unos animalitos en los aretes tradicionales que lleva Kahlo.

[1]beads

A EXPLORAR MÁS A FONDO

ACTIVIDAD — Mi autorretrato

▶ Muchos artistas pintan su autorretrato. A veces, como en algunos de los autorretratos de Frida Kahlo, el/la artista usa imágenes fantásticas, no realistas, para expresar sus sentimientos. Mira estos autorretratos de Joan Miró (un pintor abstracto de Cataluña) y Pablo Picasso. ¿Qué tienen en común con las pinturas de Frida Kahlo? ¿Qué diferencias hay?

Usando lápices de colores, tinta o cualquier objeto o material, haz tu autorretrato. Tu dibujo puede ser abstracto o concreto, realista o fantástico; el estilo depende de cómo tú te ves y cómo quieres pintarte. Ponle un título a tu autorretrato. Al terminar, muéstraselo a un compañero / una compañera de clase.

TRADICIÓN Y CAMBIO

FRIDA KAHLO EN LA MODA DE HOY

En México, las tradiciones indígenas se originaron en los tiempos de los aztecas, los mayas y los otros grupos indígenas, algunos de los cuales ya vivían en América antes de la llegada de los europeos. Muchas de esas tradiciones siguen vivas en la moda de este siglo. Frida Kahlo, por ejemplo, incorporaba esas tradiciones indígenas en su manera de vestir para demostrar el orgullo que sentía por su herencia mexicana y para identificarse con sus tradiciones.

En tu opinión, ¿se puede considerar a Frida Kahlo una mujer que «se adelantó a su época» con respecto a su manera de vestir? ¿Se encuentra la misma influencia indígena en la moda, la ropa y los adornos de hoy donde tú vives?

¿POR QUÉ LO DECIMOS ASÍ?

GRAMÁTICA

¿CÓMO ERES? (PARTE 1)
Adjective–Noun Agreement

¡REPASEMOS!

Here are the basic rules for adjective agreement. Adjectives that end in **-o/-os** in the masculine end in **-a/-as** in the feminine.

singular
un amigo alt**o**
una amiga alt**a**

plural
unos amigos alt**os**
unas amigas alt**as**

Adjectives that end in **-e** or in the consonants **-l, -r,** or **-z** have identical masculine and feminine forms.

masculino
un chico inteligent**e** y popula**r**

un examen difíci**l**
un hombre auda**z**

femenino
una chica inteligent**e** y popula**r**

una prueba difíci**l**
una mujer auda**z**

Feminine adjectives of nationality generally end in **-a**, regardless of the masculine ending.

masculino
un escritor español
un pueblo irlandés

femenino
una escritora español**a**
una ciudad irlandes**a**

Exceptions: Nationalities ending in **-ense** are identical in the masculine and feminine: **canadiense, costarricense...**

> masculine singular: -o
> feminine singular: -a
> masculine plural: -os
> feminine plural: -as

> Masculine and feminine endings are the same for adjectives that end in -e, -l, -r, and -z.

> Feminine adjectives of nationality generally end in -a.

Here is an additional rule. Most adjectives that end in **-or/-ón/-án** in the masculine end in **-ora/-ona/-ana** in the feminine.

Exceptions: The adjectives **mejor, peor, mayor, menor** are the same for masculine and feminine.

LECCIÓN 1

quince 15

MASCULINO	FEMENINO
un hombre trabajad**or** el **mejor** alumno	una mujer trabajad**ora** la **mejor** alumna

You have seen and used adjectives like these many times.

EJERCICIO 1 Contrastes

▶ Usa adjetivos de la lista y otros para describir a las personas indicadas. Si describes a una mujer, tu compañero/a debe describir a un hombre, y viceversa.

MODELOS: mi profesora de ____ →

TÚ: Mi profesora de inglés es *delgada*.
COMPAÑERO/A: Mi profesor de francés es *serio*.

____ (atleta favorito) →

TÚ: Michael Jordan es *alto*.
COMPAÑERO/A: Arantxa Sánchez Vicario es *fuerte*.

Adjetivos:

alegre	débil	inquieto/a	trabajador(a)
alto/a	delgado/a	listo/a	tranquilo/a
amable	discreto/a	mal educado/a	triste
callado/a	divertido/a	popular	valiente
comilón, comilona	fiel	preguntón, preguntona	
cortés	fuerte		
	gordo/a	serio/a	

¡OJO! Be sure the adjectives agree with the people described.

Tú

1. mi profesora de ____
2. mi madre/madrastra
3. mi amigo ____
4. ____ (cantante favorito)
5. ____ (actriz favorita)
6. mi mejor amiga
7. ¿?

Compañero/a

1. mi profesor de ____
2. mi padre/padrastro
3. mi amiga ____
4. ____ (cantante favorita)
5. ____ (actor favorito)
6. mi mejor amigo
7. ¿?

¿CÓMO ERES? (PARTE 2)
Position of Adjectives

> ### ¡REPASEMOS!
>
> You have seen that descriptive adjectives generally follow the noun.
>
> una persona **interesante**   el pelo **largo y rizado**
>
> Adjectives of quantity as well as possessive and demonstrative adjectives precede the noun.
>
> **varios** amigos buenos   **esa** casa pequeña
> **todas mis** tías

Descriptive adjectives usually follow the noun. Adjectives of quantity precede the noun. Possessive and demonstrative adjectives precede the noun.

Some adjectives differ in meaning depending on whether they precede or follow the noun they describe. Scan the Spanish phrases below and the English commentary. Then match each phrase with the appropriate drawing.

¡OJO! The position of some adjectives changes their meaning.

un joven **pobre**
pobre = *poor, not rich, without money*

un **pobre** joven
pobre = *poor, unfortunate*

un edificio **grande**
grande = *large*

un **gran** edificio
gran = *famous; great*

un amigo **viejo**
viejo = *elderly*

un **viejo** amigo
viejo = *former; known for a long time*

la profesora **misma**
misma = *herself*

la **misma** profesora
misma = *same, identical*

LECCIÓN 1   diecisiete 17

EJERCICIO 2 Una carta

▶ Completa esta carta con la forma apropiada de los adjetivos indicados. ¡Tal vez puedas usar la carta como modelo algún día cuando visites España!

Adjetivos: alguno/a, divertido/a, español(a), gran(de), magnífico/a, nuevo/a, pobre, popular, primero/a, simpático/a, típico/a

la Plaza Mayor

el Corte Inglés

el Museo del Prado

la Casa Botín

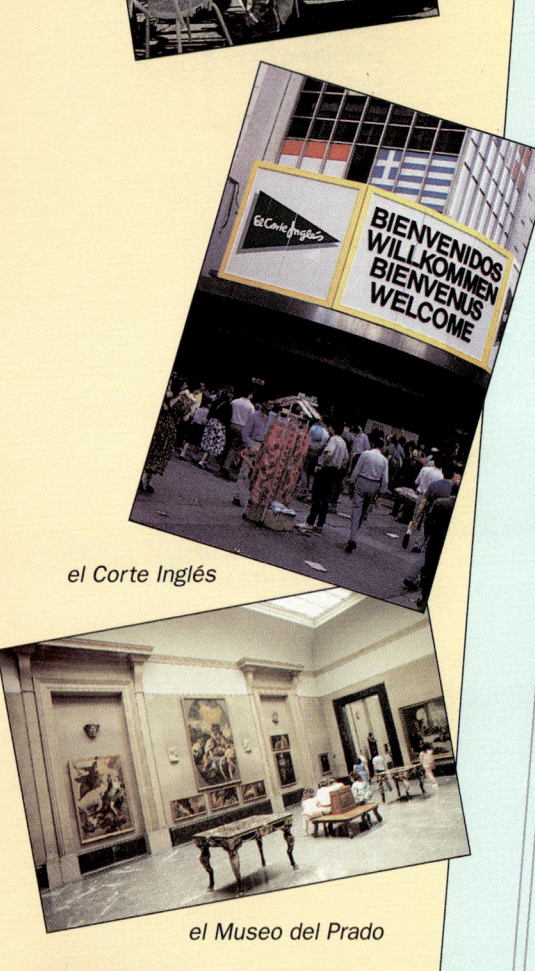

HOTEL CIBELES

Querido Luis:

Estoy pasando unas vacaciones _____¹ en España. Hoy vamos a ir por _____² vez al Museo del Prado, pero antes quiero ir a una tienda _____³ que está cerca para comprar _____⁴ regalos para la familia. También quiero comprar una muñeca _____⁵ y unos cassettes _____⁶ para llevarlos a mi clase de español en los Estados Unidos.

Mañana vamos a cenar en un restaurante _____⁷ en la Plaza Mayor. Dicen que sirven comida _____⁸ allí. Después vamos a ir a una _____⁹ discoteca donde tocan música de muchos países.

¡Saludos a toda la familia Fernández!

Un abrazo de tu amigo,

Ernesto

Alonso Cano 83   28020 Madrid   361 75 44

18 *dieciocho*   **UNIDAD DE REPASO**

EJERCICIO 3 Descripciones

Imagínate que pasaste tus vacaciones en España. Ahora estás hablando con un compañero / una compañera y le muestras varias fotos de los lugares que visitaste. Tu compañero/a va a comentar tus fotos.

MODELO:
TÚ: Hay muchos edificios en Madrid.
COMPAÑERO/A: Sí, es *una ciudad grande*.

Lugares: calle, cine, ciudad, edificio, museo, parque, restaurante

Adjetivos: bueno/a, excelente, famoso/a, grande, largo/a, mismo/a, popular

1. Hay un lago en el Retiro.
2. Caminamos por la Gran Vía.
3. Comimos en la Casa Botín.
4. Visitamos el Prado.
5. Visitamos el Palacio Real.
6. Fuimos al cine.

la Gran Vía

el Parque del Buen Retiro

¿CÓMO ESTÁS? ¿DE DÓNDE ERES? ¿CÓMO ERES?
Using *ser* and *estar*

¡REPASEMOS!

You already know that Spanish uses two verbs to express English *to be*: **ser** and **estar**. Review what you know about these verbs by telling which of them expresses the following types of information.

- where someone is from
- where something or someone is located
- how someone is feeling
- what someone is like as a person
- who someone is
- what someone normally looks like
- who something belongs to
- what day it is, and the time
- where an event is taking place

Pay particular attention to any items you missed or were not sure of as you study points A and B in this section.

¿Recuerdas?

You have been using the present-tense forms of **ser** and **estar** since you began to study Spanish. Review them quickly if necessary.

ser: soy, eres, es, somos, sois, son

estar: estoy, estás, está, estamos, estáis, están

LECCIÓN 1   diecinueve 19

A Here are the principal uses of **ser**.

ser:
- profession
- origin
- physical characteristics
- personality
- day and time
- event
- possession
- what something is made of

- To identify someone or something when giving the following information

profession	El Sr. Alonso **es** mi profesor de matemáticas.
nationality/origin	**Es de** Chicago, pero sus abuelos **son** españoles. **Son de** Sevilla.
physical characteristics	El Sr. Alonso **es** alto, rubio y flaco.
personality traits	**Es** inteligente y simpático... ¡y a veces chistoso!

- To express the time, date, and where an event takes place

time	¿Qué hora **es**? —**Son** las cuatro.
date	Hoy **es** el dieciocho de septiembre.
event	¿Dónde **es** la fiesta? —**Es** en casa de Anita.

- With **de** to indicate ownership or to say what something is made of

possession	—¿**De** quién **es** el cochecito rojo? —**Es de** José.
material	El cochecito de José **es de** plástico.

EJERCICIO 4 — ¿Los conoces?

▶ ¿Sabes de dónde son estas personas? ¿Y la profesión y alguna característica de cada persona? Haz una oración sobre cada una de las personas de la lista y luego compara tus oraciones con las de tus compañeros de clase.

MODELO: Juan Luis Guerra *es* de la República Dominicana. *Es* músico y *es* muy inteligente.

PERSONAS	PAÍS	PROFESIÓN	CARACTERÍSTICA
Judith Baca	España	presidente/a	popular
Isabel Allende	Panamá	artista	simpático/a
Carlos Menem	México	músico, mujer músico	independiente
Rubén Blades	la Argentina	escritor(a)	inteligente
Juan Carlos I	Cuba	poeta	famoso/a
Henry Cisneros	la República Dominicana	cantante	dedicado/a
Gloria Estefan	Chile	rey/reina	tímido/a
Juan Luis Guerra	los Estados Unidos	político, mujer político	divertido/a
¿ ?			

B Here are the principal uses of **estar**.

estar:
- *location*
- *physical state*
- *emotional state*

- To tell the location of people and things

  location   Mi hermano **está** en La Paz este año. La Paz **está** en Bolivia, en Sudamérica.

- To tell how someone is or feels at a given moment

  physical state   ¡**Estamos** muy cansados!

  emotional state   Y también **estamos** tristes.

EJERCICIO 5 — Una conversación

▶ Con un compañero / una compañera, completen la siguiente conversación. Usen las formas apropiadas del verbo **estar**.

COMPAÑERO/A: ¿Quieres ir al cine esta noche?

TÚ: Lo siento, pero no puedo. _____¹ un poco enfermo/a. Además no dormí bien anoche y hoy _____² muy cansado/a.

COMPAÑERO/A: ¿Qué te pasa? _____³ pálido/a. ¿Tienes fiebre?

TÚ: No, pero sí tengo dolor de estómago. Voy a ver si la enfermera _____⁴ en su oficina.

COMPAÑERO/A: ¡Buena idea! Varios estudiantes de la clase _____⁵ enfermos también y ¡todos queremos _____⁶ bien para el fin de semana! ¿Te llamo más tarde?

TÚ: Sí, y... por favor, dile al profesor por qué no _____⁷ en clase hoy.

El cine Callao está en el centro de Madrid, España.

Y AHORA, ¿QUÉ DICES TÚ?

▶ Ahora crea un diálogo para explicarle a un amigo / una amiga por qué no puedes aceptar una invitación. Usa unos pretextos originales.

¿Recuerdas?

▶ You use **ser** to describe the inherent quality of someone or something, a quality that is relatively permanent or normal. You use **estar** to tell the condition of someone or something, a condition that is usually temporary or a change from the norm.

C By using **ser** and **estar** with certain adjectives, you can give a different "twist" to the meaning of the adjective. Compare the meaning of these sentences, which differ only in the use of **ser** or **estar**.

Julio **es** guapo.	Julio is handsome (is a good-looking person).
Julio **está** guapo.	Julio looks handsome (at this moment).
Carolina **es** nerviosa.	Carolina is nervous (is a nervous person).
Carolina **está** nerviosa.	Carolina is/seems nervous (right now).
Las fresas **son** rojas.	Strawberries are red (the norm).
Las fresas **están** verdes.	The strawberries are green, unripe (a changeable condition).
Mi abuelo **es** viejo.	My grandfather is old (in reality).
Mi abuelo **está** joven.	My grandfather looks young (his appearance).

[¡OJO! Using **ser** or **estar** with an adjective may change its meaning.]

Some adjectives take on a completely different meaning when used with **ser** or **estar**.

Es lista.	She's smart (a permanent quality).
Está lista.	She's ready (prepared for something in the near future).

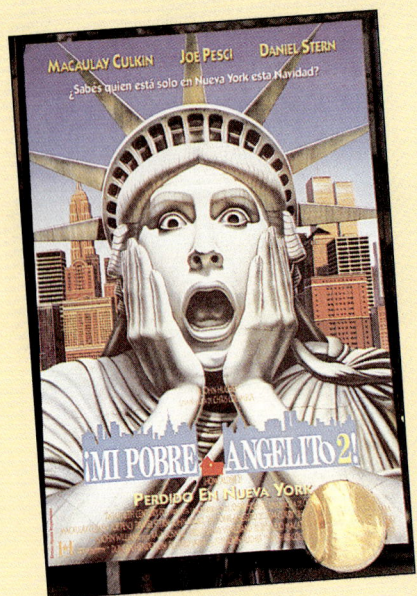

Buenos Aires, Argentina.

Ciudad de México, México:
¿Cómo son estas niñas?
¿Y cómo están?

EJERCICIO 6 — Una introducción

▶ Aquí tienes una carta de un estudiante que piensa asistir a tu escuela el año que viene. Completa la carta con las formas apropiadas de **ser** o **estar.**

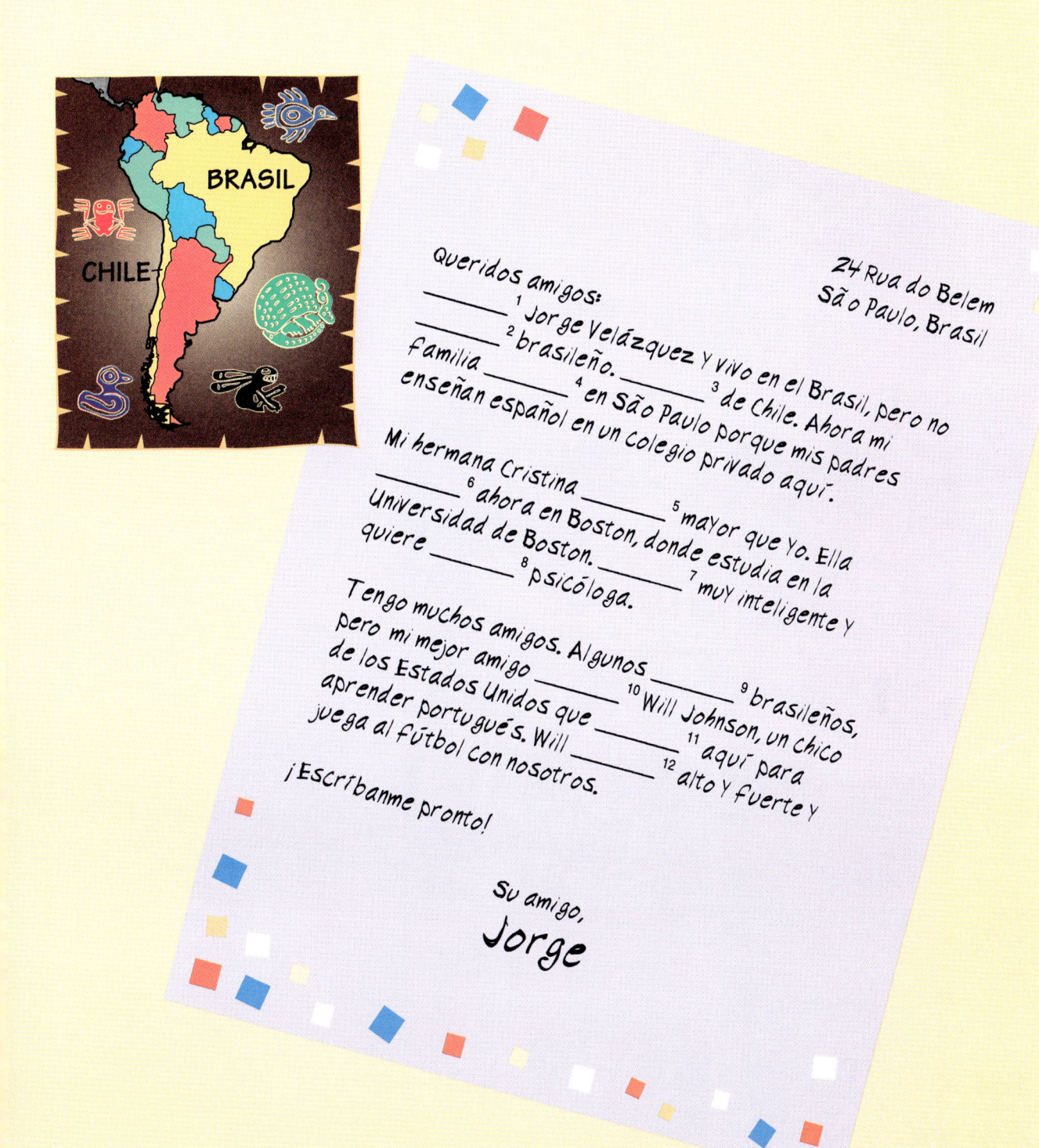

24 Rua do Belem
São Paulo, Brasil

Queridos amigos:

_____¹ Jorge Velázquez y vivo en el Brasil, pero no _____² brasileño. _____³ de Chile. Ahora mi familia _____⁴ en São Paulo porque mis padres enseñan español en un colegio privado aquí.

Mi hermana Cristina _____⁵ mayor que yo. Ella _____⁶ ahora en Boston, donde estudia en la Universidad de Boston. _____⁷ muy inteligente y quiere _____⁸ psicóloga.

Tengo muchos amigos. Algunos _____⁹ brasileños, pero mi mejor amigo _____¹⁰ Will Johnson, un chico de los Estados Unidos que _____¹¹ aquí para aprender portugués. Will _____¹² alto y fuerte y juega al fútbol con nosotros.

¡Escríbanme pronto!

Su amigo,
Jorge

LECCIÓN 1 veintitrés 23

EJERCICIO 7 — Los amigos y parientes de Jorge

▶ Aquí están algunos de los amigos y parientes de Jorge. Descríbelos usando **ser** o **estar** y un adjetivo apropiado de la lista. Luego compara tus descripciones con las de un compañero / una compañera. ¿Han visto lo mismo en los dibujos? Expliquen las diferencias.

MODELO: La Srta. Ribeira es la profesora de historia de Jorge. Hoy recibió malas noticias. →
La Srta. Ribeira *está* muy preocupada.

Adjetivos: atlético/a, contento/a, chileno/a, enfermo/a, enojado/a, guapo/a, inteligente, joven, preocupado/a

1. Cristina estudia psicología en Boston.
2. Ricardo es un amigo de Jorge. Hoy está en casa. Parece que tiene fiebre.
3. A los hermanos de Jorge les gusta jugar al tenis.
4. Luisa es la novia de Jorge. Hoy ella sacó una buena nota en matemáticas, pero Jorge sacó una mala nota.
5. El Sr. Velázquez es el padre de Jorge. Tiene 40 años.
6. Will es de Duluth. Le gusta llevar ropa elegante.

veinticuatro

UNIDAD DE REPASO

EJERCICIO 8 ¿Quién es?

▶ Escoge a tu personaje favorito del cine o de la televisión o del mundo de los deportes, de la música o de la política. Sin mencionar el nombre del individuo, descríbelo de manera que tus compañeros de clase puedan adivinar quién es.

MODELO: Pienso en un atleta profesional muy famoso. *Es* alto, delgado, muy fuerte, ágil y *está* en muy buena forma. No tiene bigote y *es* calvo. *Es* simpático, amable, generoso y muy optimista. *Es* el ídolo de muchos niños. *Es* un famoso jugador de básquetbol. ¿Quién *es*?

VOCABULARIO — PALABRAS NUEVAS

Las características personales
amable
bien educado/a
callado/a
chismoso/a
egoísta
fiel
filosófico/a
hablador(a)
honrado/a
humilde
invencible
leal
perezoso/a
realista
sabelotodo
ser listo/a
terco/a
vago/a
valiente

Palabras de repaso: activo/a, ágil, animado/a, atlético/a, bromista, cariñoso/a, cómico/a, comilón/comilona, divertido/a, estudioso/a, joven, ideal, impaciente, impulsivo/a, optimista, viejo/a, vivo/a

Las características físicas
despeinado/a
en (buena) forma
flaco/a
zurdo/a

Palabras de repaso: alto/a, bajo/a, bonito/a, calvo/a, delgado/a, de estatura mediana, elegante, estar listo/a, feo/a, fuerte, gordo/a, guapo/a, musculoso/a, pelirrojo/a; tiene bigote, tiene pelo (canoso, corto, lacio, largo, negro, rizado, rubio)

Los sentimientos
enfadado/a
entusiasmado/a
frustrado/a
sorprendido/a

Palabras de repaso: confundido/a, de buen/mal humor, deprimido/a, enamorado/a, feliz, molesto/a, nervioso/a, ocupado/a, satisfecho/a

LECCIÓN 2 ¿QUÉ HAGO YO?

¿Qué haces en tus ratos libres? ¿Practicas algunos deportes o prefieres hacer actividades culturales o las que no requieren esfuerzo físico? Juan José y Maricarmen son de España. Son dos personas diferentes y pasan su tiempo libre de maneras muy distintas.

26 veintiséis

UNIDAD DE REPASO

¡Manos arriba!

¿QUÉ PODEMOS DECIR?

- ¿En qué actividades participan Juan José y Maricarmen?
- ¿Qué nos dicen sus pasatiempos de su personalidad?
- ¿En qué otras actividades posiblemente participan?
- ¿Cuáles son tus pasatiempos durante los ratos libres?
- ¿Hay ciertos pasatiempos que no te interesan?
- ¿Cuál es el pasatiempo que más te gusta? Explica por qué.

LECCIÓN 2 *veintisiete* 27

Así se dice...

VOCABULARIO

LOS PASATIEMPOS Y LOS RATOS LIBRES

María y Elena son hermanas gemelas que viven en Santiago, Chile. Físicamente son idénticas, pero tienen personalidades muy diferentes. María es una persona muy calmada. Elena, en contraste, es muy activa. Si examinas los siguientes dibujos, ¿puedes adivinar quién es quién?

María y Elena se llevan muy bien y se quieren mucho. Sin embargo, prefieren hacer cosas muy distintas en sus ratos libres. A María le gusta **relajarse** y estar tranquila. Hace muy poco ejercicio. Elena prefiere hacer ejercicios vigorosos y actividades un poco peligrosas. Le gusta **tomar riesgos**.

Aquí ves a las dos hermanas un sábado por la mañana. La gemela que todavía está en la cama hace crucigramas todos los días. Le gusta jugar con las palabras y sus definiciones porque esto le estimula la inteligencia. Esta hermana **ha pintado** las escenas bonitas en los cuadros que están en el cuarto. La otra gemela **hace ejercicios aeróbicos** todos los días. Hoy las dos se preparan para ir a la playa.

Aquí están las gemelas en la playa de Viña del Mar, un pueblo pesquero y turístico cerca de Santiago. Es la una de la tarde. Las dos están muy ocupadas. Una hermana saca fotos del mar y de los pájaros. Realmente prefiere quedarse en casa porque no le gusta exponerse a los rayos del sol. A su hermana, al contrario, le encanta el aire libre y entra al agua a **bucear**. Luego piensa hacer surfing en las olas del océano Pacífico.

Las gemelas quieren regresar a casa pero el coche no anda. Para poder salir del estacionamiento, una de ellas tiene que **arreglar el coche.** Es buena mecánica y sabe reparar motores. Su hermana aprovecha esta oportunidad para **dar un paseo.** Uno de sus pasatiempos favoritos es el de **coleccionar** cosas. Colecciona estampillas y también colecciona dinero de otros países. Ahora recoge flores para su colección de flores. Dentro de poco las gemelas van a estar camino de Santiago, un viaje de hora y media.

Por fin las hermanas llegan a casa. Una de ellas **se echa** en el sofá a **tejer un suéter. Charla** con sus amigos por teléfono. No tiene planes para esta noche. La otra hermana ha salido a correr por el vecindario. Esta noche ella piensa **trasnochar** en una discoteca del centro. Le encanta bailar y pasar toda la noche con los amigos. Mañana espera encontrarse con algunos amigos que van todos los domingos a dar una caminata.

Hay grandes diferencias entre las dos, pero cada hermana sabe **entretenerse** con sus propias actividades durante todo el día. ¿Ahora sabes quién es quién? Y tú, ¿eres una persona activa o calmada? ¿Estás contento/a de ser como eres o te gustaría ser diferente? ¿Cómo te gustaría ser?

LECCIÓN 2

veintinueve

Conexión gramatical
Estudia las páginas 39–49 en
¿Por qué lo decimos así?

Y TÚ, ¿QUÉ DICES?

ACTIVIDADES ORALES Y LECTURAS

1 • PIÉNSALO TÚ   ¿Para qué sirve este equipo?

▶ ¿Cuánto sabes del equipo necesario para dedicarse a algunos pasatiempos? ¿Puedes nombrar el pasatiempo para el cual sirve cada equipo?

MODELO: un traje de baño, tanques de aire y una máscara →
Sirven para bucear.

acampar
bucear
coleccionar estampillas
dar caminatas
esquiar sobre el agua

hacer ejercicios aeróbicos
jugar al ajedrez
patinar
sacar fotos
trasnochar

1. botas especiales y muy cómodas junto con un mapa dentro de una mochila
2. esquís y un traje de baño
3. un rollo de película, una cámara y un trípode
4. figuras de caballos, caballeros, castillos y reyes sobre una tabla
5. unas toallas, un radio o estéreo y un espejo grande en la pared
6. un álbum con estampillas y lentes especiales
7. una tienda de campaña y un saco de dormir

Y AHORA, ¿QUÉ DICES TÚ?

▶ Ahora, escoge dos o tres de los pasatiempos que son tus favoritos. ¿Puedes mencionar otros objetos que debes tener para practicar esos pasatiempos?

2 • PIÉNSALO TÚ   ¡Qué confusión!

▶ Hoy llegaron algunas estudiantes a un campamento en Guadalajara, México. Resulta que varias mochilas no identificadas se abrieron entre el aeropuerto y el campamento. ¿Puedes identificar los efectos personales de cada chica? Usando la siguiente información, indica (1) el país de origen de cada una, (2) qué clase de literatura le gusta y (3) su pasatiempo favorito.

Nombres: Raquel, Sofía, Marisa, Gabi

Países: Costa Rica, Colombia, España, Perú

1. En una mochila hay un libro de poesía del escritor chileno Pablo Neruda, una cámara y varios rollos de película.
2. En la mochila de Marisa hay un libro sobre los seres extraterrestres.
3. La fotógrafa es de Bogotá.
4. Raquel tiene en su mochila botas para caminar y un libro de la novelista chilena Isabel Allende.
5. La buceadora es de Lima.
6. Raquel no es americana.
7. A Sofía le gusta leer Mafalda, una tira cómica de la Argentina.
8. Marisa es sudamericana.

¡A charlar!

Use expressions like the following to explain your reasons.

¿Por qué... ?	Why . . . ?
Porque...	Because . . .
Por eso...	That's why . . .
Para + infin.	In order to (do something)

—**¿Por qué** tienes tanta prisa?
—**Porque** quiero ir al parque esta tarde, **para** correr.
—Ah, **por eso** traes esos zapatos, ¿verdad?

LECCIÓN 2

treinta y uno 31

3 • ENCUESTA   Las actividades de diferentes generaciones

▶ ¿Qué actividades son más populares entre personas de diferentes generaciones? ¿Hay diversiones en las que han participado tanto tú como tus padres o tus abuelos?

Paso 1. Haz una lista de estas actividades y luego entrevista a tres de tus compañeros para comparar sus respuestas.

Paso 2. Muchas veces nuevos inventos y diferentes circunstancias dan origen a nuevas actividades. Con un compañero / una compañera, escriban una lista de actividades que han practicado ustedes pero que nunca han podido practicar sus padres.

Bariloche, Argentina: Aunque sean de diferentes generaciones, participan en las mismas actividades.

4 • PIÉNSALO TÚ   ¿Qué haces tú?

▶ ¿Sabes que nuestras emociones influyen en nuestras actividades?

Paso 1. Haz una lista de lo que tú haces en estas situaciones.

MODELO: Para calmarme cuando estoy nervioso/a, ... →
Para calmarme cuando estoy nervioso, salgo a caminar con mi perro.

1. Para animarme en los días lluviosos, ...
2. Para relajarme antes de dormir prefiero, ...
3. Para divertirme en los días soleados de verano, ...
4. Cuando me siento solo/a me gusta, ...
5. Cuando estoy aburrido/a, ...
6. Cuando me siento furioso/a, ...

Paso 2. Busca entre tus compañeros de clase una persona que tiene tres o más de las mismas respuestas que tienes tú.

5 • ENCUESTA   El tiempo libre

▶ Como participante en una encuesta internacional sobre las actividades del tiempo libre, tienes que contestar las siguientes preguntas. Hazlo con un grupo de tres compañeros de clase.

1. **Costo:** Algunos pasatiempos requieren cierto equipo. Arreglen estas actividades en orden ascendente, desde la que requiere el equipo más barato (1) hasta la que requiere el equipo más caro (6).

   bucearhacer excursiones en bicicleta de montaña
   coleccionar tarjetas deportivasjugar al tenis
   esquiar en la nievesacar fotos en colores

2. **Popularidad:** De los deportes de la siguiente lista, ¿cuáles son los tres más populares en los Estados Unidos? ¿Cuáles son los tres más populares en los países hispanos?

   el atletismoel esquíla lucha libre
   el baloncestoel fútbolla natación
   el béisbolel fútbol norteamericanoel tenis
   el ciclismoel golfel voleibol

3. **Destreza:** ¿Cuál de estas actividades requiere más destreza? ¿Cuál es la más fácil de aprender? ¿Cuáles has intentado hacer? ¿Cuál te gustaría aprender?

   andar en monociclojugar al ajedrez
   bucearpatinar sobre ruedas
   esquiar en la nievetocar la guitarra

6 • CONVERSACIÓN ¡Contemos un cuento!

▶ Busca la foto de una persona interesante en un periódico o revista y tráela a clase. Crea una identidad para esa persona. Inventa toda la información posible: su nombre y apellido, edad, país de origen, ciudad donde vive ahora y la profesión u oficio que tiene. Habla de su familia, sus gustos, sus pasatiempos favoritos y su futuro. Cuéntale la historia de tu personaje a un compañero / una compañera de clase.

MODELO:Éste es Juan José Talese. Tiene pelo negro y bigote un poco gris. Tiene 37 años y es flaco, atlético y de estatura mediana. Le gustan los deportes, especialmente el fútbol y el ciclismo.

Nació en Italia pero ahora vive en Buenos Aires. Está casado y vive en un apartamento humilde con su familia: su esposa Sofía, su hijo Pablo y su suegro Pedro Vargas.

Juan José es panadero y trabaja en una panadería cerca de la Casa Rosada. Es muy trabajador y siempre está de buen humor. Algún día espera tener su propia panadería.

LECTURA: Clave al mundo hispano

RINCÓN CULTURAL: José Martí (Cuba, 1853–1895):
La pluma y la política

José Martí es una de las figuras más importantes de la historia de la isla de Cuba. Además de ser admirado por su poesía y sus ensayos,[1] es conocido como el héroe nacional del país. Usó su pluma para inspirar a los cubanos a que lucharan para independizarse de España.

En 1492 Cristóbal Colón reclamó la isla de Cuba en nombre del imperio español. Cuba se convirtió en una de las colonias más ricas del Caribe por su producción de azúcar, tabaco y frutas tropicales. Por eso, piratas franceses, ingleses y holandeses invadieron la isla a menudo. Los ingleses capturaron la ciudad capital de La Habana en 1762 pero la devolvieron[2] un año después bajo las condiciones del Tratado de París.

En el siglo XIX, después de casi cuatro siglos de dominio español, el pueblo cubano enfocó su atención en dos asuntos predominantes de la vida social y política: la liberación de los esclavos negros y la liberación de la patria. Martí, desde que era joven, empezó a condenar en sus escritos la esclavitud y la ocupación española. Quería la independencia total para su país. A los 17 años Martí fue encarcelado.[3] Después, fue deportado y empezó un largo período de exilio en diferentes países como Francia, México y los Estados Unidos, entre otros. Trabajó como periodista y profesor, y siguió escribiendo con la intención de influir en la opinión pública a favor de la liberación de Cuba.

En 1895 volvió a Cuba y fue uno de los líderes de la revolución contra los españoles. En esa lucha murió en el campo de batalla. No alcanzó a ver[4] lo que iba a pasar en la isla tres años más tarde: la liberación de su patria en 1898 como consecuencia de la guerra entre los Estados Unidos y España.

Jose Martí luchó y murió por el ideal que él consideraba más importante: la liberación del pueblo y de la patria. Era un hombre de acción política y un maestro de la pluma. Sus actividades políticas siempre correspondían con los versos que salían de su alma.

[1] *essays* [2] *they returned* [3] *imprisoned* [4] *No... He didn't live to see*

34 *treinta y cuatro*   **UNIDAD DE REPASO**

A EXPLORAR EL TEMA

ACTIVIDAD Los ideales y la acción

▶ Para Martí, la liberación y la independencia eran ideales muy importantes. Él escribió y luchó en la guerra para expresar sus sentimientos con respecto a estos ideales.

¿Qué ideales son más importantes para ti? Escoge unos de la lista siguiente o sugiere otros que sean importantes en tu vida. Luego, di lo que haces para expresar tus sentimientos sobre estos ideales. ¿Lucharías por tus creencias?

la armonía familiar   la liberación personal
el éxito en una carrera   la paz
la igualdad política o social   ¿ ?
la independencia

LECTURA

A PROPÓSITO La música y la poesía siempre han tenido una conexión fuerte. Los versos* de la famosa canción «Guantanamera» vienen de un poema escrito por José Martí. Unos cubanos exiliados les pusieron música a ciertos versos y usaron el estribillo° de un viejo programa de radio en Cuba: «¡Guantanamera, guajira guantanamera!»

°refrain, chorus

Celia Cruz, famosa cantante cubana, canta una versión de la canción «Guantanamera» en este disco.

*En español cada línea de un poema se llama un **verso**.

LECCIÓN 2   treinta y cinco **35**

A veces hay más de un tema en una canción o en un poema. Mientras leas los «Versos sencillos» de José Martí, trata de identificar los siguientes temas: la naturaleza, la poesía, la libertad, la política, la esclavitud,° el patriotismo, la muerte. ¿Hay otros? ¿Qué te sugieren estos temas sobre la vida de Martí?

slavery

«VERSOS SENCILLOS» (SELECCIONES)

Yo soy un hombre sincero
de donde crece la palma[1]
y antes de morirme quiero
echar mis versos del alma.[2]

5 Yo vengo de todas partes,
y hacia todas partes voy.
Arte soy entre las artes,
en los montes, monte soy.

Todo es hermoso y constante,
10 todo es música y razón,
y todo, como el diamante,
antes que luz es carbón.[3]

Con los pobres de la tierra
quiero yo mi suerte echar:[4]
15 El arroyo[5] de la sierra
me complace más que el mar.

Busca el obispo[6] de España
pilares para su altar;
¡en mi templo, en la montaña,
20 el álamo[7] es el pilar!

Estimo a quien de un revés
echa por tierra[8] un tirano;
lo estimo, si es un cubano;
lo estimo, si aragonés.[9]

25 Yo sé de un pesar[10] profundo
entre las penas sin nombres:
¡La esclavitud de los hombres
es la gran pena del mundo!

Yo quiero salir del mundo
30 por la puerta natural:
en un carro de hojas verdes
a morir me han de llevar.[11]

Yo quiero, cuando me muera,
sin patria, pero sin amo
35 tener en mi losa[12] un ramo
de flores —¡y una bandera!

---

[1]*palm tree* [2]*soul* [3]*coal* [4]*mi... to link my fate* [5]*río pequeño* [6]*bishop* [7]*poplar tree* [8]*echa... defeats* [9]*persona de Aragón, España* [10]*sadness* [11]*me... they will take me* [12]*gravestone*

Una playa de Cuba.

¿QUÉ ENCONTRASTE?

ACTIVIDAD 1 Versos, temas y sentimientos

▶ Haz las siguientes actividades sobre «Versos sencillos».

Paso 1. Combina los versos de la columna A con los de la columna B para formar el orden correcto según el poema.

A

1. Yo soy un hombre sincero
2. Arte soy entre las artes,
3. y todo, como el diamante,
4. Busca el obispo de España
5. ¡en mi templo, en la montaña,
6. Estimo a quien de un revés
7. Yo quiero salir del mundo

B

a. el álamo es el pilar!
b. echa por tierra un tirano;
c. pilares para su altar;
d. antes que luz es carbón.
e. de donde crece la palma
f. en los montes, monte soy.
g. por la puerta natural:

Paso 2. Con un compañero / una compañera, lean otra vez los versos que acaban de combinar. Contesten las siguientes preguntas sobre cada combinación. Hay más de una respuesta correcta.

1. ¿Cuáles son los sentimientos que el poeta comunica con los versos?
    a. La tristeza porque...
    b. La felicidad porque...
    c. El enojo porque...
    d. La paz porque...

2. ¿Cuál es el tema principal de los versos?
    a. La naturaleza porque...
    b. La política porque...
    c. La libertad porque...
    d. La muerte porque...

Paso 3. Comenta las siguientes preguntas con un compañero / una compañera.

1. ¿Cómo te sientes después de leer los «Versos sencillos»? ¿Qué versos te impresionaron más? ¿Por qué?

2. Para Martí, los temas de la naturaleza, la libertad, la política, el patriotismo, la muerte y la esclavitud son muy importantes. ¿Cuáles de estos temas son importantes en tu vida? ¿Por qué? ¿Hay otros temas que también son importantes para ti? ¿Cuáles son?

LECCIÓN 2

ACTIVIDAD 2 — Elemento poético: La metáfora

▶ La metáfora es un elemento básico de la poesía. Una metáfora es la identificación o comparación de una cosa o persona con otra cosa. Por ejemplo, José Martí se identifica directamente con el monte en el verso 8: «en los montes, monte soy». Contesta estas preguntas.

1. ¿Qué quiere decir Martí cuando se compara con el monte? ¿Qué implica esto de la personalidad y la identidad de él?
2. ¿Puedes encontrar más metáforas? (Busca en los versos 7 y 27–28.) ¿Cuál es el significado de estas metáforas para Martí?
3. ¿Con qué te identificas tú? Escribe una lista de cosas, lugares, personas, etcétera, que tienen importancia en tu vida. ¿Cuál sería la metáfora ideal para tu identidad? ¿Por qué?

A EXPLORAR MÁS A FONDO

ACTIVIDAD — El poeta en mí

▶ Usa tu lista de metáforas de la actividad anterior y escoge una o dos de las estrofas° que siguen para crear un poema. Adapta los «Versos sencillos» de José Martí para expresar tus propios sentimientos.

stanza

Yo soy...
de donde...
y antes de morirme quiero...

Yo vengo de...
y hacia... voy:
...soy entre...
en... , ...soy.

Todo es... y... ,
todo es... y... ,
y todo, como... ,
antes de... es...

TRADICIÓN Y CAMBIO

JOSÉ MARTÍ: *GRAN AMIGO DE LOS NIÑOS*

José Martí, conocido como escritor, poeta y revolucionario, escribió para los niños también. Cuando vivía en Nueva York, fundó una revista juvenil, *La edad de Oro,* cuyo propósito se encuentra en la primera edición, publicada en 1889:

> Todo lo que [los niños] quieren saber les vamos a decir... cómo está hecho el mundo... cómo se vivía antes, y se vive hoy, en América...

Lo único que Martí les pedía a los pequeños lectores era que lo recordaran como a un amigo. Lo era, y sigue siéndolo hoy día. Publicadas de nuevo, sus revistas son un tesoro de poesías, cuentos de héroes, fábulas, artículos y dibujos.

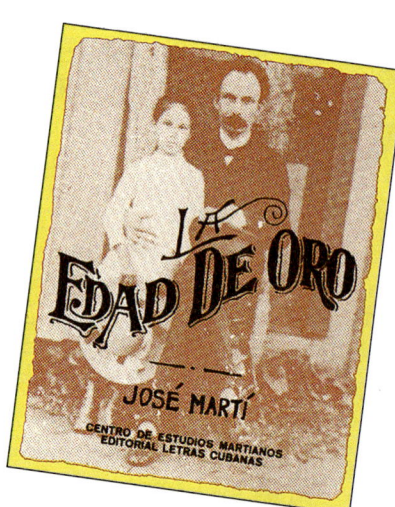

¿POR QUÉ LO DECIMOS ASÍ?

GRAMÁTICA

¿TIENES HAMBRE?
Idioms with *tener*

In addition to **ser** and **estar,** the verb **tener** often corresponds to English *to be.*

A **Tener** expresses *to be* in a number of Spanish idioms relating to feelings or states of being. Try to find the appropriate **tener** idiom for each of the drawings in the list below. You will not use all of the idioms, and some of them may be new to you.

tener... años
tener calor/frío
tener cuidado
tener éxito
tener hambre/sed
tener la culpa
tener miedo
tener prisa
(no) tener razón
tener sueño
tener suerte
tener vergüenza

B **Tener** has meanings other than *to be* in some other idioms. Here are some important ones.

tener ganas de + *infin.*	to feel like (doing something)
tener lugar	to take place
tener que + *infin.*	to have to (do something)

—¿**Tienes ganas de** asistir al partido?
—¡Claro que sí! ¿Dónde **tiene lugar**?

—*Do you feel like going to the game?*
—*Of course! Where's it taking place?*

LECCIÓN 2 treinta y nueve **39**

EJERCICIO 1 — ¿Qué me preguntaste?

▶ Léele las respuestas a un compañero / una compañera. Él/Ella tiene que adivinar las preguntas apropiadas.

MODELO:
TÚ: Solamente tiene seis años.
COMPAÑERO/A: ¿Cuántos años tiene tu primo?

Tú
1. Solamente tiene seis años.
2. Sí. Voy a tomar un refresco.
3. ¡Sí! Siempre gano los partidos.
4. En el gimnasio de la escuela.
5. ¡Voy a llegar tarde a clase!
6. Sí. Voy a abrir las ventanas.
7. Sí. Me voy a acostar pronto.

Compañero/a
a. ¿Tienes calor?
b. ¿Tienes hambre ahora?
c. ¿Cuántos años tiene tu primo?
d. ¿Tienes mucha sed?
e. ¿Tiene razón el profesor?
f. ¿Por qué tienes prisa?
g. ¿Tienes mucho sueño?
h. ¿Dónde tiene lugar el partido?
i. ¿Tienes mucho éxito en los deportes?

¿Recuerdas?

▶ You have used the verb **tener** since you began studying Spanish. Here are its present-tense forms. Review them if necessary.

tener: tengo, tienes, tiene, tenemos, tenéis, tienen

EN MIS RATOS LIBRES CORRO Y BUCEO
Present-Tense Verbs: Review and Expansion

¡REPASEMOS!

All Spanish infinitives end in **-ar, -er,** or **-ir.** To form the present tense of regular verbs, first drop the infinitive ending to get the stem: **hablar → habl-, comer → com-, vivir → viv-.**

For **-ar** verbs, add the endings **-o, -as, -a, -amos, áis, -an** to the stem. Here are the forms of the regular verb **charlar** (*to chat*).

charlar: charlo, charlas, charla, charlamos, charláis, charlan

The present-tense endings for **-er** and **-ir** verbs are the same except for the **nosotros** and **vosotros** forms: **-o, -es, -e, -emos/-imos, -éis/-ís, -en.** Here are the present-tense forms of the regular verbs **tejer** (*to knit*) and **recibir** (*to receive*).

tejer: tejo, tejes, teje, tejemos, tejéis, tejen
recibir: recibo, recibes, recibe, recibimos, recibís, reciben

Los fines de semana **buceo** y **corro.** Mi mejor amiga no **bucea** pero sí **corre** mucho. Por la noche ella y yo **salimos** con nuestros compañeros.

---

stem: habl-, com-, viv-

-ar verbs:
-o, -as, -a,
-amos, -áis,
-an

-er/-ir verbs:
-o, -es, -e,
-emos/-imos,
-éis/-ís, -en

A The present-tense **yo** form of several verbs ends in **-go**. All other present-tense forms of these verbs are regular.

caer: caigo	poner: pongo	traer: traigo
hacer: hago	salir: salgo	

B Many verbs that end in **-cer** or **-cir** have a present-tense **yo** form that ends in **-zco** or **-zo**.

conducir: conduzco	convencer: convenzo	pertenecer: pertenezco
conocer: conozco	ofrecer: ofrezco	traducir: traduzco

C In verbs that end in **-ger** or **-gir,** the **g** changes to **j** in the **yo** form.

exigir: exijo	escoger: escojo	proteger: protejo

D Only the **yo** form of the verbs **dar (doy), saber (sé),** and **ver (veo)** is irregular in the present tense.

¿Recuerdas?

Many verbs are regular in the present tense except for the **yo** form. There are several types of irregular **yo** forms. You should recognize most—if not all—of the verbs in this section. Check their meanings in the **Vocabulario español–inglés** if you need to.

¿QUÉ QUIERES HACER HOY?
Present Tense of Stem-Changing and Spelling-Change Verbs

¡REPASEMOS!

Stem-changing verbs have the same endings as regular verbs. In the present tense, however, their stems change in all except the **nosotros** and **vosotros** forms. In vocabulary lists, this change appears in parentheses following the infinitive.

*stem change in all but **nosotros** and **vosotros** forms*

In verbs such as **comenzar** (*to begin*), the **e** changes to **ie**. Here are the present-tense forms of **comenzar (ie)**.

e → ie

    comenzar: comienzo, comienzas, comienza, comenzamos, comenzáis, comienzan

In verbs such as **dormir** (*to sleep*), the **o** changes to **ue**. The verb **jugar** (*to play*) is like these verbs, but it is the **u** that changes to **ue**. Here are the present-tense forms of **dormir (ue)**.

o → ue

    dormir: duermo, duermes, duerme, dormimos, dormís, duermen

In some **-ir** verbs, such as **pedir** (*to ask for*), the **e** changes to **i** in the present tense. Here are the present-tense forms of **pedir (i)**.

e → i

    pedir: pido, pides, pide, pedimos, pedís, piden

LECCIÓN 2

¿Recuerdas?

▶ As with regular verbs, some stem-changing verbs have irregular **yo** forms. There are two kinds.

> Los fines de semana **duermo** hasta muy tarde. **Almuerzo** en un restaurante que está cerca de mi casa. Casi siempre **pido** una hamburguesa. Luego **juego** al tenis... ¡y casi nunca **pierdo**! ¿Y por la noche? **Me divierto** con los amigos.

[Some additional **yo** forms end in **-go**.

A The **yo** form of a few stem-changing verbs ends in **-go**.

decir (i): digo   venir (ie): vengo
tener (ie): tengo

[**-gir: g → j**

B In stem-changing verbs that end in **-gir**, the **g** changes to **j** in the **yo** form.

corregir (i): corrijo   elegir (i): elijo

[**esquío, actúo, incluyo**

C Certain verbs have a small spelling change in all but the **nosotros** and **vosotros** forms of the present tense.

• Most verbs ending in **-iar** or **-uar** have a written accent mark on the final vowel of the stem. Here are the present-tense forms of **esquiar** (*to ski*) and **actuar** (*to act*).

esquiar: esquío, esquías, esquía, esquiamos, esquiáis, esquían
actuar: actúo, actúas, actúa, actuamos, actuáis, actúan

• Most verbs ending in **-uir** add a **y** before the regular endings. Here are the present-tense forms of **incluir** (*to include*).

incluir: incluyo, incluyes, incluye, incluimos, incluís, incluyen

¿ADÓNDE VAS ESTA NOCHE?
Present Tense of Irregular Verbs

¡REPASEMOS!

PIAGET
Los relojes más caros del mundo

Cuando Vd. elige un reloj Piaget Polo es más que una adquisición.

The verbs **estar** (*to be*), **ir** (*to go*), **oír** (*to hear*), and **ser** (*to be*) are irregular in the present tense. You have already reviewed the forms of **estar** and **ser**. Here are the forms of the other two verbs.

ir: voy, vas, va, vamos, vais, van
oír: oigo, oyes, oye, oímos, oís, oyen

EJERCICIO 2 Una encuesta

▶ Entrevista a varios compañeros.

Paso 1. Pregúntales a varios compañeros si ellos hacen las siguientes actividades. Luego comparte la información con toda la clase.

MODELO: conducir / coche para venir a la escuela →

TÚ: ¿*Conduces* tu coche para venir a la escuela?
COMPAÑERO/A: Sí, *conduzco* mi coche todos los días. (No, nunca *conduzco* mi coche para venir a la escuela.)

1. tener que / estudiar mucho
2. ir / al cine con frecuencia
3. hacer / la tarea regularmente
4. saber / otros idiomas
5. jugar / al tenis
6. pertenecer / a varias organizaciones
7. conocer / a todos los estudiantes de esta clase

Paso 2. Ahora entrevista a un compañero / una compañera en más detalle usando las siguientes preguntas u otras originales. Cuando terminen, tu compañero/a te puede entrevistar a ti.

1. cuántos hermanos / tener
2. con quiénes / ir al cine
3. dónde / hacer la tarea de español
4. qué idiomas / saber hablar
5. qué deportes / practicar
6. a qué organizaciones / pertenecer
7. a quién / no conocer en la clase
8. ¿ ?

EJERCICIO 3 Actividades diarias

▶ ¿Qué haces en estas situaciones?

Paso 1. Contesta las siguientes preguntas. Haz por lo menos tres oraciones para cada pregunta.

1. ¿Qué haces después de la escuela?
2. ¿Qué haces por la noche en casa?
3. ¿Qué tienes que hacer esta noche?
4. ¿Qué haces los sábados por la noche?
5. ¿Qué tienes ganas de hacer este fin de semana?

Paso 2. Ahora usa las preguntas del Paso 1 para entrevistar a un compañero / una compañera. ¿Tienen los dos las mismas costumbres?

¿A QUÉ HORA TE ACUESTAS?
Reflexive Pronouns

- reflexive: -self/-selves
- reflexive pronouns: me, te, se, nos, os, se

¡REPASEMOS!

Reflexive pronouns refer to the same person as the subject of the verb. In English, reflexive pronouns end in *-self/-selves*. Here are the Spanish reflexive pronouns: **me, te, se, nos, os, se.** They are used in the following ways.

A number of verbs that describe daily routine use reflexive pronouns.

> Es importante **lavarse** las manos antes de comer.

Verbs that describe a physical or emotional change, or those whose English equivalents use *-self*, generally use a reflexive pronoun.

> Generalmente **me divierto** en las fiestas. Pero **me enojo** cuando no hay buena música para bailar.

Reflexive pronouns may precede the conjugated verb or be attached to the infinitive.

> —Ay, mamá, ¿por qué tengo que **levantarme** tan temprano?
> —Porque si no **te das** prisa, vas a llegar tarde.

EJERCICIO 4   Tu día

▶ ¿Tienes la costumbre de hacer las siguientes cosas?

Paso 1. Indica bajo qué condiciones las haces.

> MODELO: levantarse temprano →
> *Me levanto* temprano cuando tengo que ir a la escuela.

1. quedarse en casa
2. lavarse el pelo
3. ponerse pantalones cortos
4. enojarse
5. acostarse tarde
6. divertirse mucho

Paso 2. Ahora pregúntale a un compañero / una compañera cuándo hace las mismas cosas. Comparen sus respuestas.

> MODELO:
> TÚ: ¿Cuándo *te levantas* temprano?
> COMPAÑERO/A: *Me levanto* temprano todos los días.

¿QUÉ ES ESTO?
Gender of Nouns

¡REPASEMOS!

All Spanish nouns are either masculine or feminine. This does not necessarily mean that the noun has characteristics related to sexual gender. The gender of a noun that does not refer to a person or animal is often indicated by its ending. Here are some guidelines.

Masculine Noun Endings

-o (*exception:* **la mano**)

el libro   el mercado   el gato

Feminine Noun Endings

-a (*exceptions:* **el día, el mapa, el futbolista**)

la casa   la librería   la música

-ción, -sión

la nación   la información   la televisión

-dad, -tad

la universidad   la verdad   la amistad

masculine: **-o**

feminine: **-a,
-ción, -sión,
-dad, -tad**

A These additional guidelines will help you determine the gender of nouns.

Masculine Noun Endings

many words that end in **-ma, -eta**

el problema   el programa   el poema   el planeta

most compound words

el paraguas   el tocadiscos   el rascacielos

masculine: **-ma,
-eta;** compound
words

Feminine Noun Endings

-umbre   la costumbre   la legumbre

-ie   la serie   la superficie

-ud   la juventud   la salud

feminine: **-umbre,
-ie, -ud**

LECCIÓN 2

cuarenta y cinco **45**

B Some nouns that refer to people have the same form in both genders. Only the article changes. This is true of all words ending in **-ista**.

el/la artista	el/la modelo
el/la estudiante	el/la testigo

C Several frequently used nouns that refer to people are always feminine, regardless of whether they refer to males or females.

la gente	la persona	la víctima

Ese actor es una **persona** buena, pero fue **víctima** de un falso rumor.

That actor is a good person, but he was the victim of a false rumor.

D Some nouns that refer to people or animals have very different corresponding forms. Here are some examples.

Masculine	Feminine
el hombre	la mujer
el caballero	la dama
el actor	la actriz
el emperador (*emperor*)	la emperatriz (*empress*)
el rey (*king*)	la reina (*queen*)
el príncipe	la princesa
el varón (*male*)	la hembra (*female*)
el toro (*bull*)	la vaca (*cow*)

EJERCICIO 5 ¿En quién piensas?

▶ ¿A quién(es) asocias con estos sustantivos?

Paso 1. Menciona los siguientes sustantivos a un compañero / una compañera y pídele que te dé el nombre de una persona que asocia con el sustantivo que mencionaste.

1. un músico o una música
2. un deportista o una deportista
3. un político o una política
4. un patinador o una patinadora
5. un director o una directora de cine
6. un príncipe o una princesa
7. un científico o una científica
8. un novelista o una novelista
9. un explorador o una exploradora
10. un héroe o una heroína
11. un humorista o una humorista
12. ¿ ?

Paso 2. Ahora comparen la lista de ustedes con las del resto de la clase. ¿Nombraron a más hombres o más mujeres?

¿QUÉ SON ESTOS?
Plural of Nouns

¡REPASEMOS!

The plural is the form that refers to more than one. To make most nouns plural in Spanish, all you need to remember are the following rules.

Add **-s** to words ending in vowels.

    clase → **clases**

Add **-es** to words ending in consonants.

    rey → **reyes**

Change **-z** to **-c** before adding **-es**.

    lápiz → **lápices**

Drop the accent from **-és, -án, -ín, -ón**.

    francés → **franceses**
    capitán → **capitanes**
    bailarín → **bailarines**
    canción → **canciones**

vowel: + -s

consonant: + -es

z → c + -es

-és, -án, -ín, -ón: drop accents

A Use the masculine plural to refer to two or more persons of different gender.

    el padre y la madre → los padres
    el rey y la reina → los reyes
    el actor y la actriz → los actores

masculine plural = two or more persons of different gender

B Simply use the plural article to form the plural of compound nouns and of the days of the week that end in **-s**.

    el tocadiscos → los tocadiscos
    el rascacielos → los rascacielos
    el viernes → los viernes

EJERCICIO 6 — Similares

▶ Habla de personas famosas.

Paso 1. Con un compañero / una compañera, comparen a las siguientes personas. Cuando tú menciones a un hombre, tu compañero/a debe mencionar a una mujer equivalente. Luego describe a las dos personas.

la reina Sofía    el rey Juan Carlos I    Frida Kahlo    Diego Rivera

Gabriel García Márquez    Isabel Allende    Jimmy Smits    Emma Thompson

Otras personas: Stefan Edberg, Elena de España

MODELO:

TÚ: Juan Carlos I es *el rey* de España.
COMPAÑERO/A: Y Sofía es *la reina*.
TÚ: Los dos son *los reyes* de España.

1. Diego Rivera es un artista famoso.
2. Emma Thompson ha ganado un Óscar a la mejor actriz.
3. Gabriel García Márquez es un escritor conocido.
4. El príncipe Felipe estudia en los Estados Unidos.
5. Steffi Graf es una famosa jugadora de tenis.
6. ¿?

Paso 2. Ahora completa las siguientes oraciones con el nombre o los nombres de algunas personas. ¿A quién(es) menciona tu compañero/a?

1. _____ es mi cantante favorita.
2. _____ son profesores en esta escuela.
3. _____ es una modelo que vemos en muchas revistas.
4. _____ son atletas olímpicos.
5. _____ es buen bailarín.
6. _____ es una persona fascinante.

VOCABULARIO 2 PALABRAS NUEVAS

Las actividades
arreglar el coche
bucear
coleccionar
charlar
dar un paseo
echarse
entretenerse
esquiar en la nieve
hacer ejercicios aeróbicos
pintar
relajarse
tejer un suéter
tomar riesgos
trasnochar

Palabras de repaso: acampar, andar en bicicleta, asistir a un concierto, bailar, caminar, correr, dar una caminata, dormir (una siesta), escuchar música, esquiar sobre el agua, hacer crucigramas, hacer ejercicio, hacer *surfing*, ir (al centro comercial, al cine, al parque de diversiones, al parque zoológico, a una fiesta, a una exposición de arte, de compras, de vacaciones), jugar (al ajedrez, con muñecas, a los deportes, a la rayuela, al tenis, al escondite, a los videojuegos), leer (ciencia ficción, una novela, un poema, las tiras cómicas), pasear por (el bosque, el parque, la playa), patinar (sobre ruedas), practicar deportes, poner (el estéreo, la música, la radio, un video), quedarse en casa, recoger flores, sacar fotos, salir (a bailar, ...), tocar (la guitarra, el piano, ...)

LECCIÓN 2

UNIDAD DE REPASO: YA LLEGAMOS

¡TE INVITAMOS A ESCRIBIR!

EMPEZANDO A ESCRIBIR: CÓMO GENERAR TUS IDEAS

Un buen escritor se reconoce en que sabe que va a escribir varios borradores, o sea, varias versiones de su composición antes de escribir la versión final. El propósito de sus primeros intentos es captar las ideas que tiene y escribirlas en una hoja de papel, sin preocuparse de los detalles finales.

¿Recuerdas algunas estrategias útiles que se usan para generar ideas para una composición? Repasemos dos, y miremos una nueva.

Estrategia 1. El mapa semántico

En el centro de una hoja de papel, escribe una palabra o una frase importante con respecto al tema de tu composición; rodéala con un círculo. Dibuja líneas que salen del círculo y agrégales las palabras y frases que tú asocias con la frase central.

Por ejemplo, si quieres contestar la pregunta «¿Cómo es don Quijote», puedes empezar un mapa semántico con la frase «la personalidad de don Quijote». Usa el siguiente mapa semántico como guía y complétalo con un mínimo de diez palabras o frases que tú asocias con el aventurero don Quijote.

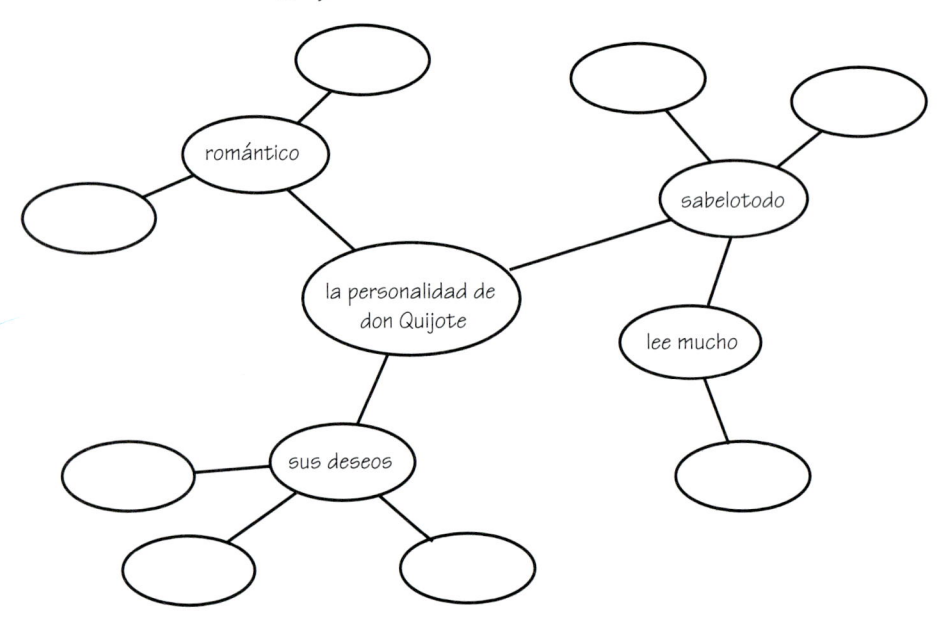

Estrategia 2. El diagrama Venn

Cuando quieres comparar a alguien o algo con otra persona o cosa, puedes empezar a generar ideas con un diagrama Venn.

- Primero, superpón parcialmente un círculo sobre otro.
- Ponle un título a cada círculo que corresponde a los dos conceptos que estás comparando. En las secciones de afuera, escribe las ideas que distinguen los conceptos.
- En la sección que comparten los conceptos, escribe las ideas que tienen en común.

Por ejemplo, si quieres comparar a Frida Kahlo con José Martí, puedes empezar con las ideas en el siguiente diagrama Venn. Usa el diagrama como guía y complétalo con tus propias ideas. Y recuerda: durante esta etapa del proceso de escribir, no revises tus ideas. Escribe cualquier idea que se te ocurra.

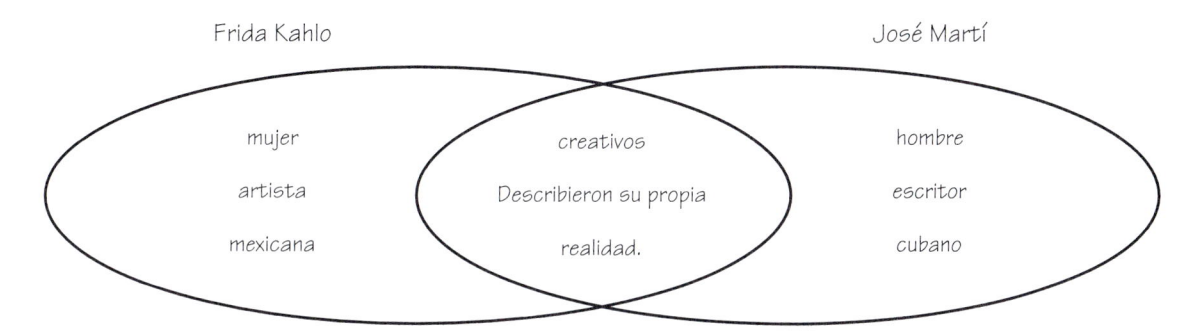

Frida Kahlo — mujer, artista, mexicana

José Martí — hombre, escritor, cubano

En común: creativos, Describieron su propia realidad.

Estrategia 3. La redacción libre

El propósito de la redacción libre es escribir tus ideas en una hoja de papel por un tiempo específico —cinco o diez minutos, por ejemplo— sin parar. No leas, no corrijas, no elimines nada mientras estás escribiendo. ¿El resultado? Con práctica, tus ideas vendrán más y más fácilmente. Lo único que tienes que recordar es relajarte y escribir sin revisar lo que escribes.

Y AHORA, ¡A PRACTICAR!

▶ En un cuaderno, escribe por cinco minutos sobre la vida de don Quijote, José Martí o Frida Kahlo. ¿Se parece a tu vida o es diferente? Escribe todo lo que se te ocurra.

No importa si tus ideas difieren del tema original o si cometes un error. Sigue escribiendo sin parar.

YA LLEGAMOS

ACTIVIDADES FINALES

PARA TI SOLO/A

▶ Prepara un autorretrato que incluye una descripción de cómo eres de verdad, tus gustos, pasatiempos y metas para el futuro. También puedes hablar de los sucesos y las personas más importantes de tu vida hasta ahora.

El retrato debe tener dos partes: una visual y otra oral. Puedes usar un cassette o video para hacer tu presentación oral. La parte visual puede ser un montaje de fotos, una historia ilustrada (con fotos, dibujos o transparencias) o un video.

CON UN COMPAÑERO / UNA COMPAÑERA

▶ Prepara una lista de diez preguntas para conocer mejor a otro/a estudiante.

Paso 1. Usa las preguntas para entrevistar a alguien con quien no hayas hablado mucho todavía.

Paso 2. Usa la información que obtienes para escribir una breve descripción de la persona, pero no incluyas su nombre. Luego, el profesor / la profesora va a leer tu descripción en voz alta para ver si la clase puede identificar a la persona.

CON TODA LA CLASE

▶ **Opción 1.** Preparen un perfil° de la clase. Hablen de la «personalidad» del grupo, las cosas que le interesan a la mayoría y los pasatiempos más populares. Luego, inventen un escudo de armas° que representa al grupo. Escojan un lema° y una mascota también.

profile

escudo... coat of arms / slogan, motto

▶ **Opción 2.** Hagan un edredón° en que se representan todos los estudiantes de la clase. Cada persona tiene que preparar un cuadrado en el que se representa a sí misma. Puede dibujar o pintar las cosas más importantes para él/ello. Después, unan todos los cuadrados y cuelguen° el edredón en el salón de clase.

quilt

hang

▶ **Opción 3.** Publiquen un anuario de la clase. Cada estudiante tiene que traer una foto y escribir una descripción de sí mismo/a. Pongan la descripción junto a la foto en una hoja de papel. Diseñen una portada° para el anuario. Hagan fotocopias para todos y guárdenlas hasta el fin del año escolar. En mayo, sáquenlas para ver cómo han cambiado todos.

front cover

PASAPORTE CULTURAL 1

La bandera de México.

MÉXICO

En todo lo mexicano conviven dos culturas: la europea y la indígena.

¿QUÉ PODEMOS DECIR?

▶ Asocias los siguientes conceptos y nombres con México? ¿Sí o no?

las pirámides
Frida Kahlo
el gazpacho
la rumba
los mariachis

▶ ¿Qué más asocias con México?

Datos esenciales

Nombre oficial:	los Estados Unidos Mexicanos
Capital:	la Ciudad de México
Moneda:	el nuevo peso
Población:	87.800.000 de habitantes
Gobierno:	república federal democrática
Idiomas:	el español (oficial), el zapoteca, el mixteca, el náhuatl, varios dialectos mayas

¿SABÍAS QUE...

- la Ciudad de México tiene veinte millones de habitantes, siendo así la ciudad más grande del mundo?

- México se divide en tres regiones climáticas, según la altura: climas calientes (a 2.500 pies sobre el nivel del mar), climas templados (entre 2.500 y 5.500 pies) y climas fríos (sobre 5.500 pies)?

- los conquistadores españoles destruyeron los grandes edificios de los aztecas para construir los suyos sobre las ruinas, usando los materiales de los edificios que habían destruido?

- cada una de las cinco montañas más altas de México es un volcán[1]?

- entre los alimentos que los indígenas mexicanos dieron al mundo están el maíz, el tomate, el chocolate, el chile, el pavo, el frijol y la calabaza[2]?

¡A COMER!

- Los famosos antojitos[3] mexicanos combinan elementos de la cultura europea y la indígena. Los antojitos se hacen a base de ingredientes indígenas: tortilla de maíz y chile. Combinados con una infinidad de alimentos se crean quesadillas, tacos, tostadas, sopas, enchiladas y otros.

[1] volcano
[2] pumpkin
[3] appetizers

El volcán Popocatépetl, visto de la ciudad de Puebla.

54

La tradición cultural

- A finales del siglo XIX nacieron en México dos compositores que revolucionaron la música mexicana: Carlos Chávez y Silvestre Revueltas. Cada uno a su manera combinó el modernismo europeo y el estadounidense con temas mexicanos de origen indígena y popular. En sus ballets *Xochipilli macuilxochitl* y *El fuego nuevo*, Chávez introdujo temas e instrumentos indígenas en la orquesta tradicional europea. Revueltas supo introducir también elementos de la música popular mexicana en sus obras maestras *Homenaje a García Lorca*, *Sensemayá* y *La noche de los mayas*.

Carlos Chávez.

¡A divertirnos!

- La noche del 18 de diciembre se celebra en Oaxaca la Fiesta de la Virgen de la Soledad. Los participantes llevan por las calles linternas de papel de colores en forma de pájaros, flores y hojas. Es costumbre comer buñuelos [1] en los puestos de la plaza central y, después de comérselos... ¡arrojar el plato al suelo haciéndolo añicos! [2] El día 23 de diciembre se celebra en Oaxaca la fiesta del rábano. [3] En esta ocasión los dueños de los puestos venden enormes rábanos tallados [4] en formas originales. También es costumbre comer buñuelos y romper los platos después.

[1] *a type of pastry*
[2] *¡arrojar... shatter the plate by throwing it to the ground!*
[3] *radish*
[4] *carved*

Oaxaca: La fiesta del rábano.

México
VISTAZO FINAL

Y AHORA, ¿QUÉ MÁS PODEMOS DECIR?

▶ Todas estas afirmaciones son falsas. Corrígelas.

1. En la cultura mexicana predomina la influencia europea.
2. Los españoles trajeron el maíz, el chocolate y el tomate al Nuevo Mundo.
3. México es un país compuesto sólo de desiertos calientes.

¿QUÉ OPINAS TÚ?

▶ Escoge por lo menos dos temas en esta sección que te interesan.

- Primero, haz una lista de varias cosas de México relacionadas con estos temas.

- Segundo, haz una lista de algunas cosas de tu país que se relacionan con estos temas.

- Tercero, haz una comparación y contraste entre México y tu país con respecto a estos temas. ¿En qué son similares los dos países? ¿En qué son diferentes?

- Finalmente, escribe un párrafo para describir esas semejanzas y diferencias. En tu párrafo, trata de contestar las siguientes preguntas:

    ¿Por qué te interesan estos aspectos de México? ¿Hay algo semejante en tu país que podría[1] compararse con estos aspectos? Si crees que no existe nada comparable, di por qué.

    ¿Cómo sería tu vida[2] si estos conceptos existieran[3] —o no existieran— en la comunidad donde tú vives? ¿Cómo sería la vida de tus parientes? ¿y la de tus amigos?

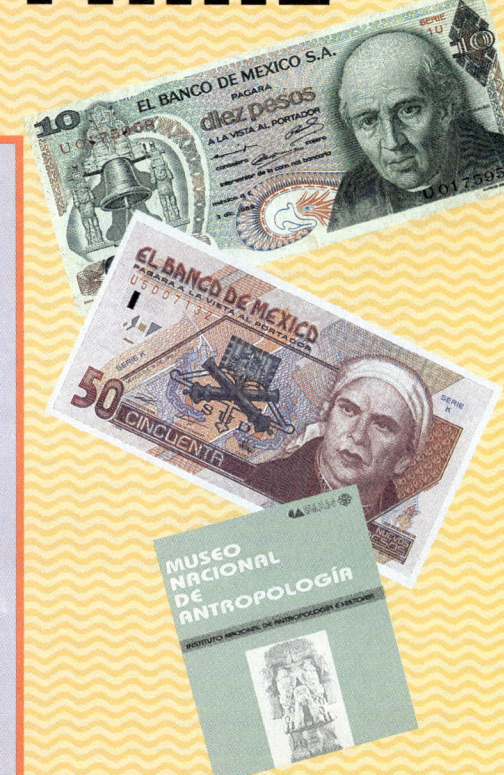

[1] could
[2] ¿Cómo... What would your life be like
[3] were to exist

¿QUIÉNES FORMAN TU «FAMILIA»?

UNIDAD 1

Tula, México.

Barranquilla, Colombia.

Lima, Perú.

Santiago, Chile.

MI FAMILIA

ALLÍ VAMOS

En esta unidad vas a pensar en las personas, las tradiciones y los ritos que significan mucho para ti hoy y en los que van a ser importantes para ti en el futuro. También vas a considerar por qué las tradiciones y los ritos nos dan un sentido de «familia» y cómo nos unen.

- ¿Qué fotos te recuerdan a tu familia?
- ¿Qué sucesos son familiares para ti?
- ¿Quiénes están en la foto de tu «familia» hoy? ¿Quiénes van a estar en la foto en veinte años?

«De tal palo, tal astilla.»

Salinas, California.

LECCIÓN 1: LAS RELACIONES FAMILIARES

¿Quiénes son nuestros antepasados? Para algunas personas de habla española, son los aztecas. ¿Sabes quiénes eran los aztecas? Cuando los españoles llegaron a América, encontraron varias civilizaciones indígenas. La azteca era una de las más avanzadas.

Los españoles llegaron en 1519 a lo que hoy es México. En aquella época, el imperio azteca era muy extenso.

Éste es Cuauhtémoc, el último emperador de los aztecas. En 1521, los españoles, dirigidos por Hernán Cortés, conquistaron su imperio.

La vida de los aztecas se concentraba en el culto a sus muchos dioses.

Uno de los dioses principales de los aztecas era Quetzalcóatl. Su nombre significa «serpiente emplumada».

58 cincuenta y ocho UNIDAD 1

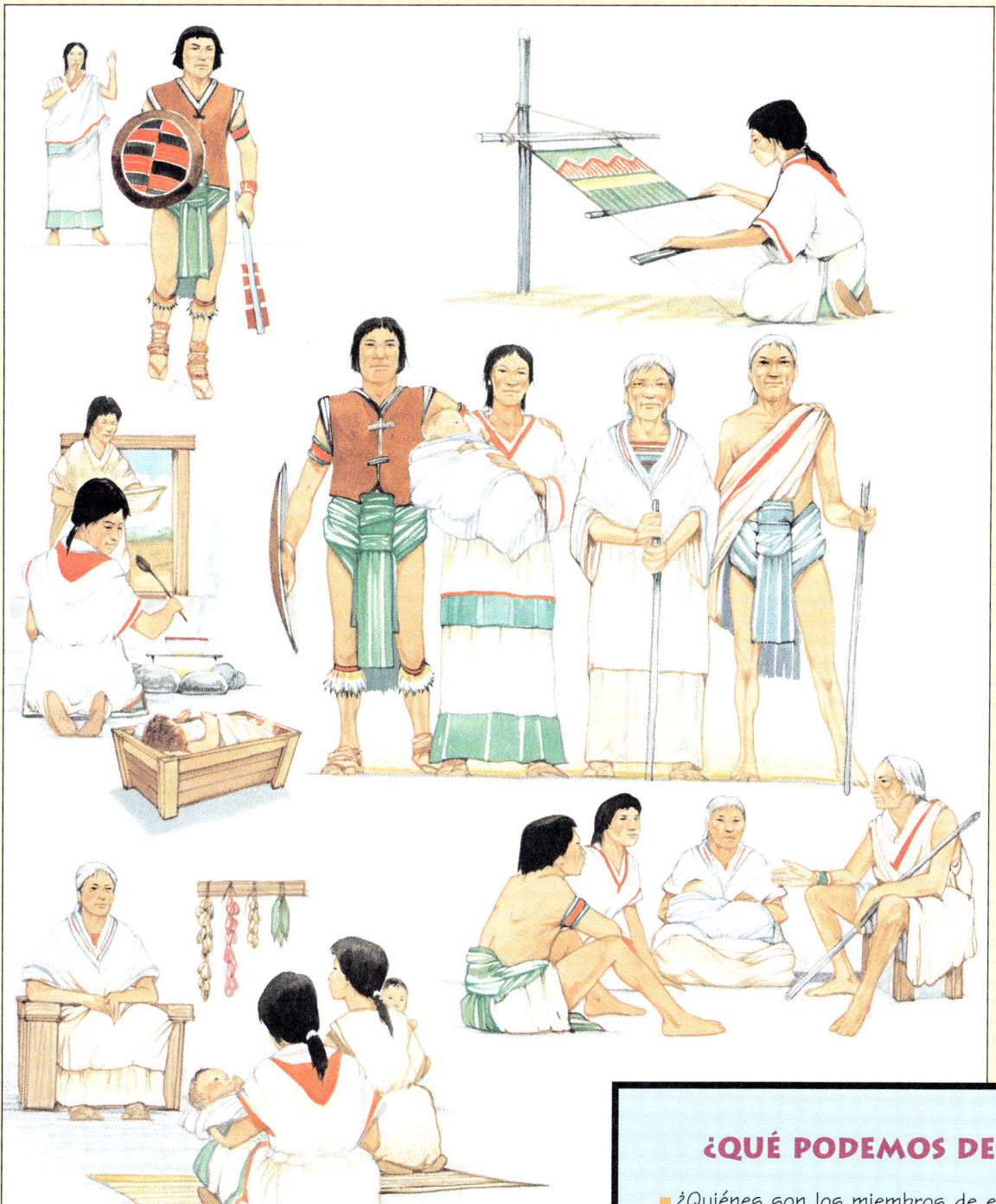

Esta familia azteca vivía en Tenochtitlán antes de la llegada de los españoles. Tenochtitlán era la capital del imperio azteca.

¿QUÉ PODEMOS DECIR?

- ¿Quiénes son los miembros de esta familia azteca?
- ¿Son las actividades de tu familia iguales o parecidas a las que practicaban los aztecas?
- ¿Qué tiene tu familia en común con esta familia?

LECCIÓN 1

cincuenta y nueve 59

Así se dice...

VOCABULARIO

¿QUIÉNES SON LOS COLLANES?

La familia Collanes vive en la Ciudad de México. ¿Qué tiene tu familia en común con esta familia mexicana? ¿Qué te parecen las relaciones entre los miembros de la familia?

Me llamo Laura Collanes. Ésta es mi foto de **recién nacida**, cuando todavía era bebé. Aquí estoy con mis padres y mis abuelos paternos (los padres de mi padre); mis abuelos vivían con nosotros. **Me parecía** mucho **a** mi padre; teníamos los ojos, la boca y la nariz muy parecidos. Como era muy pequeña, tenía que **confiar en** todos. Mi familia siempre me **protegía** contra todo peligro.

Papi trabajaba en una biblioteca. Mami se quedaba en casa y me cuidaba con mucho **cariño**. Yo **les tengo mucho cariño** a los dos.

UNIDAD 1

Aquí estoy con mi novio Claudio. El fin de semana pasado fuimos a una fiesta con nuestros amigos. Antes de ser novios, tuvimos **una amistad** muy **estrecha**. Por eso ahora nos llevamos muy bien. Cuando peleamos, es porque Claudio me dice alguna tontería o **coquetea** con otra chica. Pero por lo general, **nos reconciliamos** pronto. Nos gusta mucho dar paseos por la plaza y charlar con nuestros amigos.

Ésta era mi última fiesta de cumpleaños. Celebro mi cumpleaños el 13 de mayo. ¡No me gusta cuando cae en un martes 13!

Mis padres son **un matrimonio** muy amoroso. La semana pasada celebraron su aniversario. Cumplieron dieciocho años de casados. El muchacho es mi **medio hermano** Emiliano. (Es el hijo de la primera esposa de mi padre. Ellos **se divorciaron** hace más de veinte años. Mi padre se casó con mi madre tres años después.) También asisten a las fiestas familiares los padres de mi madre. Ellos son mis abuelos maternos, y son **los suegros** de mi padre. Y luego hay mis tíos y primos. Realmente somos una familia extendida.

Mi medio hermano y yo nos llevamos bastante bien ahora, pero ¡no era así cuando éramos niños! A él le gustaba **tomarme el pelo** con frecuencia, y yo nunca **le guardaba los secretos**.

Mi abuelita Carmen vive con nosotros desde hace muchos años. (Su esposo, mi abuelo, murió hace varios años.) Se quedó viuda relativamente joven, pero tenía muchas comadres, amigas íntimas, que la **apoyaban en todo**. La ayudaron a pasar los ratos tristes, paseando y conversando.

Los ancianos son muy importantes en mi familia. Por eso mi abuelita tiene mucha influencia en mi casa. Le encanta comentar las noticias del día con mis padres. También le gusta contarnos historias de sus padres, es decir, de mis **bisabuelos**.

¿Te pareces a alguna persona de tu familia en especial? Además de tus padres, hermanos y hermanas, ¿qué otras personas forman tu familia? ¿Cuáles son los elementos que unen y separan a una familia?

LECCIÓN 1

Conexión gramatical
Estudia las páginas 75–79 en
¿Por qué lo decimos así?

Y TÚ, ¿QUÉ DICES?

ACTIVIDADES ORALES Y LECTURAS

1 • DEL MUNDO HISPANO   Dos viejitos

> NO VAYAS A OFENDERTE, ELCIRA, PERO ¿NOSOTROS ÉRAMOS AMIGOS, PARIENTES, ESPOSOS O QUÉ?

1. ¿En qué se parecen las dos personas del dibujo?
   a. Son jóvenes.
   b. Son adultos, de edad mediana.
   c. Son ancianos.
   d. ¿ ?

2. ¿Cómo se relacionan?
   a. No hay amistad entre ellos. Es decir, no son amigos.
   b. Se llevan muy bien. Se tienen mucho cariño.
   c. El viejito coquetea con la viejita.
   d. ¿ ?

3. En tu opinión, ¿quiénes son?
   a. Son esposos que van a divorciarse pronto.
   b. Son esposos... ¡y bisabuelos también!
   c. Son un matrimonio recién casado.
   d. ¿ ?

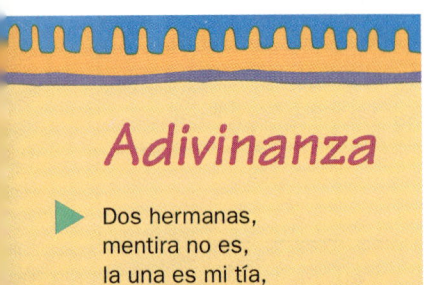

Adivinanza

▶ Dos hermanas,
mentira no es,
la una es mi tía,
la otra no lo es.

2 • INTERACCIÓN   La familia Caniperro

▶ Los miembros de la familia Caniperro están muy orgullosos de su árbol genealógico, pero... algunas fotos del árbol están fuera de sitio.

El árbol genealógico

Las fotos

Paso 1. Con un compañero / una compañera, estudien las características físicas de los miembros de la familia Caniperro. Consideren su tamaño, su color y el tipo de pelo que tiene cada uno. Luego indiquen el sitio apropiado para cada foto en el árbol.

Paso 2. Ahora describe el parentesco entre los perros. Dale a cada uno un nombre original, si quieres.

MODELO: Uno y dos son esposos. También son los abuelos de ocho, nueve y diez. El abuelo se llama... y la abuela se llama...

¡A charlar!

▶ Use the preterite to relate the main events in a story.

Se casaron...
Cuando **murió** el abuelo...
Mi prima Felisa **nació**...

Use the imperfect to fill in the background information about the events or to tell how people felt about them.

Se casaron porque **se querían** mucho.
Cuando murió el abuelo, todos **estaban** muy tristes.
Mi prima Felisa nació cuando yo **tenía** ocho años.

3 • ENTREVISTA   Antes y ahora

▶ Piensa en los miembros de tu familia cuando eras niño/a y en los amigos de tu niñez. ¿Cómo eran? ¿Cómo son ahora? Contesta las preguntas de tu compañero/a.

Paso 1. La niñez.

MODELO:
COMPAÑERO/A: Cuando eras niño/a, ¿quién te apoyaba en todo?
TÚ: Mis abuelos.

COMPAÑERO/A: ¿Cómo te hacía sentir eso?
TÚ: Me sentía muy feliz.

1. Cuando eras niño/a, ¿quién te apoyaba en todo?
2. ¿Qué miembro de tu familia te regañaba más que nadie?
3. Entre tus amigos, ¿quién no te guardaba los secretos?
4. En la escuela primaria, ¿quién te tomaba el pelo?
5. ¿En qué pariente confiabas más?
6. De niño/a, ¿con quién peleabas más?

VOCABULARIO ÚTIL

deprimido/a	frustrado/a
enojado/a	orgulloso/a
feliz	seguro/a

Paso 2. Hoy día.

1. ¿Quién te apoya en todo ahora?
2. ¿Quién te regaña a veces? ¿Cuándo te regaña?
3. ¿En quién confías cuando tienes muchas preocupaciones?
4. ¿Cómo te sientes cuando alguien no te guarda los secretos?
5. ¿Le tomas el pelo a alguien? ¿Alguien te toma el pelo a ti con frecuencia?
6. ¿Con quién peleas a veces? ¿Por qué?

Y AHORA, ¿QUÉ DICES TÚ?

¿Cuándo es más fácil la vida, durante la niñez, durante la adolescencia o cuando uno/a ya es mayor? ¿Por qué?

4 • NARRACIÓN   El abuelo de Laura Collanes

▶ El abuelo de Laura, Fernando, llevó una vida familiar muy típica. Mira los dibujos y busca el orden lógico de las oraciones.

a. Laura siempre confiaba en su abuelo. Él le guardaba los secretos.

b. Fernando coqueteaba con las muchachas bonitas.

c. Se murió Fernando Collanes, el abuelo de Laura.

d. Laura todavía le tiene mucho cariño a su abuelo. Tiene muy buenos recuerdos de él.

e. Fernando peleaba a veces con los otros muchachos.

f. Cuando nació Fernando, su padre estaba muy orgulloso de su hijo.

g. Fernando le tenía mucho cariño a su madre.

h. Fernando tenía una familia grande, con cinco hijos. Todos los hijos se casaron y tuvieron hijos también.

i. Fernando y su novia se casaron.

LECCIÓN 1   sesenta y cinco **65**

5 • MINIDRAMA   ¿Quiénes forman tu «familia»?

▶ La familia no está formada sólo por los padres y los hijos. Cuando se casan los hijos, cuando los tíos se divorcian, cuando nacen los niños, la familia cambia. ¿Cómo defines tú el concepto de «familia»? ¿Y cómo defines a los miembros de tu familia?

Paso 1. Describe el papel y las actividades típicas de los siguientes miembros de una familia. Un compañero / Una compañera va a adivinar a quiénes describes.

MODELO:
TÚ: Asisten a fiestas familiares y favorecen a sus sobrinos favoritos.
COMPAÑERO/A: Son *los tíos*.

1. los esposos (un matrimonio)
2. los suegros
3. los hijos
4. los primos
5. los abuelos y los bisabuelos
6. las mascotas (un gato o un perro, por ejemplo)
7. ¿ ?

VOCABULARIO ÚTIL

asistir a fiestas familiares
compartir lo bueno y lo malo
dar apoyo emocional
favorecer a alguien
ganar dinero
gastar dinero

mantener la casa limpia
meterse en líos
mimar
preparar la comida
quejarse

Paso 2. En grupos de tres o cuatro estudiantes, cada persona debe escoger una identidad de la lista del Paso 1. Preparen un breve diálogo sobre una de las siguientes situaciones.

1. Una hija / Un hijo llegó muy tarde a casa.
2. La familia acaba de recibir la noticia de la muerte de un abuelo.
3. Los padres le anuncian a su familia que piensan adoptar a un niño.
4. Un padre viudo le dice a su familia que va a casarse de nuevo.

Paso 3. Presenten el diálogo a la clase, pero sin mencionar el parentesco entre los «actores». Los otros miembros de la clase van a adivinar el parentesco familiar entre los actores de los otros grupos.

READING TIP 2

This reading tip continues the tip in the **Unidad de repaso**. Remember that reading a Spanish text involves four stages: pre-reading, first reading, second reading, and post-reading. Review Reading Tip 1 on page 9 to refresh your memory about what to do in the pre-reading stage.

First reading:
1. **Read without stopping**   The first time you read a text, try to read to the end without stopping to look up any words. You may have to skip a few words and phrases, but try to guess at their meaning.
2. **Use context**   To guess intelligently, use the information and ideas you gathered beforehand as well as the *context* (what comes before and after a particular word or phrase).
3. **Visualize**   Practice visualizing the *meaning* of the material rather than translating words into English.

Second reading:
1. **Simplify**   Read through a second time. If you encounter an especially difficult sentence, try to *simplify* it by finding the verb, its subject, and its object (if it has one); the rest of the phrases will now be easier to figure out.
2. **Make notes**   Make mental or written notes of items whose meanings are still unclear to you.

Post-reading:
Use the dictionary   Look up the words and expressions you don't know. Confirm your guesses and also find the meanings of items you were unable to guess.

LECTURA: Clave al mundo hispano

RINCÓN CULTURAL: La educación en España

LECCIÓN 1

Tradicionalmente, los niños españoles no asistían a la escuela hasta que tenían cinco o seis años. Ahora, para muchos de ellos la vida estudiantil empieza a los tres o cuatro años, con la **Educación infantil**, que dura hasta los seis años y es de carácter voluntario. ¿Por qué será[1] este cambio? Una razón importante es que el papel tradicional de la mujer —cuidar la casa y los niños— está cambiando, ya que muchas mujeres trabajan fuera de casa. También va cambiando la idea de la «familia extendida», en la que varias generaciones viven juntas en la misma casa y los abuelos pueden cuidar a sus nietos.

A los seis años comienza la educación obligatoria. Actualmente en España coexisten dos sistemas de enseñanza; el gobierno está en el proceso de cambiar el sistema vigente.[2] El sistema tradicional se presenta a continuación.

Educación General Básica (E.G.B.): Dura ocho años y es obligatorio. Cuando terminan el octavo año de la E.G.B., han cumplido con los requisitos de la educación del país. Muchos jóvenes buscan empleo después de terminar la E.G.B. Los que quieren seguir estudiando tienen dos opciones:

a. **Formación Profesional (F.P.):** Los estudiantes escogen un campo[3] de estudio específico, como mecánica, diseño[4] o electricidad. Después de graduarse en la F.P., los estudiantes están listos para trabajar en su campo.

b. **Bachillerato Unificado Polivalente (B.U.P.):** Los estudiantes se preparan para estudiar en la universidad. Toman entre ocho y diez materias cada año. Al final del cuarto año, tienen que aprobar[5] unos exámenes muy difíciles para poder matricularse en la universidad.

El nuevo sistema de enseñanza consiste en las siguientes partes:

1. **Educación Primaria:** Dura hasta los doce años.
2. **Educación Secundaria Obligatoria:** Dura hasta los dieciséis años, y los estudiantes obtienen el título de Graduado/a en Educación Secundaria. Con esto han cumplido con los requisitos del gobierno, pero si quieren seguir estudiando tienen dos opciones:

a. **Bachillerato:** Este programa de dos años profundiza y amplía[6] la formación básica de la Educación Secundaria Obligatoria. Cuando terminan, los estudiantes reciben el título de Bachiller, que les da acceso o a la Formación Profesional de Grado Superior o a los estudios universitarios. Muchos deciden cursar[7] primero la Formación Profesional de Grado Superior, que enfatiza[8] los conocimientos empresariales, antes de entrar en la universidad.

b. **Formación Profesional de Grado Medio:** De duración variable, este programa enfatiza los aspectos teóricos y prácticos del mundo de los negocios. Los que se gradúan en este programa reciben el título de Técnico/a, que les permite encontrar trabajo en su campo.

[1]¿Por... *What is the reason for* [2]*in force* [3]*field* [4]*design* [5]*pass* [6]profundiza... *deepens and broadens* [7]*to attend* [8]*emphasizes*

A EXPLORAR EL TEMA

ACTIVIDAD   Comparación de sistemas

▶ Con un compañero / una compañera, comparen el sistema de educación de España con el de los Estados Unidos.

1. ¿A qué edad cumplen los estudiantes con los requisitos de educación?
2. ¿Qué opciones tienen los jóvenes después de cumplir con los requisitos?
3. ¿Cuáles son otras diferencias y semejanzas entre los dos sistemas?

LECTURA

Sobre el autor **Rafael Portillo** es actualmente profesor de literatura en la Universidad de Sevilla, España. También es actor y director de teatro. Su obra dramática *¡Sorpresa!* se publicó en una colección de obras breves para gente joven, *Locos por el teatro*.

A PROPÓSITO   Leer teatro es diferente de leer narrativa o poesía porque consiste principalmente en diálogos entre los personajes. Es importante leer con cuidado las *acotaciones* (las notas que indican las acciones de los personajes), porque éstas, en combinación con el diálogo, ayudan mucho a entender el texto dramático.

Para comprender mejor

▶ 1. Verbs with the **-iera** or **-ara** ending, such as **tuviéramos** (**tener**) and **llegaras** (**llegar**), often carry the meaning of *would* or indicate the past tense. They are imperfect subjunctive forms, which you will study in **Unidad 4**.

2. The **-azo** suffix adds the meaning of *great* to the base word: in this case, **tipo**, a guy, and **tipazo**, a great (looking) guy. Another example in this reading is **cochazo**. What does it mean?

3. In Spain, **vosotros/as** is used to mean *you* (plural) in informal situations, whereas in other Spanish-speaking countries **ustedes** is used in both formal and informal situations. How many examples of **vosotros** usage in this reading can you find?

4. It is very common in Hispanic cultures to use a person's first two names. These names are often combined to form a single name: "Maricarmen" from María del Carmen, "Juanma" from Juan Manuel, and "Juanjo" from Juan José. "Franvi," a name you will see in this reading, is a combination of the names **Fran**cisco and **Jav**i**e**r, but it is not commonly used. In fact, it is meant to sound strange or funny in this reading.

LECCIÓN 1   *sesenta y nueve* **69**

¡SORPRESA! (ADAPTADO)

Obra teatral en un acto

Personajes   Tres compañeras de cuarto:
   Maite (21 años, estudiante de Ingeniería)
   Bea (21 años, estudiante de Matemáticas)
   Laura (22 años, estudiante de Derecho°)   *Law*

Parte 1

El tiempo es el actual;° es sábado por la tarde, en invierno. **Maite** *está tumbada° en el sofá, mirando la televisión: una película del oeste.*

el... the present
stretched out

MAITE: (*Baja el volumen del televisor.*) ¡Muy bien, Johnny, dales su merecido°! (*Pausa.*) Pero qué guapos son siempre los «buenos»... ¡Ay, quién pudiera...!° (*Sube el volumen.*)

dales... give them what they deserve
¡Ay... Oh, if only...!

Aparece por la derecha **Bea**. *Avanza decidida hacia el televisor y lo apaga, con gran fastidio de* **Maite**,° *que se pone de pie dispuesta a defender su derecho de ver la tele.*

con... much to Maite's annoyance

BEA: Pero, Maite, ¡cuántas veces tengo que decir que me molesta el ruido para estudiar! Si quieres ver la tele, procura° ser más discreta y pensar en los demás... que parece como si tuviéramos aquí a todo el séptimo de caballería.°

try

todo... the entire seventh cavalry

MAITE: Eso es lo que tú quisieras... con lo guapos que son... Mira, si no hubieras apagado la tele habrías visto° el tipazo que tiene el «bueno» de la película.

si... if you hadn't turned off the television you would have seen

BEA: ¡Para películas estoy yo! Tengo que terminar un trabajo complicadísimo de Cálculo de aquí al lunes, y además...

MAITE: (*Interrumpiendo a Bea.*) ¡Siempre estudiando, siempre estudiando! Pero es que no paras... Lo que te ocurre, Bea, es que no sabes disfrutar de la vida, relajarte, hacer una pausa de vez en cuando. Deberías° aprender de mí. (*Con sorna.°*) Yo, por ejemplo, antes de que llegaras tú y me apagaras la tele, estaba aquí, tan ricamente tumbada, viendo mi película del oeste y comiéndome un paquete de patatas° fritas...

You should
sarcasmo

papas (España)

Parte 2

Maite *vuelve a encender el televisor. Por la derecha aparece ahora* **Laura**. *Al entrar en escena se dirige al televisor y lo apaga, y luego se vuelve hacia* **Maite**.

MAITE: (*Muy enfadada.*) Pero esto es una conspiración, ¿o qué? ¿Se puede saber por qué la habéis tomado° hoy con la tele y con mi película de vaqueros? Para mí que estáis todas locas.

la... you (all) have taken issue

LAURA: Por favor, Maite, amiga mía...

MAITE: Por lo menos, déjame ver el final, que me voy a quedar sin saber con quién se casa la chica...

LAURA: ¡Qué más te dará a ti!° Todo en la película es ficción... En cambio yo, tengo ahora un problema muy real... Mira, ven aquí (*Se la lleva a primer término.°*), que te voy a hacer una confidencia.

¡Qué... ¿Qué te importa?
Se... She takes her to the front of the stage.

MAITE: ¿Un secreto? ¿Un chisme°? Ya sabes que me encantan los chismes secretos.

piece of gossip

LAURA: (*Con teatralidad.*) ¡Juras° no decirlo a nadie? Maite, ¡me he enamorado! (*Espera en vano una reacción de Maite.*) Pero... ¿te quedas igual?°

Do you swear

¿te... aren't you going to react?

MAITE: ¿Cómo quieres que me quede? Si es el tercer enamoramiento° en lo que va de curso°...

"crush" / en... so far this year

LAURA: Ah, pero esta vez es distinto. Te aseguro que he conocido por fin al hombre de mi vida... (*Pausa y suspira.*) Y ha surgido el amor a primera vista, como en las películas... Además, es tan guapo... Tiene una espalda así (*Hace gestos.°*), un pelo negro que le cae así, y unos ojos... ¡Ah! No me cansaría° de mirarle...

gestures

No... I'd never get tired

Parte 3

MAITE: Me figuro que, al igual que otras veces, lo habrás escogido con «pasta°».

dinero (coll.)

LAURA: ¡Ay, qué poco romántica eres! (*Pausa.*) Pues la verdad es que sí: su familia es riquísima: el padre dirige una empresa° de exportación, él combina los negocios familiares con estudios de Ingeniería y ¿sabes?, tiene un cochazo... un Mercedes último modelo, rojo, que es una maravilla... debe valer una fortuna. (*Pausa.*) Se llama Franvi.

company

MAITE: ¿El Mercedes?

LAURA: No, el chico, por supuesto. ¿Cómo se te puede haber ocurrido una cosa así?

MAITE: Perdona, pero a mí, eso de «Franvi» me suena a marca comercial.

LAURA: ¡Qué falta de sensibilidad por tu parte! Si está muy claro. Es un nombre compuesto: «Fran» por Francisco, y «vi» de «Javi», por Javier. (*Embelesada.°*) Si es que en él todo es originalidad...

Enthralled, captivated.

MAITE: (*Con sorna.*) Ah, ya... (*Pausa.*) Lo que no acabo de ver claro° es por qué me das tantas explicaciones. ¿Se puede saber adónde quieres ir a parar?

no... I don't understand

LAURA: Pues es bien sencillo. Se trata de que me despejes el campo,° porque esta tarde va a venir aquí... No me mires así... Basta que con cualquier excusa os larguéis las dos y me dejéis sola°... Es que le he invitado a tomar el té, y necesito cierta intimidad... ¿Me comprendes?

me... you clear the field for me

os... you two get lost and leave me alone

Laura quiere estar sola con su nuevo amigo **Franvi**. **Maite** la ayuda e invita a **Bea** a tomar algo en el café de la esquina. Sin embargo, hay un problema porque llega el padre de **Laura** inesperadamente.° Cuando llega **Franvi**, **Laura** le pide que la espere en el café de la esquina. Al fin, sale su padre.

unexpectedly

Parte 4

LAURA: (*Se desploma en uno de los butacones.°*) ¡Vaya tarde gloriosa de sábado! (*Pausa.*) A saber dónde está ahora Franvi... ¿Y los demás?

Se... She collapses in one of the armchairs.

Laura *se queda unos segundos pensativa. Suena el timbre° de la puerta.* **Laura** *se acerca al lateral° y abre. Entra atropelladamente°* **Bea**, *y luego* **Laura**.

doorbell
lado / con mucha prisa

BEA: He venido a por las llaves y a ponerme algo de abrigo, que está la noche fresca. Voy a mi cuarto.

LAURA: Espera un momento. ¿Se puede saber adónde vas esta noche?

BEA: Cuando lo sepas te vas a llevar una sorpresa...

LAURA: ¿Otra?

BEA: (*Con timidez.*) El caso es que, no te lo vas a creer... Pero he ligado°... Y me voy con él a una fiesta de Ingenieros.

he... I got a date

LAURA: ¿Cómo es el muchacho?

BEA: Es un chico muy guapo. Nos conocimos hace un rato, en el café de la esquina. Mira, tiene una espalda así (*Hace gestos.*), un pelo negro que le cae así y unos ojos... ¡Ah, no me cansaría de mirarle!

LAURA: (*Escamada.°*) Y encima puede que hasta tenga un buen coche.

Suspicious.

BEA: Pues sí... un cochazo... Figúrate° que es un Mercedes último modelo, rojo... una maravilla... Debe valer una fortuna.

Imagine, Can you believe

LAURA: ¿Y cómo se llama?

BEA: ¿El coche?

LAURA: No, el chico, por supuesto.

BEA: No me acuerdo... A ver... Creo que es un nombre compuesto de... y de... ¡Ah, sí! Se llama *Franvi*.

Apagón° rápido. Suena música de rock.
TELÓN°

Blackout
Curtain

¿QUÉ ENCONTRASTE?

ACTIVIDAD **Los personajes**

▶ Cada personaje en esta obra de teatro tiene su propia personalidad y sus propias preferencias. ¿A quién se refieren las siguientes descripciones, a Maite, a Bea, a Laura o a Franvi?

MODELO: Prefiere estudiar a mirar la televisión. →
Bea

1. Le encantan las películas del oeste y piensa que los «buenos» siempre son guapos.
2. Estudia Derecho y tiene un secreto.
3. Tiene mucha «pasta» y un cochazo porque su familia es riquísima.
4. Está sorprendida y preocupada porque su papá llega inesperadamente.
5. Para ayudar a Laura, invita a Bea a tomar algo en el café de la esquina.
6. Conoce a un chico en el café y va a una fiesta de Ingenieros con él.
7. Sus planes fracasan y su compañera de cuarto se queda con su nuevo novio.

A EXPLORAR MÁS A FONDO

ACTIVIDAD 1   Los planes

▶ Habla de tus planes.

Paso 1. ¿Cuáles son tus actividades favoritas los sábados por la tarde? ¿Te gusta leer, mirar la televisión, estudiar o trabajar? ¿Prefieres hacer planes con tus amigos? Imagínate que tú y tus amigos hacen planes para el sábado. ¿Cuáles son algunas posibilidades?

Paso 2. Muchas veces los planes no resultan tal como esperamos. Alguna vez, ¿han sido interrumpidos o cancelados tus planes? ¿Qué pasó?

ACTIVIDAD 2   El mundo es un teatro

▶ Imagínate que eres actor o actriz. Con un compañero / una compañera, preparen una de las siguientes escenas y luego preséntenla delante de la clase.

1. Laura ve a Franvi por primera vez. Se enamora de él inmediatamente y él se acerca para hablar con ella. Hablan de las clases y de sus familias y por fin hacen una cita para salir esa noche.
2. Laura y Franvi hablan por teléfono después de la fiesta de Ingenieros. Franvi quiere saber qué pasó con Laura. Laura está triste y enojada porque sabe que él salió con Bea.
3. El padre de Laura llega inesperadamente. Hace mucho tiempo que él no ve a su hija y quiere conversar con ella. Laura, en cambio, prefiere estar con Franvi.

FRASES ÚTILES

¿Qué vas a hacer esta noche?
¿Te gustaría salir conmigo?
Me encantaría...
Pero, ¡cómo te atreves... !
Lo que no entiendo es...

LECCIÓN 1

TRADICIÓN Y CAMBIO

IMÁGENES DE LA MUJER

Muchas personas creen que todas las mujeres a través de la historia han tenido muy poco poder. Sin embargo, a continuación se presentan algunas mujeres que no se conforman con este estereotipo.

La Dama de Baza, que estaba enterrada durante 24 siglos, es una de las imágenes maternales más antiguas de España. Los anillos que lleva simbolizan la autoridad matriarcal. Se cree que esta dama era una figura poderosa que reinaba sobre el nacimiento y la muerte de los seres humanos.

Se cree que la Virgen de Guadalupe, madre de Jesucristo, se le apareció en 1531 a un joven indígena en México. Hoy la Virgen de Guadalupe es un poderoso símbolo de la fe para los mexicanos.

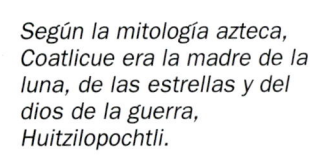

El matrimonio en 1469 de Isabel de Castilla y Fernando, rey de Aragón, unió a España, un país dividido por siglos. El lema de los reyes —«Tanto monta, monta tanto, Isabel como Fernando»— significa que los dos eran igualmente poderosos. La reina Isabel apoyó económicamente a Cristóbal Colón para buscar una nueva ruta a las Indias.

Según la mitología azteca, Coatlicue era la madre de la luna, de las estrellas y del dios de la guerra, Huitzilopochtli.

¿POR QUÉ LO DECIMOS ASÍ?

GRAMÁTICA

LO QUE HACÍAS Y CÓMO TE SENTÍAS
The Imperfect: Ongoing Activities or Conditions in the Past

¡REPASEMOS!

You are already familiar with the imperfect tense. Remember that the imperfect of all **-ar** verbs is formed by dropping the **-ar** from the infinitive and adding the endings **-aba**, **-abas**, **-aba**, **-ábamos**, **-abais**, **-aban**. Here are the imperfect forms of **admirar** (*to admire*).

admirar: admiraba, admirabas, admiraba, admirábamos, admirabais, admiraban

To form the imperfect of most **-er/-ir** verbs, drop the **-er/-ir** and add the endings **-ía**, **-ías**, **-ía**, **-íamos**, **-íais**, **-ían**. Here are the imperfect forms of **creer** (*to believe*) and **despedirse** (**i**) (*to say good-bye*).

creer: creía, creías, creía, creíamos, creíais, creían
despedirse: me despedía, te despedías, se despedía, nos despedíamos, os despedíais, se despedían

—¿**Admiraban** mucho a sus abuelos?
—**Admirábamos** a mi abuelo porque **creíamos** que él lo **sabía** todo. Nos **visitaba** con frecuencia y, cuando **se despedía**, yo siempre **me ponía** triste.

Only **ser** (*to be*), **ver** (*to see*), and **ir** (*to go*) are irregular in the imperfect tense. Here are their conjugations.

ser: era, eras, era, éramos, erais, eran
ver: veía, veías, veía, veíamos, veíais, veían
ir: iba, ibas, iba, íbamos, ibais, iban

—¿Y tu abuela?
—Ah, ella **era** nuestra pariente favorita. Siempre que **íbamos** a visitarla, yo **veía** sus fotos viejas. De niña, ella **era** muy independiente e **iba** sola a todas partes en su caballo.

Imperfect
-ar
yo -aba
tú -abas
usted -aba
él/ella -aba
nosotros/as -ábamos
vosotros/as -abais
ustedes -aban
ellos/as -aban

-er/-ir
yo -ía
tú -ías
usted -ía
él/ella -ía
nosotros/as -íamos
vosotros/as -íais
ustedes -ían
ellos/as -ían

The yo and usted/él/ella imperfect endings are identical; if no subject is given, it must be determined by context.

LECCIÓN 1   setenta y cinco **75**

Uses of the imperfect
- **habitual past actions**
- **ongoing past activities**
- **personal conditions and attitudes**
- **setting the scene**

Here are the principal uses of the imperfect tense. The imperfect talks about or describes:

- actions frequently repeated in the past, often expressed by *used to* or *would (do something)* in English

    Mi hermano Emiliano me **tomaba** el pelo con frecuencia.

- activities or situations that were going on when something else happened, often expressed by *was/were (doing something)* in English

    Una noche, cuando yo **leía** un libro de cuentos en mi cuarto, Emiliano empezó a gritar mi nombre: «¡Laura, Laura!»

- physical and emotional conditions or mental attitudes, such as being sick, being afraid, not believing

    Yo **tenía** un poco de miedo. Emiliano **estaba** tan preocupado... o, por lo menos, así **parecía**.

- other conditions—such as the time of day, weather, and age—that form the setting for an event or story.

    Además, **eran** las diez de la noche. Yo sólo **tenía** ocho años y Emiliano **tenía** catorce. Si algo le **preocupaba** tanto a mi hermano mayor...

imperfect with mientras = two or more simultaneous past actions

A It is also possible to use the imperfect with **mientras** to describe two or more past actions taking place at the same time.

Mientras yo **me levantaba** de la cama, Emiliano **seguía** gritando: «¡Laura, Laura!»

While (As) I was getting up from the bed, Emiliano continued to shout: "Laura, Laura!"

B Note that the imperfect form of **hay** (*there is/are*) is **había**.

Luego, sólo **había** silencio.

Then there was only silence.

EJERCICIO 1 — ¿Recuerdas a la familia de Laura?

▶ Usando el imperfecto de estos verbos, completa las siguientes oraciones sobre la familia de Laura Collanes.

Verbos:

apoyarla
cuidar niños
estar con Claudio en una fiesta
querer dar una fiesta
ser buenos amigos
ser niños
trabajar en una biblioteca
vivir con su familia

76 setenta y seis — UNIDAD 1

1. Cuando Laura era niña, sus abuelos paternos...
2. El padre de Laura...
3. Su madre...
4. El fin de semana pasado, Laura...
5. Antes de ser novios, Claudio y Laura...
6. Laura y su medio hermano no se llevaban bien cuando...
7. La abuela de Laura tenía muchas amigas que...
8. Para celebrar su último aniversario, los padres de Laura...

EJERCICIO 2 — El abuelo de Julio

▶ Completa la siguiente narración de Julio Bustamante sobre un incidente en la vida de su abuelo. Usa la forma apropiada del verbo en el imperfecto.

Lo que le pasó un día a mi abuelo

Cuando mi abuelo _____¹ (ser) joven, él _____² (vivir) en el campo. Un día que _____³ (hacer) mucho calor, decidió ir a la Playa Naranjo. Allí vio a una muchacha bonita que _____⁴ (jugar) con las hijitas de su vecino. Se acercó a las chicas y le preguntó a una de ellas cómo _____⁵ (llamarse) esa muchacha tan bonita. La niña contestó que su nombre _____⁶ (ser) Elisa y que _____⁷ (venir) del pueblo de Monteverde.

Mientras mi abuelo _____⁸ (hablar) con la hija de su vecino, _____⁹ (mirar) a Elisa. Por eso no vio a unos monos que _____¹⁰ (correr) por los árboles y _____¹¹ (hacer) mucho ruido. De repente los monos dejaron caer varios mangos maduros. ¡Qué horror! ¡La ropa de mi abuelo _____¹² (parecer) una ensalada de fruta! Elisa y las niñas empezaron a reírse, y mi abuelo se rió también, aunque _____¹³ (estar) muy avergonzado.

LECCIÓN 1

EJERCICIO 3   ¿Qué hacías mientras… ?

▶ Piensa en lo que hacías anoche en casa y completa estas oraciones. Inventa algunos detalles chistosos, si quieres.

1. Mientras mi ____ (madre, hermano, tía, …) preparaba la cena, yo…
2. Mientras yo estudiaba, mi ____ …
3. Mientras mi ____ miraba la televisión, yo…
4. Mientras mi ____ hablaba por teléfono, mi ____ …
5. Mientras yo me bañaba, mi ____ …

VOCABULARIO ÚTIL

ducharse	limpiar mi cuarto	trabajar en su oficina
hacer ejercicio	mirar la televisión	ver un video
leer una revista	sacar la basura	

EJERCICIO 4   Los tiempos cambian

▶ Muchas cosas y costumbres actuales son diferentes de las del pasado. Lee las siguientes oraciones. Luego inventa otras para describir cómo eran las cosas en otra época.

MODELO: Ahora casi todos los bebés *nacen* en hospitales. →
Antes, casi todos los bebés *nacían* en casa.

1. Ahora muchas personas viven en apartamentos.
2. Ahora muchas mujeres trabajan fuera de casa.
3. Ahora muchas familias cenan en restaurantes.
4. Ahora hay enfermeros y maestros —no sólo enfermeras y maestras.
5. Ahora las familias son pequeñas.
6. Ahora tenemos coches pequeños.
7. Ahora las mujeres llevan falda corta o pantalones.
8. Ahora los hombres no llevan corbata con tanta frecuencia.

EJERCICIO 5 — Más cuentos de los abuelos

▶ Imagínate que es el año 2040 y que eres abuelo/a. Un compañero / Una compañera va a hacer el papel de tu nieto/a, que quiere saber cómo era la vida cuando eras niño/a. Contesta sus preguntas.

Las preguntas de tu «nieto/a»

1. ¿Dónde vivías cuando tenías 10 años?
2. ¿Cómo era tu casa?
3. ¿Dónde te reunías con tus amigos?
4. ¿Quiénes eran tus atletas/cantantes/actores favoritos?
5. ¿Qué hacían tú y tus amigos para divertirse?
6. ¿Qué ropa llevabas para ir a la escuela?
7. ¿Cuál era tu clase favorita?
8. ¿ ?

VOCABULARIO 1 — PALABRAS NUEVAS

Los miembros de la familia
el bisabuelo / la bisabuela
los bisabuelos
el medio hermano / la media hermana
el suegro / la suegra
los suegros

Palabras de repaso: el abuelo / la abuela, el anciano / la anciana, el bebé, el esposo / la esposa, el hermano / la hermana, el hijo / la hija, la madre, la madrastra, el padre, el padrastro, la mascota, el pariente, el primo / la prima, el sobrino / la sobrina, el tío / la tía, el viudo / la viuda

Las relaciones con otros
la amistad
el cariño
el parentesco

Palabra semejante: **el matrimonio**

Palabra de repaso: el aniversario

apoyar (en todo)
confiar (en)
coquetear
guardarle secretos a alguien
parecerse (a)
proteger
tenerle cariño a alguien
tomarle el pelo a alguien

Palabras semejantes:
divorciarse, reconciliarse (con)

Palabras de repaso: admirar, besar, casarse, cuidar, cumplir años, enojarse, hacer las paces (con), llevarse bien/mal, morir(se) (ue), nacer, pelear, querer (ie)

Palabras útiles
estrecho/a
recién nacido/a

LECCIÓN 1

LECCIÓN 2: RITOS Y TRADICIONES

Para algunos hispanos, los incas son sus antepasados. ¿Qué sabes de esta civilización? Cuando llegaron los españoles, los incas eran la tribu indígena más poderosa de Sudamérica. Todavía hay muchos descendientes de los incas que viven en el Perú.

En 1492, los incas ocupaban un extenso territorio en Sudamérica. Su capital, Cuzco, fue conquistada por el español Francisco Pizarro en 1533.

El Templo del Sol en Pachacámac era el sitio donde se celebraban algunos de los ritos más importantes de la cultura inca.

Al principio del verano, los incas celebraban el Inti Raymi, o Día del Sol.

Entre los incas, las bodas se celebraban sólo una vez al año. Esto ocurría en el período que corresponde al mes de noviembre en el calendario moderno. En el Perú, ¿qué estación es?

Machu Picchu, la ciudad sagrada de los incas que está situada cerca de Cuzco, fue redescubierta —¡por casualidad!— en 1911. Entre sus ruinas hay templos, casas, fortalezas y palacios.

¿QUÉ PODEMOS DECIR?

- ¿Qué países de la actualidad tenían sus territorios bajo el dominio del imperio inca en 1492?
- De los ritos incas que se ven en los dibujos, ¿cuáles tenían que ver con la religión? ¿cuáles con la vida familiar?
- ¿Qué tiene en común nuestra sociedad moderna con la de los incas?

LECCIÓN 2 *ochenta y uno* 81

Así se dice...

VOCABULARIO

¿QUIÉNES SON LOS DE LA GARZA?

Los de la Garza viven en Lima, Perú. Como muchas familias peruanas, conservan importantes tradiciones familiares. ¿Y tu familia? ¿Cuáles son los días festivos en que **se reúne** toda tu familia? ¿Unen a tu familia estos momentos?

Hoy doña Rosario Quintana de la Garza le explica algunos sucesos importantes de la historia de la familia a su nieta Isabel. «¿Sabías que el suceso más importante de la niñez de tu madre fue su **bautizo**? Fue hace muchos años, en la Catedral de Lima. Cuando el cura le echó agua bendita en la cabeza, la pobre empezó a llorar muy fuerte. Como sabes, le dimos el nombre de Teresa. Por eso, cada 15 de octubre, día de Santa Teresa, **celebra el día de su santo**.»

El Día de los Reyes Magos es el 6 de enero, día en que los niños de algunos países hispanos reciben regalos. Muchos hispanos se hacen regalos el 25 de diciembre también.

«Cuando tu madre llegó a **la juventud,** empezó a salir con sus amigos. En su época salían siempre en grupos de amigos. Sólo después de **comprometerse** con tu padre pudieron salir solos. Decidieron casarse un año después. Tuvieron una boda muy grande, con muchos invitados. Después de la boda, viajaron a Buenos Aires a pasar su **luna de miel**. ¡Ay, qué felices eran!»

«Tu abuelo siempre quiso ser joven. Cuando llegó a **la madurez**, no quería admitir cuántos años tenía. Por eso, dejó de celebrar su cumpleaños. Prefería celebrar el día de su santo, el 24 de junio, día de San Juan Bautista. Ese mismo día **se jubiló** y le dieron una gran **cena en su honor**. Luego fuimos a la Feria de San Juan. En esta foto estamos montados en el carrusel. ¡Nos divertimos como dos jóvenes ese día!»

«¡Ay, qué día más triste! Tu abuelo murió todavía joven, antes de llegar a **la vejez**. La noche antes del **funeral** fue **el velorio**. Toda la familia y todos nuestros amigos estaban allí. Recordamos toda su vida y todo lo bueno que él hizo. ¡Murió demasiado joven! Pero ¡qué impresionante fue su funeral! Vino muchísima gente a darnos **el pésame**. Me consolaron muchísimo nuestros amigos. ¿Has visto **la esquela** que pusimos en el periódico? Hubo muchas otras también.»

Otra tradición hispana: **Las romerías** son fiestas populares especiales. Tienen aspecto religioso y se celebran en el campo inmediato a un santuario, es decir, a un lugar sagrado. La gente se divierte con meriendas, bailes y otras diversiones.

Santiago de Sacatepequez, Guatemala: El Día de los Muertos (en España, Día de los Difuntos) es el 2 de noviembre. Es un día importante dedicado a recordar a los parientes y amigos que han muerto. Según la creencia de alguna gente, este día los muertos regresan en espíritu al mundo de los vivos.

¿Qué día es más importante para ti, el día de tu cumpleaños o el día de tu santo? ¿Alguna vez planeaste una fiesta para **sorprender** a alguien? ¿En qué ocasión? ¿Cuándo **les mandas tarjetas** a tus amigos? ¿En qué ocasiones **le mandan flores** a alguien tú y tus padres?

LECCIÓN 2 — ochenta y tres **83**

Conexión gramatical
Estudia las páginas 94–102 en
¿Por qué lo decimos así?

Y TÚ, ¿QUÉ DICES?

ACTIVIDADES ORALES Y LECTURAS

1 • ENCUESTA   Días especiales

▶ Contesta las siguientes preguntas sobre los ritos y las tradiciones... ¡y sobre otros días especiales!

¿Cuándo fue la última vez que...

	Este año	El año pasado	Hace varios años	Nunca
1. decoraste el lóquer de un amigo / una amiga con globos y serpentinas?	☐	☐	☐	☐
2. le diste una fiesta a alguien?	☐	☐	☐	☐
3. ganaste un premio?	☐	☐	☐	☐
4. estuviste con todos tus parientes en una reunión familiar?	☐	☐	☐	☐
5. hiciste un picnic con unos amigos o parientes?	☐	☐	☐	☐
6. asististe a un velorio?	☐	☐	☐	☐
7. fuiste a una boda?	☐	☐	☐	☐
8. alguien preparó algo especial para ti solo/a en tu casa?	☐	☐	☐	☐
9. sorprendiste a tus padres con un regalo o una comida especial?	☐	☐	☐	☐
10. celebraste un día festivo con toda la familia?	☐	☐	☐	☐

2 • DEL MUNDO HISPANO   ¿Dónde se celebra?

▶ Hay algunos días festivos que se celebran en muchos países del mundo. Otros días festivos son auténticamente nacionales, es decir, se celebran en un solo país.

Mira estas fotos de algunos días festivos y celebraciones del mundo hispano. Primero, empareja las fotos con la descripción de la celebración y con el país (los países) donde se celebra. Luego describe la foto.

Los países: España el Perú
los Estados Unidos Puerto Rico
México todos los países hispanos

a.

b.

c.

d.

e.

f.

Los días festivos

1. Es la celebración del día en que cumple quince años una muchacha. Desde esa edad la muchacha es considerada ya una mujer. (Para los muchachos, la fiesta de los dieciocho o veintiún años es muy importante.)

2. Esta celebración recuerda la ocasión en que San José y la Virgen María buscaban un lugar para pasar la noche. La gente va de casa en casa con las imágenes de esos santos en busca de alojamiento. Más tarde hay una fiesta en la casa de uno de los participantes.

3. En esta procesión, las cofradías —grupos de hombres que se dedican al culto de un santo u otra figura religiosa— llevan imágenes de santos por las calles de una ciudad. Llevan trajes de la época medieval.

4. Esta celebración tiene lugar antes del comienzo de la Cuaresma, es decir, *Lent*. Hay fiestas y alegría por todas partes de la ciudad y la gente canta y baila en las calles.

5. Esta fiesta tiene su origen en las tradiciones indígenas de este país. Se celebra con gran solemnidad, y es un gran honor ser la persona que otras llevan por las calles de la ciudad.

6. Esta celebración conmemora el comienzo de la lucha por la independencia de este país.

VOCABULARIO ÚTIL
el desfile el traje
la procesión la vela

3 • PIÉNSALO TÚ   ¡Busca el intruso!

Indica la palabra que no pertenece al grupo y di por qué no se relaciona con las demás.

el árbol — los regalos  — el conejito

MODELO: *El conejito* es el intruso porque no se asocia con *la Navidad*. (*El conejito* se asocia con *el Día de la Pascua Florida*.)

1. el ataúd — las velas — las serpentinas y los globos

2. la cena en honor de... — las tarjetas — las calaveras

3. la calabaza — el diploma — los dulces

4. el templo — la menora — la piñata

5. el pastel — el vestido blanco — el anillo

86 ochenta y seis   UNIDAD 1

4 • CONVERSACIÓN   Las costumbres y las tradiciones familiares

▶ En esta actividad vas a pensar en lo que pasa en tu casa a la hora de cenar y durante tu fiesta favorita.

Paso 1. Contesta estas preguntas sobre las cenas en tu casa.

1. ¿Cuál es la costumbre en tu casa: todos cenan juntos o cena cada persona a una hora diferente? ¿Es importante que los miembros de una familia cenen juntos? ¿Por qué sí o por qué no?

2. Cuando todos los miembros de tu familia cenan juntos, ¿tienen la costumbre de sentarse siempre en el mismo lugar en la mesa? ¿en las mismas sillas? ¿Tienen ciertas sillas alguna importancia o simbolizan algo?

3. Cuando todos cenan juntos, ¿qué pasa durante la cena? ¿Hablan todos o sólo hablan algunas personas? ¿Quién sirve la comida? ¿Miran la televisión mientras comen? ¿Qué pasa si suena el teléfono? ¿Y si alguien llama a la puerta?

4. ¿Con qué frecuencia hay invitados para cenar en tu casa? ¿Cuál es la reacción de tus padres cuando los sorprendes con un invitado inesperado a la hora de cenar?

Paso 2. Piensa en tu día de fiesta favorito. Explícale a un compañero / una compañera cómo se celebra ese día de fiesta en tu casa.

Ciudad de México, México.

Sugerencias:

- los preparativos que haces
- la ropa especial que llevas
- las comidas o bebidas especiales
- el lugar donde se celebra
- los adornos especiales que ponen

Y AHORA, ¡CON TU PROFESOR(A)!

1. ¿Dónde cena usted y con quién, por lo general?
2. Cuando cena solo/a, ¿le gusta leer o mirar la tele mientras come?
3. ¿Cuál es su día de fiesta favorito? ¿Cómo y con quién(es) lo celebra, por lo general?

LECCIÓN 2

5 • MINIDRAMA   Lo que realmente pienso...

▶ A veces pensamos una cosa pero decimos otra. En esta actividad, alguien va a decir lo que realmente piensan los que se encuentran en cada situación.

Paso 1. Con dos compañeros, decidan quiénes van a ser los personajes principales del minidrama y quién va a ser el portavoz, es decir, la persona que explica lo que en realidad cada uno piensa.

Paso 2. Luego escojan una situación de la siguiente lista. Preparen un breve diálogo sobre la situación. En el diálogo, los personajes —un hijo / una hija y su padre o madre— deben sostener una conversación. Mientras tanto, el portavoz va a explicarle a la clase lo que piensa de verdad el hijo / la hija en cada situación.

Situaciones:

- La madre / El padre trata de convencer a su hijo/a de que es importante que sus abuelos vengan a su fiesta de cumpleaños. El hijo / La hija quiere invitar sólo a sus amigos/as.

- El padre / La madre trata de convencer a su hijo/a de que vaya a una reunión de toda la familia. El hijo / La hija no quiere ir porque sabe que la tía Berta va a asistir... y ellos no se llevan bien.

- La madre / El padre quiere que su hijo/a pase las vacaciones familiares en el lugar de siempre, a orillas del mar. Pero el hijo / la hija acaba de recibir una invitación de la familia de su novio/a para ir a un lago que está muy lejos de allí. Además, la tía Berta va a acompañar a la familia en sus vacaciones. (Sí, la misma tía Berta.)

MODELO:
HIJO: Me gusta la tía Berta...
PORTAVOZ: Juan dice que le gusta su tía Berta. En realidad no le gusta para nada.
HIJO: ...pero tengo mucha tarea este fin de semana.
PORTAVOZ: Juan dice que tiene mucho que hacer. Quisiera decir que no quiere asistir a la fiesta.

¡A charlar!

▶ Use these phrases to restate or explain what others are saying or really mean to say.

José dice que... En realidad piensa que / no piensa que...
Lo que Ana quiere decir es que...
La verdad es que María piensa que...
Humberto quisiera decir que... Pero dice que...

VOCABULARIO ÚTIL

llevarse bien/mal con
odiar
pasarlo bien/mal
portarse bien/mal

respetar a (los ancianos, los parientes)
ser egoísta

LECTURA: Clave al mundo hispano

RINCÓN CULTURAL: El quetzal, símbolo de la libertad

En los bosques de Centroamérica se encuentra un sinfín[1] de maravillas de la naturaleza: cientos de especies de árboles, plantas, insectos, flores y aves. Existen más de 1.100 clases de orquídeas y más de 800 especies de aves exóticas. Una clase de ave muy especial es el bello y místico quetzal. La palabra «quetzal» es de origen náhuatl, una lengua indígena. El nombre completo de esta ave es «quetzaltototl», que significa «pájaro de plumas largas».

El plumaje del quetzal es principalmente de un verde tan brillante como una esmeralda y su pecho es de un rojo escarlata. Pero lo más notable de esta ave son las plumas de su impresionante cola.[2] ¡A veces la cola alcanza hasta un metro de largo! (Es interesante notar que esta descripción se aplica solamente al macho,[3] mientras que la hembra[4] tiene una apariencia ordinaria: es de color café y no tiene una cola hermosa.)

Los indígenas consideraban el quetzal como un ave especial, y en los tiempos históricos solamente la familia real[5] tenía el privilegio de llevar sus plumas. Este respeto que los indígenas le tenían al quetzal inspiró una variedad de tradiciones, costumbres y leyendas relacionadas con él. Por ejemplo, los aztecas y los mayas prohibían por completo la caza del quetzal, porque para ellos era un ave sagrada. Y muchas civilizaciones indígenas de lo que hoy es México creían en un dios llamado Quetzalcóatl («serpiente emplumada»), que era el protector de la agricultura y de las artes. Este dios predicó una religión de amor y de resignación.

Una leyenda cuenta que había un tirano que quería demostrar a su gente el poder[6] que él tenía. Ordenó que sus hombres cazaran[7] un quetzal y lo pusieran en una jaula.[8] Mandó que todo el pueblo fuera[9] a verlo para mostrar que él era superior al quetzal porque podía mantenerlo en cautiverio. Pero el quetzal se enfermó y muy pronto murió.

¿Quién era más poderoso, el tirano o el quetzal? El quetzal, por supuesto, porque se escapó del poder del tirano. La muerte le sirvió de escape. Hoy día, el quetzal es el símbolo de la libertad. Se dice que no puede vivir en cautiverio y que, si no puede volar libre en el bosque, prefiere morir.

Guacamayos.

El bosque centroamericano.

[1] enormous number [2] tail [3] male of the species [4] female of the species [5] royal [6] power
[7] Ordenó... He ordered his men to hunt [8] cage [9] Mandó... He ordered the entire village to go

LECCIÓN 2

A EXPLORAR EL TEMA

ACTIVIDAD Los nombres de las cosas

En Guatemala se aprecia tanto el quetzal que la unidad monetaria guatemalteca lleva el nombre de «quetzal» en su honor. Muchas cosas y lugares llevan el nombre de personas famosas o animales de varios tipos. Adivina el origen de los nombres de la siguiente lista.

1. el colón (unidad monetaria de Costa Rica y El Salvador)
2. Bolivia (país de Sudamérica)
3. el jaguar (coche inglés)
4. San Antonio (ciudad de Texas)
5. Los Gatos (ciudad de California)

LECTURA

A PROPÓSITO En los bosques del Zurquí, cerca de San José, Costa Rica, abundan las mariposas.° ¿Sabes por qué hay muchas mariposas en ciertos lugares y pocas en otros? En Costa Rica hay una leyenda popular para explicar la existencia de muchas mariposas en la región llamada El Zurquí.

°butterflies

LA LEYENDA DEL ZURQUÍ
Parte 1

A pocos kilómetros de la ciudad de San José se encuentran los valles del volcán Barba. Hace muchísimos años vivió allí una princesa térraba° llamada Turi Uha. Turi Uha vivía tranquila en su pueblo en donde gobernaba su padre, el cacique.°

Pero un día, un guerrero,° que tenía la frente° alta como una montaña, cruzó los bosques del Zurquí para llegar a la tribu térraba. Él buscaba a Turi Uha, la mujer a quien amaba, la flor de sus valles. La princesa también amaba al guerrero, pero tenían que huir° juntos en busca de otras tierras, lejos de sus tribus, ya que éstas° eran enemigas y no permitirían° su unión.

térraba es el nombre de la tribu
chieftain of the tribe
warrior / forehead

flee
they (the two tribes)
no... would not allow

El amor no puede crecer en el territorio de la guerra; por eso Turi Uha huyó por la montaña con el guerrero. Sólo la acompañaron sus amigas.

Parte 2

Cuando el cacique padre de Turi Uha se dio cuenta° de la huida,° se enfureció y marchó con sus guerreros en busca de los fugitivos. El retumbar de los pasos y el chasquido de las ramas rotas° al correr se oyeron por toda la montaña. Y el enamorado guerrero, el de la frente alta como una montaña, cayó muerto por sus perseguidores.° Su alma° subió a la cima del cerro,° allí donde, según la creencia de su gente, habitaban los muertos, en la morada° del dios «Sibú».

La princesa y sus amigas continuaban huyendo por la selva. Turi Uha, en su pena por la muerte del guerrero, quería alcanzar la cima, donde habitaría° con el alma de su amado. Y mientras huían de sus perseguidores, ocurrió algo maravilloso: poco a poco sus cuerpos se volvieron° ágiles, su piel se transformó en sedosas alas°... Quedaron convertidas en mariposas, que alzaron vuelo° para alcanzar el cielo.

Por eso, aparecen mariposas en grandes cantidades por las mágicas cumbres° del Zurquí.

se... became aware of / flight, escape

retumbar... sound of footsteps and the crunching of broken branches
pursuers / soul
a... to the peak of the hill
dwelling place

she would live

se... became / sedosas... silky wings
alzaron... took flight
mountain peaks

¿QUÉ ENCONTRASTE?

ACTIVIDAD 1 ¿Cierto o falso?

▶ Indica si las siguientes oraciones son ciertas o falsas o si la lectura no lo dice. Si son falsas, corrígelas.

MODELO: Los valles del volcán Barba están muy lejos de San José. →
Falso. Están a pocos kilómetros de San José.

1. Turi Uha era una princesa azteca.
2. El guerrero tenía piernas tan largas como una montaña.
3. La madre de Turi Uha se puso triste cuando su hija se fue con el guerrero.
4. La tribu del guerrero y la tribu de Turi Uha eran enemigas.
5. El guerrero y Turi Uha se amaban y decidieron casarse en el pueblo de ella.
6. El padre de Turi Uha y sus guerreros persiguieron a los novios.
7. Cuando el guerrero se murió, su alma subió al cielo.
8. Los guerreros del cacique padre se convirtieron en mariposas. Por eso hay muchas en los bosques del Zurquí.

ACTIVIDAD 2 **El mensaje de la leyenda**

▶ ¿Qué mensaje contiene esta leyenda? Con un compañero / una compañera, indiquen si están de acuerdo con una de las siguientes interpretaciones, o si hay otra interpretación posible. Busquen detalles en la lectura para defender su interpretación.

1. La leyenda demuestra que el amor verdadero es más importante que las reglas de la sociedad.
2. La leyenda prueba que la violencia no resuelve nada.
3. La leyenda ejemplifica la importancia de obedecer a los padres.
4. ¿ ?

A EXPLORAR MÁS A FONDO

ACTIVIDAD **Los deberes y los deseos**

▶ Turi Uha sabía que no debía huir con el guerrero porque sus tribus eran enemigas. Sin embargo, se fue con él porque lo amaba. Violó las leyes de su tribu para seguir los impulsos de su corazón. Piensa en las siguientes preguntas y luego comparte tus respuestas con un compañero / una compañera.

1. ¿Tenía Turi Uha razón en huir con su novio, o debía quedarse con su tribu? ¿Por qué?
2. ¿Cuáles son algunas reglas y leyes de la sociedad en que tú vives?
3. ¿Es necesario obedecer las leyes de la sociedad? ¿Qué puede ocurrir si una persona no respeta las leyes?
4. ¿Hay reglas en tu familia que tienes que obedecer? ¿Cuáles son? ¿Quién las impone? ¿Qué pasa cuando no respetas alguna regla?
5. En general, ¿haces lo que debes o lo que quieres?

Ciudad de México, México: Este policía asegura que los conductores obedezcan las reglas del tráfico.

TRADICIÓN Y CAMBIO

EL MATRIMONIO

La tradición del casamiento existe en todas las culturas, pero cada cultura tiene sus propios ritos matrimoniales. ¿Te has preguntado alguna vez de dónde vienen las tradiciones que conoces? Por ejemplo, es probable que conozcas la expresión «*tie the knot*». ¿Qué significa esta expresión?

¿Sabías que esta expresión tiene sus raíces en una antigua costumbre azteca? En la antigüedad, parte del rito de la boda consistía en atar la ropa de los novios. El nudo que los conectaba simbolizaba su unión.

Otra costumbre moderna, la de darle pastel al novio en las bodas, era un rito importante en las ceremonias matrimoniales entre los antiguos aztecas y mayas.

¿Cuáles son algunas de las tradiciones que tú observas durante las celebraciones familiares? ¿Te gustaría averiguar sus orígenes?

¿POR QUÉ LO DECIMOS ASÍ?

GRAMÁTICA

LO QUE PASÓ Y LO QUE TÚ HICISTE (PARTE 1)
Preterite of Regular Verbs: Events in the Past

¡REPASEMOS!

Preterite
-ar
yo **-é**
tú **-aste**
usted **-ó**
él/ella **-ó**
nosotros/as **-amos**
vosotros/as **-asteis**
ustedes **-aron**
ellos/as **-aron**

-er/-ir
yo **-í**
tú **-iste**
usted **-ió**
él/ella **-ió**
nosotros/as **-imos**
vosotros/as **-isteis**
ustedes **-ieron**
ellos/as **-ieron**

You are already familiar with the preterite. Remember that the preterite of all regular **-ar** verbs is formed by dropping the **-ar** and adding the endings **-é, -aste, -ó, -amos, -asteis, -aron**. Here are the preterite forms of **casarse** (*to get married*).

casarse: me casé, te casaste, se casó, nos casamos, os casasteis, se casaron

To form the preterite of regular **-er** and **-ir** verbs, drop the **-er/-ir** and add the endings **-í, -iste, -ió, -imos, -isteis, -ieron**. Here are the preterite forms of **nacer** (*to be born*) and **cumplir** (*to complete*).

nacer: nací, naciste, nació, nacimos, nacisteis, nacieron
cumplir: cumplí, cumpliste, cumplió, cumplimos, cumplisteis, cumplieron

—¿**Se casaron** ustedes en Santa Fe?
—Sí, **nos casamos** allí. Y nuestro primer hijo **nació** allí también.
—¿Es cierto que **cumplió** años ayer su hijo?
—Sí, él **cumplió** trece años... ¡y yo **cumplí** treinta y nueve!

Spelling changes, -ar verbs, In the yo form of the preterite
-car: c → qu
-gar: g → gu
-zar: z → c

In regular **-ar** verbs that end in **-car, -gar,** or **-zar,** the last letter of the stem changes before the **-é** ending of the **yo** form: c → qu, g → gu, z → c. Compare the stems of the **yo** and the **él** forms in these verbs.

explicar (*to explain*): **yo expliqué / él explicó**
llegar (*to arrive*): **yo llegué / él llegó**
empezar (ie) (*to begin*): **yo empecé / él empezó**

Other useful verbs of this type include **buscar, practicar, sacar, tocar; jugar (ue), pagar; abrazar, almorzar (ue), cruzar.**

When the stem of a regular **-er/-ir** verb ends in a vowel, as with **oír** and verbs ending in **-aer**, **-eer**, or **-uir**, the **-ió** ending changes to **-yó** in the **usted/él/ella** form. The **-ieron** ending changes to **-yeron** in the **ustedes/ellos/ellas** form. Note the endings on these verbs.

> **caer** (*to fall*): **él cayó / ellas cayeron**
> **creer** (*to believe*) **él creyó / ellas creyeron**
> **oír** (*to hear*): **él oyó / ellas oyeron**
> **concluir** (*to conclude*): **él concluyó / ellas concluyeron**

Spelling changes, -er/-ir verbs
-ió → -yó and
-ieron → -yeron

Remember that **-ar** and **-er** verbs have *no* stem changes in the preterite. In stem-changing **-ir** verbs, the stem vowel changes from **e → i** or from **o → u** in the **usted/él/ella** and the **ustedes/ellos/ellas** forms only. Compare the stems of the **yo** and the **él** forms and of the **nosotros/as** and **ellos/ellas** forms of these verbs.

> **preferir** (*to prefer*): **yo preferí / él prefirió**
> **nosotros preferimos / ustedes prefirieron**
> **vestirse** (*to get dressed*): **yo me vestí / él se vistió**
> **nosotros nos vestimos / ustedes se vistieron**

Preterite of -ir stem-changing verbs (in usted/él/ella and ustedes/ellos/as forms)
e → i and
o → u

Other useful verbs of this type include (**e → i**) **conseguir, divertirse, repetir, seguir, sentirse, servir, sugerir;** (**o → u**) **dormir, morirse.**

You have used the preterite to talk about:

- specific actions, completed at a specific time in the past

> Ayer Isabel **llegó** a la casa de su abuela a las tres. **Se quedó** allí toda la tarde.

- successive completed events

> Su abuela le **habló** de algunas fotos familiares. También le **contó** historias de la niñez y juventud de su madre. Luego la abuela y la nieta **cenaron** juntas.

- actions that interrupt other activities

> Mientras cenaban, **llegó** una amiga de la abuela, una de sus comadres.

- the beginning and end of certain states or situations

> Después de la cena, Isabel **se durmió**.

Uses of the Preterite
- *actions completed at a specific time*
- *actions that interrupt others*
- *beginning/end of a state or situation*

EJERCICIO 1 ¿Qué hiciste hoy?

▶ Acabas de encontrar la lista de lo que tenías que hacer durante el día.

Paso 1. ¿Cuáles de estas cosas hiciste? ¿Cuáles no hiciste?

> salir muy temprano para la escuela
> buscar un regalo para mi padre
> escribir una composición sobre «Mi familia»
> estudiar para un examen de español
> llamar a mi abuela
> lavar el coche
> leer un capítulo del libro de historia
> empezar el proyecto para la clase de biología

Paso 2. Ahora pregúntale a un compañero / una compañera si hizo las mismas cosas.

MODELO: salir muy temprano para la escuela →

TÚ: ¿*Saliste* muy temprano para la escuela?
COMPAÑERO/A: No, no *salí* muy temprano.

EJERCICIO 2 ¿Quién lo hizo?

▶ ¿Pasaron algunas de estas cosas en clase la semana pasada? Pregúntale a tu compañero/a quién las hizo. Él/Ella va a contestar con el nombre de la persona apropiada. Si nadie las hizo, contesta con **Nadie...**

MODELO: vestirse muy elegantemente →

TÚ: ¿Quién *se vistió* muy elegantemente?
COMPAÑERO/A: La profesora *se vistió* muy elegantemente.

1. vestirse muy elegantemente
2. divertirse muchísimo
3. dormirse en clase
4. pedir más tarea
5. vestirse de una manera rara
6. sentirse muy contento/a

EJERCICIO 3 Teresa y Miguel, los padres de Isabel

▶ Las siguientes frases describen el noviazgo y la boda de Teresa de la Garza Quintana y Miguel Hurtado, los padres de Isabel Hurtado de la Garza. Ordénalas lógicamente y empareja las frases con los dibujos apropiados. Luego cuenta la historia del noviazgo y la boda de Teresa y Miguel, usando verbos en el pretérito.

a. empezar a salir solos
b. salir en grupos de amigos
c. hay una boda grande
d. viajar por tren a Buenos Aires
e. empezar a ser amigos a los trece años
f. una vez llegar tarde a casa
g. comprometerse a los diecinueve años
h. casarse un año después
i. pasar allí la luna de miel

LECCIÓN 2   noventa y siete 97

¿Recuerdas?

▶ You have already used several verbs with special stems that share the same set of preterite endings: **-e, -iste, -o, -imos, -isteis, -ieron**. The special stem of **estar** (to be) is **estuv-**. Here is its preterite conjugation.

estar: estuve, estuviste, estuvo, estuvimos, estuvisteis, estuvieron

---

¡OJO! Third-person singular of **hacer** is **hizo**.

¡OJO! Verbs belonging to these verb families have the same special stems: **detener/detuv-, componer/compus-, conducir/conduj-**

In verbs whose stem ends in **-j-**, **-ieron → -eron**.

LO QUE PASÓ Y LO QUE TÚ HICISTE (PARTE 2)
Preterite of Other Verbs: Events in the Past

A Here are several other important verbs that have special stems and use the special preterite endings.

hacer (to do; to make)	hic-	andar (to walk)	anduv-
querer (to want)	quis-	tener (to have)	tuv-
venir (to come)	vin-		
		poder (to be able)	pud-
decir (to say)	dij-	poner (to put)	pus-
traducir (to translate)	traduj-	saber (to know)	sup-
traer (to bring)	traj-		

¡OJO! When the stem ends in **-j-**, the **ustedes/ellos/ellas** ending is **-eron** instead of **-ieron**: decir/**dijeron**, traducir/**tradujeron**, traer/**trajeron**.

—¿Dónde **estuviste** hasta tan tarde anoche?
—¿Sabes? **Se descompuso** el coche y no **pudimos** repararlo.
—¿Qué te **dijeron** mamá y papá?

—Pues... les **dije** la verdad. Cuando **supieron** lo que pasó, no me **dijeron** nada.

—Where were you until so late last night?
—You know what? The car broke down and we couldn't repair it.
—What did Mom and Dad say to you?

—Well, I told them the truth. When they found out what happened, they didn't say anything to me.

Note that the preterite form of **hay** (there is/are) is **hubo** (took place, occurred).

Hubo una boda grande cuando la madre de Isabel se casó.

A large wedding took place when Isabel's mother got married.

B Only three verbs are completely irregular in the preterite: **dar** (to give), **ir** (to go), and **ser** (to be).

dar: di, diste, dio, dimos, disteis, dieron
ir: fui, fuiste, fue, fuimos, fuisteis, fueron
ser: fui, fuiste, fue, fuimos, fuisteis, fueron

—¿Adónde **fueron** ustedes ayer?
—**Fuimos** a la fiesta de cumpleaños de María.
—Y ¿qué tal estuvo? ¿Qué le regalaron?
—Estuvo muy bonita. Mi hermana le **dio** un disco compacto y yo le **di** unos aretes.

—Where did you go yesterday?
—We went to María's birthday party.
—And how was it? What did you give her?
—It was very nice. My sister gave her a CD and I gave her a pair of earrings.

EJERCICIO 4 ¿Sí o no?

▶ Habla de los eventos de la semana pasada.

Paso 1. ¿Ocurrieron las siguientes cosas la semana pasada? Contesta sí o no.

MODELO: *Tuve* un examen dificilísimo. →
Sí, *tuve* un examen dificilísimo. (No, no *tuve* un examen dificilísimo.)

1. Tuve un examen dificilísimo.
2. Estuve en una fiesta hasta muy tarde.
3. Unos amigos vinieron a visitarme.
4. Le dije «felicitaciones» a alguien.
5. Alguien me trajo un regalo.
6. Puse mis libros en la mesa... ¡y no los abrí!
7. Fui a la biblioteca.
8. Pude salir con mis amigos una noche.

Paso 2. Ahora pregúntale a tu compañero/a si hizo las mismas cosas.

MODELO: Tuve un examen dificilísimo. →
TÚ: ¿*Tuviste* un examen dificilísimo?
COMPAÑERO/A: No. *Tuve* un examen muy fácil.

EJERCICIO 5 Una fiesta de Nochebuena

▶ En la familia de Isabel Hurtado de la Garza celebraban todos juntos la mayoría de las fiestas. Esto es lo que ocurrió en la Nochebuena cuando Isabel tenía sólo cinco años. Completa la descripción con el pretérito.

Una fiesta de Nochebuena

Todos _____¹ (estar) en casa de los abuelos antes de las nueve. Cuando llegaron, los invitados _____² (poner) sus regalos debajo del árbol. Algunos tíos _____³ (venir) con comida y bebidas.

La mamá de Isabel _____⁴ (preparar) la comida, y los hijos _____⁵ (tener) que ayudarla. _____⁶ (Hay) una cena especial para los adultos y otra para los niños.

Más tarde, algunos amigos _____⁷ (venir) a cantar villancicos. Los niños _____⁸ (ir) a su habitación a las diez y _____⁹ (acostarse). (Ellos) _____¹⁰ (Querer) dormir pero no _____¹¹ (poder). A las doce todos _____¹² (decir) «¡Feliz Navidad!»

LECCIÓN 2

LO QUE PASABA Y LO QUE PASÓ
Imperfect versus Preterite

Imperfect
- habitual past actions
- ongoing past activities
- personal conditions or attitudes
- setting of scene

Preterite
- actions completed at a specific time
- completed series of actions
- actions that interrupt others

¡REPASEMOS!

As you know, both the imperfect and the preterite are past tenses. The imperfect describes actions that people used to do or tells what was going on at a particular time in the past.

—Cuando **eras** niña, ¿dónde **pasaban** ustedes las Navidades?
—Siempre **íbamos** a la casa de mis abuelos. Pero...

The preterite describes actions that occurred at a specific time. It also describes actions repeated a specified number of times or within a specific time frame.

—...un año, **llevamos** a mi mejor amiga con nosotros. Ella **llamó** a Carmen, otra amiga nuestra, todas las noches.

The imperfect often provides the background setting for the main action. Background details include the weather, the time of day, age, physical conditions, states of mind, or an ongoing activity. The preterite expresses the main action, which may interrupt a background activity.

—...Yo **tenía** ocho años y **estaba** celosa de Carmen. Una noche mientras ellas **hablaban**, yo le **grité**: «¡Ya basta!»

A These words and phrases are useful when using the imperfect.

todos los días, todos los lunes (martes...)
siempre, frecuentemente

antes, en otra época
mientras
de niño/a, de joven

B These words and phrases are useful when talking about specific past events with the preterite.

ayer, anteayer
anoche, anteanoche
el año (mes / semana / fin de semana) pasado/a
un día, el otro día
de repente, de pronto

finalmente, por fin
una vez, la primera vez, por primera vez
el cuatro (cinco, ...) de abril (mayo), el jueves (martes) pasado (*specific dates*)

C Note that **mientras** can be used with more than one imperfect activity *or* with an imperfect and a preterite activity, depending on the nature of those activities.

100 cien

UNIDAD 1

Simultaneous ongoing actions: Imperfect

  Yo **leía** mientras mi amigo **miraba** la televisión.

One action interrupting an ongoing activity: Imperfect + Preterite

  Mientras yo **leía**, mi amigo me **llamó** por teléfono.

EJERCICIO 6　　　　El último Día de las Brujas

▶ Aquí hay dos partes de una misma narración. Después de completar las oraciones, vas a combinarlas para formar una narración completa.

Paso 1. Completa esta parte con el pretérito de los verbos.

  Juan y José _____¹ (llegar) a casa por fin. Nadie los _____² (oír) llamar a la puerta. De repente, José _____³ (gritar) muy fuerte cuando _____⁴ (ver) una figura extraña detrás de un árbol. Los vecinos _____⁵ (encender) las luces y _____⁶ (abrir) una ventana. Con la luz, los jóvenes _____⁷ (poder) ver las decoraciones para el Día de las Brujas. ¡Qué susto! Arriba, en su habitación, su hermana Elena _____⁸ (empezar) a reírse.

Paso 2. Ahora completa esta parte con el imperfecto de los verbos.

1. _____ (Ser) las once de la noche.
2. _____ (Hacer) un poco de frío.
3. Sus padres _____ (mirar) la televisión.
4. El perro _____ (dormir) junto al sofá.
5. Los vecinos _____ (estar) sentados en su sala.
6. Ella _____ (seguir) haciendo decoraciones para la fiesta de mañana.

Paso 3. Ahora combina los dos grupos de oraciones.

  MODELO: Juan y José *llegaron* a casa por fin. *Eran* las once de la noche...

EJERCICIO 7 — Las costumbres

▶ Indica cómo han cambiado tus costumbres.

MODELO: Siempre almorzaba en la cafetería. (el mes pasado) →
El mes pasado *almorcé en casa.*

1. Siempre iba al cine los viernes. (la semana pasada)
2. Generalmente no estudiaba mucho. (el semestre pasado)
3. Antes gastaba mucho dinero en ropa. (este año)
4. Nunca me quedaba en casa los fines de semana. (el fin de semana pasado)
5. Siempre me levantaba tarde los sábados. (el sábado pasado)
6. Antes me reunía con mis amigos en el centro comercial. (anteayer)
7. Nunca ayudaba a preparar la cena. (anoche)

VOCABULARIO 2 · PALABRAS NUEVAS

Las actividades
comprometerse (con)
jubilarse
mandar flores
mandar tarjetas
reunirse (con)
sorprender

Palabra semejante: **respetar (a)**

Palabra de repaso: celebrar

Las etapas de la vida
la juventud
la madurez
la vejez

Palabra de repaso: la niñez

Los ritos, las tradiciones y los días festivos
el bautizo
la cena en honor de...
la Cuaresma
el Día de los Reyes Magos
el día del santo
la esquela
la luna de miel
el pésame
la romería
la vela
el velorio

Palabra semejante:
el funeral

Palabras de repaso: la boda, la calavera, el cumpleaños, el cura, el desfile, el Día de los Muertos, el globo, el invitado / la invitada, el Jánuca, el nacimiento, el pastel, la serpentina

UNIDAD 1: YA LLEGAMOS

¡TE INVITAMOS A ESCRIBIR!

UNA CONVERSACIÓN POR ESCRITO: CÓMO SE LE ESCRIBE A UNA PERSONA DETERMINADA

Un buen escritor siempre se beneficia de las opiniones de sus lectores. Usando la estrategia de *conversación por escrito*, puedes obtener la reacción inmediata de otra persona sobre tus ideas: en este caso, la de un compañero / una compañera. Con esta estrategia puedes ser, una influencia importante en el desarrollo de tu compañero/a como, escritor(a).

¿Cómo se hace?

1. Primero tú y un compañero / una compañera van a leer la misma lectura, escogida por tu profesor(a). Después, los dos van a escribir, a manera de *redacción libre*, unos párrafos en los que cada uno expresa sus propias opiniones sobre la lectura. Hagan también un resumen de los hechos más importantes y hablen de los personajes principales.

2. Intercambien los párrafos que han escrito. Sin decir nada, lean lo que escribió la otra persona y luego coméntenlo. Recuerden, la meta de esta actividad es ayudarlos a comunicar sus ideas con más claridad.

Y AHORA, ¡A PRACTICAR!

▶ Sigan esta estrategia y practiquen una conversación por escrito. Van a ver cómo va a ayudarlos a escribir bien.

Lima, Perú: Una pareja celebra su quincuagésimo[1] aniversario con sus hijos y nietos.

[1] fiftieth

ACTIVIDADES FINALES

PARA TI SOLO/A

▶ ¿Cuáles son algunas de las tradiciones que se celebran en tu familia? ¿Cuál es tu tradición favorita? Trae a la clase un objeto relacionado con tu tradición favorita y explícales a tus compañeros cuál es la tradición, por qué es importante para tu familia y por qué te gusta tanto a ti.

CON UN COMPAÑERO / UNA COMPAÑERA

▶ Escojan una tradición de la siguiente lista (u otra, si prefieren) y preparen una descripción de cómo se celebra en sus familias. Luego hagan una presentación delante de la clase en que explican (1) cuál es la tradición que escogieron y por qué es importante y (2) las diferentes maneras en que las familias de ustedes la celebran. Sus compañeros pueden hacerles preguntas sobre la presentación o comentar sobre la manera en que sus propias familias celebran esa tradición.

    el bautizo
    el cumpleaños
    el Día de Acción de Gracias
    el día de tu santo
    el Jánuca
    la Navidad
    las reuniones de familia
    ¿ ?

CON TODA LA CLASE

▶ En grupos de cuatro o cinco personas, inventen un problema que ocurre en muchas familias. Cada miembro del grupo va a hacer el papel de un miembro diferente de la familia. Usando gestos, expresiones faciales u objetos —pero sin hablar— presenten el problema a la clase. Luego sus compañeros van a adivinar qué papel hacía cada miembro de la «familia» y qué problema se presentaba. Pueden hablar de cómo reaccionó cada miembro de la familia ante el problema. También pueden hablar de cómo se resolvió el problema y proponer otras soluciones posibles.

PASAPORTE CULTURAL 2

CENTROAMÉRICA

La bandera de Honduras.

La bandera de Nicaragua.

La bandera de Guatemala.

La bandera de Costa Rica.

La bandera de Panamá.

La bandera de El Salvador.

Una cadena[1] de volcanes, algunos extinguidos y otros todavía activos, forman la «columna vertebral» del istmo[2] de Centroamérica.

¿QUÉ PODEMOS DECIR?

▶ ¿Asocias los siguientes conceptos y nombres con Centroamérica? ¿Sí o no?

los mayas
el café
el gaucho
el río Amazonas

▶ ¿Qué más asocias con Centroamérica? ¿Asocias algo especial con algún país en particular?

[1] chain
[2] isthmus

Datos esenciales

Nombre oficial:	la República de Costa Rica
Capital:	San José
Moneda:	el colón
Población:	3.088.000 de habitantes
Gobierno:	república unitaria
Idioma oficial:	el español

Nombre oficial:	la República de El Salvador
Capital:	San Salvador
Moneda:	el colón
Población:	5.392.000 de habitantes
Gobierno:	república democrática
Idioma oficial:	el español

Nombre oficial:	la República de Guatemala
Capital:	la Ciudad de Guatemala
Moneda:	el quetzal
Población:	9.454.000 de habitantes
Gobierno:	república democrática, unitaria y representativa
Idiomas:	el español (oficial), varios dialectos maya-quiché

Nombre oficial:	la República de Honduras
Capital:	Tegucigalpa
Moneda:	el lempira
Población:	4.851.000 de habitantes
Gobierno:	república constitucional democrática
Idioma oficial:	el español

Nombre oficial:	la República de Nicaragua
Capital:	Managua
Moneda:	el córdoba
Población:	3.871.000 de habitantes
Gobierno:	república unitaria
Idiomas:	el español (oficial), el misquito

Nombre oficial:	la República de Panamá
Capital:	la Ciudad de Panamá
Moneda:	el balboa
Población:	2.466.000 de habitantes
Gobierno:	república democrática
Idioma oficial:	el español

¿SABÍAS QUE...

- El Salvador es el país más pequeño y más densamente poblado de Centroamérica?
- la única especie de tiburón[1] que puede vivir en agua dulce se encuentra en el lago de Nicaragua?
- llueve aproximadamente dos veces más en las costas caribeñas de Centroamérica que en las costas del Pacífico?
- el Petén en Guatemala fue el centro de la antigua cultura maya?

[1] shark

Las ruinas mayas en Tikal, Guatemala.

¡A COMER!

- El plato tradicional de algunos países de Centroamérica es el bistec servido con plátanos fritos y frijoles negros. La comida de Centroamérica muestra una fuerte influencia maya y se parece a la de los estados mexicanos de Chiapas y Yucatán.

La tradición cultural

- Centroamérica es tierra de poetas y escritores. Entre los poetas más famosos están los nicaragüenses Rubén Darío y Ernesto Cardenal. La rica y frecuentemente violenta historia de Guatemala fue fuente de inspiración de las novelas *Hombres de maíz* y *El señor presidente*, de Miguel Ángel Asturias, quien ganó el Premio Nobel de Literatura en 1967.

¿Te gustaría probar este plato típico de Centroamérica?

Miguel Ángel Asturias.

¡A divertirnos!

- Las procesiones de Semana Santa en Antigua, la capital colonial de Guatemala, son famosas. Las calles por donde pasan las procesiones son cubiertas con «alfombras» de diseños exquisitos hechos con serrín[1] de colores y pétalos de flores. Naturalmente las «alfombras» se deshacen cuando la procesión pasa por encima de ellas, pero los artistas vuelven a hacerlas cada mañana durante esta semana festiva.

[1] sawdust

Una procesión de Semana Santa en Antigua, Guatemala.

Centroamérica
VISTAZO FINAL

Y AHORA, ¿QUÉ MÁS PODEMOS DECIR?

▶ **Todas las siguientes afirmaciones sobre Centroamérica son falsas. Corrígelas.**

1. Centroamérica es una región de clima templado y muy seco.

2. La principal civilización indígena de la región fue la de los incas.

3. Los países centroamericanos no han producido escritores importantes.

¿QUÉ OPINAS TÚ?

▶ **Escoge por lo menos dos temas en esta sección que te interesan.**

- Primero, haz una lista de varias cosas de Centroamérica relacionadas con estos temas.

- Segundo, haz una lista de algunas cosas de tu región que se relacionan con estos temas.

- Tercero, haz una comparación y contraste entre Centroamérica y tu región con respecto a estos temas. ¿En qué son similares las dos regiones? ¿En qué son diferentes?

- Finalmente, escribe un párrafo para describir esas semejanzas y diferencias. En tu párrafo, trata de contestar las siguientes preguntas:

    ¿Por qué te interesan estos aspectos de Centroamérica? ¿Hay algo semejante en tu región que podría compararse con estos aspectos? Si crees que no existe nada comparable, di por qué.

    ¿Cómo sería tu vida si estos conceptos existieran —o no existieran— en la comunidad donde tú vives? ¿Cómo sería la vida de tus parientes? ¿y la de tus amigos?

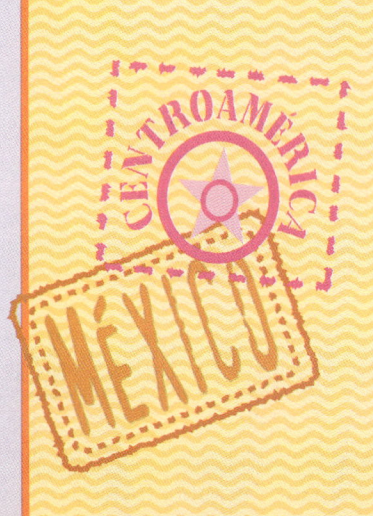

Clásicos ilustrados — El Popol Vuh

POPOL VUH — LIBRO DE LA CREACIÓN DEL MUNDO Y DEL ORIGEN DE LA VIDA DE LAS TRIBUS DE CENTROAMÉRICA.

TRADUCIDO DEL QUICHÉ AL CASTELLANO POR EL PADRE FRANCISCO XIMÉNEZ. SIGLO XVIII.

LOS QUICHÉS ERAN UNA TRIBU MAYA QUE VIVÍA EN GUATEMALA EN EL SIGLO XVI CUANDO LLEGARON LOS CONQUISTADORES ESPAÑOLES.

EL POPOL VUH DICE QUE AL PRINCIPIO EL MUNDO SÓLO ERA EL CIELO Y EL MAR.

LOS DIOSES VIVÍAN EN EL CIELO Y EN EL AGUA. UN DÍA, TRES DE ELLOS, EL REY, LA SERPIENTE Y EL HURACÁN, SE JUNTARON.

—ESTO ESTÁ MUY TRISTE; FALTA ALGO.

—TIENES RAZÓN; NECESITA VIDA.

—PUES, ¡MANOS A LA OBRA!

—NO PUEDE HABER VIDA EN ESTA OSCURIDAD TAN FRÍA.

—ASÍ QUE HAREMOS EL SOL.

—AHORA QUE HAY LUZ Y CALOR, SEPAREMOS EL CIELO Y EL MAR.

CLÁSICOS ILUSTRADOS — ciento nueve 109

Panel 1:
Y SURGIÓ LA TIERRA.
¡QUE HAYA TIERRA!
¿CON ÁRBOLES, ARBUSTOS Y FLORES?
¡MONTAÑAS, VALLES, RÍOS Y ARROYOS!

Panel 2:
TODAVÍA FALTA ALGO.
ESTÁ DEMASIADO TRANQUILO.
HACEN FALTA CRIATURAS.

Panel 3:
ASÍ QUE CREARON TODO TIPO DE ANIMALES, Y LOS COLOCARON EN LA TIERRA.
TÚ TE LLAMAS CIERVO, Y VAS A VIVIR EN EL BOSQUE.
AHORA, ¡SALUDEN A SUS CREADORES!
A VER QUÉ NOS DICEN: ¡UNO, DOS Y TRES!
¡Y ALABEN A SUS PAPÁS!
¡MIAU!
¡MUUU!
¡PÍO, PÍO!
¡GLO, GLO!

Panel 4:
¡FUERA DE AQUÍ, INÚTILES!

Panel 5:
¡QUÉ FRACASO! TANTO TRABAJO, ¿PARA QUÉ?
TENDREMOS QUE CREAR SERES QUE NOS RESPETEN.
HAREMOS HOMBRES DE LODO QUE MOLDEAREMOS A NUESTRO GUSTO.

110 ciento diez

CLÁSICOS ILUSTRADOS

YO HAGO UN HOMBRE.
Y YO MOLDEO UN NIÑO.
Y YO, UNA MUJER.
¡QUÉ MUNDO TAN BONITO LES HEMOS HECHO!, ¿VERDAD?
PERO, ¿QUÉ ES ESTO?
¡NOS HAN SALIDO TONTOS!
¡PAN!
¡PERRO!
¡DORMIR!
ADEMÁS...
CUANDO LLUEVE...
¡SE DESHACEN!
¿QUÉ HACEMOS AHORA?
TENEMOS QUE PEDIR...
EL CONSEJO DE LOS MAYORES.
EL ABUELO, LA ABUELA, EL DIOS DEL AMANECER Y EL DIOS DEL ANOCHECER SE REUNIERON CON LOS CREADORES.
DESPUÉS DE MUCHO DELIBERAR, DECIDIERON HACER GENTE DE MADERA.
VAYAN POR EL MUNDO...
Y MULTIPLÍQUENSE.
Y GOCEN DEL BIEN QUE LES HICIMOS.
SÍ, SEÑOR.
GRACIAS, SEÑOR.

LOS MUÑECOS DE PALO TUVIERON HIJOS E HIJAS Y POBLARON LA TIERRA.
¡AY! ¡ME QUEMO!
DUERME MI NIÑO, DUÉRMETE YA...
¡QUÉ RUIDOSOS SON! ¡NO LE DEJAN DORMIR A UNO!
Y YO, ¿QUÉ?
PERO NO TENÍAN ALMA NI CEREBRO. CAMINABAN SIN RUMBO Y A GATAS, Y NO PENSABAN EN SUS CREADORES.
HEMOS FRACASADO OTRA VEZ.
¡QUÉ DIFÍCIL ES SER CREADOR!
¡NO HAY TIEMPO PARA SUSPIROS Y LAMENTACIONES! ¡HABRÁ QUE DESTROZARLOS CUANTO ANTES!
Y EL HURACÁN PRODUJO UN GRAN DILUVIO DE AGUA NEGRA Y RESINA.
¡CORRAN TODO LO QUE QUIERAN, DESGRACIADOS, NO LES SERVIRÁ DE NADA!
¡SOCORRO!
¡AY DE MÍ!
¡MAMÁ!
TODOS LOS QUE HABÍAN SIDO USADOS Y MALTRATADOS POR LA GENTE DE MADERA SE VENGARON.
¡TOMA, POR QUEMARME EN EL FUEGO!
¡AY, PERDÓN!
¡MISERICORDIA!
¡TE ROMPO LA CARA PORQUE ME PISASTE LA MÍA!
¡AY, NO! PERRO BONITO, ¡AY!
¡GRRR! TE MUERDO POR HACERME PASAR HAMBRE.
CASI TODOS LOS SERES DE MADERA MURIERON. SÓLO ALGUNOS LOGRARON ESCAPARSE AL MONTE Y SE CONVIRTIERON EN MONOS.
POR FIN, LOS DIOSES USARON UNA MASA DE HARINA Y AGUA PARA MOLDEAR CUATRO HOMBRES. TODOS SABÍAN HABLAR, TRABAJAR Y ALABAR A SUS CREADORES. PERO ERAN TAN INTELIGENTES COMO SUS CREADORES, ASÍ QUE LOS DIOSES LIMITARON LA INTELIGENCIA HUMANA PORQUE LES DIO MIEDO. DESPUÉS MOLDEARON CUATRO ESPOSAS PARA LOS HOMBRES, PARA QUE SE MULTIPLICARAN POR EL MUNDO.

¿CÓMO ES NUESTRO MUNDO?

UNIDAD 2

la tierra
nuestro mundo
mi país
mi comunidad
mi familia
yo

Cofrentes, España.

Cuernavaca, México.

ALLÍ VAMOS

En esta unidad vas a explorar el mundo en que vives. Vas a considerar en qué consiste ese mundo y cómo te ha afectado. También vas a pensar en la influencia que tú puedes tener en el mundo y en el medio ambiente.

- ¿Qué fotos tienen que ver con el ambiente que te rodea?
- ¿Qué fotos muestran aspectos de tu comunidad?
- ¿Qué fotos tienen un tema nacional? ¿internacional?
- ¿Cómo va a ser tu mundo en veinte años?

Washington, D.C.: Una reunión de la Organización de los Estados Americanos.

Maracaibo, Venezuela.

«El mundo es un pañuelo.»

LECCIÓN 1: EL MUNDO EN QUE VIVIMOS

Todos los seres humanos tenemos las mismas necesidades elementales: beber, comer, dormir, un hogar, un grupo o una comunidad en que vivir... Sin embargo, cada individuo es único y encuentra una manera única de vivir en su propia sociedad. Aquí examinarás cómo algunas sociedades satisfacen sus necesidades.

San Juan, Puerto Rico: El estilo de lo que se considera una casa típica varía de país a país por razones culturales. Además, el clima y la geografía influyen mucho en la arquitectura de cada zona. Ésta es una casa típica del Caribe, una zona tropical.

La Ciudad de Panamá, Panamá: En las grandes ciudades la población es muy densa. Por eso, mucha gente vive en edificios de apartamentos muy altos, con muchos pisos.

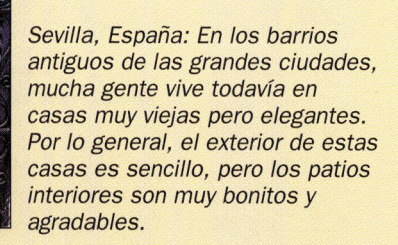

Sevilla, España: En los barrios antiguos de las grandes ciudades, mucha gente vive todavía en casas muy viejas pero elegantes. Por lo general, el exterior de estas casas es sencillo, pero los patios interiores son muy bonitos y agradables.

Creamos ciudades dentro de las ciudades:
metrópolis
Otra ciudad dentro de la ciudad

La aplicación del concepto de autosuficiencia en la planeación urbana, es uno de los más significativos aportes al urbanismo en Colombia. Conjuntos como MULTICENTRO en Bogotá y en Cali son núcleos de vivienda donde se puede disfrutar de todas las actividades fundamentales: vivienda, comercio, recreación, trabajo, cultura y todos los servicios que exige la vida moderna en comunidad. Un ejemplo de esta concepción es METRÓPOLIS.

En esta comunidad moderna de Bogotá, Colombia, uno puede hacerlo todo: vivir, ir de compras, trabajar, practicar deportes, ver películas... ¡todo sin salir de la comunidad!

Ingapirca, Ecuador: En las zonas rurales, por lo general, hay mucha distancia entre las haciendas. La gente se reúne en ocasiones especiales, pero vive aislada el resto del tiempo.

En las ciudades, la gente se reúne diariamente en las calles anchas que se llaman paseos. *El Paseo de Las Ramblas en Barcelona, España, es un sitio muy agradable para pasear, tomar algo y charlar con los amigos.*

Santillana del Mar, España: En los pueblos pequeños hay más sentido de comunidad, lo cual tiene aspectos positivos y negativos. Por un lado, uno se siente apoyado por la comunidad, pero por otro, todos se conocen y todo el mundo sabe lo que hacen los demás.

¿QUÉ PODEMOS DECIR?

- ¿Qué tiene en común tu casa o apartamento con los que ves en estas páginas? ¿En qué es diferente?
- ¿Es similar tu ciudad o pueblo a los de estas páginas o es diferente? Explica las semejanzas o las diferencias.
- ¿Qué encuentras en tu ciudad o pueblo que te da placer y te hace agradable la vida?

LECCIÓN 1

ciento quince 115

Así se dice...

VOCABULARIO

¿QUIERES VIVIR EN EL ECUADOR?

El Ecuador es un país de grandes contrastes geográficos y **ambientales**. ¿Cuánto sabes de este país sudamericano? Lee la siguiente descripción e indica en qué parte del país te gustaría vivir y por qué.

Quito es la capital del Ecuador y una de sus ciudades más grandes. Está situada al pie del monte Pichincha, que es un **volcán** activo. El índice de natalidad es bastante alto en el Ecuador y mucha gente vive o quiere vivir en la capital. Por eso en los parques, mercados y **aceras** de Quito se ve mucha actividad.

Los indígenas del Ecuador tienen un fuerte sentido de identidad propia. Todavía hablan sus propios idiomas, como el quechua, y la mayoría es bilingüe. Son agricultores y artesanos excelentes. Viajan a muchas partes del mundo para vender sus tejidos y sus joyas.

El Ecuador es un país tan grande como el estado de Colorado. La línea ecuatorial cruza el país, al norte de Quito.

La geografía del Ecuador es impresionante. Tiene **costas** con bonitas playas en el océano Pacífico, dos **cordilleras** (es decir, sistemas de montañas muy altas), **valles**, como el valle central entre la cordillera **Occidental** y la cordillera **Oriental**, y selvas, como la selva amazónica.

Las islas Galápagos son famosas porque su flora y fauna ayudaron a inspirar las teorías de Charles Darwin sobre la evolución.

Una selva es un bosque de muchos árboles grandes donde también se encuentran **arbustos** densos y animales salvajes. Todavía hay partes de la selva amazónica que no se han explorado. Allí viven **tribus** de indígenas que han tenido poco contacto con la civilización occidental. Desgraciadamente, la civilización **amenaza** destruir el modo de vivir de muchos grupos indígenas del mundo.

El río Amazonas es el río más extenso del mundo. Nace en la selva amazónica.

*Guayaquil es el **puerto** principal y la ciudad más grande del Ecuador. El puerto mismo no tiene un **ambiente** atractivo, como ocurre en muchos puertos, pero en las **afueras**, es decir, en los vecindarios que no están en el centro de la ciudad, hay lugares elegantes.*

*Los ecuatorianos quieren **desarrollar** su economía y **explotar** los **recursos naturales** de las montañas. Hay muchos **caminos** en construcción para llegar a los lugares más **aislados**.*

*Uno de los productos de exportación más importantes del Ecuador es el banano. En las **haciendas** de la costa, donde se cultiva el banano, el trabajo es muy duro. También se cultivan muchas variedades de papas, que son parte fundamental de la comida ecuatoriana.*

¿Cómo es el lugar donde tú vives y estudias? ¿Cómo ha influido en tu formación ese ambiente? ¿Te gustaría encontrar un ambiente diferente o prefieres quedarte donde vives?

LECCIÓN 1 *ciento diecisiete* **117**

Conexión gramatical
Estudia las páginas 130–135
en ¿Por qué lo decimos así?

Y TÚ, ¿QUÉ DICES?

ACTIVIDADES ORALES Y LECTURAS

1 • PIÉNSALO TÚ — Definiciones

▶ ¿Qué son los siguientes lugares? Escoge una definición para cada palabra.

Lugares
1. las afueras
2. la cordillera
3. el puerto
4. el bosque
5. la hacienda
6. la playa
7. el valle

Definiciones
a. un sistema de montañas
b. un sitio en que la gente toma el sol
c. un espacio de tierra entre dos montañas
d. la zona de una ciudad que está lejos del centro
e. un lugar en que hay muchos árboles
f. terreno extenso dedicado a la agricultura y al cuidado de caballos, vacas y otros animales
g. un lugar en que hay barcos
h. un lugar completamente rodeado de agua

Y AHORA, ¿QUÉ DICES TÚ?

1. ¿En cuál de los siete lugares te gustaría vivir? ¿En dónde no te gustaría vivir? ¿Por qué?
2. ¿Cuáles son las características geográficas del lugar donde tú vives? ¿Qué hay y qué *no* hay allí? ¿Cómo es el clima?

2 • DEL MUNDO HISPANO — Dos dibujos, un punto de vista

▶ Un español hizo el dibujo de la izquierda, y un argentino hizo el de la derecha. Pero los dos comentan el mismo tema.

Paso 1. Completa estas oraciones sobre el dibujo de la izquierda.

1. La ciudad que se ve en el dibujo...
   a. es muy moderna e impersonal.
   b. no tiene muchos rascacielos.
   c. tiene muchos parques y zonas verdes.
   d. ¿ ?

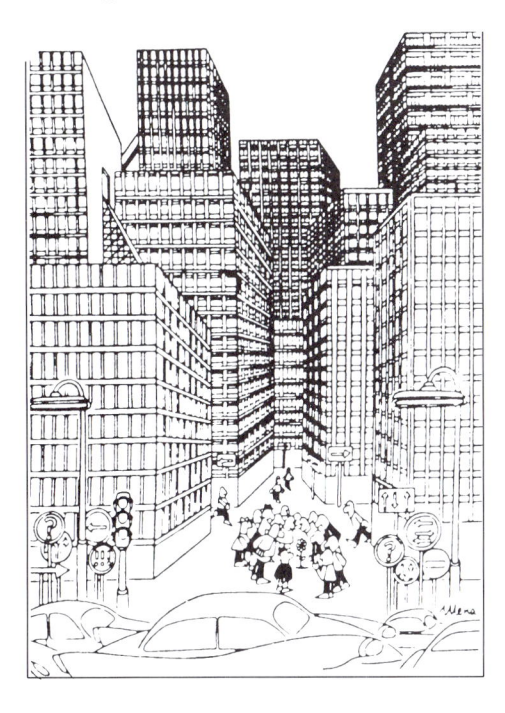

2. La gente ha encontrado...
   a. un animal salvaje.
   b. una flor.
   c. dinero en la acera.
   d. ¿ ?

3. La actitud de la gente es...
   a. indiferente.
   b. de mucho interés.
   c. de mucho miedo.
   d. ¿ ?

Paso 2. Ahora completa estas oraciones sobre el dibujo de la derecha.

1. El agricultor de la izquierda ha comprado un tractor y ha vendido...
   a. su hacienda.
   b. su mulo o burro.
   c. sus productos agrícolas.
   d. ¿ ?

2. El otro agricultor dice que el tractor es más moderno que...
   a. su mulo o burro.
   b. su coche.
   c. su pueblo.
   d. ¿ ?

3. La desventaja del tractor es que...
   a. no funcionará bien.
   b. no escuchará al agricultor.
   c. usará mucha gasolina.
   d. ¿ ?

Y AHORA, ¿QUÉ DICES TÚ?

1. ¿Por qué tiene la gente tanto interés en la flor?
2. ¿Por qué prefiere su burro el agricultor de la derecha?
3. ¿Qué piensas tú de estos dos dibujos? ¿Te parecen chistosos o serios?

LECCIÓN 1

3 • INTERACCIÓN ¡Lo que tienes indica quién eres!

Se dice que los bienes personales revelan mucho sobre la personalidad de su dueño. ¿Estás de acuerdo? Vamos a ver.

Paso 1. Ésta es la sala de una familia desconocida para ti: los padres y su hijo. ¿Quiénes serán? ¿Cómo serán estas personas? Mira bien el dibujo. Luego indica si las siguientes oraciones sobre los miembros de esta familia son probables o improbables.

1. No les gustará viajar.
2. Tendrán mucho interés en la naturaleza.
3. Será una familia muy activa y les gustarán los deportes.
4. Escucharán música con frecuencia.
5. No hablarán español. Tampoco lo leerán.
6. Nunca mirarán la televisión. ¿Y verán películas? No irán nunca al cine.
7. Tendrán una hija.
8. La conservación será una parte importante de su vida diaria.
9. Leerán poco.

Paso 2. Haz una lista de diez cosas que hay en tu habitación que revelan algo sobre tus intereses, pasatiempos y preocupaciones. (También puedes nombrar cosas de la sala familiar o cualquier otra parte de la casa que son muy «tuyas».)

Paso 3. Intercambia tu lista con la de un compañero / una compañera. ¿Puede tu compañero/a adivinar cuáles son las cosas que más te importan? ¿Y qué puedes decir de los intereses de tu compañero/a?

4 • CONVERSACIÓN   En un pueblo del Amazonas

▶ Imagínate que una mañana te despiertas en un pueblo de la selva amazónica. Te encuentras entre indígenas que nunca han visto a una persona de una cultura diferente a la de ellos. Y ¡claro que tú también te llevas una buena sorpresa al despertarte!

Paso 1. ¿Qué cambios habrá en tu vida en ese nuevo ambiente? Indica cuáles de las siguientes oraciones describen tu vida.

¡A charlar!

▶ Use the future tense to speculate about what something or someone is probably like.

> No **podrán** hablar español.
> *They probably can't speak Spanish.*

> No **habrá** electricidad en la cabaña.
> *There probably won't be any electricity at the cabin.*

These phrases will help you explain your suppositions.

> **Por eso...**
> *That's why . . .*

> **Por esta razón...**
> *For this reason . . .*

> **A causa de...**
> *Because of . . .*

> **Puesto que...**
> *Since, because . . .*

> **Son personas que...**
> *They are people who . . .*

1. Veré todos mis programas favoritos y estaré bien informado/a sobre la vida de mis actores y actrices favoritos.
2. Tendré una vida muy sedentaria.
3. Tendré que buscar la comida, no comprarla.
4. No asistiré a la escuela, pero aprenderé mucho.
5. Usaré dinero para todo.
6. Me acostaré temprano todas las noches.
7. Nunca más tendré que lavar platos o sacar la basura.
8. Sabré lo que pasa en el mundo.

LECCIÓN 1

Adivinanza

▶ ¿Qué cosa posee el hombre
que nadie la puede ver,
sin alas vuela hasta el cielo
y es la causa del saber[1]?

[1]knowledge

Paso 2. Piensa en lo que haces diariamente ahora y en lo que harás como habitante de la selva. ¿Qué es lo que te hará más falta que nada en tu vida nueva? Pon las siguientes cosas en orden de importancia para ti, del 1 al 5. **¡OJO!** Tienes que añadirle a la lista un objeto que te interesa mucho a ti.

_____ la electricidad
_____ el coche
_____ los libros y las revistas
_____ los restaurantes y los supermercados
_____ ¿ ? (tu objeto)

Compara tus respuestas con las de tus compañeros de clase. ¿Cuál es la cosa más importante para la clase?

Paso 3. Haz una lista de las ventajas de vivir con la tribu amazónica. Un compañero / Una compañera hará una lista de las desventajas. Luego intercambien listas y decidan si hay más ventajas o más desventajas de vivir esta vida.

> **PALABRAS ÚTILES:** el aislamiento, la contaminación (del aire), el estrés, la naturaleza, el ritmo (lento, acelerado) de la vida, el silencio, la soledad, la tranquilidad, la violencia

5 • CONVERSACIÓN   La habitación perfecta

▶ Imagínate que tienes que pasar tres meses solo/a en tu habitación. ¿Qué cambiarás en tu habitación para hacerla perfecta?

Paso 1. Escoge cinco cosas necesarias y cinco «lujos», es decir, cosas que te gustaría tener. Piensa en las siguientes categorías. **¡OJO!** No escojas el teléfono, porque no debes comunicarte con ninguna persona. Pero puedes contar con la electricidad.

Categorías: la actividad física, la comida y la bebida, las diversiones, la higiene personal

Paso 2. Ahora conversa con un compañero / una compañera sobre lo que has escogido.

1. ¿Qué tienes en primer (segundo, ...) lugar entre las necesidades? ¿Por qué lo/la pones en ese lugar?
2. ¿Qué tienes en primer (segundo, ...) lugar entre los «lujos»? ¿Por qué lo/la pones en ese lugar?

Por fin, haz comentarios sobre la selección de tu compañero/a.

> **FRASES ÚTILES:**
> Creo que tu selección es (útil, práctica, inteligente, frívola, tonta, ...)
> Pensaste mucho en...
> En cambio, no pensaste en...

Y AHORA, ¡CON TU PROFESOR(A)!

¿Qué puso usted en primer lugar entre las cosas necesarias? ¿y entre los «lujos»?

READING TIP 3

USING THE DICTIONARY, Part 1: Looking Up Verbs

Most words look the same in the dictionary as they do in the reading. Verbs, however, will appear in the reading in many forms, often irregular, but the *infinitive* of the verb is the only form that appears in the dictionary. In order to look up a verb, you must first determine the infinitive of the verb form.

Try to deduce the infinitive of these three irregular verb forms:

cabrá (future):	a. cabrar	b. cabar	c. caber
duele (present):	a. dueler	b. doler	c. dolar
detuvo (preterite):	a. detener	b. detar	c. detuvar

First, look at the ending of **cabrá**. It is in the future tense, so the stem must be **cabr-**. This is just like the future stem for **saber** (**sabr-**), so **caber** is your best-guess infinitive. (Note that the other two "infinitives" do not really exist in Spanish.)

Next, notice the **-ue-** in **duele** and recall that this is often found in verbs with **-o-** in the infinitive stem. You know that **vuelve** comes from **volver**, so **duele** probably comes from **doler**. (Again, note that the other two options do not exist.)

Finally, **detuvo** should remind you of the preterite forms **tuvo** and **estuvo**. **Detuvo**, then, might come from either **detener** or "detar." If you immediately try to find **detuvo** (or the nonexistent "detuvar" or "detar" in the dictionary), you will not find it nor will you know what to try next. **Detener** is the correct infinitive; however, if you try a false lead, such as "detar," and come up empty-handed, you will still have a second option.

LECCIÓN 1

LECTURA: Clave al mundo hispano

Caracas, Venezuela.

RINCÓN CULTURAL:

El metro: Una alternativa al uso del automóvil

La densidad del tráfico, los embotellamientos[1] y la contaminación del aire en las grandes ciudades del mundo han motivado la construcción de sistemas de transporte colectivo. El metro, un tipo de tren subterráneo, ha llegado a ser el sistema preferido por muchas personas. El primer metro se estableció[2] en Londres, Inglaterra, en 1863, y operaba con energía a vapor.[3]

El metro es más rápido, más económico y más eficiente que el automóvil. Los carros usan gasolina que, aparte de ser muy cara, contamina el aire. Toda la contaminación del aire es peligrosa para la salud tanto de los peatones como de los conductores. Además, cuando hay mucho tráfico la gente se frustra[4] porque no puede llegar a tiempo a su destino.[5] Muchas personas, cansadas del ruido y del caos[6] de las calles y las carreteras, ahora prefieren tomar el metro.

El metro tiene varias ventajas. Primero, es más económico que el automóvil. Generalmente es posible cruzar toda una ciudad y llegar a las afueras por muy poco dinero. Los pasajeros tampoco tienen que preocuparse por el tráfico. Pueden descansar o leer el periódico mientras el metro los lleva directamente a su destino.

Otra ventaja es que, desde 1890, el metro funciona con electricidad. Por eso, no produce ni los gases ni los humos tóxicos[7] que amenazan la salud de la gente. Puesto que toda la maquinaria del sistema del metro está bajo tierra,[8] no impide el movimiento normal del tráfico en las calles principales, y además ahorra espacio en la superficie.[9] En fin, el metro es el método de transporte colectivo más limpio, más económico y más útil para llevar grandes cantidades de personas de un lugar a otro en poco tiempo.

[1]*traffic jams* [2]*se... was established, built* [3]*energía... steam energy* [4]*se... become frustrated* [5]*destination* [6]*chaos* [7]*humos... toxic fumes* [8]*bajo... underground* [9]*surface*

A EXPLORAR EL TEMA

ACTIVIDAD   Los jóvenes y los coches

▶ Imagínate que vives en una ciudad donde hay metro. Siempre has viajado con facilidad en él, pero ahora te gustaría tener coche. Tus padres no creen que lo necesites y no quieren ayudarte a comprarlo. ¿Cómo los vas a convencer?

Paso 1. Con dos compañeros de clase, preparen un debate en que tú haces el papel de un hijo / una hija y tus compañeros hacen el papel de tus padres. Tienes que convencer a tus «padres» de que necesitas un coche, pero ellos siempre encuentran razones para probar que no te serviría. Consideren las siguientes preguntas al preparar este debate.

1. ¿Por qué quieres un coche?
2. ¿Cómo vas a conseguir el dinero para comprártelo? ¿Cuánto dinero esperas que te presten tus padres?
3. ¿Por qué no puedes (o no quieres) seguir viajando en metro?
4. ¿No hay otros medios de transporte colectivo?
5. ¿Cuál es el resultado de este debate? ¿Te proponen tus padres un arreglo especial? ¿Cuál es?

Paso 2. Ahora presenten el debate delante de la clase. La clase debe votar para determinar quién gana el debate: tú o tus padres.

LECTURA

Sobre la autora **Rosa Montero** nació en Madrid y allí hizo sus estudios. En 1969 empezó a trabajar como periodista. Al mismo tiempo, colaboraba en programas de televisión y era actriz de teatro. También es autora de dos novelas.

A PROPÓSITO   La palabra *arrebato* tiene doble significado: significa «furia» y también «éxtasis». En el cuento que sigue, leerás lo que está pensando una persona mientras está en un embotellamiento. Tiene prisa por llegar a su destino pero no puede avanzar a causa del tráfico. ¿Crees que siente furia o que está en éxtasis?

Para comprender mejor

Drawings a–h on page 126 represent the main action in this story. Scan them before you start to read. Then, as you read the story, refer back to the drawings that correspond to the lettered sentences. This will help you figure out the events that occur.

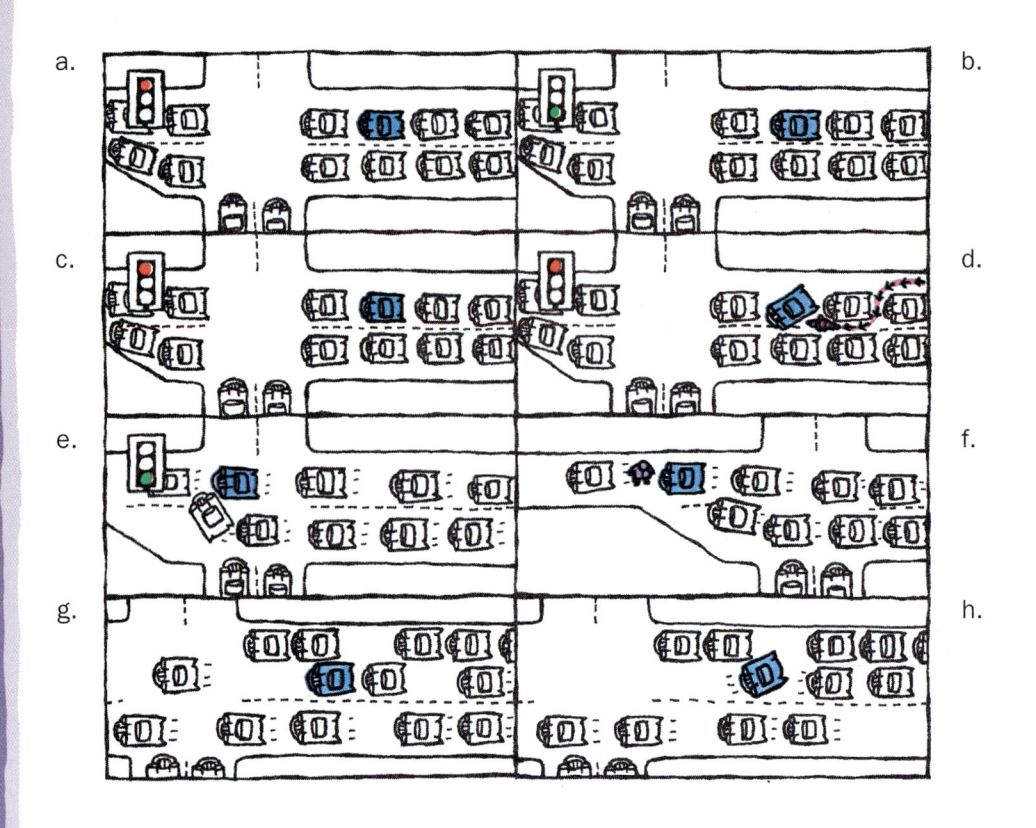

«EL ARREBATO» (ADAPTADO)

Parte 1

Las nueve menos cuarto de la mañana. Semáforo en rojo, un rojo inconfundible.° Las nueve menos trece, hoy no llego. Embotellamiento de tráfico.[a] Doscientos mil coches junto al tuyo. Tienes la mandíbula° tan tensa que entre los dientes aún está el sabor° del café del desayuno. Miras al vecino. Está intolerablemente cerca. La chapa° de su coche casi roza° la tuya. Verde. Avanza, imbécil. ¿Qué hacen? No arrancan.° No se mueven, los estúpidos.[b] Están paseando, con la inmensa urgencia que tú tienes. Doscientos mil coches que salieron a pasear a la misma hora solamente para fastidiarte.° ¡Rojjjjjo! ¡Rojo de nuevo!°[c] No es posible. Las nueve menos diez. Hoy desde luego que no llego-o-o-o (gemido desolado°). El vecino te mira con odio. Probablemente piensa que tú tienes la culpa° de no haber pasado el semáforo° (cuando es obvio que los culpables° son los idiotas de delante). Tienes una premonición de catástrofe y derrota.° Hoy no llego.

unmistakable

jaw

taste

license plate
scrapes / *No... They don't get going.*

annoy you

gemido... despairing moan
blame / *no... not having made the light*
los... the ones to blame
defeat

Parte 2

Por el espejo ves cómo se acerca un chico en una motocicleta, zigzagueando entre los coches. Su facilidad te causa indignación, su libertad te irrita. Mueves el coche unos centímetros hacia el del vecino, y ves que el transgresor° está bloqueado, que ya no puede avanzar.[d] ¡Me alegro! Alguien pita° por detrás. Das un salto,° casi arrancas. De pronto ves que el semáforo sigue aún en rojo. ¿Qué quieres, que salga con° la luz roja, imbécil? Te vuelves° en el asiento, y ves a los conductores a través de la contaminación y el polvo° que cubre los cristales° de tu coche. Los insultas. Ellos te miran con odio asesino.° De pronto, la luz se pone verde y los de atrás pitan desesperadamente.° Con todo ese ruido reaccionas, tomas el volante, al fin arrancas. Las nueve menos cinco. Unos metros más allá la calle es mucho más estrecha; sólo cabrá un coche. Miras al vecino con odio. Aceleras. Él también. Comprendes de pronto que llegar antes que el otro es el objeto principal de tu existencia. Avanzas unos centímetros. Entonces, el otro coche te pasa victorioso.[e] Corre, corre, gritas, fingiendo gran desprecio:° ¿adónde vas, idiota?, tanta prisa para adelantarme° sólo un metro... Pero la derrota duele. A lo lejos° ves una figura negra, una vieja que cruza la calle lentamente. Casi la atropellas.[f] «Cuidado, abuela», gritas por la ventanilla; estas viejas son un peligro, un peligro.

offender
honks / Das... You jump
que... for me to go through
Te... You turn around
dust / windows
odio... murderous hatred
desperately

fingiendo... feigning great scorn
move in front of me
A... In the distance

Parte 3

Ya estás llegando a tu destino, y no hay posibilidades de aparcar. De pronto descubres un par de metros libres, un pedacito de ciudad sin coche: frenas, el corazón te late apresuradamente.° Los conductores de detrás comienzan a tocar la bocina: no me muevo. Tratas de estacionar, pero los vehículos que te siguen no te lo permiten.[g] Tú miras con angustia° el espacio libre, ese pedazo de paraíso tan cercano y, sin embargo, inalcanzable.° De pronto, uno de los coches para y espera a que tú aparques. Tratas de retroceder,° pero la calle es angosta° y la cosa está difícil. El vecino da marcha atrás° para ayudarte, aunque casi no puede moverse porque los otros coches están demasiado cerca.[h] Al fin aparcas. Sales del coche, cierras la puerta. Sientes una alegría infinita, por haber cruzado la ciudad enemiga, por haber conseguido un lugar para tu coche; pero fundamentalmente, sientes enorme gratitud hacia el anónimo vecino que se detuvo y te permitió aparcar. Caminas rápidamente para alcanzar° al generoso conductor, y darle las gracias. Llegas a su coche, es un hombre de unos cincuenta años, de mirada melancólica.° Muchas gracias, le dices en tono exaltado.° El otro se sobresalta,° y te mira sorprendido. Muchas gracias, insistes; soy el del coche azul, el que estacionó. El otro palidece,° y al fin contesta nerviosamente: «Pero, ¿qué quería usted? ¡No podía pasar por encima de los coches! No podía dar más marcha atrás». Tú no comprendes. «¡Gracias, gracias!» piensas. Al fin murmuras: «Le estoy dando las gracias de verdad, de verdad... » El hombre se pasa la mano por la cara, y dice: «es que... este tráfico, estos nervios... » Sigues tu camino, sorprendido, pensando con filosófica tristeza, con genuino asombro:° ¿Por qué es tan agresiva la gente? ¡No lo entiendo!

te... beats fast

anguish
unreachable
back up / narrow
da... backs up

catch up to

de... with a mournful expression / en... excitedly
se... jumps
becomes pale

amazement

LECCIÓN 1

¿QUÉ ENCONTRASTE?

ACTIVIDAD — El tráfico y los nervios

▶ Mientras está atrapado en un embotellamiento, el protagonista de este cuento experimenta varias emociones, principalmente la frustración. Di si los siguientes pensamientos del protagonista son sarcásticos, si son insultos o si expresan frustración o sinceridad. ¡OJO! A veces más de una respuesta puede ser correcta.

MODELO: Las nueve menos diez. Hoy desde luego que no llego-o-o-o. →
Este pensamiento es sarcástico. El protagonista está expresando su frustración.

1. Avanza, imbécil. ¿Qué hacen?
2. No se mueven, los estúpidos. Están paseando, con la inmensa urgencia que tú tienes.
3. ¡Rojjjjjo! ¡Rojo de nuevo! No es posible.
4. Miras al vecino con odio. Aceleras. Él también. Comprendes de pronto que llegar antes que el otro es el objeto principal de tu existencia.
5. Tratas de estacionar, pero los vehículos que te siguen no te lo permiten. Tú miras con angustia el espacio libre...
6. El vecino da marcha atrás para ayudarte... sientes enorme gratitud hacia el anónimo vecino que se detuvo y te permitió aparcar.
7. «¡Gracias, gracias!» piensas. Al fin murmuras: «Le estoy dando las gracias de verdad, de verdad...»
8. ¿Por qué es tan agresiva la gente? ¡No lo entiendo!

A EXPLORAR MÁS A FONDO

ACTIVIDAD — Los nervios y la psicología

▶ Imagínate que eres psicólogo/a y que el protagonista de *El arrebato* llega a tu consultorio porque sufre de estrés. Tú tienes que ayudarlo a simplificar su modo de vivir en una ciudad grande. Considera las siguientes preguntas y escribe un plan.

1. ¿Qué debe hacer el protagonista para no tener que manejar cuando hay tanto tráfico?
2. ¿Cómo puede mejorar su actitud para poder vivir contento en la ciudad?
3. ¿Qué ejercicios (mentales y físicos) debe hacer para reducir el estrés que sufre? ¿Debe seguir una dieta especial para calmar los nervios?
4. ¿Le recomiendas unas vacaciones? ¿En qué lugar?
5. ¿Crees que debe mudarse a un ambiente más tranquilo? ¿Cómo sería el lugar ideal para esta persona?
6. ¿Qué efecto tendrán tus recomendaciones en la salud del protagonista? ¿Cambiarán su vida? ¿De qué forma?

TRADICIÓN Y CAMBIO

LOS PARAJES[1] SAGRADOS

Las ideas básicas que inspiran el arte y la arquitectura monumental de hoy tienen sus orígenes en la época paleolítica. Ciertos parajes sagrados de aquellos tiempos se identificaban con espíritus, con mitos o con las acciones heroicas de los antepasados. Los antiguos parajes sagrados se encuentran en sitios naturales por todo el mundo hispano (por ejemplo, en montañas, cuevas, valles o lugares con vista al mar), los cuales tenían un significado espiritual para los habitantes del área. La gente convirtió estos sitios en lugares sagrados, con dibujos, pinturas, tallas[2] y arreglos[3] especiales de piedras u otros objetos. Estos lugares todavía conservan el poder de atraer a los seres humanos e inspirarlos con su misterio y su sentido de lo divino.

Pablo Picasso, el gran pintor español del siglo XX, representó la figura del toro en muchas de sus obras, como en este detalle de su famosa pintura «Guernica».

Esta pintura de un toro —símbolo del poder en el mundo hispano— se encuentra en las cuevas de Altamira, en España. Fue pintada hace más de 25.000 años.

El mito del nacimiento del ser humano es común en toda América. Aquí se ve un monumento de los primeros indígenas de México, los olmecas. Según ellos, un héroe ancestral nació de la boca del dios representado aquí.

El Zócalo, Ciudad de México, México: Los antiguos aztecas construyeron su Templo Mayor en este sitio. Luego, los españoles construyeron una catedral enorme en el mismo lugar. Y, más recientemente, se construyó el Palacio Nacional (la sede[4] del gobierno mexicano) muy cerca de esa catedral.

[1] lugares [2] engravings [3] arrangements [4] seat

LECCIÓN 1   *ciento veintinueve* **129**

¿POR QUÉ LO DECIMOS ASÍ?

GRAMÁTICA

NUNCA SE SABE LO QUE PASARÁ
The Future Tense

Spanish also has a future tense with its own future-tense endings.

A To express an indefinite or more distant future, use the future tense.

—¿Qué **harás** después de graduarte?
—**Trabajaré, me haré** rico y **tendré** una casa enorme.
—¡Huy! Eso no **será** tan fácil.

—What will you do after you graduate?
—I'll work, get rich, and have a really big house.
—Ooh! That won't be so easy.

B To form the future tense of most -ar, -er, and -ir verbs, add the endings **-é, -ás, -á, -emos, -éis, -án** to the *entire infinitive*. Here are the future forms of **acampar** (*to camp*), **proteger** (*to protect*), and **existir** (*to exist*).

acampar	proteger	existir
acamparé	protegeré	existiré
acamparás	protegerás	existirás
acampará	protegerá	existirá
acamparemos	protegeremos	existiremos
acamparéis	protegeréis	existiréis
acamparán	protegerán	existirán

C Some verbs add the same endings to a slightly different future stem. Here is the modified infinitive of **decir** (*to say*) with its future-tense endings:

decir → dir-: diré, dirás, dirá, diremos, diréis, dirán

The infinitives of the following familiar verbs change as shown.

hacer → **har-**

poner → **pondr-**
salir → **saldr-**
tener → **tendr-**
venir → **vendr-**

poder → **podr-**
querer → **querr-**
saber → **sabr-**

¿Recuerdas?

▶ You have already used the present tense and the **ir a** + infinitive construction to talk about future actions or states of being.

Salgo para la costa el sábado.
I'm leaving for the coast on Saturday.

Voy a nadar y tomar el sol.
I'm going to swim and sunbathe.

Future Tense Stem = Infinitive
Endings:
yo -é
tú -ás
usted -á
él/ella -á
nosotros/as -emos
vosotros/as -éis
ustedes -án
ellos/as -án

Infinitive changes, future tense
decir/dir-
hacer/har-
poder/podr-
poner/pondr-
querer/querr-
saber/sabr-
salir/saldr-
tener/tendr-
venir/vendr-

130 ciento treinta UNIDAD 2

The future of **hay** (*there is/are*) is **habrá** (*there will be*).

Habrá ciudades en la luna algún día.
There will be cities on the moon some day.

D You can also use the future tense to raise a question or to make a guess about what is *probably* happening.

Future: *I wonder; probably*

—No veo a los chicos. ¿Dónde **estarán**?
—*I don't see the guys. Where can they be? (I wonder where they are?)*

—**Estarán** en aquella heladería.
—*They're probably in that ice cream store.*

EJERCICIO 1   En diez años…

▶ ¿Sabes dónde estarás o cómo será tu vida en diez años? En este ejercicio, lo vas a imaginar.

Paso 1. Haz oraciones, usando estas frases como guía.

MODELO: estaré casado/a →
En diez años, *estaré* casado. (En diez años, *no estaré* casado.)

En diez años…

1. estaré casado/a
2. viviré en un pueblo pequeño
3. trabajaré en una compañía grande
4. viajaré mucho
5. asistiré a la universidad
6. hablaré español en mi trabajo / mis clases
7. ¿ ?

Paso 2. Ahora usa las mismas frases, con la terminación apropiada, **-ás**, para entrevistar a un compañero / una compañera.

MODELO:
TÚ: ¿*Estarás* casado/a en diez años?
COMPAÑERO/A: Sí, *estaré* casado/a. (No, *no estaré* casado/a.)

LECCIÓN 1

EJERCICIO 2 — Tus compañeros de clase

▶ Haz predicciones sobre el futuro de tus compañeros de clase.

MODELO: sacar notas muy altas →
Creo que Alberto y Mariana *sacarán* notas muy altas.

Creo que...

1. sacar notas muy altas
2. ir a mi próxima fiesta
3. tener que estudiar mucho este año
4. comprar un carro el año que viene
5. salir para México este verano
6. poner todo el dinero en el banco
7. poder hablar español estupendamente algún día
8. ¿ ?

EJERCICIO 3 — Otra vez en el Amazonas

▶ Aquí tienes la familia que «conociste» en la Actividad 4 (página 121) ¿Qué puedes decir de su vida? Con las siguientes frases como guía (o con otras originales), usa el futuro para hacer predicciones sobre su vida.

MODELO: hablar un idioma indígena / español / inglés →
Hablarán un idioma indígena, pero no *hablarán* español.
No *hablarán* inglés. *Hablarán* un idioma indígena.
Hablarán un idioma indígena y español.

1. hablar un idioma indígena / español / inglés
2. vivir en un pueblo / solos / en una ciudad grande
3. algún día tener más / no tener más hijos
4. el padre: ser el jefe/médico de la tribu
5. la madre: trabajar en una oficina / en casa
6. saber mucho/poco del mundo exterior
7. tener un televisor / un estéreo / un perro
8. saber / no saber leer

¿LA TAREA? YA SE LA DI A USTED.
Direct, Indirect, and Double Object Pronouns (Review)

¡REPASEMOS!

You have used direct object pronouns to refer to both people and things.

—De niño, ¿quién **te** cuidaba?
—**Me** cuidaba mi madre.
—¿Y a tus hermanos mayores?
—**Los** cuidaban mis abuelos.

You are also familiar with indirect object pronouns, the ones you use with **gustar**. Indirect object pronouns almost always refer to a person.

—¿Quién **les** regaló esos suéteres?
—Mi abuela. A ella **le** gusta hacer**nos** ropa.

The indirect object pronoun is always used, even when the indirect object name or noun is specified.

—**Les** compré helados **a** todos **mis primos**.

Here is a table of all the indirect and direct object pronouns.

Singular		Plural	
Indirect	*Direct*	*Indirect*	*Direct*
me	me	nos	nos
te	te	os	os
le	lo/la	les	los/las

When both an indirect and a direct object pronoun are in the same sentence, the indirect object pronoun comes first. When **le** or **les** comes before **lo**, **la**, **los**, or **las**, replace **le** or **les** with **se**.

—¿No me ibas a traer tus apuntes de la clase de química?
—¡Ay! **Te los** traigo mañana.
—¿Y la revista en español?
—También **te la** traigo mañana.
—¿**Le** diste la tarea a la profesora?
—No, no **se la** he dado todavía.

Notice that the object pronouns come before conjugated verbs. They can occur in other positions with other verb forms. You will review those uses in **Unidad 7**.

¿Recuerdas?

The direct object of a verb is the person or thing that receives the action of that verb: I did my *homework*. A direct object pronoun replaces the noun (homework) so that you don't have to repeat it: Then I put *it* in my notebook.

¿Recuerdas?

The indirect object tells to whom or for whom something is done: I gave *Miss Wood* my homework. Like other pronouns, indirect object pronouns replace the noun or name (Miss Wood) so that you do not have to repeat it: I also gave *her* a picture from Peru.

Direct object pronouns
me: me
te: you (informal sing.)
lo: you (masc., polite), him, it (masc. sing.)
la: you (fem., polite), her, it (fem. sing.)
nos: us
os: you (informal pl.)
los: you (masc. pl.), them (masc. pl.)
las: you (fem. pl.), them (fem. pl.)

LECCIÓN 1   *ciento treinta y tres* **133**

Indirect object pronouns
me: (to/for) me
te: (to/for) you (informal sing.)
le: (to/for) you (polite sing.), him/her
nos: (to/for) us
os: (to/for) you (informal pl.)
les: (to/for) you (polite pl.), them

Double object pronouns: indirect object (*person*) + direct object (*thing*)

le/les → se before **lo/la/los/las**

Placement: Object pronouns precede conjugated verbs.

EJERCICIO 4 — Problemas y soluciones

▶ Con un compañero / una compañera, lean las siguientes situaciones y búsquenles soluciones. ¡**OJO**! Para muchos de estos problemas hay más de una solución posible.

MODELO:
COMPAÑERO/A: Mi coche no funciona.
TÚ: Te presto el coche de mi padre.

Situaciones

1. Mi coche no funciona.
2. Me gusta la música, pero sólo tengo un estéreo viejo.
3. Me gusta la comida china... ¡y tengo hambre!
4. Olvidé mi libro de español.
5. Tengo un examen de química... ¡y no entiendo nada!
6. Quiero conocer a otras personas.
7. Tengo mucha sed... y hoy no traigo dinero.

Soluciones

una fiesta en mi casa
el coche de mi padre
un refresco en la cafetería
un poco de dinero
comida china en mi casa esta noche
mi estéreo nuevo
mi libro
un libro de química que yo uso
mi motocicleta

FRASES ÚTILES:

Te compro...   Te preparo...
Te presto...
Te doy...

EJERCICIO 5 — ¿Quién te regaló eso?

▶ A todos nos gusta recibir regalos, ¿verdad?

Paso 1. Haz una lista de los cinco mejores regalos que has recibido en tu vida.

Paso 2. Ahora dale tu lista a un compañero / una compañera. Él/Ella te va a hacer preguntas sobre tus regalos.

MODELO:
COMPAÑERO/A: ¿Quién te regaló los aretes?
TÚ: Me *los* regalaron mis padres.

PALABRAS ÚTILES: dio/dieron, mandó/mandaron, regaló/regalaron

EJERCICIO 6 ¡Se lo recomiendo!

▶ Piensa en los aparatos y otras cosas que tienes en casa. ¿Cuáles son los que puedes —o no puedes— recomendarles a tus compañeros de clase? Haz por lo menos cinco recomendaciones.

MODELO: televisor →
Tengo (Tenemos) un televisor de pantalla grande. *Se lo recomiendo a ustedes.*

PALABRAS ÚTILES: cámara, coche, computadora, discos compactos de ____, esquís, gafas, llantas, radio cassette portátil, raqueta de tenis, televisor, videocasetera, videojuegos, videos

VOCABULARIO — PALABRAS NUEVAS

Las cosas de la naturaleza
el ambiente
el arbusto
la cordillera
la naturaleza
el recurso natural
el valle

Palabras semejantes: **la costa, el volcán**

Palabras de repaso: el árbol, el bosque, el campo, el clima, el desierto, la flor, la isla, el lago, el lugar, el océano, la orilla, el país, la playa, el río, la selva

Las cosas humanas
la acera
las afueras
el camino

la hacienda
el puerto

Palabras de repaso: la ciudad, la finca, el parque, el rascacielos

Las personas
la tribu

Palabras de repaso: el agricultor / la agricultora, el/la indígena

Los verbos
amenazar
desarrollar
explotar

Palabras de repaso: conservar, cultivar, sacar la basura

Palabras útiles
el aislamiento
la contaminación
la soledad
la tranquilidad

aislado/a
ambiental
occidental
oriental

Palabra de repaso: salvaje

Frases útiles
a causa de
por esta razón
puesto que
son personas que...

Palabras de repaso: por eso

LECCIÓN 2: EL MEDIO AMBIENTE

Todos estamos de acuerdo en que hay que conservar los recursos naturales, ¿verdad? Pero a veces queremos que otras personas hagan los sacrificios... Además, todas las diferentes estrategias tienen sus ventajas y sus desventajas. Parece que todo tiene su pro y su contra. Aquí hay algunos aspectos del problema ecológico en el mundo hispano.

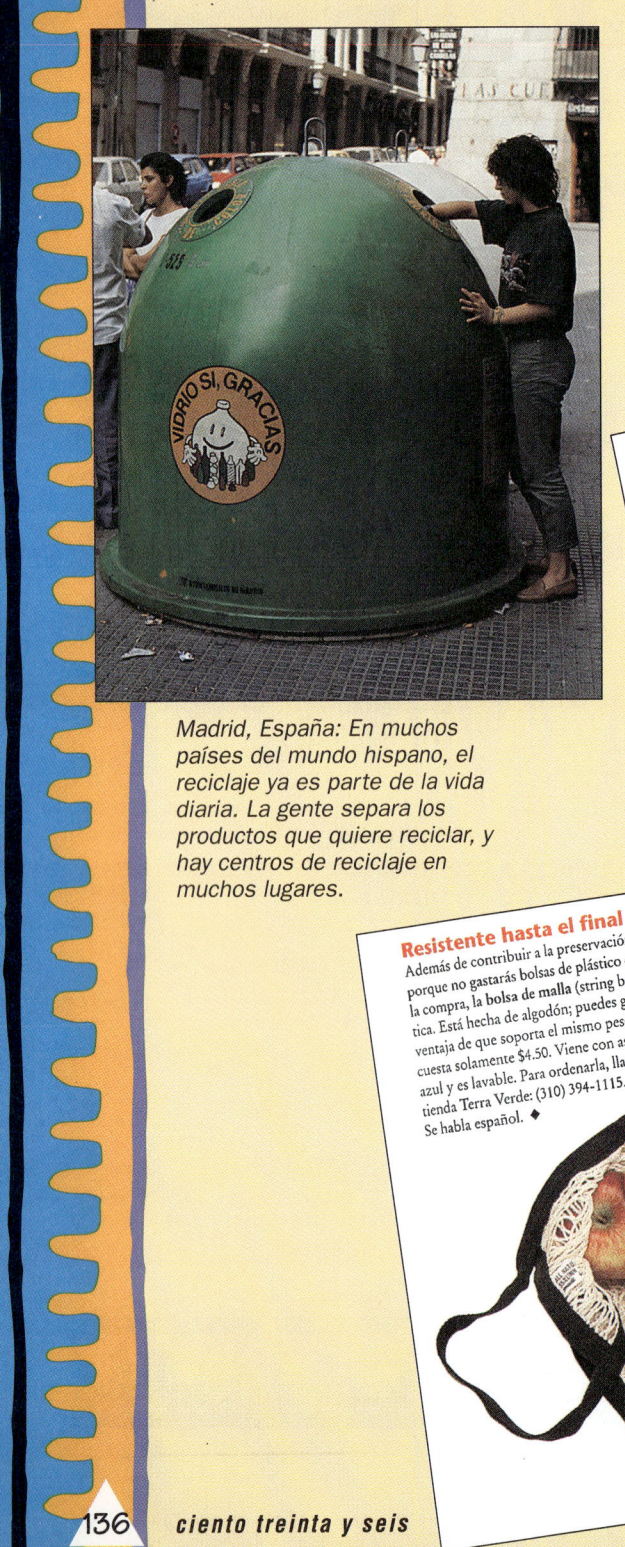

Madrid, España: En muchos países del mundo hispano, el reciclaje ya es parte de la vida diaria. La gente separa los productos que quiere reciclar, y hay centros de reciclaje en muchos lugares.

FAPAS protege al oso y regala pegatinas

El Fondo para la Protección de los Animales Salvajes (FAPAS) ha comenzado una campaña de información sobre sus actividades, con el mensaje "Mis amigos los osos" y una atractiva pegatina que puedes pedir gratis a esta asociación ecologista dirigiéndote a: Fondo para la Protección de los Animales Salvajes. Apartado 106. 33500 Llanes (Asturias).

Resistente hasta el final

Además de contribuir a la preservación de nuestro medio ambiente porque no gastarás bolsas de plástico o papel cuando vayas a hacer la compra, la **bolsa de malla** (string bag) es atractiva, barata y práctica. Está hecha de algodón; puedes guardarla en tu bolsillo, con la ventaja de que soporta el mismo peso que una bolsa normal; y cuesta solamente $4.50. Viene con asa en verde o azul y es lavable. Para ordenarla, llama a la tienda Terra Verde: (310) 394-1115. Se habla español. ◆

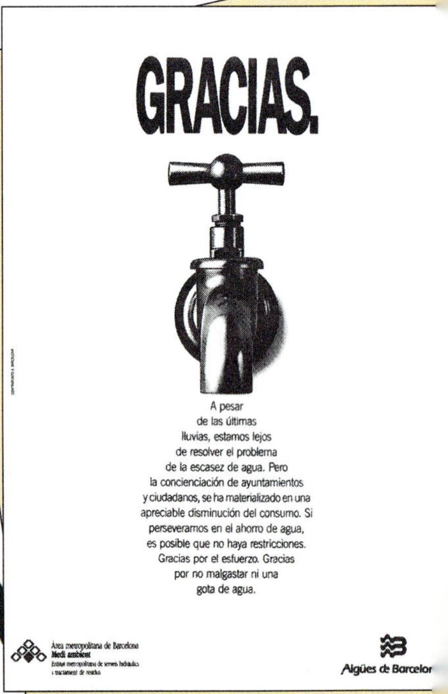

GRACIAS.

A pesar de las últimas lluvias, estamos lejos de resolver el problema de la escasez de agua. Pero la concienciación de ayuntamientos y ciudadanos, se ha materializado en una apreciable disminución del consumo. Si perseveramos en el ahorro de agua, es posible que no haya restricciones. Gracias por el esfuerzo. Gracias por no malgastar ni una gota de agua.

Área metropolitana de Barcelona
Medi ambient

Aigües de Barcelona

HUMOR
Por Hervi

zona de desparramamiento nuclear

¡ALÉJESE!
BOMBA NEUTRÓNICA EN PR...

¡no tocar los cicloprotones!

acelerador de partículas en reparación

¡PELIGRO!
PLUTONIO ALTAMENTE RADIOAC...

¡Ah! ¿Te acuerdas de esos viejos tiempos de "Cuidado con el perro", o "No pisar el césped"?

NO CONTAMINES A NUESTRA COSTA

Quicamata, Chile: El dilema de muchos países de habla española es encontrar un término medio entre el desarrollo económico e industrial por una parte, y la conservación de los recursos naturales y del medio ambiente por otra. Piensa en la época de gran expansión industrial de los Estados Unidos. ¿Quién nos dijo «¡Conserven! ¡No contaminen!»? ¿Tenemos derecho de decírselo a los otros países ahora?

¿QUÉ PODEMOS DECIR?

- ¿Qué problemas ecológicos puedes identificar en estas páginas? ¿Existen también en tu comunidad? ¿Por qué?

- ¿Hay algún sistema de reciclaje en tu escuela o en tu comunidad? ¿Qué materias y productos se reciclan?

- ¿Es importante conservar los recursos naturales? ¿Por qué sí o por qué no?

- ¿Qué temas importantes sobre la conservación y la ecología no has encontrado en estas páginas?

LECCIÓN 2 · ciento treinta y siete · 137

Así se dice...

VOCABULARIO

LOS COSTARRICENSES Y SU MEDIO AMBIENTE

80 metros sur de la Farmacia Colón
Barrio Zapote
San José, Costa Rica
martes, 12 XI 96

Queridos amigos estadounidenses:
Les escribo esta carta abierta porque admiro lo que hacen para proteger el **medio ambiente** de su país. Nosotros también buscamos modos de **purificar** y **mantener** nuestro ambiente. Los invito a hacer conmigo un viaje imaginario por mi país. ¿Les gustaría acompañarme?

Los **ecólogos** nos **advirtieron** que la **destrucción** de nuestras selvas afectaría nuestra vida de una manera terrible. Por eso las conservamos, convirtiéndolas en parques nacionales. Aquí ustedes pueden ver algunos ejemplos de los animales que hay en mi país: **pájaros** de muchos colores vivos, **mariposas**, **sapos**... Desgraciadamente son **especies en peligro** de desaparecer. ¡Necesitamos protegerlos ahora y en el futuro!

138 ciento treinta y ocho

UNIDAD 2

El gobierno de Costa Rica está muy dedicado a preservar los **ecosistemas** del país. Hay **leyes** que **prohíben** la destrucción de los bosques. Nosotros los jóvenes costarricenses tratamos de influir en la **política** del gobierno con respecto al medio ambiente. Queremos encontrar soluciones ecológicas lo más pronto posible.

Mi familia tiene una casa de verano muy cerca de este sitio. **Reciclamos** la basura, incluso botellas, latas, papel y objetos de plástico. Si mi familia y yo no **tiramos** la basura en el océano, las grandes fábricas industriales tampoco lo deben hacer. Las playas y la **arena** del mar deben estar **limpias**, no sucias. Hoy día los fertilizantes y las sustancias químicas son la **amenaza** más grande de nuestra costa marítima.

Estoy muy orgulloso del progreso ecológico de mi país. En el futuro haremos aun más para preservar nuestro medio ambiente. Queremos desarrollar sistemas para conservar la naturaleza: los árboles, los **pájaros**, los otros animales y hasta los **insectos**. No queremos **malgastar** los recursos naturales.

¿Qué les pareció nuestro viaje imaginario?

Ahora me gustaría saber qué hacen ustedes, los jóvenes estadounidenses. Por favor, escríbanme e infórmenme sobre los programas que tienen para conservar el medio ambiente de su país. ¿Qué hacen ustedes individualmente? ¿Qué deben hacer que no han hecho hasta ahora?

Un abrazo de su amigo ecologista,

Julio Bustamante

LECCIÓN 2 ciento treinta y nueve 139

Conexión gramatical
Estudia las páginas 151–157
en **¿Por qué lo decimos así?**

Y TÚ, ¿QUÉ DICES?

ACTIVIDADES ORALES Y LECTURAS

1 • PIÉNSALO TÚ   ¡Hagamos carteles!

Los siguientes carteles anuncian temas ecológicos... pero están incompletos. Con un compañero / una compañera, escojan el lema que va con cada cartel. Luego, indiquen qué grupos ecológicos usarían cada cartel.

140   *ciento cuarenta*   **UNIDAD 2**

Lemas

a. ¡Reciclar! ¡Qué natural!

b. ¿Cuál es tu papel en la conservación de los árboles? No malgastes el papel. ¡Recíclalo!

c. La ballena nada.
   Va llena.
    Nada.

d. —¿Todo va mejor con aceite? —Pues, no todo. No eche el aceite al desagüe. Llévelo a un centro de reciclaje.

e. ¡La naturaleza! ¡Qué belleza! ¡Consérvala!

f. «Dime, papi, ¿cómo eran los árboles cuando eras joven?»

2 • PIÉNSALO TÚ — Los ecosistemas

Todos somos parte del ecosistema de la tierra. Cuando hay un cambio en una parte del sistema, nos afecta a todos.

Paso 1. Con un compañero / una compañera, ordenen cronológicamente los siguientes procesos.

1. La destrucción de la capa del ozono
   a. Se destruye la capa del ozono.
   b. Se aumenta el riesgo de contraer cáncer de la piel.
   c. Al usar aerosoles, se depositan en el ambiente muchos fluorocarbonos.
   d. El cuerpo humano es más vulnerable a las quemaduras de sol.

2. La desecación de la selva tropical
   a. La región se convierte en un desierto.
   b. Los trabajadores cortan los árboles y destruyen la selva.
   c. Se produce menos oxígeno y hay más dióxido de carbono en el ambiente.
   d. Se altera el clima y cae menos lluvia cada año.

3. La contaminación del agua
   a. La lluvia lleva sustancias químicas que contaminan el agua.
   b. El basurero se llena de toda clase de basura.
   c. La gente se enferma al beber agua contaminada.
   d. La basura se descompone y deposita sustancias químicas en la tierra.

¡A charlar!

▶ This vocabulary can help you express strong feelings, positive *and* negative.

¡Qué barbaridad!
How awful!

¡Me da asco!
That makes me sick!

¡Qué asco!
That's disgusting!

¡Qué horror!
How horrible!

All these phrases express *Neat! Great! Cool!*

¡Chévere!
¡Genial!
¡Regio!
¡Qué padre!
¡Padrísimo!
¡Bárbaro!

Paso 2. Ahora indica qué harías tú para solucionar los problemas anteriores. Escoge la idea más eficaz o inventa otra solución.

1. La destrucción de la capa del ozono
   a. Me pondría ropa para protegerme de los rayos del sol.
   b. Inventaría ozono artificial para reparar la capa del ozono.
   c. Prohibiría el uso de productos con fluorocarbonos en todo el mundo.
   d. ¿ ?

2. La desecación de la selva tropical
   a. Sembraría árboles donde los han cortado.
   b. No compraría productos hechos de maderas tropicales.
   c. Les daría dinero a los gobiernos de los países que destruyen las selvas bajo la condición de que no lo hicieran más.
   d. ¿ ?

3. La contaminación del agua
   a. Bebería sólo agua embotellada.
   b. Prohibiría la construcción de basureros cerca de las zonas pobladas.
   c. Quemaría la basura en vez de enterrarla.
   d. ¿ ?

3 • ENCUESTA ¿Eres ecologista?

▶ Completa esta «autoencuesta».

1. a. Tomo parte muy activa en la conservación del medio ambiente. (Sigue a la pregunta 2.)
   b. No tomo parte muy activa en la conservación del medio ambiente. (Sigue a la pregunta 3.)

2. Tomo parte muy activa porque...
   a. creo que los problemas son realmente serios.
   b. creo que todos somos responsables.
   c. mis padres toman parte activa también.
   d. mis amigos toman parte activa también.
   e. ¿ ?

3. No tomo parte muy activa porque...
   a. realmente, no creo que haya problemas.
   b. no es mi responsabilidad.
   c. los problemas no me afectan directamente.
   d. no tengo tiempo.
   e. ¿ ?

4. En mi comunidad el problema más grave es...
   a. la contaminación del agua.
   b. la contaminación del aire.
   c. el exceso de basura.
   d. ¿ ?

5. En mi escuela el problema más serio es...
   a. el malgasto de papel.
   b. el uso de productos químicos.
   c. el uso de productos plásticos no reciclables.
   d. ¿ ?

6. En mi casa o apartamento...
   a. malgastamos el agua.
   b. usamos la electricidad en exceso.
   c. no reciclamos.
   d. ¿ ?

7. En fin, los problemas del medio ambiente...
   a. me importan mucho.
   b. me preocupan bastante.
   c. no me molestan.
   d. ¿ ?

Y AHORA, ¿QUÉ DICES TÚ?

1. Ahora que has hecho la encuesta, ¿crees que eres ecologista? ¿Por qué sí o por qué no?
2. Entre los miembros de la clase, ¿quién es un verdadero / una verdadera ecologista?

Y AHORA, ¡CON TU PROFESOR(A)!

1. ¿Se considera usted ecologista?
2. Si dice que sí: En su opinión, ¿cuál es el mayor problema ecológico que confrontamos hoy día?
3. Si dice que no: ¿Por qué no le interesan los problemas ecológicos?

Universidad de San Juan, Puerto Rico: Estos estudiantes disfrutan de la naturaleza mientras estudian.

4 • INTERACCIÓN   ¡Descubre Costa Rica!

▶ ¿Te gustaría visitar un país que parece ser un parque nacional? Te invitamos a viajar a Costa Rica.

Con un compañero / una compañera, hagan y contesten preguntas sobre lo que se ofrece en las reservas y parques de Costa Rica.

MODELO: los quetzales →

TÚ: Me interesan los quetzales. ¿Dónde los puedo ver?
COMPAÑERO/A: Si vas al Parque Nacional Braulio Carrillo, podrás verlos allí.

Especies en peligro
las lapas rojas
los sapos
las tortugas
los quetzales

Atracciones naturales
los volcanes
las playas
la selva nebulosa
la selva seca

Actividades turísticas
hacer caminatas
montar a caballo
andar en bicicleta de montaña
ir en balsa en agua blanca

144 ciento cuarenta y cuatro   UNIDAD 2

Y AHORA, ¿QUÉ DICES TÚ?

1. De todos los sitios, ¿cuál te parece más interesante para pasar unas vacaciones?

2. ¿Hay sitios así cerca de donde tú vives? ¿Te gusta visitarlos?

5 • NARRACIÓN   Viajando con Manolo

▶ Manolo Malgastado se considera un gran ecólogo. ¿Qué piensas tú? Describe lo que él hace que daña el medio ambiente. Luego di lo que debería hacer.

PALABRAS ÚTILES: el aerosol, la contaminación acústica, el detergente, el insecticida, mantener el coche

MODELO: número 1 →
Manolo malgasta la electricidad. Debe apagar las luces y conservar energía.

LECCIÓN 2   ciento cuarenta y cinco   145

LECTURA: Clave al mundo hispano

RINCÓN CULTURAL: La naturaleza y la poesía: Machu Picchu

Machu Picchu, la antigua ciudad de los incas, se encuentra en las alturas[1] de la cordillera de los Andes en el Perú. Esta ciudad misteriosa y encantadora,[2] cuyo nombre significa «Cerro Viejo» en español, servía de fortaleza militar, santuario y residencia de la familia real incaica. Estaba rodeada de[3] muros defensivos y contenía más de cien escaleras, acueductos, casas, jardines, una prisión, un templo y muchos otros edificios.

En 1572 un virrey[4] español, don Francisco de Toledo, mandó la ejecución de los gobernantes incaicos. Machu Picchu cayó en el olvido[5] por más de tres siglos. En 1911 un explorador e historiador norteamericano, Hiram Bingham, redescubrió Machu Picchu y reveló otra vez su grandeza[6] y su belleza. El misterio de esta ciudad perdida ha inspirado a muchos artistas que han visitado sus ruinas, situadas en un ambiente natural de una hermosura[7] incomparable.

El poeta chileno Pablo Neruda visitó Machu Picchu en 1943 y le dedicó uno de sus poemas más famosos, «Las alturas de Machu Picchu». Unos versos de este poema expresan el sentido de armonía que el poeta comparte con la naturaleza en este sitio.

> En la escarpada[8] zona, piedra y bosque,
> polvo de estrellas verdes, selva clara, ...
>
> Ven a mi propio ser, al alba mía,[9]
> hasta las soledades coronadas.[10]
> El reino[11] muerto vive todavía.

Este poema es una celebración de la unión entre el ser humano y la naturaleza. También muestra la identificación del pasado con el presente. Para Neruda, Machu Picchu no es una ciudad muerta; es una ciudad majestuosa que sigue viviendo en su corazón y en sus versos.

Pablo Neruda.

[1]*summits* [2]*enchanting* [3]*rodeada... surrounded by* [4]*viceroy (Spanish governor of New World colonies)* [5]*cayó... was forgotten* [6]*splendor* [7]*beauty* [8]*steep, rugged* [9]*al... to my dawning* [10]*soledades... royal places of solitude* [11]*kingdom*

A EXPLORAR EL TEMA

ACTIVIDAD   Los lugares especiales

▶ Para Neruda, Machu Picchu es un lugar muy bello y especial. Con un compañero / una compañera, hablen de sus lugares favoritos. Consideren las siguientes preguntas en su conversación.

1. ¿Hay en el mundo algún lugar especial para ti? ¿Dónde se encuentra? ¿Cómo es?
2. ¿Cuál es la historia de ese lugar? ¿Por qué crees que es diferente de otros lugares?
3. Si un día decides escribir un poema sobre ese lugar, ¿cuál será el título? ¿Qué características del lugar inspiran ese título?
4. ¿Sabes algo de otros lugares especiales o misteriosos en el mundo, como Machu Picchu, que tienen una historia fascinante? ¿Los has visitado o has leído sobre ellos? ¿Cómo son y cuál es su historia?

LECTURA

Sobre el autor **Pablo Neruda** (1904–1973) es considerado uno de los mejores poetas de este siglo. En 1971 ganó el Premio Nobel de literatura. En sus poemas trata una variedad de temas, como el amor, la muerte y la política. Una de sus obras más conocidas es *Odas elementales*, una colección de poemas en que Neruda escribe sobre cosas y objetos sencillos en odas como «Oda al libro» y «Oda al tomate». Otras odas de esta colección, como «Oda al aire» y «Oda a la flor azul», son cantos° a la naturaleza.   *songs*

A PROPÓSITO   En esta oda Neruda compara la tormenta con una persona que está barriendo la tierra, preparando su cama para dormir. Las tormentas tropicales tienen un lugar especial en el corazón de Neruda. ¿Algún aspecto de la naturaleza tiene una atracción especial para ti? ¿Cuál es?

Para comprender mejor

Originally, an *ode* (**oda**) was a poem written to be sung. Today the term refers to a poem addressed to a specific person or object. Odes characteristically praise or honor the person or object to which they are addressed.

«ODA A LA TORMENTA» (SELECCIONES)

Anoche
vino
ella,
rabiosa,[1]
5 azul, color de noche,
roja, color de vino,
la tempestad[2]
trajo
su cabellera[3] de agua,
10 ojos de frío fuego,
anoche quiso
dormir sobre la tierra,
recién desenrollada[4]
desde su astro[5] furioso,
15 desde su cueva celeste,[6]
quería dormir
y preparó su cama,
barrió selvas, caminos,
barrió montes,
20 lavó piedras de océano,
y entonces
como si fueran[7] plumas
removió los pinares[8]
para hacerse su cama.
25 Sacó relámpagos
de su saco[9] de fuego
dejó caer los truenos[10]
como grandes barriles.[11]
De pronto[12]
30 fue silencio:
una hoja
iba sola en el aire,
como un violín volante,[13]
entonces, ...
35 rompiste
como un lienzo[14]
el silencio inactivo,
se llenó el mundo
de orquesta y furia y fuego, ...
40 entonces
lluvia,
lluvia,
sólo
lluvia...
45 agua
del tiempo y del cielo: ...
Con tus dedos
de música,
con tu fragor[15] de infierno,
50 con tu fuego
de volcanes nocturnos,
jugaste...
tempestad, novia mía,
furiosa,
55 no nos hiciste daño:
regresaste
a tu estrella...
dejaste,
agua y música,
60 por eso,
tempestad,
te amo,
cuenta conmigo,
vuelve,
65 despiértame,
ilumíname,
muéstrame tu camino
para que a ti se junte[16] y cante con tu canto
la decidida voz
70 tempestuosa de un hombre.

[1]*furious* [2]*tormenta* [3]*hair* [4]*rolled out* [5]*estrella* [6]*cueva... celestial cave* [7]*como... as if they were* [8]*pine groves* [9]*sack* [10]*thunder* [11]*barrels* [12]*De... Suddenly* [13]*flying* [14]*artist's canvas* [15]*noise, uproar* [16]*para... so that it may join with you*

¿QUÉ ENCONTRASTE?

ACTIVIDAD La tormenta personificada

▶ Para Neruda, la tormenta es una persona: tiene cabello, ojos y dedos. También, muchas de las acciones que hace la tormenta son las mismas que hace una persona.

Paso 1. Di si las siguientes acciones en el poema se asocian normalmente sólo con las personas o con las tormentas, o si es posible asociarlas con ambas.

1. Anoche vino ella.
2. Sacó relámpagos y dejó caer truenos.
3. Barrió selvas, caminos y montes.
4. Quiso dormir sobre la tierra.
5. Removió los pinares.
6. Preparó su cama.
7. Lavó piedras de océano.

Paso 2. En la segunda mitad del poema (comenzando con el verso 35), el poeta empieza a hablarle directamente a la tormenta, estableciendo así una relación más personal con ella. Con un compañero / una compañera, contesten las siguientes preguntas.

1. ¿Cuáles versos muestran amistad o amor entre el poeta y la tormenta? Mencionen algunos.
2. ¿Cómo contribuyen estos versos a la personificación de la tormenta?

A EXPLORAR MÁS A FONDO

ACTIVIDAD La oda y tú

▶ Imagínate que estudias literatura hispanoamericana y que tu tarea para la clase de poesía es escribir una oda. Primero, escoge el tema de tu oda: puede ser un fenómeno natural, como un huracán o un terremoto, o un elemento de la naturaleza, como un árbol, una flor o un insecto. Luego, descríbelo considerando las siguientes preguntas.

1. ¿Qué colores normalmente se asocian con ese fenómeno o elemento?
2. ¿Es grande o pequeño? ¿largo o corto?
3. ¿Con qué o con quién se puede asociar ese fenómeno o elemento? ¿Es posible personificarlo en tu oda? ¿Cómo lo harías?
4. ¿Cuáles son sus características principales? ¿Qué sentimientos quieres expresar hacia ese fenómeno o elemento?

TRADICIÓN Y CAMBIO

LOS ANIMALES FANTÁSTICOS DE NASCA, PERÚ

Imagínate que estás viajando en avión hacia el sur del Perú. Si miras por la ventanilla, verás en la tierra algo que ha fascinado a miles de arqueólogos, antropólogos, científicos y escritores desde hace siglos: las figuras enormes del desierto de Nasca, Perú.

Creadas en el desierto por los indígenas preincaicos entre los años 200 a.C. y 600 d.C., estas representaciones de figuras geométricas, de animales, de insectos y de plantas diseñadas en el desierto continúan siendo un misterio hasta hoy. No se sabe exactamente por qué fueron creadas. Algunos expertos han pensado que servían de caminos, granjas[1] u ofertas[2] a los dioses. También se cree que eran símbolos del agua —un elemento de enorme importancia en una región tan seca como el desierto. Últimamente los científicos han descubierto que las líneas de las figuras concuerdan con las alineaciones de las constelaciones en determinadas épocas del año, por ejemplo, cuando se debe sembrar o recoger las cosechas.[3] ¡Tal vez son un sistema gigantesco de recordatorios[4]!

Las figuras de Nasca se han conservado intactas durante miles de años, pero ahora la vida moderna y sus productos, como los automóviles y el turismo, amenazan destruirlas. ¿Qué podemos hacer para conservar estas figuras y otras maravillas del pasado?

Figura de una araña.

[1]*farms* [2]*offerings* [3]*harvests* [4]*reminders*

¿POR QUÉ LO DECIMOS ASÍ?

GRAMÁTICA

¿QUÉ PASARÍA SI YO... ?
The Conditional Tense

A The conditional tense is similar to the future tense, but instead of expressing what *will* happen, it tells what *would* happen under certain circumstances or conditions.

—¿Qué **harías** para eliminar la contaminación del aire?
—**Compraría** un coche más pequeño.
—**Contribuirías** más usando la bicicleta...

—What would you do to eliminate air pollution?
—I would buy a smaller car.
—You would contribute more by using your bicycle . . .

B To form the conditional tense of most **-ar**, **-er**, and **-ir** verbs, add the endings **-ía, -ías, -ía, -íamos, -íais, -ían** to the *entire infinitive*. Here are the conditional forms of **reciclar** (*to recycle*), **recoger** (*to pick up*), and **vivir** (*to live*).

reciclar	recoger	vivir
reciclaría	recogería	viviría
reciclarías	recogerías	vivirías
reciclaría	recogería	viviría
reciclaríamos	recogeríamos	viviríamos
reciclaríais	recogeríais	viviríais
reciclarían	recogerían	vivirían

C Some verbs have modified stems in the conditional tense. (These are the same verbs that have modified stems in the future tense.) Here is the modified infinitive of **decir** with its conditional-tense endings.

decir → **dir-**: diría, dirías, diría, diríamos, diríais, dirían

The conditional of **hay** (*there is/are*) is **habría** (*there would be*).

Nos dijeron que **habría** algo que comer.

They told us that there would be something to eat.

¿Recuerdas?

You have used the phrase **me gustaría** plus an infinitive to talk about what you would or wouldn't like to do. The verb form **gustaría** is part of the conditional verb system.

Conditional tense
Stem = Infinitive
Endings:
yo **-ía**
tú **-ías**
usted **-ía**
él/ella **-ía**
nosotros/as **-íamos**
vosotros/as **-íais**
ustedes **-ían**
ellos/ellas **-ían**

Endings for **yo** and **usted/él/ella** forms are the same; if no subject is given, it is determined by context.

Infinitive changes, conditional tense
decir/**dir-**
hacer/**har-**
poder/**podr-**
poner/**pondr-**
querer/**querr-**
saber/**sabr-**
salir/**saldr-**
tener/**tendr-**
venir/**vendr-**

LECCIÓN 2   ciento cincuenta y uno   151

- Future accompanies present-tense verbs.
- Conditional accompanies past-tense verbs.

D The conditional accompanies past-tense forms, just as the future accompanies present-tense forms. Compare these pairs of sentences.

Dice que **hablará** con el director. (Present → Future)
He says that he will talk with the principal.

Dijo que **hablaría** con el director. (Past → Conditional)
She said that she would talk with the principal.

E You can also use the conditional to make a polite request.

—¿**Podrías** traerme un vaso de agua?
—Con mucho gusto.

—*Could you bring me a glass of water?*
—*I'd be glad to.*

EJERCICIO 1   Una visita a Costa Rica

▶ ¿Qué harías si visitaras Costa Rica? Usa las frases como guía.

MODELO: exploraría / la selva tropical →
Yo *exploraría* la selva tropical.

1. acamparía   cajeta de coco
2. comería   un quetzal
3. iría   (el/al) Museo de Oro
4. haría   (en) el parque Corcovado
5. querría ver   una excursión al volcán Poás
6. visitaría   gallo pinto
7. ¿?   San José, la capital

152   *ciento cincuenta y dos*   UNIDAD 2

EJERCICIO 2   El medio ambiente

▶ ¿Qué harías tú para mejorar el medio ambiente? En este ejercicio, tú y un compañero / una compañera van a pensarlo.

Paso 1. Con tu compañero/a, hagan y contesten preguntas según el modelo. Anoten sus respuestas.

MODELO: ¿Trabajarías de voluntario/a? →

    TÚ: *¿Trabajarías* de voluntario/a?
    COMPAÑERO/A: Sí, yo *trabajaría* de voluntario/a. ¿Y tú?
    TÚ: No, yo no *trabajaría* de voluntario/a.
    (Sí, yo también *trabajaría* de voluntario/a.)

1. ¿Trabajarías de voluntario/a?
2. ¿Caminarías más?
3. ¿Usarías el coche menos?
4. ¿Reciclarías (latas / botellas / periódicos / plástico)?
5. ¿Usarías menos (gasolina / electricidad / papel)?
6. ¿Ayudarías a limpiar (la escuela / la vecindad / las calles)?
7. ¿Donarías (dinero / tiempo)?

Paso 2. Ahora dile al profesor / a la profesora lo que los dos dijeron.

MODELO: Pat dijo que *trabajaría* de voluntario. Pero yo dije que no lo *haría*.

Los Ángeles, California: Estos jóvenes están participando en un proyecto para mejorar su comunidad.

EJERCICIO 3 — ¿Es posible escapar?

▶ Completa la fantasía de esta estudiante con la forma condicional de los verbos entre paréntesis.

> NECESITO ESCAPARME DE TODO ESTO...
> CREO QUE ME (GUSTAR¹) IR A COSTA RICA. NO (TRABAJAR²)... (PODER³) NADAR TODOS LOS DÍAS... (TOMAR⁴) EL SOL EN LA PLAYA... (COMER⁵) PLATOS EXÓTICOS... (VER⁶) BONITOS LUGARES NATURALES... EL VIAJE (SER⁷) IDEAL...
>
> PERO... TARDE O TEMPRANO, (TENER⁸) QUE VOLVER A LO DE SIEMPRE... A LOS RASCACIELOS DE LA CIUDAD... AL TRÁFICO... A LA CONTAMINACIÓN... AL MUNDO DE LAS CLASES... (PODER⁹) USAR MI TARJETA DE CRÉDITO... ¡PERO LA REALIDAD ES QUE (TENER¹⁰) QUE PAGAR DESPUÉS!

¡ME DUELE LA CABEZA!
Verbs like *gustar*

*Verbs like **gustar** follow the pattern indirect object pronoun + verb + subject*

Indirect Object Pronouns
me	nos
te	os
le	les

¡REPASEMOS!

You have used the verb **gustar** to express likes and dislikes, and also the verb **doler (ue)** to tell what hurts you. These verbs are used with indirect object pronouns. To clarify or add emphasis, use **a** + a name, noun, or pronoun.

—¿**Le gustan** las ciencias naturales a tu hermana?
—Sí, pero **le gusta** más estudiar idiomas. A mí **me gusta** la ecología.

Me duele la cabeza. También **me duelen** los ojos. ¿Tendré fiebre?

Verbs like **gustar** have an unusual feature: the subject *follows* the verb. If the subject is singular (**Me duele** *la cabeza*), use the singular form of the verb; if the subject is plural (**Me duelen** *los ojos*), use the plural form of the verb. Remember that an infinitive used as a subject—**estudiar** in the preceding example—also takes the singular form of the verb.

A Several other verbs used to express feelings follow the same pattern as **gustar** and **doler**. They are also used with indirect object pronouns.

Here is a list of some useful ones. You know many of them already. Show that you understand the meanings by associating each verb with one of the following phrases.

disgustar	los animales exóticos
encantar	el arte
enojar	un artículo sobre el África
fascinar	la contaminación
importar	el chocolate
interesar	un embotellamiento
irritar	los estudios
molestar	los exámenes
preocupar	la música
sorprender	un regalo maravilloso

B Two other useful verbs that follow this pattern are **faltar** (*to need, not have*) and **quedar** (*to have left*).

—¿Nos **quedan** sándwiches todavía?
—Sí, pero nos **falta** agua.

—*Do we have any sandwiches left? (Are any sandwiches left?)*
—*Yes, but we need (don't have any) water.*

C Several expressions with **dar** also follow this pattern. Here are some of the most common expressions.

dar lo mismo / dar igual	*to be all the same to, not matter to*
dar miedo	*to scare, frighten*
dar pena	*to sadden, make sad*
dar risa	*to make laugh*

—¿Qué película quieres ver?
—Me **da igual**.

—*What movie do you want to see?*
—*It's all the same to me. (It doesn't matter.)*

—Vamos a ver *Frankenstein* entonces.
—Ay, no, eso me **daría miedo**. Pero las películas de Dana Carvey me **dan risa**.

—*Let's go see* Frankenstein *then.*
—*Oh, no, that would scare me. But Dana Carvey's movies make me laugh.*

LECCIÓN 2 — *ciento cincuenta y cinco*

EJERCICIO 4   Un picnic en la selva tropical

▶ ¿Qué tienen y qué no tienen estos turistas? Busca las diferencias entre los dibujos. ¡Hay siete por lo menos!

MODELOS: En el dibujo A *les falta(n)*...
En el dibujo B todavía *les queda(n)*...

A.

B.

EJERCICIO 5   Los gustos de los niños

▶ ¿Recuerdas las cosas que te fascinaban de niño/a? ¿las cosas que te molestaban? Haz oraciones sobre los gustos de los niños, en tu opinión. Usa *no* cuando sea necesario.

MODELO: A los niños *les da risa* el amor.

A los niños...

les da(n) miedo	acostarse temprano
les da(n) risa	los dibujos animados
les encanta(n)	recoger los juguetes
les fascina(n)	los chistes tontos
les importa(n)	el amor
les molesta(n)	el chocolate y el helado
	los consejos de sus padres
	los animales
	los insectos
	estudiar
	las películas de horror

Esta especie de sapo, que habita la selva amazónica, les fascina a los ecologistas que visitan la región.

VOCABULARIO 2 PALABRAS NUEVAS

La ecología
la amenaza
la arena
la ballena
la capa del ozono
el ecólogo / la ecóloga
la especie en peligro
la ley
la mariposa
el medio ambiente
el pájaro
la política
el reciclaje
el sapo
la tortuga

Palabras semejantes: **la destrucción, el ecosistema, el insecto**

Palabras de repaso: la basura, la fábrica, el gobierno, la lata, el plástico, la quemadura de sol

Las actividades al aire libre
ir en balsa en agua blanca

Palabras de repaso: andar en bicicleta (de montaña), hacer caminatas, montar a caballo

Los verbos
advertir (ie)
aumentar
contraer
dañar
enterrar (ie)
malgastar
mantener
sembrar
tirar

Palabras semejantes: **preservar, prohibir, purificar**

Palabras de repaso: conservar, proteger, reciclar

Los adjetivos
limpio/a
nebuloso/a

Frases útiles
¡Bárbaro!
¡Genial!
¡Me da asco!
¡Padrísimo!
¡Qué asco!
¡Qué padre!
¡Regio!

Palabras de repaso: ¡Chévere!, ¡Qué barbaridad!, ¡Qué horror!

LECCIÓN 2 — *ciento cincuenta y siete*

UNIDAD 2: YA LLEGAMOS

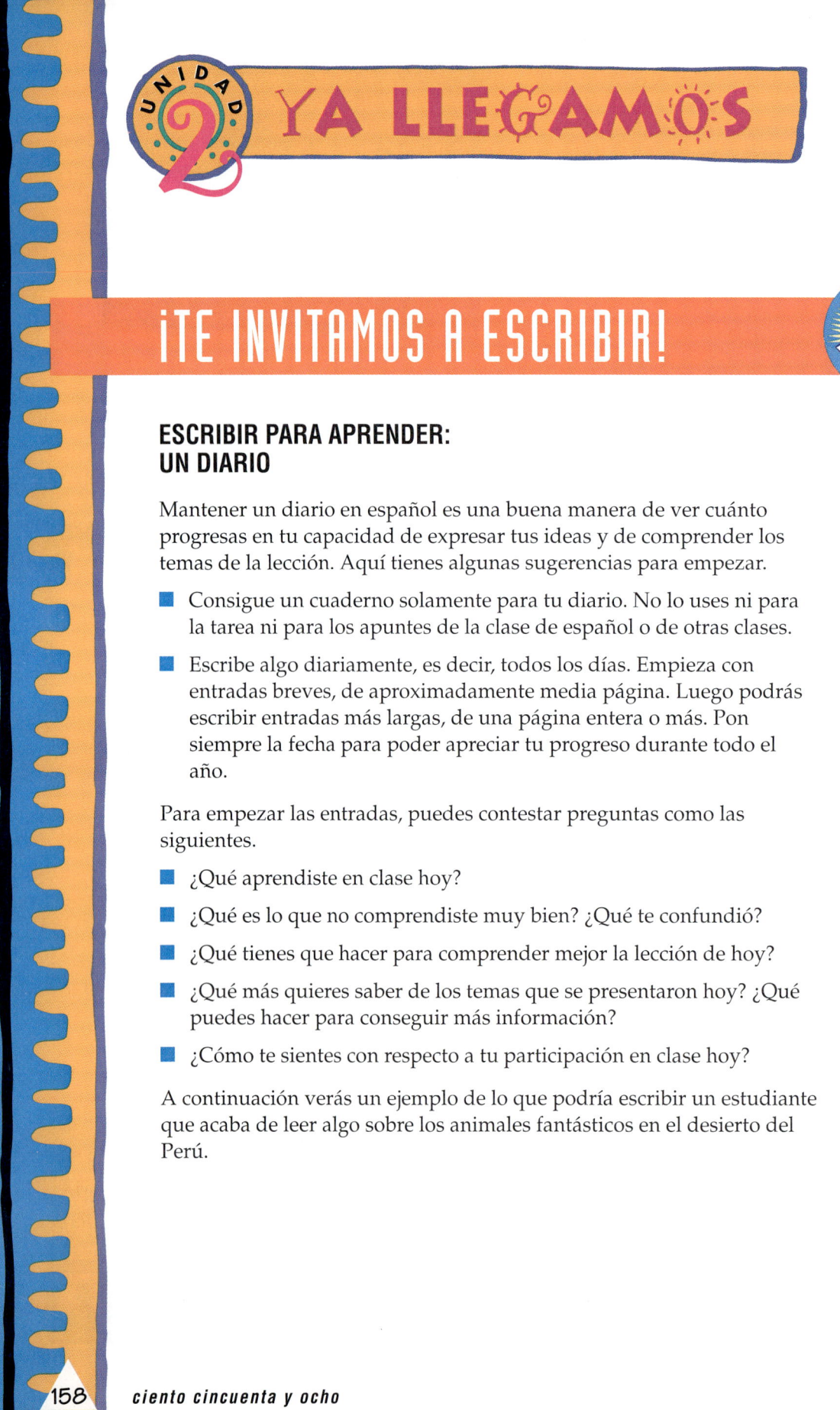

¡TE INVITAMOS A ESCRIBIR!

ESCRIBIR PARA APRENDER: UN DIARIO

Mantener un diario en español es una buena manera de ver cuánto progresas en tu capacidad de expresar tus ideas y de comprender los temas de la lección. Aquí tienes algunas sugerencias para empezar.

- Consigue un cuaderno solamente para tu diario. No lo uses ni para la tarea ni para los apuntes de la clase de español o de otras clases.

- Escribe algo diariamente, es decir, todos los días. Empieza con entradas breves, de aproximadamente media página. Luego podrás escribir entradas más largas, de una página entera o más. Pon siempre la fecha para poder apreciar tu progreso durante todo el año.

Para empezar las entradas, puedes contestar preguntas como las siguientes.

- ¿Qué aprendiste en clase hoy?
- ¿Qué es lo que no comprendiste muy bien? ¿Qué te confundió?
- ¿Qué tienes que hacer para comprender mejor la lección de hoy?
- ¿Qué más quieres saber de los temas que se presentaron hoy? ¿Qué puedes hacer para conseguir más información?
- ¿Cómo te sientes con respecto a tu participación en clase hoy?

A continuación verás un ejemplo de lo que podría escribir un estudiante que acaba de leer algo sobre los animales fantásticos en el desierto del Perú.

3 de noviembre

Hoy en clase aprendí que hay un lugar interesante en el Perú... Lo que me interesa de esto es... No comprendí lo que quiso decir la profesora cuando dijo que... Mañana tengo que preguntarle... Me gustaría saber si hay figuras como las de Nasca en otros desiertos; mañana voy a hablar con la bibliotecaria. Hoy participé mucho en clase y me siento orgulloso de mi progreso.

Y AHORA, ¡A PRACTICAR!

Escribe la primera entrada de tu diario, una entrada para hoy. Debes escribir por lo menos media página, dando todos los detalles que puedas.

ACTIVIDADES FINALES

PARA TI SOLO/A

▶ Imagínate que ya es el año 2025 y los programas ecológicos iniciados al final del siglo XX no han sido suficientes para prevenir cambios severos en el medio ambiente. Escribe una composición para describir cómo es la vida en el año 2025. Incluye datos sobre la comida, el aire, el agua, los recursos naturales, los animales, la vegetación y la vida en general.

CON UN COMPAÑERO / UNA COMPAÑERA

▶ En el mundo hay un gran debate sobre cuáles son nuestras responsabilidades para la conservación del medio ambiente. Hoy tú vas a tener la oportunidad de participar en este debate.

Paso 1. Escojan un tema de la siguiente lista para el debate. Decidan quién va a hablar a favor y quién en contra del asunto.

- la contaminación del agua
- la destrucción de las selvas
- la destrucción de la capa del ozono
- el reciclaje
- la basura en el océano

Paso 2. Reúnan todos los datos que puedan para apoyar sus ideas y opiniones. Preparen dos o tres preguntas para hacerle a su oponente durante el debate. También piensen en las preguntas que su oponente puede hacerles a ustedes y las respuestas adecuadas.

Paso 3. Presenten su debate ante la clase. La clase (El público) también va a hacer preguntas que ustedes tendrán que contestar según sea su posición (en pro o en contra).

CON TODA LA CLASE

▶ Tu clase va a formar un Eco-Club a fin de promover la cooperación del público en la conservación del medio ambiente. Ustedes tienen que preparar la campaña de publicidad para que el público sepa cuáles son las metas y los planes del club.

Primero tienen que ponerse de acuerdo sobre el asunto (o los asuntos) que quieren tratar. Luego, deben escoger un nombre para el club y decidir cuáles van a ser sus objetivos. Después, divídanse en grupos de tres o cuatro estudiantes para trabajar en los varios aspectos del proyecto. (Por ejemplo, hay que preparar carteles, grabar un anuncio en cassette para la radio, grabar un anuncio en video para la televisión y diseñar un folleto que explique cuáles son los objetivos del club y por qué es importante el apoyo de todos.) Usen fotos o dibujos cuando sea posible.

Finalmente, escojan a una persona de cada grupo para que presente el trabajo del grupo al resto de la clase.

PASAPORTE CULTURAL 3

LA ZONA ANDINA

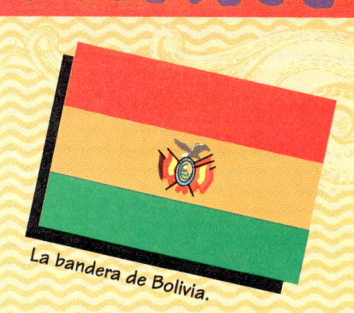

La bandera de Bolivia.

Las torres de Paine, Chile.

La Cordillera de los Andes pasa por el Ecuador, el Perú, Bolivia y Chile, pero también hay zonas tropicales en estos países.

La bandera del Ecuador.

La bandera del Perú.

El río Amazonas, Perú.

La bandera de Chile.

¿QUÉ PODEMOS DECIR?

▶ ¿Asocias los siguientes conceptos y nombres con la zona andina? ¿Sí o no?

Pablo Neruda	la llama
los mayas	los chiles rellenos
los incas	Machu Picchu

▶ ¿Qué más asocias con la zona andina? ¿Asocias algo especial con algún país en particular?

Datos esenciales

Nombre oficial: la República de Bolivia
Capital: La Paz (sede[1] del gobierno), Sucre (constitucional)
Moneda: el peso boliviano
Población: 7.580.000 de habitantes
Gobierno: república unitaria
Idiomas oficiales: el español, el quechua, el aimará

Nombre oficial: la República de Chile
Capital: Santiago
Moneda: el colón
Población: 13.386.000 de habitantes
Gobierno: república unitaria
Idiomas: el español (oficial), el mapuche

Nombre oficial: la República del Ecuador
Capital: Quito
Moneda: el sucre
Población: 11.079.000 de habitantes
Gobierno: república democrática y unitaria
Idiomas: el español (oficial), el quechua

Nombre oficial: la República del Perú
Capital: Lima
Moneda: el sol
Población: 22.881.000 de habitantes
Gobierno: república democrática y unitaria
Idiomas oficiales: el español, el quechua, el aimará

¿SABÍAS QUE...

- en los Andes se encuentran cuatro especies de camello americano: la llama, la alpaca, la vicuña y el guanaco?
- el lago Titicaca, entre el Perú y Bolivia, es el lago navegable más alto del mundo (12.500 pies)?
- el sesenta por ciento del territorio del Perú queda dentro de la cuenca[7] amazónica?

[7] basin

¡A COMER!

- A los ecuatorianos y a los peruanos de la costa nada les apetece[2] más que un buen cebiche. El cebiche consiste en trozos[3] de pescado o camarones «cocidos» en jugo de limón con chile, rodajas[4] de cebolla y cilantro. El pescado se cuece[5] no en el fuego, sino en el jugo ácido del limón. Se sirve con huevo duro, maíz asado en la mazorca[6] o papas cocidas.

[1] seat
[2] les... appeals to them
[3] bits
[4] slices
[5] se... is cooked
[6] ear

El *cebiche*.

La tradición cultural

- Es posible que una de las imágenes más conocidas de los Andes sea la de grupos de músicos andinos con sus ponchos e instrumentos típicos. Estos instrumentos muestran una mezcla[1] de lo español y lo indígena. De origen indígena son los varios tipos de flautas de bambú, los tambores[2] y otros instrumentos de percusión. Las guitarras, las harpas y los violines son de origen español.

[1] mixture
[2] drums

Un músico típico de la zona andina.

Una muralla incaica cerca de Cuzco, Perú.

¡A divertirnos!

- Cada año miles de personas visitan las islas Galápagos, un parque nacional del Ecuador, llamadas el «laboratorio de Darwin». A causa de su aislamiento, las Galápagos exhiben formas de vida únicas, siendo las más famosas las gigantescas tortugas que dieron su nombre al archipiélago. Igualmente famosas son las varias especies de iguanas y el pinzón artesano[3] que a veces usa una ramita para extraer gusanos[4] de la corteza[5] de los árboles.

[3] pinzón... type of finch
[4] worms
[5] bark

Una de las muchas iguanas de las islas Galápagos.

El Ecuador, el Perú, Bolivia y Chile
VISTAZO FINAL

Y AHORA, ¿QUÉ MÁS PODEMOS DECIR?

▶ **Todas estas afirmaciones son falsas. Corrígelas.**

1. En la zona andina hay muy pocas regiones que no sean montañosas.

2. Las culturas indígenas de la región no han tenido ninguna influencia en la población de las repúblicas andinas actuales.

3. El español es el único idioma hablado por los habitantes de los Andes.

¿QUÉ OPINAS TÚ?

▶ **Escoge por lo menos dos temas en esta sección que te interesan.**

- Primero, haz una lista de varias cosas de la zona andina relacionadas con estos temas.

- Segundo, haz una lista de algunas cosas de tu región que se relacionan con estos temas.

- Tercero, haz una comparación y contraste entre la zona andina y tu región con respecto a estos temas. ¿En qué son similares las dos regiones? ¿En qué son diferentes?

- Finalmente, escribe un párrafo para describir esas semejanzas y diferencias. En tu párrafo, trata de contestar las siguientes preguntas:

    ¿Por qué te interesan estos aspectos de la zona andina? ¿Hay algo semejante en tu región que podría compararse con estos aspectos? Si crees que no existe nada comparable, di por qué.

    ¿Cómo sería tu vida si estos conceptos existieran —o no existieran— en la comunidad donde tú vives? ¿Cómo sería la vida de tus parientes? ¿y la de tus amigos?

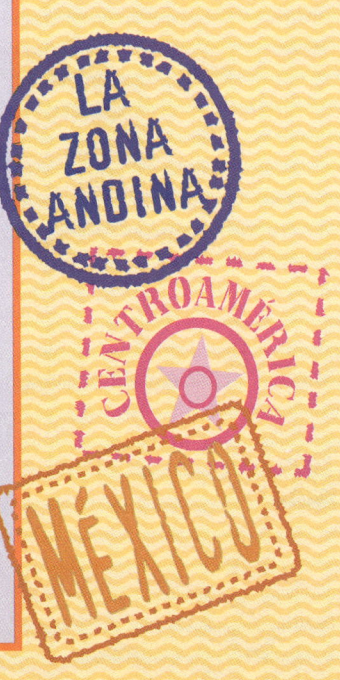

¿INFLUYEN EN TI LAS IMÁGENES POPULARES?

UNIDAD 3

ahora con vitaminas

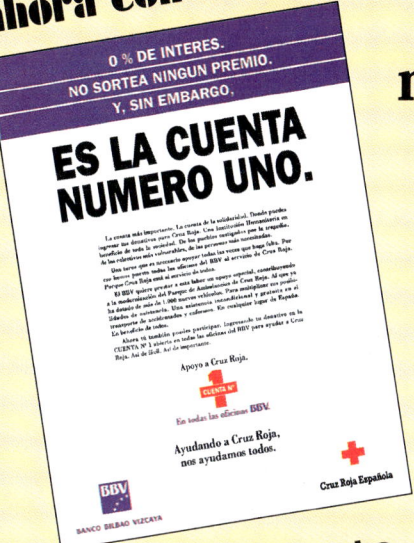

nuevo

YO

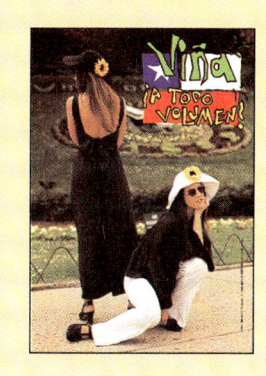

precio especial

ahorre

descuento

mejor

más...   **sin...**   **rebaja**

ganga

Buenos Aires, Argentina.

ALLÍ VAMOS

Cada vez que abres una revista, prendes la televisión, escuchas la radio o lees un periódico, se te presenta todo un mundo de productos... y una invitación a probarlos. En esta unidad vas a examinar los anuncios y analizar por qué son efectivos. También vas a considerar cómo influyen en ti los personajes famosos, es decir, las estrellas, que aparecen en los anuncios.

- ¿Qué palabras se usan en los anuncios para captar nuestra atención?
- ¿Qué anuncio te atrae más? ¿Te anima ese anuncio a comprar el producto? ¿Por qué sí o por qué no?
- ¿Qué anuncio te atrae menos o no te atrae nada? ¿Por qué?

«Dime con quién andas y te diré quién eres.»

165

LECCIÓN 1: MÁS ALLÁ DE LAS IMÁGENES

¿Miras la televisión de vez en cuando? ¿Lees periódicos o revistas populares a veces? Si dices que sí, seguro que estás enterado/a del último grito de la moda. Pero cuando la moda cambia, ¿cambias tú también? En estos dibujos, vas a ver unos casos algo exagerados... pero tal vez no tanto.

Aquí tienes a Silvia y a Ernesto, unos novios típicos que pasan mucho tiempo juntos. Y ¿qué hacen en su tiempo libre? ¡Claro! Miran la televisión.

Al día siguiente... ¡Qué transformación!, ¿verdad? Sólo Antonio y Rigoberto simpatizan con ellos.

Antonio y Rigoberto no miran mucho la televisión, pero sí leen revistas con frecuencia. Antes leían revistas de automóviles y de superestrellas, pero ahora les interesan más las revistas para jóvenes.

¡Otra transformación! ¿Quiénes están «en onda» ahora?

¿QUÉ PODEMOS DECIR?

- ¿Cómo cambia la pareja de los dibujos? ¿Y los amigos? ¿Qué factores influyen en ellos? ¿Tienes amigos que son como ellos?

- ¿Qué estilo de ropa te gusta más? ¿Qué estilo de peinado prefieres? ¿Por qué?

- ¿Qué efectos tienen la televisión y las revistas en tu vida? ¿Y los periódicos?

LECCIÓN 1

ciento sesenta y siete **167**

Así se dice...

VOCABULARIO

¿DEMASIADAS OPCIONES? ¡IMPOSIBLE!

Gabriela Morales es una joven de Buenos Aires, la cosmopolita capital de la Argentina. Esta tarde se prepara para salir con un grupo de amigos a un café en La Boca, un famoso barrio italiano. Gabriela se preocupa por **escoger** su ropa porque quiere **lucir** bien. ¿Qué factores y personas **influyen en** sus gustos y en su decisión? ¿Por qué lleva la ropa que lleva? ¿Cómo llega a formar sus opiniones?

Gabriela, como muchos jóvenes, **suele tomar en cuenta** lo que su familia y sus compañeros van a pensar. Por eso ella considera todas las opciones que tiene. ¡Veamos de cerca sus pensamientos!

¡YA SE HACE TARDE! ¿QUÉ ME VOY A PONER? ÁNGEL, EL NUEVO ESTUDIANTE, ESTARÁ EN EL CAFÉ. POR ESO ES IMPORTANTE QUE YO **LUZCA** BIEN.

ES OBVIO QUE PAPÁ **SE ENFADARÁ** CONMIGO SI **ESTRENO** ESTE VESTIDO QUE ACABO DE COMPRAR. SEGURO QUE NO ME DEJARÁ SALIR.

MI ABUELA QUIERE QUE ME VISTA ASÍ. **ES LÁSTIMA QUE** ESTA FALDA Y ESTA BLUSA NO **ESTÉN DE MODA**. ¡NO ES BUENO QUE MIS AMIGAS CREAN QUE SOY ANTICUADA!

¿Quiénes son tus **modelos**? ¿Te vistes para expresar tu propio gusto o para **llamar la atención** de **los demás**? ¿Eres **materialista** o no te importa ni el precio de la ropa ni **la última moda**? ¿Sueles **chismear**? ¿Crees que es justo que la gente critique la apariencia física de otras personas? ¿Piensas mucho en lo que dirán tus amigos?

Al fin y al cabo, es preferible que seas sincero/a, es decir, que no **trates de** engañarte ni a ti mismo/a ni a los demás. ¿Cómo eres tú con tus compañeros? ¿Eres auténtico/a, o sueles **ocultar**les tu verdadera personalidad?

LECCIÓN 1 — *ciento sesenta y nueve* 169

Conexión gramatical
Estudia las páginas 183–191 en **¿Por qué lo decimos así?**

Y TÚ, ¿QUÉ DICES?

ACTIVIDADES ORALES Y LECTURAS

1 • OPCIONES   ¿Qué influye en tus decisiones?

▶ ¿Eres seguro/a de ti mismo/a? ¿O te dejas llevar por las opiniones de los demás? Para tener una idea mejor de las influencias positivas y negativas que afectan tus decisiones, sométete a esta autoprueba. En cada caso, escoge la *mejor* posibilidad aunque no sea perfecta para ti.

1. ¿Cómo te vistes para ir al colegio?
    a. Me pongo la ropa que he escogido la noche anterior.
    b. Me pongo unos *jeans* y un suéter minutos antes de salir de casa.
    c. Consulto el plan que preparé el domingo pasado para la ropa que voy a usar durante la semana.

2. ¿Cuál de las siguientes oraciones te describe mejor? ¡Sé honesto/a!
    a. Juzgo a los demás por su apariencia física, por su ropa y por los amigos que tienen.
    b. Cuando escojo mi ropa, expreso mi propio gusto.
    c. Me visto para llamar la atención de los demás.

3. El sábado por la mañana, mientras miras la televisión, un amigo / una amiga te llama para invitarte a dar un paseo en bicicleta. Quiere pasar por ti en cinco minutos. ¿Qué vas a hacer?
    a. Le digo que lo siento, pero estoy ocupado/a y no puedo salir. (En realidad, tengo la ropa deportiva sucia y no hay tiempo para lavarla.)
    b. Me pongo unos *jeans* viejos y una camiseta y salgo para reunirme con mi amigo/a.
    c. Pienso en las ventajas y desventajas de salir... y luego le digo que sí.

4. Un amigo tuyo que asiste a la universidad te invita a un partido de fútbol americano este fin de semana con un grupo de sus amigos y amigas. Sabes que va a hacer mucho frío y viento en el estadio. ¿Cómo te vas a vestir para el partido?
    a. Me importa lucir bien, pero prefiero estar cómodo/a. Por eso me pongo el abrigo, los guantes, la gorra y la ropa interior térmica.
    b. Quiero impresionar a los compañeros de mi amigo. Para lucir lo mejor que pueda, voy a comprar un vestuario de última moda.
    c. No voy a llevar ni gorra ni guantes, porque no están de moda. Temo morirme de frío, pero no importa.

¡A charlar!

▶ The following words and phrases will help you talk about what's "hot" and what's not.

What's "hot"?

   Está(n) en onda.
   Es el último grito de la moda española (italiana, ...)
   Se lleva(n) mucho.

What's not?

   Está(n) visto/a/os/as.
   Está(n) pasado/a/os/as de moda.
   Ya no se lleva(n).
   Ya no se usa(n).

2 • DEL MUNDO HISPANO — ¿Lo comprarías tú?

▶ Es importante que los consumidores sepamos cómo influyen en nosotros los anuncios que vemos por todas partes. A continuación se encuentra un anuncio de un producto que casi todos usamos. ¿Cómo crees que los creadores de este anuncio trataron de influir en los lectores?

1. ¿Cuál es el producto que se vende?
   a. ropa para caballeros
   b. relojes para caballeros
   c. los servicios de un arquitecto famoso

2. ¿Cuál es la idea que se promueve?
   a. Un hombre que compra este producto será más atractivo para las mujeres.
   b. Un hombre que está seguro de sí mismo y en control de su destino comprará este producto.
   c. Los caballeros ricos e importantes comprarán este producto para llamar la atención de los demás.

3. ¿Por qué se llaman los «Arquitectos del Tiempo» los creadores de este producto?
   a. Los creadores quieren que sólo arquitectos compren su producto.
   b. El nombre da a entender que una persona que usa el producto estará en control de su vida y podrá hacer mejor uso de su tiempo.
   c. El nombre implica que una persona que usa el producto sabrá construir grandes edificios.

Y AHORA, ¿QUÉ DICES TÚ?

1. Piensa en tus gustos. ¿Cuándo usarías este reloj (o un reloj semejante para damas)? ¿Para ir a clase? ¿a un partido de fútbol americano? ¿a un restaurante elegante? ¿a una fiesta? Explica tu respuesta.

2. ¿Qué opinas de la imagen y del personaje que se usan para vender este producto? Da todos los adjetivos que asocias con el anuncio y con la superestrella que se ve en él. (Si no te gusta el anuncio, ¿qué imagen y personaje propones usar?)

EBEL

los arquitectos del tiempo

John Malkovich, actor y director de cine. Retrato del artista en claro-obscuro. Luz interior jaspeada de sombra. Maestría y pasión. Valor seguro, talento múltiple, muchos éxitos. De "Relaciones peligrosas" a "En la línea de fuego". Unión acertada con el reloj "Lichine Tonneau" de Ebel. Un gran crudo de los Arquitectos del Tiempo. En oro 18 quilates o en acero. Máquina a cuarzo. Pulsera metálica o de cuero. Impermeable hasta 30 metros. Con la garantía internacional Ebel de cinco años.

3 • PIÉNSALO TÚ   Asociaciones

▶ A veces el éxito de una campaña publicitaria depende de la selección de la estrella que promociona el producto. En esta actividad, vas a explorar este concepto.

Paso 1. Empareja la estrella con el producto que él/ella promociona en la televisión. Luego di por qué la compañía ha escogido a esa estrella para promocionar su producto.

MODELO: Candice Bergen se asocia con una compañía telefónica porque es bilingüe. Habla francés e inglés.

Estrellas
Bill Cosby
Cybill Shepherd
Michael Jordan
Whitney Houston

Productos
una compañía telefónica
zapatos deportivos
un postre que les gusta a los niños
cosméticos

Paso 2. Di qué producto(s) de la lista sugieres que promocione cada una de las cuatro «superestrellas» a continuación.

Productos
un desodorante para hombres
zapatos deportivos
un equipo estereofónico
una marca de película fotográfica
una computadora para uso personal
un perfume para damas
una marca de supervitaminas
un coche deportivo
una loción protectora para el sol
un remedio para los dolores de cabeza

NOMBRE: Rómulo Gonzaga Quintero
PROFESIÓN: físico culturista
EDAD: 34 años
PASATIEMPOS: correr, leer novelas y libros sobre nutrición
CITA: «Para mantenerme en buena forma, es preciso que me entrene todos los días. Para relajarme, leo novelas.»

NOMBRE:	Mary Jones
PROFESIÓN:	tenista
EDAD:	19 años
PASATIEMPOS:	jugar con mi perra Chenta, leer sobre la historia del tenis
CITA:	«Desde niña me ha interesado el tenis. Me encantan las historias de los jugadores famosos. Algún día escribiré una autobiografía.»

NOMBRE:	Cristiana
PROFESIÓN:	modelo
EDAD:	22 años
PASATIEMPOS:	ver películas viejas, montar a caballo, nadar, leer
CITA:	«Tengo dos caballos y me encanta montar a caballo. Lo hago siempre que tengo tiempo. De noche me gusta leer o ver una película.»

NOMBRE:	Ricky Montreal
PROFESIÓN:	músico y cantante
EDAD:	27 años
PASATIEMPOS:	coleccionar discos, telecomunicarme con todo el mundo
CITA:	«Afortunadamente he podido viajar por todo el mundo, gracias a la popularidad de mis canciones. Me gusta conocer a gente de todos los países que visito.»

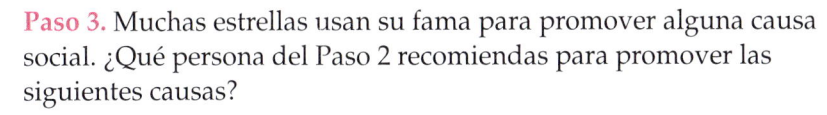

Paso 3. Muchas estrellas usan su fama para promover alguna causa social. ¿Qué persona del Paso 2 recomiendas para promover las siguientes causas?

MODELO: los desamparados →
Rómulo Gonzaga Quintero sería ideal para promover una campaña a favor de los desamparados. Él tiene interés en el desarrollo del cuerpo y en la nutrición. Es imposible que los desamparados estén en buenas condiciones físicas, cuando no tienen ni casa ni comida.

Causas sociales

los desamparados
los animales en peligro de extinción
el abuso de los niños
la Cruz Roja Internacional
el analfabetismo

LECCIÓN 1

Adivinanza

▶ Funciona con dos patitas y dos enormes antenas y su carita cuadrada[1] me muestra gozos[2] y penas.

[1]square [2]pleasures

4 • INTERACCIÓN Los productos y tú

▶ Imagínate que eres superestrella y que varias compañías quieren que representes sus productos. Túrnate con un compañero / una compañera para contestar las siguientes preguntas.

1. ¿Qué ropa te pones cuando quieres estar cómodo/a? ¿Te gustaría promover este tipo de ropa? ¿Por qué crees que representarías bien a la compañía que fabrica ese tipo de ropa?
2. ¿Cuál es tu comida favorita? ¿Es un producto que te gustaría promover? ¿Por qué sí o por qué no?
3. ¿Qué causa(s) social(es) te interesa(n)? ¿Te gustaría promoverla(s)? ¿Cómo lo harías?
4. Imagínate que una compañía que fabrica un producto que nunca usas y que tampoco te gusta te ofrece una gran cantidad de dinero para que promuevas ese producto. ¿Lo harías? ¿Por qué sí o por qué no?

Y AHORA, ¡CON TU PROFESOR(A)!

¿Qué producto(s) o qué causa(s) social(es) le gustaría promover? ¿Por qué cree que sería buen(a) representante?

5 • CONVERSACIÓN Más sobre la influencia de los medios de communicación

▶ La televisión, la prensa y el cine no sólo influyen en la ropa y en el peinado que escogemos. Debido en parte a su influencia, hoy día la violencia es parte de la experiencia diaria de muchas personas. A continuación se ve la perspectiva de Quino, un dibujante argentino, sobre los efectos de la violencia en nosotros.

Paso 1. Contesta las siguientes preguntas.

1. ¿Dónde están las personas del dibujo?
2. ¿Cuál de los hombres es González, el jefe o el empleado? Explica tu opinión.
3. ¿Por qué está tan asustada la secretaria?

Paso 2. En el dibujo hay muchas escenas de violencia. ¿Representan imágenes que vemos diariamente en las noticias? ¿Qué opinas? Busca las imágenes que se describen a continuación y explica dónde están en el dibujo. Luego di si se ven con frecuencia en la televisión.

174 *ciento setenta y cuatro*   **UNIDAD 3**

MODELO: una persona que grita →
Encima del estante, a la izquierda. En la televisión se ven con frecuencia personas que gritan. (No se ven con frecuencia personas que gritan.)

¿Dónde se encuentra(n)...

1. una persona que grita?
2. unos terroristas?
3. un soldado que le apunta a un prisionero?
4. unos muertos o heridos?
5. un incendio?
6. un policía que arresta a un hombre?
7. los resultados de una batalla?

Paso 3. En grupos de dos o tres, hagan una lista de cinco o seis programas de televisión violentos o películas violentas que han visto recientemente. Expliquen por qué escogieron esos programas o películas como ejemplos de la violencia. **¡OJO!** No consideren solamente la violencia física sino también la psicológica.

READING TIP 4

WORD FAMILIES: Using Words You Know to Guess Meanings

Many words have numerous related terms. To what familiar verb are **estudioso**, **estudiante**, and **estudios** related? What do you think **el centro estudiantil** is?

A moment's thought can save you a lot of dictionary time. For example, if you see the verb form **se disfrazaban**, you might guess that the infinitive is **disfrazarse**. Since you know that **un disfraz** is *a costume* or *disguise*, you could guess that **disfrazarse** means *to disguise oneself* or *to put on a costume*, and that **se disfrazaban** means *(they) used to put on costumes*.

Here are seven terms you already know: **abuela**, **amor**, **creer**, **delante**, **llorar**, **mirar**, and **pobre**. First, give the meaning of each of these words. Then try to match the related words below with their meanings.

1. amoroso
2. bisabuela
3. delantal
4. descreer
5. llorón/llorona
6. mirada
7. pobreza

a. *poverty*
b. *"crybaby"*
c. *glance*
d. *great-grandmother*
e. *loving*
f. *to not believe*
g. *apron*

LECCIÓN 1

LECTURA: Clave al mundo hispano

RINCÓN CULTURAL: La literatura y la cultura popular

Una práctica común de la cultura popular es hacer películas basadas en novelas. Pero la popularidad de un libro no garantiza que la película vaya a tener la misma aceptación del público. Éste es el caso de la novela *La casa de los espíritus* y la película que se basó en ella.

Esta novela, escrita en 1982 por la escritora chilena Isabel Allende, inmediatamente tuvo gran éxito internacional. Fue traducida a más de veinticinco idiomas. *La casa de los espíritus*, que tiene lugar en un país hispanoamericano no especificado, cuenta los sucesos en la vida de Esteban Trueba. Esteban se casa con Clara, una mujer que tiene poderes extrasensoriales. Ella puede predecir[1] el futuro, entre otras cosas, y muchos sucesos mágicos pasan a su alrededor.[2]* La novela termina con un golpe militar[3] en el cual Alba, nieta de Esteban y Clara, lucha[4] contra los militares como defensora de la libertad.

La historia de *La casa de los espíritus* está conectada con la realidad histórica de Chile: la autora es sobrina de Salvador Allende, el ex presidente de Chile que murió en un golpe militar en 1973. Muchos críticos han alabado[5] la novela y su argumento.[6] Sin embargo, la reacción general de los críticos hacia la película, que salió en 1993, no ha sido tan favorable.

Algunas personas han criticado la falta de efectos técnicos para revelar los elementos mágicos en el personaje de Clara. El director escandinavo Bille August decidió omitir muchos de estos elementos para hacer más creíble la película. Estos aspectos del realismo mágico son muy importantes en la novela y su éxito se debe en gran parte a ellos.

Otros críticos lamentan que no haya más actores hispanoamericanos en el reparto.[7] Los actores principales (Jeremy Irons, Glenn Close, Meryl Streep, Winona Ryder y Vanessa Redgrave) son típicos de Hollywood. Antonio Banderas y María Conchita Alonso, dos actores hispanos famosos, tienen papeles en la película, pero son papeles secundarios. Otra cosa que se ha criticado es el hecho de que la película se haya filmado en Dinamarca y Portugal en vez de ser filmada en un país hispanoamericano.

Por lo tanto, *La casa de los espíritus* parece confirmar la creencia popular de que «la película nunca se puede comparar con el libro».

[1]*predict* [2]*a... around her* [3]*golpe... military coup* [4]*fights* [5]*han... have praised* [6]*plot* [7]*cast*

*Los poderes extraordinarios que tiene Clara son típicos de un estilo literario popular en Latinoamérica, que se llama el «realismo mágico», en el que hay una mezcla de realidad y fantasía. Aprenderás más sobre este estilo en la Unidad 7.

A EXPLORAR EL TEMA

ACTIVIDAD De novela a película

▶ Imagínate que eres director(a) de cine y que tu próxima película estará basada en una novela reciente.

Paso 1. Primero, escoge una novela que has leído y escribe tu opinión sobre ella pensando en las siguientes preguntas.

1. ¿Cómo se llama la novela? ¿Cuál es el argumento básico? ¿Cuál es el tema principal?
2. ¿Cuáles son los mejores puntos de la novela? ¿Hay escenas muy importantes? ¿personajes interesantes?
3. ¿Recomiendas que todos lean la novela? ¿Por qué sí o por qué no?
4. En fin, ¿cuál es tu evaluación general de la novela? ¿Es una novela estupenda, mediocre o mala?

Paso 2. Ahora tienes que decidir cómo será la película basada en la novela que acabas de evaluar. Escribe un resumen de la película considerando lo siguiente.

1. ¿Cómo se llamará la película? ¿Tendrá el mismo título que la novela o tendrá un título diferente?
2. ¿Cuál será el argumento de la película? ¿Vas a hacer la película exactamente como la novela o hay partes que piensas omitir, modificar o añadir? ¿Cuáles son las partes que vas a cambiar?
3. ¿Quiénes serán los personajes principales? ¿Hay personajes en la novela que no vas a incluir? ¿Quiénes son los actores que piensas contratar para hacer cada papel?
4. ¿Qué tipo de película será —una comedia, un drama, una película romántica, de horror, de aventuras, de misterio? ¿Cuáles serán los elementos básicos que la ponen en esa categoría?

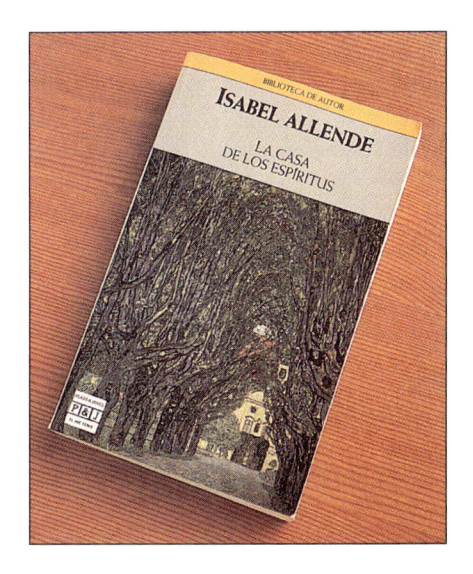

LECCIÓN 1 *ciento setenta y siete* **177**

LECTURA

Sobre la autora **Laura Esquivel** nació en la Ciudad de México en 1950. Desde 1985 trabaja en el mundo cinematográfico como guionista. *Como agua para chocolate* (1989), su primera novela, fue convertida en película en 1992; el ex esposo de Esquivel, Alfonso Arau, fue el director.

A PROPÓSITO Esta novela y la película basada en ella tratan del amor imposible entre Tita de la Garza y Pedro Muzquiz. Es una historia de amor persistente y de pasión culinaria. Cuando se mezclan los dos, ¡todo acaba en fuego! La comida y el amor son los elementos más importantes de la novela. La autora comienza cada capítulo con una receta diferente. En el primer capítulo hay un ingrediente que predomina: la cebolla.

Para comprender mejor

1. In the first paragraph, the narrator suggests putting a slice of onion on top of your head (**en la mollera**) while chopping the onion. According to popular belief, this will keep you from crying. What other tricks have you heard of to keep from crying while chopping an onion?

2. Be alert to the theme or themes of the piece you are reading and watch for words related to those themes. The first sentence of this reading refers to chopping onions, and something most people associate with chopping onions is crying. Keep that in mind to help you sense the general meaning of some unfamiliar terms. The following words from the reading all relate to the theme of crying and tears. Can you match them with their meanings?

    1. molesto **lagrimeo**
    2. lo malo de **llorar**
    3. Tita... **lloraba** y **lloraba**
    4. su **llanto** era tan fuerte

    a. *bawling*
    b. *watering of eyes*
    c. *used to cry and cry*
    d. *(the act of) crying*

178 ciento setenta y ocho UNIDAD 3

COMO AGUA PARA CHOCOLATE (SELECCIONES)

Parte 1

CAPÍTULO 1
Enero
TORTAS° DE NAVIDAD   *Pies*

INGREDIENTES:

1 Lata de Sardinas
1/2 de Chorizo°   *Pork sausage*
1 Cebolla
Orégano
1 Lata de Chiles Serranos
10 Teleras°   *Type of bread used to make* tortas

Manera de hacerse:
La cebolla tiene que estar finamente picada.° Les sugiero ponerse un pequeño trozo de cebolla en la mollera con el fin de evitar el molesto lagrimeo que se produce cuando uno la está cortando. Lo malo de llorar cuando uno pica cebolla no es el simple hecho de llorar, sino que° a veces uno empieza, como quien dice,° se pica, y ya no puede parar. No sé si a ustedes les ha pasado pero a mí la mera verdad° sí. Infinidad de veces. Mamá decía que era porque yo soy igual de sensible° a la cebolla que Tita, mi tía abuela.°

    Dicen que Tita era tan sensible que desde que estaba en el vientre° de mi bisabuela lloraba y lloraba cuando ésta picaba cebolla; su llanto era tan fuerte que Nacha, la cocinera de la casa, que era medio sorda,° lo escuchaba sin esforzarse°...

chopped

sino... but rather
como... as they say
la... the simple truth
sensitive
tía... great-aunt

womb

deaf
lo... heard it without trying

Parte 2

Una de esas tardes, antes de que Mamá Elena° dijera que ya se podían levantar de la mesa, Tita, que entonces contaba con quince años, le anunció con voz temblorosa° que Pedro Muzquiz quería venir a hablar con ella...
    —¿Y de qué me tiene que venir a hablar ese señor? Dijo Mamá Elena luego de° un silencio interminable que encogió el alma° de Tita.
    Con voz apenas perceptible° respondió:
    —Yo no sé.

Mamá... la madre de Tita

con... nervously

luego... after /
encogió... shriveled the soul
Con... In a barely audible voice

LECCIÓN 1

Mamá Elena le lanzó° una mirada que para Tita encerraba° todos los años de represión que habían flotado sobre la familia y dijo:

—Pues más vale que le informes° que si es para pedir tu mano, no lo haga. Perdería su tiempo y me haría perder el mío. Sabes muy bien que por ser la más chica de las mujeres a ti te corresponde cuidarme hasta el día de mi muerte.

Dicho esto, Mamá Elena se puso lentamente de pie, guardó sus lentes dentro del delantal y a manera de orden final repitió:

—¡Por hoy, hemos terminado con esto!

Tita sabía que dentro de las normas de comunicación de la casa no estaba incluido el diálogo, pero aun así, por primera vez en su vida intentó protestar a un mandato de su madre.

—Pero es que yo opino que...

—¡Tú no opinas nada y se acabó! Nunca, por generaciones, nadie en mi familia ha protestado ante esta costumbre y no va a ser una de mis hijas quien lo haga...

le... *shot her /
contained*

más... *you'd better tell him*

Parte 3

Cuando Tita estaba acabando de envolver° las tortas que comerían al día siguiente, entró en la cocina Mamá Elena para informarles que había aceptado que Pedro se casara, pero con Rosaura.°

Al escuchar la confirmación de la noticia, Tita sintió como si el invierno le hubiera entrado al cuerpo de golpe y porrazo:° era tal el frío y tan seco que le quemó las mejillas° y se las puso rojas, rojas, como el color de las manzanas que tenía frente a ella. Este frío sobrecogedor° la habría de acompañar° por mucho tiempo sin que nada lo pudiera atenuar,° ni tan siquiera cuando Nacha le contó lo que había escuchado cuando acompañaba a don Pascual Muzquiz y a su hijo hasta la entrada del rancho... Don Pascual y Pedro caminaban lentamente y hablaban en voz baja, reprimida por el enojo.°

—¿Por qué hiciste esto, Pedro? Quedamos en ridículo° aceptando la boda con Rosaura. ¿Dónde quedó pues el amor que le juraste° a Tita? ¿Que no tienes palabra?°

—Claro que la tengo, pero si a usted le negaran de una manera rotunda° casarse con la mujer que ama y la única salida que le dejaran para estar cerca de ella fuera la de casarse con la hermana, ¿no tomaría la misma decisión que yo?...

—Entonces, ¿te vas a casar sin sentir amor?

—No, papá, me caso sintiendo un inmenso e imperecedero° amor por Tita.

wrapping up

la hermana mayor de Tita

como... *as if winter had suddenly invaded her body*
cheeks
terrifying
la... *would stay with her*
diminish

reprimida... *repressed by anger*
Quedamos... *We look ridiculous*
you swore
¿Que... *Don't you honor your word?*
si... *if you were absolutely forbidden*

undying

¿QUÉ ENCONTRASTE?

ACTIVIDAD Los personajes principales

▶ Empareja las siguientes descripciones con los personajes correspondientes.

1. Escucha una conversación entre don Pascual y Pedro Muzquiz.
2. Prepara las tortas de Navidad que la familia comerá al día siguiente.
3. Está muy enamorado de Tita y quiere casarse con ella.
4. No permite que Tita se case.
5. No puede casarse porque es la hija menor y, según la tradición de la familia, tiene que cuidar a su madre.
6. Se va a casar con Pedro.
7. Es muy sensible a la cebolla.
8. Cree que su hijo se va a casar sin sentir amor.

a. Tita
b. Mamá Elena
c. Nacha
d. Pedro
e. don Pascual
f. Rosaura

A EXPLORAR MÁS A FONDO

ACTIVIDAD El mundo de Tita

▶ Con un compañero / una compañera, escojan una de las siguientes situaciones y escriban una conversación entre los personajes indicados. Luego presenten el diálogo ante la clase.

1. Mamá Elena conversa con Pedro y le dice que es imposible que se case con Tita.
2. Don Pascual Muzquiz habla con Pedro. Está enfadado porque Pedro aceptó casarse con Rosaura sin estar enamorado de ella.
3. Mamá Elena conversa con Tita. Le explica la razón por la cual no se puede casar y le indica la importancia de las costumbres.
4. Tita y Pedro hablan de su amor. Tita está triste porque Pedro se va a casar con Rosaura. Él trata de explicarle la razón de su decisión.

TRADICIÓN Y CAMBIO

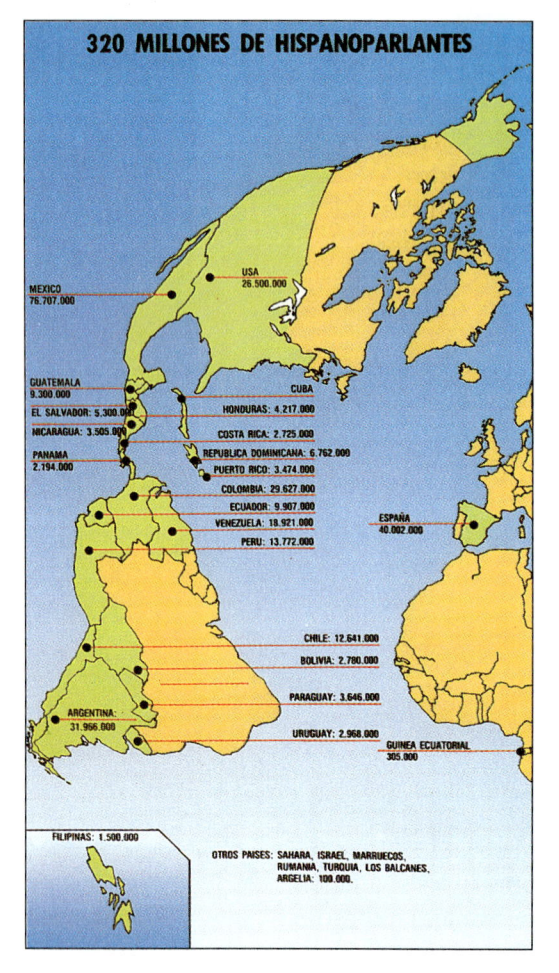

320 MILLONES DE HISPANOPARLANTES

MEXICO 76.707.000
USA 26.500.000
GUATEMALA 9.300.000
CUBA
EL SALVADOR: 5.300.000
HONDURAS: 4.217.000
NICARAGUA: 3.505.000
COSTA RICA: 2.725.000
REPÚBLICA DOMINICANA: 6.762.000
PANAMA 2.194.000
PUERTO RICO: 3.474.000
COLOMBIA: 29.627.000
ECUADOR: 9.907.000
VENEZUELA: 18.921.000
ESPAÑA 40.002.000
PERÚ: 13.772.000
CHILE: 12.641.000
BOLIVIA: 2.780.000
PARAGUAY: 3.646.000
ARGENTINA: 31.966.000
URUGUAY: 2.968.000
GUINEA ECUATORIAL 305.000
FILIPINAS: 1.500.000

OTROS PAISES: SAHARA, ISRAEL, MARRUECOS, RUMANIA, TURQUIA, LOS BALCANES, ARGELIA: 100.000

EL CASTELLANO: METAMORFOSIS EN CAMINO AL SIGLO XXI

[El castellano es] el terreno común de nuestros encuentros y desencuentros, la liga más fuerte de nuestra comunidad.
—Carlos Fuentes

Cuando Cristóbal Colón llegó al Nuevo Mundo en 1492, el castellano era hablado únicamente por 6.500.000 de españoles. Quinientos años más tarde, las cosas han cambiado notablemente: ahora hay mucha más gente de habla española en Hispanoamérica que en España.

En los últimos quinientos años el castellano se ha extendido a casi todo el Caribe, Centroamérica y Sudamérica, y también se ha estado infiltrando a borbotones[1] en Norteamérica. Los Estados Unidos ya son uno de los países con mayor número de hispanohablantes. Se estima que hay por lo menos 25.000.000 de personas de habla española en los Estados Unidos, y la cifra[2] va aumentando. Sin embargo, el castellano que se habla hoy día, especialmente en los Estados Unidos, ha experimentado una fuerte influencia del inglés.

Algunos observadores opinan que el castellano estadounidense cambiará aun más debido a su contacto con el inglés. Otros creen que el español conquistará al inglés. Aunque todavía es demasiado temprano para saber quién tendrá razón, todos están de acuerdo en que habrá más cambios lingüísticos en la historia de la lengua española.

[1] *a... by leaps and bounds*   [2] *figure*

En la portada de esta revista, se encuentra evidencia de la influencia del inglés en el castellano de Latinoamérica. ¿En qué palabras se encuentra?

¿POR QUÉ LO DECIMOS ASÍ?

GRAMÁTICA

EXPRESANDO DESEOS Y OPINIONES
The Present Subjunctive: Forms

ORIENTACIÓN

Remember that, except for commands, the verb forms you have used so far in this text are in the *indicative mood*, the mood used to talk about facts or things you consider to be facts. When you express a wish or an opinion about a situation or about what someone is doing, the verb that you use is in the *subjunctive mood*.

¡REPASEMOS!

Note the use of indicative and subjunctive forms in these examples. A plain statement of fact is in the indicative. When a wish or an opinion precedes it, the verb is in the subjunctive.

—Es evidente que no estás bien. ¿Qué te pasa?
—Tengo la gripe.
—Es lástima que **estés** enfermo hoy, con la fiesta que tenemos...

—¿Cuándo llegan mis abuelos?
—Llegan el sábado o el domingo.
—¡Espero que **lleguen** el sábado!

With few exceptions, the stem of present-tense subjunctive forms is the same as the stem of the present indicative **yo** form. The present subjunctive endings for **-ar** verbs are **-e**, **-es**, **-e**, **-emos**, **-éis**, **-en**. Those for **-er** and **-ir** verbs are **-a**, **-as**, **-a**, **-amos**, **-áis**, **-an**. Here are the subjunctive forms of **comprar** (*to buy*), **ofrecer** (*to offer*), and **salir** (*to leave; to go out*).

> *A verb that follows a wish or an expression of opinion is in the subjunctive.*

> *Present subjunctive stem: Drop the -o from the present-tense yo form.*
> *tener: tengo → teng-*

LECCIÓN 1 ciento ochenta y tres 183

Present subjunctive endings:

-ar verbs
yo -e
tú -es
usted -e
él/ella -e
nosotros/as -emos
vosotros/as -éis
ustedes -en
ellos/as -en

-er/-ir verbs
yo -a
tú -as
usted -a
él/ella -a
nosotros/as -amos
vosotros/as -áis
ustedes -an
ellos/as -an

Verbs with irregular subjunctive forms:
dar/d-
estar/est-
ir/vay-
saber/sep-
ser/se-

Subjunctive of hay (haber): haya

Spelling changes before the subjunctive endings of verbs that end in -car, -gar, -zar:
c → qu
g → gu
z → c

Present Subjunctive of **comprar** (*compro → compr-*)

yo	compre	nosotros/as	compremos
tú	compres	vosotros/as	compréis
usted	compre	ustedes	compren
él/ella	compre	ellos/ellas	compren

Present Subjunctive of **ofrecer** (*ofrezco → ofrezc-*)

yo	ofrezca	nosotros/as	ofrezcamos
tú	ofrezcas	vosotros/as	ofrezcáis
usted	ofrezca	ustedes	ofrezcan
él/ella	ofrezca	ellos/ellas	ofrezcan

Present Subjunctive of **salir** (*salgo → salg-*)

yo	salga	nosotros/as	salgamos
tú	salgas	vosotros/as	salgáis
usted	salga	ustedes	salgan
él/ella	salga	ellos/ellas	salgan

Five familiar verbs have irregular subjunctive forms.

dar: dé, des, dé, demos, deis, den
estar: esté, estés, esté, estemos, estéis, estén
ir: vaya, vayas, vaya, vayamos, vayáis, vayan
saber: sepa, sepas, sepa, sepamos, sepáis, sepan
ser: sea, seas, sea, seamos, seáis, sean

The subjunctive form of **hay** (*there is / there are*), from the infinitive **haber**, is **haya**.

—¿Cuántos productos hay para el pelo?
—Hay miles.
—Es increíble que **haya** tantos.

EJERCICIO 1 — Deseos diferentes

▶ Es bueno que los padres y los hijos se lleven bien. Sin embargo, es posible que cada uno quiera que el otro haga algo diferente.

Paso 1. ¿Qué quieren los padres que hagan sus hijos? Haz oraciones según el modelo.

MODELO: estudiar más →
Quieren que *estudiemos* más.

1. estudiar todas las noches
2. salir menos con los amigos
3. bajarle el volumen al estéreo
4. hablar menos por teléfono
5. comprar menos productos para el pelo
6. conducir con cuidado

Paso 2. Y los hijos, ¿qué quieren que hagan sus padres? Haz oraciones según el modelo.

MODELO: comprar un coche nuevo →
Queremos que *compren* un coche nuevo.

1. comprar un televisor nuevo
2. prestarnos el coche
3. (no) asistir a nuestras fiestas
4. no criticar a nuestros amigos
5. no enfadarse con frecuencia
6. (no) conocer a nuestros profesores

EXPRESANDO DESEOS Y OPINIONES
Uses of the Present Subjunctive (Part 1)

¡REPASEMOS!

You have used the subjunctive to express opinions of many kinds: feelings, wishes, suggestions, preferences. Here are several examples of expressions of opinion. There are many other possibilities.

(no) es bueno que...
(no) es esencial que...
(no) es increíble que...
(no) es malo que...

(no) es maravilloso que...
(no) es necesario que...
(no) es preferible que...
(no) es triste que...

Remember that the expression **ojalá** (**que**) also expresses hope.

—¿Qué te parecen los nuevos coches este año?
—No es malo que **tengan** más mecanismos de seguridad.
—Ojalá que **sean** efectivos.

¿Recuerdas?

Use the subjunctive with verbs that express your or someone else's preferences or recommendations with respect to a situation. Some verbs of this type that you have already used include the following.

**aconsejar que
desear que
esperar que
insistir en que
preferir que
querer que
recomendar que**

Impersonal expressions have no specific subject.

Ojalá (que)... = I (Let's) hope that . . .

A Here are some verbs that express your or someone else's feelings about a situation.

alegrarse (de) que
lamentar que

sentir que
temer que

B You can also use (**No**) **Me gusta que...** (and other phrases with **gustar**) to express feelings, followed by the subjunctive.

—Lamento que **estés** enfermo.
—Realmente ya estoy mucho mejor, gracias.
—¡Me gusta que **estés** mejor!

—I'm sorry you're sick.
—I'm really a lot better now, thanks.
—I'm glad (that) you're better!

Subjunctive follows expressions of
- *feelings*
- *hopes*
- *wishes*
- *opinions*
- *preferences*
- *recommendations*

EJERCICIO 2 — Los valores de hoy

▶ Expresa tus opiniones sobre los valores de la sociedad de hoy. Empieza tus reacciones con una de estas frases.

es bueno/malo que
es fenomenal que
es increíble que

es lástima que
(no) me gusta que

MODELO: Somos una sociedad de consumidores. →
Es lástima que *seamos* una sociedad de consumidores.

1. Somos una sociedad de consumidores.
2. Siempre queremos el último modelo de todo lo que vemos.
3. Las superestrellas influyen en nuestras decisiones.
4. Hay muchos anuncios en la televisión.
5. Criticamos a los demás por las cosas que tienen.
6. Las personas ricas tienen mucho prestigio.
7. La gente siempre quiere lucir bien.
8. Algunos sólo quieren estar cómodos.

EJERCICIO 3 — Dos padres muy distintos

▶ Begoña y Tomás tienen ideas muy distintas sobre la mejor manera de educar a sus hijos. Tomás tiene ideas muy tradicionales, pero Begoña es más moderna. ¿Cuáles son sus ideas sobre la educación de sus hijos Nora y Joaquín?

Paso 1. ¿Qué opina Tomás, el padre tradicional? Usa las siguientes frases para expresar sus opiniones.

A Tomás (no) le gusta que...   Tomás prefiere que...
Tomás insiste en que...   Tomás (no) quiere que...

1. Joaquín tiene muñecas.
2. Nora será médica algún día.
3. Joaquín aprende a usar una computadora.
4. Joaquín está aprendiendo a cocinar.
5. Nora lleva *jeans* todo el tiempo.
6. A Nora le gusta cocinar.

Paso 2. ¿Qué opina Begoña, la madre moderna? Usa las siguientes frases para expresar sus opiniones.

A Begoña (no) le gusta que...   Begoña prefiere que...
Begoña insiste en que...   Begoña (no) quiere que...

1. Nora sabe cómo funcionan los coches.
2. Joaquín tiene muchos soldados.
3. Nora mira partidos de fútbol en la televisión.
4. Joaquín lee mucho.
5. Joaquín ayuda con las tareas domésticas.
6. A Nora le gusta estudiar las matemáticas.

EJERCICIO 4   Querido amigo / Querida amiga

▶ Tu amigo/a tiene una serie de problemas y te ha pedido consejos. ¿Qué sugerencias le haces? Ayúdalo/la. Un compañero / Una compañera va a hacer el papel de la persona que tiene el problema.

MODELO:
    COMPAÑERO/A: Necesito dinero para la universidad.
    TÚ: Te recomiendo (aconsejo, ...) que *busques* un trabajo de tiempo parcial.

Problemas: Tu compañero/a

1. Necesito dinero para la universidad.
2. Quiero sacar una «A» en el próximo examen de historia.
3. Debo gastar menos dinero en ropa.
4. Me gustaría ser presidente/a del club de español.
5. Quisiera jugar mejor al tenis.
6. Necesito un buen trabajo para los fines de semana.
7. A mis padres no les caen bien mis amigos.

Sugerencias: Tú

buscar un trabajo de tiempo parcial
dar una fiesta en tu casa
estudiar conmigo
hablar con el consejero
hablar con ellos
invitar a algunos amigos a cenar en casa
no comprar nada este mes
leer los anuncios del periódico
practicar más

LECCIÓN 1

ES POSIBLE QUE NOS SINTAMOS MEJOR MAÑANA
The Present Subjunctive of Stem-Changing Verbs

Stem changes in present subjunctive:

-ar and -er verbs
- e → ie, o → ue in all forms except **nosotros** and **vosotros**

-ir verbs
- e → ie, o → ue in all forms except **nosotros** and **vosotros**, which are e → i and o → u
- e → i in all forms

¡REPASEMOS!

In the present subjunctive, as in the present indicative, the stem vowel of **-ar** and **-er** stem-changing verbs changes in all but the **nosotros** and **vosotros** forms: **e → ie** and **o → ue**. Here are the present subjunctive forms of **cerrar** (*to close*) and **volver** (*to return*).

cerrar:	cierre, cierres, cierre, cerremos, cerréis, cierren
volver:	vuelva, vuelvas, vuelva, volvamos, volváis, vuelvan

Es posible que ellos **vuelvan** mañana.

The **-ir** verbs with **e → ie** and **o → ue** stem changes have the same changes in the present subjunctive, except that the **nosotros** and **vosotros** forms drop the e: **e → i, o → u**. Here are the present subjunctive forms of **mentir** (*to lie*) and **morirse** (*to die*).

mentir:	mienta, mientas, mienta, mintamos, mintáis, mientan
morirse:	me muera, te mueras, se muera, nos muramos, os muráis, se mueran

—No es bueno que **mientan** tanto en estos anuncios.
—No mienten. Sólo exageran mucho.

The **-ir** verbs with an **e → i** stem change have the same change in all forms of the present subjunctive. Here are the present subjunctive forms of **vestirse** (*to get dressed*).

vestirse:	me vista, te vistas, se vista, nos vistamos, os vistáis, se vistan

— Es increíble que **te vistas** así para ir a la fiesta.
—¿Por qué no te gusta que **me vista** así?

EJERCICIO 5 — Padres e hijos

▶ Ahora es el estilo *punk* el que les molesta a los padres. Antes, era el estilo *hippie*, como se ve en este dibujo de Quino, el dibujante argentino. Describe los pensamientos del padre y de su hijo. Usa **no** cuando sea necesario.

1. Al padre no le gusta que su hijo...
2. Quiere que su hijo...
3. Al hijo no le gusta que su padre...
4. Quiere que su padre...

Posibilidades

conseguir un trabajo
dejarlo en paz
dormir todo el día
empezar a trabajar
pedirle dinero
poder comprenderlo
presentarse tal como es
repetir lo mismo todos los días
vestirse como él
vestirse como *hippie*

> ¡DEBIERA DARTE VERGÜENZA![1]
> ¡YO A TU EDAD YA ESTABA EXPLOTANDO A ALGUIEN!

[1]¡Debiera... *You should be ashamed!*

HACIENDO PREGUNTAS
Interrogative Words

¡REPASEMOS!

You have had a lot of practice asking for information with these familiar interrogative words.

¿cómo?	¿cuánto/a?	¿por qué?
¿cuál(es)?	¿cuántos/as?	¿qué?
¿cuándo?	¿dónde?	¿quién(es)?

¡OJO! All question words have written accent marks.

Show that you know what the interrogative words mean by telling which of the following words you associate with them.

un lugar	una persona	una razón o explicación
la hora	una selección	
una descripción	una cosa	una cantidad

LECCIÓN 1   ciento ochenta y nueve **189**

A Interrogative words are often preceded by prepositions such as **a** (*to*), **con** (*with*), and **de** (*of; from*). Here are some examples. You should be familiar with most of them.

¿A qué hora?	(*At*) *What time?*
¿A quién llamas?	*Who(m) are you calling?*
¿Adónde vas?	*Where are you going?*
¿Con qué escribes?	*What are you writing with?*
¿Con quién vives?	*Who(m) do you live with?*
¿De dónde eres?	*Where are you from?*
¿De quién es esto?	*Whose is this?* (*To whom does this belong?*)

Remember that a preposition can never come at the end of a question in Spanish.

> ¿qué? = asks for definition, explanation
>
> ¿cuál? = asks for a selection

B Although **¿qué?** and **¿cuál?** can both be expressed as *what?* in English, they are not equivalent in Spanish. Compare these questions.

¿**Qué** es un reloj digital?   *What is a digital watch?*
  (You want a definition or explanation of this item.)

¿**Cuál** es el reloj digital?   *Which* (*one*) *is the digital watch?*
  (You want to identify a particular type: a digital watch as opposed to any other kind of watch. That is, you are asking for a selection.)

> ¿por qué? = wants to know the reason
>
> ¿para qué? = wants to know the purpose

C You know that **¿por qué?** expresses English *why?* So does the phrase **¿para qué?**, but with a different meaning.

—¿**Por qué** usas el jabón Maja?   —*Why do you use Maja soap?*
  (You want to know why someone uses Maja soap and not some other brand.)
—Porque me gusta más que   —*Because I like it more than the*
  las otras marcas.   *other brands.*

—¿**Para qué** usas el jabón Maja?   —*Why* (*For what*) *do you use Maja soap?*
  (You want to know for what purpose someone uses this soap.)
—Para lavarme la cara,   —(*In order*) *To wash my face, of*
  ¡claro!   *course!*

EJERCICIO 6   Un examen sobre la Argentina

▶ El hermano menor de Gabriela tuvo un examen de historia argentina hoy. Aquí están sus respuestas. Pero... ¿cuáles son las preguntas? Haz preguntas con ¿Qué... ? o ¿Cuál... ? Hay dos preguntas posibles en cada caso.

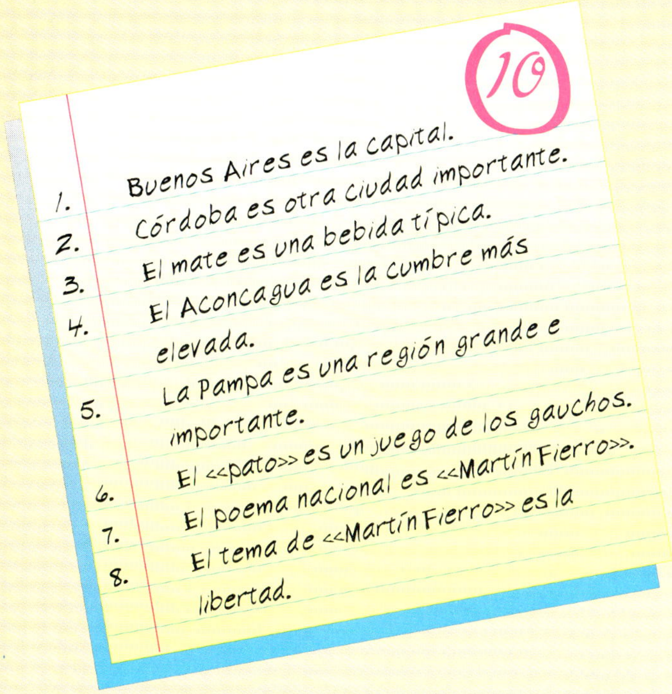

MODELO: Buenos Aires es la capital. →
¿*Cuál* es la capital?
¿*Qué* es Buenos Aires?

1. Buenos Aires es la capital.
2. Córdoba es otra ciudad importante.
3. El mate es una bebida típica.
4. El Aconcagua es la cumbre más elevada.
5. La Pampa es una región grande e importante.
6. El «pato» es un juego de los gauchos.
7. El poema nacional es «Martín Fierro».
8. El tema de «Martín Fierro» es la libertad.

la cumbre

el mate

el gaucho

VOCABULARIO PALABRAS NUEVAS

Para hablar de la ropa
el conjunto
el chaleco
la última moda

Palabras de repaso: la blusa, el centro comercial, la falda, la minifalda, el/la modelo, el precio, el vestido

escoger
estar de moda
estrenar
influir (en)
lucir
llamar la atención

Palabras de repaso: llevar, ponerse, probar (ue), usar, vestirse (i, i)

Las acciones y las reacciones
aconsejar
alegrarse (de)
caerle bien/mal a alguien
chismear
dejarse + *infinitivo*
enfadarse
estar seguro/a de sí mismo/a
juzgar
ocultar
promocionar
promover (ue)
soler (ue) + *infinitivo*
temer
tomar en cuenta
tratar de + *infinitivo*

Para influir en otras personas
los/las demás
la imagen
la superestrella

(no) es bueno que
(no) es lástima que

Palabras de repaso: el actor / la actriz, el anuncio, el/la cantante, es importante que, la estrella

Los adjetivos
materialista

Palabras de repaso: atractivo/a, emocionante, exótico/a, famoso/a

LECCIÓN 1 *ciento noventa y uno* 191

LECCIÓN 2: LA PUBLICIDAD Y SU IMPACTO

La Argentina... el país de Sudamérica que más se parece a los Estados Unidos. La Argentina es un país muy grande; ocuparía casi la tercera parte del territorio de este país. También es un país de inmigrantes, y entre su población hay personas de todas las clases sociales y económicas.

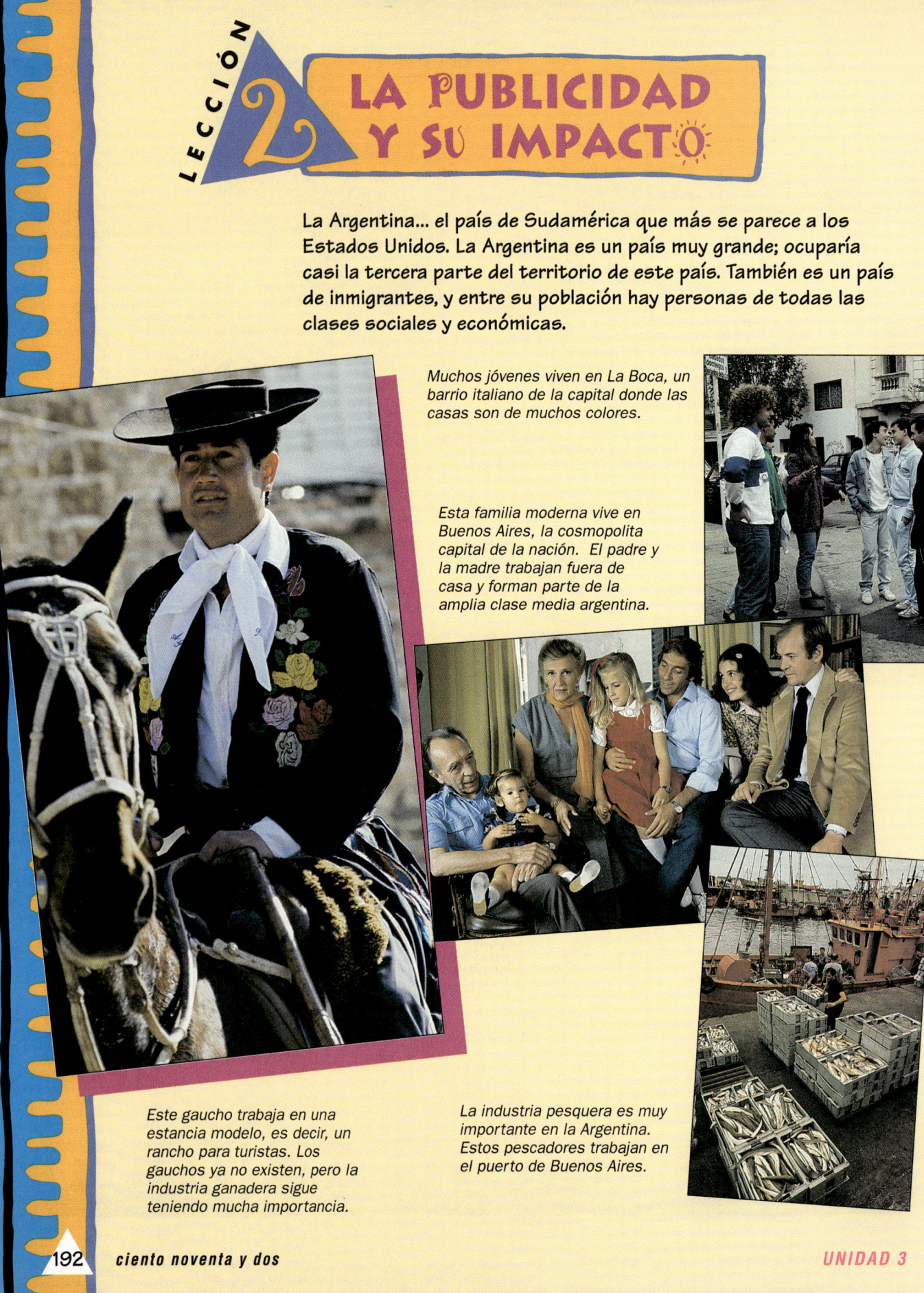

Muchos jóvenes viven en La Boca, un barrio italiano de la capital donde las casas son de muchos colores.

Esta familia moderna vive en Buenos Aires, la cosmopolita capital de la nación. El padre y la madre trabajan fuera de casa y forman parte de la amplia clase media argentina.

Este gaucho trabaja en una estancia modelo, es decir, un rancho para turistas. Los gauchos ya no existen, pero la industria ganadera sigue teniendo mucha importancia.

La industria pesquera es muy importante en la Argentina. Estos pescadores trabajan en el puerto de Buenos Aires.

192 ciento noventa y dos   UNIDAD 3

A continuación se te ofrecen algunos de los productos y diversiones típicos de la Argentina, sobre todo de Buenos Aires.

¿QUÉ PODEMOS DECIR?

- ¿Qué productos y diversiones serán de más interés para la familia? ¿para los jóvenes? ¿para el gaucho? ¿para los pescadores? Explica.

- ¿Cuál de estos productos o diversiones te atrae más? ¿Por qué? ¿Cuáles cuestan dinero? ¿Cuáles no? ¿Cuáles se relacionan especialmente con la cultura argentina?

Así se Dice...

VOCABULARIO

LA PUBLICIDAD: ¿AYUDA O HACE DAÑO?

«¿Estás satisfecha de tu figura?» «¿Eres tan atractivo como los demás?» «¿Manejas un coche que refleja tu **buen gusto**?» Es dudoso que uno pueda escaparse de los anuncios que sugieren ideas como éstas y que además **prometen** mil maravillas. ¿Eres tú de los que ven la **publicidad** como algo que nos explota? ¿O crees que la publicidad puede **informar**nos también, hasta hacernos **cambiar de opinión**? ¿Es posible que los anuncios nos **diviertan** también?

¡Anoche conocí a un pescador que me adora!

ATÚN Fruto del Mar

El fruto más sabroso que hay.

Los anuncios tratan de **persuadir**nos a comprar ciertos productos. ¿Qué anuncios son más **efectivos**, los divertidos o los serios?

Hoy supe que tengo los dientes perfectos, gracias a Blanquísimo.

Blanquísimo

A todos nos gustaría tener un cuerpo sano. ¿Crees que es posible **garantizar**le a alguien buena salud o dientes sanos si compra cierto producto?

Un pequeño milagro sucedió en la vida de este niño: almorzó bien por primera vez en su vida.

Si usted ve a un niño hambriento y solo, su reacción natural es querer ayudarlo, ¿verdad? Pues, hay muchos niños en el mundo que necesitan de su ayuda. Usted puede cambiar la vida de un niño por sólo $10 al mes. Esta cantidad de dinero servirá para que el niño tenga la oportunidad de comer bien durante todo el año y le asegurará un buen futuro.

*Juan López
El Salvador
3 años*

Por favor, no espere. Llámenos ahora y cambie la vida de uno de los recursos más preciosos que tenemos en el mundo: un niño.

Es difícil que **el lector**, es decir, la persona que lee este anuncio, no se sienta **motivado** a ayudar a los desamparados. ¿Qué **impacto tendrán** anuncios como éste en la vida de un niño pobre?

Muchas personas creen todo lo que oyen. **Se dejan engañar** fácilmente. Otras son incrédulas. **Dudan** que haya un producto barato o una manera fácil de cambiar la vida. Por eso no cambian de opinión sin pensarlo bien.

Usted no pudo hacerlo antes, pero ahora sí puede con Quitagrasa. No sea gordo ni un día más. ¡Cómprela hoy!

antes   después

¿Eres tú de los que creen todo lo que oyen y leen? ¿O eres **un consumidor / una consumidora** inteligente que sabe leer los anuncios con ojo crítico? ¿A veces te tomas el tiempo para **investigar** lo que dicen los anuncios? ¿O compras por impulso, sin pensar... ? ¡y con muchas **esperanzas**!

LECCIÓN 2

Conexión gramatical
Estudia las páginas 207–214 en **¿Por qué lo decimos así?**

Y TÚ, ¿QUÉ DICES?

ACTIVIDADES ORALES Y LECTURAS

1 • OPCIONES   ¡Ten cuidado, comprador(a)!

Indica las opciones más lógicas para las siguientes situaciones.

1. Tu abuelita ha visto un anuncio en la televisión para una pasta de dientes que le garantiza dientes blancos y una sonrisa perfecta a la persona que la usa. Ahora ella quiere comprarla. ¿Qué le dices?
   a. Le recomiendo que vaya inmediatamente a la farmacia para comprarla.
   b. Antes de comprarla, le recomiendo que hable con un amigo o una amiga que usa esa marca, para saber su opinión.
   c. Le digo que hable por teléfono con su dentista para verificar si la información es cierta.
   d. ¿ ?

2. Un amigo te lee los anuncios para dos estilos populares de zapatos deportivos. La diferencia de precio entre las dos marcas es bastante grande. ¿Qué zapatos le recomiendas que compre?
   a. Le sugiero que compre los más baratos, para ahorrar dinero.
   b. Le recomiendo que compre los zapatos más caros porque por su precio es evidente que son los mejores.
   c. Le sugiero que hable con el entrenador del colegio, para ver si él le hace alguna recomendación.
   d. ¿ ?

3. Oyes que un almacén grande está ofreciéndoles tarjetas de crédito a sus clientes menores de edad, con el permiso de sus padres. ¿Qué opinas tú?
   a. Es bueno que los almacenes hagan eso, porque significa que los jóvenes podrán ir de compras con más frecuencia.
   b. Pienso que el almacén está explotando a los jóvenes. Es una lástima que les den a los menores de edad la oportunidad de comprar más de lo que pueden pagar.
   c. Dudo que esto tenga un impacto positivo o negativo en los jóvenes. Los que pueden comprar, comprarán, y los que no, no obtendrán la tarjeta.
   d. ¿ ?

¡A charlar!

Here are some adverbs you can use to modify the meaning of adjectives.

muy	very
bastante	rather; quite
algo	somewhat
poco	not very

Este anuncio es **bastante** llamativo... pero **algo** ordinario al mismo tiempo.
This ad is quite eye-catching . . . but (it's) somewhat trite at the same time.

Remember to use the phrase **el/la más/menos... de** + *group* to say that something is the most/least in its category.

Pero es **el más interesante de** todos.
But it's the most interesting one of them all.

2 • INTERACCIÓN   ¿Cómo reaccionas tú?

▶ A continuación se ven cuatro anuncios de varias revistas hispanas. Primero, expresa tu propia reacción a los anuncios. Luego pregúntale a un compañero / una compañera qué opina del anuncio y a quién(es) cree que se dirige.

MODELO:

TÚ: Creo que el anuncio número cuatro es *serio*, y también me parece *elegante*.
COMPAÑERO/A: Estoy de acuerdo. (No estoy de acuerdo. Creo que es bastante *llamativo*.)
TÚ: ¿A quién crees que se dirige?
COMPAÑERO/A: Les va a gustar a las personas que *gastan mucho dinero*. También a las personas que *tienen buen gusto*.

Palabras útiles: es divertido (informativo, interesante, llamativo, ordinario, tonto, ...), me parece elegante (exagerado, engañoso, ...)

1.
2.
3.
4.

LECCIÓN 2   ciento noventa y siete **197**

3 • PIÉNSALO TÚ — Los productos y los clientes

▶ ¿Es sólo por los anuncios que nos informamos de la existencia de ciertos productos? Considera esa pregunta al hacer esta actividad.

Paso 1. Indica en qué revistas y periódicos podrías encontrar anuncios para estos productos.

Productos
1. pañales para bebés
2. equipo para pescar
3. teléfonos portátiles
4. juegos electrónicos
5. discos compactos
6. trajes de baño

Revistas y periódicos
- el periódico de tu pueblo o ciudad
- una revista para amas de casa
- una revista para los aficionados a la música *rock*
- una revista para ecologistas
- una revista para los que tienen computadoras
- una revista sólo para chicas
- una revista sólo para chicos

Paso 2. Ahora imagínate que no hay revistas ni periódicos que anuncian productos. En grupos de tres o cuatro, digan en qué otras fuentes de información se puede encontrar anuncios para productos y servicios. ¿Cuántas fuentes pueden nombrar?

4 • DEL MUNDO HISPANO El sabor hispano

▶ La presentación de cierto producto puede variar de país a país y aun de región a región dentro de un mismo país. Todo depende del cliente que a la compañía le interesa atraer. Para vender un producto, la compañía trata de presentarlo de modo que los clientes hagan asociaciones positivas con el producto. Algunas asociaciones son más universales o más aceptables que otras.

Mira el siguiente anuncio para arroz, una comida típica de muchas partes del mundo. Busca en este anuncio los elementos que *no* son típicos del lugar donde tú vives. ¿Por qué crees que se han usado estas imágenes en el anuncio?

EL SABOR HISPANO

ARROZ MAHATMA
El mejor por el sabor.

MODELO: En el lugar donde yo vivo, no comemos en el parque con frecuencia porque normalmente hace frío o fresco. Solemos comer en la cocina o en el comedor. Creo que hay un parque con palmeras en el anuncio porque algunos países hispanos tienen clima tropical.

VOCABULARIO ÚTIL

el arroz con pollo
una cuchara de madera
chiles de varios colores
el idioma español

los mariscos
un parque con palmeras
un recipiente de barro

LECCIÓN 2 ciento noventa y nueve 199

5 • PIÉNSALO TÚ   El mensaje invisible

▶ En los anuncios, las palabras comunican mucho, pero también se puede decir mucho sin usar palabras.

Paso 1. Con un compañero / una compañera, miren este anuncio que promueve un nuevo coche. Busquen en el anuncio las palabras que sugieren una imagen positiva del coche.

Paso 2. Luego, escojan por lo menos tres elementos visuales en la foto que les llaman la atención. ¿Cuál es el elemento más importante entre los siguientes?

- el ambiente tranquilo
- el barrio aristocrático
- el coche que brilla
- el día bonito
- la mujer bonita y elegante
- el perro que duerme

Paso 3. Con toda la clase, piensen en los elementos visuales más llamativos que escogieron en el Paso 2. ¿Qué cualidades se asocian con ellos?

VOCABULARIO ÚTIL

la aprobación de los demás
la belleza
la felicidad
la juventud
la popularidad
la riqueza

Para comprar un coche usted tiene muchas opciones... pero sólo una buena decisión. Cómprese el coche de mañana... ¡hoy!

LECTURA: Clave al mundo hispano

RINCÓN CULTURAL: La representación de los hispanos en el cine

El cine es una forma artística importante e influyente. Por medio de sus imágenes visuales, es capaz de cambiar nuestra perspectiva del mundo y de la gente que lo habita. Por eso, también es capaz de crear y fomentar[1] estereotipos. La comunidad hispana es una de las que ha sufrido este impacto negativo de la industria cinematográfica.

Los hispanos han sido participantes importantes en la industria cinematográfica de Hollywood desde su comienzo. Esto se debe en gran parte al hecho de que hay muchos hispanos en Los Ángeles. Sin embargo, cuando el público estadounidense piensa en la comunidad hispana, suele pensar solamente en «el barrio latino» y todo lo que se relaciona con él. Muchos actores hispanos encuentran gran dificultad en romper con ese estereotipo cinematográfico. George Hadley-García, autor del libro *Hollywood Hispanics*, opina que «Hollywood no ha tratado de explorar las variedades de la hispanidad, de representar a los hispanos que son ricos, educados, de nivel económico mediano, que son creativos, o de piel blanca».

Por otro lado, la población hispana de los Estados Unidos está aumentando. Muchos productores quieren comunicar su mensaje al mayor número posible de personas de habla española, no sólo para complacerlas sino también porque se han dado cuenta del poder económico de esa población. El resultado es un intento por parte de los productores de hacer películas «hispanas»; sin embargo, en la mayoría de los casos, siguen utilizando actores *no* hispanos para los papeles principales. Tal vez creen que al usar superestrellas estadounidenses, venderán más entradas en las taquillas.

Hay que mirar los dos lados de la moneda. Por un lado, por primera vez es posible que los temas hispanos capten la atención nacional a través del cine. Por el otro, es necesario asegurar[2] que se traten justamente esos temas y que no se fomenten estereotipos falsos e incluso perjudiciales.[3]

[1]*foster* [2]*to ensure* [3]*harmful*

LECCIÓN 2

A EXPLORAR EL TEMA

ACTIVIDAD   Los hispanos en Hollywood

▶ Con un compañero / una compañera, contesten las siguientes preguntas sobre los hispanos en las películas.

1. ¿Conocen ustedes a estos actores y actrices hispanos? ¿Cómo se llaman? ¿En qué películas los han visto?

2. ¿Conocen a otros actores hispanos famosos? ¿Quiénes son? ¿Qué tipo de papeles hacen generalmente?

3. ¿Creen que los papeles que representan los hispanos en el cine representan a los hispanos en general? ¿Es posible evitar los estereotipos en las películas? ¿De qué manera?

LECTURA

Sobre el autor **George Hadley-García** nació en Damasco, Siria, en 1956. Su familia luego se mudó a los Estados Unidos. En 1965 él se hizo ciudadano estadounidense. Habla cinco idiomas y ha viajado por más de cuarenta países alrededor del mundo. Es autor de varios libros sobre el cine y las películas, y también ha trabajado como periodista. Actualmente reside en Beverly Hills, California.

A PROPÓSITO Desde el cine mudo° hasta el cine contemporáneo, los hispanos han participado en las películas de Hollywood. Pero ni el tratamiento que se les ha dado ni los papeles que han representado han sido siempre positivos. En esta selección de su libro, el autor George Hadley-García desarrolla el tema de los hispanos y su participación en Hollywood en los años ochenta.

cine... *silent films*

HOLLYWOOD HISPANICS: LOS LATINOS EN EL MUNDO DEL CINE (SELECCIONES)

LOS AÑOS OCHENTA: ¿FUERZA NUMÉRICA?

Parte 1

La mayoría de los actores latinos que están subiendo hoy parecen menos exóticos al público norteamericano porque —en contraste con las estrellas de antes— no son mexicanos, cubanos, brasileros ni argentinos. Son hispanoamericanos (a veces gracias a sólo *un* padre), y se parecen, suenan y se portan° como los demás.

se... *behave, act*

Tal vez los más distinguidos de los «nuevos» actores latinos son Raúl Juliá* y Edward James Olmos, que son muy versátiles y tienen mucha integridad en los papeles que escogen. Juliá, quien es puertorriqueño, nació en 1940 y es casi tan bien conocido por sus papeles en obras teatrales y musicales como por sus películas. En 1971 debutó en pequeños papeles en varias películas. En la década siguiente, sin embargo, sus papeles fueron más grandes.

En *The Morning After* (1986) Juliá representó al marido° anterior de Jane Fonda; también se revela, después, que es el villano. Los productores desperdiciaron° al talentoso Juliá en la trivial y estereotipada *Moon Over Parador* (1988), como un sudamericano güero° e importante llamado Strausmann. El nombre es parecido al del dictador paraguayo muerto, Alfredo Stroessner, y el país titular° es una combinación de Paraguay y Ecuador. También en el reparto estaban Sonia Braga y Charo, pero la película se concentra en Richard Dreyfuss, quien pretende ser el dictador indígena.

esposo

wasted

light-haired, fair

el... el país del título, en este caso «Parador»

---

*La insólita muerte de Juliá en octubre de 1994 ha dejado una gran tristeza no solamente en la comunidad hispana sino en todos los aficionados al cine alrededor del mundo.

LECCIÓN 2

En 1984 Edward James Olmos debutó como el teniente° Martin Castillo en la serie de televisión «Miami Vice». El papel lo hizo famoso. Después, en 1988, Olmos ganó cuarenta libras para representar al maestro matemático Jaime Escalante en *Stand and Deliver*. Este papel de un maestro verdadero en el barrio en Los Ángeles quien mejora las vidas y las ambiciones de sus estudiantes ganó para Olmos una nominación para el premio Óscar como mejor actor.

lieutenant

Parte 2

Las películas con temas hispanos mejoraron durante esta década, pero en calidad, no en cantidad. El cambio sobresaliente° durante los años ochenta fue que había más actores hispanos y parcialmente hispanos en la pantalla grande, representando a latinos y otros. Algunos de estos actores —Andy García, Jimmy Smits, Emilio Estévez y Charlie Sheen— ya son estrellas, y parece que otros tendrán buenas oportunidades. Aquí, algunos del «Lat Pack»:

outstanding

- «No niego que soy hispano», dice Andy García, nacido en Cuba, «pero no soy un actor hispano. Nadie pregunta a Dustin Hoffman, ¿Cómo te sientes, representando a la comunidad judía en Hollywood?»

- Jimmy Smits, que se hizo famoso en la serie de televisión «L.A. Law» como el abogado Víctor Sifuentes, opina que «hay muchas buenas historias latinas, pero no quiero pasarme la vida en papeles latinos».

- Emilio Estévez tomó el apellido original de su padre, Martin Sheen, y encontró fama, con los otros miembros del joven «Brat Pack», en películas como *The Outsiders* y *St. Elmo's Fire*.

Obviamente, hay fuerza en los números, especialmente cuando los números crecen tan rápido, ya que los hispanos son una minoría importante en los Estados Unidos. Pero los números, solos, son pasivos; la influencia, la creatividad y el cambio deliberado son los resultados activos del poder y de la voluntad° de cada individuo.

willpower

Hollywood hispano ha progresado mucho. Sin embargo, todavía hay mucho que hacer. Necesitamos más cambios, más determinación y el poder y la capacidad de definirnos nosotros mismos, activa y positivamente.

¿QUÉ ENCONTRASTE?

ACTIVIDAD Las películas y los personajes

▶ Indica si las siguientes oraciones son ciertas o falsas. Si son falsas, corrígelas. Si son ciertas, busca en la lectura las oraciones que las apoyan.

1. Andy García no es hispano.
2. En *Moon Over Parador*, Raúl Juliá hizo el papel de un dictador paraguayo ya muerto.
3. El primer papel que hizo Edward James Olmos en una serie de televisión fue el de un policía en «Miami Vice».
4. Jimmy Smits empezó su carrera de actor haciendo el papel de un médico en un programa de televisión.
5. Los actores Martin Sheen y Emilio Estévez son hermanos.
6. Edward James Olmos tuvo que bajar de peso para representar a Jaime Escalante.
7. Sólo uno de los padres de muchos actores hispanos de hoy día es hispano.

A EXPLORAR MÁS A FONDO

ACTIVIDAD ¡Basta de estereotipos!

▶ ¿Qué opinas tú de los estereotipos en las películas?

Paso 1. ¿Has visto alguna representación estereotipada de los siguientes tipos de papeles en una película o en un programa de televisión? ¿En qué sentido era estereotipada la representación?

MODELO: una persona pobre del barrio →
La representación que yo vi de esta persona era estereotipada porque hablaba mal.

1. una persona pobre del barrio
2. un campesino / una campesina
3. un profesor / una profesora
4. un miembro de una pandilla
5. una mujer que se llama María
6. un(a) cantante
7. una persona analfabeta

Paso 2. Ahora, sugiere una manera de representar a esa persona para evitar los estereotipos.

MODELO: una persona pobre del barrio →
Una alternativa sería representar a una persona pobre que estudia en la universidad.

LECCIÓN 2

TRADICIÓN Y CAMBIO

MARÍA FÉLIX

Algunos personajes famosos se lanzan,[1] brillan[2] y luego desaparecen de la mente del público. Otros dejan un rastro[3] que jamás se borra.[4] María Félix es uno de estos últimos: conocida mundialmente como una de las mejores actrices del cine mexicano durante los años treinta y cuarenta, la cara hermosa de la Félix ha llegado a ser un ícono cultural mexicano, reconocida en todo el mundo de habla española.

A continuación se ven dos anuncios recientes en los cuales se usa la imagen de María Félix para vender dos productos distintos. Míralos bien y contesta estas preguntas. ¿Cuál es el mensaje básico de cada anuncio? ¿En cuál se ve el orgullo cultural? ¿En cuál se ve un intento de negar[5] cierto aspecto de la identidad cultural mexicana?

[1] se... *burst onto the scene* [2] *shine* [3] *mark* [4] se... *is erased* [5] de... *to deny*

Reproducción reciente de un anuncio antiguo para jabón.

Anuncio actual de la cadena televisiva Galavisión.

¿POR QUÉ LO DECIMOS ASÍ?

GRAMÁTICA

EXPRESANDO DUDAS
Uses of the Present Subjunctive (Part 2)

A When you express doubt or uncertainty about a situation, the verb that follows the expression of doubt will be in the *subjunctive mood*. In these examples, note that all verbs in a statement of fact or belief are in the *indicative*.

> —Dicen que la «Fórmula 9» es fabulosa.
> —Sí, abuelito, pero... dudo que te **haga** crecer el pelo.

> —They say that "Formula 9" is fabulous.
> —Yes, Grandpa, but... I doubt it will make your hair grow.

> —¿Vienen mis abuelos el sábado?
> —Tu abuelito está enfermo. Por eso es dudoso que **vengan** esta semana.

> —Are my grandparents coming on Saturday?
> —Your grandfather is sick. Therefore it's doubtful they'll come this week.

Expression of belief → indicative
Expression of doubt → subjunctive

A verb that follows an expression of doubt or uncertainty is in the subjunctive.

Here are some additional impersonal expressions and verbs that express doubt or uncertainty.

es posible/imposible	no creer
es probable/improbable	no estar seguro/a
no es cierto	negar (ie)
no es verdad	

Present subjunctive stem: Drop the -o from the present-tense yo form.
tener: tengo → teng-

B Expressions of belief are followed by *indicative* verb forms. When these expressions change from positive to negative or from negative to positive, they become expressions of doubt or disbelief, and must be followed by *subjunctive* verb forms.

Here are several examples. Note that they include both impersonal expressions and verbs that express doubt or disbelief.

Followed by Indicative	Followed by Subjunctive
creer que	no creer que
es cierto que	no es cierto que
es verdad que	no es verdad que
estar seguro/a (de) que	no estar seguro/a (de) que
no dudar que	dudar que
no negar que	negar que

Present subjunctive endings:

-ar verbs
yo **-e**
tú **-es**
usted **-e**
él/ella **-e**
nosotros/as **-emos**
vosotros/as **-éis**
ustedes **-en**
ellos/as **-en**

-er/-ir verbs
yo **-a**
tú **-as**
usted **-a**
él/ella **-a**
nosotros/as **-amos**
vosotros/as **-áis**
ustedes **-an**
ellos/as **-an**

LECCIÓN 2 · *doscientos siete* 207

—Este anuncio dice que un amuleto trae buena suerte.
—Pues yo digo que es imposible que un objeto te **traiga** buena o mala suerte.

—*This ad says that a charm brings good luck.*
—*Well, I say that it's impossible for an object to bring you good or bad luck.*

C You can use the subjunctive or indicative in questions with **creer** or statements with **tal vez** to indicate either certainty or doubt. In these examples, note the message implied by the mood of the verb.

¿Crees que **tengan** razón? *Do you think they might be right? (I'm not sure. or I don't think they are.)*

¿Crees que **tienen** razón? *Do you think they're right? (I think so.)*

Tal vez **estén** en casa. *They might be home. (But I doubt it.)*

Tal vez **están** en casa. *Maybe they're home. (I think it's quite likely.)*

EJERCICIO 1 — Tú y los anuncios

▶ ¿Qué opinas de la propaganda en general? Lee las siguientes oraciones e indica lo que opinas de cada una. Luego, forma oraciones completas para expresar tus opiniones, empezando con **Es cierto que...** / **No es cierto que...** ¡OJO! Tienes que usar el subjuntivo en las oraciones que empiezan con **No es cierto que...**

		Es cierto	No es cierto
1.	Hay demasiados anuncios por todas partes.	☐	☐
2.	Siempre escucho los anuncios en la televisión.	☐	☐
3.	Leo los anuncios del periódico con atención.	☐	☐
4.	Aprendo mucho leyendo los anuncios en las revistas.	☐	☐
5.	Creo todo lo que leo en los anuncios.	☐	☐
6.	Los anuncios de la televisión me divierten a veces.	☐	☐
7.	Algunos anuncios prestan un servicio importante.	☐	☐
8.	Los anuncios no tienen ningún impacto en mi vida.	☐	☐

EJERCICIO 2   ¿Una ganga o un desastre?

▶ Esto es lo que dicen en la agencia de automóviles sobre el coche usado que tus padres quieren comprar. ¿Qué crees tú? Haz oraciones que empiezan con las siguientes frases.

1. ¡Es imposible que... !
2. No creo que...
3. Dudo que...
4. Estoy seguro/a (de) que...
5. ¡No es posible que... !
6. No es probable que...

¡Es una ganga estupenda!
¡Sólo cuesta $10.000!...pero vale mucho más.
El motor está en excelentes condiciones.
Tiene batería nueva.
Sólo tiene 10.000 millas.
El interior está inmaculado.
$10.000

EJERCICIO 3   Opiniones

▶ Hazle preguntas a un compañero / una compañera de clase para saber su opinión sobre los siguientes temas.

MODELO: Hay demasiada violencia en la televisión. →

　　　　　　　TÚ: ¿Crees que hay demasiada violencia en la televisión?
　　COMPAÑERO/A: Sí, creo que *hay* demasiada violencia. (No, no creo que *haya* demasiada violencia.)

1. Hay demasiados anuncios en la televisión.
2. Los jóvenes se preocupan demasiado por la última moda.
3. Las cosas de buen gusto siempre son caras.
4. El cliente siempre tiene razón.
5. Los coches japoneses son mejores que los norteamericanos.
6. La moda francesa es la más elegante de todas.
7. Las estrellas se expresan con sinceridad en los anuncios.
8. La televisión tiene poca influencia en nuestra vida.

LECCIÓN 2   doscientos nueve 209

NOS CONOCIMOS EL SÁBADO PASADO
Imperfect versus Preterite: Changes in Meaning of the Verb

Some Spanish verbs have a meaning in the preterite that is somewhat different from their usual meaning. Here are examples with several such verbs, in both the preterite and the imperfect. Note that when the verbs are preterite, they refer to a specific action that took place at a specific time. In the imperfect, they provide background information or describe an ongoing situation.

> **Preterite, special meanings**
> **conocer** = met
> **haber** = occurred, took place
> **poder** = succeeded in doing
> **no poder** = tried and failed
> **querer** = tried, made an effort
> **no querer** = refused to
> **saber** = found out, learned
> **tener** = received, got

conocer

—¿**Conociste** a mi prima ayer? —Did you meet my cousin yesterday?

—No. Ya la **conocía** desde antes. —No. I already knew her.

haber (hay)

—**Hubo** un accidente aquí anoche. —There was an accident (An accident happened) here last night.

—¿**Había** mucha gente en la calle? —Were there a lot of people in the street?

poder

—¿**Pudo** abrir la puerta? —Could he get (Did he succeed in getting) the door open?

—No, aunque siempre **podía** antes. —No, although he always could before.

querer

—¿**Quisieron** hablar con Raúl? —Did they try to speak with Raúl?
—Sí, pero él **no quiso**. —Yes, but he refused.
—Pero a mí me dijo que **quería** hablar con ellos. —But he told me he wanted to talk with them.

saber

—Por fin **supe** el nombre de ese chico guapo. —I finally found out that cute guy's name.
—¿Es que todavía no **sabías** su nombre? —You mean you didn't know his name already?

tener

—Hoy **tuve** una carta de mi amigo en Texas. —I got a letter from my friend in Texas today.
—¿**Tenía** muchas noticias que contarte? —Did he have a lot of news to tell you?

EJERCICIO 4   Narración: ¿Un día como todos?

▶ Aquí hay unos incidentes en la vida de Paco. Complétalos con la forma apropiada del verbo en el pretérito. Luego empareja las oraciones con los dibujos.

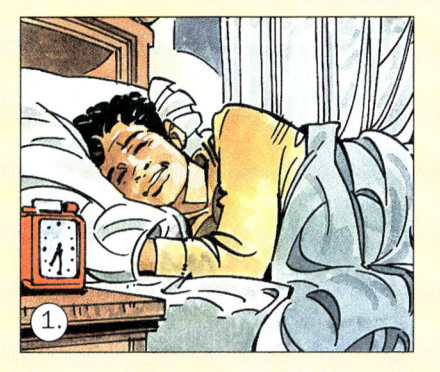

a. (Querer) encontrar un libro en la biblioteca, sin conseguirlo.

b. (Tener) una carta de su amigo por correspondencia en Puerto Rico.

c. (Saber) que no habría un examen final en la clase de historia.

d. (Querer) levantarse temprano, pero no pudo.

e. (Haber) un examen fácil en la clase de matemáticas.

f. Por eso no (poder) terminar su composición para la clase de inglés.

g. No (querer) ayudar a preparar la cena y su madre se enfadó.

h. (Conocer) a un escritor famoso en la clase de inglés.

i. ¡(Poder) hacer 20 puntos en un partido de básquetbol!

LECCIÓN 2

¿CUÁL ES EL MEJOR RELOJ?
Comparatives and Superlatives

¡REPASEMOS!

más/menos + adjective/noun/adverb + que = more/less . . . than
(no) tan + adjective/adverb + como = (not) as . . . as
(no) tanto/a/os/as + noun + como = (not) as much/many . . . as

To compare people or things in terms of *more* or *less . . .* , use **más/menos** + adjective, noun, or adverb + **que**.

Tengo **más clases que** mi mejor amigo, pero **menos trabajo**. Por eso mi horario es **más fácil que** el suyo, ¡y salgo con mis otros amigos **más frecuentemente que** él!

To compare qualities or actions in terms of *as . . . as* or *not as . . . as*, use **(no) tan** + adjective or adverb + **como**. To compare quantities in terms of *as much/many . . . as* or *not as much/many . . . as*, use **(no) tanto/a/os/as** + noun + **como**.

—¿Crees que Gloria Estefan canta **tan bien como** Mariah Carey?
—¡Cómo no! Gloria tiene **tanto talento como** Mariah...

el/la/los/las... más/menos = the most/least . . .

To describe people or things in terms of *most* or *least . . .* , use definite article + noun + **más/menos** + adjective.

El tofu es **la comida más saludable** de todas. ¡Pero es **la menos sabrosa**!

To indicate that a person or thing is *the most* or *least . . .* within a specific group, use **de** where English uses *on* or *in*.

Ricardo es alto, pero no es **el más alto de** su equipo.

Four adjectives do not use **más** or **menos** to express comparisons.

mejor, peor, mayor, menor

bueno: mejor; el/la/los/las mejor(es)
malo: peor; el/la/los/las peor(es)
viejo: mayor; el/la/los/las mayor(es)
joven: menor; el/la/los/las menor(es)

Additional meanings
mayor: greater/greatest; more/most important
menor: smaller/smallest; less/least important

El anuncio dice que éstos son **los mejores** cuchillos del mundo.
La persona **mayor** de mi familia tiene 87 años. **La menor** sólo tiene seis semanas.

To add emphasis to an adjective, use the ending **-ísimo/a/os/as**.

- If the adjective ends in a vowel, drop the vowel before adding the ending.
  famoso → **famosísimo**

- If it ends in a consonant, simply add the ending.
  difícil → **dificilísimo**

Note that the accent mark of the **-ísimo** ending replaces the one in the adjective.

> ¡Nuestro abrelatas es **facilísimo** de usar! Te lo recomiendo.
> *Our can opener is very easy to use. I recommend it to you.*

> **-ísimo/a/os/as** = very; exceptionally; super; extremely
>
> If the adjective ends in a
> - vowel: drop the vowel and add **-ísimo/a**
> - consonant: just add **-ísimo/a**
>
> If the adjective stem ends in
> - **c** → **-quísimo/a**
>   exótico → exotiquísimo
> - **g** → **-guísimo/a**
>   largo → larguísimo
> - **z** → **-císimo/a**
>   feliz → felicísimo

EJERCICIO 5 — Gabriela y la ropa

▶ Mira otra vez la historia de Gabriela Morales en las páginas 168–169. ¿Cuál es la actitud de Gabriela hacia la ropa? Completa las siguientes oraciones con **más/menos... que** o **tan... como**.

1. Gabriela es _____ loca por la ropa _____ sus amigas.
2. Gabriela es _____ atrevida _____ su padre en cuanto a la moda.
3. Gabriela es _____ conservadora _____ su abuela.
4. Gabriela es _____ natural _____ su madre.
5. Gabriela es _____ original _____ sus amigas.

EJERCICIO 6 — ¡Hagamos propaganda!

▶ Te toca hacer propaganda para un restaurante que acaban de abrir en tu barrio. Haz oraciones para comparar el restaurante nuevo, La Casa de Eva, con otro de menor calidad, el restaurante Mexicali.

MODELOS: platos (+) →
La Casa de Eva tiene *más platos que* Mexicali.
el menú (+ bueno) →
El menú de La Casa de Eva es *mejor que* el menú de Mexicali.

Puntos de comparación

1. los precios (+ bajo)
2. los platos exóticos (+)
3. los clientes (=)
4. los meseros (−)
5. el servicio (+ bueno)
6. el estacionamiento (+)
7. el ambiente (− elegante)
8. la variedad de platos (+)

LECCIÓN 2

EJERCICIO 7   ¡Es el mejor de todos!

▶ Con un compañero / una compañera, busquen algo para cada categoría. ¿Es fácil ponerse de acuerdo?

1. el reloj más prestigioso de todos
2. el coche más lujoso del mundo
3. los tenis más baratos de todos
4. la mejor y la peor película del año
5. el mejor y el peor restaurante de la ciudad
6. un programa de televisión divertidísimo
7. la canción más bonita y la más fea del año
8. un plato riquísimo y otro malísimo

VOCABULARIO 2   PALABRAS NUEVAS

La publicidad
el buen gusto
el consumidor / la consumidora
el lector / la lectora

Palabras de repaso: el anuncio, la compañía, la ganga, la marca, el producto

cambiar de opinión
dejarse engañar
dirigirse a
divertir (ie, i)
dudar
prometer

tener un impacto

Palabras semejantes: **garantizar, informar(se), investigar, persuadir**

Palabra de repaso: explotar

llamativo/a
motivado/a

Palabra semejante: **efectivo/a**

Palabras de repaso: divertido/a, elegante, informativo/a, serio/a

Las cualidades
la aprobación
la belleza
la esperanza
la felicidad
la riqueza

Palabra semejante: **la popularidad**

Palabra de repaso: la salud

UNIDAD 3 YA LLEGAMOS

¡TE INVITAMOS A ESCRIBIR!

ESCRIBIR UN RESUMEN

Para comprender con más facilidad una lectura, debes aprender a escribir un resumen breve de ella con tus propias palabras.

¿Cómo se hace?

Piensa en los sucesos básicos que tienen lugar en un cuento, como por ejemplo, en la selección de *Como agua para chocolate* que leíste en la Lección 1. ¿Cómo describirías con pocas palabras todo lo que ocurre en ese fragmento? A continuación hay un ejemplo de tal descripción.

> Mamá Elena y sus hijas están sentadas alrededor de la mesa. Es de tarde. Tita, una de las hijas, anuncia la llegada de un joven, Pedro Muzquiz, que probablemente viene a pedir la mano de Tita. Mamá Elena le recuerda a Tita la costumbre de la familia: la hija menor nunca se casa. Más tarde, se anuncia que Pedro va a casarse con la hermana mayor de Tita, Rosaura. Cuando Tita oye esto, se pone triste y deprimida. Pedro le explica a su papá que se va a casar con Rosaura para estar cerca de Tita.

Y AHORA, ¡A PRACTICAR!

Tu profesor(a) va a escoger la lectura de la que vas a escribir un resumen. Cuando terminas, intercambia tu resumen con el de un compañero / una compañera. Luego, en una *conversación por escrito*, dile a tu compañero/a lo que piensas de su resumen.

Laura Esquivel, autora de Como agua para chocolate.

ACTIVIDADES FINALES

PARA TI SOLO/A

▶ Diseña un anuncio en colores para promocionar un producto nuevo. Usa dibujos, fotos, comentarios de gente famosa y palabras que tienen un impacto en el consumidor para persuadirlo de que necesita ese producto.

CON UN COMPAÑERO / UNA COMPAÑERA

▶ Inventen una superestrella (hombre o mujer) y entrevístenlo/la para averiguar cómo es su vida en realidad. Pueden presentar la entrevista en vivo ante la clase, o pueden presentarla en un cassette o en un video.

CON TODA LA CLASE

▶ Imagínate que tú y tus compañeros trabajan en una revista en Buenos Aires, Argentina, y tienen que preparar una edición especial de la revista y publicarla. Primero, escojan el tema de la edición. Incluyan noticias locales, nacionales e internacionales; información deportiva; cartelera de cine y teatro; anuncios de productos comerciales; anuncios personales y clasificados; tiras cómicas; la lista de las canciones más populares; fotos, y cualquier otra cosa que quieren. Cada persona debe hacer una parte específica. Por último, combinen todas las diferentes partes, pónganle un nombre a la revista y tendrán una edición estupenda.

PASAPORTE CULTURAL 4

ESPAÑA

El anfiteatro romano en Mérida.

Lo antiguo y lo nuevo conviven en la Península Ibérica.

La bandera de España.

Málaga.

¿QUÉ PODEMOS DECIR?

▶ ¿Asocias los siguientes conceptos y nombres con España? ¿Sí o no?

el atún
Diego Rivera
el jai alai
el peso
una mezquita musulmana

▶ ¿Qué más asocias con España?

217

Datos esenciales

Nombre oficial:	el Reino de España
Capital:	Madrid
Moneda:	la peseta
Población:	39.952.000 de habitantes
Gobierno:	Monarquía constitucional
Idiomas:	el castellano (oficial), el catalán, el gallego, el vasco (euskera)

¿SABÍAS QUE...

- una región de España, Galicia, es tan verde como Irlanda?
- España es el país más montañoso de Europa, con excepción de Suiza?
- la pesca española ocupa el décimo lugar en el mundo?
- España consta de 17 Comunidades Autónomas, cada una con su propio gobierno?
- los españoles son fanáticos del fútbol, pero también les entusiasma mucho el jai alai, que es de origen vasco?
- Pablo Picasso, famoso pintor español que ayudó a iniciar una revolución artística en el siglo XX, vivió gran parte de su vida en Francia?

Una variedad de tapas españolas.

¡A COMER!

- El gazpacho y la paella son platos típicos de España que se comen en todas partes del país. Pero también se comen empanadas de atún, calamares fritos, gambas al ajillo[1]... y muchos otros platillos de pescado. Una costumbre muy popular es «ir de tapas», es decir, ir de un lugar a otro en una misma noche, comiendo pequeñas raciones de platos típicos en cada sitio.

[1]gambas... *shrimp cooked in a garlic sauce*

218

La tradición cultural

- En el sur de la península, especialmente en Andalucía, se puede apreciar la herencia de la civilización musulmana. Ésta se ve en algunos de los edificios más bellos que se han construido: la mezquita de Córdoba, el Alcázar de Sevilla y la Alhambra de Granada.

Un jardín árabe en la Alhambra de Granada.

¡A divertirnos!

- En Pamplona se celebra en julio la fiesta de San Fermín, que dura una semana. Los jóvenes corren delante de los toros por las calles de la ciudad, y por la tarde se celebra una corrida en la Plaza de Toros.

Pamplona durante la fiesta de San Fermín.

España
VISTAZO FINAL

Y AHORA, ¿QUÉ MÁS PODEMOS DECIR?

▶ Todas estas afirmaciones sobre España son falsas. Corrígelas.

1. La diversidad cultural en España es muy poca.
2. Los españoles son poco aficionados a los deportes.
3. En España hay poca variedad de pescado y mariscos.

¿QUÉ OPINAS TÚ?

▶ Escoge por lo menos dos temas en esta sección que te interesan.

- Primero, haz una lista de varias cosas de España relacionadas con estos temas.
- Segundo, haz una lista de algunas cosas de tu país que se relacionan con estos temas.
- Tercero, haz una comparación y contraste entre España y tu país con respecto a estos temas. ¿En qué son similares los dos países? ¿En qué son diferentes?
- Finalmente, escribe un párrafo para describir esas semejanzas y diferencias. En tu párrafo, trata de contestar las siguientes preguntas:

    ¿Por qué te interesan estos aspectos de España? ¿Hay algo semejante en tu país que podría compararse con estos aspectos? Si crees que no existe nada comparable, di por qué.

    ¿Cómo sería tu vida si estos conceptos existieran —o no existieran— en la comunidad donde tú vives? ¿Cómo sería la vida de tus parientes? ¿y la de tus amigos?

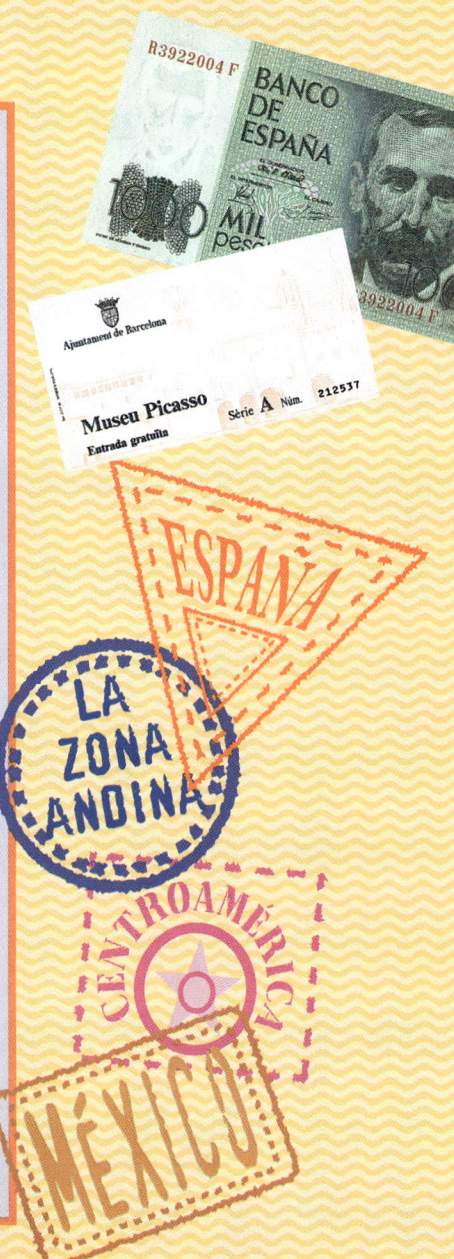

Clásicos ilustrados

El Poema de Mío Cid

En el año 1043 nació Rodrigo Díaz, un hombre de gran valor, en el pueblo de Vivar. Llegó a ser caballero a los diecisiete años. Poco después, venció en un combate a un caballero famoso. Por eso, el rey lo nombró «Campeador» y comandante supremo del ejército.

En el siglo XI, la península Ibérica era una tierra dividida entre cristianos y musulmanes. Entre los cristianos, el soberano más poderoso era Alfonso, rey de Castilla y patrón de Rodrigo Díaz de Vivar.

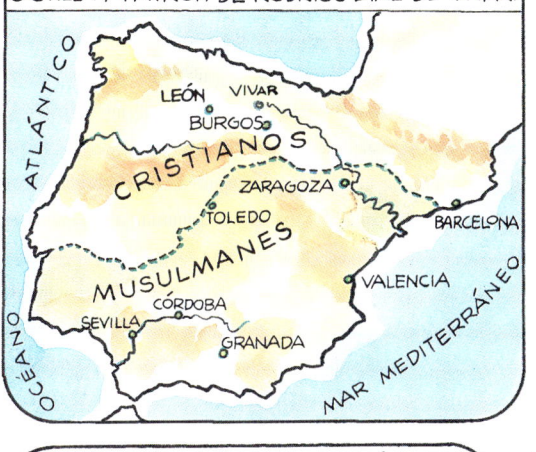

Los reinos menos poderosos, entre ellos los reinos musulmanes, le pagaban tributo al rey Alfonso. En una ocasión, Rodrigo viajó a Sevilla para cobrar el tributo.

En Sevilla Rodrigo descubrió que el rey moro de Granada estaba atacando las tierras de Sevilla con la ayuda de algunos nobles cristianos. El rey de Sevilla, otro moro, le pidió a Rodrigo la protección de Alfonso.

Rodrigo reclutó tropas entre cristianos y moros, y luchó para expulsar el ejército granadino de las tierras de Sevilla.

El Campeador hizo prisionero a García Ordóñez, uno de los nobles cristianos, y le arrancó un mechón de la barba, lo cual era un gran insulto. Pero después de quitarles los bienes a sus cautivos, los dejó a todos en libertad.

En Sevilla, el Campeador compartió el botín con el agradecido rey Almuntamiz. Desde entonces la gente le llamó «El Cid», que en árabe quiere decir «Señor».

Cuando El Cid volvió a Burgos, el rey Alfonso lo felicitó por sus éxitos. Pero en la corte había personas que le tenían envidia, mientras había otras que eran amigos de García Ordóñez. Hablaron mal de El Cid, y le dijeron al rey que El Cid le traicionaba.

Entonces el rey Alfonso le envió una carta a El Cid, mandándole salir del reino en nueve días. El Cid, vasallo fiel, no quiso desobedecer, aunque era inocente de toda maldad.

Y aquí empieza El Poema de Mío Cid:

En Vivar, El Cid mandó llamar a sus parientes y vasallos, y les contó lo de su exilio.

Y a los que vengáis conmigo, Dios os mire con agrado. A los que queráis quedaros, os digo adiós al dejaros.

Con vos, Cid, con vos iremos por desiertos y por poblados, y jamás os dejaremos mientras tengamos cuerpos sanos.

Mío Cid Campeador entró en Burgos para buscar posada. Sesenta soldados lo acompañaron, pero las puertas quedaron cerradas. ¡Dios, qué buen vasallo, si tuviera buen señor!	Una niña de nueve años se paró frente a El Cid cuando él pasaba. Campeador, que en buena hora ceñiste la espada, el rey nos lo ha prohibido: anoche llegó una carta con órdenes muy severas y fuertemente sellada.
Junto a Burgos, en un terreno el Cid acampó, y allí un burgalés le llevó el pan prohibido. Y juntos concibieron un plan para conseguir dinero.	Plata y oro necesito para toda mi compañía; siguiendo vuestro consejo, quisiera forjar dos arcas. Las llenaremos de arena y así estarán más pesadas.
Muchos seguidores fieles tiene el Cid pero todos desheredados; por eso le hace falta encontrar seiscientos marcos. Responden Raquel y Vidas que conformes los dos están. Y una vez allí las arcas, los seiscientos marcos le darán.	Os dejo a mi familia, tomadla en amparo. A vos la encomiendo, Abad Don Sancho. En mi mujer e hijas, poned todo vuestro cuidado.

CLÁSICOS ILUSTRADOS — *doscientos veintitrés* 223

¡ADIÓS, MI CID DE BARBA FLORIDA! YA VEO QUE OS PREPARÁIS PARA LA IDA.
SÍ, DOÑA XIMENA, ESPOSA Y VIDA, YO ME ALEJO, Y VOS AQUÍ, SUFRIDA.
EL DE BELLAS BARBAS LAS MANOS TENDÍA Y EN BRAZOS TOMABA A SUS DOS HIJITAS. BUEN PADRE ERA: MUCHO LAS QUERÍA.
CUANDO LLEGÓ LA NOCHE, EL EJÉRCITO PARÓ. EL CID TENÍA SUEÑO Y MUY PRONTO SE DURMIÓ.
ENTONCES AL ARCÁNGEL GABRIEL EN SUS SUEÑOS CONTEMPLÓ.
SIN DESCANSO CABALGAD, MI BUEN CID CAMPEADOR. MIENTRAS QUE VIVÁIS, TODO OS SALDRÁ MEJOR.
A LA MAÑANA SIGUIENTE EMPEZARON A CABALGAR; AQUEL DÍA SE CUMPLÍA EL PLAZO Y ÉSTE NO SE PODÍA ALARGAR. MANDÓ CONTAR SU CORTEJO EL CID CAMPEADOR; CONTÓ TRESCIENTAS LANZAS Y TODAS CON PENDÓN.
TRASPASAREMOS LA SIERRA, QUE ES GRANDE Y DE MAL CRUZAR; LAS TIERRAS DEL REY ALFONSO DE NOCHE ATRÁS QUEDARÁN.
DURANTE SU DESTIERRO, EL CID HIZO MUCHAS CAMPAÑAS MILITARES, A VECES CONTRA MOROS Y A VECES CONTRA CRISTIANOS. CONQUISTÓ EL REINO MORO DE VALENCIA Y LO HIZO TIERRA SUYA.
GANÓ GRANDES HONORES DURANTE LOS MUCHOS AÑOS QUE VIVIÓ.

¿CUÁLES SON NUESTROS LAZOS CULTURALES?

UNIDAD 4

La Paz, Bolivia.

El Lago de Maracaibo, Venezuela.

Ponce, Puerto Rico.

YO

Madrid, España.

Chichicastenango, Guatemala.

ALLÍ VAMOS

Todos somos productos de la cultura. Por una parte, todos tenemos nuestra propia herencia étnica; por otra, somos también el resultado del ambiente en que vivimos. En esta unidad, vas a examinar la diversidad cultural del mundo hispano dentro y fuera de los Estados Unidos. También vas a mirar a fondo tu propia herencia cultural y las otras culturas dentro de tu país.

- ¿Qué actividades, países o lugares reconoces en las fotos?
- ¿Qué lugares te gustaría visitar?
- ¿Qué semejanzas tienes con estas personas? ¿y qué diferencias? ¿Crees que tienes más semejanzas que diferencias con estas personas o viceversa?

«Caras conocemos, corazones no sabemos.»

LECCIÓN 1: LA DIVERSIDAD DEL MUNDO HISPANO

Cada persona que se llama «hispana» comparte con todos los habitantes del mundo hispano un idioma y una historia comunes. Sin embargo, el mundo hispano no es un solo mundo sino muchos mundos diferentes. Desde la Tierra del Fuego en la Argentina hasta los picos de los Pirineos en el norte de España, se encuentra una gran variedad de gentes, costumbres, comidas, creencias, idiomas, dialectos y perspectivas políticas, sociales y religiosas.

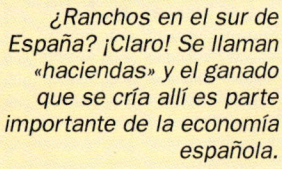

¿Ranchos en el sur de España? ¡Claro! Se llaman «haciendas» y el ganado que se cría allí es parte importante de la economía española.

Éste es un charro, o sea, un vaquero mexicano. Las charreadas son tan populares en el suroeste de los Estados Unidos como en México. En los Estados Unidos se llaman rodeos.

Esta chica argentina tiene un apellido italiano. Se llama Emilia Vitello y es de descendencia italiana.

Estas personas españolas son bilingües. Hablan español y también otro idioma de gran importancia histórica y cultural en España: el catalán.

Hace miles de años que los indígenas del altiplano andino cultivan la papa, un regalo de esa zona al resto del mundo. En Sudamérica se cultivan centenares de especies de papa.

El maíz es parte importante de la dieta diaria del Perú. También se encuentra como elemento decorativo en telas y otras artesanías del hemisferio.

En Costa Rica se celebra con gran orgullo el Día de Independencia de la nación. El gobierno costarricense es una democracia estable. En ese país hay partidos políticos como los de los Estados Unidos.

Puerto Rico es un estado libre asociado a los Estados Unidos. En la actualidad, muchos puertorriqueños quieren que Puerto Rico sea el estado número cincuenta y uno, otros no quieren que haya cambio ninguno del status político y algunos quieren que Puerto Rico se independice.

¿QUÉ PODEMOS DECIR?

- ¿En qué fotos se ve la vida del campo? ¿la vida de la ciudad?
- ¿Qué rasgos geográficos puedes nombrar?
- ¿Qué tienen en común las personas que se ven en las fotos? ¿Qué diferencias ves en lo que hacen o en su modo de vivir?

LECCIÓN 1

doscientos veintisiete

Así se Dice...

VOCABULARIO

LA DIVERSIDAD HISPANA

Si tuvieras que explicarle los Estados Unidos a otra persona con una o dos oraciones, ¿qué aspecto del país le describirías? Te sería difícil escoger, ¿no? De la misma manera, es imposible hablar de una sola **identidad** hispana. La persona que conoce España, México, el Caribe, Centroamérica y Sudamérica pronto **se da cuenta de** que la **diversidad** cultural de estas zonas es **impresionante**. Y no olvidemos las culturas hispanas de los Estados Unidos. ¡Examinemos esta diversidad más **a fondo**!

hispanoamericano sudamericano hispánico iberoamericano latinoamericano

mestizo

latino

caribeño

indígena

negro

hispano

español

mulato

chicano

No hay una sola cultura hispana ni un hispano típico. Es más, cada hispano **se identifica** a su manera. Algunos se llaman a sí mismos hispanos, otros latinos, otros latinoamericanos...

Tlacolula, Oaxaca, México: Las culturas indígenas de las Américas son parte importante de las culturas hispanas. La **lengua natal** de muchas personas no es el español sino un idioma indígena, como el náhuatl (de los aztecas), el quiché (de los mayas) o el quechua (de los incas).

Algunos indígenas se dedican al cultivo de la tierra, mientras que otros son artesanos extraordinarios. Sus artesanías son muy apreciadas y se venden en todas partes del mundo.

Si viajaras por el Caribe, **llegarías a conocer** las costumbres y tradiciones africanas que le **dan sabor** a la vida diaria de esa región. En Cuba, por ejemplo, **las raíces africanas** son bastante profundas. Allí las tradiciones de los yorubas y de otras tribus africanas **desempeñan un papel** importante en la cultura.

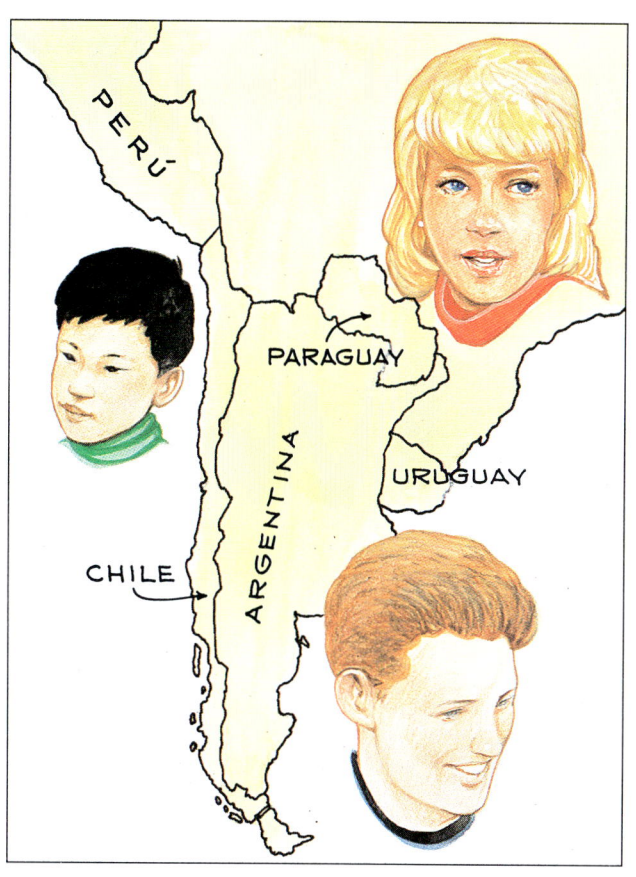

el gallego   el euskera   el catalán

Para comprender las culturas hispanas de Sudamérica, hay que tomar en cuenta la influencia europea y la asiática. Muchos sudamericanos son **descendientes** de italianos, alemanes, portugueses y japoneses, entre otros.

España también demuestra una gran diversidad cultural y lingüística. Los vascos, por ejemplo, que viven en el norte del país, **se creen** un **pueblo** aparte. En el País Vasco se habla *euskera*, un idioma **único** en el mundo. En el sur, sobre todo en Andalucía, se puede apreciar la influencia árabe **por todas partes**: en **la arquitectura**, en la comida, en el arte, en la música... Los judíos sefardíes también tienen su propio idioma y han conservado muchas de sus más antiguas tradiciones culturales.

¿Sabes algo sobre una de las culturas del mundo hispano? ¿Cómo llegaste a conocer esa cultura? ¿En qué se parece a tu propia cultura? ¿En qué se diferencia? ¿Qué aspectos de esa cultura te gustaría conocer mejor? Si pudieras viajar a cualquier parte del mundo de habla española, ¿adónde irías? ¿Por qué?

LECCIÓN 1

Conexión gramatical
Estudia las páginas 242–249
en **¿Por qué lo decimos así?**

Y TÚ, ¿QUÉ DICES?

ACTIVIDADES ORALES Y LECTURAS

1 • PIÉNSALO TÚ — Las personas y las regiones del mundo hispano

▶ ¿Cuánto sabes de la diversidad humana del mundo hispano y de su geografía? Busca la descripción apropiada.

1. los indígenas
2. los mestizos
3. los mulatos
4. los blancos
5. los negros
6. los países andinos
7. la región del Río de la Plata
8. Centroamérica

a. El grupo étnico predominante en los países del Caribe, como la República Dominicana. Estas personas tienen una mezcla de sangre africana y europea.
b. Los primeros habitantes de América y sus descendientes.
c. El nombre que se le da a la zona que incluye el Ecuador, el Perú, Bolivia y Chile.
d. La palabra que se aplica a los individuos de piel clara, de descendencia europea.
e. El grupo étnico predominante en México, Centroamérica y partes de Sudamérica. Son personas de sangre europea mezclada con indígena.
f. El puente de tierra que une la América del Norte con la América del Sur, formado por siete países pequeños, seis de ellos de habla española.
g. La palabra que se aplica a los individuos de descendencia africana.
h. El nombre que se le da a la región formada por el Paraguay, el Uruguay y la Argentina.

Y AHORA, ¡CON TU PROFESOR(A)!

1. ¿Por qué lugares del mundo hispano ha viajado usted? ¿Qué país(es) conoce mejor?
2. ¿Qué parte del mundo hispano le gustaría visitar?
3. ¿Tiene usted amigos hispanos que viven ahora en los Estados Unidos? ¿De qué país(es) son ellos o sus padres, sus abuelos u otros antepasados?

2 • ENCUESTA   ¿Qué harías?

▶ En esta encuesta, vas a examinar lo que harías para conocer mejor el mundo de habla española. Contesta las preguntas con una de las siguientes expresiones. Si no te parece adecuada ninguna respuesta, inventa una propia.

¡Definitivamente!
Posiblemente.
No me interesa.

1. Si pudieras ir de vacaciones —¡gratis!— a cualquier región del mundo hispano, ...
   a. ¿irías a la región del Río de la Plata para conocer la Argentina, sobre todo?
   b. ¿viajarías al Caribe para conocer Cuba, la República Dominicana y Puerto Rico?
   c. ¿visitarías los países de Centroamérica?
   d. ¿ ?

2. Si fueras estudiante de intercambio, ...
   a. ¿te gustaría vivir en un país andino, como Bolivia o el Perú?
   b. ¿preferirías pasar el año escolar en México?
   c. ¿querrías ir a España para estudiar?
   d. ¿ ?

3. Si un(a) estudiante de intercambio viniera a tu casa por un año, idealmente...
   a. sería una muchacha estudiosa de Centroamérica.
   b. sería un muchacho serio y aplicado de España.
   c. sería una persona interesante y divertida de la República Dominicana.
   d. ¿ ?

4. Si el año que viene pudieras tomar una clase sobre un tema relacionado con el mundo hispano, ...
   a. ¿estudiarías el arte y la música de Latinoamérica?
   b. ¿tomarías un curso sobre la historia y la política del mundo hispano?
   c. ¿aprenderías a preparar comida mexicana?
   d. ¿ ?

¡A charlar!

▶ Use these phrases to explain a decision or to give examples of what you mean.

por ejemplo
for example

por eso...
that's why . . .

la razón por la cual...
the reason why . . .

por lo general
generally speaking

La razón por la cual dije eso es que me gusta mucho comer.
The reason why I said that is that I really like to eat.

La Habana, Cuba: Estos músicos participan en un desfile para celebrar una fiesta nacional.

LECCIÓN 1   *doscientos treinta y uno* **231**

3 • PIÉNSALO TÚ   ¿Qué tienen en común?

▶ Ya sabes que hay muchas diferencias entre los países de habla española. Pero también existen muchos lazos culturales que los unen. Lee la siguiente información y mira las fotos y los dibujos. Luego trata de explicar algunas semejanzas entre la gente de habla española.

> **FRASES ÚTILES**
>
> A la gente hispana, le importa(n) mucho...
> ...es parte importante de la cultura hispana.
> Los hispanos están orgullosos de...

1. Los españoles juegan al fútbol. Los argentinos también lo practican. Los caribeños son aficionados al béisbol. Dondequiera que haya playas, a la gente le gusta nadar.

San Pedro Maldris, República Dominicana.

2. Para los argentinos, un «elote» es un zapato. Para los mexicanos, el «elote» es el maíz. A los españoles les gusta comer «gambas», un tipo de marisco que los mexicanos llaman «camarones». Pero ¡todos se entienden!

¿No te gustaría comer elote?

3. Los caribeños bailan la salsa. Los argentinos bailan el tango. En España hay espectáculos de baile flamenco, sobre todo en el sur.

Río Piedras, Puerto Rico: Una fiesta en la Universidad de Puerto Rico.

4. Los padres hispanos que pueden hacerlo mandan a sus hijos al extranjero a estudiar o a viajar. Los maestros hispanos les exigen mucho a los estudiantes. ¡El estudiante típico toma hasta diez cursos al año!

5. A algunos artistas españoles les gusta experimentar con los viejos diseños árabes. Los indígenas del altiplano conservan algunas de sus tradiciones prehispánicas. A los padres mexicanos les gusta llevar a sus hijos al Museo Nacional de Antropología.

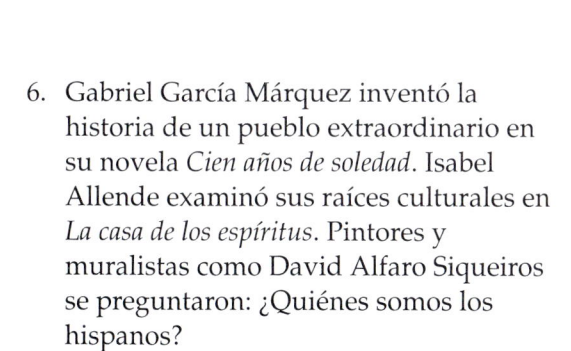

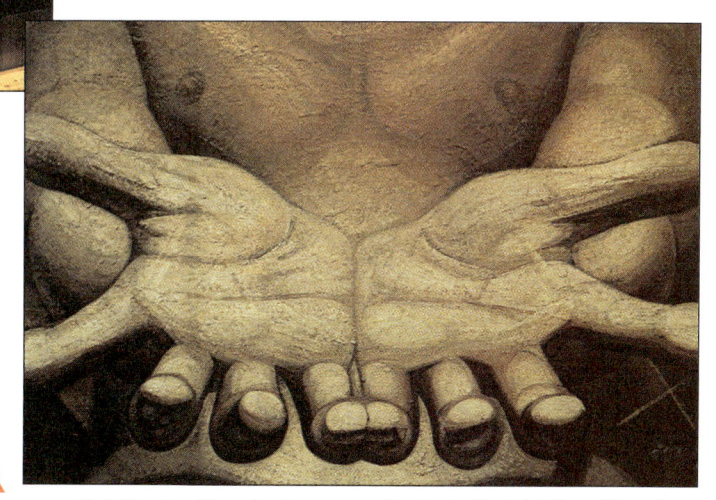

6. Gabriel García Márquez inventó la historia de un pueblo extraordinario en su novela *Cien años de soledad*. Isabel Allende examinó sus raíces culturales en *La casa de los espíritus*. Pintores y muralistas como David Alfaro Siqueiros se preguntaron: ¿Quiénes somos los hispanos?

Detalle de «Nuestra imagen actual» de David Alfaro Siqueiros.

VOCABULARIO ÚTIL

la comida	la herencia cultural
los deportes	la identidad nacional
los días feriados	el idioma
la educación	la música
la familia	la política

4 • DEL MUNDO HISPANO — A tu ritmo

▶ Aquí hay un anuncio para un servicio telefónico, diseñado para el mercado hispano. ¿Conoce muy bien a los consumidores esta compañía?

1. ¿Qué imágenes usa la compañía para llamar la atención de sus clientes?
2. ¿Qué países asocias con las palabras que aparecen en el diseño del anuncio?
3. ¿Qué crees que significa la frase «A tu ritmo»?
   a. *Your rhyme*
   b. *In step with you*
   c. *The right way*
4. Lee con atención la primera oración del anuncio. ¿Por qué crees que se usa esta oración?
   a. Pone énfasis en la comida hispana, que tiene un sabor especial.
   b. Pone énfasis en la diversidad de las culturas hispanas.
   c. Pone énfasis en los pasos de los bailes, una diversión muy importante en el mundo hispano.
5. ¿Crees que es efectivo para su mercado el anuncio? ¿Por qué sí o por qué no?

5 • MINIDRAMA — Los estereotipos

▶ Las personas que saben poco o que no saben nada del mundo hispano pueden tener ideas preconcebidas sobre él. En esta actividad vas a examinar algunos de estos estereotipos.

Paso 1. Según lo que has leído en esta lección, di si las siguientes afirmaciones sobre el mundo hispano son hechos o si sólo son opiniones.

1. En el mundo hispano hay mucha diversidad geográfica y humana.
2. En el Caribe se observa mucho la influencia africana.
3. El mestizaje, es decir, la mezcla de diferentes razas, caracteriza muchas culturas hispanas.
4. El español que se habla en España es superior al español que se habla en otras partes del mundo.
5. La cultura de los pueblos indígenas de este hemisferio todavía tiene importancia hoy día.
6. Para los hispanos, la Iglesia es tan importante como el gobierno.

Paso 2. En grupos de tres o cuatro, imagínense que trabajan en una agencia de viajes. Este mes hay viajes en oferta a España y Latinoamérica. Llega un cliente que no quiere viajar a ninguno de esos países, debido a sus prejuicios. Les dice a ustedes lo siguiente.

> Yo nunca iría a un país de habla española.
>
> - La comida es picante y no me gusta la comida picante.
> - No hay arte ni arquitectura interesantes.
> - No hay nada divertido que hacer.
> - Todos los países de habla española son pobres.
> - Ya sé bastante sobre la cultura hispana: tacos, enchiladas, nachos, burros, sombreros grandes...
>
> ¡Por eso no me interesan los viajes que ustedes tienen en oferta!

Preparen una lista de razones para convencer al cliente de que cambie de opinión y decida viajar a un país de habla española.

Paso 3. Su profesor(a) va a hacer el papel del cliente. Usen su lista de razones para convencer al «cliente» de que haga uno de los viajes en oferta. ¡Ganará el grupo que tiene las razones más convincentes según el profesor / la profesora!

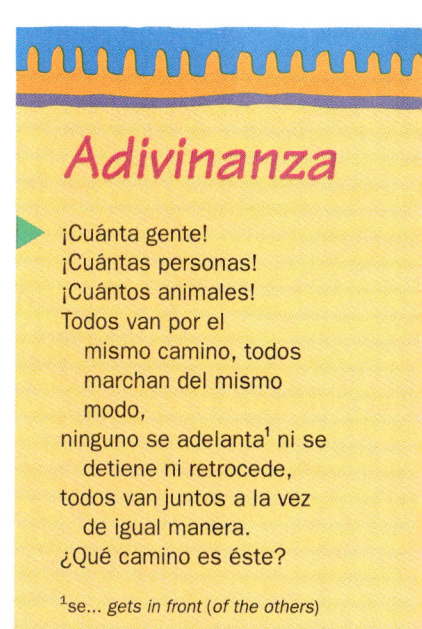

Adivinanza

¡Cuánta gente!
¡Cuántas personas!
¡Cuántos animales!
Todos van por el mismo camino, todos marchan del mismo modo,
ninguno se adelanta[1] ni se detiene ni retrocede,
todos van juntos a la vez de igual manera.
¿Qué camino es éste?

[1] se... gets in front (of the others)

FRASES ÚTILES

No es verdad que...
Si usted viajara por _____, vería que...
Para llegar a conocer _____, le conviene viajar a...
Sería bueno que usted se informara sobre...
Si usted examinara _____ más a fondo, se daría cuenta de que...
Usted debería tomar en cuenta que...

LECCIÓN 1

READING TIP 5

HIDDEN SUBJECTS: FIGURING OUT WHO DOES WHAT

Spanish verbs often have no directly named subject. The keys to identifying the subject are *verb ending* and *context*.

Remember that verb endings depend on the subject. The **yo**, **tú**, and **nosotros/as** endings *immediately* identify the subject as the writer/speaker (**yo**), the person addressed by the writer/speaker (**tú**), or the writer/speaker plus at least one other person (**nosotros/as**). The **usted/él/ella** and **ustedes/ellos/ellas** endings require more analysis, since the subject could be any of the three, but they do immediately indicate whether the subject is singular or plural.

Next, consider context. Who or what is mentioned in the preceding sentence(s) that could be a logical subject? In this reading you will encounter the sentence **Tenía ya dos años**. By itself, it does not tell you who was two years old, but the sentence before it says **Era el niño que llevaba mi mamá en los brazos**. *Grammatically*, either **el niño** or **mi mamá** could be the subject of **tenía**; *logically*, however, the subject could only be **el niño**.

Also watch for adjectives that suggest a male or female subject. For example, the sentence **Era muy guapa** must have a female subject.

Finally, use your own experience to determine the subject of a verb. What action or state of being is expressed by the verb? For which subject is that action or state appropriate? If both **perros** and **pájaros** are mentioned previously, which would be the logical subject of **volaron**? Of **corrieron**?

Remember, use verb endings, context, adjectives or other clues to gender, and your own experience of what is logical to find the hidden subject of a verb.

LECTURA: Clave al mundo hispano

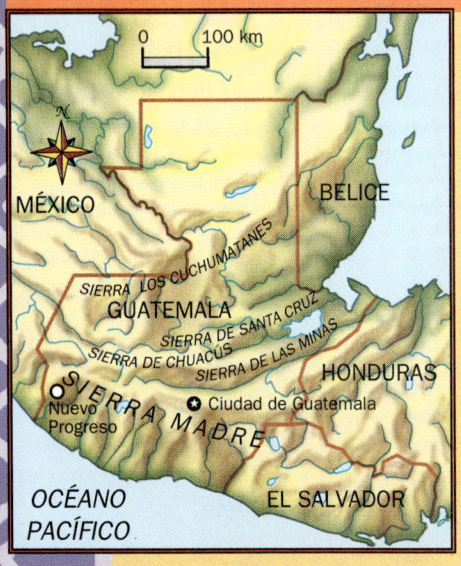

RINCÓN CULTURAL: La cooperación internacional y el caso de Nuevo Progreso, Guatemala

En el mundo de hoy hay muchos pueblos pequeños situados muy lejos de las ciudades grandes y de las vías de comunicación. Por eso, sus habitantes no tienen acceso ni a los servicios necesarios para la salud ni a la educación. Muchos de estos pueblos tienen su lengua y sus tradiciones propias. Estos factores impiden que esfuerzos internacionales puedan ayudar a los habitantes en casos de emergencia. Sin embargo, ha habido proyectos internacionales en beneficio de tales pueblos.

Éste ha sido el caso de Nuevo Progreso, un pueblo escondido[1] en las montañas de Guatemala.

En 1959, el padre[2] italiano Cayetano Bertoldo llegó a Nuevo Progreso y encontró tres problemas graves: mucha gente vivía en la pobreza, el porcentaje de analfabetismo era muy alto y el pueblo no tenía servicios médicos suficientes. Entonces, además de construir una iglesia, el padre ayudó a organizar una cooperativa para los pequeños agricultores de la región. Así consiguieron precios más justos por sus productos, lo cual ha mejorado su nivel de vida.

En 1972 Jack Younger, un ingeniero estadounidense, visitó la región. Quedó muy impresionado con el pueblo y con el trabajo del padre italiano. Al saber que no había servicios médicos adecuados, Younger ofreció su ayuda física y económica para construir un hospital en el pueblo. En 1976 se abrió el «Hospital de la familia», que todavía sigue sirviendo a la comunidad con la cooperación mutua de médicos guatemaltecos y estadounidenses.

El mejoramiento[3] de la salud y del nivel de vida también ha posibilitado la continuación de los estudios de muchos habitantes de Nuevo Progreso. El padre Bertoldo relata sus experiencias con la educación en ese lugar: «Cuando llegué a Nuevo Progreso solamente había una escuela primaria con 105 estudiantes. Ahora hay 1.800 estudiantes y una escuela secundaria. Al principio, era prohibido que las mujeres asistieran a clases; ahora hay muchas que van.»

[1]*hidden* [2]*priest* [3]*improvement*

A EXPLORAR EL TEMA

ACTIVIDAD   Tú y tu «comunidad»

▶ Contesta las siguientes preguntas.

1. ¿Has participado alguna vez en un proyecto cooperativo o has trabajado como voluntario/a en un programa u organización en tu propia comunidad? ¿Qué hiciste? ¿Qué te pareció la experiencia? Si nunca has participado en uno de esos proyectos, ¿crees que te gustaría hacerlo o crees que no te gustaría? Explica tu respuesta.

2. En tu opinión, ¿quién tiene la responsabilidad de ayudar a las personas de tu familia? ¿de tu vecindad o comunidad? ¿de otras partes de tu estado o de otros estados? ¿y de otros países? ¿Tienes tú la responsabilidad de ayudar a esas personas? ¿Cuál es tu responsabilidad?

3. ¿Crees en el concepto de una «comunidad mundial»? ¿Qué significa esta expresión para ti?

LECTURA

Sobre la autora Elizabeth Burgos tiene dos nacionalidades: francesa y venezolana. Vivió varios años en Cuba y en Bolivia. Realizó estudios de psicología clínica en la Universidad de París VII y de etnología en la Escuela de Ciencias Sociales de París. Ha colaborado en diferentes revistas francesas. Actualmente reside en París, donde es directora cultural de la Casa de América Latina.

A PROPÓSITO La vida de Rigoberta Menchú es un testimonio de orgullo y de lucha. Ella ama su pueblo y sus tradiciones, y está consciente de que los trabajadores indígenas son víctimas de muchas injusticias cometidas por los dueños de la tierra —no sólo en Guatemala sino en toda Latinoamérica. En 1992 Menchú ganó el Premio Nobel de la Paz por sus esfuerzos para mejorar las condiciones de vida de su pueblo. En las siguientes selecciones, ella habla de la diversidad étnica de su pueblo y de las difíciles condiciones laborales en las fincas.

Para comprender mejor

As you read the following selection from Rigoberta Menchú's story, you will notice that the language is more informal than the language you have seen in other literary selections in this text. According to Elizabeth Burgos, one of the reasons for this informality is that Menchú's first language was **quiché** and that she learned Spanish as a second language. Two characteristics of this reading that may interest you are the frequent shifts in verb tense and the use of sentence fragments. Both of these characteristics, by the way, are common in literature that exists primarily in spoken form.

ME LLAMO RIGOBERTA MENCHÚ Y ASÍ ME NACIÓ LA CONCIENCIA (SELECCIONES)

Parte 1

LA FAMILIA

Me llamo Rigoberta Menchú. Tengo veintitrés años. Quisiera dar este testimonio vivo que no he aprendido en un libro y que tampoco he aprendido sola ya que todo esto lo he aprendido con mi pueblo. Me cuesta mucho recordarme toda una vida que he vivido, pues muchas veces hay tiempos muy negros y hay tiempos que, sí, se goza° también pero lo importante es, yo creo, que quiero hacer un enfoque° que no soy la única, pues ha vivido mucha gente y es la vida de todos. La vida de todos los guatemaltecos pobres y trataré de dar un poco mi historia. Mi situación personal engloba° toda la realidad de un pueblo.

 En primer lugar, a mí me cuesta mucho todavía hablar castellano ya que no tuve colegio, no tuve escuela. Hace tres años que empecé a aprender el español y a hablarlo; es difícil cuando se aprende únicamente de memoria y no aprendiendo en un libro.

 En Guatemala existen veintidós etnias° indígenas. Yo pertenezco a una de las etnias que es la etnia Quiché, tengo mis costumbres, costumbres indígenas quichés, pero sin embargo he vivido muy cerca de casi la mayor parte de las otras etnias debido a mi trabajo organizativo con mi pueblo.* Soy de San Miguel/Uspantán, Departamento El Quiché.° El Quiché se ubica° en el Noroccidente del país. Precisamente mi tierra es casi un paraíso de todo lo lindo que es la naturaleza en esos lugares ya que no hay carreteras, no hay vehículos. Sólo entran personas.

se... are enjoyable
hacer... emphasize

incluye

ethnic groups

Departamento... *Province of* El Quiché / *se...* está

Parte 2

MUERTE DEL HERMANITO EN LA FINCA. DIFICULTADES DE COMUNICACIÓN CON LOS DEMÁS INDÍGENAS DEBIDO A LA DIVERSIDAD LINGÜÍSTICA

Quince días teníamos de estar° en la finca, cuando se muere uno de mis hermanos de desnutrición. Dos de mis hermanitos murieron en la finca. El primero, que era el mayor, se llamaba Felipe, yo nunca lo vi. Se murió cuando mi madre empezó a trabajar. Habían fumigado° el café, con el avión como acostumbran hacerlo mientras nosotros trabajamos, entonces mi hermanito no aguantó el olor° de la fumigación y se murió intoxicado. Del segundo yo sí vi la muerte. Se llamaba Nicolás. Él se murió cuando yo tenía ocho años. Era el hermanito más pequeño de todos. Era el niño que llevaba mi mamá en los brazos. Tenía ya dos años. Cuando empezó mi hermanito a llorar y a llorar y a llorar, no sabía mi mamá qué hacer con él. Y no sabíamos qué hacer porque estábamos en grupos, pero con gentes de otras comunidades, pero no podíamos hablar, no hablábamos la misma lengua. Venían de diferentes lugares. Tampoco sabíamos hablar el español.

teníamos... we had been

dusted (the crops)

no... was overcome by the smell

---

*Rigoberta Menchú ha participado en varias organizaciones, como el «Comité de Unidad Campesina», dedicadas a mejorar las condiciones de trabajo de los obreros indígenas en las fincas.

LECCIÓN 1   *doscientos treinta y nueve* **239**

¿QUÉ ENCONTRASTE?

ACTIVIDAD — Descripciones y temas

▶ En estas selecciones, Rigoberta Menchú habla de dos temas principales: la diversidad étnica y la injusticia. Contesta estas preguntas sobre la lectura y luego indica cuál es el tema de cada una de ellas.

1. Según esta lectura, ¿cuántas etnias indígenas hay en Guatemala?
2. ¿Cómo murió Felipe, el hermano mayor de Rigoberta?
3. ¿A qué edad murió su otro hermano, Nicolás?
4. ¿De dónde es Rigoberta y cuál es su identidad étnica?
5. ¿Por qué no podía comunicarse la familia de Rigoberta con las otras familias en la finca?
6. ¿Cómo aprendió Rigoberta a hablar español?

A EXPLORAR MÁS A FONDO

ACTIVIDAD — Tu testimonio

Así como Rigoberta Menchú, tú también tienes una historia que contar. Escribe una breve autobiografía, enfocándote principalmente en la diversidad cultural de tu vida, en algunas cosas de la vida que te parece injustas y en algunas tradiciones especiales de tu cultura. También escribe lo que harías para corregir las injusticias que ves en el mundo. Puedes comenzar tu testimonio más o menos de la misma manera en que lo hace Rigoberta.

Me llamo ____. Tengo ____ años. Quisiera dar este testimonio vivo porque ____.

Zunil, Guatemala: Muchas personas guatemaltecas todavía producen tela con los métodos tradicionales, que se transmiten de generación a generación.

TRADICIÓN Y CAMBIO

LA REAL ACADEMIA ESPAÑOLA: LO VENERABLE SIGUE ADELANTE

La diversidad del mundo hispano se refleja no solamente en los rasgos físicos de los habitantes sino también en las variaciones lingüísticas que hay entre ellos. Cada región y cada pueblo del mundo hispano tiene sus propias formas de expresarse, las cuales influyen en la lengua española en su totalidad. Para resolver las cuestiones lingüísticas, la fuente reconocida por la mayoría de maestros y estudiantes de español como autoridad suprema es la Real Academia Española.

Esta institución, fundada en 1713, se conoce principalmente por su publicación del *Diccionario de la lengua española*.

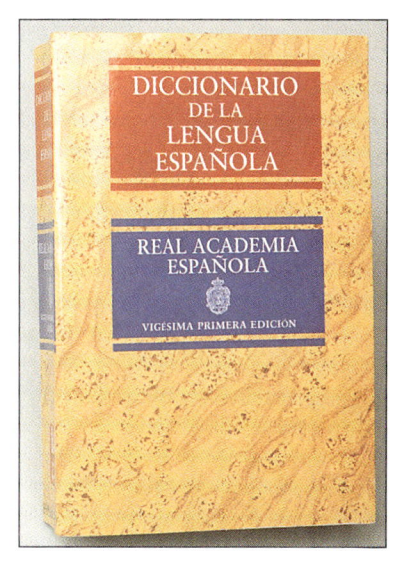

Vigésima primera edición (1994).

Primera edición (1726).

Algunas personas, como el novelista argentino Julio Cortázar, consideran este diccionario como un «cementerio de palabras»; otras opinan que es una custodia fascinante de lo que ha sido y de lo que es. La sociedad y sus valores y cambios se revelan a través de todas las ediciones ya publicadas. Por ejemplo, compara estas dos entradas para **matrimonio**. ¿Cómo cambió el concepto del matrimonio entre 1970 y 1984?

EL VENERABLE TAMBIEN CAMBIA

En 1970, el matrimonio era de por vida; en 1984, ya no.

matrimonio. (Del lat. *matrimonium*.) m. Unión de hombre y mujer concertada de por vida mediante determinados ritos o formalidades legales. || 2. Sacramento propio de legos, por el cual hom-

matrimonio. (Del lat. *matrimonium*.) m. Unión de hombre y mujer concertada mediante determinados ritos o formalidades legales. || 2. Sacramento propio de legos, por el

LECCIÓN 1 · doscientos cuarenta y uno · 241

¿POR QUÉ LO DECIMOS ASÍ?

GRAMÁTICA

¡ME ALEGRABA DE QUE CONOCIERAS PUERTO RICO!
The Imperfect Subjunctive

A So far the sentences in which you have used the subjunctive have been in the present tense. If the feeling or opinion is expressed in the preterite, imperfect, or conditional, however, the verb that follows will be in the *imperfect (past) subjunctive*.

Compare the forms in these pairs of sentences. (Note that the English equivalents often do not correspond exactly to the Spanish.)

Quiero que leas este artículo.	I want you to read this article.
Quería que **leyeras** este artículo.	I wanted you to read this article.
Se alegra de que lleguemos hoy.	He's pleased that we are arriving today.
Se alegraba de que **llegáramos** hoy.	He was pleased that we arrived today.
Es bueno que sepan leer.	It's good that they know how to read.
Sería bueno que **supieran** leer.	It would be good if they knew how to read.

B To form the imperfect subjunctive, drop the **-ron** ending from the **ellos** form of the preterite and add the endings **-ra, -ras, -ra, -´ramos, -rais, -ran** to all verbs. (Note the accent on the **nosotros** form.)

Here are the imperfect subjunctive forms of **bañarse** (*to take a bath*), **leer** (*to read*), and **dormir** (*to sleep*).

bañarse: bañaron → baña-	leer: leyeron → leye-	dormir: durmieron → durmie-
me bañara	leyera	durmiera
te bañaras	leyeras	durmieras
se bañara	leyera	durmiera
nos bañáramos	leyéramos	durmiéramos
os bañarais	leyerais	durmierais
se bañaran	leyeran	durmieran

¿Recuerdas?

▶ When someone expresses a wish, opinion, emotion, or doubt about an action or situation, the verb that follows that expression is in the *subjunctive mood*.

Es dudoso que Alberto **conozca** a Carlota. Ojalá que ellos **se conozcan** algún día.
It's doubtful that Alberto knows Carlota. I hope they meet some day.

---

present + *que* + present subjunctive

preterite/imperfect/conditional + *que* + past subjunctive

Stem: Drop **-ron** from **ellos** form of preterite
Endings:
yo **-ra**
tú **-ras**
usted **-ra**
él/ella **-ra**
nosotros/as **-´ramos**
vosotros/as **-rais**
ustedes **-ran**
ellos/as **-ran**

EJERCICIO 1 Cuando era niño/a…

▶ ¿Cómo era tu vida cuando eras niño/a? Aquí vas a describirla.

Paso 1. Lee las siguientes oraciones e indica si son verdaderas para ti.

Mis padres querían que yo…

1. me acostara temprano.
2. durmiera ocho horas todas las noches.
3. me pusiera ropa vieja para jugar.

Mis padres *no* querían que yo…

4. durmiera afuera.
5. jugara en la calle.
6. peleara con mis amigos.

Nuestros maestros nos pedían que…

7. llegáramos a la escuela a tiempo.
8. nos portáramos bien en clase.
9. no comiéramos durante la clase.

Me gustaba mucho que (nosotros)…

10. viviéramos en nuestro barrio.
11. fuéramos aventureros.
12. tuviéramos muchos juguetes.

Paso 2. Ahora inventa otras oraciones con estas frases. Empieza con las frases apropiadas del Paso 1: **Mis padres querían que yo…** , **Mis padres *no* querían que yo…** , etcétera.

MODELO: ser bueno/a →
Mis padres querían que yo *fuera* bueno/a.

1. ser bueno/a
2. ir a la iglesia / al templo con ellos
3. estudiar mucho
4. hacer la tarea todas las noches
5. mirar mucho la televisión
6. leer muchas tiras cómicas
7. comer muchos dulces
8. ir con ellos de vacaciones en verano

SI YO FUERA GUATEMALTECO/A...
Imperfect Subjunctive with *si* Clauses

[to tell what would happen: **si** + imperfect subjunctive, + conditional]

A You can use **si** (*if*) plus an imperfect subjunctive verb to express a situation that is definitely not real, that is, contrary to fact. In this way, you can tell what *would* be the case if only something else were true. Use the imperfect subjunctive after **si** and a conditional verb in the other clause of the sentence.

[The **si** (*if*) clause can precede or follow the other clause.]

—¿Me puedes ayudar con la tarea?
—Si **tuviera** tiempo, te ayudaría. (Te ayudaría si **tuviera** tiempo.)

—Can you help me with my homework?
—If I had the time, I would help you. (I would help you if I had the time.)

—¿Quieren visitar el Perú?
—Sí, pero si **pudiéramos** escoger, iríamos primero a Guatemala.

—Do you want to visit Peru?
—Yes, but if we could choose, we would go to Guatemala first.

B Note that when a **si** clause refers to a definite possibility, you do not use the imperfect subjunctive. Instead, use the present indicative after **si** and the present indicative or the future tense in the other clause of the sentence. Compare the following sentences.

Possibility:

Si **me siento** mejor mañana, regreso (regresaré) a la escuela.

If I feel better tomorrow (and I might), I'll go back to school.

Contrary to fact:

Si **me sintiera** mejor, regresaría a la escuela.

If I felt better (but I don't), I would go back to school.

EJERCICIO 2   Si el mundo fuera diferente

▶ ¿Qué ocurriría si el mundo fuera diferente? Completa las oraciones con frases de la lista.

1. Si los hijos fueran padres, ...
2. Si tuviéramos un robot doméstico, ...
3. Si yo tuviera veintiún años, ...
4. Si yo fuera estudiante universitario/a, ...
5. Si un(a) estudiante de intercambio viviera en mi casa, ...

Posibilidades

    me ayudaría con el español
    mi madre/padre (no) tendría que preparar la comida
    no habría reglas de ningún tipo
    no tendría que volver a casa a una hora determinada
    (no) tendría que limpiar mi cuarto
    todos los jóvenes tendrían coche
    viviría en una residencia, no con mi familia
    ya tendría un trabajo
    yo podría ir a visitarlo/la en su país el próximo año

EJERCICIO 3   **Si los estudiantes fueran maestros...**

▶ ¿Qué pasaría si los maestros fueran los estudiantes y viceversa? Describe todas las diferencias que encuentras en los dibujos.

Posibilidades

    haber menos exámenes
    no haber reglas de ningún tipo
    ser más corto el año escolar

VAMOS POR AQUÍ PARA LLEGAR AL CINE
Meanings of *por* and *para*

¡REPASEMOS!

The prepositions **por** and **para** have distinct meanings and uses in Spanish, even though the English equivalent for each is often *for*.

por = for
por = in, during
por = for, in exchange for
por = along, around, through, by way of
por = for, per

☼ Use **por** to indicate

- a specific period of time
- a general time of day
- an exchange of one thing for another
- a general area
- a proportion or correspondence

Read this paragraph and tell why **por** is used in each instance.

> Los señores Aragón fueron a Puerto Rico **por** tres meses. Sólo pagaban $200 al mes **por** su habitación en un pequeño hotel. **Por** la mañana les gustaba caminar **por** la playa. **Por** la tarde, iban al cine o a pasar un rato en un café. También les gustaba caminar **por** las calles del Viejo San Juan. Podían cenar en su restaurante favorito **por** sólo $10 **por** persona.

para = to, in order to, for
para = to, toward
para = by, for
para = for

☼ Use **para** to indicate

- the purpose of an action or an object (with an infinitive)
- a direction or destination
- a deadline or specific time
- a recipient

Now read this paragraph and tell why **para** is used in each instance.

> Los señores Aragón fueron a Puerto Rico **para** practicar su español. Salieron **para** la Isla el primer día de vacaciones. Regresaron **para** el primer día de clases. Trajeron regalos **para** todos los miembros de su familia.

A **Por** is also used to indicate

- the agent (author, creator, doer) of an action

    English: *by*

    Me llamo Rigoberta... fue escrito **por** Elizabeth Burgos.
    My name is Rigoberta... *was written by Elizabeth Burgos.*

- cause or reason

    English: *from, because of*

    Menchú ganó el Premio Nobel de la Paz **por** su trabajo.
    Menchú won the Nobel Peace Prize because of her work.

B **Para** is also used to indicate

- a comparison

    English: *for, compared with*

    El niño era pequeño **para** su edad.
    The little boy was small for his age.

- a goal-directed action

    English: *for, to achieve*

    Rigoberta escribió su historia **para** el bien de su pueblo.
    Rigoberta wrote her story for the good of her people.

C **Por** is also used in a number of fixed expressions.

por ahora	*for the time being*	**por fin**	*finally, at last*
por aquí/allí	*around here/there*	**por lo menos**	*at least*
por ejemplo	*for example*	**por qué**	*why*
por eso	*that's why, for that reason*	**por suerte**	*luckily*
por favor	*please*	**por supuesto**	*of course*

[Comic strip: Mafalda]

— ¡SOY UN CONVENCIDO DE QUE ESTE AÑO QUE VIENE SERÁ SENSACIONAL!
— ¿POR QUÉ, FELIPE?
— ¡VOS SIEMPRE CON ARGUMENTOS PARA DERRUMBARLE[1] EL OPTIMISMO A UNO!

[1] *destroy*

EJERCICIO 4   Un recado para un amigo

▶ Imagínate que escribes un recado para tu amigo Miguel. Completa las oraciones con **por** o **para**.

> Miguel: Te llamé ____¹ la mañana ____² invitarte a una fiesta. Es una fiesta sorpresa ____³ mi prima Anita. ¿Puedes venir a mi casa el viernes a las siete? Iremos todos juntos en limo... ¡pagado[a] ____⁴ mi padre! ¡Qué chévere!, ¿verdad? Tenemos que estar en el restaurante ____⁵ las siete y media.
> Llámame ____⁶ la tarde, después de las cuatro, ____⁷ decirme si puedes venir. Bueno, eso es todo ____⁸ ahora. ¡Hasta pronto!

[a]paid

EJERCICIO 5   Me interesa ver...

▶ Túrnate con un compañero / una compañera para decir adónde debes ir para ver lo siguiente en el mundo hispano.

MODELO: muchos parques nacionales →

TÚ: ¿Adónde debo ir *para* ver muchos parques nacionales?
COMPAÑERO/A: Debes salir *para* Costa Rica.

1. una charreada
2. muchos letreros en catalán
3. muchas variedades de papas
4. a mucha gente de descendencia africana
5. a personas que hablan la lengua de los mayas
6. la influencia de la cultura árabe

Lugares

Bolivia
España
México
la República Dominicana

EJERCICIO 6 Charlando con tu profesor(a)

▶ Hazle preguntas a tu profesor(a) para saber lo siguiente.

MODELO: ¿Cuál es la tarea / mañana? →
¿Cuál es la tarea *para* mañana?

1. ¿Cuál es la tarea / mañana?
2. ¿Qué hay que estudiar / el próximo examen?
3. ¿Son interesantes las ciencias / usted?
4. ¿Cuál es el mejor curso de español / el próximo año?
5. ¿Cuál es su lugar favorito / caminar?
6. ¿Cuál es la edad más apropiada / salir con un chico / una chica / primera vez?
7. ¿Cuál es una cantidad excesiva que pagar / una entrada a un partido importante?
8. ¿Es bueno mirar la televisión / cinco horas al día?

VOCABULARIO PALABRAS NUEVAS

La cultura
la arquitectura
el lazo
la lengua natal
la mezcla
el prejuicio
el pueblo
la raíz

Palabras semejantes: **el/la descendiente, la diversidad, la identidad**

Palabras de repaso: la artesanía, la costumbre, el idioma, la tradición

creerse

dar sabor
darse cuenta (de)
desempeñar un papel
identificarse
llegar a conocer

Palabras de repaso: tomar en cuenta

impresionante
único/a

Palabras de repaso: orgulloso/a, profundo/a

La herencia étnica
andino/a
blanco/a

caribeño/a
negro/a
sudamericano/a

Palabras semejantes: **hispánico/a, hispanoamericano/a, iberoamericano/a, latinoamericano/a, mulato/a**

Palabras de repaso: africano/a, chicano/a, español(a), indígena, latino/a, mestizo/a, la sangre

Palabras útiles
a fondo
por todas partes

LECCIÓN 2: EL MUNDO HISPANO DE LOS ESTADOS UNIDOS

Se ha dicho que todos los que vivimos en los Estados Unidos tenemos las raíces en otro lugar. Esto incluye también a los indígenas, que probablemente cruzaron el Estrecho de Bering (el puente de tierra entre Asia y el continente norteamericano) hace miles de años. No obstante el lugar de origen, las razones por las cuales la gente emigra son parecidas: la búsqueda de la libertad, el deseo de una vida mejor, la oportunidad de vivir sano y salvo, etcétera.

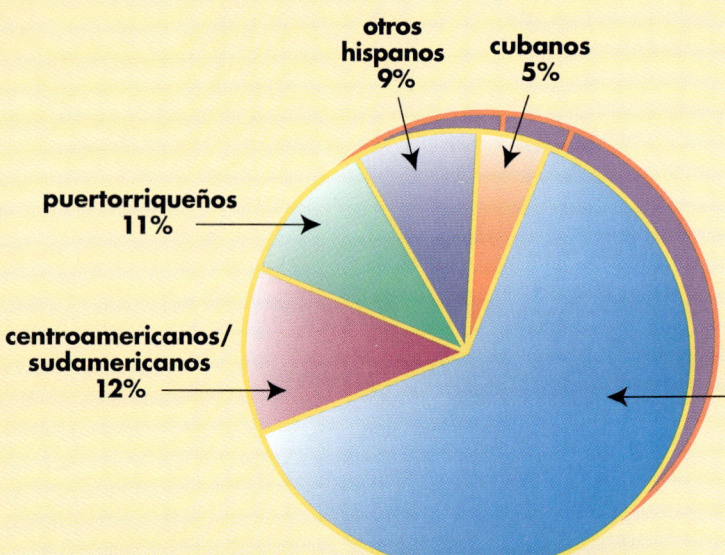

otros hispanos 9%
cubanos 5%
puertorriqueños 11%
centroamericanos/ sudamericanos 12%
mexicanos 63%

Los hispanos constituyen uno de los grupos étnicos más grandes de los Estados Unidos. Mira estas fotos de descendientes de hispanos y lee las pistas. Luego vas a adivinar sus orígenes y el lugar donde viven ahora.

Estos descendientes de pastores viven en un estado del oeste. Todavía practican el oficio de sus abuelos y bisabuelos, y lo celebran en verano con muchos festivales.

La familia de esta chica vino a los Estados Unidos debido a una revolución en su país natal en los años sesenta. Ahora, muchas personas de ese país viven y prosperan en una ciudad que tiene una enorme población hispana... ¡y mucho sabor hispano!

250 *doscientos cincuenta* UNIDAD 4

Cuando estos jóvenes «emigraron» a los Estados Unidos, ya eran ciudadanos de este país. Ahora viven en la ciudad más grande de los Estados Unidos, y visitan su isla natal con frecuencia.

Esta muchacha pertenece a un grupo muy reciente de inmigrantes. La situación política de su país hizo que ella y muchos de sus amigos y parientes se escaparan. Ahora se concentran en una ciudad que tiene una bahía, muchos puentes... ¡y un nombre español!

Los antepasados de este joven vivían en su estado, que entonces pertenecía a otro país. Luego el país se hizo independiente. Ahora es uno de los estados más grandes de los Estados Unidos, en el cual se habla español en muchas partes.

¿QUÉ PODEMOS DECIR?

- ¿Cómo es la gente que se ve en estas fotos? Descríbela con todos los detalles que puedes.

- ¿Dónde crees que viven? ¿Cuál es su herencia étnica?

- ¿Tienes algunos amigos que pertenecen a estos grupos? ¿Quiénes son? ¿De dónde vinieron ellos o sus antepasados?

LECCIÓN 2

doscientos cincuenta y uno 251

Así se dice...

VOCABULARIO

¿CÓMO NOS VEN LOS DEMÁS?

A través de lo que ves en la televisión y en las películas, te has formado una imagen de las culturas hispanas. De igual manera, los hispanos se forman imágenes de la vida en los Estados Unidos. A continuación se te ofrecen las impresiones que un grupo de estudiantes españoles y latinoamericanos tiene de los estadounidenses. ¿Van a ser **acertadas** o **equivocadas** sus impresiones?

Mis amigos me han dicho que los estadounidenses no son muy diferentes de nosotros y estoy de acuerdo. Se visten **igual que** nosotros, comen mucha comida rápida, escuchan la misma música —en inglés, por supuesto— y miran las mismas películas. O sea, hay muchas **semejanzas** entre la vida de aquí y la de allá. Veo solamente una diferencia: hay más **razas** diferentes allá.

Julio

En mi opinión, hay más **tolerancia** en los Estados Unidos que en otras partes del mundo. **La paz** y **la armonía** son importantes allí. Yo no **critico** a mi país en este sentido. Sólo creo que los Estados Unidos nos ganan un poco en este aspecto. ¡Estoy muy orgullosa de mi **patria**!

Verónica

252 doscientos cincuenta y dos   UNIDAD 4

Las chicas son guapísimas. ¿Y los chicos? Son mucho más reservados que nosotros. Todos mastican chicle; siempre escuchan música rock y manejan coches **descapotables**. Y todos son ricos. ¿La verdad? No conozco el país todavía. Pero cuando vaya allí de vacaciones el próximo verano, tendré más que decir. Seguro que el país **tiene mucho que ofrecer**.

Felipe

Los estadounidenses son trabajadores. Me parece que trabajan todo el tiempo y nunca toman vacaciones. **Con respecto a sus valores**, les importan el dinero y el éxito social más que nada. Viven en ciudades enormes como Nueva York o Los Ángeles. No saben apreciar la vida porque siempre corren, siempre **tienen prisa**.

Antonio

Tengo entendido que sus costumbres son fascinantes y chistosas, sobre todo las de los jóvenes. Mi amigo por correspondencia me ha escrito que hay un **sinfín** de **perspectivas** diferentes en los Estados Unidos. Y que, desafortunadamente, en algunos lugares la **mayoría** discrimina a las **minorías**.

Susana

¿Estás de acuerdo con lo que han dicho los jóvenes hispanos? ¿Es verdad que hay mucho prejuicio en ciertos lugares? ¿Son todos ricos donde tú vives? ¿Es el ganar dinero una meta importante para ti? ¿Sabes tú apreciar la vida o siempre tienes prisa? ¿Tienen costumbres chistosas algunos de tus amigos? ¿Qué ofrece nuestra sociedad, más beneficios... o más problemas?

Y una pregunta final: ¿son más acertadas tus impresiones sobre los Estados Unidos que las de los hispanos? ¿Estás seguro/a? ¿Cuántos estados conoces, en realidad?

LECCIÓN 2   doscientos cincuenta y tres   253

Conexión gramatical
Estudia las páginas 266–273
en **¿Por qué lo decimos así?**

Y TÚ, ¿QUÉ DICES?

ACTIVIDADES ORALES Y LECTURAS

1 • INTERACCIÓN   ¿De dónde son?

▶ Con un compañero / una compañera, emparejen el grupo étnico con su país de origen.

MODELO: los japoneses →

        TÚ: *¿De dónde son los japoneses?*
COMPAÑERO/A: *Son del Japón.*

1. los irlandeses
2. los griegos
3. los polacos
4. los salvadoreños
5. los alemanes
6. los canadienses
7. los haitianos
8. los camboyanos
9. los coreanos
10. los iraníes
11. los holandeses
12. los indios

a. Camboya
b. Irán
c. Corea
d. la India
e. Grecia
f. Irlanda
g. Haití
h. El Salvador
i. Polonia
j. Alemania
k. Holanda
l. el Canadá

Y AHORA, ¿QUÉ DICES TÚ?

1. ¿Has estudiado la historia de tu propia familia? ¿Qué sabes de ella? ¿Sabes mucho o casi nada?
2. ¿Dónde nacieron tus padres? ¿tus abuelos? ¿tus bisabuelos?
3. ¿Cuándo llegaron a los Estados Unidos tus antepasados? ¿Qué sabes de su vida durante los primeros años en este país?

2 • PIÉNSALO TÚ — Los hispanoamericanos

▶ ¿Cuánto sabes de los hispanoamericanos, es decir, de la gente de descendencia hispana que vive en los Estados Unidos? ¡Toma esta prueba y lo verás!

1. (1 punto) Cuando una persona dice que es chicana, es probable que sea...
   a. española.
   b. mexicoamericana.
   c. salvadoreña.

2. (1 punto) De los tres grupos de hispanoamericanos más grandes en los Estados Unidos, el grupo que *no* son inmigrantes de otro país son...
   a. los mexicoamericanos.
   b. los puertorriqueños.
   c. los cubanoamericanos.

3. (1 punto) Algunas de estas personas quieren cambiar el *status* político de su grupo.
   a. los costarricenses
   b. los puertorriqueños
   c. los argentinos

4. (8 puntos) Indica el país de origen de las siguientes personas o de sus antepasados.
   a. Henry Cisneros, político
   b. Andy García, actor
   c. Celia Cruz, cantante
   d. Jellybean Benítez, músico y compositor

5. (1 punto) ¿Qué afirmación es incorrecta?
   a. Los puertorriqueños son ciudadanos de los Estados Unidos.
   b. Los antepasados de muchos mexicoamericanos vivían en el suroeste de lo que hoy son los Estados Unidos.
   c. Todos los hispanoparlantes que viven en los Estados Unidos son inmigrantes.

Ahora, tu profesor(a) te va a dar las respuestas correctas. Un total de 12 puntos es posible. ¿Cuáles son tus resultados?

RESULTADOS:
11–12 puntos: ¡Qué chévere! Has prestado atención en tus clases de español, has leído esta unidad con cuidado hasta ahora y a lo mejor escuchas las noticias con frecuencia. Puedes hablar con confianza sobre los hispanoamericanos.
9–10 puntos: Tal vez sabes más que la mayoría de personas. ¿Qué puedes hacer para estar mejor informado/a sobre la presencia hispanoamericana en este país?
8 puntos o menos: ¡Huy! Es importante que leas más y escuches con más atención para estar más al tanto de la vida de los hispanoamericanos que viven en los Estados Unidos. Hay un mundo diverso e interesante a tu alrededor que tiene mucho que ofrecerte.

3 • NARRACIÓN — La historia de un médico

▶ Empareja las oraciones con los dibujos para contar la historia de Miguel García, un médico excelente que tuvo que sacar su título de médico dos veces.

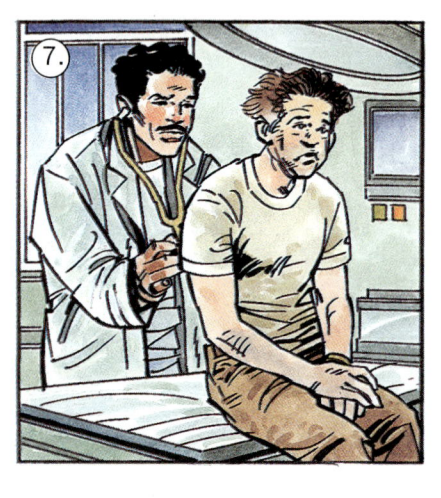

a. Miguel no pudo ejercer su profesión inmediatamente y por eso tuvo que trabajar en una fábrica.
b. Hablaban español en casa, pero hablaban inglés en el trabajo y en la escuela.
c. Todos emigraron a Miami como refugiados políticos.
d. Todos tuvieron que aprender a hablar inglés.
e. Abrió su propio consultorio.
f. Hizo su residencia por fin y tomó el examen del estado de Florida.
g. No pudieron traer bienes personales, ni tampoco dinero.
h. Ahora los hijos son bilingües... ¡y biculturales!
i. Miguel, un médico, vivía en Cuba con su esposa y sus tres hijos.

4 • MINIDRAMA   Hablando de los Estados Unidos

Con un compañero / una compañera, túrnense para hacer el papel de un extranjero / una extranjera que tiene un sinfín de ideas equivocadas sobre la vida estadounidense. La otra persona debe explicar por qué está o por qué no está de acuerdo con las opiniones del extranjero / de la extranjera.

MODELO:

«EXTRANJERO/A»: Aquí se puede ganar mucho dinero... ¡y muy fácilmente!

TÚ: ¡No estoy de acuerdo! Yo trabajo todos los sábados, pero sólo gano cinco dólares por hora. Es cierto que gano dinero, pero no es mucho... ¡y tampoco es fácil!

Extranjero/a 1

1. Se comen hamburguesas y pizza todos los días.
2. No hay pobreza. Nadie necesita de nada.
3. Casi todos manejan coches descapotables.
4. No se discrimina a ningún grupo étnico.

Extranjero/a 2

1. Todos los jóvenes tienen teléfono en su cuarto.
2. A todos les fascina la violencia. Se ve constantemente en la televisión y en el cine.
3. El éxito económico es más importante que nada.
4. Se creen superiores a todo el mundo.

¡A charlar!

Here are some phrases for reporting what someone has said to others.

Según mi amigo Horacio, ...
Horacio dice que...
En la opinión de Horacio, ...
Para Horacio, ...

You can also say **Horacio dijo que...** If you do that, it is likely that the tense of the verb that follows **dijo que** will need to change, just as it would in English. Compare these sentences.

What Horacio said:
   Me **gusta** la gente del sur.

You quoting Horacio:
   Horacio dijo que le **gustaba** la gente del sur.

What Horacio said:
   Iré a California el verano que viene.

You quoting Horacio:
   Horacio dijo que **iría** a California el verano que viene.

LECCIÓN 2

5 • CONVERSACIÓN — Tipos y estereotipos

▶ Felipe, el chico que conociste en **Así se dice**, ya ha hecho su viaje a los Estados Unidos. A continuación hay algunas entradas de su diario. Con un compañero / una compañera, indiquen si están de acuerdo con sus observaciones.

MODELO:

TÚ: Felipe dice que la gente del sur acepta a los otros rápidamente. ¿Estás de acuerdo?

COMPAÑERO/A: Sí. Antes vivía en el sur, en Georgia. La gente de allí es muy simpática y generosa. (No. Felipe no tiene razón. La gente del sur no acepta a la gente «nueva» rápidamente.)

El diario de Felipe

> En el sur, la gente te acepta rápidamente. Es una gente muy abierta y simpática. Y ¡nadie tiene tanta imaginación como los texanos!

¿TE GUSTAN LOS DURAZNOS?

Todos los californianos son ricos. Son más espontáneos que la gente del resto del país. Allí hay muchos inmigrantes.

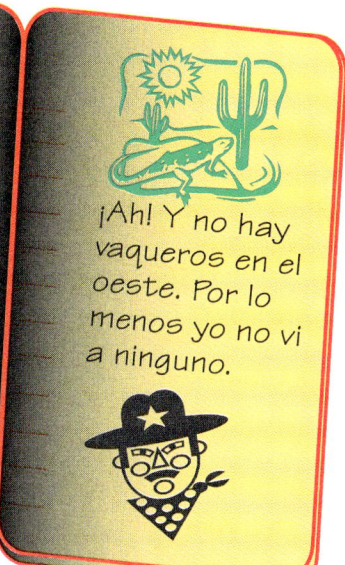

¡Ah! Y no hay vaqueros en el oeste. Por lo menos yo no vi a ninguno.

En el noreste, la vida es muy rápida. Fui a Filadelfia y a Nueva York. Todos tienen tanta prisa... ¡Manejan como locos!

Y los neoyorquinos son muy agresivos, casi mal educados.

También pude conocer la capital, Washington. Esta ciudad tiene muchas cosas interesantes que ofrecerle al visitante: el capitolio, los museos...

Pero al mismo tiempo tiene muchos problemas sociales.

LECCIÓN 2

doscientos cincuenta y nueve 259

LECTURA: Clave al mundo hispano

RINCÓN CULTURAL:
Puerto Rico: Isla del encanto, isla de encuentros

San Juan, Puerto Rico: La mezcla de las culturas estadounidense y puertorriqueña se veía en fiestas de verano como ésta (1941).

La isla de Puerto Rico, conocida como «la isla del encanto» por sus brisas[1] tropicales, frutas exóticas y música alegre, atrae[2] a gente de todas partes del mundo. Tanto la belleza de la Isla como su riqueza agrícola llamaron la atención de los conquistadores españoles. Su llegada[3] en el siglo XV produjo el primero de los encuentros —más bien choques[4]— culturales en Puerto Rico: el choque entre la cultura española y la indígena.

Cristóbal Colón llegó a la Isla en 1493. Por más de cuatrocientos años los españoles impusieron[5] su presencia, sus leyes y su cultura en la isla que los indígenas llamaban «Borinquén». Durante la época colonial española, el nombre se cambió a «Puerto Rico», nombre que reflejaba la riqueza y productividad de sus tierras.

El segundo choque cultural se inició en 1898, cuando los Estados Unidos tomaron posesión de la Isla como resultado de una breve guerra con España. Este choque entre las culturas puertorriqueña y estadounidense sigue hasta hoy día. En 1917 se les concedió[6] la nacionalidad estadounidense a los puertorriqueños, y en 1952 Puerto Rico se convirtió en un estado libre asociado a los Estados Unidos. Esto significa que la Isla tiene su propio gobierno, pero está bajo el control de los Estados Unidos.

Como resultado, en Puerto Rico hay por lo menos tres ideologías distintas. Hay la de los «estadistas», que son partidarios de[7] la unión completa de Puerto Rico con los Estados Unidos. También hay los que quieren preservar el *status quo*, es decir, no quieren que haya ningún cambio. Y por fin, la ideología «independentista» reclama[8] la independencia total de la Isla y la preservación de la identidad nacional de Puerto Rico.

[1]*breezes* [2]*attracts* [3]*arrival* [4]*clashes* [5]*imposed* [6]*se... was granted* [7]*son... are in favor of* [8]*demands*

A EXPLORAR EL TEMA

ACTIVIDAD ¿Tradición o cambio?

▶ Contesta estas preguntas sobre las tradiciones y los cambios culturales.

1. ¿Cuáles son algunas de las tradiciones que se observan en tu familia? ¿en tu comunidad? ¿Son importantes estas tradiciones para ti? Explica tu respuesta.

2. En general, ¿crees que es importante preservar las tradiciones? ¿Por qué sí o por qué no?

3. ¿Crees que es posible que haya una fusión amistosa entre dos culturas básicamente distintas? ¿Cómo se lograría un equilibrio? ¿Habría que llegar a un arreglo? Explica tu respuesta.

LECTURA

Sobre el autor **Abelardo Díaz Alfaro** nació en Puerto Rico en 1920. Su trabajo social en las áreas rurales de la isla le puso en contacto con los sectores más tradicionales de la población. Su cuento «Santa Clo va a La Cuchilla» es una sátira humorística en la que se ridiculiza la invasión cultural que ocurre en un pueblo puertorriqueño.

A PROPÓSITO Peyo Mercé y Johnny Rosas son maestros muy diferentes de la escuelita de La Cuchilla, un pequeño pueblo rural de Puerto Rico. Peyo, que es mucho mayor, cree en las tradiciones. En cambio, el joven Johnny —que conoce los Estados Unidos y también ha vivido en la ciudad de San Juan— intenta «renovar» el pueblo con ideas nuevas. ¿Qué pasa cuando Johnny trata de imponer la cultura estadounidense sobre las costumbres de La Cuchilla durante la celebración de las fiestas de Navidad? ¡El resultado es un desastre!

Para comprender mejor

This story takes place at the beginning of the twentieth century in La Cuchilla, a rural community in Puerto Rico. At that time, the Spanish culture that had predominated on the island since the fifteenth century strongly contrasted with the North American culture. This situation is represented in the story by the conflict between the elderly schoolteacher Peyo Mercé and the young "upstart" teacher, Johnny Rosas. Peyo believes it is important to preserve and respect the old traditions. Johnny, feeling that these traditions are backward and outdated, wants to replace them with the new ideas he learned in the United States and the city of San Juan.

El Día de los Reyes se celebra en muchas escuelas puertorriqueñas con una fiesta en la que niños y maestros se disfrazan de los Reyes Magos.

«SANTA CLO VA A LA CUCHILLA»

Parte 1

El rojo de una bandera tremolando° sobre una bambúa° señalaba° la escuelita de Peyo Mercé. La escuelita tenía dos salones separados por un largo tabique.° En uno de esos salones enseñaba ahora un nuevo maestro, Míster Johnny Rosas.

    El supervisor creyó prudente nombrar otro maestro para el barrio La Cuchilla que enseñara a Peyo los nuevos métodos pedagógicos° y llevara la luz del progreso al barrio en sombras.°

    Llamó a su oficina al joven aprovechado° maestro Johnny Rosas, recién graduado y que había pasado su temporadita° en los Estados Unidos, y solemnemente le dijo: «Oye, Johnny, te voy a mandar al barrio La Cuchilla para que lleves lo último que aprendiste en pedagogía. Ese Peyo no sabe ni jota° de eso: está como cuarenta años atrasado° en esa materia. Trata de cambiar las costumbres y, sobre todo, debes enseñar mucho inglés, mucho inglés».

    Johnny Rosas le dijo un día a Peyo: «Este barrio está muy atrasado. Tenemos que renovarlo. Recuerda las palabras de Mr. Escalera: "Abajo la tradición". Tenemos que enseñar mucho inglés y copiar las costumbres del pueblo americano».

    Y Peyo, sin afanarse° mucho, goteó° estas palabras: «Es verdad, el inglés es bueno y hace falta. Pero, ¡bendito!, si es que ni el español sabemos pronunciar bien.°»

Parte 2

Se aproximaban° las fiestas de Navidad. Ya Peyo había visto con simpatía a unos de sus discípulos° haciendo tiples y cuatros de cedro y yagrumo.° Estas fiestas le traían recuerdos gratos° de tiempos idos... Y Johnny Rosas sacó a Peyo de su ensoñación° con estas palabras: «Este año hará su debut en La Cuchilla Santa Claus. Eso de los Reyes está pasando de moda. Eso ya no se ve mucho por San Juan. Eso pertenece al pasado».

---

waving / bamboo pole / marked

thin wall

métodos... teaching methods
en... in the shadows
industrious
short period of time

ni... nothing at all (coll.) / behind the times

hurrying / managed to say

si... we don't even know how to speak Spanish right

Se... Were approaching
estudiantes
tiples... wooden string instruments / pleasant
daydream

---

262   *doscientos sesenta y dos*   **UNIDAD 4**

Peyo se rascó° la cabeza, y sin apasionamiento respondió: «Yo como soy jíbaro° y de aquí no he salido, eso de los Reyes lo llevo en el alma°».

se... *scratched*
rural peasant / *soul*

Johnny mostró a los discípulos una lámina° en que aparecía Santa Claus deslizándose en un trineo tirado por unos renos.° Y Míster Rosas preguntó a los jibaritos: «¿Quién es este personaje?» Y Benito le respondió: «Místel,° ése es año viejo, colorao».*

fotografía
deslizándose... *gliding on a sleigh pulled by reindeer*
Míster

Y Johnny Rosas se admiró° de la ignorancia de aquellos muchachos y a la vez se indignó por el descuido° de Peyo Mercé.

se... *was astonished*
negligence

Llegó la noche de la Navidad. Se invitó a los padres del barrio.

Peyo en su salón hizo una fiestecita típica, que quedó la mar de lucida.° Unos jibaritos cantaban coplas y aguinaldos° con acompañamiento de tiples y cuatros. Y para finalizar aparecían los Reyes Magos, mientras el viejo trovador° Simón repartió arroz con dulce y bombones, y los muchachitos se intercambiaron «engañitos°».

quedó... *estuvo muy bien* / coplas... *traditional songs*
helper
little gifts

Y Peyo indicó a sus muchachos que ahora pasarían al salón de Mr. Johnny Rosas, que les tenía una sorpresa, y hasta había invitado al supervisor Mr. Rogelio Escalera.

Parte 3

En medio del salón se veía un arbolito artificial de Navidad. De las paredes prendían coronitas° de hojas verdes y en letras cubiertas de nieve se podía leer: «Merry Christmas».

little wreaths

Los compañeros miraban atónitos° todo aquello que no habían visto antes. Mr. Rogelio Escalera se veía muy complacido. Míster Rosas se ausentó un momento. Y el supervisor Rogelio Escalera habló a los padres y niños felicitando al barrio por tan bella fiestecita y por tener un maestro tan activo y progresista como lo era Míster Rosas.

speechless

Y de pronto surgió en la puerta la rojiblanca figura de Santa Claus con un enorme saco a cuestas,° diciendo en voz cavernosa: «Here is Santa, Merry Christmas to you all».

a... *on his back*

Un grito de terror hizo estremecer° el salón. Unos campesinos se tiraban por las ventanas, los niños más pequeños empezaron a llorar y se pegaban a las faldas de las comadres. Todos buscaban un medio de escape. Y Míster Rosas corrió tras ellos, para explicarles que él era quien se había vestido en tan extraña forma; pero entonces aumentaba el griterío y se hacía más agudo° el pánico.

hizo... *shook*

acute

A lo lejos se escuchaba el griterío de la gente en desbandada.° Y Míster Escalera, viendo que Peyo Mercé había permanecido indiferente y hierático,° vació todo su rencor en° él: «Usted, Peyo Mercé, tiene la culpa de que en pleno siglo veinte se den en este barrio esas salvajadas°».

en... *helter-skelter*

solemn / vació... *took out all his anger on*

acts of savagery, ignorance

Y Peyo, sin inmutarse,° le contestó: «Míster Escalera, yo no tengo la culpa de que ese santito no esté en el santoral° puertorriqueño».

sin... *without batting an eyelash*
list of saints

---

*colorao: colorado, i.e., *red*. The image of an old man is used at many New Year celebrations, and Benito thinks that the picture of Santa Claus is actually this figure—**año viejo**—dressed in red.

¿QUÉ ENCONTRASTE?

ACTIVIDAD   La tradición frente al cambio

▶ Indica cuáles de los siguientes sucesos o ideas en el cuento representan una preferencia por la tradición, cuáles indican lo que se considera progreso o cambio y cuáles pueden considerarse una combinación de las dos cosas. Explica tus respuestas.

1. Johnny Rosas ha pasado algún tiempo en los Estados Unidos.
2. Johnny le dice a Peyo: «El barrio está muy atrasado. Tenemos que renovarlo.»
3. Peyo dice que el inglés es bueno, pero que los del barrio no saben pronunciar bien ni el español.
4. Johnny decide presentar a Santa Claus al barrio de La Cuchilla.
5. Peyo dice que él es jíbaro y que lleva la idea de los Reyes en el alma.
6. En la fiestecita de Peyo, los estudiantes cantan coplas y aguinaldos con acompañamiento de tiples y cuatros.
7. Al ver la figura de Santa Claus, unos campesinos se tiran por las ventanas y los niños empiezan a llorar.

A EXPLORAR MÁS A FONDO

ACTIVIDAD   El mensaje inherente

▶ En tu opinión, ¿cuál de los siguientes mensajes es el más apropiado del cuento «Santa Clo va a La Cuchilla»? Escoge uno y explica tu selección, usando ejemplos específicos del cuento. Si ninguno de estos mensajes te parece apropiado, inventa uno.

1. Es importante aprender sobre otras culturas sin perder las propias.
2. La imposición de la cultura estadounidense ha hecho desaparecer las tradiciones puertorriqueñas.
3. El encuentro entre dos culturas diferentes tiene sus ventajas y sus desventajas.

264   doscientos sesenta y cuatro   UNIDAD 4

TRADICIÓN Y CAMBIO

NUESTRA HERENCIA COMÚN: LA REVOLUCIÓN NORTEAMERICANA VISTA DE NUEVO

Cuando se considera el papel histórico de los hispanos en lo que hoy son los Estados Unidos, se suele pensar en la exploración y colonización del sur y del oeste que los españoles empezaron en el siglo XVI. Es fácil imaginar una frontera inmensa que no permitía mucho contacto entre los exploradores españoles y los colonizadores británicos del este. Sin embargo, algunos historiadores están examinando a fondo la época colonial, lo que permite tener una nueva perspectiva de aquellos tiempos.

Por medio del descubrimiento reciente de documentos relacionados con la época colonial, se sabe ahora que la participación española en la Revolución norteamericana fue mayor de lo que se pensaba antes. Hasta se cree que esa participación fue directa en algunos casos. Barcos españoles capturaron fortalezas británicas. Soldados españoles participaron en batallas al lado de los revolucionarios norteamericanos. Millones de pesos fueron donados a la causa revolucionaria por españoles en España, Nueva España (México) y Cuba, y por los colonizadores de la frontera del oeste.

Desde la Revolución norteamericana hasta el presente, han existido lazos culturales y políticos fuertes entre hispanoamericanos y estadounidenses. ¿Puedes mencionar algunos de estos lazos?

El Tratado Norteamericano de Libre Comercio representa la larga tradición de lazos económicos y políticos que une a los países de Hispanoamérica con los Estados Unidos.

La batalla de Yorktown, dirigida por George Washington, fue decisiva en el triunfo de los revolucionarios norteamericanos. Cuba envió millón y medio de pesos a Washington para financiar esa batalla.

LECCIÓN 2

¿POR QUÉ LO DECIMOS ASÍ?

GRAMÁTICA

TE ESCRIBO TAN PRONTO COMO PUEDA
Conjunctions of Time with Indicative and Subjunctive

> **ORIENTACIÓN**
>
> A *conjunction* joins two parts of a sentence. In the sentence *Jim and Bill are good friends*, *and* is a conjunction that links the two subjects (*Jim, Bill*).
>
> A *conjunction of time* relates two actions in terms of time. In the sentence *My dad leaves for work as soon as he has breakfast*, the conjunction of time *as soon as* tells us which thing Dad does first and how closely the second action follows the first. Some other conjunctions of time in English are *when*, *before*, *after*, and *until*.

A Here are the most common conjunctions of time in Spanish.

antes (de) que	*before*	**en cuanto**	*as soon as*
cuando	*when*	**hasta que**	*until*
después (de) que	*after*	**tan pronto como**	*as soon as*

[Conjunction of time always followed by subjunctive: **antes (de) que**]

B When the action that follows one of these conjunctions is a habitual or recurring action, or when it has already occurred, use an indicative verb. **¡OJO!** One important exception is **antes (de) que**, which is *always* followed by a subjunctive verb.

[Conjunctions of time followed by indicative or subjunctive: **cuando**, **después (de) que**, **en cuanto**, **hasta que**, **tan pronto como**]

—¿Siempre haces la tarea en cuanto **llegas** a casa?
—Generalmente la hago después de que **cenamos**.
—Yo prefiero hacerla antes de que **cenemos**, para poder mirar la tele después.

—*Do you always do your homework as soon as you get home?*
—*I generally do it after we have dinner.*
—*I prefer to do it before we have dinner, so that I can watch TV afterward.*

C When the action that follows these conjunctions is a future plan or intention, use a subjunctive verb form.

Esta noche voy a hacer la tarea en cuanto **llegue** a casa. Anoche la hice antes de que **cenáramos**.

Tonight I'm going to do my homework as soon as I arrive home. Last night, I did it before we had dinner.

Cuando **me gradúe**, voy a pasar un mes en el extranjero.

When I graduate, I'm going to spend a month abroad.

Compare these sentences, which contrast habitual actions with future plans or intentions.

Vamos a ir al cine en cuanto **haya** una nueva película.

We're going to go to the movies as soon as there's a new film.

Siempre vamos al cine en cuanto **hay** una nueva película.

We always go to the movies as soon as there's a new film.

> Conjunction of time with:
> habitual action → indicative
> recurring action → indicative
> completed action → indicative
> action planned for the future → subjunctive

D Some of these conjunctions of time have corresponding prepositions, including **antes de**, **después de**, and **hasta**. Remember that an infinitive is the only verb form that can follow a preposition.

> conjunction + conjugated verb form
> preposition + infinitive

Voy a hacer la tarea antes de **cenar**. Luego voy a mirar la tele hasta **acostarme**.

I'm going to do my homework before having dinner. Then I'm going to watch television until going to bed.

EJERCICIO 1 — Una noche diferente

▶ Imagínate que esta noche vas a hacerlo todo de una manera diferente. Completa las oraciones lógicamente.

1. Siempre hago la tarea antes de cenar. Esta noche voy a hacer la tarea...
2. Siempre cenamos en cuanto mi madre lo tiene todo preparado. Esta noche no vamos a cenar...
3. Siempre ayudo a lavar los platos después de cenar. Esta noche no voy a lavarlos...
4. Generalmente miro la tele después de sacar la basura. Hoy no voy a sacar la basura...
5. Generalmente me acuesto después de mirar la tele. Esta noche me voy a acostar...

Posibilidades

antes de que ponga el televisor
cuando llegue mi amigo/a para estudiar conmigo
después de que cenemos todos juntos
en cuanto me llame mi mejor amigo/a
en cuanto tenga sueño
hasta que llegue la pizza... ¡porque nadie quiere cocinar!
hasta que termine la tarea
hasta que veamos las noticias
tan pronto como les escriba una carta a mis abuelos

EJERCICIO 2 — Los planes de Eduardo

▶ Eduardo, un estudiante de Venezuela, quiere venir a los Estados Unidos este verano. Completa su composición sobre sus planes.

Un viaje a los Estados Unidos

No conozco los Estados Unidos todavía. Pero ya tengo varias impresiones del país. Creo que todos son ricos. Por eso siempre se compran un auto nuevo en cuanto (salgan/salen[1]) los nuevos modelos. Y no leen mucho. Por eso no saben nada de las noticias... ¡hasta que las (vean/ven[2]) en la tele! Sin embargo, siempre saben lo que pasa en las películas antes de que las (vean/ven[3]) en el cine.

Es posible que mis impresiones no sean acertadas. No voy a conocer el país a fondo hasta que (haga/hago[4]) el viaje. Voy a hacerlo en cuanto (tenga/tengo[5]) dinero, ojalá sea este verano. Voy a trabajar muy duro hasta que (tenga/tengo[6]) lo suficiente. Pienso escribirle muy pronto a mi amigo por correspondencia, que vive en Memphis. Quiero verlo allí antes de que él (se vaya/se va[7]) de vacaciones. Seguro que, cuando yo (esté/estoy[8]) con él, en el sur, voy a conocer a muchas chicas guapas, ¿no crees?

Y AHORA, ¿QUÉ DICES TÚ?

▶ Cuando Eduardo tenga bastante dinero, va a hacer el viaje de sus sueños a los Estados Unidos. ¿Y tú? ¿Qué harías si tuvieras mucho dinero? Completa la oración lógicamente.

Cuando tenga mucho dinero, yo voy a... (iré a..., compraré...).

AQUÍ SE HABLA ESPAÑOL
The Impersonal *se* (Review); the Passive *se*

¡REPASEMOS!

To make a general statement in Spanish or ask an impersonal question (one that does not have a specific subject), use **se** plus the **él** or **ellos** form of the verb. The subject usually follows the verb. It is often the direct object in the English equivalent of the sentence.

—¿Dónde **se compran** buenos cassettes?
—Bueno, **se ofrece** una selección excelente en Discolandia.

As you know, public signs and announcements often use **se**.

Se vende artesanía.
Se buscan ayudantes.

In impersonal or passive **se** *statements, the subject follows the verb and determines whether the verb is singular or plural.*

In the passive voice, who or what performs the action is not important. To express the passive voice, use the same **se** construction. Such a statement can often be viewed as either an impersonal or a passive statement.

se + verb (**él** or **ellos** form) + singular or plural subject

Se canceló el concierto porque **se vendieron** pocas entradas.
The concert was canceled because few tickets were sold. (They canceled the concert because they sold few tickets.)

Se permite estacionar aquí.
Parking is allowed here. (They let you park here.)

Se abren las puertas a la una.
The doors open (are opened) at one. (They open the doors at one.)

EJERCICIO 3 ¿Cierto o falso?

▶ ¿Cuánto sabes del mundo hispano? Indica si estas oraciones son ciertas o falsas. Si son falsas, ¡corrígelas!

1. Se celebran las charreadas en México.
2. Se comen muchos tipos de arroz en Sudamérica.
3. Se dice «chau» en la Argentina.
4. Se habla español en el Brasil.
5. Se observa la influencia árabe en Puerto Rico.
6. No se celebra el Carnaval en ningún país de habla española.
7. Se puede esquiar en Chile en junio.
8. Se comen tacos y enchiladas en España.

LECCIÓN 2   *doscientos sesenta y nueve*

EJERCICIO 4   **Se permite... Se prohíbe...**

▶ Con un compañero / una compañera, preparen cinco letreros útiles para la clase de español o para su escuela. Los avisos pueden ser verdaderos o imaginarios.

MODELOS: *Se prohíbe* comer en clase.
  Se permite bailar en los pasillos.

¿HAY ALGUNAS NOTICIAS?   —NO, NO HAY NINGUNA.
Negative and Affirmative Terms

¡REPASEMOS!

Here are the negative terms you have learned and their opposite affirmative terms. Show that you know the meaning of these words by telling which of the following question words can be logically associated with each pair.

¿quién?   ¿con qué frecuencia?   ¿qué?   ¿cuánto?

nada / algo   ningún, ninguno/a / algún, alguno/a
nadie / alguien   nunca, jamás / siempre, a veces
                     tampoco / también

Like the word **no**, these negative terms can precede the verb. But they can follow the verb as well. When that happens, the word **no** *must* precede the verb.

Nunca comemos paella en casa. (**No** comemos paella en casa **nunca**.)
Nadie lo sabe. (**No** lo sabe **nadie**.)

To say *neither* or *not either*, use the appropriate name, noun, or pronoun + **tampoco**.

—No puedo ir a la fiesta.
—Mi hermano **tampoco**.

To say *too* or *also*, use the appropriate name, noun, or pronoun and **también**.

—Juan y Tomás sacaron una «A» en el examen.
—¡Sara y yo **también**!

> Before a masculine singular noun, **alguno** changes to **algún** and **ninguno** changes to **ningún**.
>
> —Quiero leer. ¿Tienes **algún** libro interesante o alguna revista?
> —No tengo **ningún** libro interesante, pero ¿qué te parece esta revista sobre arqueología?

A A negative answer to a question asked with **algunos/as** + a plural noun is generally answered in the singular, using **ningún, ninguno/a**.

—¿Hay **algunos** estudiantes españoles en tu escuela?
—No, no hay **ninguno**.

—Are there any Spanish students at your school?
—No, there aren't any. (There isn't even one.)

B Use **o... o** to mean *either . . . or* and **ni... ni** to mean *neither . . . nor*.

o... o / ni... ni

—Lo puede hacer **o** Pablo **o** su hermano.
—No conozco **ni** a Pablo **ni** a su hermano. ¿Quiénes son?

—Either Paul or his brother can do it.
—I don't know Paul or his brother. (I know neither Paul nor his brother.) Who are they?

C Use the personal **a** before the indefinite terms **alguien** and **nadie**.

personal a + alguien/nadie

No conozco **a nadie** en esa clase.
¿Ves **a alguien** en la foto?

I don't know anyone in that class.
Can you see someone in the photo?

EJERCICIO 5 Tu amigo pesimista

▶ Tú eres una persona muy optimista, pero imagínate que tienes un amigo que es del todo pesimista. Aquí hay algunas oraciones que expresan tus ideas. ¿Qué va a decir tu amigo pesimista?

MODELO: Me gusta mucho la clase de historia. →
No me gusta *nada* la clase de historia.

1. Hay algunos estudiantes excelentes en esta escuela.
2. Conozco a algunas personas interesantes en la clase de español.
3. ¡Me gustan muchísimo mis maestros!
4. Salgo con mis amigos con frecuencia.
5. Quiero hacer algo divertido este fin de semana.
6. Hay algo interesante en la televisión esta noche.
7. Me gustaría visitar o México o Costa Rica este verano.
8. Quiero visitar algunas ruinas arqueológicas.

LECCIÓN 2

¿Recuerdas?

▶ You have used the subjunctive after
- expressions of influence, emotion, opinion, or doubt
- the expression **ojalá** (**que**)
- **si** to express situations contrary to fact
- conjunctions of time when speaking of future actions

An adjective clause that describes something indefinite or nonexistent takes a subjunctive verb. One that describes something known uses the indicative.

BUSCO UN LIBRO QUE SEA INFORMATIVO E INTERESANTE
Use of the Subjunctive in Adjective Clauses

ORIENTACIÓN
An *adjective clause* describes someone or something that has already been mentioned in the main clause of the sentence.

I have a car that *gets good mileage*.
We live in a house that *needs a lot of work*.

The clauses introduced by *that* are adjective clauses.

A When the person or thing described by the adjective clause definitely exists according to the speaker, use the indicative.

Tengo un amigo que **habla** chino.   *I have a friend who speaks Chinese.*

B When the person or thing described by the adjective clause is unknown to the speaker or may not exist at all, use the subjunctive.

No tengo ningún amigo que **hable** euskera.   *I have no friends who speak Basque.*

Such clauses often, but not always, follow negative or indefinite terms.

—¿No te gustaría tener un coche que **funcionara** con luz solar?
—¡Qué va! Nunca habrá coches que no **usen** gasolina o electricidad.

—*Wouldn't you like to have a car that runs on solar power?*
—*Get out of here! There will never be cars that don't use gasoline or electricity.*

—¿Qué voy a hacer? No entiendo nada en la clase de alemán.
—Busca a alguien que **hable** alemán y que **quiera** practicar inglés contigo.

—*What am I going to do? I don't understand anything in German class.*
—*Look for someone who speaks German and who wants to practice English with you.*

272   *doscientos setenta y dos*   UNIDAD 4

EJERCICIO 6 — Mi familia

▶ ¿Algunos de tus parientes tienen características interesantes? Haz oraciones con la forma apropiada del verbo y nombra al pariente cuando sea posible.

MODELO: sabe/sepa pilotear un avión →
Tengo un pariente que *sabe* pilotear un avión. ¡Es mi hermana!
No tengo ningún pariente que *sepa* pilotear un avión.

Tengo un pariente que...
No tengo ningún pariente que...

1. habla/hable alemán
2. vive/viva en el extranjero
3. trabaja/trabaje como actor/actriz de cine
4. corre/corra en maratones
5. es/sea vaquero/a
6. colecciona/coleccione coches viejos
7. conoce/conozca al presidente
8. lo sabe / lo sepa todo

EJERCICIO 7 — En la plaza central

▶ Describe lo que pasa y lo que *no* pasa en la plaza central de este pueblo mexicano.

1. Hay personas que...
2. No hay nadie que...

VOCABULARIO ÚTIL

comer helado
conversar con los amigos
escuchar la radio
jugar al ajedrez/fútbol/tenis
llevar ropa de verano/invierno
montar en bicicleta
pasear
vender artesanías/comida

LECCIÓN 2

VOCABULARIO 2 PALABRAS NUEVAS

Las nacionalidades
alemán/alemana
camboyano/a
canadiense
coreano/a
griego/a
haitiano/a
holandés/holandesa
indio/a
iraní

Palabras de repaso: argentino/a, costarricense, cubanoamericano/a, estadounidense, irlandés/irlandesa, mexicoamericano/a, polaco/a, puertorriqueño/a, salvadoreño/a

La imagen
el ciudadano / la ciudadana
la mayoría
la minoría
la patria
la paz
la semejanza
el sinfín
el valor

Palabras semejantes: **la armonía, la perspectiva, la tolerancia**

Palabras de repaso: el beneficio, el este, el éxito, la meta, el norte, el oeste, el sur

tener entendido
tener mucho que ofrecer
tener prisa

Palabras semejantes: **criticar, discriminar**

acertado/a
descapotable
equivocado/a

Palabra de repaso: enorme

con respecto a
igual que

La herencia étnica
la raza

Palabra de repaso: el antepasado

UNIDAD 4: YA LLEGAMOS

¡TE INVITAMOS A ESCRIBIR!

EL DISCURSO INDIRECTO

Para relatar algo que otra persona te ha dicho, vas a usar una forma de comunicación que se llama el **discurso indirecto**. Compara los siguientes pares de oraciones.

El profesor: «**Hay** mucha diversidad en el mundo hispano.»
Mi profesor nos contó que **había** mucha diversidad en el mundo hispano.

Elena: «Mi novio **es** del Perú.»
Elena me dijo que su novio **era** del Perú.

En los ejemplos, las frases *Mi profesor nos contó que...* y *Elena me dijo que...* nos indican que lo que sigue está en discurso indirecto. **¡OJO!** Cuando escribes algo en discurso indirecto, muchas veces tendrás que cambiar el tiempo verbal del segundo verbo. Lee los ejemplos otra vez. ¿Notas que los verbos **había** y **era** están en el imperfecto? Esto ocurre porque el imperfecto es el tiempo verbal que normalmente se usa para **narrar** o **describir** algo en el pasado.

Y AHORA, ¡A PRACTICAR!

Lee la siguiente selección de una entrevista con un estudiante de intercambio. Luego, completa el párrafo a continuación usando la técnica de **discurso indirecto**. Finalmente, intercambia tu párrafo con el de un compañero / una compañera para que te lo corrija.

Discurso directo
Tomás Padillo: Vivo con mis padres en México. Tengo dos hermanos y una hermana. Cada noche, comemos juntos y conversamos mucho.

Discurso indirecto
Tomás dijo que ____ con sus padres en México. (Él) ____ dos hermanos y una hermana. Cada noche, (ellos) ____ juntos y ____ mucho.

¿Recuerdas?

Do you remember the following *verbs of reporting*? They are useful for speaking or writing indirect discourse.

decir (*to say; to tell*)
Mi amiga me *dijo* que iba a quedarse en casa hoy.

contar (*to tell; to relate*)
La profesora nos *contó* que no le gustaba dar exámenes.

explicar (*to explain*)
El agente de viajes nos *explicó* que ningún viaje estaba en oferta.

ACTIVIDADES FINALES

PARA TI SOLO/A

▶ Haz una entrevista con varios miembros de tu familia para descubrir tus raíces familiares. (Si tienes acceso a una videocámara o a una grabadora para grabar la entrevista, ¡mejor todavía!) A continuación hay algunas preguntas que pueden guiar la entrevista. **¡OJO!** Tendrás que hacer la entrevista en inglés, u otro idioma, si tu familia no habla español. Luego, comparte con el resto de la clase lo que averiguaste.

- ¿Cómo eran mis abuelos (bisabuelos, tatarabuelos)?
- ¿Nacieron en los Estados Unidos, o inmigraron a este país? Si inmigraron, ¿de dónde eran? ¿Por qué razón vinieron aquí?
- ¿Cuál era su idioma natal?
- ¿Qué obstáculos encontraron al llegar a los Estados Unidos? ¿y qué beneficios?

CON UN COMPAÑERO / UNA COMPAÑERA

▶ Piensen en los varios grupos étnicos que hay en los Estados Unidos, en sus influencias y en sus contribuciones a la cultura de este país. Escriban una lista. Aquí hay varias categorías para ayudarlos a empezar.

el cine   los negocios
la comida   la ropa
la literatura   ¿ ?
la música

Luego, describan cómo sería nuestra sociedad si no contara con estas contribuciones e influencias. Compartan sus opiniones con el resto de la clase.

CON TODA LA CLASE

▶ La discriminación puede tomar muchas formas. Por ejemplo, ¿existe discriminación contra los jóvenes en tu comunidad? ¿Cómo se manifiesta? Planeen entre todos una campaña para eliminar la discriminación y promover la tolerancia y la armonía en la comunidad. (Entre otras cosas, piensen en la forma en que se beneficia económica y culturalmente una comunidad en la que todos se llevan bien y aceptan a los que son diferentes.) Hagan juntos una lista de las tareas que se necisitan hacer para la campaña y decidan quién va a hacer qué tarea. Al final, combinen el trabajo de todas para finalizar el proyecto.

PASAPORTE CULTURAL 5

EL CARIBE

La bandera de Cuba.

El barrio de El Vedado en La Habana, Cuba.

Los españoles fundaron las primeras ciudades americanas en las islas del Caribe.

La bandera de Puerto Rico.

Una casa colonial en Santo Domingo, República Dominicana.

La bandera de la República Dominicana.

¿QUÉ PODEMOS DECIR?

▶ ¿Asocias los siguientes conceptos y nombres con el Caribe? ¿Sí o no?

José de San Martín   Fidel Castro
los Andes   la salsa
la playa

▶ ¿Qué más asocias con el Caribe? ¿Asocias algo especial con algún país en particular?

Datos esenciales

Nombre oficial:	la República de Cuba
Capital:	La Habana
Moneda:	el peso
Población:	10.700.000 de habitantes
Gobierno:	república presidencialista socialista
Idioma oficial:	el español

Nombre oficial:	la República Dominicana
Capital:	Santo Domingo
Moneda:	el peso
Población:	7.320.000 de habitantes
Gobierno:	república democrática
Idiomas:	el español (oficial), el francés criollo

Nombre oficial:	el Estado Libre Asociado de Puerto Rico
Capital:	San Juan
Moneda:	el dólar estadounidense
Población:	3.605.000 de habitantes
Gobierno:	Gobernador, Senado y Cámara de Representantes
Idiomas oficiales:	el español, el inglés

¿SABÍAS QUE...

- el mar Caribe debe su nombre a los caribes, un grupo indígena que vivía a orillas del mar cuando llegaron los españoles?
- los taínos, los primeros habitantes de Puerto Rico, le daban el nombre «Borinquén» a la isla y todavía se les llama a los puertorriqueños «borinqueños» o «boricuas»?
- muchas palabras de los taínos y los caribes son parte ahora tanto del idioma inglés como del español como, por ejemplo, *canoa, barbacoa, maíz, hamaca, huracán e iguana*?
- Cuba, conocida como «la Perla de las Antillas», es la isla más grande del Caribe?
- el béisbol es el deporte más popular de los países del Caribe?

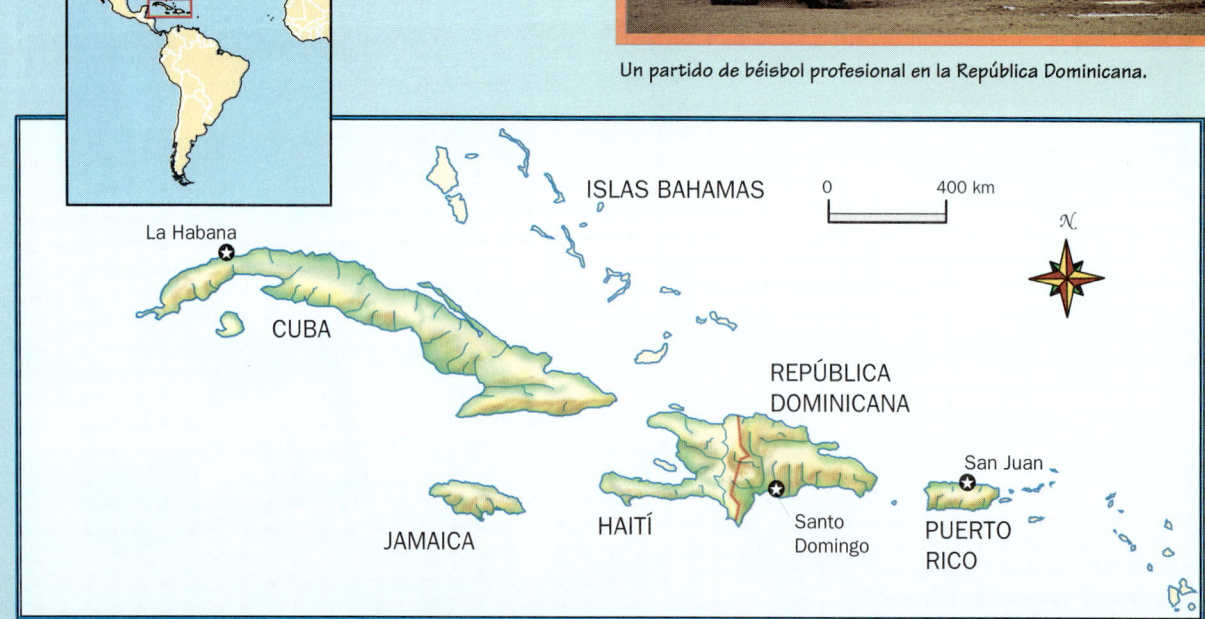

Un partido de béisbol profesional en la República Dominicana.

¡A COMER!

- La cocina caribeña, como la cultura de esos pueblos, es producto de influencias indígenas, europeas y africanas. Entre los platillos típicos están los gandules, las arepas, el sancocho, los frijoles con arroz, la yuca y el arroz con pollo. Naturalmente, también hay muchos platillos de pescado y de mariscos.

¡A divertirnos!

- El 24 de junio los habitantes de San Juan, Puerto Rico, celebran la fiesta más importante del año: el día de San Juan Bautista, patrón de la ciudad. Como parte de la celebración, ¡a medianoche los participantes se meten vestidos al mar hasta quedar completamente mojados[1]!

[1] soaked

La gente y la cultura del Caribe son una mezcla de las influencias indígenas, africanas y europeas.

La tradición cultural

- Cuba, así como la Argentina y México, siempre ha tenido una rica cultura literaria, y es elevado el número de sus poetas y escritores destacados. Por supuesto, la figura de José Martí domina el siglo XIX, pero en el presente se destacan poetas como Nicolás Guillén y Virgilio Piñera y novelistas como Alejo Carpentier, José Lezama Lima y Guillermo Cabrera Infante. Cada uno de éstos trata el tema de la identidad cubana, pero de tal manera que alcanza una trascendencia universal.

Una variedad de frutas tropicales.

El Caribe
VISTAZO FINAL

Y AHORA, ¿QUÉ MÁS PODEMOS DECIR?

▶ Todas las siguientes afirmaciones sobre el Caribe son falsas. Corrígelas.

1. El tenis es el deporte favorito de los países del Caribe.
2. Los logros[1] artísticos de los países caribeños han sido sólo a nivel de las artes populares y artesanías.
3. La comida caribeña es producto sólo de influencias europeas.

¿QUÉ OPINAS TÚ?

▶ Escoge por lo menos dos temas en esta sección que te interesan.

- Primero, haz una lista de varias cosas del Caribe relacionadas con estos temas.
- Segundo, haz una lista de algunas cosas de tu región que se relacionan con estos temas.
- Tercero, haz una comparación y contraste entre el Caribe y tu región con respecto a estos temas. ¿En qué son similares las dos regiones? ¿En qué son diferentes?
- Finalmente, escribe un párrafo para describir esas semejanzas y diferencias. En tu párrafo, trata de contestar las siguientes preguntas:

    ¿Por qué te interesan estos aspectos del Caribe? ¿Hay algo semejante en tu región que podría compararse con estos aspectos? Si crees que no existe nada comparable, di por qué.

    ¿Cómo sería tu vida si estos conceptos existieran — o no existieran — en la comunidad donde tú vives? ¿Cómo sería la vida de tus parientes? ¿y la de tus amigos?

[1]achievements

EL MUNDO DEL TRABAJO

UNIDAD 5

Ciudad de México, México.

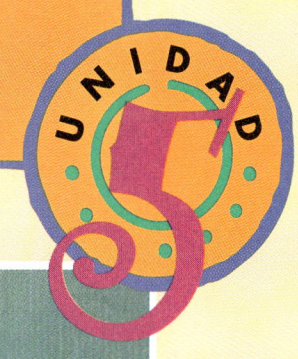

Buenos Aires, Argentina.

Tegucigalpa, Honduras.

San Cristóbal, México.

Mérida, México.

YO

ALLÍ VAMOS

¿Qué vas a hacer para ganarte la vida? ¿Qué tendrás que hacer para realizar tus metas? ¿Y cuál será tu contribución a la sociedad? Las decisiones que tomas ahora pueden determinar la dirección de tu vida en el futuro. En esta unidad, vas a explorar el mundo del trabajo, desde la formación profesional hasta el empleo.

- ¿Qué fotos muestran actividades que pueden ser parte de la formación profesional de un individuo?
- ¿Qué fotos tienen que ver con el mundo del trabajo?
- ¿En cuáles de estas actividades ya has participado tú?

«El que quiere cielo celeste, que le cueste.»

Chetumal, México.

LECCIÓN 1: LA FORMACIÓN PROFESIONAL

¿Qué haces ahora a fin de prepararte para tener un buen trabajo en el futuro? ¿Tratas de planear la dirección de tu vida con mucho cuidado? ¿O dejas la vida en manos de la suerte? Cada trabajo requiere una formación adecuada. ¿Puedes emparejar estos individuos con la preparación que probablemente tuvieron?

1.
2.
3.
4.
5.
6.
7.

282 *doscientos ochenta y dos* — UNIDAD 5

¿QUÉ PODEMOS DECIR?

- ¿Para qué se preparan las personas que ves aquí? Describe lo que hacen.

- ¿Qué hacen estas personas para prepararse intelectualmente? ¿Cuáles son las actividades extracurriculares en las que participan?

- ¿Qué otras cosas necesita hacer un individuo a fin de prepararse para estas profesiones?

- ¿Piensas seguir alguna de estas profesiones? ¿Por qué sí o por qué no?

LECCIÓN 1

doscientos ochenta y tres 283

Así se dice...

VOCABULARIO

¿QUÉ CARRERA QUIERES SEGUIR?

¿**S**abes qué carrera quieres seguir? ¿Qué cosas te interesan que te indican cuál es el tipo de trabajo perfecto para ti? Javier de Iturbe, que está en su último año de colegio, se hace las mismas preguntas. Javier es de Montevideo, la capital del Uruguay. Necesita escoger una carrera para poder **matricularse** en la universidad y decidir **en** qué **especializarse**. Algunos amigos suyos ya han hecho sus planes, pero Javier todavía no.

Javier decide visitar a una consejera, especialista en profesiones y **oficios**. La consejera **entrevista** a Javier, es decir, le hace preguntas sobre sus intereses y hablan de su decisión. Luego le da **un inventario** para que lo conteste. Con tal de que Javier conteste las preguntas honestamente, el inventario le ayudará a la consejera a **dar**le buenos **consejos** a este joven cliente suyo.

Primero, Javier escribe las profesiones que más le interesan: **derecho**, arquitectura, **finanzas** y **enseñanza**. Le gustaría **hacerse** abogado porque le interesan la justicia y las leyes. Como **arquitecto**, diseñaría edificios interesantes. Si fuera **banquero**, podría ayudar a los miembros de su comunidad. Y si se hiciera maestro, como su madre y dos tíos suyos, podría trabajar con gente joven y aconsejarla.

Luego Javier tiene que pensar en las metas que quiere **realizar** en su carrera, en las cosas que le interesan y en sus características personales. El inventario lo ayuda a **enfocarse en** las siguientes metas suyas: (1) Necesita un trabajo **estimulante** que le dé la oportunidad de **aprovechar** ideas nuevas. (2) También busca una profesión **prestigiosa** que le pague lo suficiente para vivir bien y que le permita ser su propio **jefe**. (3) Sobre todo desea guiar y ayudar a los demás.

¡Por fin Javier ha terminado el inventario! Sin embargo, se siente un poco nervioso. Al pensar en las profesiones que ha seleccionado, empieza a **tener pesadillas**. Por eso, **rechaza** esas profesiones una por una. Confundido y frustrado, cierra el inventario.

En pocos minutos la consejera ha **evaluado** las respuestas de Javier. Cuando escucha su recomendación, el joven uruguayo se queda completamente sorprendido. ¡La consejera le ha recomendado una carrera en la que él nunca había pensado!

INVENTARIO: ¿QUÉ CARRERA BUSCAS TÚ?

Tengo interés en ser...

- enfermero/a
- mecánico/a
- meteorólogo/a
- músico/a
- piloto/a
- profesor(a)
- psicólogo/a
- trabajador(a) social
- veterinario/a
- ¿?

INVENTARIO: ¿QUÉ TIPO DE PERSONA ERES?

Soy...

- amable
- artístico/a
- detallista
- investigador(a)
- organizado/a
- realista
- seguro/a de mí mismo/a
- ¿?

¿Cuál es la carrera que la consejera por fin le **sugirió** a Javier? Haz tú mismo/a una evaluación de los intereses y las metas de Javier. Si tú fueras su consejero/a, ¿qué profesión le recomendarías que siguiera? Luego, compara tu recomendación con las de tus compañeros de clase.

LECCIÓN 1 — *doscientos ochenta y cinco* **285**

Conexión gramatical
Estudia las páginas 298–304
en **¿Por qué lo decimos así?**

Y TÚ, ¿QUÉ DICES?

ACTIVIDADES ORALES Y LECTURAS

1 • INTERACCIÓN   ¿Qué hacen? ¿Qué han hecho?

▶ Con un compañero / una compañera, hagan y contesten preguntas según los modelos.

MODELOS:
TÚ: ¿Qué hace un arquitecto (una arquitecta)?
COMPAÑERO/A: Diseña edificios.
TÚ: ¿Qué ha hecho para llegar a ser arquitecto/a?
COMPAÑERO/A: Ha estudiado física, diseño y matemáticas.

PROFESIÓN	TRABAJO	PREPARACIÓN
arquitecto/a	diseñar edificios	estudiar física, diseño y matemáticas
banquero/a	autorizar préstamos para comprar casas y coches	estudiar finanzas, economía y contabilidad
camionero/a	transportar carga	sacar licencia para manejar camiones
carpintero/a	construir muebles	hacer un aprendizaje
cirujano/a	hacer operaciones en un hospital	sacar un título en medicina
electricista	reparar cortos circuitos y hacer instalaciones eléctricas	hacer estudios técnicos
gerente	dirigir un departamento en una compañía	aprender a organizar y dirigir a la gente
maestro/a	enseñar a los niños a leer y escribir	especializarse en la enseñanza de niños
bombero / mujer bombero	extinguir incendios y rescatar víctimas	completar un entrenamiento riguroso
obrero/a	trabajar en una fábrica	aprender a operar maquinaria
plomero/a	reparar tuberías de agua o de gas en casas	hacer estudios técnicos

2 • PIÉNSALO TÚ   La reunión de la Junta Directiva

▶ Esta noche hay una reunión de la Junta Directiva de Habitat para la Humanidad. Los que ya han llegado toman café y charlan. Sólo esperan a una persona que falta para empezar la reunión. Van a hablar de una casa que quieren construir. ¿Quién no ha llegado todavía? ¿Entre quiénes se sentará cuando llegue?

Adivinanza

Pesa[1] y no es almacenero,[2]
reparte lo que no es suyo;
no es tu padre y te castiga,
no es perro y cuida lo tuyo.

[1] *He weighs (things)* [2] *storekeeper*

Aquí están los miembros de la Junta Directiva.

una arquitecta	un diseñador gráfico
una banquera	un electricista
un bombero	un funcionario
un cirujano	un plomero

Los datos

1. Ninguna mujer va a sentarse ni al lado ni enfrente de otra mujer.

2. La persona que extingue incendios va a sentarse junto a otra persona que tiene un trabajo relacionado con el agua.

3. El electricista va a sentarse entre la persona que arregló las finanzas para este proyecto y la persona que diseñó la casa.

4. El diseñador gráfico va a sentarse frente a la arquitecta y junto al plomero.

5. El especialista en cirugía plástica nunca se sienta junto al diseñador gráfico.

3 • DEL MUNDO HISPANO ¡Hágalo a tiempo!

▶ ¿Te interesa hacer estudios acelerados para poder graduarte con meses o años de anticipación? El siguiente anuncio te puede ayudar. Léelo y contesta las preguntas.

1. En este colegio, es posible completar los requisitos ____ rápidamente que en una escuela común y corriente.
   a. más
   b. mucho más
   c. menos

2. ¿Qué servicio *no* ofrece el Colegio Díaz Rodríguez?
   a. videos educativos
   b. cafetería estudiantil
   c. consejeros

3. En tu opinión, ¿cómo es posible reducir un año escolar a sólo cuatro meses?
   a. Enseñando solamente lo esencial y eliminando lo demás.
   b. Cubriendo la materia rápidamente para que el estudiante tenga que estudiar mucho más.
   c. Haciendo que los padres les enseñen una parte de las materias a sus hijos.

4. Por eso, ¿qué característica *no* debe tener el estudiante que se matricula en el Colegio Díaz Rodríguez?
   a. determinación para tener éxito
   b. deseo de tener mucho tiempo libre
   c. mucha autodisciplina

5. Estos tres estudiantes se han matriculado en este programa. ¿Cuál de ellos *no* va a tener éxito?
   a. Sofía perdió un año de colegio por razones de salud. Quiere graduarse a tiempo. Tiene mucho entusiasmo y disciplina... y una hermana mayor que la quiere ayudar.
   b. A Raúl le gusta mucho estudiar, pero también necesita mucha ayuda. No capta las cosas rápidamente. Tal vez por eso ha perdido dos años de secundaria y no se ha graduado.
   c. Gina baila estupendamente. Quiere ser bailarina profesional... pero también quiere terminar el bachillerato. Le faltan dos años enteros. Es muy lista y muy trabajadora.

¡HÁGALO A TIEMPO!
BACHILLERATO PARA MENORES
- 7°, 8°, 9° en 12 meses
- 10°, 11° en 8 meses

Condiciones:
  a) Mucho interés
  b) Apoyo padres
  c) Dedicación total

Beneficios: Cada año se reduce a 4 meses. Avanza según su interés. Aprovecha mejor tiempo. Repone tiempo perdido.

Servicios: Videoteca. Apoyo psicológico. Orientación. Soda. Sala de Diálogo.

Inicio: 12 de Julio. Presenta exámenes en Noviembre.

COLEGIO DIAZ RODRIGUEZ
Saber y Virtud
Llámenos: **21-4022** y pida su Cita.
100 Este Cine Rex. Costado Sur Bco. Popular, San José.

Y AHORA, ¿QUÉ DICES TÚ?

1. ¿Te matricularías en un programa acelerado como éste? ¿Por qué sí o por qué no?
2. ¿Qué te gustaría de este programa? ¿Qué no te gustaría?
3. Imagínate que te gradúas en el colegio a los quince años. ¿Qué harías después de graduarte?

4 • INTERACCIÓN ¿Qué formación se necesita?

Las materias que una persona estudia son parte muy importante de su formación. A ver si todos están de acuerdo sobre las clases que hay o que no hay que tomar para seguir cierta carrera.

Paso 1. Con un compañero / una compañera, hagan una lista de los oficios y profesiones para los que no es *necesario* estudiar las siguientes materias (¡aunque siempre es buena idea estudiar todo lo que se puede!).

MODELO: la literatura →
No es necesario que un piloto / una pilota haya estudiado literatura.

1. la historia
2. las ciencias
3. la química
4. los idiomas extranjeros
5. la música
6. la computación
7. las matemáticas
8. la composición (el arte de escribir bien)

Profesiones: analista de sistemas, dentista, fotógrafo/a, hombre/mujer de negocios, ingeniero/a, maestro/a, meteorólogo/a, músico/a, payaso/a, periodista, piloto/a, policía / mujer policía, psicólogo/a, secretario/a, trabajador(a) social

Paso 2. En grupos de cuatro, comparen las listas. Si es necesario, cada miembro del grupo debe explicarles a los otros miembros por qué no está de acuerdo con algunas de sus respuestas.

Paso 3. ¿Qué materias *necesita* estudiar una persona que ejerce las profesiones de la lista anterior? Con un compañero / una compañera, hagan recomendaciones.

MODELO: un payaso →
Es importante que un payaso haya estudiado drama, psicología, magia, sociología y música.

¡A charlar!

There is little agreement among Spanish speakers about which words should be used to refer to women working in certain professions. Here are some general guidelines for the forms currently in use.

- Use **la** with nouns that end in **-ista**.

  el analista → la analista

- In some situations, the feminine form of the noun is used.

  el médico → la médica
  el trabajador → la trabajadora

- In other cases, the word **mujer** is used with the name of the profession.

  el policía → la mujer policía
  el soldado → la mujer soldado

The next time you talk with someone who speaks Spanish as a first language, listen carefully to find out which form of these nouns he or she uses.

5 • CONVERSACIÓN — ¿Qué han llegado a ser?

▶ Muchas personas muestran talento para una profesión o interés en ella desde muy jóvenes. ¿Puedes adivinar la profesión actual de los siguientes individuos a base de lo que hacían durante la niñez?

Paso 1. Pregúntale a tu compañero/a qué hacían y en qué se interesaban las personas que aparecen en los siguientes dibujos.

MODELO: Marta

a los 6 años     a los 12 años

TÚ: ¿Qué hacía Marta a los seis años?
COMPAÑERO/A: Le leía libros a su hermanito.
TÚ: Y ¿qué le interesaba a los doce años?
COMPAÑERO/A: Le interesaba ayudar a otros niños.

1. Carlos

a los 5 años     a los 14 años

2. María Luz

a los 12 años    a los 18 años

3. Juan Manuel

a los 4 años · a los 16 años

4. Santiago

a los 4 años · a los 14 años

5. Mercedes

a los 5 años · a los 16 años

Paso 2. Piensa en los intereses de esos jóvenes. Luego, basándote en esa información, inventa una descripción de ellos mencionando la profesión que han elegido, la preparación que han tenido y el puesto que tienen ahora.

MODELO: Marta es maestra. Asistió a la universidad y se especializó en educación bilingüe. Tomó cursos de español, inglés, arte, música, matemáticas, ciencias, pedagogía y psicología. Ahora es maestra de kínder y de niños preescolares en San Antonio.

Y AHORA, ¡CON TU PROFESOR(A)!

1. ¿Qué hacía usted a los seis años? ¿Qué le interesaba a los doce años?
2. ¿En qué se especializó en la universidad? ¿Qué cursos tomó?
3. ¿Ha hecho algunos viajes al extranjero? ¿Cuándo? ¿Adónde fue?
4. ¿Cuál fue su primer puesto de maestro/a?

LECCIÓN 1 · *doscientos noventa y uno* 291

READING TIP 6

USING THE DICTIONARY 2: IDENTIFYING PARTS OF SPEECH

Do you ever look up a word and find that the definition makes no sense in the sentence you are reading? When this happens, do the following.

First, take some time to familiarize yourself with the abbreviations your dictionary uses for the different parts of speech. (Most dictionaries list them on a page at the front.) **Hint:** Some of the most common abbreviations you will encounter are *tr.* (transitive verb), *m.* or *n.m.* (masculine noun), *f.* or *n.f.* (feminine noun), and *s.* (**sustantivo:** noun).

Next, check the part of speech of the word in your sentence. Many words can function as different parts of speech. Consider the word **poder** in the following sentence.

El dictador tenía todo el *poder*.

Is **poder** a noun or a verb? As a verb it means "to be able," which does not make sense here. Since **poder** is the thing the dictator had, it is logical to say that it is a noun. Find the definitions in your dictionary that follow the abbreviations *m.* or *n.m.* Among them will be "power" and "authority," which both fit this sentence perfectly.

In the reading that follows, you will encounter the word **recuerdo**, which has different meanings depending on the context in which it is used. Which of the following parts of speech and definitions is appropriate in this sentence?

Desde que *recuerdo*, yo quería ser maestra.

a. **recordar** *tr.*   to remember, recall
b. **recuerdo** *n.m.*   memento, souvenir

You were correct if you chose *a*. **Recuerdo** in this sentence is the first-person conjugation of the infinitive **recordar**.

Be sure you look up the correct part of speech, and remember that verb forms are always defined under their infinitives.

LECTURA: Clave al mundo hispano

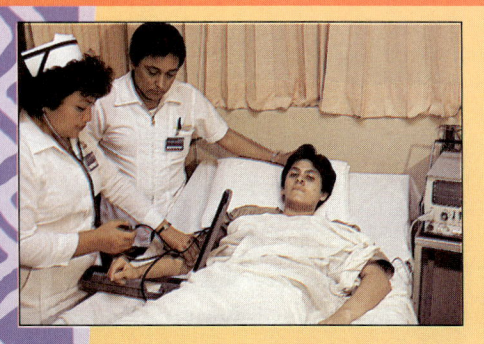

RINCÓN CULTURAL: ¿Cómo escoger una carrera?

Para algunas personas, la selección de una carrera es bastante fácil. Desde una edad muy temprana, saben lo que quieren ser:

Este hombre trabaja de enfermero en Mérida, México.

bomberos, médicos, mecánicos, artistas, periodistas o cualquier otra profesión que haya captado su atención. Otras personas siguen el ejemplo de sus padres y escogen una profesión como la de ellos. Pero a veces es difícil seleccionar una carrera, y es importante que uno lo piense bien.

Hay muchos factores que influyen en esta decisión. Si la carrera que una persona quiere seguir requiere estudios universitarios, hay que considerar la selección de una universidad, las notas de la escuela secundaria y los recursos económicos de la familia. También es posible que los padres quieran que su hijo o hija siga cierta carrera, aunque no siempre es la que el hijo o la hija hubiera escogido para sí mismo/a.[1]

Otro factor importante son las expectativas de la sociedad. Tradicionalmente ésta ha determinado cuáles son las profesiones «apropiadas» para cada sexo, y a veces esto afecta la decisión sobre la carrera que se va a seguir. No obstante, muchas personas creen que lo más importante es seguir las propias inclinaciones, considerando las habilidades que uno tiene, en vez de tratar de conformarse a las normas de la sociedad.

[1]hubiera... *would have chosen for him/herself*

A EXPLORAR EL TEMA

ACTIVIDAD   La carrera preferida

▶ Escoge entre las siguientes profesiones las tres que más te podrían interesar y ponlas en orden de preferencia del 1 al 3 (1 es la que más te interesaría). Puedes incluir otras profesiones en tu lista. Escribe un párrafo describiendo lo que te gusta de cada profesión, lo que tendrías que hacer para prepararte para esa carrera, los posibles obstáculos en el camino hacia esa carrera y cómo superarías esos obstáculos.

    abogado/a
    actor/actriz
    arquitecto/a
    bombero / mujer bombero
    cocinero/a
    deportista profesional
    escritor(a)
    hombre/mujer de negocios
    médico/a
    mecánico/a
    político / mujer político
    profesor(a)
    ¿ ?

LECCIÓN 1

Mission Viejo, California: La profesora Martín habla con uno de sus estudiantes después de la clase.

LECTURA

A PROPÓSITO Ángela Martín enseña español en una escuela secundaria en Mission Viejo, California. En 1992 ganó el premio de «Profesora del año» en su distrito escolar. En esta entrevista, ella habla de su herencia cultural, de su trabajo, de la importancia de ser bilingüe y de los pasos que deben seguir los estudiantes al considerar las opciones que tienen después de graduarse en la escuela secundaria.

ENTREVISTA CON LA PROFESORA ÁNGELA DEL CARMEN MARTÍN GORNO

Parte 1

¿De dónde es usted y su familia?

Nací en La Habana, Cuba, y mis padres también nacieron allí. Mis abuelos son por una parte de Cuba y por la otra de las islas Canarias.

¿Cómo fue que usted se interesó en su carrera?

Mi madre fue maestra. Desde que° recuerdo, yo quería ser maestra también. Trabajaba como ayudante en una escuela primaria mientras estudiaba en la universidad aquí en los Estados Unidos.

Desde... *Since*

¿Quién ha sido la persona que más ha influido en su vida?

Yo diría que mis padres han tenido una gran influencia en mi vida. Siempre me han dicho: «Tú puedes hacer lo que quieras en la vida. Tienes que seguir adelante con tus sueños.» También me hicieron comprender la importancia de la educación.

¿Cuáles son sus responsabilidades principales en el trabajo ahora?

Aparte de mis responsabilidades diarias de la clase, este año he ayudado a organizar un programa para muchachas latinas y sus mamás. El programa se enfoca en tratar de educarlas en carreras no tradicionales para la mujer. Espero inspirarlas a seguir con la educación para que así tengan la oportunidad de explorar las diferentes opciones en el mundo del trabajo.

¿Qué aspecto de su trabajo le gusta más?

Lo que me gusta más son los estudiantes y cómo aprenden. Me impresiona mucho cuando vuelven para decirme que han seguido con sus estudios, en español o en otra materia. Las profesoras tenemos muchos papeles. Además de ser maestras, somos también actrices, vendedoras, consejeras, amigas y disciplinarias.

Parte 2

¿Puede comentar sobre la importancia de ser bilingüe en el mundo del trabajo?

Creo que cualquier persona bilingüe tiene más oportunidades, porque vive en dos culturas y tiene una visión más amplia de la vida. En el mundo de los negocios, ser bilingüe es de gran importancia, y lo es también en muchas profesiones como doctor, dentista, psicólogo o terapista. En los Estados Unidos hay muchos estados que tienen una gran población hispana.

¿Qué consejos les daría a los estudiantes cuando llegue el momento de seleccionar su carrera?

A los estudiantes que piensan dedicarse a la enseñanza, les aconsejaría que se concentraran en dos áreas, porque les resultará más fácil conseguir trabajo. A los que piensan seguir otra carrera, les diría que estudiaran también un segundo idioma para poder tener más oportunidades en cualquier campo que escojan. También, les recomiendo a todos que viajen. Es la mejor educación que hay.

¿Qué les aconseja a los estudiantes que le dicen: «No sé qué hacer después de la escuela secundaria»?

Creo que desde muy temprano, los estudiantes y sus padres deben visitar diferentes universidades y programas educativos y hablar con muchas personas sobre diferentes trabajos. Si el estudiante no sabe qué quiere hacer, le aconsejo que piense en las diferentes personas que conoce a fin de buscar un modelo. También debe preguntarse: «¿Qué me es importante para ser feliz? ¿Prefiero trabajar solo o necesito trabajar con otros? ¿Es el dinero muy importante o prefiero una carrera que me permita pasar tiempo con mi familia?» Así, el estudiante puede tomar una decisión inteligente y que lo haga feliz también.

En su opinión, ¿cuáles serán los trabajos más importantes en los próximos diez o veinte años?

Creo que los trabajos internacionales y los que requieren competencia tecnológica serán los más importantes. Sin embargo, siempre hace falta un buen médico, una buena profesora, un buen mecánico. Les digo a los estudiantes que lo más importante es que hagan su trabajo lo mejor que puedan, sea cual sea su profesión.°

sea... *whatever their profession may be*

LECCIÓN 1

¿QUÉ ENCONTRASTE?

ACTIVIDAD ¡A buscar una carrera!

Paso 1. Según la profesora Martín, ¿cuáles de los siguientes pasos son importantes para seleccionar una carrera?

1. visitar un museo
2. visitar diferentes universidades y programas
3. charlar con los hermanos
4. hablar con diferentes personas
5. hacerse muchas preguntas
6. buscar un modelo para seguir

¿Crees que los pasos que menciona ella son útiles? ¿Por qué sí o por qué no?

Paso 2. Escribe una lista de otros pasos que los estudiantes pueden dar para tomar una buena decisión sobre su futuro. Luego, comparte tu lista con los otros miembros de la clase.

A EXPLORAR MÁS A FONDO

ACTIVIDAD Haciendo papeles

▶ Imagínate que eres consejero/a en una escuela secundaria y que un(a) estudiante viene a tu oficina para hablar de su futura carrera. Con un compañero / una compañera, hagan los papeles de consejero/a y estudiante. El consejero / La consejera debe hacerle las siguientes preguntas (u otras originales) al / a la estudiante y sugerirle algunas carreras apropiadas. Luego, intercambien papeles.

1. ¿Qué cosa es más importante para ti: ganar dinero, pasar tiempo con la familia o tener oportunidades de usar tus capacidades intelectuales?
2. ¿Qué sabes hacer muy bien? ¿Cuáles son tus habilidades e intereses?
3. ¿Dónde te gustaría vivir? ¿Te interesaría una carrera que te permitiera viajar?
4. ¿Qué querías ser cuando eras niño/a? ¿Todavía tienes el mismo sueño o hay otra carrera que te interesa más?
5. ¿Sabes lo que quieres hacer en el futuro? ¿Cómo lo decidiste?

TRADICIÓN Y CAMBIO

EL ESPAÑOL EN EL MUNDO DEL TRABAJO

En el pasado, el inglés se consideraba el idioma «oficial» del mundo de los negocios. Y no hay duda de que sigue siendo muy importante en ese respecto. Sin embargo, el español está llegando a ser muy importante también. Aquí, Mark Kouri —artista y diseñador independiente que reside en Oklahoma City— les da algunos consejos a los estudiantes de español.

Mark Kouri con varios productos que ha diseñado.

«Continúa con tus estudios de español y háblalo, háblalo, háblalo. ¡Y no pares con un solo idioma! Estudia tantos como puedas. Hoy día hay muy pocos negocios que no tengan intereses internacionales y hay mucha competencia en el mundo del trabajo. Ya no se le garantiza empleo a nadie. Todo lo que puedas hacer para destacar[1] te dará más oportunidades y el poder de escoger el trabajo que a ti te guste. En el mundo del trabajo, se supone que los que hablan más de un idioma son más capaces que los que hablan uno solo. En mi caso, los idiomas que hablo y la confianza que tengo para tratar con gente de otras culturas me han abierto muchas puertas.»

[1] *stand out*

LECCIÓN 1 doscientos noventa y siete **297**

¿POR QUÉ LO DECIMOS ASÍ?

GRAMÁTICA

¿HAS PENSADO EN EL FUTURO?
Past Participles; Present Perfect; Present Perfect Subjunctive

> Present perfect = present tense of **haber** + past participle

> Present indicative forms of **haber**: he, has, ha, hemos, habéis, han

> Past participles:
> -ar → -ado
> -er → -ido
> -ir → -ido
> When used in the present perfect with **haber**, past participles always end in **-o**.

> If the stem of an -er or -ir verb ends in -a, -e, or -o, there is an accent mark on -ido.
> traer: traído
> leer: leído
> oír: oído

> Compound verbs formed with these verbs are also irregular.
> descubrir → descubierto
> componer → compuesto

¡REPASEMOS!

The present perfect expresses an action that has taken place at some unspecified time in the past. It consists of the present tense of the auxiliary verb **haber** (*to have* [*done something*]) + the past participle (*studied, felt, seen,* and so on).

¿Has estudiado para el examen?
¡Nunca me he sentido tan enferma!
Creo que ya hemos visto esta película.

Here are the present-tense forms of **haber: he, has, ha, hemos, habéis, han**.

To form the past participle of **-ar** verbs, drop the **-ar** ending and add **-ado** to the stem. For **-er** and **-ir** verbs, drop the **-er** or **-ir** ending and add **-ido**. The past participle is invariable in the present perfect, always ending in **-o**.

examinar:	examin- →	examinado
aprender:	aprend- →	aprendido
sugerir:	suger- →	sugerido

Remember that several common verbs have irregular past participles.

abrir:	abierto	morir:	muerto
cubrir:	cubierto	poner:	puesto
decir:	dicho	romper:	roto
escribir:	escrito	ver:	visto
hacer:	hecho	volver:	vuelto

> You have also used the past participle, without **haber**, as an adjective. Like other adjectives, past participles agree with the nouns they modify in gender and number.
>
> Las sillas están rotas. Mi perro está perdido.
> Hay unas sillas rotas. Hay un perro perdido.

When used by themselves as adjectives, past participles agree with the noun they modify: -o/-a/-os/-as.

A You have used the present perfect indicative to describe or talk about things that have or have not happened.

—¿Por qué estás preocupada? —Why are you worried?
—Porque mi hermana no **ha** —Because my sister hasn't called
 llamado todavía.   yet.

B To express an opinion, emotion, hope, or doubt about something that has or has not happened, use the present perfect subjunctive.

—Pues yo dudo que **se haya** —Well, I doubt that she has woken
 despertado todavía.   up yet.
—Tal vez. Ojalá que no   —Maybe. Let's hope that
 haya tenido ningún problema. she hasn't had any problems.

To form the present perfect subjunctive, use the subjunctive forms of **haber** + the past participle. The present subjunctive forms of **haber** are **haya, hayas, haya, hayamos, hayáis, hayan**.

Present subjunctive forms of haber: haya, hayas, haya, hayamos, hayáis, hayan

C You also use the present perfect subjunctive after conjunctions of time when you are talking about future actions and in adjective clauses that describe something indefinite.

—¿Qué opinaste del examen? —What did you think of the exam?
—Cuando lo **haya tomado**, —When I've taken it, I'll
 te lo diré.   tell you.
—Gracias, pero quiero hablar —Thanks, but I want to talk
 con alguien que ya lo **haya** to someone who has already
 tomado.   taken it.

LECCIÓN 1   doscientos noventa y nueve **299**

EJERCICIO 1   ¡Ojo alerta!

▶ Hay varias diferencias entre los siguientes dibujos. ¿Puedes encontrarlas?

Paso 1. Di si las oraciones son ciertas o falsas según el dibujo A. Luego corrige las oraciones falsas.

A   B

Palabras útiles: acostarse, dormirse, encender, levantarse, poner la mesa, ponerse el sol, salir la luna, servir

En el dibujo A...

1. el gato está dormido.
2. el niño está acostado.
3. la mesa está puesta.
4. la cena está servida.
5. las luces del salón están encendidas.
6. el sol se ha puesto.

Paso 2. Ahora inventa oraciones para describir los mismos aspectos del dibujo B.

    MODELO: En el dibujo B, el gato *está dormido*.

Paso 3. Ahora di lo que ha pasado en cada dibujo. Usa las palabras útiles del Paso 1.

    MODELO: En el dibujo A, el niño *se ha acostado*. También *se ha dormido*. En el dibujo B, el niño *no se ha acostado* todavía.

EJERCICIO 2   ¿Están preparados para el futuro?

▶ ¿Están preparándose para su futuro profesional tus compañeros de clase? En este ejercicio, lo vas a saber.

Paso 1. Completa las siguientes oraciones con la forma correcta del verbo entre paréntesis. Luego escoge la oración de cada par que expresa tu opinión sobre los estudiantes de tu clase.

1. ☐ Creo que todos ya (han/hayan) elegido la profesión u oficio que quieren seguir.
   ☐ Es probable que algunos no (han/hayan) elegido su profesión u oficio todavía.

2. ☐ Estoy seguro/a de que algunos compañeros ya se (han/hayan) matriculado en la universidad o en una escuela técnica.
   ☐ No hay nadie que se (ha/haya) matriculado todavía.

3. ☐ Es verdad que algunos compañeros ya (han/hayan) trabajado en la carrera que quieren seguir.
   ☐ Dudo que alguien ya (ha/haya) trabajado en la carrera que quiere seguir.

4. ☐ Creo que algunos ya (han/hayan) consultado con un consejero / una consejera sobre su futura profesión.
   ☐ No creo que nadie (ha/haya) consultado con un consejero / una consejera sobre sus planes profesionales.

Paso 2. Ahora escucha mientras el profesor / la profesora pregunta si alguien ha hecho estas actividades. ¿Tenías razón en el Paso 1?

NO TE OFRECEMOS EL PUESTO A MENOS QUE TENGAS MUCHA MOTIVACIÓN
Conjunctions That Always Take Subjunctive

A In addition to **antes (de) que**, several other Spanish conjunctions are *always* followed by the subjunctive.

a menos que	unless	para que	in order that, so that
con tal (de) que	provided that		
en caso de que	in case, if	sin que	without

—¿Tus padres te permiten usar el coche nuevo? ¡Qué suerte!
—Sí, **con tal de que maneje** muy lentamente y con cuidado.
—Entonces, más vale que estaciones **sin que** te **vean**... ¡Siempre lo haces tan mal!

—Your parents let you use the new car? How lucky!
—Yes, provided that I drive slowly and carefully.
—Then, you'd better park without their seeing you . . . You always do it so badly!

¿Recuerdas?

▶ In **Unidad 4**, you practiced using conjunctions of time followed by subjunctive forms to describe an action that might take place at some point in the future.

¡Voy a estudiar *hasta que* me duerma!
I'm going to study until I fall asleep.

One conjunction of time, **antes (de) que**, *always* takes the subjunctive, no matter what the time frame.

Tenía que llamar a mi amigo *antes de que* saliéramos de viaje.
I had to call my friend before we left on our trip.

Conjunctions that always take subjunctive:
a menos que
antes (de) que
con tal (de) que
en caso de que
para que
sin que

Same subject in both clauses: antes de / en caso de / para / sin + infinitive

B When the subject of both clauses is the same person or thing, the prepositions **antes de**, **en caso de**, **para**, and **sin** + *infinitive* are used instead of the conjunction. Compare these pairs of sentences.

Te hablaré antes de irme. *I'll speak to you before I leave.*
Te hablaré antes de que tú te vayas. *I'll speak to you before you leave.*

En caso de tener problemas, llámame. *In case you have problems, (you) call me.*
En caso de que tu hermano tenga problemas, llámame. *In case your brother has problems, (you) call me.*

EJERCICIO 3 — Causas y efectos

▶ Tus padres y tus profesores casi siempre tienen buenas razones por sus decisiones. Con un compañero / una compañera, completen estas oraciones.

1. Los padres trabajan mucho para que los hijos... ¿ ?

2. Los padres quieren que los hijos lleguen a casa temprano para que... ¿ ?

3. Los profesores les dan tarea a los estudiantes para que... ¿ ?

TU CARRERA Y LA MÍA
Possessive Adjectives; Possessive Pronouns

A To emphasize to whom something belongs or with whom something is associated, use the longer possessive forms, which follow the noun they modify and agree with it in number and gender. Like other adjectives, they may stand alone—without the noun they modify— when the noun is clearly understood.

—¿Es **tuya** esta oficina?
—No, no es **mía**. ¿Conoces a la señora Miño? Es **suya**.

—*Is this office yours?*
—*No, it isn't mine. Do you know Mrs. Miño? It's hers.*

—Ese chico que robó algo de la tienda, ¿es amigo **tuyo**?
—No, no es ningún amigo **mío**.

—*That kid who stole something from the store, is he a friend of yours?*
—*No, he isn't any friend of mine.*

B Here are the long, or emphatic, possessive adjectives.

mío/a/os/as	*mine, of mine*	nuestro/a/os/as	*ours, of ours*
tuyo/a/os/as	*yours, of yours (informal)*	vuestro/a/os/as	*yours, of yours (informal plural)*
suyo/a/os/as	*yours, of yours (polite); his, of his; hers, of hers*	suyo/a/os/as	*yours, of yours (plural); theirs, of theirs*

C These forms become possessive pronouns when preceded by a definite article.

—¿Me puedes prestar tus apuntes? Dejé **los míos** en casa.
—De momento necesito **los míos**, pero Anita ya terminó con **los suyos**.

—*Could you lend me your notes? I left mine at home.*
—*I need mine at the moment, but Anita is already finished with hers.*

¿Recuerdas?

▶ The possessive adjectives you have used are **mi/mis**, **tu/tus**, **su/sus**, **nuestro/a/os/as**, and **vuestro/a/os/as**.

They precede the noun they modify and agree with it in number. **Nuestro** and **vuestro** also agree in gender.

Show that you know the meaning of these adjectives by giving the possessive form that corresponds to the following phrases.

de Juan, de nosotros, de mis padres, de mí, de Anita, de ti, de Humberto y de mí, de usted.

Long-form possessives: follow nouns
mío/a/os/as
tuyo/a/os/as
suyo/a/os/as
nuestro/a/os/as
vuestro/a/os/as
suyo/a/os/as

Possessive pronouns = definite article + long-form adjective
el mío / la mía / los míos / las mías

LECCIÓN 1 · trescientos tres · 303

EJERCICIO 4 — En el hotel

▶ Para tener suficiente dinero para matricularse en la universidad, Javier de Iturbe trabajó el verano pasado en la recepción de un hotel. Este diálogo demuestra algunos de los problemas que tuvo. Complétalo con las formas posesivas apropiadas.

SEÑOR: Perdón, señor, pero esta maleta que usted me ha dado no es (*mío*[1]).

JAVIER: ¿No es (*suyo*[2])? ¿No es usted el doctor Méndez?

SEÑOR: Sí, soy yo, pero repito que esta maleta no es (*mío*[3]). Usted todavía tiene la (*mío*[4]). Está allí, a la derecha.

JAVIER: Ah, el error es (*mío*[5]), señor. Lo siento. Esta maleta es de los señores Meléndez. Aquí tiene usted la (*suyo*[6]).

SEÑOR: Y otra cosa, señor. Estos zapatos que usted me entregó esta mañana no son (*mío*[7]).

JAVIER: ¡Claro que no son (*suyo*[8]), señor! ¡Son zapatos de mujer! ¡Otra equivocación (*nuestro*[9]). Déjeme verlos. Sí, también son de los señores Meléndez.

SEÑOR: Desde luego, joven, el servicio de este hotel es fatal.

JAVIER: Respeto la opinión (*suyo*[10]), señor. Hablaré con el gerente del hotel para ver si hay algo que podamos hacer.

SEÑOR: Y también debe hablar con los señores Meléndez. ¡Su opinión del servicio debe ser igual que la (*mío*[11])!

EJERCICIO 5 — Comparaciones

▶ Dile a un compañero / una compañera cuáles son tus cosas y personas favoritas. Luego averigua las preferencias de él/ella.

MODELO: Mi cantante favorito es... →

TÚ: Mi cantante favorita es Toni Braxton. ¿Y *la tuya*?

COMPAÑERO/A: *La mía* es Bonnie Raitt.

1. Mi cantante favorita es...
2. Mi cantante favorito es...
3. Mi programa de televisión favorito es...
4. Mis pasatiempos favoritos son...
5. Mi color favorito es...
6. Mis clases favoritas son...
7. Mis películas favoritas son...
8. Mis estrellas de cine favoritas son...

VOCABULARIO — PALABRAS NUEVAS

Las profesiones y los oficios
la contabilidad
el derecho
la enseñanza

el/la analista de sistemas
el banquero / la banquera
el bombero / la mujer bombero
el camionero / la camionera
el cirujano / la cirujana
el/la electricista
el funcionario / la funcionaria
el hombre / la mujer de negocios
el músico / la música
el obrero / la obrera
el plomero / la plomera
el trabajador / la trabajadora social

Palabras semejantes: el arquitecto / la arquitecta, el carpintero / la carpintera, las finanzas, el meteorólogo / la meteoróloga, el piloto / la pilota, el veterinario / la veterinaria

Palabras de repaso: el abogado / la abogada, el agricultor / la agricultora, el bailarín / la bailarina, el conductor / la conductora, el consejero / la consejera, el/la dentista, el diseñador / la diseñadora de ropa, el entrenador / la entrenadora, el fotógrafo / la fotógrafa, el/la gerente, el ingeniero / la ingeniera, el jefe / la jefa, el maestro / la maestra, el mecánico / la mecánica, el/la periodista, el policía / la mujer policía, el político / la mujer político, el profesor / la profesora, el soldado / la mujer soldado

La formación profesional
aprovechar
dar consejos
dirigir
ejercer
enfocarse (en)
entrevistar
especializarse (en)
evaluar
graduarse (en)
guiar
hacerse
llegar a ser
matricularse
realizar
rechazar
sacar una licencia
sugerir (ie)

el aprendizaje
el entrenamiento
los estudios técnicos
el inventario

Palabras de repaso: la meta, el puesto, el trabajo

Los adjetivos
estimulante
prestigioso/a

Palabras útiles
la autodisciplina
la disciplina

tener pesadillas

LECCIÓN 1 — trescientos cinco 305

LECCIÓN 2: ¿QUÉ PUESTO QUIERES CONSEGUIR?

Humberto Castón vive en Balboa, puerto importante para el Canal de Panamá. Siempre ha deseado trabajar en la Comisión del Canal de Panamá, que maneja el gran canal que cruza el istmo. Está para graduarse en la Universidad Nacional de Panamá con un título en ingeniería marítima.

Ha llegado por fin el momento de hacer algo de gran importancia en su vida: esta noche tiene que llenar una solicitud de trabajo. Al hacerlo, piensa en la preparación que ha tenido hasta el momento para conseguir el puesto que desea.

la esclusa

el puente

la ingeniería

El Canal de Panamá mide ochenta kilómetros y tiene seis esclusas, tres a cada lado del istmo que cruza. Es el enlace marítimo más importante entre el océano Atlántico y el Pacífico.

Vasco Núñez de Balboa

el océano Pacífico

306 trescientos seis UNIDAD 5

COMISIÓN DEL CANAL DE PANAMÁ
SOLICITUD DE EMPLEO

DATOS PERSONALES

Puesto que busca _____

Nombre _____ _____
(Apellidos) (Nombre)

Dirección _____ _____ _____
(Calle) (Ciudad) (Zona)

CREDENCIALES

Promedio Académico: Escuela secundaria _____
Universidad _____

Título(s) universitario(s):

Aptitudes (*indique con una X*):

_____ Hablo y escribo bien un idioma extranjero.
(¿Qué idioma[s]? _____)

_____ Tengo experiencia y/o conocimientos en computación.

_____ Otras: _____

DATOS DE EMPLEO

Haga Ud. una lista de todos los empleos de tiempo completo y de tiempo parcial que ha tenido, indicando las fechas de empleo.

Explique Ud. el motivo (los motivos) por el (los) que dejó el último trabajo.

Confirmo que todas mis respuestas a estas preguntas son verdaderas y completas. Autorizo a la Comisión del Canal de Panamá para verificar toda declaración en esta solicitud de empleo.

_____ _____
(Firma) (Fecha)

Una vista panorámica de algunas esclusas del Canal de Panamá.

¿QUÉ PODEMOS DECIR?

- ¿Qué formación ha tenido Humberto para el puesto que busca?

- Si fueras Director(a) de Personal de la Comisión del Canal de Panamá, ¿le darías una entrevista a Humberto? ¿Por qué sí o por qué no?

- ¿Qué credenciales personales presentarías tú para conseguir una entrevista con el director / la directora de personal de una compañía de negocios? ¿Qué aptitudes especiales dirías que tienes?

LECCIÓN 2 *trescientos siete* **307**

Así se Dice...

VOCABULARIO

¡ES IMPORTANTE CAERLE BIEN AL DIRECTOR DE PERSONAL!

Ya sabes que Humberto Castón **solicita** trabajo con la Comisión del Canal de Panamá. Humberto ha tenido suerte. ¡Le han **concedido una entrevista**! Pero el pobre Humberto estaba tan nervioso la noche anterior a la entrevista que casi no pudo dormir. En la madrugada, tuvo una pesadilla de ésas en las que uno **se levanta con el pie izquierdo**. Es decir, soñó que todo —¡sí, *todo*!— **le salió mal**. Veámosla.

A Humberto se le olvidó **poner el despertador**. Cuando se despertó, ya era tardísimo. Salió rápidamente para la entrevista.

En el camino, fue detenido por un policía, quien **le puso una multa** por exceso de velocidad.

Cuando llegó a la oficina del **Director de Personal**, la secretaria le dijo que había llegado con una semana **de anticipación** (es decir, muy temprano) para la entrevista. Sin embargo, el Director le concedió media hora para una entrevista.

La secretaria abrió la puerta de la oficina del Director con gran ceremonia. «Pase usted» le dijo a Humberto. **Haciendo de tripas corazón**, Humberto trató de entrar pero, al pasar por la puerta, se cayó. ¡También se le cayó el **maletín** en que llevaba la solicitud de empleo y todos los documentos con sus datos personales y profesionales!

Humberto se levantó, recogió los papeles y se acercó al Director. «Siéntate», le dijo cordialmente el señor. Una vez sentado, Humberto le presentó al Director su carnet, su título de ingeniería y varias recomendaciones de sus profesores en las que **elogiaban** sus cualidades y aptitudes de ingeniero.

Mientras el Director le hablaba de sistemas de **ascenso** y de **aumentos de sueldo**, Humberto se tomaba un café. Pensando que la entrevista iba bien, **se relajó** por primera vez en todo el día y... ¡se le **derramó** el café en el traje nuevo! El Director le sonrió cortés pero irónicamente.

«¡Seguro que se me escapa la **oferta de empleo**!» pensó Humberto. Por eso empezó a hablar rápidamente de sus cualidades personales. Dijo que era **digno de confianza**, leal, puntual, flexible y muy trabajador.

Cuando por fin **se acabó** la entrevista, el Director, todavía sonriendo, lo acompañó hasta la puerta de su oficina. Al **despedirse de** Humberto, le dijo sin cambiar de tono:

¿SABES, HUMBERTO, QUE YA HE OÍDO DE TI? LA PRÓXIMA VEZ QUE INVITES A MI HERMANA A CENAR, ¡HAZLO POR MOTIVOS SINCEROS, NO PORQUE QUIERES UNA ENTREVISTA! ¡ADIÓS!

¿Crees que al fin Humberto le cayó bien al Director en la pesadilla? ¿Por qué sí o por qué no? ¿Cuáles eran sus puntos buenos? ¿Qué errores cometió durante la entrevista? Imagínate que eres Humberto. ¿Qué harías en la oficina del Director durante la entrevista? ¿Qué le dirías en cada situación?

¿Has tenido tú algún día como ése, en que te levantaste con el pie izquierdo? ¿Qué te pasó ese día?

LECCIÓN 2

trescientos nueve **309**

Conexión gramatical
Estudia las páginas 321–326
en ¿Por qué lo decimos así?

Y TÚ, ¿QUÉ DICES?

ACTIVIDADES ORALES Y LECTURAS

1 • ENCUESTA   Las profesiones

▶ Cada trabajo tiene sus ventajas y sus desventajas. Esta actividad te va a ayudar a considerar tus preferencias en cuanto a las profesiones.

Paso 1. Indica la importancia que los siguientes factores tienen para ti. Dales un número del 1 al 4, según esta escala.

4 = Me importa muchísimo.
3 = Me importa.
2 = No me importa mucho.
1 = No me importa nada.

1. un buen sueldo y los aumentos de sueldo cuando los merezca
2. la posibilidad de subir a puestos de mayor responsabilidad en la empresa
3. la oportunidad de viajar
4. un horario flexible que me permita tener libres los fines de semana
5. la estabilidad de la empresa
6. la oportunidad de aprender nuevos métodos
7. la buena fama y la integridad de la empresa
8. el prestigio de mi empleo dentro de la empresa
9. un trabajo en que el estrés sea mínimo
10. la oportunidad de trabajar al aire libre
11. la oportunidad de tratar con el público
12. la oportunidad de contribuir en algo a la sociedad
13. la independencia y la posibilidad de tomar mis propias decisiones
14. ¿ ?

Paso 2. Ahora, con un compañero / una compañera, indiquen qué ventajas de la lista anterior se asocian normalmente con los siguientes oficios y profesiones.

1. guardaespaldas
2. obrero/a de una fábrica
3. agente viajero/a (que viaja y vende productos)
4. director(a) de actividades de un crucero
5. presidente/a de una compañía internacional
6. maestro/a de primaria

2 • DEL MUNDO HISPANO   Los anuncios

▶ ¿Estás buscando empleo? Aquí tienes dos anuncios de un periódico costarricense. ¿Te interesa uno de ellos?

EDICRESA
EDICIONES CREATIVAS DE COSTA RICA

BUSCA EJECUTIVOS O EJECUTIVAS DE VENTAS
Si usted es un hombre o mujer que califica en los siguientes aspectos:

- Posee excelente presentación personal
- Habla inglés fluidamente
- Posee vehículo en perfectas condiciones
- Posee educación universitaria en turismo
- Está muy bien relacionado socialmente
- Requiere de altos ingresos
- Su edad está entre los 21 y 35 años
- Es capaz de trabajar por objetivos
- Posee orientación hacia el servicio y seguimiento al cliente
- Tiene disponibilidad para trabajar en horarios largos
- Es capaz de realizar giras dentro y fuera de Costa Rica cuando sea meritorio.

Entonces envíenos este anuncio solamente si ha marcado positivamente a todas las 11 casillas anteriores, solicitando entrevista a: EDICIONES CREATIVAS DE COSTA RICA, S.A. Apdo. 146-2300 Curridabat, San José.

NO SE DARAN CITAS NI INFORMACION POR TELEFONO, NI SE DARA RESPUESTA A ANUNCIOS ENVIADOS POR USTED SIN UN 100% DE CALIFICACION, PUES USTED NO ES LA PERSONA QUE OCUPA NUESTRA CORPORACION.

AM Auto Mercado
supermercados de calidad

GERENTE FINANZAS
REQUISITOS:
- Nacionalidad costarricense.
- Edad entre 28 y 35 años.
- Licenciatura en Administración de Empresas.
- Al menos tres años de experiencia en el sector privado en labores contable - financieras.
- Sólidos conocimientos en materia contable así como el manejo de paquetes de computación (Lotus, Word Perfect, Quatro Pro.)
- Preferible con experiencia en labores como: elaboración de presupuestos, importaciones, operaciones en el mercado financiero y bursátil.
- Conocimientos básicos de inglés.
- Excelente presentación personal.
- Persona dinámica, creativa, con facilidad para comunicarse y trabajar en equipo.
- Con vehículo propio.

A las personas interesadas se les ruega enviar a la mayor brevedad posible su curriculum vitae, fotografía reciente y pretensiones salariales a Gerencia Recursos Humanos, Apartado 1500-1000 San José.

Paso 1. Lee los anuncios y contesta estas preguntas.

1. ¿Qué empresa requiere que la persona trabaje horas largas?
2. ¿Qué compañía requiere que el candidato sepa expresarse bien?
3. ¿Qué compañía no exige que la persona sea bilingüe?
4. ¿En qué empleo existe la posibilidad de viajar al extranjero?
5. ¿Qué compañía no requiere experiencia mínima?
6. ¿Para qué puesto son necesarios el dinamismo y la creatividad?
7. ¿Qué empresa no busca personas con conocimientos de computadoras?
8. ¿Qué compañía no requiere que la persona sea hispana?

Paso 2. Ahora, con un compañero / una compañera, busquen dos requisitos generales que se mencionan en estos anuncios.

LECCIÓN 2

3 • NARRACIÓN — Una entrevista con Manolo Malcriado

▶ Después de ocho entrevistas, Manolo todavía se encuentra sin trabajo. Tiene buenas calificaciones, pero casi nunca le ofrecen los puestos que solicita, y cuando se los ofrecen, Manolo no los acepta. ¿Por qué le pasará a Manolo todo esto?

Paso 1. Mira los dibujos y explica lo que el pobre joven ha hecho mal o lo que le molesta del trabajo.

MODELOS: Dibujo 1 →
Manolo se ha vestido de una manera inadecuada.
La manera en que Manolo se ha vestido es inadecuada.

FRASES ÚTILES

darle la mano a alguien
escribir a mano / a máquina
informarse
llamar a una persona por su apodo
masticar chicle
quejarse de
saludar
ser descortés

Paso 2. ¿Qué crees que va a pasar en esta entrevista? ¿Le van a ofrecer el puesto a Manolo hoy? ¿Por qué sí o por qué no?

Paso 3. Ahora dale a Manolo algunos consejos sobre lo que debe hacer para conseguir un empleo.

MODELO: Manolo, te recomiendo que te vistas mejor.

¡A charlar!

You have learned a number of ways to make suggestions or offer advice to others. Here are several of them.

Manolo debe + infinitive
Manolo tiene que + infinitive
Es necesario que Manolo + subjunctive
Le aconsejo a Manolo que + subjunctive
Sugiero que Manolo + subjunctive

You can also offer advice more directly by using direct commands.

Manolo, levántate más temprano. No te levantes tarde.

EMPRESA FINANCIERA PRIVADA
requiere
GERENTE DE INVERSION

Requisitos:
- Master en Administración de Empresas
- Experiencia mínima de cinco años en una empresa de crédito o un banco como oficial de crédito o inversión
- Con gran iniciativa para trabajar de manera independiente
- Experiencia en el uso de computadoras, preferiblemente con un producto de Microsoft
- Bilingüe (español - inglés)
- Excelente presentación personal
- Fuerte compromiso y ética ambiental
- Nacionalidad hispana

Se Ofrece:
- Salario competitivo
- Beneficios adicionales
- Agradable ambiente y estabilidad laboral
- Oportunidades de desarrollo personal y profesional

Interesados favor enviar currículum vitae al Apartado Postal 1581-2050, San Pedro Montes de Oca, adjuntando carta de presentación, indicando pretensión salarial, disponibilidad y su capacidad por su posición.

LECCIÓN 2

4 • PIÉNSALO TÚ   Una selección difícil

Seis personas han solicitado la oportunidad de explorar y colonizar el planeta Marte. Desgraciadamente, la nave espacial sólo tiene capacidad para cinco personas, además de la tripulación.

Paso 1. Lee las descripciones de los candidatos.

1. Una joven doctora que está comprometida con un carpintero, que también quiere ir. Es buena doctora, pero no está en muy buena salud.

2. Un carpintero, graduado en la escuela secundaria, que está comprometido con la doctora. Tiene experiencia en vivir en regiones inexploradas. Está en muy buena forma.

3. Un famoso agrónomo jubilado, de sesenta años. Tiene conocimientos especiales sobre el cultivo de plantas comestibles en atmósferas extraterrestres. Es, además, violinista y experto en música clásica.

4. Una profesora de idiomas extranjeros. Es viuda y tiene treinta y dos años. Va a tener un bebé en siete meses.

5. Una ingeniera soltera, de cuarenta y cinco años. Es especialista en construcción de puentes y carreteras.

6. Un político que tiene capacidades de organización y es buen diplomático.

Luego, con un compañero / una compañera, elijan a las cinco personas que, en su opinión, son las más indicadas para colonizar el planeta.

Paso 2. Comparen su selección con las de los otros miembros de la clase. ¿Son semejantes? ¿diferentes? ¿Cómo se explican las semejanzas y las diferencias?

5 • CONVERSACIÓN   Nuestra contribución a la sociedad

▶ Cada individuo cambia el mundo de una u otra manera durante su vida.

Paso 1. Con un compañero / una compañera, emparejen a cada persona con el legado que dejó al mundo. Luego digan cómo la persona ha afectado el mundo.

MODELO: Muchas obras de arte fueron pintadas por Vincent van Gogh. Nos enseñó a apreciar la belleza de la naturaleza de una manera especial.

Personas: los Beatles, Antonio Gaudí, Jim Henson, Frida Kahlo, José Martí, el doctor Seuss

1. Muchos edificios extraordinarios fueron diseñados por...
2. Muchos libros para niños fueron escritos por...
3. Muchas canciones originales fueron escritas por...
4. Los «Versos sencillos» fueron escritos por...
5. Los Muppets fueron creados por...
6. Muchas obras de arte muy imaginativas fueron pintadas por...

PALABRAS ÚTILES
apreciar
reírse
relajarse

Paso 2. Después de que tú te hayas jubilado, ¿cómo te recordarán tus colegas? ¿Cuál dirán ellos que fue tu legado a la sociedad?

LECTURA: Clave al mundo hispano

RINCÓN CULTURAL: Mirando el progreso con ojo crítico

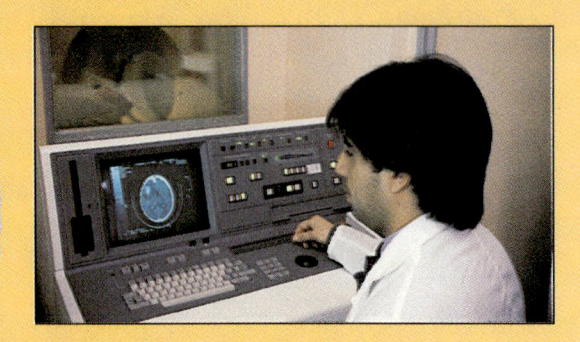

Santiago, Chile: La invención de máquinas sofisticadas como ésta facilita a los médicos hacer diagnósticos más acertados sobre la salud de sus pacientes.

Los seres humanos, por naturaleza, buscan maneras de progresar y mejorar la vida de la sociedad en general. Muchas veces estos esfuerzos[1] tienen resultados positivos. Sin embargo, hay que mirar el progreso críticamente, porque cada invento tiene sus ventajas y sus desventajas.

En el campo de la medicina, la invención de máquinas sofisticadas —como la que se usa para administrar los rayos X— ha facilitado el diagnóstico de ciertas enfermedades y ha creado una profesión nueva: la del técnico de radiología. Pero los rayos X también pueden ser peligrosos si no se administran con cuidado, ya que pueden causar quemaduras y hasta cáncer en los pacientes. Recientemente ha habido muchas polémicas[2] con respecto a los trasplantes de órganos, técnica que los médicos están mejorando para poder salvar la vida de muchas personas. Por desgracia, esta técnica también presenta controversias, como la cuestión de quiénes deben recibir los órganos y si se debe trasplantar órganos de animales en los seres humanos.

Otros inventos de este siglo, como el automóvil y el plástico, al principio parecían ideales. El automóvil era una máquina estupenda, que hizo posible viajar largas distancias en poco tiempo. Pero hoy día este invento contribuye enormemente a la contaminación del aire. Y el plástico, una materia durable, barata y fuerte, parecía mejor que otras materias semejantes, como el acero.[3] Pero la invención del plástico hizo que muchas fábricas de acero se cerraran y que muchas personas perdieran su trabajo. Además, el plástico generalmente no es biodegradable, lo cual tiene consecuencias desastrosas en el medio ambiente.

¿Cuáles serán las repercusiones de los avances tecnológicos como la realidad virtual, la inteligencia artificial y la selección genética? ¿Serán útiles? ¿Serán peligrosos? Tus nietos lo sabrán.

[1]*efforts* [2]*controversies* [3]*steel*

A EXPLORAR EL TEMA

ACTIVIDAD Las máquinas y tú

▶ Mira estos dibujos de nuevos «inventos» e imagínate que tú eres el científico / la científica que ha creado uno de ellos. Escoge el invento que te gusta más y descríbelo, pensando principalmente en las preguntas a continuación.

a.

b.

c.

d.

1. ¿Cómo se llama?
2. ¿Para qué sirve? ¿Cómo funciona?
3. ¿A quiénes les recomendarías esta máquina y por qué? ¿A quiénes *no* se la recomendarías?
4. ¿Cuáles son las ventajas de la máquina? ¿Cuáles son algunas de las consecuencias posibles de su uso en el futuro?
5. ¿Podría esta máquina reemplazar a la labor humana? ¿De qué manera?

LECTURA

Sobre el autor **Marco Denevi** nació en 1922 en Sáenz Peña, Argentina, un suburbio de Buenos Aires. Su gran obra literaria incluye novelas, cuentos y obras de teatro, pero él ha dicho que el género que más le interesa es el cuento. En muchos de sus escritos, como en el cuento a continuación, se puede ver una mezcla interesante de realidad cotidiana con estructuras e imágenes fantásticas y satíricas.

A PROPÓSITO La palabra «apocalipsis» puede referirse a una descripción de lo que va a pasar al terminarse el mundo y al triunfar el bien sobre el mal, o puede referirse a una situación tremenda o catastrófica. ¿Cuál de estas definiciones crees que se puede aplicar al título de este cuento?

LECCIÓN 2

Para comprender mejor

At the end of this short story, you will notice that the narrative voice changes perspective suddenly: from the impersonal third-person "they" (**los hombres**) that is used throughout the story, to a more personal first-person "we" (**seguimos funcionando**) in the last sentence. What is the effect created by this shift? Does the ending surprise you, or were you able to guess how the story would end?

«APOCALIPSIS»

La extinción de la raza de los hombres se sitúa aproximadamente a fines del siglo XXXII. La cosa ocurrió así: las máquinas habían alcanzado° tal perfección que los hombres ya no necesitaban comer, ni dormir, ni hablar, ni leer, ni escribir, ni pensar, ni hacer nada. Les bastaba apretar° un botón y las máquinas lo hacían todo por ellos. Gradualmente fueron desapareciendo las mesas, las sillas, las rosas, los discos con las nueve sinfonías de Beethoven, las tiendas de antigüedades, los vinos de Burdeos, las golondrinas,° los tapices flamencos,° todo Verdi, el ajedrez, los telescopios, las catedrales góticas, los estadios de fútbol, la *Piedad* de Miguel Ángel, los mapas, las ruinas del Foro Trajano,° los automóviles, el arroz, las sequoias gigantes, el Partenón. Sólo había máquinas. Después los hombres empezaron a notar que ellos mismos iban desapareciendo paulatinamente° y que en cambio las máquinas se multiplicaban. Bastó poco tiempo para que el número de los hombres quedase° reducido a la mitad y el de las máquinas se duplicase.° Las máquinas terminaron por ocupar todos los sitios disponibles.° No se podía dar un paso ni hacer un ademán° sin tropezarse con una de ellas. Finalmente los hombres fueron eliminados. Como el último se olvidó de desconectar las máquinas, desde entonces seguimos funcionando.

attained

Les... All they had to do was push

swallows / tapices... Flemish tapestries

Foro... Trajan's Forum (Rome)

lentamente

quedara / se... se duplicara
available
gesto

¿QUÉ ENCONTRASTE?

ACTIVIDAD ¿Cierto o falso?

▶ Indica si las siguientes frases son ciertas o falsas según el cuento que acabas de leer. Si son falsas, corrígelas.

1. La raza humana va a desaparecer dentro de 100 años.
2. El hombre desaparece porque ya no necesita hacer nada; las máquinas se lo hacen todo.
3. Al final, los hombres se multiplican y las máquinas ya no funcionan porque están viejas.

4. Los hombres y las máquinas aprenden a coexistir pacíficamente al final.
5. Hoy día el mundo funciona mecánicamente porque nadie se acordó de desconectar las máquinas.

A EXPLORAR MÁS A FONDO

ACTIVIDAD — **La advertencia de las máquinas**

▶ En tu opinión, ¿cuál es el tema central de «Apocalipsis»? ¿Qué evidencia hay en el cuento para apoyar ese tema? Si ninguno de los siguientes temas te parece apropiado, explica el mensaje que tú encuentras en el cuento.

1. Al fin y al cabo, las máquinas van a controlar el mundo; hasta podrán escribir cuentos y novelas.

2. Al desaparecer el elemento humano del mundo, también desaparecerán las cosas bellas como el arte y la naturaleza.

3. Las máquinas hacen todo el trabajo por los seres humanos, así que éstos dejan de pensar y de crear y se vuelven inactivos, hasta el punto de morir.

Ingenieria médica. En la próxima década, la cirugía biónica se convertirá en una de las ramas más importantes de la Medicina, aunque para acceder a ella serán necesarios amplios conocimientos de ingeniería, microelectrónica o nuevos materiales.

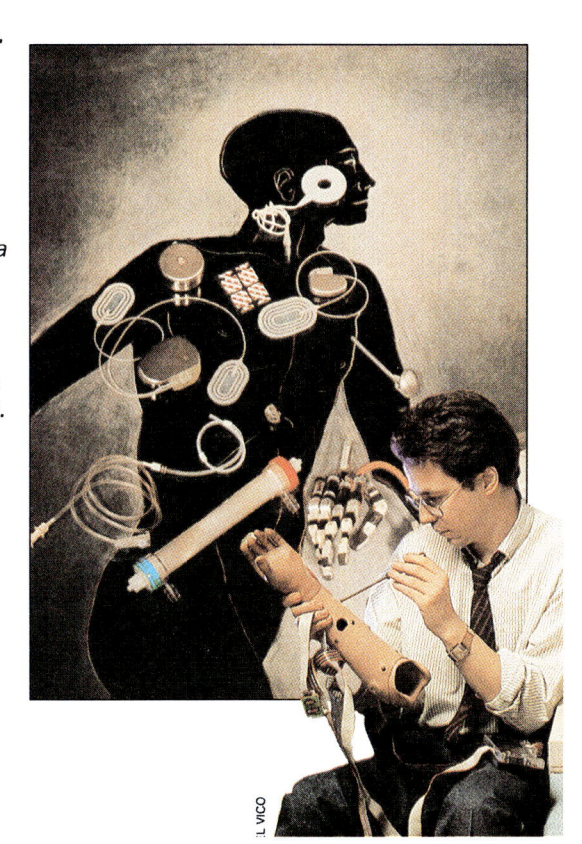

LECCIÓN 2

TRADICIÓN Y CAMBIO

EL GENIO REDESCUBIERTO DE LOS AYMARAS

Los aymaras son un pueblo indígena que vive en el altiplano boliviano desde los tiempos prehistóricos. La tierra inhospitalaria[1] y seca del área que habitan les hace muy difícil la cultivación de cosechas, así que han vivido en la pobreza durante la mayor parte de su historia. Pero con el reciente descubrimiento de una tecnología perdida durante siglos, su situación va mejorando.

Hace quince años, el antropólogo Alan Kolata de la Universidad de Chicago descubrió, debajo de la tierra, las ruinas de unos bancos elevados que los antiguos aymaras usaban para producir una cosecha imposible de obtener con los métodos de cultivo actuales. Durante los últimos ocho años, Kolata y sus colegas bolivianos han trabajado con los aymaras para enseñarles los secretos agrícolas de sus antepasados. El resultado es asombroso:[2] los métodos antiguos son capaces de producir una cosecha casi seis veces mayor de la que se puede esperar usando los métodos «modernos».

Por lo tanto, el redescubrimiento de esta técnica antigua quizás llegue a ser una solución para acabar con la pobreza en muchas partes del mundo.

[1]*inhospitable* [2]*amazing*

El antropólogo Alan Kolata en el altiplano boliviano.

Estas mujeres indígenas se aprovechan de la técnica redescubierta de los aymaras.

¿POR QUÉ LO DECIMOS ASÍ?

GRAMÁTICA

ABRAN EL PERIÓDICO Y BUSQUEN EL ANUNCIO
Informal and Formal Commands

¡REPASEMOS!

☀ You have practiced giving commands to friends and family, those you address as **tú**. Remember that affirmative **tú** commands are identical to the **él/ella** form of the present indicative.

escuchar:	escucha	leer:	lee	abrir:	abre
pensar:	piensa	**volver:**	vuelve	**oír:**	oye

Regular affirmative tú commands = present indicative él/ella form

A few familiar verbs have irregular **tú** command forms.

decir:	di	ir:	ve	salir:	sal	tener:	ten
hacer:	haz	**poner:**	pon	**ser:**	sé	**venir:**	ven

Irregular affirmative tú commands: di, haz, ve, pon, sal, sé, ten, ven

☀ All other command forms, that is, those for negative **tú** commands and those for people you address as **usted** or **ustedes**, are part of the present subjunctive verb system. To form those commands, drop the final **-o** of the present-tense **yo** form, then add the following endings.

	-ar VERBS	-er/-ir VERBS
negative **tú** commands:	-es	-as
usted commands:	-e	-a
ustedes commands:	-en	-an

Negative tú commands, all usted(es) commands = present subjunctive form

☀ Regular **-ar** verbs that end in **-car**, **-gar**, or **-zar** have a spelling change before the **-es/-e(n)** endings: c → qu, g → gu, z → c.

c → qu
g → gu
z → c

tocar:	toc- →	toqu-	no toques, toque(n)
jugar:	jueg- →	juegu-	no juegues, juegue(n)
empezar:	empiez- →	empiec-	no empieces, empiece(n)

LECCIÓN 2

Five familiar verbs have irregular negative **tú** and **usted(es)** commands.

dar:	no des	dé	den
estar:	no estés	esté	estén
ir:	no vayas	vaya	vayan
saber:	no sepas	sepa	sepan
ser:	no seas	sea	sean

☼ The reflexive pronouns **te** and **se** and all object pronouns are attached to affirmative commands and an accent is added. These pronouns precede the verb in negative commands.

¡Vístete ahora!   ¡No te vistas todavía!
¡Vísta(n)se!   ¡No se vista(n)!

☼ Object pronouns are attached to affirmative commands and an accent is generally added. They precede the verb in negative commands.

Dímelo.   No me lo digas.
Díga(n)melo.   No me lo diga(n).

[**Commands with reflexives:**
affirmative:
   te/se attached, accent added
negative: te/se precede verb]

[**Commands with object pronouns:**
affirmative:
   pronouns attached, accent generally added
negative:
   pronouns precede verb]

EJERCICIO 1 — Los mandatos de una maestra

▶ ¿Quieres ser maestro/a de primaria? A veces, la vida de un maestro / una maestra de primaria no es más que dar mandatos. Completa estas oraciones con mandatos negativos informales (**tú**) del verbo indicado.

1. «Maritere, *toma* tu leche. No _____ la leche de Carlos.»
2. «Cristina, *escribe* las oraciones en la pizarra. No las _____ en la pared.»
3. «Joaquín, *escúchame* a mí. No _____ a Ernesto.»
4. «Esteban, *siéntate* en tu silla. No _____ en el suelo.»
5. «Silvia, *quítate* el abrigo. No _____ las botas.»
6. «Graciela, *dale* el cuaderno a Ernesto. No se lo _____ a Joaquín.»
7. «Mario, *ponte* el abrigo tuyo. No _____ el abrigo de Silvia.»
8. «Ramón, *ten* cuidado. No _____ tanta prisa.»
9. «Juana, *haz* tu tarea. No _____ eso.»

EJERCICIO 2 | Algunos mandatos para Manolo Malcriado

▶ Ya sabes que Manolo no le cae bien a ningún director de personal. Tampoco les cae bien a sus compañeros de cuarto, porque no ayuda con los quehaceres del apartamento. Y, como es de esperar, tampoco estudia. Imagínate que eres el consejero / la consejera de Manolo y dale mandatos para decirle lo que debe —o no debe— hacer para mejorar en todo. Usa la forma de usted.

MODELO: afeitarse →
Manolo, ¡aféitese!

1. afeitarse
2. cortarse el pelo
3. acostarse más temprano
4. levantarse más temprano
5. ponerse ropa limpia
6. no llegar tarde a las entrevistas
7. vestirse mejor
8. estudiar más
9. no divertirse tanto con los amigos
10. ir más a la biblioteca
11. no dejar que los demás hagan todos los quehaceres
12. ¿ ?

EL SEÑOR QUE TE LLAMÓ QUIERE VERTE MAÑANA
Relative Pronouns

ORIENTACIÓN

A *relative pronoun* connects a noun or pronoun to a clause that identifies or describes it. The relative pronoun may be the subject, direct or indirect object, or the object of a preposition in that clause. The most common relative pronouns in English are *who*, *which*, *that*, *whom*, and *whose*. Here are some examples of clauses introduced by relative pronouns.

> He *who hesitates* is lost.
> The car *that I saw at the accident* was big and gray.
> I couldn't get into the car, *which was locked*.
> The couple *whose names I have here* are friends of my parents.
> I've never seen the man *for whom we're searching*.

que = that, which, who

quien(es) = who, whom

A In Spanish, the most common relative pronouns are **que** and **quien**. **Que** can refer to people or things; **quien** (and its plural, **quienes**) refers only to people and is usually used after a preposition.

—¿Dónde está el joven **que** tiene una entrevista con el jefe?
—El joven **a quien** usted se refiere está en el salón de espera.
—¿Han llegado las personas **que** lo van a llevar a almorzar?
—Sí, pero no conocen el café **que** les recomendó el jefe.

—Where is the fellow who has an interview with the boss?
—The young man to whom you're referring is in the waiting room.
—Have the people who are going to take him to lunch arrived?
—Yes, but they're not familiar with the café that the boss recommended.

lo que = what, that which

B The phrase **lo que** expresses *what* when the word *what* means *that which*.

No entiendo **lo que** usted dice.
Lo que no me gusta del puesto son los beneficios.

I don't understand what (that which) you are saying.
What (That which) I don't like about the job are the benefits.

324 *trescientos veinticuatro* UNIDAD 5

C The term **cuyo** (*whose*) is the possessive form of **que** or **quien**. It acts like an adjective, agreeing in number and gender with the noun it modifies.

> **cuyo/a/os/as** = whose

—¿Quién puede escribir un artículo sobre el periodismo?
—Pues lo ideal sería un estudiante **cuyos** padres son periodistas.

—Who can write an article about journalism?
—Well, the ideal (person) would be a student whose parents are journalists.

D After prepositions, especially longer ones, the relative pronouns **el que** or **el cual** can be used for clarity or emphasis. They agree in number and gender with the noun or pronoun they identify, that is, the one that precedes them.

> **el/la/los/las que; el/la cual, los/las cuales** = that, which (after prepositions)

Ése es el entrenador sobre **el cual** (**el que**) se escribió un artículo la semana pasada.

Ésta es la estatua delante de **la cual** (**la que**) encontré el dinero ayer.

That's the coach about whom an article was written last week.

This is the statue in front of which I found the money yesterday.

Learn to recognize the **el que** / **el cual** pronouns when you see them. They occur especially in readings.

EJERCICIO 3   Problemas y consejos

▶ Dale consejos a la persona que tiene los siguientes problemas.

MODELO: Tengo un resfriado terrible. →
La persona *con quien* debes hablar es la enfermera.
Lo que debes hacer es volver a casa y acostarte.

1. Tengo dolor de estómago.
2. No sé qué clases debo tomar el semestre que viene.
3. Quiero pasar mis vacaciones en un país de habla española.
4. Necesito un trabajo de jornada parcial.
5. Esta mañana mi coche no arrancó bien.
6. Quiero jugar en el equipo de tenis el próximo año.

PALABRAS ÚTILES

el/la agente de viajes
el consejero / la consejera
el director / la directora (de personal)
el entrenador / la entrenadora
el mecánico / la mecánica
el médico / la médica

hablar con...
ir a (hablar con...)
leer

¿Recuerdas?

▶ In **Unidad 4** you used **se** + the **él/ellos** form of the verb + the subject to express an action in the passive voice.

**Se habla español.
Se rechazaron los coches de mala calidad.**

You will generally use the passive **se** with inanimate subjects and when the agent of the action is not important.

ESTE CANDIDATO FUE RECOMENDADO POR EL GERENTE
The Passive Voice with *ser*

A Use the passive with **ser** (**ser** + *past participle*) when the cause of the action is of interest or importance. Use **por** to indicate who or what performed the action.

—¿Tiene usted una carta de recomendación?
—Sí, **fue escrita por** la jefa de mi trabajo de verano.

—Do you have a letter of recommendation?
—Yes, it was written by the boss at my summer job.

—¿Qué pasó con los árboles?
—**Fueron destruidos por** el viento.

—What happened to the trees?
—They were destroyed by the wind.

B Note that the past participle agrees with the subject in number and gender.

—¿Quieres ser un escritor famoso?
—¡Sí! Mis libros **serán conocidos** en todo el mundo.

—Do you want to be a famous writer?
—Yes! My books will be known all over the world.

EJERCICIO 4   Identificaciones

▶ ¿Puedes identificar las siguientes cosas y las personas asociadas con ellas? Haz oraciones completas, usando elementos de cada columna. Usa la forma apropiada del participio pasado.

las «Canciones de mi padre»	fue	cantado	por	Antonio Gaudí
la Catedral de la Sagrada Familia	fueron	construido		Cristóbal Colón
la ciudad de Machu Picchu		cruzado		Linda Ronstadt
Don Quijote		descubierto		los aztecas
un juego parecido al básquetbol		diseñado		los incas
el océano Atlántico		escrito		los mayas
el océano Pacífico		inventado		Miguel de Cervantes
la ciudad de Tenochtitlán				Vasco Núñez de Balboa

VOCABULARIO — PALABRAS NUEVAS

Buscando empleo
acabar
conceder
dar la mano
despedirse (i, i) de
elogiar
salirle bien/mal a alguien
solicitar

Palabras de repaso: caerle bien/mal a alguien

el ascenso
el aumento de sueldo
el currículum

el director / la directora de personal
la empresa
la entrevista
el/la especialista
el legado
el maletín
la oferta de empleo
la solicitud de empleo

Palabras de repaso: los datos, la oficina, la recomendación, el secretario / la secretaria, la solicitud, el título

Las características
digno/a de confianza

Palabras de repaso: flexible, leal, puntual

Palabras útiles
de anticipación
derramar
hacer de tripas corazón
levantarse con el pie izquierdo
poner el despertador
ponerle una multa a alguien
requerir (ie, i)

LECCIÓN 2 *trescientos veintisiete* **327**

UNIDAD 5: YA LLEGAMOS

¡TE INVITAMOS A ESCRIBIR!

UNA CARTA DE RECOMENDACIÓN

¿Cuánto sabes de los sueños de tus compañeros de clase con respecto a su futura profesión? Esta actividad te dará la oportunidad de entrevistar a un compañero / una compañera sobre sus planes para el futuro. Luego, escribirás una carta de recomendación mencionando las cualidades de él/ella.

Paso 1. Entrevista a tu compañero/a usando este cuestionario. Complétalo con la información que obtengas durante la entrevista.

NOMBRE Y APELLIDO(S):
EDAD:

1. ¿Cuáles son tus intereses con respecto a tu futura profesión, y cuál esperas que sea tu profesión en diez años?
2. ¿Qué es lo que te atrae de esa profesión? ¿Por qué la has escogido en vez de otras?
3. ¿Cuáles son las características que tienes que te califican para esa profesión? Menciona dos o tres.
4. Describe por lo menos un caso en que hayas tenido éxito y del cual estás muy orgulloso/a.
5. Otros comentarios (por ejemplo, las cosas que te gustan / no te gustan, la cantidad de dinero que quisieras ganar, habilidades especiales que tienes).

Paso 2. Usa la información que obtuviste en el Paso 1 para escribirle una carta a tu profesor(a) en la que expresas por qué crees que tu compañero/a tendrá éxito en la profesión de sus sueños. Organiza la carta de la siguiente manera.

1. Saludo	Estimado profesor / Estimada profesora _____:
2. Cuerpo	Acabo de entrevistar a Ana sobre sus planes para el futuro. Ana quisiera ser pilota.
	En mi opinión, Ana será una pilota fantástica porque…
	Con respecto a su futura profesión, recomiendo que Ana haga lo siguiente para realizar sus sueños. Primero… Luego… Finalmente…
3. Conclusión	En conclusión, se puede decir que Ana es… y…, y que tendrá éxito en cualquier cosa que intenta.
4. Despedida	Sinceramente,
5. Firma	(tu firma)
	(tu nombre)

ACTIVIDADES FINALES

PARA TI SOLO/A

▶ Prepara un currículum para solicitar empleo o para entrar en la universidad. Primero, escribe una lista de tus datos personales. Incluye toda la información relacionada con tu educación, tu experiencia en el mundo del trabajo u otras actividades en las que hayas participado, tus planes para el futuro y tus preferencias con respecto a las profesiones. Luego organiza la información y escribe un currículum de acuerdo con el modelo que te dé tu profesor(a).

CON UN COMPAÑERO / UNA COMPAÑERA

▶ Escriban un minidrama que trata de una entrevista. Decidan quién hará el papel del gerente / de la gerente que busca un empleado / una empleada, y quién hará el papel de la persona que busca trabajo. La «entrevista» debe de ser breve, y puede ser seria o cómica. Después, presenten el minidrama ante la clase. Los compañeros de clase votarán para determinar si el gerente / la gerente debe ofrecerle el trabajo a la otra persona. Si opinan que no, tendrán que decir por qué.

CON TODA LA CLASE

▶ **Paso 1.** Inventen una compañía en la cual les gustaría trabajar. Escojan el nombre de la compañía, el producto que hace o el servicio que ofrece y el lugar en donde queda. Escojan un lema para la compañía y digan las razones por las cuales creen que es la mejor compañía entre las de su categoría.

▶ **Paso 2.** Imagínense que su compañía proyecta crear un nuevo puesto importante. Describan el puesto especificando las responsabilidades, el salario, los beneficios, los requisitos y las calificaciones que deben tener los aspirantes al puesto. Exhiban la descripción en el salón de clase todos la puedan ver.

PASAPORTE CULTURAL 6

LA CUENCA DEL RÍO DE LA PLATA

La bandera de la Argentina.

La bandera del Paraguay.

Buenos Aires, Argentina.

Aunque casi la mitad de la población de la región vive en las grandes ciudades modernas, la vida rural de la Pampa ha desempeñado un papel importante en la cultura de esta región.

Un gaucho en la Pampa argentina.

¿QUÉ PODEMOS DECIR?

▶ ¿Asocias los siguientes conceptos y nombres con la Argentina, el Paraguay y el Uruguay? ¿Sí o no?

el tango
el churrasco
la corrida de toros
el gaucho
el arroz con pollo

▶ ¿Qué más asocias con la cuenca del Río de la Plata? ¿Asocias algo especial con algún país en particular?

La bandera del Uruguay.

Datos esenciales

Nombre oficial:	la República Argentina
Capital:	Buenos Aires
Moneda:	el peso
Población:	32.700.000 de habitantes
Gobierno:	república federal
Idioma oficial:	el español

Nombre oficial:	la República del Paraguay
Capital:	Asunción
Moneda:	el guaraní
Población:	4.397.000 de habitantes
Gobierno:	república unitaria
Idiomas oficiales:	el español, el guaraní

Nombre oficial:	la República Oriental del Uruguay
Capital:	Montevideo
Moneda:	el peso
Población:	3.112.000 de habitantes
Gobierno:	república democrática y unitaria
Idioma oficial:	el español

El mate.

¡A COMER!

- ¡La cuenca del Río de la Plata no es lugar para vegetarianos! La ganadería[1] es una industria importantísima y a los argentinos y uruguayos les gusta comer sus famosos churrascos, que no son más que carne asada. ¡Hasta suelen desayunar un bife! Otro platillo popular son las empanadas — ¡rellenas de carne picada,[2] claro!

¿SABÍAS QUE...

- el Uruguay y la Argentina ocupan el primero y segundo lugar, respectivamente, en la América Latina por su índice de alfabetismo?
- el Paraguay es un país casi completamente bilingüe?
- a causa del gran número de inmigrantes que llegó a Buenos Aires a comienzos del siglo XX, varias veces el español dejó de ser el idioma mayoritario de esa ciudad?
- la bebida preferida de la región no es el café sino la yerba mate, una infusión de yerbas que se sirve en una pequeña calabaza —el mate—, y que se sorbe[3] por medio de una bombilla o tubo?

[1] cattle raising
[2] shredded
[3] se... is sipped

La tradición cultural

- El tango —las canciones y el baile— se considera reflejo del alma porteña.[1] El tango —que por lo general se acompaña con bandoneón[2]— es una música melancólica que expresa profundos sentimientos de nostalgia y pena. El mayor intérprete del tango fue Carlos Gardel, cuya popularidad casi se convirtió en culto. Los fanáticos de Gardel todavía vienen de todas partes del mundo y se llaman gardelianos. Muchos van en peregrinación[3] a la tumba de Gardel en el cementerio de la Chacarita en Buenos Aires.

Carlos Gardel.

¡A divertirnos!

- Punta del Este es uno de los balnearios[4] más famosos de la América del Sur, conocido como la «Riviera uruguaya». Está situado en una península y tiene la desembocadura[5] del Río de la Plata al oeste y el océano Atlántico al este.

[1] alma... *soul of Buenos Aires*
[2] *accordion-like instrument*
[3] *pilgrimage*
[4] *resorts*
[5] *mouth*

Punta del Este, Uruguay.

Un churrasco argentino.

La Argentina, el Paraguay y el Uruguay

VISTAZO FINAL

Y AHORA, ¿QUÉ MÁS PODEMOS DECIR?

▶ ¿Cuáles de estas afirmaciones son falsas? Corrígelas.

1. La mayoría de los paraguayos hablan tanto el guaraní como el español.
2. El tango nunca llegó a ser muy popular en otros países del mundo.
3. El gaucho ha tenido una gran influencia en la cultura de la región.

¿QUÉ OPINAS TÚ?

▶ Escoge por lo menos dos temas en esta sección que te interesan.

- Primero, haz una lista de varias cosas de la región del Río de la Plata relacionadas con estos temas.

- Segundo, haz una lista de algunas cosas de tu región que se relacionan con estos temas.

- Tercero, haz una comparación y contraste entre la región del Río de la Plata y tu región con respecto a estos temas. ¿En qué son similares las dos regiones? ¿En qué son diferentes?

- Finalmente, escribe un párrafo para describir esas semejanzas y diferencias. En tu párrafo, trata de contestar las siguientes preguntas:

    ¿Por qué te interesan estos aspectos de la región del Río de la Plata? ¿Hay algo semejante en tu región que podría compararse con estos aspectos? Si crees que no existe nada comparable, di por qué.

    ¿Cómo sería tu vida si estos conceptos existieran —o no existieran— en la comunidad donde tú vives? ¿Cómo sería la vida de tus parientes? ¿y la de tus amigos?

Clásicos ilustrados

Martín Fierro

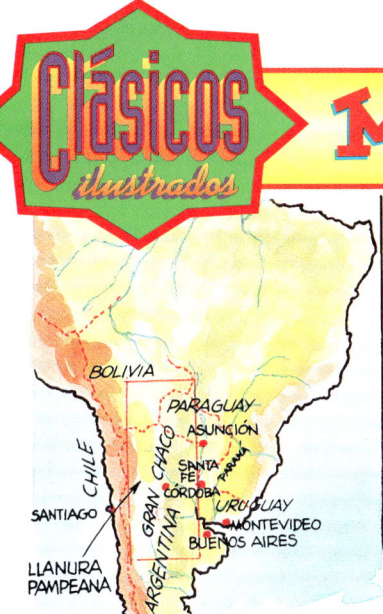

"Sufrí tantos años; ahora salgo del peligro y me encuentro al desnudo, sin mujer, sin hijos, sin rancho que me cobije."

En 1870, después de ser forzado a servir tres años en la frontera como soldado, el gaucho Martín Fierro deserta del ejército. Cuando regresa a su rancho para ver a su mujer y a sus hijos, se encuentra con un «paraíso perdido»: una tierra vacía, un rancho inhabitado y una familia desperdigada.

El hijo menor de Martín Fierro está al cuidado del viejo Vizcacha.

El hijo mayor de Martín Fierro está solo, sin techo y sin trabajo.

Como desertor, Martín Fierro tiene que abandonar su tierra e ir en busca de nuevos lugares para huir de las autoridades.

Siempre huyendo, perseguido por la autoridad como si fuera un malvado, porque en esta tierra ser gaucho es un delito.

"Mi único refugio es el desierto y mi voz sólo se escucha cuando voto."

"No tengo otra compañía que las estrellas, ni otro amigo que el facón."

CLÁSICOS ILUSTRADOS · trescientos treinta y cinco · 335

Perseguido por los policías, Martín Fierro los enfrenta con valor.

Cruz, un gaucho que también luchó en la frontera, defiende a Martín Fierro contra la policía rural.

No permito que se cometa el delito de matar así a un gaucho valiente.

Cruz y Martín Fierro se hacen amigos y comienzan a hablar del pasado y todo lo que han perdido.

Amigo, ¡Qué tiempo aquél! ¡Qué libertad! No había ley ni batallón. En un tiempo tuve hijos, hacienda y mujer, pero me echaron a la frontera y, ¿qué iba a hallar al volver? Quedé como el pájaro sin nido, desgraciado y perdido.

Cruz recuerda a su mujer.

Yo tenía una mujer que siempre aliviaba mi sufrir. Bailábamos junto al fogón y veíamos las ovejas del corral. Hasta que un día vino el comandante para mandarme a la frontera y se quedó con mi mujer. Desde entonces le dije adiós al rancho para nunca más volver.

Martín Fierro y Cruz deciden luchar para defender la vida gauchesca y recuperar lo que el gobierno les ha quitado.

Nunca fui un gaucho acobardado. Contra la ley y el ejército, juro defender el gauchaje con la vida y el facón.

336 trescientos treinta y seis

EN ESTAS TIERRAS PAMPEANAS TAMBIÉN HAY OTROS MARGINADOS QUE TIENEN COSTUMBRES DISTINTAS DE LAS DE LOS GAUCHOS: LOS INDIOS.
ENTRO Y SALGO DEL PELIGRO SIN QUE NADA ME ESPANTE.
LOS INDIOS TIENEN CAUTIVA A UNA MUJER Y A SU HIJO PARA LUEGO PEDIRLE RECOMPENSA A SU ESPOSO CUANDO ÉSTE REGRESE DEL SERVICIO EN LA FRONTERA.
¡AY! NO LLORES, MI NIÑO, NO LLORES.
AL ESCUCHAR LOS LAMENTOS DE LA MUJER, CRUZ Y MARTÍN FIERRO SE ACERCAN AL CAMPAMENTO INDIO.
NO SUFRA, MUJER. HE VISTO MUCHAS CRUELDADES Y CRÍMENES PERO EL INDIO NO COMETE ESAS ATROCIDADES. SÓLO BUSCA PROTEGER LO SUYO.
USTED NO SABE LO QUE SUFRE UNA MUJER EN ESTAS TIERRAS CUANDO SE LLEVAN A SU MARIDO PARA PELEAR EN LA FRONTERA. NO LLORO POR MÍ SINO POR MI HIJO. NO QUISIERA CRIARLO COMO UN SALVAJITO, DESCONFIADO DE TODO.
LOS INDIOS SE DAN CUENTA DE LA PRESENCIA DE LOS GAUCHOS EN SU TERRITORIO, Y PREPARAN UN ATAQUE.
MIENTRAS CONSUELA A LA MUJER, MARTÍN FIERRO SE ACUERDA DE QUE SU MUJER TAMBIÉN PODRÍA ESTAR CAUTIVA. DECIDE RESCATAR A ESTA MUJER Y A SU HIJO. POR LA NOCHE, VENDRÁ POR ELLA CON SU AMIGO CRUZ.
YO TENGO MUJER E HIJOS QUE NO SÉ DÓNDE ESTARÁN. QUIZÁS ESTÉN CAUTIVOS, QUIZÁS HAMBRIENTOS. NO SE PREOCUPE, MUJER, NOSOTROS LA VAMOS A AYUDAR A ESCAPAR Y LE HALLAREMOS UN REFUGIO MEJOR, LEJOS DE AQUÍ.

ES UNA NOCHE CERRADA Y QUIETA. LOS INDIOS VIGILAN, ESPERANDO EL MOMENTO DEL RAPTO.
SI SALIMOS DE ESTO CON VIDA, SERÁ PORQUE LA SUERTE ESTÁ DE NUESTRO LADO.
DE NOBLE CORAZÓN ES EL GAUCHO, MI HIJO.
VIENEN LOS GAUCHOS A RESCATAR A LA MUJER SUFRIDA.
¡OKÁ ¡OKÁ
LOS INDIOS, LISTOS PARA NO PERDER LA RECOMPENSA ESPERADA, SALEN CON LANZAS PARA DERRIBAR A SUS ENEMIGOS. MARTÍN FIERRO QUIERE HACER UN PACTO DE PAZ.
TANTO A LOS INDIOS COMO A LOS GAUCHOS NOS HA RELEGADO EL GOBIERNO. NO SOMOS VAGABUNDOS, PERO YA NO PODEMOS TRABAJAR EN LO NUESTRO. EL MARIDO DE ESTA MUJER HA MUERTO EN EL SERVICIO Y NO VA A HABER RESCATE. USTEDES SABEN LO QUE ES PERDER LA FAMILIA EN UNA MATANZA. A MÍ, ¡LA SANGRE SE ME CONGELA!
LOS INDIOS SABEN QUE LOS GAUCHOS HAN SIDO DESPOJADOS DE SUS TIERRAS PARA LUCHAR EN LA FRONTERA Y PELEAR CONTRA ELLOS, Y DECIDEN PACTAR LA PAZ CON MARTÍN FIERRO Y CRUZ.
MUCHOS AÑOS SUFRIERON LOS GAUCHOS DE ESTAS PAMPAS DURANTE LA GUERRA DE LA FRONTERA. NADIE SABE CUÁNTOS GAUCHOS QUEDAN VIVOS. MARTÍN FIERRO NUNCA ENCONTRÓ A SU MUJER NI A SUS HIJOS, Y SIEMPRE SE LE VIO CON CRUZ A SU LADO EN SUS ANDANZAS POR EL DESIERTO. MUCHOS DICEN QUE MARTÍN FIERRO ES UN MITO DE LAS PAMPAS, Y QUE SU VOZ TODAVÍA SE ESCUCHA EN LAS NOSTÁLGICAS TARDES ARGENTINAS.

HÉROES, HEROÍNAS Y LOS MOMENTOS CLAVE DE LA VIDA

UNIDAD 6

NOMBRES

Simón Bolívar
Benito Juárez
Che Guevara
El Cid
Antonia Novello
los padres y los abuelos

ALLÍ VAMOS

¿Tienes héroes o heroínas? ¿Quiénes son las personas que te sirven de modelo? ¿Quiénes representan lo bueno y lo admirable en el mundo de hoy? En esta unidad, vas a explorar cómo han influido en ti las personas que admiras y los sucesos importantes de tu vida. También vas a considerar si nosotros, quizás sin saberlo, servimos de modelo para los demás.

- ¿Puedes nombrar a estas personas? ¿Sabes qué países del mundo representan?

- De estas personas, ¿quiénes son reconocidas en todo el mundo? ¿sólo en su país de origen? ¿sólo en el lugar donde viven?

- ¿Qué ha hecho cada persona para ser reconocida?

YO

«Arrímate a los buenos y serás uno de ellos.»

LECCIÓN 1: ¿QUIÉNES INFLUYEN EN TI?

¿Quiénes son las personas que han influido más en tu vida? ¿Admiras ahora a las mismas personas que admirabas cuando eras menor? Al mirar los siguientes dibujos, determina quiénes son los admiradores y quiénes son los héroes y las heroínas.

340 trescientos cuarenta

UNIDAD 6

INVENTARIO: ¿Quiénes son *tus* héroes?

_____ (*Persona*) ha influido _____ en mi vida.

- enormemente
- mucho
- algo, un poco
- muy poco
- no... nada
- de una manera negativa

¿QUÉ PODEMOS DECIR?

- ¿Qué características de estos héroes y heroínas admiras tú en las personas que te sirven de modelo? ¿Admiras otras características también?

- Entre los héroes y heroínas de estos dibujos, ¿son más importantes para ti algunos que otros? ¿Cuáles? ¿Por qué?

- ¿Hay algunas personas que a ti te han servido de mal modelo? ¿Quiénes son? ¿En qué consiste su «lección» para ti?

LECCIÓN 1 — trescientos cuarenta y uno — 341

Así se dice...

VOCABULARIO

¿A QUIÉNES ADMIRAS AHORA?

Si hubieras crecido en un país de habla española, ¿serían diferentes las personas que escogerías de modelo? ¿O hay ciertas personas que tienen **cualidades** universales? Aquí hablan cuatro estudiantes colombianos de sus héroes y de otras personas que han **influido** en su vida y les han **servido de modelo**.

Víctor Valdés estudia literatura en la Universidad de los Andes en Bogotá. Creció en un pueblo pequeño cerca de la capital. «Creo que soy como todos los jóvenes al decir que mis padres fueron mis primeros **ídolos** y mi **inspiración** en todo. **Se sacrificaron** constantemente por mí, sobre todo para que yo viniera aquí a la capital a estudiar. También tengo otro héroe, que no conozco personalmente sino a través de sus libros. Hablo del gran escritor Gabriel García Márquez, que **tiene fama mundial**, especialmente después de ganar el Premio Nobel de Literatura en 1982. Antes de la secundaria, yo no había leído ninguno de sus cuentos ni novelas, pero ahora leo todo lo que escribe. Dicen que "Gabo", como lo llaman sus amigos, también es una persona genial, muy generoso con los jóvenes escritores que lo admiran y que tratan de **imitarlo**... ¡o superarlo! Espero conocerlo algún día.»

Ángela Sotomayor es una compañera de clase de Víctor en la Universidad de los Andes, pero ella creció en la capital. «Yo comparto con Víctor su **admiración** por García Márquez, y también admiro mucho a mis padres y abuelos. Superaron grandes obstáculos para darme ropa, comida, casa y una educación universitaria.

«Pero también tengo un ídolo: Carlos Valderrama, el mejor futbolista de Colombia. Vi a Carlos por primera vez en la televisión cuando yo tenía doce años. Desde entonces he seguido su carrera. Él es un verdadero **campeón** porque logró guiar al equipo colombiano a la Copa Mundial. Es un hombre valiente que no teme **correr riesgos**. Siempre será mi ídolo en el mundo de los deportes.»

Colombia es el cuarto país en tamaño de Sudamérica. Es un poco más grande que el estado de Pensilvania.

Lisa Cañejas vive en Buenaventura, uno de los puertos principales de Colombia. Tiene dieciocho años y había decidido no seguir una educación universitaria. Pero algo —o alguien— la hizo cambiar de parecer.

«Mi profesora de matemáticas, la señora Puertobello, no sólo me enseñó su materia, sino mucho más. Siempre había tenido un gran interés en todos sus estudiantes, y era una persona comprensiva y **llena de vida**. Fue principalmente por esas cualidades suyas que acepté el **desafío** de asistir a su clase de matemáticas avanzadas. Al principio la materia era muy difícil para mí, pero la Sra. Puertobello me enseñó a **tener confianza en mí misma**. Me **animó** porque me apoyó mucho. Cuando gané el trofeo en el **torneo** nacional de matemáticos jóvenes, me di cuenta de que había **valido la pena** trabajar tanto.»

Jorge de la Plata es de Cartagena, donde asiste a la Academia de Nuestra Señora del Ermitaño Sagrado. Tiene quince años.

«¡Jamás he tenido héroes! Ha habido personas importantes en mi vida, como mis padres y las maestras de mi escuela, todas hermanas religiosas. Pero no los considero héroes ni heroínas.

«Mi modelo siempre ha sido el grupo de mis mejores amigos. Vamos juntos a todas partes. Lo mejor de andar con tus buenos amigos es que perteneces a un grupo en que todos los miembros te apoyan en todo. Somos casi como una familia.»

¿Qué admira cada uno de estos jóvenes en su modelo? ¿Crees que encuentran lo que buscan? En tu opinión, ¿cuáles son los héroes verdaderos y cuáles son los falsos?

Si tú hubieras nacido en Colombia, ¿a quién habrías escogido como modelo? ¿Quiénes son tus héroes ahora? ¿Son universales o son héroes sólo en este país?

Conexión gramatical
Estudia las páginas 357–363
en **¿Por qué lo decimos así?**

Y TÚ, ¿QUÉ DICES?

ACTIVIDADES ORALES Y LECTURAS

1 • OPCIONES   ¿Cómo defines a un héroe / una heroína?

▶ En tu opinión, ¿en qué consiste ser una persona heroica? Escoge la mejor posibilidad en cada caso. Si no hay una respuesta perfecta para ti, inventa tu propia respuesta.

1. Para mí, una persona modelo es alguien que...
   a. ha superado obstáculos para alcanzar una meta.
   b. representa las cualidades morales que yo estimo.
   c. ha hecho algo sobrehumano.
   d. ha llegado a ser rico.
   e. ha llegado a tener mucho poder.
   f. ha cambiado el mundo para lo mejor.
   g. ¿?

2. Para mí, los héroes y heroínas son importantes porque me demuestran que...
   a. puedo alcanzar mis metas.
   b. vale la pena buscar un ideal.
   c. es posible ser una persona mejor.
   d. un individuo como yo sí puede cambiar el mundo.
   e. es posible conseguir mucho dinero/poder.
   f. es posible unir a la gente.
   g. ¿?

3. De las siguientes personas, las que mejor representan mi concepto de un héroe / una heroína son...
   a. los protagonistas de las telenovelas o de las novelas románticas.
   b. las superestrellas de la televisión y de las revistas, como los deportistas o los animadores de los «talk shows».
   c. los símbolos nacionales, como George Washington y Simón Bolívar.
   d. las personas desconocidas que ayudan a los demás y que se sacrifican por los otros.
   e. los líderes del gobierno.
   f. las personas que nos inspiran con sus acciones, como Martin Luther King, Jr.
   g. ¿?

Y AHORA, ¡CON TU PROFESOR(A)!

1. ¿Cuál de estas oraciones describe mejor su manera de pensar? Explique su respuesta, por favor.
   a. Las mismas personas que me servían de modelo de niño/a me servirán para toda la vida.
   b. Las personas que me sirven de modelo ahora son otras.
   c. Ya no necesito de ningún modelo.

2. ¿Quiénes son sus héroes hoy en día? ¿Quiénes eran los héroes de sus padres? ¿de sus abuelos?

2 • ENCUESTA   Evaluando a las personas que sirven de modelo

▶ Sean las que sean sus cualidades verdaderas, un héroe / una heroína es una persona que, en nuestra opinión, personifica todo lo bueno y lo admirable.

Paso 1. Elige a la persona que más admiras, es decir, a tu héroe/heroína. Piénsalo bien, porque vas a evaluarlo/la después.

Paso 2. Con toda la clase, escriban una lista de las ocho cualidades o características que debe tener un héroe o una heroína.

VOCABULARIO ÚTIL

alto/a	calmado/a	guapo/a	modesto/a
altruista	dedicado/a	honrado/a	prudente
amable	egoísta	intrépido/a	sabio/a
arriesgado/a	fuerte	leal	valiente

Paso 3. Para asegurarte de que la lista de adjetivos es válida, habla con un compañero / una compañera para dar el nombre de una persona famosa que posee cada característica y que algunos consideran como héroe/heroína.

Paso 4. Ahora vas a evaluar a algunas figuras heroicas. Incluye también en la lista a tu héroe/heroína. Si la persona es un ejemplo magnífico de cierta cualidad, dale dos puntos. Si es un buen ejemplo, dale un punto. Si no posee esa cualidad, no le des ningún punto. Al sumar los puntos, sabrás cuál se lleva el título de superhéroe/superheroína.

Cualidades	Abraham Lincoln	Edward James Olmos	Arantxa Sánchez Vicario	Mi héroe/ heroína	Yo
1.					
2.					
3.					

Paso 5. Ahora evalúate a ti mismo/a usando la misma lista de adjetivos. ¿Cómo saliste? ¿Estás satisfecho/a con el resultado? ¿Es posible que tú también seas una persona modelo?

¡A charlar!

▶ To say what you *would have done* if something had happened, use **habría** with the past participle of the verb.

Habría aprendido inglés como segundo idioma (si hubiera crecido en Sudamérica).
I would have learned English as a second language (if I had grown up in South America).

Habría tocado en todas las fiestas de mis amigos (si hubiera aprendido a tocar la guitarra).
I would have played at all of my friends' parties (if I had learned to play the guitar).

---

3 • CONVERSACIÓN ¿Quién puede ayudar?

▶ Muchas personas modelo existen sólo en la historia o —para nosotros— en la televisión, en los videos y en las películas. En esta actividad, vas a pensar en varias personas modelo que no conoces personalmente.

Paso 1. Con un compañero / una compañera, lean las siguientes crisis imaginarias. Luego decidan a quién le pedirían ayuda.

MODELO: Hoy hay una prueba sorpresa en la clase de cálculo. Si hubieran sabido de la prueba, ¿a quién habrían invitado a ayudarlos? →
Albert Einstein / Carl Sagan / Marie Curie / Pitágoras

TÚ: (Si hubiera sabido de la prueba,) Yo habría invitado a Albert Einstein. Es un genio, especialmente en cuanto al cálculo.
COMPAÑERO/A: Yo habría invitado a Carl Sagan. Sabe mucho de matemáticas y es muy divertido.

1. Ustedes casi siempre vuelven a casa a la hora debida. Pero si hubieran vuelto a casa a las dos de la mañana, ¿a quién habrían invitado para que inventara excusas para sus padres?
Thomas Jefferson / Arsenio Hall / Robin Williams / Roseanne

2. En su comunidad, hay un proyecto de reconstrucción de casas para los desamparados. Si se hubieran comprometido a participar en el proyecto, ¿a quién habrían invitado a participar también?
Tim Allen / Jimmy Carter / Frank Lloyd Wright / la Madre Teresa

3. En el barrio donde viven ustedes es necesario aumentar la seguridad. Si las autoridades los hubieran nombrado jefes de seguridad, ¿a quién habrían contratado?
   Jean-Claude van Damme / Colin Powell / Superhombre / Ángela Lansbury

4. Ustedes no piensan participar en los viajes de exploración del espacio durante su vida. Pero si los hubieran seleccionado como astronautas, ¿con quién habrían preferido viajar?
   el Capitán Picard / Luke Skywalker / Sigourney Weaver / John Glenn

5. Es probable que no piensen viajar pronto a la selva amazónica. Pero si se hubieran perdido en esa selva, ¿a quién habrían escogido para rescatarlos?
   Tarzán / Indiana Jones / Whoopi Goldberg / Sylvester Stallone

Adivinanza

¿Quién es aquél que anda de mañana a cuatro pies, a medio día en dos y por la tarde con tres?

Paso 2. Ahora, en las mismas situaciones y sin cambiar de compañero/a, digan a quién le pedirían ayuda en la vida real.

MODELO: Hoy hay una prueba sorpresa en la clase de cálculo. Si hubieran sabido de la prueba, ¿a quién habrían invitado a ayudarlos? →

TÚ: (Si hubiera sabido de la prueba,) Yo habría invitado a mi hermana mayor. Estudia matemáticas en la universidad.

COMPAÑERO/A: Yo habría invitado a mi profesora de matemáticas del año pasado. Siempre nos animaba para que saliéramos bien en las pruebas.

Y AHORA, ¿QUÉ DICES TÚ?

1. Si el presidente quisiera conversar con un adolescente típico / una adolescente típica sobre los problemas de la juventud, ¿hablaría contigo? ¿Por qué sí o por qué no?

2. Si te fuera posible conocer personalmente a cualquier persona del mundo (viva o muerta), ¿a quién elegirías? ¿Por qué?

3. Si tu hermano/a menor te escogiera a ti como modelo, ¿cómo te sentirías?

Chetumal, México: Esta mujer maya está enseñando a su hijita a hacer tela con los métodos tradicionales.

4 • NARRACIÓN   Las aventuras de Fabio Fortuna

Fabio
Crispín

▶ Dos turistas dominicanos, Germán Manosalva y su hija Tina, llegaron al Parque Arqueológico San Agustín en el suroeste de Colombia. Esperaban explorar las ruinas del Alto de los Ídolos. Pero cuando llegaron a alquilar caballos, ya no había guías... excepto Fabio Fortuna y su fiel amiguito Crispín. Fabio era un guía intrépido y conocía bien las ruinas. Sin embargo, había una razón por la cual Fabio no guiaba estas expediciones con frecuencia...

1. PELIGRO

2. ESTAS FIGURAS REPRESENTAN... ¡PLAM!

3.

4.

5.

6. YO SÉ LLEGAR MÁS RÁPIDO. ALTO DE LOS ÍDOLOS

7. PELIGRO ¡TENGAN CONFIANZA EN MÍ!

Paso 1. Empareja las frases de las dos columnas para formar oraciones que describen estas aventuras de Fabio Fortuna.

1. Los aventureros iban...
2. Fabio se había dado vuelta cuando...
3. Había caído boca abajo cuando...
4. Sacó su machete e intentó...
5. Seguramente la serpiente habría huido...
6. Los Manosalva habían tenido confianza en su guía, pero...
7. Fabio decidió que era mejor que los otros...
8. Fabio había llegado a la mitad del río cuando...
9. Las fuertes corrientes del río lo habrían llevado hacia su muerte, pero...
10. Mientras Fabio subía sobre una roca, sin querer...
11. Fabio había descubierto una nueva estatua, por lo cual...

a. Crispín le tiró una soga.
b. ahora empezaron a dudar.
c. lo tumbó la rama de un árbol.
d. matar la serpiente.
e. quitó la tierra y el musgo que la cubrían.
f. su caballo vio un cocodrilo.
g. para escaparse del intrépido guía.
h. por un sendero muy peligroso.
i. el gobierno le dio una medalla.
j. abrió los ojos y se enfrentó con una anaconda.
k. cruzaran el río a pie.

Paso 2. ¿Cómo es Fabio? Y ¿por qué no guía estas expediciones con frecuencia? Ponte de acuerdo con un compañero / una compañera para hacer una descripción de este aventurero.

Paso 3. ¡Ojo alerta! Hay dos «errores» en la historia de Fabio, es decir, dos detalles que no corresponden a la realidad. ¿Los puedes encontrar? Aquí hay una pista: tienen que ver con los animales.

VOCABULARIO ÚTIL

la anaconda
el musgo
la rama
el sendero
la soga

LECCIÓN 1

1.

2.

3.

4.

5 • INTERACCIÓN   ¿Por qué lo admiran?

▶ Aquí hay algunas figuras contemporáneas admiradas por los jóvenes colombianos.

Persona	Profesión	Lo que ha hecho
1. Manuel Elkin Patarroyo	médico, investigador	Descubrió la vacuna contra la malaria. Quiere que la medicina se les dé gratis a los que la necesiten.
2. Carlos «El Pibe» Valderrama	futbolista	Miembro del equipo nacional de Colombia. Se le conoce por su excelente control del balón y por sus pases perfectos.
3. Luis Carlos Galán	político	Fue candidato a la presidencia de Colombia, pero fue asesinado antes de las elecciones.
4. Carlos Vives	músico	Interpreta un estilo de música regional de Colombia que se llama «vallenato». Ahora esta música es popular en todo el mundo hispano.
5. César Rincón	torero	Es conocido en todo el mundo. Ha toreado en las principales plazas de toros de España, México y Sudamérica.

Paso 1. Con un compañero / una compañera, hagan y contesten preguntas según los modelos.

MODELOS:

TÚ: ¿Quién interpreta una música regional?
COMPAÑERO/A: Carlos Vives.
TÚ: ¿Qué descubrió el doctor Manuel Elkin Patarroyo?
COMPAÑERO/A: Descubrió la vacuna contra la malaria.
TÚ: ¿Quién fue Luis Carlos Galán?
COMPAÑERO/A: Fue candidato a la presidencia de Colombia.

5.

Paso 2. Es probable que estos hombres no sean conocidos muy bien en los Estados Unidos. Pero las cualidades que ellos representan se admiran universalmente. Haz una lista de dos o tres características que describen a cada uno.

Paso 3. Con un compañero / una compañera, nombren a algunos hombres o mujeres estadounidenses que, en su opinión, representan las mismas cualidades. También expliquen qué cosas sobresalientes han hecho.

READING TIP 7

USING THE DICTIONARY 3: Selecting an Appropriate Definition

You have already learned the importance of identifying the part of speech of the word you look up and of looking under the infinitive for the definition of verb forms. Another good habit to develop is that of selecting the appropriate definition from among several, rather than simply using the first one given. Consider some of the definitions of *bug* in English.

insect (A huge, black *bug* flew in the window.)
illness (There's some sort of *bug* going around.)
defect (There's a *bug* in this program.)
hidden microphone (They put a *bug* in his office.)

The meanings are not interchangeable. This is also true of Spanish words that have different meanings. You must consider the context when choosing the definition of words you look up. Here are two examples from the readings that follow.

1. From the **Rincón cultural** about César Chávez:

   Estos *principios* guiaban su lucha contra la injusticia.

   Among the definitions you will find for **principio** are *beginning*, *principle*, and *origin*. In this case, *principle* makes the most sense and is the correct definition.

2. From the **Lectura** about Jaime Cruz:

   Su *sueño* es ayudar a la gente.

   Sueño can mean *sleep*, *sleepiness*, or *dream*. The third definition, *dream*, is the only one that fits in the context of the sentence.

Have the patience and take the time—which is really just a minute—to select the appropriate meaning when more than one is offered.

LECTURA: Clave al mundo hispano

RINCÓN CULTURAL: César Chávez: Sí a la justicia, no a la violencia

A César Chávez, una figura sobresaliente del siglo XX, se le recuerda por los grandes esfuerzos que hizo para mejorar las condiciones laborales y la vida de los trabajadores agrícolas de California. Creía en la dignidad humana y en reclamar[1] la justicia sin violencia. Estos principios guiaban su lucha contra la injusticia.

Nació en Yuma, Arizona, en 1927. Su abuelo Cesario había salido de la finca mexicana donde había trabajado a causa de los abusos que los dueños cometían contra los trabajadores. Llegó a Arizona en 1888. César siempre admiró a su abuelo por haber tenido el valor de empezar su vida de nuevo, en otro país.

Desafortunadamente, la familia Chávez perdió su finca en Arizona durante la Gran Depresión de los años treinta y se trasladó[2] a California en busca de trabajo. Allí la situación era aún más difícil: 300.000 personas pobres ya habían llegado a fin de[3] buscar trabajo en el campo, y las condiciones de trabajo y de vida para la mayoría eran inaguantables.[4] Durante esa época de su vida, César aprendió la técnica de la «resistencia pacífica» al estudiar la vida y las obras de San Francisco de Asís y Mohandas K. Gandhi. También aprendió a organizar a los campesinos para luchar pacíficamente contra las injusticias que sufrían en el trabajo.

Chávez organizó la Asociación Nacional de Trabajadores Agrícolas, que luego se convirtió en Trabajadores Agrícolas de los Estados Unidos, el primer sindicato de los trabajadores migratorios. Este sindicato logró aumentar los sueldos y mejorar las condiciones de trabajo para los campesinos por medio de huelgas,[5] boicoteos y manifestaciones pacíficas. Cuando Chávez murió en 1992, miles de personas se reunieron para darle homenaje a este gran hombre que nunca tuvo miedo de luchar por sus principios.

[1]*demanding* [2]*se... moved* [3]*a... in order to* [4]*intolerable* [5]*strikes*

A EXPLORAR EL TEMA

ACTIVIDAD Las personas modelo

▶ ¿De qué manera contribuyen las siguientes personas a la sociedad? ¿Qué otros tipos de personas consideras que son líderes o sirven de modelo, y por qué?

un(a) líder sindical
un(a) atleta profesional famoso/a
un profesor / una profesora
un ex pandillero[1] / una ex pandillera
un criminal reformado / una criminal reformada
un político / una mujer político

---
[1]*gang member*

LECTURA

A PROPÓSITO En los Estados Unidos existen muchas pandillas.° ¿Por qué crees que se forman? ¿Por qué se unen a ellas los jóvenes? ¿Es posible que la vida de un ex pandillero sirva de modelo para la sociedad? Aquí, Jaime Cruz habla de sus experiencias como pandillero y de su vida después de dejar la pandilla.

gangs

JAIME CRUZ: RETRATO DE UN EX PANDILLERO

Universidad de California, Irvine: Jaime Cruz delante del escenario de su drama «The Town I Live In», cuyo propósito es mostrar a los jóvenes «la vida entera de una pandilla».

LECCIÓN 1

Jaime Cruz llegó ilegalmente a Los Ángeles, California, en 1972, cuando tenía cuatro meses de edad. Dice de su niñez: «Cuando tenía nueve años mi madre salió de la casa y nunca volvió. Mi padre mantenía a la familia lo mejor que podía pero después de cuatro años se enfermó y pronto falleció.° Entonces empecé a sentirme solo, muy solo. Tenía unos amigos muy buenos que eran como mis hermanos y me trataban bien. Ellos ya habían decidido juntarse con° pandillas y yo quería estar con ellos.»

murió

juntarse... *join*

Para que la pandilla lo admitiera como miembro, Jaime primero tuvo que pasar por una dura prueba de iniciación. «Tenía trece años cuando me metí con los "Opal Street Locos" en East L.A. y pasé todo mi tiempo después de la escuela con ellos. Muchas veces tuvimos peleas con los "Hang Out Boys" o los "Street Boys". Durante los *weekends* había más acción y nos juntábamos todos los de la pandilla, como setenta personas. Era entonces cuando pasaban muchas atrocidades: peleas fatales y unos *drive-bys*. Tuve muchas oportunidades de matar pero por suerte, no maté a nadie, nunca. ¡Por suerte!»

Cuando estaba en la escuela secundaria, Jaime se mudó a otra parte de Los Ángeles y se juntó con una de las pandillas más poderosas de su nuevo barrio. Poco a poco, sin embargo, empezó a pensar en escaparse del mundo de las pandillas para dedicarse más a sus estudios. Pero «no querían dejarme salir; me amenazaban y tenía miedo de que un día me mataran. Resultó que pasé seis meses en la cárcel° en mi onceno° grado y allí decidí que iba a escaparme de esa vida violenta. El día en que salí de la cárcel también salí de la pandilla. Estaba solo otra vez, pero deseaba con todo mi corazón buscar una vida nueva.»

prisión / *eleventh*

Ahora Jaime tiene veintidós años y estudia en la Universidad de California. Quiere ser profesor y piensa estudiar derecho. Su sueño es ayudar a la gente: «Quiero devolver a la sociedad todo lo que destruí mientras estaba con la pandilla.» Todos los veranos trabaja en un campamento que se dedica a educar a los pandilleros. También dirige un grupo teatral, cuya última obra es un drama sobre los peligros de la vida pandillera. El club teatral presenta la obra en muchas escuelas secundarias para tratar de convencer a los pandilleros de que busquen una vida mejor, como lo hizo Jaime.

¿QUÉ ENCONTRASTE?

ACTIVIDAD La cronología de Jaime Cruz

▶ Empareja los siguientes sucesos importantes en la vida de Jaime con su edad.

1. Jaime se junta con los «Opal Street Locos».
2. Muere su padre.
3. Pasa seis meses en la cárcel.
4. Trabaja en un campamento para jóvenes.
5. Llega a los Estados Unidos.
6. Su madre abandona a la familia.
7. Empieza a tener ganas de dejar la pandilla.
8. Estudia en la universidad y dirige un grupo teatral.

a. a los 4 meses
b. a los 9 años
c. a los 13 años
d. entre los 16 y 17 años
e. a los 22 años

A EXPLORAR MÁS A FONDO

ACTIVIDAD Una obra teatral

▶ Imagínate que eres actor/actriz y que vas a actuar en una obra teatral dirigida por Jaime Cruz. En grupos de tres o cuatro estudiantes, preparen una de las siguientes escenas. Después de ensayarla, preséntenla ante la clase.

1. Jaime se siente solo después de la muerte de su padre y habla con sus amigos sobre sus planes para el futuro. Ellos le presentan varias opciones —unirse a una pandilla, buscar trabajo, continuar con sus estudios— y él considera el pro y el contra de sus sugerencias.

2. Jaime habla a un grupo de estudiantes de secundaria sobre la importancia de la educación y de los peligros de la vida pandillera. Ellos le hacen preguntas sobre sus experiencias, y él les ofrece algunos consejos sobre su futuro.

3. Mientras Jaime está trabajando en el campamento, dos jóvenes empiezan a pelear. Jaime tiene que averiguar la causa del conflicto y luego resolverlo pacíficamente.

LECCIÓN 1

TRADICIÓN Y CAMBIO

LA AYUDA MUTUA

Después de la guerra contra México (1846–1848), los Estados Unidos anexaron las tierras del noroeste de México. Entonces los mexicanos, que de repente se convirtieron en ciudadanos estadounidenses, se sentían fuera de lugar en el nuevo país. Muchas veces les era difícil obtener servicios del nuevo gobierno. Por eso, a fines del siglo XIX, empezaron a surgir sindicatos de ayuda mutua, en los cuales hombres y mujeres se reunían para buscar maneras de ayudar a sus propias comunidades. Estos sindicatos, llamados *mutualistas*, daban préstamos[1] a bajo interés a sus miembros y a los negocios locales. También ofrecían pólizas de seguro de vida y de enfermedad, prestaban servicios de entierro,[2] apoyaban la educación y defendían a los que se encontraban en dificultades con las autoridades. Más tarde, los mutualistas también empezaron a apoyar a los candidatos políticos que simpatizaban con sus problemas.

El espíritu de los primeros mutualistas sigue siendo fuerte. En California, por ejemplo, el mismo concepto nació entre un grupo de mujeres de negocios que buscaban amistades y consejos para conducir negocios en Latinoamérica. Así que fundaron la asociación LATAMAR (*Latin American Trade and Marketing*), que es uno de los resultados más recientes de la tradición de ayuda mutua en beneficio de todos. Esta red[3] de mujeres les permite compartir sus experiencias y sus consejos sobre cómo negociar en países latinoamericanos.

Hace más de 100 años que se formó el primer sindicato mutualista; hoy, más que nunca, se reconoce el valor del importante concepto de ayuda mutua.

[1]loans [2]burial [3]network

San Rafael, California: Sylvia Acevedo, una de las mujeres de negocios que toma parte activa en la asociación LATAMAR.

San Diego, California: Este sindicato mutualista participó en una celebración de las Fiestas patrias (la fiesta nacional de México) el 16 de septiembre de 1924.

¿POR QUÉ LO DECIMOS ASÍ?

GRAMÁTICA

HABÍAN VIAJADO A COLOMBIA PERO NO HABÍAN VIVIDO ALLÍ
Past Perfect

> **ORIENTACIÓN**
>
> The *past perfect* expresses an action that took place at some time prior to another past action or point in the past. In the sentence *He felt sick because he had eaten some spoiled food*, the words *had eaten* refer to what the subject did before he felt sick. In English, the past perfect consists of *had* + *past participle*.
>
> It wasn't fair. We had a quiz today and she *hadn't said* anything about it.
> The car skidded where the rain *had frozen*.
> Before 1969, people *hadn't walked* on the surface of the moon.

A To form the past perfect (**el pluscuamperfecto**) in Spanish, use the imperfect tense of the auxiliary verb **haber** (*to have [done something]*) + the past participle of the verb.

The imperfect forms of **haber** are **había, habías, había, habíamos, habíais,** and **habían**.

Tuvimos una prueba y yo no **había estudiado**.
We had a quiz and I hadn't studied.

En 1990 yo no **había empezado** a estudiar español todavía.
In 1990 I hadn't started to study Spanish yet.

B To relate what someone says or said about an action completed prior to a specific moment in the past, you will generally use the past perfect, just as you do in English.

—¿Por qué le compraste una hamburguesa a Daniel?
—Él me dijo que no **había comido** nada en todo el día.
—Pero su madre dice que **había comido** dos sándwiches antes de salir.

—Why did you buy Daniel a hamburger?
—He told me that he hadn't eaten anything all day.
—But his mother says that he had eaten two sandwiches before he left.

¿Recuerdas?

To form the past participle of -ar verbs, drop the **-ar** ending and add **-ado** to the stem. For **-er** and **-ir** verbs, drop the **-er** or **-ir** ending and add **-ido** to the stem.

superar:	**superado**
aprender:	**aprendido**
sugerir:	**sugerido**

If the stem of an **-er/-ir** verb ends in **-a**, **-e**, or **-o**, use **-ído**.

leer:	**leído**
traer:	**traído**
oír:	**oído**

There is a list of the most common irregular past participles on page 298.

LECCIÓN 1 — *trescientos cincuenta y siete* **357**

EJERCICIO 1 — Sucesos de importancia

Paso 1. Describe lo que había ocurrido —o lo que no había ocurrido— antes de las fechas indicadas.

MODELO: Antes de 1492, Cristóbal Colón no *había cruzado* el océano Atlántico.

Paso 2. Ahora, con un compañero / una compañera, hablen de cosas que ustedes no habían hecho antes de este año escolar.

MODELO: el título de un libro / no haber leído →

TÚ: Dime el título de un libro que no *habías leído*.
COMPAÑERO/A: Antes de este año, no *había leído* The Stand, por Stephen King.

1. el título de un libro / no haber leído
2. el nombre de un plato hispano / no haber probado
3. el nombre de una materia / no haber tomado
4. el nombre de una persona / no haber conocido
5. el título de una película / no haber visto
6. una actividad / no haber hecho nunca

FRASES ÚTILES

caminar en la luna
cruzar el océano Atlántico
existir la república de México
explorar el territorio de Florida
fundarse ninguna ciudad en Florida
ganar su independencia los mexicanos
hablar con los indígenas de América
hacer ningún viaje a la luna
publicarse la Biblia de Gutenberg
publicarse ningún libro impreso

DUDO QUE LOS BISABUELOS HUBIERAN APROBADO DE LOS JÓVENES DE HOY
Past Perfect Subjunctive

A You have learned a number of situations that cue the use of subjunctive forms: impersonal expressions; expressions of opinion, wishing, or doubt; and certain conjunctions. The same situations cue the past perfect subjunctive when they refer to actions completed before a specific moment in the past.

—¿Ya le mandaste la carta a tu abuelo?
—No, todavía no. ¿Por qué?
—¡Ay, yo temía que ya se la **hubieras mandado**! Aquí hay unas fotos que mandarle.

—Did you already send the letter to your grandfather?
—No, not yet. Why?
—Oh, I was afraid that you had already sent it! Here are some photos to send him.

past perfect subjunctive = imperfect subjunctive of haber + past participle

B To form the past perfect subjunctive, use the imperfect subjunctive of the auxiliary verb **haber** (*to have [done something]*) + past participle. The imperfect subjunctive forms of **haber** are **hubiera, hubieras, hubiera, hubiéramos, hubierais,** and **hubieran**.

—¿Crees que, de niños, nuestros abuelos imaginaron algo como los videojuegos?
—Es dudoso que **se hubiera imaginado** tal fenómeno antes de los años setenta.

—Do you think that, as kids, our grandparents imagined anything like video games?
—It's doubtful that anyone would have imagined such a phenomenon before the seventies.

Imperfect subjunctive of haber:
yo hubiera
tú hubieras
usted hubiera
él/ella hubiera
nosotros/as hubiéramos
vosotros/as hubierais
ustedes hubieran
ellos/as hubieran

C The past perfect subjunctive also expresses what someone wishes had happened, instead of what really happened.

—¡Qué lástima! No llegaste a tiempo para ver a tu tío Moisés.
—Lo siento. Me perdí en el camino. ¡Ojalá que no **me hubiera perdido**!

—What a shame! You didn't get here in time to see Uncle Moisés.
—I'm sorry. I got lost on the way. I wish I hadn't gotten lost!

Use past perfect subjunctive
- *after subjunctive cues when referring to an action completed before a specific moment in the past*
- *to express what someone wishes had happened, instead of what actually did happen*
- *with como si, to describe a past situation contrary to reality*

D With **como si** (*as if*), the past perfect subjunctive describes a situation contrary to that which actually occurred.

—¿No tiene vergüenza el perro?
—¡Qué va! Está portándose **como si** nada **hubiera pasado**.

—Isn't the dog ashamed?
—No way! He's acting as if nothing had happened.

LECCIÓN 1

EJERCICIO 2 — Malas excusas

▶ Julio no ha hecho ciertas cosas esta semana, pero habla como si las hubiera hecho. Contesta según el modelo.

MODELO: Julio no escribió la composición para hoy, pero... →
habla como si la *hubiera escrito*.

Julio...

1. no llamó a su abuelo anoche, pero...
2. no visitó a sus tíos, pero...
3. no lavó los platos anoche, pero...
4. no vio las noticias en español ayer, pero...
5. no le habló a Carmen en la fiesta del sábado, pero...
6. no hizo la tarea para la clase de historia, pero...
7. no compró un coche nuevo la semana pasada, pero...
8. no conoció a la nueva estudiante ayer, pero...

EJERCICIO 3 — Si el mundo pudiera ser diferente...

▶ ¿Qué quisieran las siguientes personas que hubiera —o que no hubiera— pasado?

MODELO: Richard Nixon: «Ojalá que yo no...» →
«Ojalá que yo no *hubiera mentido*.»

1. Gloria Estefan: «Ojalá que yo no...»
2. Romeo: «Ojalá que mi familia no...»
3. los aztecas: «Ojalá que los españoles no...»
4. Mary Todd Lincoln: «Ojalá que John Wilkes Booth no...»
5. los árabes: «Ojalá que el Cid no...»
6. Fabio: «Ojalá que yo...»
7. Germán Manosalva: «Ojalá que nosotros no...»

FRASES ÚTILES

asesinar a mi esposo
descubrir más estatuas
llegar a América
pelearse con la familia de Julieta
ser el líder de los españoles
tener a Fabio de guía
tener un accidente de autobús

HABRÍA LLEGADO A TIEMPO SI NO ME HUBIERA PERDIDO
Conditional Perfect

A Spanish, like English, has a conditional perfect to express what you *would have done* in a given situation if the situation *had been* contrary to what actually happened. In these cases, use the conditional perfect in combination with a **si** clause in the past perfect subjunctive.

conditional perfect + **si** + past perfect subjunctive
would have + *if . . . had been the case*

—Si hubieras llegado a tiempo, **habrías visto** al presidente.
—*If you had gotten here on time, you would have seen the president.*

—Y yo **habría llegado** a tiempo si tú me hubieras llamado. ¡Sabes que yo te **habría llamado** a ti!
—*And I would have arrived on time if you had called me. You know I would have called you!*

B To form the conditional perfect, use a conditional form of the auxiliary verb **haber** (*to have [done something]*) + past participle. The conditional forms of **haber** are **habría, habrías, habría, habríamos, habríais,** and **habrían**.

—Si hubiera visto al presidente, **me habría muerto** de emoción.
—*If I had seen the president, I would have died of excitement.*

—¡No es para tanto!
—*It's not such a big deal!*

Pasadena, California.

¿Recuerdas?

▶ In **Unidad 4** you learned to use **si** + imperfect subjunctive to express a situation that is clearly contrary to fact: what you *would* do if something *were to occur*. The **si** clause may precede or follow the main clause, which uses a conditional verb.

conditional perfect = conditional of **haber** + past participle

Conditional of **haber**:
yo habría
tú habrías
usted habría
él/ella habría
nosotros/as
 habríamos
vosotros/as
 habríais
ustedes habrían
ellos/as habrían

Use conditional perfect
• to tell what someone would have done
• with a **si** clause in the past perfect subjunctive to tell what would have happened if the situation had been different

LECCIÓN 1

EJERCICIO 4 — En circunstancias diferentes

▶ Imagínate que ocurrieron los siguientes sucesos. ¿Qué habrías hecho tú en tal caso? Contesta completando las oraciones. Hay más de una respuesta posible. Inventa respuestas cuando sea posible.

MODELO: Si yo hubiera ahorrado más dinero el verano pasado, ... →
habría ido a México.

1. Si yo hubiera ahorrado más dinero el verano pasado, ...
2. Si hubiera sacado malas notas en un examen, ...
3. Si hubiera sido una superestrella de niño/a, como Macaulay Culkin, ...
4. Si hubiera asistido a otra escuela secundaria, ...
5. Si hubiera ido a España el verano pasado, ...
6. Si hubiera conocido al presidente, ...
7. Si hubiera nacido en Francia, ...
8. Si hubiera crecido en Colombia, ...

FRASES ÚTILES

comer paella
estudiar en la Universidad de los Andes
estudiar más
hablar francés desde niño/a
hacerle preguntas sobre su política
ir al Museo del Prado
leer las novelas de García Márquez
morirse de emoción / de risa
pedirle ayuda a mi profesor(a)
ser muy egoísta
tener mucho dinero ahora
viajar a Europa

Madrid, España: El Museo del Prado visto desde el norte.

EJERCICIO 5 ¿Y si hubieras nacido en el siglo XIX... ?

▶ Imagínate cómo habría sido tu vida si hubieras nacido en el siglo XIX. Completa la oración, usando las frases útiles e inventando otras respuestas.

MODELO: Si yo hubiera nacido en el siglo XIX, ... →
nunca *habría mirado* la televisión.

FRASES ÚTILES

aprender a manejar un carro
leer mucho más
luchar en la guerra civil
no estudiar hasta los dieciocho años
saber mucho menos del mundo entero

tener electricidad en casa
tener menos oportunidades de viajar
trabajar en la finca de mis padres

VOCABULARIO — PALABRAS NUEVAS

La formación personal
alcanzar
animar
correr riesgos
estimar
rescatar
servir (i, i) de modelo
tener confianza en sí mismo/a
tener fama
valer la pena

Palabras semejantes: **imitar, sacrificarse**

Palabras de repaso: admirar, apoyar, ayudar, cambiar,

conseguir (i, i), crecer, llegar a ser, pertenecer, superar

el campeón / la campeona
la cualidad
el desafío
el hecho
el poder
el torneo

Palabras semejantes: **la admiración, el ídolo, la inspiración**

Palabras de repaso: la meta, el obstáculo

Los adjetivos
arriesgado/a
lleno/a de vida
mundial

Palabra semejante: **intrépido/a**

Palabras de repaso: desconocido/a, generoso/a, honrado/a, valiente

LECCIÓN 1 · *trescientos sesenta y tres* **363**

LECCIÓN 2: SUCESOS Y CONSECUENCIAS

Hay sucesos que no podemos controlar, pero que influyen mucho en nuestra vida. Lo mismo pasa con los países; ocurren cosas que tienen tantas repercusiones que completamente cambian el destino de un país y de su gente. Muchos sucesos históricos han contribuido a la formación del país que hoy día es la República Dominicana. Aquí hay un breve resumen de algunos de esos sucesos ocurridos durante quinientos años. ¿Cuántos sucesos diferentes puedes encontrar?

En 1492 Cristóbal Colón llegó a la isla que la República Dominicana comparte hoy día con Haití, y la nombró La Española. Cuatro años más tarde, su hermano fundó allí la ciudad de Santo Domingo, la primera ciudad americana creada en el Nuevo Mundo. Los indígenas caribes nunca habían visto gente tan diferente como los españoles. Su ropa, sus medios de transporte, su lengua y su apariencia les eran desconocidos.

Los españoles trajeron a muchos esclavos africanos a La Española para trabajar en las minas de oro y en los campos de café y de caña de azúcar. Mientras tanto, los franceses tomaron posesión de casi toda la isla en 1795, pero empezaron a perder el control en 1804, cuando los esclavos del oeste de la isla se rebelaron contra los europeos y crearon el Estado de Haití.

364 trescientos sesenta y cuatro UNIDAD 6

De 1804 a 1809 los haitianos (descendientes de franceses y africanos), los franceses y los españoles lucharon por el poder. En 1809, los dominicanos reconquistaron para España la parte oriental de la isla. Los haitianos invadieron el territorio dominicano, pero la invasión fracasó y España volvió a ejercer su control sobre ese territorio. En 1821, los mismos dominicanos declararon su independencia de España, pero un año después los haitianos invadieron otra vez y se quedaron en la parte dominicana hasta que la República Dominicana declaró su independencia el 27 de febrero de 1844. Ese día es el que actualmente se celebra como el día de la independencia de la República Dominicana.

La República Dominicana ha experimentado por lo menos una invasión y una dictadura en este siglo también. Las fuerzas armadas de los Estados Unidos ocuparon el país de 1916 a 1924. Luego, de 1930 a 1961, Rafael Trujillo reinó sobre el país, controlando las fuerzas armadas y toda la estructura política. Pero hoy día el país es una democracia constitucional en que coexiste una multitud de razas y de gentes de muchas partes del mundo.

¿QUÉ PODEMOS DECIR?

- ¿Qué diferentes grupos o personas han llegado a la República Dominicana? ¿De dónde venían y con qué fines llegaron? ¿Qué otros sucesos políticos ocurrieron en la isla?

- Imagínate que eres uno/a de los indígenas caribes del siglo XV. ¿Qué te impresiona más de los españoles? ¿sus armas? ¿sus caballos? ¿sus modales? ¿su idioma? ¿Cómo reaccionas frente a esta gente desconocida? ¿Luchas contra ellos o te dejas conquistar fácilmente?

- ¿Cómo habría cambiado tu vida si las tropas de otro país hubieran invadido —y conquistado— el pueblo o la ciudad donde tú vives actualmente? ¿Ha vivido algún pariente tuyo en un territorio invadido por otro país?

LECCIÓN 2

trescientos sesenta y cinco **365**

▶ **INVENTARIO**

¿Cuáles de estos momentos **clave** has vivido tú? ¿Qué otros puedes nombrar?
- [ ] el **divorcio** de los padres
- [ ] la **muerte** de un pariente
- [ ] la **traición** de un amigo
- [ ] los efectos de una **mentira**
- [ ] ¿?

Así se dice...

VOCABULARIO

UN MOMENTO CLAVE DE LA VIDA

Hay cosas que ocurren en la vida diaria que pueden **producir** un efecto profundo en los individuos afectados. Consideremos el caso de Manuel, Luzma y Gonzalo, tres amigos dominicanos que esperan asistir juntos a la Universidad de Santo Domingo el año que viene.

En una ocasión, uno de estos jóvenes compañeros de secundaria tuvo que **arriesgarse** y hacer algo que consideraba correcto, aunque así puso en peligro su amistad con los otros dos. Así demostró su verdadero **carácter** y **se definió** para siempre. Aquí tienes tres versiones del **acontecimiento**, según cada uno de esos jóvenes. ¿Cuál(es) de ellos **miente(n)**? ¿Qué crees que **sucedió** de verdad?

Santo Domingo, República Dominicana: Una estudiante de la Universidad de Santo Domingo, que es la universidad más antigua del Nuevo Mundo. Se fundó en 1538 y hoy día tiene más de 52.000 estudiantes.

«Hola. Me llamo Luz María. Mis amigos me llaman Luzma. Ayer cuando iba para la biblioteca a estudiar para un examen de historia, vi a mi amigo Manuel en el laboratorio de computadoras. Vi que su mochila estaba en el pasillo, pero allí la dejé. Seguí hacia la biblioteca.

«Esa noche, Manuel me llamó para decirme que había encontrado en su mochila el examen final para la clase de historia. Él no tenía ni idea de cómo el examen había llegado allí. Al principio creí que él lo había robado. Entonces recordé que había visto a Gonzalo en la oficina del señor Cordero, el profesor de historia. Llamé a Gonzalo y lo **acusé** de **haberse llevado** el examen. Pero él lo **negó**. Al día siguiente, después de que el profesor Cordero anunció lo del robo del examen, Manuel y yo **confrontamos** a Gonzalo, pero él no quiso admitir su culpa. Luego Manuel decidió arriesgarse a **devolver** el examen, y yo me di cuenta que él merecía todo mi respeto y mi admiración. ¡Qué valor!»

a.
b.
c.

«Hola. Soy Gonzalo Ramírez, y no soy **tramposo**. No me gusta para nada que los estudiantes **hagan trampa** en la escuela. Sí, es cierto que estuve en la oficina del profesor Cordero y que vi el examen en su escritorio. Pero **luché**, y **triunfé**, contra la **tentación** y no me lo robé. Como el profesor no llegaba, me fui de la oficina. En ese momento, otra estudiante entró. No vi bien quién era, porque entró rápidamente. ¿Sería ella la que se llevó el examen?

«Cuando Luzma me llamó, acusándome del robo, me sorprendió mucho. Luego, al día siguiente, cuando mis dos amigos me confrontaron, me dolió enormemente. Les expliqué lo que había ocurrido, y que vi a una muchacha entrar en la oficina del profesor después de que salí. ¿Sería Luzma quién robó el examen? Después me marché a casa a estudiar para el examen. Hace muchos días que ellos no me hablan. Pero soy inocente. ¡No **tengo la culpa** de lo que pasó!»

d.
e.

a.
b.
c.

«Soy Manuel. Había dejado la mochila fuera del laboratorio de computadoras sólo por unos minutos. Cuando fui a recogerla, ¡allí estaba una copia del examen! Alguien la había puesto en mi mochila con la intención de **echarme la culpa**. Soy muy aplicado y estaba listo para el examen, pero sentía mucha curiosidad. No sabía si debía leerlo o devolverlo al profesor. Tuve que pelear con mi **conciencia** y mi **sentido del honor**. Por fin, no lo leí. Me dio mucha pena cuando se lo conté todo a Luzma esa noche y ella no me creyó.

«Al día siguiente, quise hablar con el profesor Cordero, pero tuve un **ataque de nervios** y no lo hice. Pero, después de escuchar lo que él dijo en la clase, decidí hablar con mis compañeros. Luzma acusó a Gonzalo del robo, pero él negó ser el culpable. Por fin fui a hablar con el profesor Cordero, y él me creyó. Yo tenía que hacer lo que debía.»

d.
e.
f.

Compara las tres historias. Compara también lo que han dicho los tres con lo que pasó según los dibujos. En tu opinión, ¿quiénes dijeron la verdad? ¿Cómo cambió este acontecimiento la vida de ellos? Elige a uno de los jóvenes del relato y di lo que habrías hecho tú en su lugar.

LECCIÓN 2

Conexión gramatical
Estudia las páginas 380–386
en **¿Por qué lo decimos así?**

Y TÚ, ¿QUÉ DICES?

ACTIVIDADES ORALES Y LECTURAS

1 • OPCIONES   ¿Qué harías si...?

▶ ¿Qué harías en las siguientes situaciones? Escoge la mejor posibilidad en cada caso. Si no hay una respuesta perfecta para ti, invéntala.

1. ¿Qué harías si vieras a alguien hacer trampa durante un examen?
   a. Confrontaría a la persona, diciéndole que iba a decírselo al profesor / a la profesora.
   b. Amenazaría al tramposo / a la tramposa, diciéndole que la próxima vez se lo diría al profesor / a la profesora.
   c. Me olvidaría del incidente inmediatamente.
   d. ¿?

2. ¿Qué harías si encontraras un billete de veinte dólares en el suelo de la sala de lóqueres?
   a. Lo recogería y me lo guardaría sin decirle nada a nadie.
   b. Intentaría averiguar quién perdió el billete para devolvérselo.
   c. Lo dejaría allí en el suelo y mentiría si alguien me preguntara si lo había visto.
   d. ¿?

3. ¿Qué harías si hubiera un incendio en tu escuela?
   a. Arriesgaría la vida ayudando a otros a salir.
   b. Saldría para salvarme la vida, sin importarme los demás.
   c. Volvería a entrar en la escuela, esperando que me llamaran héroe o heroína.
   d. ¿?

4. ¿Qué harías si estuvieras presente mientras alguien robaba algo de una tienda?
   a. Tendría el valor de impedir el robo.
   b. Saldría corriendo porque tendría un ataque de nervios.
   c. Me quedaría allí, pero sin hacer nada para impedir el robo.
   d. ¿?

5. ¿Qué harías si un amigo / una amiga te mintiera sobre algo sin mucha importancia pero que te hizo quedar en ridículo ante tus amigos?
   a. Terminaría para siempre mi amistad con esa persona.
   b. Trataría de confrontar a la persona para resolver el conflicto.
   c. No le haría caso al asunto, porque la amistad es lo más importante de todo.
   d. ¿?

Y AHORA, ¿QUÉ DICES TÚ?

1. ¿Has estado tú —o algún amigo o miembro de tu familia— en una de esas situaciones? Explica.

2. ¿Eres tú de las personas que confrontan los problemas o eres de las que tratan de evitar el conflicto? ¿Cuáles son las ventajas y desventajas de cada manera de ser?

2 • DEL MUNDO HISPANO — Una experiencia clave

▶ Ojalá que no ocurrieran desastres naturales ni hubiera problemas en el mundo. Pero no es así. Lee la siguiente página de un libro para niños y contesta las preguntas.

RECORDANDO...

Bu-Bú estaba preparado.

Pero aunque sabía todas las cosas sobre seguridad, todavía le preocupaban los temblores que vienen después del terremoto. Pero luego platicamos sobre eso, y entonces se sintió mucho mejor.

¿Y tú? ¿Qué recuerdas del último terremoto?

¡Yo no me podía dormir!

¡Me asusté Mucho!

¡Después que pasó Me dolía el estómago!

¡Así que habla de lo que recuerdes y también te sentirás mejor!

1. ¿De qué desastre natural hablan Bu-bú y los niños?
   a. *the eruption of a volcano*
   b. *an earthquake*
   c. *flooding*

2. De las siguientes reacciones, ¿cuál es la que *no* se menciona?
   a. tener mucho miedo
   b. pasar las noches sin dormir bien
   c. tener un ataque de nervios
   d. tener dolor en una parte del cuerpo

3. ¿Qué se recomienda para calmarse?
   a. consultar con un(a) psiquiatra
   b. comentarlo todo con los amigos
   c. no decírselo a nadie

Y AHORA, ¡CON TU PROFESOR(A)!

1. ¿Ha presenciado usted algún desastre natural? ¿Cuál fue ese desastre? ¿Qué le pasó?

2. ¿A qué fenómenos naturales les tiene miedo?

3 • CONVERSACIÓN   Cosas que ocurren y sus consecuencias

▶ La vida está hecha de experiencias, buenas y malas, éxitos y fracasos. Todas las cosas que ocurren, tanto las buenas como las malas, traen consecuencias, a veces para muchas personas.

Paso 1. Con un compañero / una compañera, pongan las siguientes experiencias en una de estas tres categorías según la importancia de su impacto en el individuo, la familia o la comunidad.

EXPERIENCIAS	EL INDIVIDUO	LA FAMILIA	LA COMUNIDAD
• **En el trabajo o en la escuela**			
cambiar de puesto y tener que viajar mucho graduarse en la escuela secundaria una huelga laboral inscribirse en el ejército no graduarse en la escuela secundaria tener éxito en los deportes			
• **En casa**			
la adopción de un bebé el divorcio de los padres el nacimiento inesperado de un hermano / una hermana el nuevo matrimonio de uno de los padres tener que cambiar de escuela trasladarse a otra ciudad			
• **Fuera de casa**			
ganar el «premio gordo» de la lotería pasar un año en el extranjero pasar unas vacaciones en la playa o en las montañas romper con el novio / la novia viajar a Europa con toda la familia vivir en un barrio donde va en aumento el número de delitos			

¡Están en huelga!

una mudanza

un delito

Paso 2. Con tu compañero/a, pongan las experiencias de cada categoría en orden de mayor (6) a menor (1) importancia.

Paso 3. Con otro compañero / otra compañera, describan los acontecimientos representados aquí y los sentimientos que experimentan las personas afectadas. Luego relacionen cada acontecimiento con uno de los resultados de la lista, o sugieran otro resultado posible.

Acontecimientos

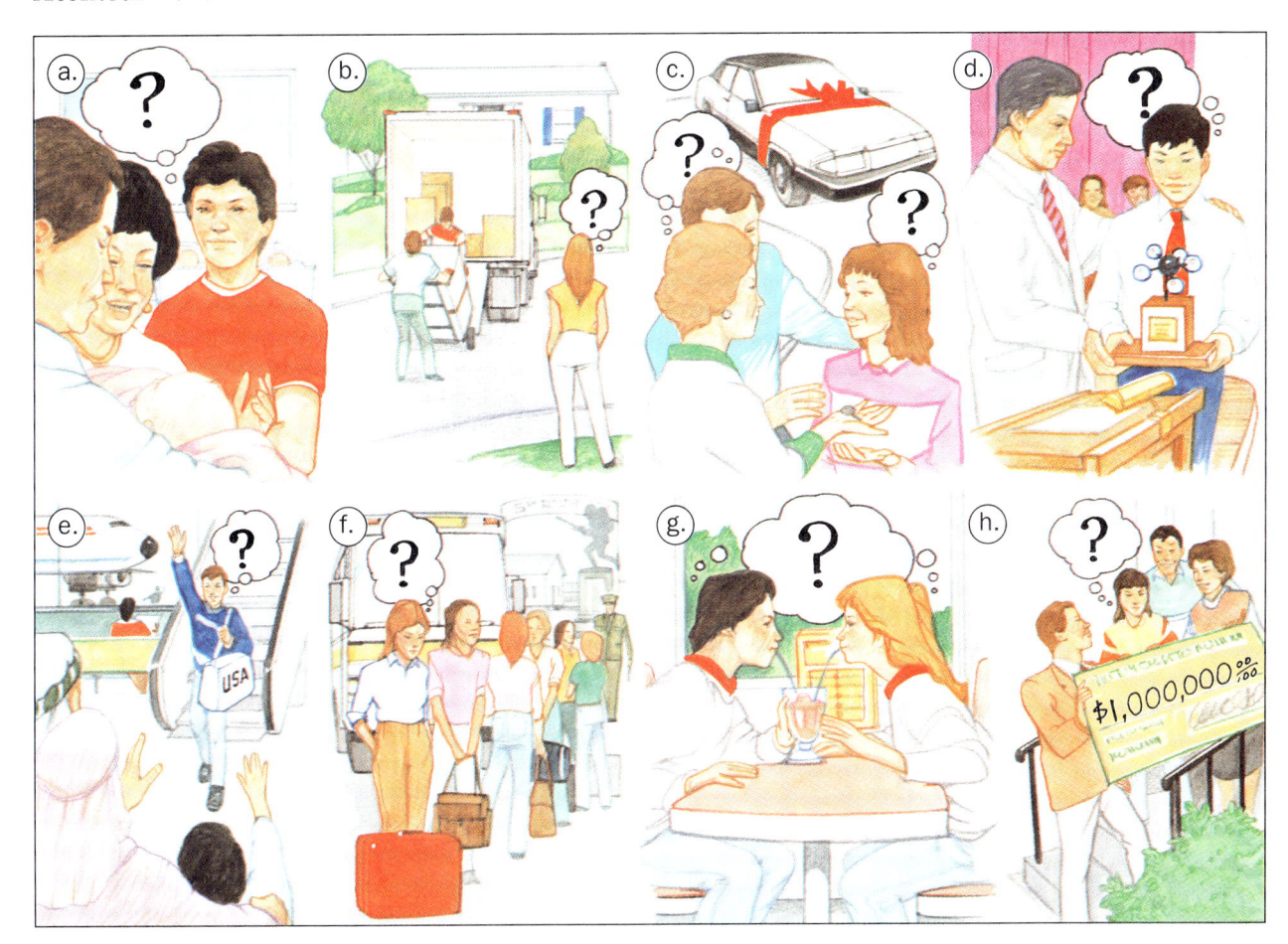

Resultados

aceptar más responsabilidades
ayudar a personas menos
  afortunadas
correr riesgos
decidir seguir una carrera
  profesional
empezar una etapa completamente
  nueva de la vida

esforzarse por aprender algo
esforzarse por hacer nuevos
  amigos
hacer cambios en la vida por el
  bienestar de otros
mostrar mucha paciencia y
  comprensión

ponerse en forma
trasladarse a un sitio lejano
¿ ?

MODELO: Cuando nace un bebé inesperadamente, el hermano mayor tiene que aceptar más responsabilidades.

4 • INTERACCIÓN   Un mapa de la vida

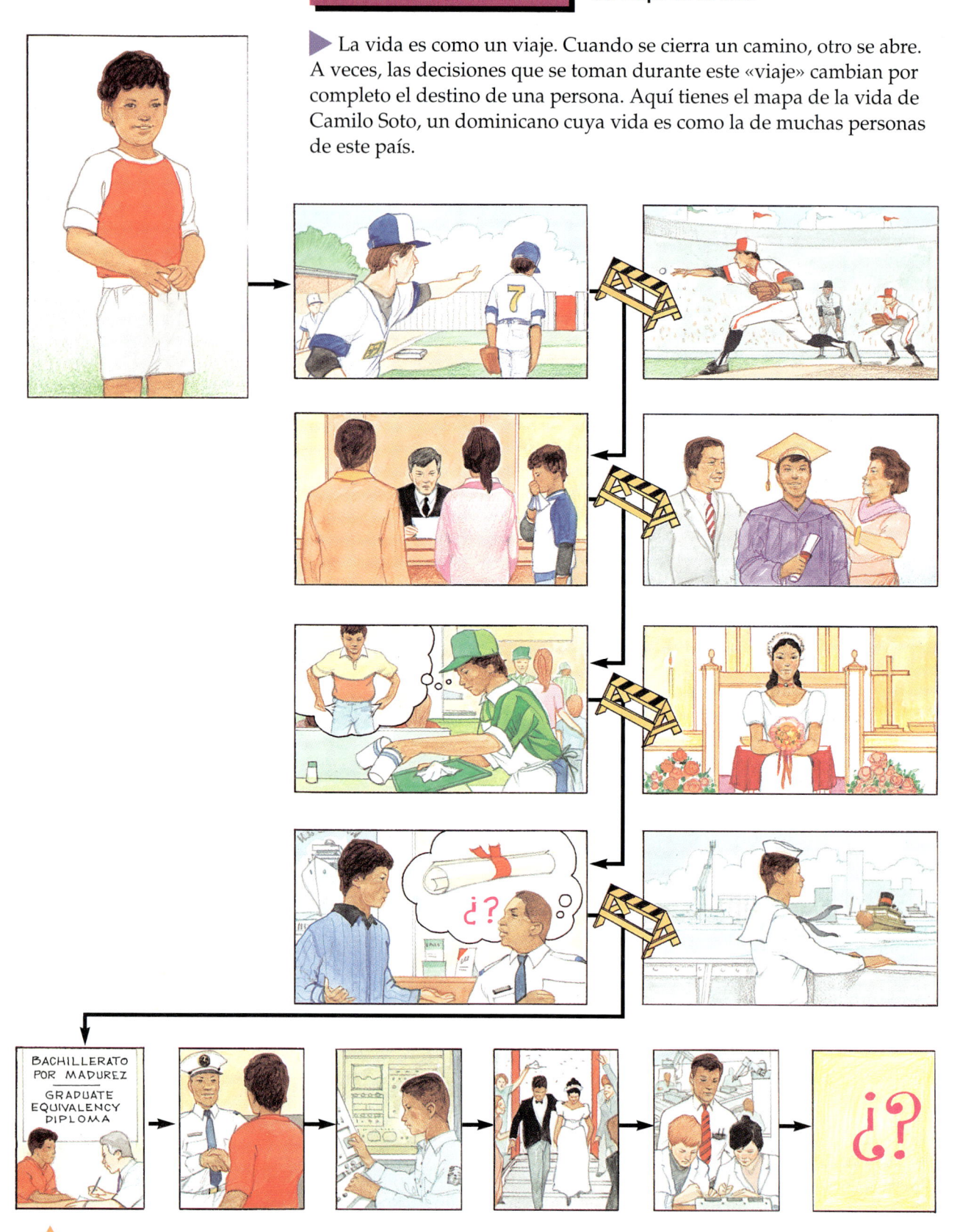

▶ La vida es como un viaje. Cuando se cierra un camino, otro se abre. A veces, las decisiones que se toman durante este «viaje» cambian por completo el destino de una persona. Aquí tienes el mapa de la vida de Camilo Soto, un dominicano cuya vida es como la de muchas personas de este país.

Paso 1. Con un compañero / una compañera, describan los momentos clave de la vida de Camilo, es decir, los momentos en que cambió su vida por no poder conseguir lo que quería. Hay cuatro momentos clave.

    MODELO: quería ser beisbolista →

        TÚ: Camilo quería ser beisbolista.
        COMPAÑERO/A: ¿Por qué cambió de idea?
        TÚ: Se sintió frustrado por la actitud del entrenador.
        COMPAÑERO/A: ¿Qué hizo entonces?
        TÚ: Dejó de jugar al béisbol.

Camilo...

1. quería ser beisbolista.
2. quería graduarse en la secundaria.
3. quería casarse con la novia que tenía desde la primaria.
4. quería ser marinero.

Obstáculos en el camino
    divorciarse los padres
    no cumplir los requisitos
    no ganar suficiente dinero
    sentirse frustrado por la actitud del entrenador

Cambios
    dejar de jugar al béisbol
    dejar el bachillerato
    no casarse
    no ser aceptado

Paso 2. Ahora, con tu compañero/a, hablen de los éxitos en la vida de Camilo.

    MODELO: cuando no lo aceptaron en la marina →

        TÚ: Cuando no lo aceptaron en la marina, ¿qué hizo?
        COMPAÑERO/A: Consiguió pronto el bachillerato por madurez.

1. cuando no lo aceptaron en la marina
2. cuando ya había terminado el bachillerato
3. cuando estaba en la marina
4. cuando ya tenía un puesto seguro
5. cuando ya estaba casado

Éxitos
    aprender electrónica
    casarse
    conseguir pronto el bachillerato por madurez
    dejar la marina y conseguir el puesto de supervisor
    finalmente inscribirse en la marina

Paso 3. Con tu compañero/a, inventen dos sucesos importantes en el futuro de Camilo.

¡A charlar!

▶ Use the following phrases to explain the significance of something.

> Esto significa que...
> Esto quiere decir que...
> Según este minidrama, es mejor... (que...)
> La moraleja de esta historia es que...
> Lo más importante de esta historia es...
> Lo bueno/malo de eso es...

5 • MINIDRAMA   El ejemplo de los demás

▶ Muchas veces las acciones de los demás nos sirven de ejemplo de lo que debemos o no debemos hacer. ¿Cuándo fue la última vez que alguien hizo algo que influyó en tu conducta por lo bueno o malo que era?

Paso 1. Describe un incidente que se relaciona con uno de los actos de la lista, y que ocurrió en tu vida o en la de una persona que tú conoces. Apunta todos los detalles de lo que pasó, cómo pasó y cómo terminó el incidente para contárselo a otra persona. Di también qué fue lo que aprendiste o lo que otra persona aprendió del incidente.

- un acto de cobardía
- un acto de egoísmo
- un acto de benevolencia
- un acto de autosacrificio
- un acto de heroísmo
- un incidente que cambió tu vida
- un incidente que cambió la vida de otra persona

Paso 2. Comenta el incidente con un compañero / una compañera, que también va a comentar contigo un incidente de su vida.

Paso 3. Entre los dos, preparen un minidrama basado en uno de los incidentes para presentárselo a la clase. Tus compañeros van a categorizar el incidente en que se basa el minidrama y encontrar la moraleja.

San Juan, Puerto Rico: Todos los miembros de esta familia disfrutan del tiempo libre que pueden pasar juntos.

LECTURA: Clave al mundo hispano

RINCÓN CULTURAL: Los héroes y la búsqueda de la libertad

En el siglo XIX las colonias del Nuevo Mundo se rebelaron contra los españoles, que habían ocupado su territorio durante casi trescientos años. En esta época surgieron[1] muchos hombres valientes que se oponían al sistema colonial español. Creían que ya era tiempo que cada pueblo estableciera su propio sistema de gobierno, y se oponían también al tratamiento injusto que los españoles daban a esos pueblos. Las acciones de algunos de estos hombres patrióticos muestran su dedicación para mejorar las condiciones de vida de su pueblo y su determinación para luchar por conseguir la libertad de los países americanos.

José de San Martín nació en la Argentina, y viajó a España para estudiar. Cuando las fuerzas de Napoleón invadieron España, se unió al ejército español en la lucha contra los franceses. Irónicamente, años después luchó contra los españoles por conseguir la independencia de la Argentina. Por eso, San Martín es conocido como el libertador de la Argentina. También es uno de los héroes de la liberación de Chile.

Simón Bolívar es otro gran héroe de la independencia latinoamericana. Nació en Venezuela y luchó por la liberación de ese país y también por la de Bolivia, Colombia, el Perú y el Ecuador. Al terminar las guerras de la independencia, Bolívar se dedicó a la política.

Miguel Hidalgo y Costilla es conocido como el padre de la independencia de México. A diferencia de[2] San Martín y de Bolívar, no era militar sino sacerdote.[3] La noche del 15 de septiembre de 1810, Hidalgo tocó las campanas de su iglesia mientras gritaba: «¡Viva la independencia de México!» Así comenzó la lucha de los mexicanos contra los españoles. Hidalgo también organizó algunas fuerzas militares que al principio tuvieron éxito, pero que después no pudieron resistir el poder de los españoles. Éstos capturaron a Hidalgo y lo ejecutaron por rebelde.

[1]appeared [2]A... Unlike [3]priest

Fotografías: (arriba) *José de San Martín.* (entremedio) *Representación de Simón Bolívar en un billete venezolano.* (abajo) *Dolores Hidalgo, México: La iglesia del Padre Miguel Hidalgo y Costilla.*

LECCIÓN 2 — trescientos setenta y cinco

A EXPLORAR EL TEMA

ACTIVIDAD — Los actos heroicos

Paso 1. Explica con tus propias palabras por qué las acciones de José de San Martín, Simón Bolívar y Miguel Hidalgo y Costilla se consideran «actos heroicos».

Paso 2. Escribe una lista de otras cinco actividades o acciones que consideras heroicas. Estas acciones pueden ser «ordinarias» o «extraordinarias», pero tienes que justificar tus selecciones. Luego, indica si tú o alguien que conoces ha participado alguna vez en estas actividades, y de qué manera.

LECTURA

A PROPÓSITO Sor Juana Inés de la Cruz está entre los mejores poetas de México. Vivió en el siglo XVII, época en la cual las oportunidades para las mujeres en la sociedad eran muy limitadas; no podían trabajar fuera de la casa ni asistir a la universidad. Sus opciones eran casarse, quedarse solteras o entrar en un convento, y Sor Juana decidió entrar en el convento para poder hacer las cosas que más le interesaban: estudiar y escribir.

SOR JUANA INÉS DE LA CRUZ (ADAPTADO)

Parte 1

Juana Inés Ramírez de Asbaje se crió en la casa de su abuelo con su madre y dos hermanas. Su abuelo era un hombre bondadoso° que amaba los libros y el saber.° Desde el inicio° de su vida, la pequeña Juana Inés compartió este interés por los libros y por aprender.

Cuando Juana Inés tenía seis o siete años, ya sabía leer y escribir bien, pero quería aprender más. Le pidió a su madre que la dejara vestirse de hombre para poder ir a la universidad, en donde no se permitía entrar las mujeres.

Como es de imaginarse,° su madre le dijo que no. Así que Juana Inés pasaba todo el tiempo en la biblioteca de su abuelo, leyendo todos sus libros.

Cuando Juana Inés tenía unos nueve años, murió su abuelo. Poco tiempo después, Juana Inés se fue a vivir en la Ciudad de México con sus tíos. Era un lugar muy diferente de San Miguel.° Su tío, Juan de Mata, era muy rico. Él y su esposa doña María eran amigos del virrey que gobernaba México. En el hogar° de los Mata se vivía con cierto lujo.°

good

el... knowledge / comienzo

Como... As one can imagine

San... el pueblecito donde nació Juana Inés
home / luxury

Pero la mayor diferencia para Juana Inés era que, en la Ciudad de México, tendría la oportunidad de aprender mucho más de lo que hubiera podido aprender° solamente en la biblioteca de su abuelo.

hubiera... *she would have been able to learn*

Parte 2

Juana Inés vivió con sus tíos hasta que tuvo quince años. Ellos la llevaron a la corte del virrey. Un nuevo virrey y su esposa acababan de llegar de España. A la virreina, Leonor Carreto, le encantó la bonita e inteligente jovencita, y le pidió a Juana Inés que viviera en el palacio y que fuera una de sus damas personales.

Juana Inés y Leonor se hicieron buenas amigas. Conversaban todo el tiempo sobre arte, nuevas ideas y música. Cuando Juana Inés empezó a escribir poesía, Leonor le dio consejos y apoyo.

Muy pronto, la inteligencia de Juana Inés se hizo tan famosa que el virrey concibió° un examen para probarla. Hizo venir al palacio a cuarenta de los hombres más instruidos° de la ciudad. Eran científicos y matemáticos, poetas y filósofos, hombres de todas las ramas del saber.° Y los invitó a examinar a Juana Inés, que entonces tenía diecisiete años.

designed
well-educated
todas... *every branch of knowledge*

Las preguntas se sucedieron con toda rapidez. Juana Inés contestó, argumentó y siguió contestando. Nadie pudo vencerla.° Los cuarenta estudiosos se marcharon, desconcertados° por el conocimiento y la inteligencia de la notable joven.

outdo her
baffled

Apenas un año más tarde, Juana Inés se hizo monja.° Entró al convento de San Jerónimo. Su nombre pasó a ser Sor Juana Inés de la Cruz. Se pasaba la mayor parte del tiempo estudiando o escribiendo.

se... *became a nun*

A causa de su sabiduría° y de su personalidad, Sor Juana tenía muchos visitantes que incluían científicos y escritores. Conversaba con ellos con gran inteligencia sobre la vida y la literatura.

wisdom

Aunque pasó la mayor parte de la vida en el convento, Sor Juana escribió hermosamente sobre la alegría y el dolor del amor,° que demostraba comprender muy bien. Creó un mundo poético único y un lenguaje poético propio. Y llegó a ser uno de los mejores poetas de la lengua española.

la... *the joy and pain of love*

Parte 3

Por muchos años, la vida de Sor Juana continuó de la misma manera. Sin embargo, había hombres en la Iglesia que no estaban de acuerdo con esta monja brillante. No creían que se la debía dejar escribir sobre nada que no fuera la religión. Pero los amigos que Sor Juana tenía en la corte del virrey la protegían.

Por este tiempo hubo una gran hambruna.° La gente empezó a rebelarse porque no había suficiente comida. Durante este período de hambre, el arzobispo° demostró ser más eficaz° que el virrey. La gente lo obedeció a él, en lugar de obedecer al virrey, y lograron superar la hambruna. El poder del arzobispo aumentó.

famine

archbishop / effective

LECCIÓN 2   trescientos setenta y siete   377

Una de las primeras medidas° en que el arzobispo empleó su nuevo poder fue en presionar a Sor Juana para que dejara de escribir. El virrey y la corte ya no pudieron defenderla.   *ways*

Después de una larga batalla, Sor Juana tuvo que ceder.° Una de las pensadoras más brillantes de las Américas permitió que vendieran su gran colección de libros. Una de las personas con mayor influencia en la cultura de su época se retiró de la sociedad y no volvió a hablar con otros escritores y artistas.   *give in*

Poco después una epidemia azotó° el convento y Sor Juana murió mientras cuidaba a otras monjas.   *struck*

¿QUÉ ENCONTRASTE?

ACTIVIDAD ¿Tradición o desafío?

▶ Habla de la vida de Sor Juana, basando tus comentarios en la lectura.

Paso 1. Indica si los siguientes sucesos en la vida de Sor Juana representan acciones propias de una mujer del siglo XVII, o si son acciones que desafiaban las reglas de la sociedad. Explica tus respuestas.

MODELO: Juana Inés quería vestirse de hombre para poder ir a la universidad. →
Esta acción desafiaba las reglas de la sociedad porque las mujeres no podían asistir a la universidad.

1. Juana Inés pasaba mucho tiempo leyendo los libros de su abuelo.
2. Cuando murió su abuelo, se fue a vivir con sus tíos.
3. Fue examinada por cuarenta hombres instruidos.
4. Entró en un convento.
5. En el convento estudiaba y escribía sobre muchos temas no religiosos.
6. Siguió escribiendo aunque algunos hombres de la Iglesia no creían que debiera hacerlo.
7. Al final, Sor Juana dejó de escribir y permitió que se vendieran sus libros.
8. Llegó a ser uno de los mejores poetas de su época.

Paso 2. Muchas personas consideran la vida de Sor Juana como un «acto heroico» porque desafió las normas de la sociedad de su tiempo. ¿Estás de acuerdo con esta opinión? ¿Crees que es aceptable que una persona desafíe las reglas de la sociedad en que vive? ¿Cuándo es aceptable?

A EXPLORAR MÁS A FONDO

ACTIVIDAD Cómo cambian las reglas

Paso 1. Piensa en tus respuestas a la actividad anterior. ¿Cuáles de las actividades que no eran propias de una mujer del siglo XVII serían apropiadas para las mujeres de hoy? Explica tu respuesta.

Paso 2. Con un compañero / una compañera, escriban una lista de tres a cinco actividades que ahora no están permitidas en las escuelas. Primero digan por qué no están permitidas, y luego digan si piensan que en el futuro se permitirá hacerlas y por qué.

TRADICIÓN Y CAMBIO

UNA VISITA AL PASADO DE LA REPÚBLICA DOMINICANA

Sin duda, uno de los acontecimientos que ha tenido más impacto en la historia de América fue el establecimiento de la esclavitud[1] en el Nuevo Mundo por los conquistadores. Empezó en 1505 en «La Española» (nombre dado por Cristóbal Colón a la isla que hoy comparten la República Dominicana y Haití) y continuó durante los 350 años siguientes. Europeos, norteamericanos y hasta algunas tribus africanas participaron en una de las migraciones forzadas más grandes de la historia mundial. Por lo menos diez millones de africanos fueron capturados o comprados y traídos como esclavos a América. El tráfico de esclavos no terminó hasta finales del siglo XIX.

Desde 1992, aniversario de la llegada de Cristóbal Colón al Nuevo Mundo, la República Dominicana ha intentado desarrollar el turismo como fuente de ingresos.[2] Una de las atracciones más interesantes de la isla es Samaná, un lugar curioso para un país asociado históricamente con Colón y España. Samaná fue fundada por esclavos norteamericanos de habla inglesa alrededor de 1820. Todavía hoy se les llama «americanos» a los descendientes de esos esclavos, y algunos hablan inglés como idioma nativo. Samaná ha empezado a conocerse como un sitio turístico popular, sobre todo entre los europeos que llegan allí — ahora para ver las ballenas y disfrutar de las hermosas playas.

[1]*slavery* [2]*fuente... source of funds*

LECCIÓN 2 *trescientos setenta y nueve* **379**

¿POR QUÉ LO DECIMOS ASÍ?

GRAMÁTICA

A LA SEÑORA MOLINO NO LE GUSTAN LOS GATOS
Use of Definite and Indefinite Articles; the Neuter Article *lo*

> **ORIENTACIÓN**
>
> In English, the *definite article* (*the*) specifies things that have already been identified. *Indefinite articles* (*a*, *an*; *some*) identify things as members of a general category.

Definite articles (the)
el/la (masculine/feminine singular)
los/las (masculine/feminine plural)

A In general, Spanish and English use the definite and indefinite articles in the same way.

¿Quién plantó **las flores** que crecen cerca de la puerta?
Hay **unas flores** en el patio.

¡OJO!
a + el → al
de + el → del

B The Spanish definite article is used in several cases where it is not used in English.

Use the definite article with
- titles
- place names

• Use the definite article with people's titles, unless you are speaking directly to them, and also before proper place names.

—No he visto **al** doctor Rivera.
—Está con **los** señores Gómez.
—¿**Los** Gómez que viven en **la** calle Baca?
—Sí. Ah, aquí está... Doctor Rivera, ¿cómo está usted?

—*I haven't seen Dr. Rivera.*
—*He's with Mr. and Mrs. Gómez.*
—*The Gómezes who live on Baca Street?*
—*Yes. Ah, here he is . . . Dr. Rivera, how are you?*

- parts of the body
- items of clothing

• You have learned to use the definite article (instead of possessive adjectives) with parts of the body and articles of clothing.

—¿Qué hiciste con la chica que no quiso quitarse **el** sombrero?
—Llamé a sus padres. Dicen que tiene vergüenza porque le cortaron **el** pelo muy corto.

—*What did you do with the girl who refused to take off her hat?*
—*I called her parents. They say she's embarrassed because they cut her hair very short.*

- Use the definite article **el** with days of the week (except after **ser**) and with dates. To indicate *every* Monday (Tuesday, etc.), use the plural article **los**. Use **la** or **las** before the time of day. Some native speakers also use the article with the seasons of the year.

    - days of the week
    - dates
    - seasons
    - time of day

    —¿Cuánta gente viene **el** viernes? Hoy es miércoles y voy de compras **los** miércoles.
    —*How many people are coming on Friday? Today is Wednesday and I shop on Wednesdays.*

    —Pero la fiesta no es este viernes; es **el** 23, a **las** ocho.
    —*But the party isn't this Friday; it's the 23rd, at 8:00.*

    —¡Ay, Dios! En (**el**) verano, siempre confundo las fechas.
    —*Oh, my! In summer I always mix up the dates.*

- The definite article **el** is used with names of languages except after **aprender**, **enseñar**, **estudiar**, **hablar**, and **saber**. If an adverb follows the verb, however, **el** is always used.

    - languages

    —Me gustaría aprender italiano.
    —*I would like to learn Italian.*

    —Habla con Danny Bono. Él habla bien **el** italiano.
    —*Talk to Danny Bono. He speaks Italian well.*

    Some people use a definite article with the names of certain countries: **la Argentina**, **el Perú**, **la India**, **los Estados Unidos**, for example. This usage is no longer universal.

- To talk about a thing in general, or about an entire group, use the definite article.

    —¿No te gustan **las** verduras?
    —*Don't you like vegetables?*

    —Humm... me gusta **el** bróculi, pero detesto **los** guisantes.
    —*Hmm . . . I like broccoli, but I hate peas.*

    —Sabes que **la** nutrición es importante...
    —*You know that nutrition is important . . .*

    —Sí. Y ¡también sé que **los** consejos son aburridos!
    —*Yes. And I also know that advice is boring!*

    - a thing in general or an entire group

- The definite article is also used with abstract concepts such as *truth*, *liberty*, *time*, and so on.

    - abstract concepts

    —¿Cuál es más importante, **la** verdad o **la** libertad?
    —*Which is more important, truth or freedom?*

    —Yo diría que **la** verdad.
    —*I would say truth.*

- To avoid repeating a noun, use the definite article with an adjective. You do this in English by using an adjective with *one*.

    el/la/los/las + adjective = the . . . one(s)

    —¿Cuál es tu chaqueta? ¿**La verde**?
    —*Which is your jacket? The green one?*

    —No, es **la azul**. ¿Son tuyas las botas rojas?
    —*No, it's the blue one. Are the red boots yours?*

    —No, **las negras** son mías.
    —*No, the black ones are mine.*

    - adjectives (to avoid repeating nouns)

LECCIÓN 2 trescientos ochenta y uno **381**

lo + adjective = the . . . thing/part/-ness

lo que = that which, the thing that

C Use the Spanish neuter article **lo** with an adjective to express an abstract quality. The English equivalent usually uses the adjective + *part*, *thing*, or *-ness*.

—**Lo importante** es prepararse para el examen.
—Pero no me gusta esta materia...
—Bueno, **lo único** que puedes hacer es aprenderla. No es difícil.
—¡Eso es **lo mejor**!

—*The important thing is to be prepared for the test.*
—*But I don't like this subject . . .*
—*Well, the only thing you can do is learn it. It isn't hard.*
—*That's the best part!*

Indefinite articles un/una (masculine/feminine singular = a/an, one) unos/unas (masculine/feminine plural = some, a few)

Do not use singular indefinite articles
- **with unmodified professions, nationalities, or religions**

D In general, plural indefinite articles correspond in English and Spanish. However, the singular indefinite article (*a/an*) in English is used in several situations that do not take **un** or **una** in Spanish.

• Do not use an indefinite article after forms of **ser** when you identify a person as a member of a profession, nationality, or religion, unless you add a modifier that makes the person distinctive.

—¿Sabes? La madre de Viviana es abogada.
—¿Y qué? Muchas mujeres son abogadas.
—Pero ella es **una** abogada fenomenal, que tiene mucha fama. También es argentina de nacimiento.

—*Do you know that Viviana's mother is a lawyer?*
—*So what? Lots of women are lawyers.*
—*But she's a phenomenal lawyer, and very well known. She's also Argentinian by birth.*

- **after verbs of being (ser, hacerse, etc.)**

• This is also true with other verbs and phrases that refer to being, such as **hacerse** (*to become*) and **llegar a ser** (*to become*), **parecer** (*to seem*), and **como** (*like*).

—Mira, la doctora Parks parece estrella de cine.
—Es que se viste como modelo. Su hermana sí se hizo modelo.
—¡Sí! Llegó a ser **una** modelo famosa.

—*Look, Dr. Parks looks like a movie star.*
—*It's because she dresses like a model. Her sister did become a model.*
—*Yes! She became a famous model.*

- **before cien, cierto/a, medio/a, mil, otro/a**
- **after tal or ¡qué... !**

• Do not use an indefinite article before **cien**, **cierto/a**, **medio/a**, **mil**, **otro/a**, or after **tal** or **¡qué... !**

—¡Qué tormenta! Conté cien relámpagos.
—Nunca he visto tal cosa.

—*What a storm! I counted a hundred flashes of lightning.*
—*I've never seen such a thing.*

EJERCICIO 1 — En las noticias

▶ Completa el siguiente reportaje televisivo con los artículos apropiados: **el/la, los/las, un(a), unos/as, lo**. ¡**OJO**! A veces no es necesario usar ningún artículo.

¡TERREMOTO EN GRANADA!

Ya es _____¹ sábado aquí en Granada. Anoche, _____² 6 de noviembre, _____³ otro terremoto sacudió _____⁴ ciudad a eso de _____⁵ diez de _____⁶ noche. Ha sido el tercer movimiento sísmico en esta semana. _____⁷ último se sintió en gran parte de _____⁸ provincia de Granada. Todavía existe la posibilidad de _____⁹ otro movimiento antes de que termine _____¹⁰ semana.

Más de _____¹¹ mil personas se encuentran sin vivienda, ya que _____¹² cien edificios han sido destruidos. Felizmente, muchas personas habían sido evacuadas _____¹³ media hora antes de que se registrara el sismo.

_____¹⁴ Dr. Rubén Castellanos, que ha sido nuestro fiel testigo a lo largo de este desastre natural, nos informa que _____¹⁵ peor de la situación actual es _____¹⁶ mala condición de muchos edificios, que están para caerse si hay _____¹⁷ movimiento sísmico.

Así que esto es _____¹⁸ último desde Granada. Estamos en espera de más noticias de Granada y se las comunicaremos a ustedes tan pronto como las tengamos.

LECCIÓN 2 trescientos ochenta y tres 383

¿Recuerdas?

▶ The adverbs **bien** and **mal** have irregular comparative and superlative forms:
bien → **mejor**, **lo mejor**
mal → **peor**, **lo peor**

—¿Por qué no hiciste tus quehaceres **tan rápidamente como** Pepe?
—*Why didn't you do your chores as quickly as Pepe did?*
—Los hice **lo más rápidamente** posible. Además, hice mi tarea **más temprano** y **mejor que** él.
—*I did them as fast as possible. Besides, I did my homework earlier and better than he did.*

EJERCICIO 2 Asociaciones

▶ ¿Hacemos todos las mismas asociaciones? A veces, sí, y a veces, no.

Paso 1. ¿Qué asocias con las siguientes frases? Contesta tú primero.

lo aburrido, lo cómico, lo fantástico, lo importante, lo increíble, lo interesante, lo mejor, lo peor

MODELO: lo cómico →

TÚ: A ver... Jim Carrey... algunos programas de televisión, como *Seinfeld*... películas como *The Mask*... mi amigo Roberto, que es muy divertido...

Paso 2. Ahora pídele a un compañero / una compañera de clase que haga asociaciones también. ¿Hicieron los dos las mismas o parecidas asociaciones en algunos casos?

MODELO: lo cómico →

TÚ: ¿Qué asocias con lo cómico?
COMPAÑERO/A: A ver... Dana Carvey...

LOS VEO FRECUENTEMENTE
Adverbs

> **ORIENTACIÓN**
>
> An *adverb* is a word or short phrase that modifies a verb (he sings *loudly*, we're leaving *today*), an adjective (a *very* fat cow), or another adverb (the child eats *rather* slowly). Adverbs express the following qualities.
>
> manner: well, poorly, better, sadly, carefully
> degree: very, rather, too, hardly, overly
> time: today, yesterday, soon, later, now
> place: here, below, inside, near, nowhere
> frequency: often, always, never, once, rarely
> affirmation/negation: yes, no, of course, not, definitely

-mente = *-ly*

To form a **-mente** adverb from an adjective ending in
- **-o**: feminine singular + **-mente**
- **-e** or consonant: just add **-mente**

Keep written accents.

A You can form many adverbs in Spanish by adding **-mente** to the feminine singular form of an adjective. If the adjective ends in **-e** or a consonant, simply add **-mente**. Keep any written accent mark.

claro → clara + -mente	claramente	*clearly*
inteligente + -mente	inteligentemente	*intelligently*
feliz + -mente	felizmente	*happily*
fácil + -mente	fácilmente	*easily*

B Some words can be either adjectives or adverbs. Remember that adjective endings will change to agree with the nouns they modify. Adverbs, however, do not change form. Some words that can be both adjectives or adverbs are **mucho, poco, más, menos, mejor, peor,** and **demasiado**.

> *Adverb endings do not change as adjective endings do.*

—¿Le compro un gatito a Nela? —Shall I buy Nela a kitten?
—Sí, es una niña **buena**; lo trataría **bien**. —Yes, she's a good girl; she would treat it well.
—¿No es **demasiado** pequeña para tener esa responsabilidad? —Isn't she too young to have that responsibility?
—No. Además, no tiene **demasiados** quehaceres. —No. Besides, she doesn't have too many chores.

> *¡OJO! adjectives: bueno, malo adverbs: bien, mal*

C To compare adverbs, follow the same patterns as with adjectives.

más/menos + adverb + **que**
tan + adverb + **como**

> *Comparatives of adverbs*
> *más/menos + adverb + que*
> *tan + adverb + como*

To express the superlative, use the neuter article **lo** instead of a definite article.

lo más/menos + adverb + qualifying phrase

Él lo hizo **lo más pronto que** podía. *He did it the soonest he could.*

> *Superlative of adverbs*
> *lo más/menos + adverb + qualifying phrase*

EJERCICIO 3 ¿Cómo lo hacen? ¿Cómo lo hacían?

▶ Describe las siguientes acciones presentes o pasadas.

MODELO: Miguel de Cervantes escribía... →
Miguel de Cervantes escribía *hábilmente*.

1. Plácido Domingo canta...
2. Arantxa Sánchez Vicario juega al tenis...
3. Diego Velázquez pintaba...
4. El Rey Juan Carlos I de España se expresa...
5. La Madre Teresa trabaja... para los pobres.
6. Gabriel García Márquez escribe...
7. Isabel la Católica reinaba...

Adjetivos

admirable	elocuente	hábil	sincero
brillante	feliz	lento	tranquilo
claro	generoso	rápido	vigoroso
constante			

EJERCICIO 4   Y tú, ¿cómo lo haces?

▶ Di una acción que asocias con cada adverbio. Compárate con un amigo / una amiga si es posible.

MODELO: algo que haces rápidamente →
Hablo *rápidamente* el inglés. Hablo *más rápidamente* que mi amiga Corina.

Algo que haces...

1. rápidamente
2. lentamente
3. fácilmente
4. constantemente
5. puntualmente
6. frecuentemente
7. difícilmente
8. estupendamente

Posibilidades:

estudiar
hablar ante la clase
hablar inglés/español
hacer ejercicio
hacer los quehaceres
ir al cine
jugar a/al...
llegar a clase
manejar el carro
mirar la televisión

VOCABULARIO 2 PALABRAS NUEVAS

Los hechos y los sucesos
el acontecimiento
el autosacrificio
el delito
el ejército
la huelga
la mentira
el sentido del honor
el terremoto
la traición

Palabras semejantes: **el ataque de nervios, el carácter, la conciencia, el divorcio, la tentación**

Palabras de repaso: el desastre, el efecto, el éxito, la muerte, el suceso, el valor

arriesgarse
devolver (ue)
echarle a uno la culpa
esforzarse (ue)
hacer (una) trampa
inscribirse
luchar
llevarse
mentir (ie, i)
mudarse
negar (ie)
producir
suceder

tener la culpa
trasladarse
triunfar

Palabras semejantes: **acusar, confrontar, definirse, impedir (i, i)**

Palabras de repaso: amenazar, doler, evitar, robar

Palabras útiles
clave
tramposo/a

Palabra de repaso: profundo/a

386   *trescientos ochenta y seis*   UNIDAD 6

UNIDAD 6 — YA LLEGAMOS

¡TE INVITAMOS A ESCRIBIR!

PREGUNTAS Y RESPUESTAS

Has practicado varias técnicas para ayudarte a organizar y expresar las ideas cuando escribes. Otra técnica útil es el uso de las seis preguntas básicas: **¿Quién?**, **¿Qué?**, **¿Cuándo?**, **¿Dónde?**, **¿Cómo?** y **¿Por qué?** Antes de escribir un ensayo, hazte estas preguntas y contéstalas. Así empezarás a pensar en otras preguntas relacionadas con el tema, que te ayudarán a desarrollar tus ideas.

Considera las respuestas que ha escrito una estudiante que va a escribir un ensayo sobre su profesora.

¿Quién es la profesora?
Es la señora Díaz. Es peruana. Ella es escritora y profesora de redacción.

¿Qué ha hecho?
Ha escrito varios libros de español. En su tiempo libre, enseña a leer a los analfabetos. Usa sus conocimientos de redacción para ayudar a los estudiantes a escribir mejor.

¿Cuándo empezó a tener influencia en los estudiantes?
Empezó a enseñar hace más de veinte años, y empezó a escribir hace quince años. Hoy día sigue siendo un modelo importante para sus estudiantes.

¿Dónde enseña?
En Austin, Texas.

¿Cómo enseña a los estudiantes?
A veces es exigente, pero también sabe darles ánimo cuando lo necesitan. Su cualidad más importante es que sabe identificar y desarrollar las habilidades que tienen los estudiantes.

¿Por qué empezó a escribir?
Porque quería realizar cambios en la enseñanza de idiomas.

Y AHORA, ¡A PRACTICAR!

Usa la técnica de preguntas y respuestas para escribir un ensayo sobre una persona que haya tenido mucha influencia en tu vida.

ACTIVIDADES FINALES

PARA TI SOLO/A

▶ Inventa una tira cómica para ilustrar un suceso en la vida de tu héroe favorito / heroína favorita. El suceso debe demostrar sus cualidades sobresalientes. Puedes incluir diálogos en la tira cómica o puedes usar los dibujos para hacer una presentación oral en clase.

CON UN COMPAÑERO / UNA COMPAÑERA

▶ Preparen una «entrevista» con un héroe / una heroína. Decidan quién hará el papel del héroe / de la heroína y quién será la persona que lo/la entrevista. El héroe / La heroína puede ser una persona auténtica (incluso una que ustedes no conocen personalmente), un personaje de la tele o del cine o un personaje original que ustedes inventan. En la entrevista, el héroe / la heroína debe hablar de sus responsabilidades, de los sucesos más importantes de su vida y de lo que le gusta hacer en su tiempo libre (es decir, cuando no está haciendo actos heroicos).

CON TODA LA CLASE

▶ Imagínense que la Junta Directiva de la ciudad en que viven ha decidido erigir un monumento en el parque central en honor de un nuevo héroe y una nueva heroína. Piensen juntos en dos personas (un hombre y una mujer) que merecen tal honor: pueden ser figuras internacionales, nacionales o locales. Luego, preparen un discurso que detalla los logros de cada persona y que describe sus esfuerzos por mejorar la vida de los demás. (Pueden usar las seis preguntas básicas como guía.) Diseñen un retrato de cada persona y pónganlos en la clase mientras leen el discurso. También pueden hacer un certificado de honor para cada persona.

PASAPORTE CULTURAL 7

LOS HISPANOS EN LOS ESTADOS UNIDOS

La bandera de los Estados Unidos.

Miami, Florida.

La influencia hispana se nota en varias regiones de los Estados Unidos.

San Antonio, Texas.

¿QUÉ PODEMOS DECIR?

▶ ¿Asocias los siguientes conceptos y nombres con los hispanos en los Estados Unidos? ¿Sí o no?

la naranja
la calle Ocho
César Chávez
Los Lobos
el flamenco

▶ ¿Qué más asocias con los hispanos estadounidenses? ¿Hay algo especial que asocias con algún grupo en particular?

Datos esenciales

Origen nacional de los hispanos estadounidenses
Población hispana total en 1990: 22 millones

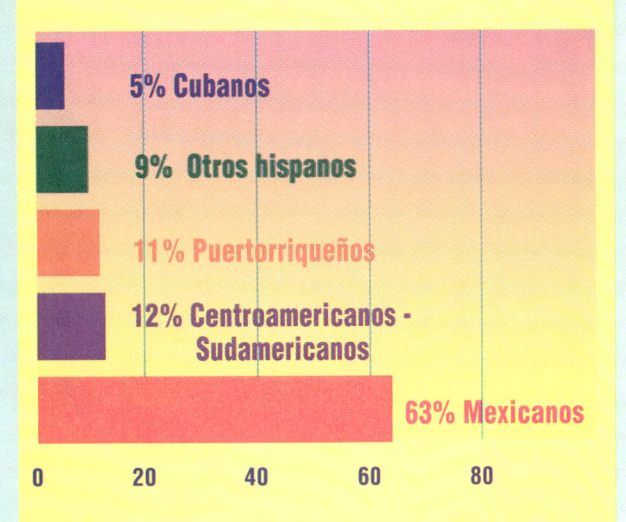

- 5% Cubanos
- 9% Otros hispanos
- 11% Puertorriqueños
- 12% Centroamericanos - Sudamericanos
- 63% Mexicanos

0 20 40 60 80

¿Quiénes son los hispanos estadounidenses?

Los **mexicoamericanos** son el grupo más antiguo y numeroso. Viven en muchas partes del país, pero sobre todo en los estados que limitan con[1] México.

Los **puertorriqueños** se han establecido principalmente en las ciudades del nordeste.

Muchos **cubanos** llegaron después de 1959. Viven principalmente en el sur de Florida.

Los **centroamericanos** —nicaragüenses, guatemaltecos y salvadoreños— forman el grupo más reciente y tienden a establecerse en las ciudades grandes.

Los **sudamericanos** —principalmente los colombianos, argentinos y ecuatorianos— también tienden a vivir en las ciudades grandes.

Los **vascos** han vivido por más de cien años en los estados del oeste, especialmente en Colorado, Nevada y Wyoming.

[1]limitan... *border on*

¿SABÍAS QUE...

- en los Estados Unidos viven más hispanohablantes que en cualquier otro país, con excepción de México, España, Colombia y la Argentina?
- Florida debe su nombre al hecho de que Ponce de León la descubrió durante la Pascua Florida?
- a lo largo de la frontera entre México y los Estados Unidos hay aproximadamente veintidós ciudades «gemelas», como El Paso (Texas) y Ciudad Juárez (Chihuahua), unidas por fuertes lazos[2] comerciales, sociales y culturales?
- en Los Ángeles, California, hay más residentes de origen mexicano que en cualquier ciudad mexicana con excepción de la Ciudad de México?
- la música latina —representada por músicos y cantantes como Tito Puente, Rubén Blades, Gloria Estefan, Jon Secada, Los Lobos y Carlos Santana— ha sido recibida con entusiasmo por los estadounidenses?

[2]*ties*

Los Lobos.

¡A COMER!

- ¿Hay alguna comida hispana típica de los Estados Unidos? ¿Podría considerarse típica la comida mexicana? Los restaurantes mexicanos se encuentran por todas partes de los Estados Unidos. Hasta en regiones donde no viven muchos mexicoamericanos, la gente disfruta de los ricos platillos mexicanos.

Un restaurante mexicano en Barrow, Alaska.

¡A divertirnos!

- Si quieres ver —y hasta comprar— artesanías como las que solían usarse en el Nuevo México colonial, hechas por artesanos modernos, ve al Mercado Español Tradicional de Santa Fe, Nuevo México. Aquí los artesanos hacen muebles, imágenes talladas y pintadas, alfombras y otros artículos siguiendo los métodos tradicionales. El mercado tiene lugar cada año el último fin de semana de julio.

La tradición cultural

- Se han fundado varias instituciones para promover la cultura hispana de los Estados Unidos. Éstas[1] tienen sus raíces en las comunidades hispanas en que se encuentran y ofrecen salas para exhibiciones de arte, teatros, salones de clases y talleres[2] de artes gráficas. Tres de las instituciones más importantes son El Centro Cultural de la Misión, en San Francisco, El Centro Cultural de la Raza, en San Diego y el Museo del Barrio, en Nueva York.

[1] *the latter*
[2] *studios*

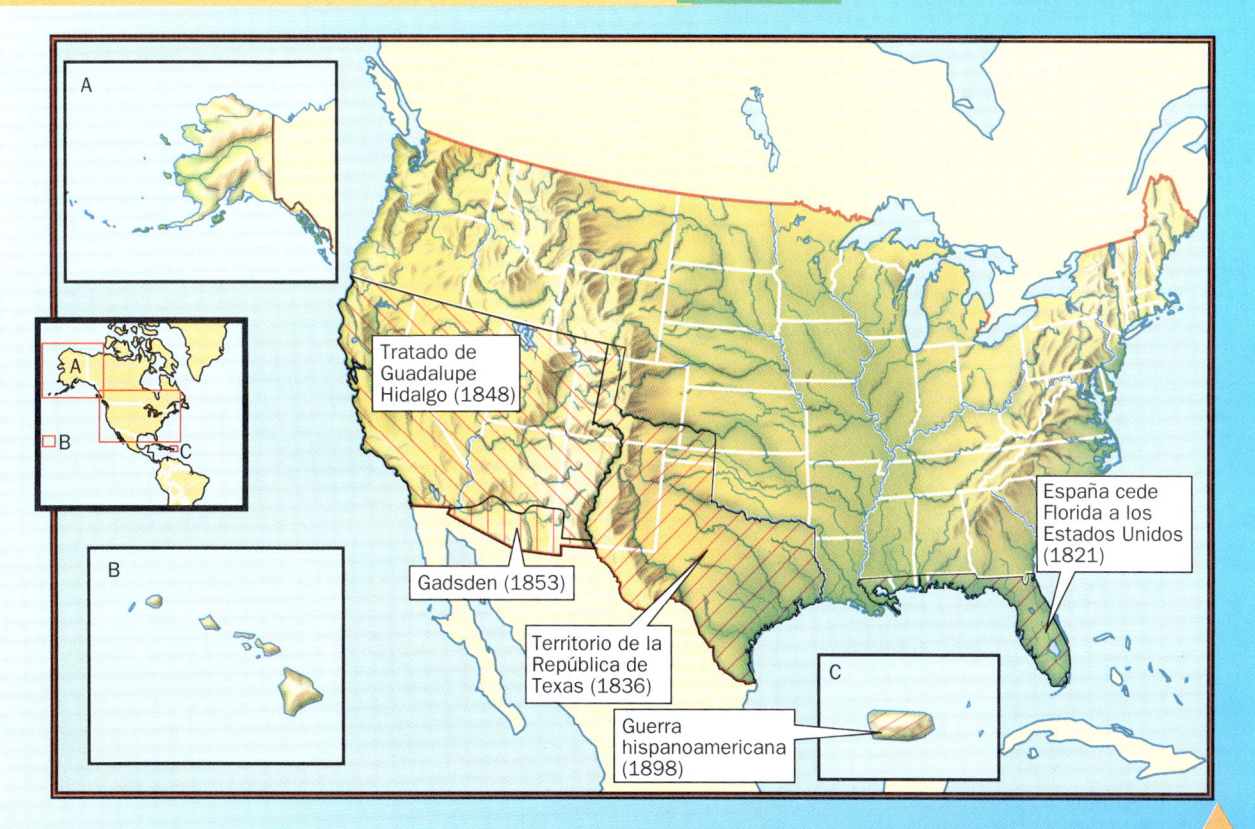

El Mercado Español de Santa Fe, Nuevo México.

- Tratado de Guadalupe Hidalgo (1848)
- Gadsden (1853)
- Territorio de la República de Texas (1836)
- Guerra hispanoamericana (1898)
- España cede Florida a los Estados Unidos (1821)

391

Los hispanos en los Estados Unidos

VISTAZO FINAL

Y AHORA, ¿QUÉ MÁS PODEMOS DECIR?

▶ ¿Cuáles de estas afirmaciones son falsas? Corrígelas.

1. La mayoría de los hispanos en los Estados Unidos son cubanoamericanos.
2. Los hispanos estadounidenses son un grupo muy diverso.
3. Los puertorriqueños se han establecido principalmente en Texas.

¿QUÉ OPINAS TÚ?

▶ Escoge por lo menos dos temas en esta sección que te interesan.

- Primero, haz una lista de varias cosas de la cultura hispana en los Estados Unidos relacionadas con estos temas.
- Segundo, haz una lista de algunas de estas cosas de la cultura hispana que se encuentran donde tú vives.
- Finalmente, escribe un párrafo para describir la influencia hispana donde tú vives. En tu párrafo, trata de contestar las siguientes preguntas:

    ¿Por qué te interesan estos aspectos de la cultura hispana en los Estados Unidos? ¿Cómo influyen en ti estos aspectos?

    ¿Existe mucha o poca influencia hispana donde tú vives? ¿Cómo sería tu vida si esta influencia (no) existiera? ¿Cómo sería la vida de tus parientes? ¿y la de tus amigos?

EL MUNDO DE LAS IDEAS

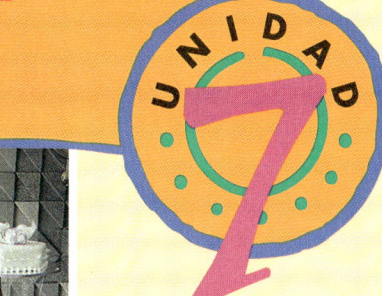

UNIDAD 7

Quito, Ecuador.

Chicago, Illinois.

YO

Los Ángeles, California.

Madrid, España.

El Escorial, España.

Barcelona, España.

ALLÍ VAMOS

¿En qué consiste la creatividad? ¿Es un talento que sólo unas cuantas personas «especiales» poseen? ¿O es una facultad que todos tenemos, en mayor o menor grado? ¿Hay alguna conexión entre la fantasía y la creatividad? En esta unidad vas a examinar aspectos de la creatividad en general y la parte creativa de tu persona. También vas a usar tu propia creatividad para imaginar cómo sería el mundo ideal... si todo fuera posible.

- ¿Puedes identificar la habilidad o la destreza representada en cada foto? ¿Son éstos campos que tradicionalmente se asocian con la creatividad?
- ¿En qué crees que se inspiró el «artista» en cada caso?
- ¿En qué otros tipos de creatividad puedes pensar?

«Cada loco con su tema.»

LECCIÓN 1: LA IMAGINACIÓN CREADORA

El expresarse artísticamente es una actividad universal que no tiene fronteras políticas ni temporales. Aun los restos de las civilizaciones más antiguas revelan obras de arte: telas con diseños naturales, artículos de adorno personal, murales que representan paisajes y animales... Como los artistas anónimos de otras épocas, muchos artistas venezolanos se han inspirado en la naturaleza de su país.

Venezuela es un país de muchos contrastes naturales. Es más grande que los estados de California, Oregon y Washington juntos.

el Lago de Maracaibo
la Isla Margarita
Caracas
los Andes
el río Orinoco
Salto Ángel

- playa
- montaña
- selva
- llanura

0   100 km

«¡Llanura venezolana! ¡Propicia para el esfuerzo... tierra de horizontes abiertos, donde una raza buena ama, sufre y espera!»
De la novela *Doña Bárbara*, del novelista Rómulo Gallegos (1884–1969).

«Allá los árboles, allá todas las cosas, emprenden caminos irreales hacia ese mar desconocido que canta, nunca visto, por detrás de los cielos.»
Del poema «Nocturno», del poeta Jacinto Fombona Pachano (1901–1959).

Paisaje, del pintor Federico Brandt (1879–1932).

Brisas del Torbes

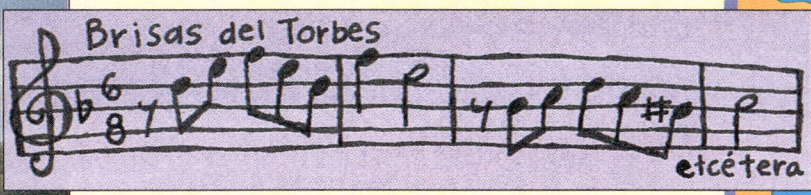

Brisas del Torbes,
verdes colinas, dulce vivir
soy de Los Andes,
soy todo corazón,
soy como el ruiseñor
que canta y es feliz;
yo no me voy de aquí,
la montaña es mi flor
y flores como estas
grandes, sólo hay aquí
y flores como éstas
sólo hay aquí.

De la canción «Brisas del Torbes», del poeta y músico Luis Felipe Ramón y Rivera (1913–).

Detalle de una cesta hecha por un miembro de la tribu makiritare. Entre ellos, la cestería es una actividad típicamente masculina.

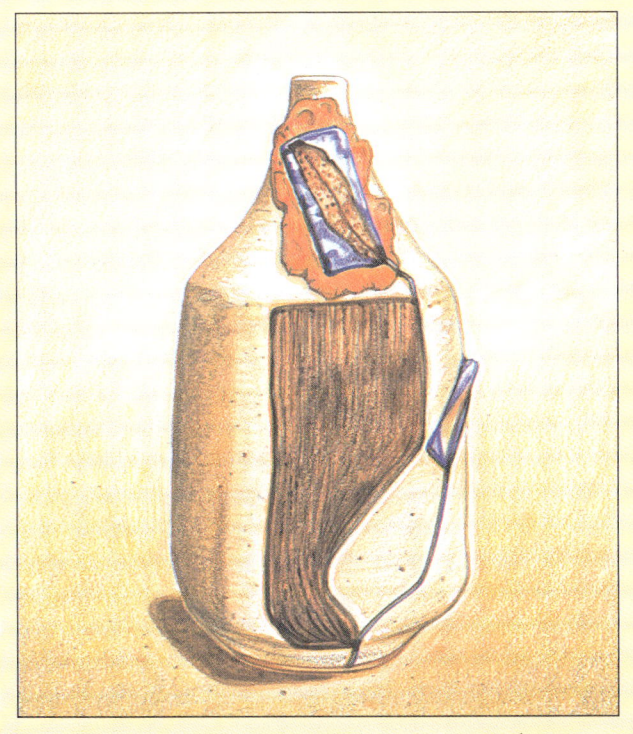

Representación de una cerámica de Miguel Ángel Peraza, artesano y ceramista contemporáneo. En sus obras combina ideas actuales con formas ancestrales.

¿QUÉ PODEMOS DECIR?

- ¿En qué aspecto(s) de la naturaleza venezolana se inspiraron estos artistas?

- ¿Qué emociones se expresan en estas selecciones de sus obras?

- ¿Cómo es el paisaje donde tú vives? ¿Qué forma artística usarías para expresarlo? ¿una narración? ¿un poema? ¿una canción? ¿una pintura? ¿una cerámica? ¿Por qué?

LECCIÓN 1

Así se dice...

VOCABULARIO

¿QUÉ ES LA CREATIVIDAD?

Todos comunicamos constantemente, de alguna forma u otra, quiénes somos. Tal vez tú mismo/a, sin saberlo, **te expresas** creativamente, como estos jóvenes. Paloma, Alfonso y Magdalena viven en Caracas, Venezuela. Son hermanos, pero son muy diferentes en su **modo** de expresar su individualidad. A uno de ellos le interesan mucho **las imágenes** visuales. Al otro le fascinan **los sabores**. Y al último le gustan más que nada **los sonidos**. Busca en los siguientes dibujos todas las formas de **autoexpresión** que usan los tres y cuál de los cinco sentidos le corresponde a cada uno.

Cuando eran niños, Alfonso, Paloma y Magdalena jugaban en el verano en las playas de la Isla Margarita. Les gustaba pisar la arena, sentir el calor del sol y admirar **el paisaje**. Mientras Alfonso hablaba con el mar, Magdalena hacía elegantes castillos de arena y Paloma jugaba a hacer tortillas y pasteles. En su imaginación, ¿con qué **soñaba** Magdalena mientras jugaba? Y Alfonso, ¿qué oía? ¿Qué **percibía** Paloma?

Ahora Alfonso es dependiente en una ferretería. Pero dentro de su persona hay un **poeta**: es poeta de corazón. Su **poesía** se caracteriza por sus sentimientos románticos y por su ritmo caribeño. Prefiere temas de amor melancólico que **conmueven** a sus amigos. También le encanta la música, pero no la música rock o rap que les gusta a sus amigos. No, la suya es la de los grandes **compositores** románticos del siglo pasado: Brahms, Tchaikovski... Y cuando se trata de música contemporánea, sólo le complace la música folklórica.

¿QUÉ ES LA POESÍA? ¿Y TÚ ME LO PREGUNTAS? LA POESÍA... ERES TÚ.

Paloma es programadora de computadoras, pero todavía le gusta cocinar, especialmente en sus ratos libres, cuando se siente contenta. Cocinando, expresa su cariño por los demás y, a veces, su **sentido del humor**. Por ejemplo, ella cree que esta torta... ¡se parece mucho a su novio! Los fines de semana, le gusta preparar cenas complejas y elegantes para sus amigos. A ellos no les molesta que ella lo haga todo, porque saben que Paloma **goza** al cocinar. Le encanta que la casa se llene de **los olores** exquisitos de los platos deliciosos que les prepara.

Cuando se despertó esta mañana, Magdalena tuvo la ilusión de que el mundo estaba lleno de colores y de luz. Está muy contenta porque hoy no tiene que ir a la tienda de ropa donde trabaja de dependienta. Hoy vienen Paloma y Alfonso a su casa para una barbacoa. Magdalena se pone un vestido muy romántico y luego se maquilla apropiadamente. La ropa y el maquillaje la ayudan a **imaginarse** que es una princesa bonita. Así se siente hoy. (¡No sabe quién será mañana!) Ahora va a escoger las decoraciones para la cena. Lo va a decorar todo de acuerdo con su estado de ánimo hoy. Quiere **crear** un ambiente único para sus hermanos.

A los tres hermanos les gustan mucho estas cenas. Todos contribuyen de alguna forma especial. Mientras cuentan chistes y se ríen recordando momentos pasados y anécdotas familiares, Paloma prepara una comida deliciosa. Magdalena ha puesto la mesa con buen gusto, inspirada por su propia **fantasía**. Por su parte, Alfonso ha escogido música folklórica venezolana para aumentar la felicidad del momento. ¡Va a ser una noche ideal!

¿A ti te gusta expresar tu individualidad? ¿Cómo lo haces? ¿Cantas? ¿Tocas algún instrumento musical? ¿Pintas? ¿Escribes? ¿Decoras el lugar donde vives? ¿Cocinas? ¿Tienes un **estilo propio** de vestirte o de peinarte? Haz una lista de las cosas que haces todos los días que te permiten expresarte creativamente.

LECCIÓN 1

trescientos noventa y siete **397**

Conexión gramatical
Estudia las páginas 410–415 en **¿Por qué lo decimos así?**

Y TÚ, ¿QUÉ DICES?

ACTIVIDADES ORALES Y LECTURAS

1 • AUTOENCUESTA   ¿Eres creativo/a?

▶ ¿Eres una persona muy creativa? Toma la siguiente prueba para saberlo. Escoge la mejor respuesta en cada caso, aunque no exprese exactamente lo que tú piensas.

1. De las siguientes oraciones, ¿cuál te describe mejor?
    a. Para mí, crear es una pasión, es algo natural que hago todos los días espontáneamente.
    b. De vez en cuando siento la inspiración de crear algo.
    c. Cuando es necesario, puedo crear algo, pero no me resulta fácil hacerlo.
    d. No soy creativo/a en absoluto.

2. ¿En qué aspecto de tu vida se nota más tu espíritu creador?
    a. En mi estilo de vestirme / de peinarme / de maquillarme. Éste es buen ejemplo de mi creatividad.
    b. Mi creatividad puede verse en la forma en que he decorado mi habitación y mi lóquer.
    c. Muestro mi creatividad en las actividades que hago en mis ratos libres.
    d. Todo lo que hago es creativo. Para mí, vivir es crear.

3. ¿Cuándo eres más creativo/a?
    a. Cuando tengo que resolver un problema.
    b. Cuando tengo que terminar un proyecto antes de cierta fecha.
    c. Cuando tengo que explicar por qué no hice algo.
    d. No tengo *etapas* creativas; la creatividad es parte intrínseca de mi vida.

4. Cuando deseas crear algo, ¿dónde buscas inspiración?
    a. Me siento a pensar y espero a que me llegue una idea.
    b. Hago una investigación sobre el tema en la biblioteca o consulto con un amigo / una amiga.
    c. Trato de hacer asociaciones únicas y originales y de aprender algo que no sabía antes.
    d. En el diccionario, bajo la letra *i*.

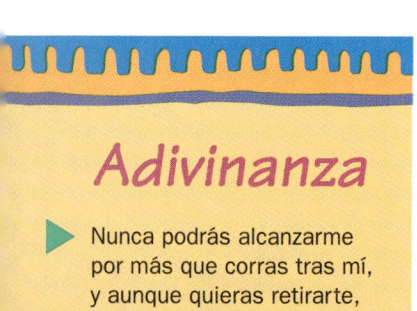

Adivinanza

▶ Nunca podrás alcanzarme por más que corras tras mí, y aunque quieras retirarte, siempre iré yo tras de ti.

398 *trescientos noventa y ocho*   UNIDAD 7

5. ¿Cuál de las siguientes oraciones describe mejor lo que hacías de niño/a?
   a. Tenía un amigo imaginario / una amiga imaginaria con quien siempre hablaba y jugaba.
   b. Conversaba con mis muñecos / mis animales de peluche / mis mascotas.
   c. Cuando peleaba con mis hermanos/amigos, inventaba excusas para echarles la culpa a ellos.
   d. Comía, asistía a la escuela, miraba la televisión y dormía.

2 • INTERACCIÓN   La fantasía y la realidad

▶ La creatividad humana puede transformar nuestras fantasías en realidad. Así, las ideas que en cierta época eran sólo sueños algún día se convierten en realidad. Con un compañero / una compañera, emparejen los sueños con los inventos que ayudaron a realizarlos.

MODELO:
TÚ: Esto nos permite cocinar los alimentos rápidamente, sin fuego.
COMPAÑERO/A: Es el horno de microondas.

Sueños

cocinar los alimentos rápidamente, sin fuego
comunicarnos instantáneamente por escrito con otras personas en cualquier parte del mundo
imaginar que estamos en un lugar donde en realidad no estamos
ver a la persona con quien hablamos por teléfono
ver imágenes de lo que sucede en todas partes del mundo instantáneamente
ver los huesos de una persona sin abrirle el cuerpo
viajar por el espacio
volar por el aire, como los pájaros

Inventos

el avión
el fax
el horno de microondas
la nave espacial
los rayos X
la realidad virtual
la transmisión por satélite
el videófono

Y AHORA, ¿QUÉ DICES TÚ?

1. ¿Cuál es el invento del siglo XX más indispensable para ti?
2. ¿Qué cosas usas tú —o se usan en tu casa o escuela— diariamente que *no* existían al principio de este siglo? ¿Qué cosas no existían en los años 50?

3 • DEL MUNDO HISPANO   ¿En qué consiste la creatividad?

▶ En esta actividad vas a examinar el concepto de la creatividad desde varias perspectivas.

Paso 1. En estos dibujos de Quino se ven dos bosques y dos maneras de expresar la creatividad. Descríbelas, escogiendo la mejor opción en cada caso. Si ninguna de las opciones te parece apropiada, inventa tu propia respuesta.

1. Creo que Tarzán demuestra su espíritu creador...
    a. de una manera poco adecuada. No es bueno destruir la naturaleza.
    b. de una manera adecuada. Usa elementos de su ambiente para expresar sus inclinaciones artísticas.
    c. ¿?

2. Creo que el hombre que sueña con fabricar muebles lo quiere hacer...
    a. por negocio.
    b. porque tiene un espíritu creador.
    c. ¿?

3. Creo que Tarzán es...
    a. más creativo que el hombre porque...
    b. menos creativo que el hombre porque...
    c. tan creativo como el hombre porque...
    d. ¿?

Paso 2. No todos podemos darnos el lujo de tallar un bosque para expresar lo que queremos. Sin embargo, mucha gente demuestra gran creatividad al hacer su trabajo diario. ¿Puedes emparejar las siguientes ideas creativas con la persona que probablemente las aplique en su trabajo?

1. Hay fuertes asociaciones mentales entre los olores y las circunstancias en que los percibimos. ¡Un olor puede hacerte recordar un ambiente o una experiencia que tuviste hace años!
2. El color y las imágenes visuales son la esencia de la vida. Una vida sin color y sin imágenes es una vida sin pasión, sin sentido.
3. La risa es terapéutica. Cuando una persona se ríe, se relaja, y así se siente más tranquila y más calmada.
4. Los sonidos provocan ciertas emociones en nosotros: nos motivan, entristecen, calman. Son una línea directa para llegar al alma humana.
5. Hay que saber actuar según las necesidades del momento. A veces es necesario gritar, a veces susurrar y, otras, arrullar.

a. vendedor(a) de estéreos y discos compactos
b. maestro/a de kínder
c. pintor(a)
d. empleado/a de una perfumería
e. cómico/a

Y AHORA, ¡CON TU PROFESOR(A)!

1. En su opinión, ¿cuáles son los aspectos creativos del trabajo que hacen los profesores de secundaria?
2. ¿Cómo le gusta a usted expresar su mundo interior? ¿Tiene talento musical? ¿artístico? ¿Se expresa cocinando? ¿practicando algún deporte? ¿cosiendo?

4 • PIÉNSALO TÚ   El mundo loco

▶ Una manera de estimular ideas innovadoras es cambiar el estado de las cosas. Cuando nos preguntamos «¿Qué pasaría si... ?», podemos dejar libre la imaginación y pensar creativamente.

Paso 1. Aquí tienes una lista de suposiciones. Imagínate las posibles consecuencias si fueran realidad, y comenta algunas con un compañero / una compañera.

1. El color verde no existe.
2. La arena vale tanto como el oro.
3. Llueve de la tierra hacia el cielo.
4. Los animales pueden comunicarse con palabras.
5. Tenemos las orejas en las manos, no en la cabeza.

Paso 2. Ahora haz una suposición como las del Paso 1 y preséntasela a la clase. Tus compañeros van a comentar los posibles efectos.

LECCIÓN 1

¡A charlar!

▶ Use these phrases to explain the connections between different ideas.

(**El ruido**) me (**le**) recordó...
(*The noise*) reminded me (*him/her*) of . . .

(**La música**) me (**le**) hizo pensar en...
(*The music*) made me (*him/her*) think about . . .

Al ver (**el cuadro**), pensé (pensó) en...
Upon seeing (*the painting*) I (*he/she*) thought about . . .

5 • NARRACIÓN   Soñando despierto

▶ La creación no es un proceso totalmente lineal y las asociaciones que hacemos no siempre son lógicas del todo.

Paso 1. Mira las siguientes asociaciones que hace en su clase de cálculo Raúl Galván, un estudiante venezolano, y trata de explicarlas con todos los detalles posibles.

FRASES ÚTILES

Raúl estaba mirando (a)...
Los pendientes de ella le recordaron...

402 cuatrocientos dos   UNIDAD 7

Paso 2. Ahora te toca a ti inventar las asociaciones que hace Raúl. ¿Puedes explicar cómo llega a pensar en el perrito que tenía a los ocho años?

READING TIP 8

READING BETWEEN THE LINES

Every reading presents certain facts or opinions that the author states explicitly. Almost always, however, you can use what the author states to make further assumptions about the subject. That is, you "read between the lines" and decide what other information is *implied* by the text. In the following material on Remedios Varo, for example, you will encounter these statements.

> Sus cuadros presentan imágenes que entrelazan[1] la fantasía con la realidad. Muchas veces se mezclan temas científicos o matemáticos con elementos de la naturaleza, la magia, la superstición y los sueños.

Which of the following statements can you *infer* (deduce) from what is stated?

a. Los cuadros de Varo son desagradables.

b. Varo no pinta paisajes o retratos tradicionales.

c. Varo ha leído sobre temas relacionados con las ciencias y las matemáticas.

Statements *b* and *c* can be inferred from the text; *a* is a matter of opinion.

Now read the paragraph that begins with **Los viajes de Varo...**, then indicate which information below is stated clearly, which is implied, and which is neither stated nor implied.

a. Varo se oponía a la política de Francisco Franco y a la de Adolfo Hítler.

b. Varo se estableció permanentemente en México.

c. En París, ella conoció a algunos artistas surrealistas.

d. Después de llegar a México, Varo pasó unos años sin pintar.

e. Compró una casa en Cuernavaca, ciudad donde viven muchos artistas.

(Stated: *b*, *c*; Implied: *a*, *d*; Neither: *e*)

Developing your awareness of implied information will enhance the value you derive from a text. Developing your ability to distinguish implied information from explicit information will allow you to read more critically.

[1] *intertwine*

LECTURA: Clave al mundo hispano

RINCÓN CULTURAL: El mundo creativo de Remedios Varo

Remedios Varo (1908–1963) exploró los rincones creativos de su imaginación para producir obras de arte verdaderamente únicas. Sus cuadros presentan imágenes que entrelazan la fantasía con la realidad. Muchas veces se mezclan temas científicos o matemáticos con elementos de la naturaleza, la magia, la superstición y los sueños. Un tema que aparece frecuentemente en su obra se relaciona con una actividad importante de su vida: el viajar.

Varo nació en España, en un pueblo pequeño al norte de Barcelona. Su padre fue ingeniero y trabajó en muchos lugares diferentes. Por eso la familia viajó por España y el norte de África. De niña, Varo tuvo la oportunidad de observar y experimentar[1] muchos aspectos de la vida en el extranjero que más tarde le servirían de inspiración en su obra.

Ella creía que había una fuerte conexión entre la realidad y la fantasía, especialmente en los sueños. Un aspecto de la fantasía que se ve en muchas de sus obras artísticas es la personificación de los edificios: éstos tienen cabezas, ojos y brazos que se extienden de las paredes y del suelo, y a veces una persona se ve como parte íntegra de un mueble.

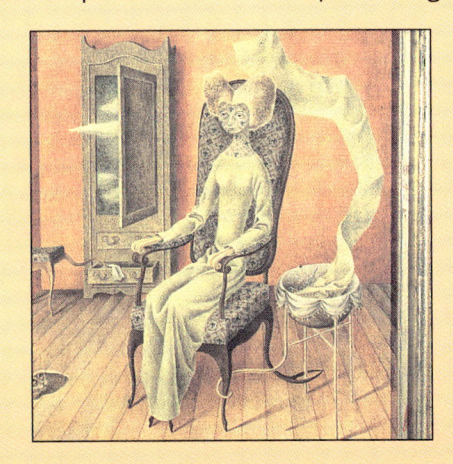

Remedios Varo, **Catedral vegetal**, *1957.*

Remedios Varo, **Mimetismo**, *1960.*

Los viajes de Varo no terminaron con su niñez. La Guerra Civil Española la hizo salir de su país natal. Se fue a París, donde llegó a conocer a los surrealistas, que también usaban imágenes de la subconsciencia y de los sueños y que influirían en la obra posterior de Varo. Pero tuvo que huir de París cuando las fuerzas de Hítler ocuparon Francia. Se refugió en México. Aunque la transición no le fue fácil, después de unos años volvió a pintar cuadros extraordinarios. Sus viajes terminaron, por fin, en México, lugar donde vivió hasta su muerte.

Remedios Varo, **Música solar**, *1955.*

[1] experience

LECCIÓN 1 — cuatrocientos cinco 405

A EXPLORAR EL TEMA

ACTIVIDAD   El mundo de la creatividad

▶ Mira los tres cuadros de Remedios Varo presentados en el Rincón cultural. Escoge el cuadro que te parece más interesante y creativo. Escribe una breve descripción del cuadro, enfocándote especialmente en las siguientes preguntas.

1. En tu opinión, ¿qué aspectos del cuadro son «interesantes» y «creativos»?
2. ¿Cuáles son los elementos de la fantasía?
3. ¿Cuáles son los elementos de la realidad?
4. ¿De qué manera se mezclan estos elementos?

LECTURA

Sobre la autora **Marcela del Río** nació en México. Es una persona de mucho talento: es novelista, dramaturga,° actriz, profesora, pintora y poetisa. Ha ganado varios premios por su obra artística. En 1993 ganó el premio «Letras de Oro» por su libro *Homenaje a Remedios Varo*. Este libro contiene cuarenta poemas inspirados en los cuadros de Varo. Cada poema lleva el mismo título del cuadro que lo inspiró.

° playwright

A PROPÓSITO   Marcela del Río usa en su poesía el **verso libre**. Ésta es una forma poética popular entre muchos poetas del siglo XX. Consiste en quitar la rima y, muchas veces, eliminar los signos de puntuación, así que todos los versos parecen juntarse. Compara este tipo de poesía con la poesía de José Martí en «Versos sencillos» en la Unidad de repaso. ¿Hay algunas semejanzas entre estos dos estilos de poesía? ¿Cuáles son? ¿Y cuáles son algunas de las diferencias?

Para comprender mejor

Marcela del Río's poem "Mimetismo" was inspired by Remedios Varo's painting of the same name. **Mimetismo** (*mimesis*, in English) means imitation or mimicry. In art, it often refers to an attempt by an artist to reproduce something found in nature. In this painting, the woman seems to be turning into the armchair. Her hands are like the arms of the chair and her feet resemble the legs. Del Río compares this woman to Penelope (in the Greek classic *The Odyssey*, the wife of Ulysses who waited faithfully for many years for his return); she sees a woman who has been waiting in the chair for so long that she has turned into it, literally merging with her environment. She (the chair-woman) will return to life when he (Ulysses) returns. How do you think the title reflects what is happening in the painting/poem?

«MIMETISMO»

Plantada como una hierba[1]
en la espera[2]
en tu vigilia inmemorial
sin querer conocer la fecha
5   del retorno-retoño[3]
amaneces

Tus manos cansadas de tejer
han dejado al canasto[4] tejer solo
y abandonadas al desolado ocio[5]
10 se han dejado tornear como madera
en el torno del Tiempo[6]

Se cumple el mimetismo
sin ruido
como se ejecutan los crímenes
15 sin otros testigos que unos muebles
de probada mudez[7]
y si acaso[8]
una curiosa nube escapada del cielo

Cuando el gato vuelve de su cacería[9]
20 atisba[10] por un hueco del piso
sin comprender tu callada agonía
azorado[11]
al ver tu piel hecha urdimbre[12] y filamento
no te reconoce en el sillón del abuelo
25 de siesta cotidiana

Sólo tú sabes
Penélope impostora
bajo tus ojos de gobelino[13]
que un día
30 cuando él vuelva
sin saber que son tuyas
se sentará a llorar sobre tus piernas
como un niño
pensando que lo has abandonado
35 y los muebles saldrán al fin
de su feroz letargo[14]

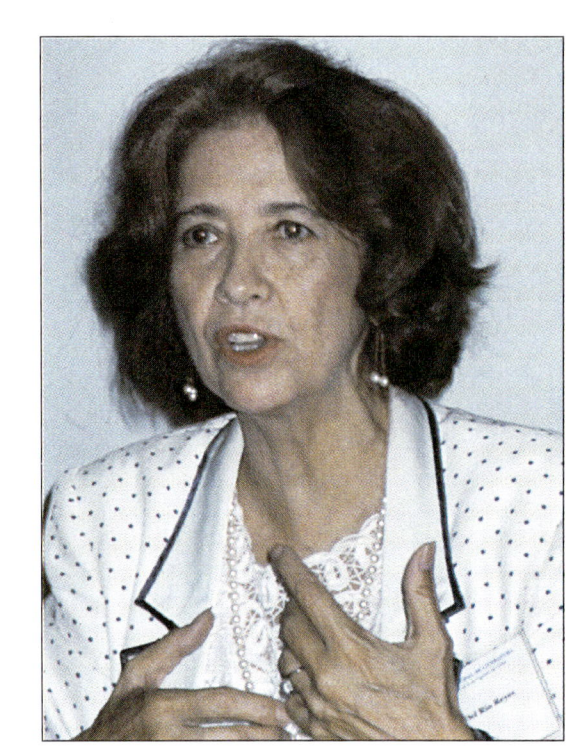

Marcela del Río.

[1]*blade of grass*   [2]*(period of) waiting*   [3]*retorno... return-sprout (symbolic of new life that the return will bring)*   [4]*sewing basket*   [5]*desolado... desolate idleness*   [6]*se... they have allowed themselves to be molded like wood in the (spinning) lathe of Time*   [7]*probada... proven muteness*   [8]*si... perhaps*   [9]*hunt*   [10]*he watches*   [11]*startled*   [12]*thread*   [13]*French tapestry*   [14]*feroz... tremendous lethargy*

¿QUÉ ENCONTRASTE?

ACTIVIDAD — Análisis del poema

▶ Completa las cinco oraciones a continuación con la mejor opción. Cada oración corresponde a una de las estrofas del poema «Mimetismo». Cuando termines —¡si lo haces bien!— tendrás un breve análisis del poema.

1. La primera estrofa describe...
   a. una planta en un jardín.
   b. a una mujer que está esperando algo.

2. En la segunda estrofa, las manos de la mujer...
   a. se han convertido en madera.
   b. siguen tejiendo.

3. En la tercera estrofa, ...
   a. la transformación de la mujer en mueble ya se ha realizado.
   b. un criminal entra en la casa.

4. El gato de la cuarta estrofa...
   a. está contento al ver a su ama.
   b. no entiende por qué su ama no puede hablar ni moverse.

5. La quinta estrofa habla de...
   a. un niño que está llorando.
   b. la futura reunión de la mujer con su amado.

A EXPLORAR MÁS A FONDO

ACTIVIDAD — La creatividad

▶ ¿Por qué crees que las personas hacen proyectos creativos? Piensa en dos o tres proyectos creativos que has hecho, e indica cuáles de las siguientes razones te motivaron. Explica tus respuestas. (Si ninguna de estas razones se aplica a ti, describe con tus propias palabras tus motivos.) La creatividad...

   a. es un escape de la realidad.
   b. produce un sentimiento de libertad.
   c. es parte de la naturaleza humana.
   d. es necesaria para calmar los nervios.
   e. ¿ ?

TRADICIÓN Y CAMBIO

EL FRUTO DE LOS ENCUENTROS CULTURALES

Cuando se habla del encuentro entre dos o más culturas, muchas veces se da más importancia al malentendido que puede resultar de la mezcla de tradiciones, culturas e idiomas distintos. Sin embargo, en el mundo artístico esta mezcla puede resultar en la creación de algo nuevo e interesante. Esto ocurre cuando una persona utiliza las tradiciones, las imágenes o los símbolos de dos o más culturas a través del espacio y del tiempo, produciendo así una obra artística única o incluso un género totalmente nuevo, que no pertenece a ninguna tradición determinada. Mira este detalle de un cuadro por Diego Rivera. Ahora, compáralo con la imagen del héroe ancestral olmeca en la página 129 de la Unidad 2. ¿Ves algunas semejanzas?

Ahora compara los siguientes cuadros. Busca los elementos que se relacionan con el Viejo Mundo y los que tienen que ver con el Nuevo Mundo. ¿Cuál de estas imágenes te gusta más? ¿Te identificas más con un estilo artístico que con otro?

*Detalle de **Creación**, por Diego Rivera, 1922–1923.*

*Nicolás Francés, **Retablo de la Virgen y San Francisco** (detalle de **La Virgen con niño entre ángeles**).*

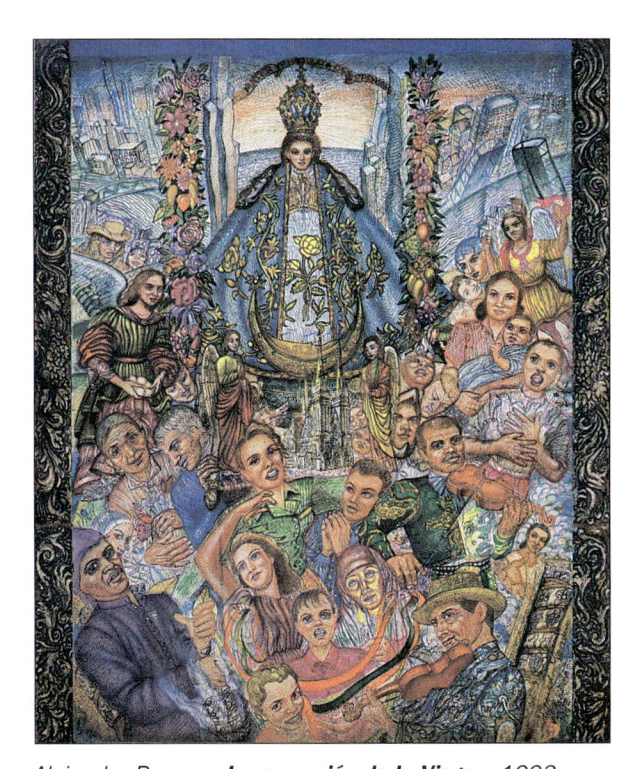

*Alejandro Romero, **La procesión de la Virgen**, 1993.*

LECCIÓN 1

¿POR QUÉ LO DECIMOS ASÍ?

GRAMÁTICA

SEGUIMOS APRENDIENDO
The *-ndo* form

¿Recuerdas?

▶ To form the present participle (**el gerundio**) of a verb, add **-ando** to the stem of **-ar** verbs (**luchar → luchando**) and **-iendo** to the stem of **-er/-ir** verbs (**descubrir → descubriendo**). If the stem of an **-er/-ir** verb ends in a vowel, change **-iendo** to **-yendo** (**caer → cayendo; oír → oyendo**).

-ndo = **-ing**

The stem vowel of some **-er** and **-ir** verbs changes from **e** to **i** or from **o** to **u** in the **-ndo** form.
decir → diciendo
mentir → mintiendo
morir → muriendo
poder → pudiendo
venir → viniendo

Any form of **estar** may combine with an **-ndo** form to express the progressive in other time frames.

¡REPASEMOS!

An action that is taking place *as you speak (present progressive)* or that *was in progress* at a given time in the past *(past progressive)*, is expressed by using the present or imperfect tense of **estar** (*to be*) + *present participle* (*-ing* form of the verb in English, **-ndo** form in Spanish).

The use of the progressive forms in Spanish is limited to activities that are taking place at the time referred to. Actions going on in the general present or past are expressed with the present or imperfect. Compare these pairs of sentences. Which express actions that are taking place right now? Which express general actions?

Julio **está trabajando** en el patio.
Julio **trabaja** en la farmacia Cruz Verde.

Paula **estudia** química este semestre.
Paula **está estudiando** en la biblioteca.

A As in English, you can use any tense of **estar** with the **-ndo** form of another verb to describe actions in progress in other time frames. There are a future progressive and a conditional progressive, for example, as well as subjunctive progressives.

—¿Por qué no llamas a Memo?
—Es sábado. **Estará durmiendo.**

—Ya es mediodía. No es posible que todavía **esté durmiendo.**

—Why don't you phone Memo?
—It's Saturday. He's probably sleeping.

—It's already noon. It's not possible that he's still sleeping.

410 cuatrocientos diez

UNIDAD 7

B You can use several verbs of motion with the **-ndo** form to express progressives that continue the meaning of the verb of motion. The most common of these are **andar**, **continuar**, **ir**, **salir**, **seguir**, and **venir**.

> Verbs of motion that combine with the **-ndo** form: **andar, continuar, ir, salir, seguir, venir**

Ando vendiendo dulces.	I'm going around selling candy.
No **vayas llorando** a mamá.	Don't go crying to Mom.
¿**Continúa trabajando** tu abuelo?	Does your grandfather still work?
Salimos cantando de alegría.	We left singing for joy.
¿Por qué **seguís hablando**?	Why are you still talking?
Las niñas **vinieron corriendo**.	The girls came running.

C When the **-ndo** form takes a reflexive or an object pronoun, the pronoun may come before the conjugated verb form or be attached to the **-ndo** form. When it is attached, add an accent mark to the **-ndo** form.

> In verb + **-ndo** combinations, object pronouns come before the conjugated verb or are attached to the participle.
>
> Add an accent mark when an object pronoun is attached.
> **comprándolo**
> **vendiéndolo**

—¿Siguen **levantándose** a las seis?
—Do you still get up at six?

—Por el momento, **nos** estamos **levantando** a las cinco.
—For now, we're getting up at five.

D You can also use the **-ndo** form by itself, to refer to an action in progress at the time referred to.

> The **-ndo** forms of **ir** (**yendo**) and **venir** (**viniendo**) only occur alone, never after **estar**.
> **Yendo demasiado rápido, Alberto tuvo un accidente.**

—**Hablando** de vacaciones, nosotros vamos a la playa en julio. ¿Qué piensas hacer tú?
—Speaking of vacations, we're going to the beach in July. What do you plan to do?

—Quedarme aquí, **pensando** en ustedes y en lo bien que lo estarán pasando...
—Stay here, thinking about you all and the good time you'll be having . . .

Mérida, México: Las tres generaciones de esta familia están divirtiéndose en un picnic.

LECCIÓN 1

EJERCICIO 1 **Un sábado típico**

▶ Piensa en tu mejor amigo/a. ¿Qué hace generalmente los sábados a las horas indicadas? Contesta con información verdadera, según los modelos.

MODELOS: a las ocho de la mañana / durmiendo →
A las ocho mi amigo/a *estará durmiendo*.
Es probable que mi amigo/a *esté durmiendo* a las ocho.
No es posible que mi amigo/a *esté durmiendo* a las ocho.

1. a las ocho de la mañana: durmiendo
   duchándose
   trabajando
   levantándose

2. a mediodía: almorzando
   durmiendo
   limpiando la casa
   practicando algún deporte

3. a las diez de la noche: mirando la televisión
   bailando en una fiesta
   estudiando
   preparándose para salir

NO ME GUSTA CORRER DESPUÉS DE COMER
Uses of the Infinitive

¡REPASEMOS!

[**conjugated verb + infinitive**]

Many Spanish verbs may be followed directly by an infinitive. Here are some of the most common ones.

deber	gustar	poder	recordar
desear	necesitar	preferir	saber
esperar	pensar	querer	

[**tener que + infinitive = obligation**]

In addition, the expression **tener que** + *infinitive* (*to have to do something*) is frequently used in Spanish to express obligation.

—¿Qué **quieres hacer** después de las clases?
—**Me gustaría salir** con ustedes, pero **tengo que lavar** el carro. También **debo estudiar** y **necesito ir** a la biblioteca.
—¡Qué barbaridad! ¿**Puedes hacer** todo eso esta tarde?

> When an infinitive takes a reflexive or an object pronoun, the pronoun may come before the conjugated verb form or be attached to the infinitive. When two object pronouns are added to the infinitive, an accent mark is used.
>
> —¿Dónde vas a comprar los tenis?
> —Prefiero **comprarlos** en Zapatolandia, pero si no tienen el estilo que busco, **los** tendré que **comprar** en la zapatería La Moda. ¡Qué caros son!
> —Tienes suerte. Creo que papá piensa **comprártelos**.

In verb + infinitive combinations, object pronouns come before the conjugated verb or are attached to the infinitive.

Add an accent mark when two object pronouns are attached.
  dármelo
  servírselos

A The Spanish infinitive is often used as a noun, that is, as the subject or object of a verb or as the object of a preposition. Its English equivalent may be the *-ing* form, the infinitive (*to . . .*), and sometimes either one.

When an -ing form in English functions as a noun, Spanish uses the infinitive.

Es divertido **bailar**. **Bailar** es divertido.	*It's fun to dance. Dancing is fun.*
¡Necesito **bailar** tanto como necesito **comer**!	*I need to dance as much as I need to eat!*
¡No podría **vivir** sin **bailar**!	*I couldn't live without dancing!*

B The infinitive is the only Spanish verb form that can follow a preposition. Many Spanish expressions consist of *verb + preposition + infinitive*. Be sure that you know the meaning of all of the following phrases.

verb + preposition + infinitive

Expressions with **a**:
  acostumbrarse a   enseñar a
  aprender a   ir a
  comenzar a   negarse a
  decidirse a   ponerse a
  empezar a   volver a

Expressions with **de**:
  acabar de   enamorarse de
  acordarse de   olvidarse de
  dejar de   tratar de
  depender de

Expressions with **en**:
  consistir en
  insistir en
  tardar en

Expressions with **con**:
  contar con
  soñar con

LECCIÓN 1   *cuatrocientos trece* **413**

[al + infinitive = on/upon . . . -ing; as soon as + verb]

C To express an action that begins simultaneously with another action, when there is no change of subject, use **al** + *infinitive*. This corresponds to *on/upon . . . -ing* or to *as soon as + verb*.

—¿Qué pasó cuando ganaste la competencia?
—**Al oír** el anuncio, grité de alegría.

—What happened when you won the contest?
—On hearing (As soon as I heard, When I heard) the announcement, I shouted with joy.

—¿Qué es lo primero que haces **al despertarte** por la mañana?
—Apago el despertador, claro.

—What's the first thing you do when you wake up in the morning?
—I turn off the alarm clock, of course.

EJERCICIO 2   ¿Qué hace Alfonso para expresarse?

▶ ¿Cómo completaría Alfonso, el hermano de Paloma y Magdalena que «conociste» en las páginas 396–397, las siguientes oraciones? Usa infinitivos.

1. Creo que es muy divertido ____ .
2. No me gusta para nada ____ .
3. Al ____ , creo que me expreso mejor.
4. Cuando escribo un poema, me gusta ____ .
5. ____ es una forma estupenda de pasar una tarde.
6. Generalmente canto al ____ .

a. leer un buen libro
b. imaginarme ser cantante de ópera
c. escuchar música rap
d. escribir poesía
e. ducharme
f. escuchar música clásica

Y AHORA, ¿QUÉ DICES TÚ?

Completa las mismas oraciones con lo que a ti te gusta —o no te gusta— hacer.

EJERCICIO 3 — Una entrevista

▶ Usa las siguientes frases como guía para entrevistar a un compañero / una compañera de clase. Empieza las preguntas con **Dime...**

MODELO: algo que dejaste de hacer el año pasado →

TÚ: Dime algo que *dejaste de hacer* el año pasado.
COMPAÑERO/A: *Dejé de tomar* lecciones de piano.

1. algo que dejaste de hacer el año pasado
2. algo que te gustaría aprender a hacer
3. algo interesante que acabas de leer
4. algo que empiezas a hacer muy bien
5. algo que piensas hacer después de graduarte
6. algo que siempre te olvidas de hacer (¡y que les molesta mucho a tus padres!)
7. algo que tus padres insisten en hacer (¡que te molesta mucho a ti!)
8. algo que sueñas con hacer algún día
9. algo que tratas de hacer (pero no lo haces muy bien todavía)

VOCABULARIO 1 — PALABRAS NUEVAS

La creatividad
conmover (ue)
crear
entristecer
gozar
hacerle a uno pensar en
percibir
recordar (ue)
soñar (ue) con
soñar (ue) despierto/a

Palabras semejantes: expresarse, imaginarse, motivar

Palabras de repaso: decorar, demostrar (ue), realizar

el alma
la autoexpresión
el compositor / la compositora
el espíritu creador
el estilo propio
el modo
el olor
el paisaje
la poesía
el sabor
el sentido del humor
el sonido

el sueño

Palabras semejantes: **la fantasía, el invento, el poeta / la poetisa, el ritmo**

Palabras de repaso: el ambiente, las decoraciones, el estado de ánimo, la imagen, el poema, el ritmo, el tema

Palabras útiles
al + *infinitivo*
en absoluto

LECCIÓN 1

LECCIÓN 2: EL MUNDO DE LA FANTASÍA

En algunas culturas lo fantástico convive con lo real: es parte de la vida de todos los días. Otras culturas ven lo fantástico como algo separado de lo cotidiano por ser irreal. ¿Qué es lo fantástico para los autores de las siguientes obras que provienen del mundo hispano?

«—Yo soy un sueño, un imposible,
vano fantasma de niebla y luz;
soy incorpórea, soy intangible:
no puedo amarte.
—¡Oh, ven; ven tú!»
De la colección de poemas Rimas, del poeta español Gustavo Adolfo Bécquer (1836–1870).

Chac Mool era la deidad de la lluvia de los mayas y los toltecas. El escritor mexicano Carlos Fuentes escribió un cuento en que una estatua de esta deidad se vuelve viva después de estar en contacto con el agua en un sótano.

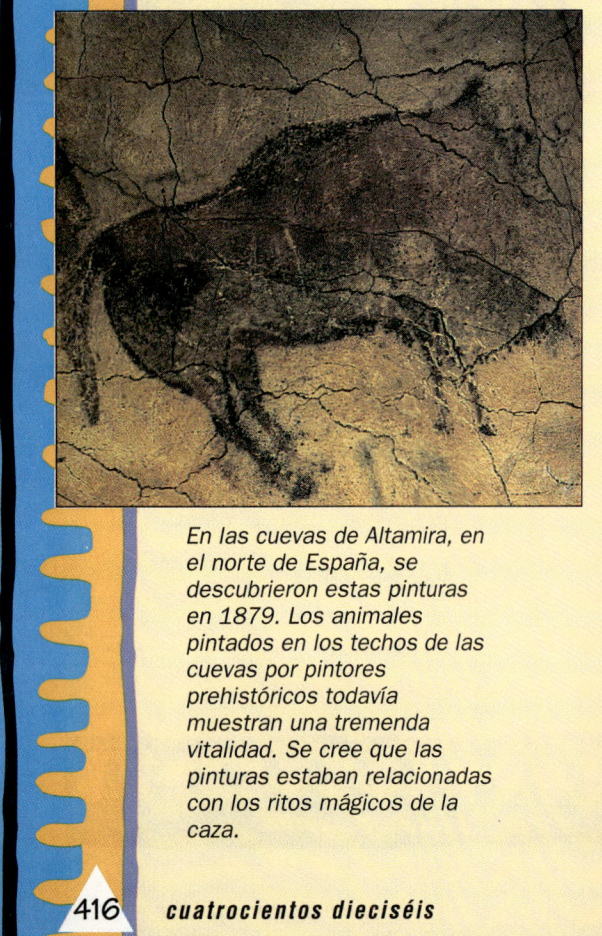

En las cuevas de Altamira, en el norte de España, se descubrieron estas pinturas en 1879. Los animales pintados en los techos de las cuevas por pintores prehistóricos todavía muestran una tremenda vitalidad. Se cree que las pinturas estaban relacionadas con los ritos mágicos de la caza.

¿De dónde vienen los sueños? ¿Son una fuerza positiva o negativa en la vida? ¿Cómo crees que contestaría estas preguntas Francisco de Goya y Lucientes (1746–1828), el artista español que hizo este dibujo llamado El sueño de la razón produce monstruos?

«...estamos
en mundo tan singular,
que el vivir sólo es soñar;
y la experiencia me enseña,
que el hombre que vive, sueña
lo que es, hasta despertar.
          [...]
¿Qué es la vida? Un frenesí.
¿Qué es la vida? Una ilusión,
una sombra, una ficción,
y el mayor bien es pequeño:
que toda la vida es sueño,
y los sueños sueños son.»

   De la comedia La vida es sueño, del dramaturgo español Pedro Calderón de la Barca (1600–1681).

Aquí tienes uno de los enemigos de Spiderman. Se llama Cabello de Plata y es un supercriminal que posee una energía sobrehumana. En el mundo de habla española, también son populares algunos supercriminales y superhéroes como Superhombre, Conan y otros.

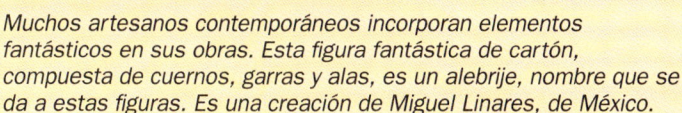

Muchos artesanos contemporáneos incorporan elementos fantásticos en sus obras. Esta figura fantástica de cartón, compuesta de cuernos, garras y alas, es un alebrije, nombre que se da a estas figuras. Es una creación de Miguel Linares, de México.

«Muchos años después, frente al pelotón de fusilamiento,[1] el coronel Aureliano Buendía había de[2] recordar aquella tarde remota en que su padre lo llevó a conocer el hielo. Macondo era entonces una aldea de veinte casas de barro y cañabrava[3] construidas a la orilla de un río de aguas diáfanas que se precipitaban[4] por un lecho de piedras pulidas,[5] blancas y enormes como huevos prehistóricos. El mundo era tan reciente, que muchas cosas carecían de[6] nombre y había que señalarlas con el dedo... »

   De la novela Cien años de soledad, del escritor colombiano Gabriel García Márquez (1928–).

[1]pelotón... *firing squad*   [2]había... *would*   [3]barro... *mud and straw*
[4]se... *rushed*   [5]lecho... *bed of polished stones*   [6]carecían... *no tenían*

¿QUÉ PODEMOS DECIR?

- Identifica los elementos reales y los fantásticos que hay en cada foto o lectura.

- De todos los elementos que ves en estas páginas, ¿cuál te interesa más? ¿Por qué?

- ¿Dónde se encuentran muchos ejemplos de lo fantástico en nuestra sociedad actual?

LECCIÓN 2   cuatrocientos diecisiete   417

Así se dice...

UN CUENTO FAVORITO

Los cuentos juveniles, o **cuentos de hadas**, de todos los países del mundo contienen elementos de lo fantástico. A los niños les encanta escuchar estos cuentos, en que **las fuerzas** del **bien** se oponen a las fuerzas del **mal** y

VOCABULARIO

los magos lo pueden **transformar** todo con sus **poderes mágicos**. El siguiente cuento te va a ser muy conocido. ¿Cómo se llama en inglés? ¿Qué elementos típicos de los cuentos de hadas puedes encontrar en él?

Érase una vez una linda **princesa**, blanca como la azucena, hija de un rey casado por segunda vez. Todo el mundo la llamaba Blancanieves.

Su madrastra, la reina, tenía un espejo mágico. Diariamente la reina le preguntaba al espejo: —¿Quién es la más hermosa del mundo?

Un día el espejo le contestó: —¡Blancanieves! Llena de **envidia** y de **maldad**, la reina mandó a un criado a que matara a la princesa.

El criado llevó a Blancanieves a un bosque, pero por compasión la dejó abandonada en vez de matarla. Una ardilla la llevó alegremente a una **casita**.

En la casita vivían siete **enanitos**. Cuando ellos volvieron a casa por la noche, encontraron a Blancanieves dormida sobre las camas de ellos.

En el palacio, la madrastra volvió a consultar con el espejo: —Y ahora, ¿quién es la más bella del mundo? El espejo le contestó sin vacilar: —¡Blancanieves!

Por eso la reina planeó matar ella misma a Blancanieves. Una tarde, **disfrazada** de vieja, llegó a la casita de los enanitos y le ofreció a Blancanieves una manzana **envenenada**.

Cuando Blancanieves mordió la manzana, **se desvaneció**. Por la noche, los enanitos la encontraron tendida en el suelo y no la pudieron despertar.

Un **príncipe** muy guapo, quien se enteró de lo ocurrido, fue a verla. Cuando el príncipe la besó, Blancanieves **se recobró** inmediatamente.

Los dos se enamoraron inmediatamente. Luego, salieron hacia el castillo del príncipe, donde se casaron con gran alegría de los enanitos.

¿Es igual esta versión del cuento al cuento que tú conoces o es diferente? Explica por qué. ¿Qué cuentos de hadas u otros cuentos te gustaban mucho de niño/a? ¿Creías tú en monstruos y **cocos**? ¿Hasta qué edad? ¿Cómo llegaste a imaginarte que existían esos seres fantásticos? ¿Crees que existían sólo en tu imaginación o que son universales, es decir, que existen en todas las culturas?

LECCIÓN 2

cuatrocientos diecinueve 419

Conexión gramatical
Estudia las páginas 433–437
en ¿Por qué lo decimos así?

Y TÚ, ¿QUÉ DICES?

ACTIVIDADES ORALES Y LECTURAS

1 • OPCIONES — La lámpara mágica

▶ Imagínate que encontraste esta lámpara vieja, con una inscripción misteriosa, en una tienda de antigüedades.

> GENIO, GENIO, AQUÍ VIVEN DOS.
> CUIDADO LA MANO QUE USÁS VOS.
> CON LA UNA TE SALE EUGENIO TRAMPOSO,
> CON LA OTRA TOMÁS, EL MÁS GENEROSO.

Paso 1. Frotaste la lámpara con la mano izquierda y te salió Eugenio. Éste te dijo que te iba a conceder cinco deseos: riqueza, poder, amor, aventura y fama. Aquí tienes las opciones. Escoge las fantasías que tú prefieres. Pero, ¡cuidado con tu selección! Cada deseo lleva consigo una condición.

1. En cuanto a la riqueza...
    a. podrás ser la persona más rica del mundo... pero sólo por un año. Luego volverás a ser quien eres ahora.
    b. cada año tu dinero aumentará sólo un dos por ciento, ni más ni menos, por el resto de tu vida. Nadie te podrá quitar esta riqueza.
    c. ganarás un millón de dólares en la lotería, pero tendrás que compartir *todo el dinero* con otras personas.

2. Y ahora, hablemos del poder.
   a. Llegarás a ser presidente/a de una gran empresa internacional, pero tendrás que vivir en el extranjero mientras desempeñes el puesto.
   b. Serás la persona más poderosa del mundo, pero al mismo tiempo te volverás mentiroso/a, cruel, y tendrás mala reputación.
   c. Serás presidente/a del país, pero después de cuatro años, volverás a ser quien eres ahora.

3. En cuanto al amor...
   a. te casarás con la persona de tus sueños, pero ustedes nunca tendrán hijos.
   b. te casarás con la persona que escoja el genio. Ustedes no estarán enamorados, pero serán muy felices y tendrán una familia modelo.
   c. te casarás con una persona estupenda, pero él/ella trabajará en otro país seis meses cada año.

4. ¡La aventura te llama!
   a. Podrás explorar las zonas más remotas del Amazonas, pero sin garantía alguna de tu seguridad.
   b. Serás uno/a de los astronautas en el primer vuelo al planeta Marte. Llegarás sano/a y salvo/a, pero el viaje entero —ida y vuelta— durará por lo menos diez años.
   c. Serás un(a) espía internacional y tendrás mucho éxito en tu carrera, pero verás muy poco a tu familia.

5. Y para terminar, consideremos la fama.
   a. Serás el/la atleta más famoso/a del mundo por cuatro temporadas solamente, después de las cuales volverás a ser quien eres ahora.
   b. Tendrás mucha fama dentro de tu propia comunidad por el bien que has hecho allí.
   c. Serás una estrella de cine de fama internacional pero tendrás que seguir una dieta estricta para no engordar, nunca tendrás tiempo libre para ti mismo/a y te deprimirás y te enojarás con facilidad.

Paso 2. Tu compañero/a frotó la lámpara con la mano derecha y le salió el genio Tomás, el más generoso. Tomás sólo le concedió tres deseos a tu compañero/a, pero sin condición alguna. Tu compañero/a te va a contar cuáles fueron sus tres deseos y por qué se los merece. ¡A ver si te convence! Dale tu opinión.

Y AHORA, ¡CON TU PROFESOR(A)!

¿Qué deseos le pediría usted que el genio Tomás le concediera? ¿Por qué se los merece?

2 • INTERACCIÓN — La realidad y la fantasía

▶ Todos sabemos que entre la realidad y la fantasía hay una gran diferencia, pero a veces es fácil confundir el deseo de que algo sea verdad con las realidades de la vida.

Paso 1. Con un compañero / una compañera, indiquen si las ideas a continuación se refieren al mundo de la fantasía, al de la realidad o a los dos mundos. Al comentar las ideas, hagan un diagrama Venn, colocando el número de las ideas en el área apropiada.

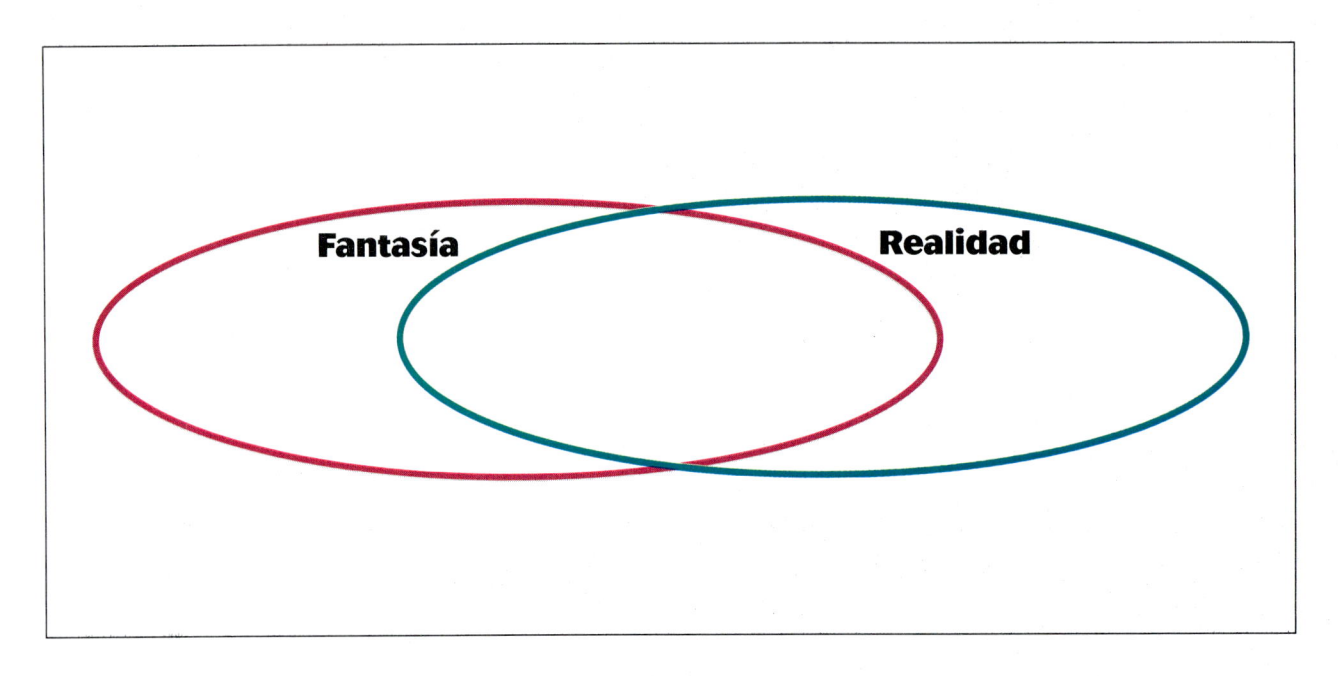

[Diagrama Venn: Fantasía / Realidad]

1. Allí tengo control de todo.
2. Hay límites en lo que hago, digo y pienso.
3. No me castigan por lo que digo o hago.
4. Es el mundo en que vivo.
5. Es gratis. No me cuesta nada.
6. No hay restricciones.
7. Es el mundo al que me escapo a veces.
8. A veces me asusta y me entristece.
9. Tiene un sinfín de posibilidades.
10. Allí el tiempo no existe.
11. Tiene conexiones directas con otro mundo.
12. Allí soy capaz de hacerlo todo.
13. Tengo que preocuparme por las consecuencias de mis acciones.
14. Existe la violencia.
15. Todo es perfecto.
16. No tengo miedo de decir lo que me da la gana.
17. Hay paz y armonía.
18. Siempre tengo que obedecerle a alguien.

Paso 2. ¿Por qué creamos fantasías? A veces es porque queremos compensar con ellas lo que no tenemos o no podemos hacer. Con un compañero / una compañera, consideren las siguientes situaciones. Inventen una fantasía apropiada para las personas. Luego mencionen dos aspectos negativos de esa fantasía en el mundo real.

> MODELO: A un niño y a una niña les gusta buscar animales y explorar un bosque que está cerca de su casa. →
> Su fantasía será ir en un safari a las selvas de África. Pero es muy peligroso y ellos son demasiado jóvenes para hacer ese viaje solos.

1. Un obrero se enoja con frecuencia porque siempre tiene que obedecer a sus jefes, aun cuando éstos no tienen razón. Nadie reconoce sus esfuerzos y, además, nunca puede tomar ninguna decisión propia.
2. Una joven está enamorada de un chico, pero éste no le hace caso. La ha visto mil veces pero ni siquiera la saluda cuando la ve.
3. Unos padres se preocupan porque no tienen con qué pagar el alquiler de la casa ni la matrícula de la universidad para su hijo. Los fondos que tienen no les alcanzan.
4. Un señor pasa todos los domingos sentado en el sofá, mirando los deportes en la televisión. Les grita a los jugadores, critica a los entrenadores e insulta a los árbitros.
5. Una taxista lleva clientes al aeropuerto frecuentemente. Pero ella misma nunca ha podido viajar y ver el mundo.

3 • ENCUESTA — Los sueños

▶ ¿Puedes adivinar cuáles son los sueños de otras personas?

Paso 1. Lee la siguiente lista de sueños e indica cuáles son los tuyos. Será interesante saber si tus compañeros de clase pueden adivinar los sueños que tú tienes.

1. conocer a una estrella de cine
2. convertirte en la persona más rica del mundo
3. llegar a ser famoso/a por una habilidad que posees (cantar bien, escribir bien, ...)
4. ser un político / una mujer político a nivel nacional
5. vivir en otro país
6. representar a este país en los Juegos Olímpicos
7. ser astronauta o, por lo menos, poder viajar a otros planetas
8. viajar a un país exótico
9. hacer el paracaidismo
10. trabajar en un circo

Paso 2. Con dos compañeros, nombren a otro compañero / otra compañera de clase que creen que tiene los mismos sueños (del Paso 1) que ustedes. Luego comprueben si acertaron, haciéndole preguntas a la persona nombrada.

Paso 3. Sabes que en el mundo de la fantasía todo es posible. ¿Qué fantasías tendrán los siguientes animales y objetos?

1. tu mascota
2. un insecto
3. un balón de fútbol norteamericano
4. un carro

Y AHORA, ¿QUÉ DICES TÚ?

1. De todos los sueños y fantasías que has tenido, ¿cuál de ellos es el más importante para ti? ¿Es un sueño posible o un sueño imposible? Explica.
2. ¿Ha tenido alguna persona que conoces (amigo/a, pariente, etcétera) un sueño que parecía imposible pero que se realizó? Cuéntale la historia a la clase.

4 • NARRACIÓN   La familia Aguantalotodo

Los Aguantalotodo, Alberto, Adela y sus hijos Adán y Adriana, no gozan de la vida. Para ellos la vida no es sino una serie de problemas. Los siguientes sucesos les ocurrieron el año pasado. Describe los sucesos y la fantasía de cada miembro de la familia.

LECCIÓN 2 — cuatrocientos veinticinco 425

¡A charlar!

▶ The word **pero** expresses *but* in most cases. But when you want to contrast two qualities, use **sino**, which expresses *but rather*. There is always a negative in the first part of the sentence when **sino** is used.

> **No es rico sino pobre.**
> *He isn't rich but (rather) poor.*
>
> **No son colombianos sino venezolanos.**
> *They aren't Colombian but (rather) Venezuelan.*

Use **sino que** after a negative to contrast two actions.

> **No corrieron sino que hicieron ejercicios aeróbicos.**
> *They didn't run but rather did aerobics.*

5 • DEL MUNDO HISPANO Las leyendas populares

▶ La fantasía y la realidad se mezclan en los mitos y las leyendas.

Paso 1. Empareja con los dibujos las siguientes descripciones de algunos personajes míticos del mundo hispano.

1. Los niños de muchos países hispanos creen en el Coco. Creen que el Coco se llevará a los niños que no quieren dormir o comer o que no se portan bien... ¡Que tengan cuidado los niños!

2. En España, cuando a los niños se les cae un diente de leche (es decir, de los primeros), lo ponen debajo de la almohada. Por la noche, el Ratoncito Pérez se lleva el diente y deja un caramelo o una moneda.

3. En el Uruguay los niños que no se portan bien le temen al Viejo de la Bolsa. Se dice que el Viejo los pondrá en su bolsa y se los llevará.

4. La leyenda de la Llorona es conocida en varios países hispanos. La Llorona es una mujer bella, siempre vestida de blanco. Anda por el campo llorando por su hijo muerto. Su llanto se oye sólo en la noche. Los hombres que se le acercan mueren después de descubrir que su cara es una calavera. ¡Que no salgan de casa por la noche!

5. En Venezuela es costumbre que las niñas no se bañen en el mar durante la Semana Santa. Las que no respetan esta costumbre se convierten en sirenas.

Paso 2. Con un compañero / una compañera, inventen una figura mítica como las anteriores. Primero escojan el comportamiento que quisieran provocar. Aquí hay unas sugerencias.

Una figura mítica que ayude a que...

1. los niños se porten bien.
2. los estudiantes estudien mucho y que siempre hagan la tarea.
3. los políticos sean honrados.
4. los padres sean comprensivos y generosos con sus hijos.
5. ¿ ?

LECTURA: Clave al mundo hispano

RINCÓN CULTURAL: Cuando la fantasía se convierte en realidad

El **realismo mágico** es un término literario y artístico que se ha usado para designar una tendencia de unos novelistas del siglo XX, caracterizada por la inclusión de elementos fantásticos dentro de un contexto realista. Esta tendencia aparece con mucha frecuencia desde el llamado[1] *boom* literario latinoamericano de los años 60.

En términos generales, el realismo mágico consiste en hechos imposibles o mágicos que ocurren en una narración y que se aceptan como completamente reales y posibles. Es diferente de la ciencia ficción, en que los hechos «imposibles» tienen una base o explicación científica. También es diferente de la fantasía; en una fantasía, los hechos «imposibles» no transcurren en un mundo realista. En el realismo mágico, hasta los hechos más fantásticos transcurren en un contexto realista, y por eso son aceptados por los personajes de la narración.

Otra característica de este estilo literario es la distorsión de los conceptos del tiempo y del espacio. Por ejemplo, a veces los personajes son capaces de viajar por el tiempo y vivir en el pasado o en el futuro. En otros casos, los personajes viven en un lugar infinito o interminable que, puesto que no tiene límites, es un espacio ideal para la representación de lo fantástico.

Aunque muchos escritores latinoamericanos han incorporado en su obra el realismo mágico, uno de los que lo usó con más éxito es el argentino Jorge Luis Borges (1899–1986). Borges es famoso por sus cuentos, en muchos de los cuales incorpora lo fantástico dentro de un contexto aparentemente real. Su cuento «El sur», por ejemplo, trata de un hombre frustrado por un destino caprichoso.[2] En este cuento, Borges combina muchos de los temas que aparecen con frecuencia en su obra: el sueño, el destino, el tiempo y la muerte.

Se puede decir, entonces, que el realismo mágico borra la línea entre la realidad y la fantasía: no hay límites en el mundo de lo fantástico.

Jorge Luis Borges.

[1]*so-called* [2]*capricious, whimsical*

LECCIÓN 2

cuatrocientos veintisiete **427**

A EXPLORAR EL TEMA

ACTIVIDAD El realismo mágico y tú

▶ Piensa en algún sueño que has tenido recientemente. Si no recuerdas ninguno, usa la imaginación para hacer esta actividad.

Paso 1. Describe detalladamente lo que pasó y también a las personas que aparecieron en el sueño. ¿Era extraño lo que pasaba? ¿Eran conocidas o desconocidas las personas? ¿Eran seres extraordinarios? ¿Tuvieron lugar los hechos en un espacio fijo y/o reconocido o en un espacio infinito o desconocido? ¿Tenías noción del tiempo en el sueño? Es decir, ¿en cuánto tiempo pasó lo que pasó en el sueño? ¿Sucedieron cosas misteriosas o hasta espantosas? ¿Fue un sueño horrible o un sueño maravilloso?

Paso 2. Convierte la descripción de tu sueño en un breve cuento en el que mezcles elementos fantásticos con hechos de la vida real. ¡No te olvides de ponerle un título al cuento!

LECTURA

Sobre el autor Julio Cortázar

(1914–1984) fue un famoso cuentista y novelista argentino. Además de ser escritor, por un tiempo fue traductor de la UNESCO en París. En sus obras literarias creó un mundo de **realismo mágico** y presentó los problemas psicológicos del individuo moderno en busca de la identidad propia.

«CASA TOMADA»

Parte 1

Nos gustaba la casa porque aparte de espaciosa y antigua guardaba los recuerdos de nuestros bisabuelos, el abuelo paterno, nuestros padres y toda la infancia.

    Nos habituamos° Irene y yo a persistir solos en ella, lo que era una locura pues en esa casa podían vivir ocho personas sin estorbarse.° Hacíamos la limpieza por la mañana, levantándonos a las siete, y a eso de las once° yo le dejaba a Irene las últimas habitaciones por repasar y me iba a la cocina. Almorzábamos a mediodía, siempre puntuales; ya no quedaba nada por hacer fuera de unos pocos platos sucios. Nos resultaba grato° almorzar pensando en la casa profunda y silenciosa. A veces llegamos a creer que era ella la que no nos dejó casarnos. Irene rechazó° dos pretendientes° sin mayor motivo, a mí se me murió María

Nos... Nos acostumbramos
molestarse

a... near 11:00

agradable

rejected / suitors

Esther antes que llegáramos a comprometernos. Entramos en los cuarenta años con la inexpresada idea de que el nuestro, simple y silencioso matrimonio de hermanos, era necesaria clausura° de la genealogía asentada° por los bisabuelos en nuestra casa.

    Irene era una chica nacida para no molestar a nadie. Aparte de su actividad matinal° se pasaba el resto del día tejiendo en el sofá de su dormitorio. No sé por qué tejía tanto. Tejía cosas siempre necesarias, tricotas° para el invierno, medias° para mí, mañanitas° y chalecos para ella. Los sábados iba yo al centro a comprarle lana. Yo aprovechaba esas salidas para dar una vuelta por las librerías y preguntar vanamente si había novedades en literatura francesa. Desde 1939 no llegaba nada valioso° a la Argentina.

conclusión
comenzada

de la mañana

suéteres / calcetines / bed jackets

importante

Parte 2

Pero es de la casa que me interesa hablar, de la casa y de Irene, porque yo no tengo importancia. Me pregunto qué hubiera hecho Irene sin el tejido. No necesitábamos ganarnos la vida, todos los meses llegaba la plata° de los campos y el dinero aumentaba. Pero a Irene solamente la entretenía el tejido, mostraba una destreza° maravillosa y a mí se me iban las horas viéndole las manos. Era hermoso.

    Cómo no acordarme de° la distribución de la casa. El comedor, una sala con gobelinos,° la biblioteca y tres dormitorios grandes quedaban en la parte más retirada. Solamente un pasillo con su maciza puerta de roble° aislaba esa parte del ala delantera° donde había un baño, la cocina, nuestros dormitorios y el living central, al cual comunicaban los dormitorios y el pasillo. Irene y yo vivíamos siempre en esta parte de la casa, casi nunca íbamos más allá de la puerta de roble, salvo° para hacer la limpieza.

    Lo recordaré siempre con claridad porque fue simple y sin circunstancias inútiles. Irene estaba tejiendo en su dormitorio, eran las ocho de la noche y de repente se me ocurrió poner al fuego la pavita° del mate. Fui por el pasillo hasta enfrentar la entornada° puerta de roble, y daba la vuelta al codo° que llevaba a la cocina cuando escuché algo en el comedor o la biblioteca. El sonido venía impreciso y sordo,° como un volcarse° de silla sobre la alfombra o un ahogado susurro° de conversación. Me tiré contra la puerta antes de que fuera demasiado tarde, la cerré de golpe apoyando el cuerpo, felizmente la llave estaba puesta de nuestro lado y además corrí el gran cerrojo° para más seguridad.

    Fui a la cocina, calenté la pavita, y cuando estuve de vuelta con la bandeja° del mate le dije a Irene:

—Tuve que cerrar la puerta del pasillo. Han tomado la parte del fondo.

Dejó caer el tejido y me miró con sus graves ojos cansados.

—¿Estás seguro?

Asentí.°

—Entonces— dijo recogiendo las agujas —tendremos que vivir en este lado.

dinero
skill

Cómo... *Of course I remember*
French tapestries

maciza... *solid oak door* / ala... *front wing*

excepto

pot
half-closed
hallway
muffled
overturning / ahogado... *choked murmur*

corrí... *I closed the heavy bolt*

tray

I nodded.

LECCIÓN 2   cuatrocientos veintinueve   **429**

Parte 3

Los primeros días nos pareció penoso° porque ambos habíamos dejado en la parte tomada muchas cosas que queríamos. Mis libros de literatura francesa, por ejemplo, estaban todos en la biblioteca. Irene extrañaba° algunas carpetas,° un par de pantuflas° que tanto la abrigaba en invierno. Con frecuencia (pero esto solamente sucedió los primeros días) cerrábamos algún cajón de las cómodas y nos mirábamos con tristeza.

—No está aquí.

Y era una cosa más de todo lo que habíamos perdido al otro lado de la casa.

Pero también tuvimos ventajas. La limpieza se simplificó tanto que aun levantándose tardísimo, a las nueve y media por ejemplo, no daban las once° y ya estábamos de brazos cruzados.

Irene estaba contenta porque le quedaba más tiempo para tejer. Yo andaba un poco perdido a causa de los libros, pero por no afligir° a mi hermana me puse a revisar la colección de estampillas de papá, y eso me sirvió para matar el tiempo. Nos divertíamos mucho, cada uno en sus cosas, casi siempre reunidos en el dormitorio de Irene que era más cómodo. Estábamos bien, y poco a poco empezábamos a no pensar. Se puede vivir sin pensar.

(Cuando Irene soñaba en alta voz yo me desvelaba° en seguida. Nunca pude habituarme a esa voz de estatua o papagayo,° voz que viene de los sueños y no de la garganta. Aparte de eso todo estaba callado en la casa. De día eran los rumores domésticos. En la cocina y el baño, que quedaban tocando° la parte tomada, nos poníamos a hablar en voz más alta o Irene cantaba canciones de cuna. Muy pocas veces permitíamos allí el silencio, pero cuando tornábamos a los dormitorios y al living, entonces la casa se ponía callada. Yo creo que era por eso que de noche, cuando Irene empezaba a soñar en voz alta, me desvelaba en seguida.)

muy difícil

missed
tablecloths / slippers

no... the clock had not struck 11:00

upset

yo... I would wake up
parrot

que... that were right next to

Parte 4

Es casi repetir lo mismo salvo las consecuencias. De noche siento sed, y antes de acostarnos le dije a Irene que iba hasta la cocina a servirme un vaso de agua. Desde la puerta del dormitorio (ella tejía) oí ruido en la cocina; tal vez en la cocina o tal vez en el baño. A Irene le llamó la atención mi brusca manera de detenerme, y vino a mi lado sin decir palabra. Nos quedamos escuchando los ruidos, notando claramente que eran de este lado de la puerta de roble, en la cocina y el baño, o en el pasillo mismo, casi al lado nuestro.

No nos miramos siquiera. Apreté el brazo de Irene y la hice correr conmigo hasta la puerta cancel,° sin volvernos hacia atrás. Los ruidos se oían más fuerte pero siempre sordos, a espaldas nuestras. Cerré de un golpe la cancel y nos quedamos en el zaguán.° Ahora no se oía nada.

—Han tomado esta parte —dijo Irene.

—¿Tuviste tiempo de traer alguna cosa? —le pregunté inútilmente.

puerta... storm door

vestibule

—No, nada.

Estábamos con lo puesto.° Me acordé de los quince mil pesos en el armario de mi dormitorio. Ya era tarde ahora.

Como me quedaba el reloj pulsera, vi que eran las once de la noche. Rodeé con mi brazo la cintura° de Irene (yo creo que ella estaba llorando) y salimos así a la calle. Antes de alejarnos tuve lástima, cerré bien la puerta de entrada y tiré la llave a la alcantarilla.° No fuese que° a algún pobre diablo se le ocurriera robar y se metiera en la casa, a esa hora y con la casa tomada.

lo... what we had on

waist

sewer/No... I didn't want

¿QUÉ ENCONTRASTE?

ACTIVIDAD 1 ¿Cierto o falso?

▶ Indica si las siguientes oraciones son ciertas o falsas según el cuento. Si son falsas, corrígelas.

1. El narrador nunca se casó.
2. El narrador y su hermana tenían muchos amigos y daban fiestas todos los sábados en la casa.
3. Irene era una persona tranquila.
4. Al narrador le gustaba mucho tejer.
5. Cuando el narrador oyó ruidos extraños en la parte retirada de la casa, entró de inmediato en esa parte para ver qué pasaba.

ACTIVIDAD 2 El misterio de la casa

▶ Indica a qué o a quién(es) se refieren las siguientes oraciones: al narrador, a Irene, a la casa o al ruido misterioso.

1. Por la mañana hacían la limpieza.
2. Se negó a casarse en dos ocasiones diferentes.
3. Tejía tricotas, chalecos y medias.
4. El comedor, la sala, la biblioteca y tres dormitorios quedaban en la parte más retirada.
5. Venía impreciso y sordo, como un volcarse de silla sobre la alfombra.
6. Cerró la puerta del pasillo porque la parte delantera de la casa había sido tomada.
7. Estaban en la cocina y en el baño.
8. Abandonaron la casa.

A EXPLORAR MÁS A FONDO

ACTIVIDAD　　　　El significado del cuento

▶ ¿Quién o qué «toma» la casa? En tu opinión, ¿qué significan los ruidos? Escoge una de las siguientes interpretaciones del cuento y explica por qué te parece la más lógica. Si ninguna te parece acertada, interpreta el cuento con tus propias palabras.

1. Los ruidos están en la imaginación de los hermanos. Los ruidos son una excusa que les permite dejar una vida aburrida y solitaria.

2. Unos fantasmas —los antepasados de los hermanos— viven en la casa.

3. Son ladrones que quieren las posesiones de los hermanos y finalmente toman control de toda la casa.

4. La casa se personifica y los ruidos representan la nueva vida de la casa.

Tradición y cambio

LO FANTÁSTICO A TRAVÉS DE LOS SIGLOS

El escritor colombiano Gabriel García Márquez ha dicho que lo fantástico es parte intrínseca de la vida latinoamericana. Según él, los artistas y escritores han tenido que inventar muy poco; el desafío ha sido lo contrario: cómo hacer creíble la realidad. A continuación hay algunas imágenes de lo fantástico a través de los siglos y en diferentes culturas. ¿Qué tienen en común?

Según el *Popol Vuh*, libro sagrado de los quichés compuesto en el siglo XVI, el padre de los quichés era Hun Hunahpu. Fue sacrificado y le pusieron la cabeza en un árbol. Cuando la doncella Xquic se acercó al árbol, quedó embarazada[1] con la saliva de Hun Hunahpu y así empezó la línea de los quichés.

El Niño Fidencio es conocido en todo México por sus curaciones milagrosas. Aunque murió en 1938, miles de personas en los Estados Unidos y en México todavía creen en sus milagros y lo veneran.

[1]*pregnant*

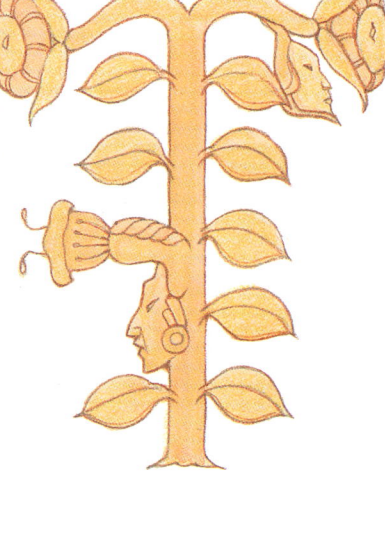

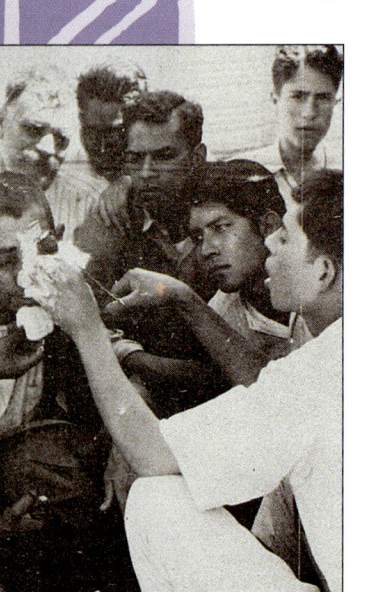

El Niño Fidencio.

¿POR QUÉ LO DECIMOS ASÍ?

GRAMÁTICA

SE PUSO MUY CONTENTO
Reflexives to Express Changes of State

A A number of adjectives that describe physical or emotional states have corresponding verbs that, when used with reflexive pronouns, express *to become/get + adjective*.

alegre	**alegrarse**	*to become happy*
cansado	**cansarse**	*to get tired; to grow tired*
deprimido	**deprimirse**	*to become depressed*
enfadado	**enfadarse**	*to get angry*
enojado	**enojarse**	*to get angry*
entusiasmado	**entusiasmarse**	*to become enthusiastic, get excited*
loco	**enloquecerse**	*to go crazy*
preocupado	**preocuparse**	*to worry, get worried*
triste	**entristecerse**	*to get sad*

—¿No **te cansas** de estudiar?
—Claro que sí, pero si no estudio, **me preocupo**. Mis padres **se enojaron** mucho conmigo el mes pasado, por las notas que tuve.

—*Don't you get tired of studying?*
—*Sure, but if I don't study, I worry. My parents got very angry with me last month, because of the grades I got.*

B The following reflexive verbs denote changes that are often expressed in English with *become*.

hacerse + *noun* — to take up a profession, practice, or religion

ponerse + *adjective* — a change, generally temporary, in physical or emotional condition

volverse + *adjective* — a radical or unexpected change

—¿Es cierto que Rolando **se hizo** abogado? Parecía tan loco...

—Sí, pero **se volvió** muy serio después de graduarse. Como te puedes imaginar, sus padres **se pusieron** muy contentos con él.

—*Is it true that Rolando became a lawyer? He always seemed so silly . . .*

—*Yes, but he got very serious after he graduated. As you can imagine, his parents became very happy with him.*

¿Recuerdas?

▶ Many verbs that describe a change in a physical or emotional state require a reflexive pronoun. Among the verbs you are familiar with are **aburrirse** (*to get bored*), **despertarse** (*to wake up*), **dormirse** (*to fall asleep*), **enfermarse** (*to get sick*), **levantarse** (*to get up; to stand up*), **morirse** (*to die*), and **sentarse** (*to sit down*). Note that the English expressions that describe these changes often have an "extra" word, such as *get*, *become*, *fall*, *down*, or *up*.

To express changes in conditions, use a reflexive pronoun with a verb that corresponds to an adjective
  enojado →
  enojarse.

To become:
hacerse + *noun* (*profession or religion*)
ponerse + *adjective* (*changes in mood, physical state*)
volverse + *adjective* (*radical changes in nature or status*)

LECCIÓN 2

cuatrocientos treinta y tres **433**

EJERCICIO 1 ¿Cómo se sintieron entonces?

▶ Describe las emociones de los personajes del cuento de Blancanieves y los siete enanitos (de Así se dice). Usa verbos en el pretérito.

Verbos: alegrarse, deprimirse, enojarse, entristecerse, entusiasmarse, ponerse, preocuparse, sorprenderse, volverse

1. Blancanieves _____ cuando se murió su madre.
2. Luego la princesa _____ cuando su padre volvió a casarse.
3. La madrastra _____ cuando el espejo le contestó que Blancanieves era la más bella.
4. Por eso la reina _____ con la idea de matar a Blancanieves.
5. El criado _____ compasivo y no pudo matar a la princesa.
6. Los siete enanitos _____ al ver a Blancanieves sobre las camas de ellos.
7. Blancanieves era muy ingenua, y no _____ cuando una vieja le ofreció una manzana.
8. Los enanitos _____ muy deprimidos cuando no pudieron despertar a la princesa.
9. El príncipe _____ al escuchar la historia de Blancanieves.
10. Los enanitos _____ mucho cuando Blancanieves se despertó.

EJERCICIO 2 ¿Y cómo reaccionas tú?

▶ Di cuál es tu reacción lógica en cada situación.

MODELO: Alguien te da dos boletos para un concierto este fin de semana. →
¡Me entusiasmo!

1. Alguien te da cuatro boletos para un concierto de tu conjunto favorito.
2. Tienes un examen de inglés y todavía no has leído la novela en que se basa el examen.
3. Se muere un pariente de tu mejor amigo/a.
4. Alguien te roba la composición que has escrito para la clase de español.
5. No tienes planes para el fin de semana.
6. Hace cuatro horas que estudias, sin parar.

¡BAILEMOS! Y QUE SE SIENTEN Y HABLEN ELLOS
Present Subjunctive for *Let's . . .* ; Indirect Commands

A To say *let's (do something)* in Spanish, use the **nosotros** form of the present subjunctive.

INFINITIVE	PRESENT SUBJUNCTIVE	LET'S...	LET'S NOT...
salir	salgamos	**salgamos**	**no salgamos**
hacerlo	lo hagamos	**hagámoslo**	**no lo hagamos**
sentarse	nos sentemos	**sentémonos**	**no nos sentemos**

As with other commands, **nos** and other object pronouns are attached to affirmative commands and precede negative commands. If the verb is reflexive, drop the final **-s** of the verb before adding **nos**. Remember to add an accent mark when you add a pronoun to the **nosotros** command.

—¿Te estás divirtiendo?
—No mucho. **Salgamos** de aquí y vamos a otra parte.
—**No salgamos** todavía. **Hagamos** algo para animar la fiesta.
—¡Yo sé qué hacer! **Pongamos** música salsa.
—**Hagámoslo**, pues.

—*Are you having a good time?*
—*Not really. Let's leave here and go somewhere else.*
—*Let's not leave yet. Let's do something to liven up the party.*
—*I know what to do! Let's put on salsa music.*
—*OK, let's do it.*

> **nosotros** form of present subjunctive = *let's (do something)*
>
> **no + nosotros** form of present subjunctive = *let's not (do something)*
>
> ¡OJO! In the affirmative, **vamos a +** infinitive = *let's (do something)* ¡Vamos a bailar! *Let's dance!*
>
> Attach object pronouns to affirmative commands; put them before negative commands.
>
> Drop the final **-s** before adding **nos**. ¡Levantémonos temprano!

LECCIÓN 2

> **que + él or ellos form of present subjunctive = let/have (someone) (do something)**

B When you want another person, not the person or persons you are talking with, to do something, use an indirect command. To form an indirect command, imagine that you are making a statement with **quiero que** + *present subjunctive*, but drop **quiero** and just begin with **que**.

> Quiero que lo hagan Raúl y Ceci. →　　　　*I want Raúl and Ceci to do it.*
> **Que lo hagan** Raúl y Ceci.　　　　*Let Raúl and Ceci do it.*

> **The subject generally follows the verb.**

Generally, the subject (the person you want to do something) follows the action. Object pronouns always precede the verb, whether it is affirmative or negative.

> —¿No tienes que lavar los platos antes de mirar la televisión?　　　　*—Don't you have to wash the dishes before watching TV?*
> —¡Uf! ¡**Que los lave papá!**　　　　*—Bah! Let Dad wash them.*

> **que + any form of present subjunctive = a wish for the subject's good/bad fortune**

C The indirect command is used to express wishes for someone's good—or bad—fortune. English equivalents will vary.

> ¡**Que les vaya** bien!　　　　*Hope everything goes well for you!*
> ¡**Que pases** un buen fin de semana!　　　　*Have a great weekend!*
> ¡**Que tengan** mala suerte!　　　　*I hope they have bad luck!*

EJERCICIO 3　　Siete enanitos, siete sugerencias

▶ Los siete enanitos no saben qué hacer cuando encuentran a Blancanieves dormida sobre las camas de ellos. ¿Qué sugerencias hacen? Contesta según el modelo.

MODELO: despertarla →
¡*Despertémosla!*

1. despertarla
2. dejarla dormir
3. no hacer nada
4. hablar con el rey
5. llevarla al palacio
6. llamar a un médico
7. no decirle nada a nadie

EJERCICIO 4 ¡Que lo haga mi amigo!

▶ Siempre hay cosas que no queremos hacer. ¿Cuáles son las cosas que tú quieres que los demás hagan por ti? Contesta según el modelo.

MODELO: Alguien tiene que lavar los platos. →
¡*Que los lave* papá!

1. Alguien tiene que lavar los platos.
2. Tienes que escribir una composición para la clase de inglés.
3. Alguien tiene que sacar la basura.
4. Debes limpiar tu cuarto.
5. Tienes que devolver unos libros a la biblioteca.
6. Alguien debe lavar el carro.
7. Alguien debe preparar la cena.

VOCABULARIO — PALABRAS NUEVAS

La fantasía
convertirse (ie, i) (en)
desvanecerse
merecer
obedecer
volverse (ue) + *adjetivo*

Palabra semejante:
transformar

Palabras de repaso: enfadarse, enojarse, enterarse de, ponerse + *adjetivo*

el bien
la casita
el Coco
el cuento de hadas

el enanito / la enanita
la envidia
la fuerza
el genio
la leyenda
el mago / la maga
el mal
la maldad
el mito
la sirena

Palabras semejantes: **el príncipe / la princesa**

Palabras de repaso: el castillo, el espejo, la madrastra, el monstruo, el poder
disfrazado/a

envenenado/a
mágico/a
mítico/a

Verbos útiles
deprimirse
recobrarse

Palabras útiles
érase una vez...
sino

LECCIÓN 2

UNIDAD 7: YA LLEGAMOS

¡TE INVITAMOS A ESCRIBIR!

MIRANDO HACIA ATRÁS Y HACIA ADELANTE: UNA CARTA DE AUTORREFLEXIÓN

En este libro has examinado quién eres y cómo es el mundo en que vives; cómo es tu propia cultura y cómo son las culturas del mundo hispano. Además, has tenido la oportunidad de aumentar tu conocimiento del idioma español: ahora sabes expresarte mejor y con más facilidad. En esta actividad, vas a escribirle una carta a tu profesor(a) en la que le comunicas tus pensamientos sobre tu progreso durante este curso.

Paso 1. Primero, piensa en tus sentimientos antes de empezar el curso. Las siguientes preguntas te ayudarán a organizar tus ideas.

1. ¿Qué esperabas de la clase?
2. ¿Tenías mucha confianza en tu capacidad de expresarte verbalmente y de comunicar tus ideas por escrito?
3. Cuando abriste el libro por primera vez, ¿qué te parecieron las lecturas? ¿Pensaste que las podrías leer con facilidad?

Paso 2. Ahora que estás por terminar el curso, ¿cómo te sientes? ¿Crees que has cambiado durante el año? ¿De qué forma?

1. ¿Qué es lo que más te ha ayudado a aprender en esta clase?
2. ¿Qué es lo que más te ha impresionado o atraído del mundo hispano?
3. Si al comenzar el curso hubieras sabido lo que sabes ahora, ¿qué habrías hecho diferente?
4. ¿Qué recomendaciones les harías al profesor / a la profesora y a los estudiantes del año que viene?

Paso 3. Imagínate dónde estarás en diez años. ¿Cómo o en qué usarás el español y tu conocimiento de las culturas hispanas?

Y AHORA, ¡A PRACTICAR!

Tomando en cuenta todo lo anterior, escribe el primer borrador de tu carta. Después lee el borrador y pídele(s) a otra(s) persona(s) que lo lea(n) antes de que lo pases en limpio para entregárselo a tu profesor(a). Estas personas deben verificar que la ortografía sea correcta, que haya concordancia entre las formas verbales y los sujetos, y que tus ideas sean claras y completas. Haz las correcciones necesarias, firma la carta y entrégasela al profesor / a la profesora.

> **FRASES ÚTILES**
> a lo mejor, probablemente
> lo interesante de...
> lo que aprendí...
> lo que (no) me gustó...
> más que nada

ACTIVIDAD FINAL

CON TODA LA CLASE

▶ ¿Has pensado alguna vez en cómo cambiarías el mundo si pudieras? En esta actividad tus compañeros y tú tendrán la oportunidad de crear un país nuevo: pueden escoger dónde situarlo, inventar la historia, organizar la sociedad y planificar la economía del país. A continuación hay algunas ideas que puedes considerar. Puedes hacer algunas de estas cosas por ti mismo/a, y otras con un compañero / una compañera. Cuando todos hayan terminado, junten todos los elementos para formular una visión del país ideal. Sean creativos, y ¡que se diviertan!

LA NACIÓN

- Los símbolos: Diseñen la bandera y el escudo e inventen un lema. Expliquen el significado de cada uno.

- La historia: Inventen la historia del país, mencionando los siguientes detalles: ¿Cuándo y cómo se fundó? ¿Por qué se fundó? ¿Quiénes lo fundaron? Si hay héroes y heroínas nacionales, ¿qué cosas extraordinarias han hecho?

EL TERRITORIO NACIONAL

- La geografía: Diseñen un mapa detallando la ubicación, las características geográficas y el clima del país. ¿Por qué han escogido ese sitio?

- El medio ambiente: ¿Cuáles son los principales recursos naturales del país y qué programas de conservación van a desarrollar para proteger el medio ambiente?

LA SOCIEDAD

- La organización social: ¿Cuál es la base de la sociedad? ¿Qué tipo de gobierno tiene el país? ¿Cómo piensan proteger los valores de la sociedad?

- Las creencias: ¿Cuáles son las creencias y principios de la sociedad y cuáles son las leyes que los protegen?

- Las diversiones: ¿Cuáles son los pasatiempos favoritos de los habitantes del país? Si existen deportes, describan el más popular y la manera en que se juega.

LA CULTURA

- El idioma: Inventen un idioma y úsenlo para conversar. Inventen por lo menos dos frases para saludarse, dos para despedirse, una para preguntarle a una persona cómo se llama (y otra para contestar) y algunas para preguntarle a una persona cómo está y para responder a esa pregunta.

- El comportamiento social: Inventen los modales y los gestos propios de los habitantes al relacionarse con otros, como por ejemplo, al saludarse y al despedirse. Digan cuáles son sus costumbres.

- Las tradiciones: Expliquen cuáles son los días feriados y qué se celebra en esos días. También describan la manera de celebrarlos y las tradiciones que se asocian con ellos. ¿Hay otras tradiciones importantes? Descríbanlas.

LA ECONOMÍA

- La unidad monetaria: ¿Cómo se llama la moneda del país? ¿Qué otras cosas se consideran valiosas?

- El comercio: ¿Cuál es la base de la economía (la agricultura, la industria, el turismo)? Si hay importaciones o exportaciones, ¿qué productos importan o exportan? ¿A qué se dedica la mayoría de los habitantes? ¿Cuál es su ocupación principal? Describan algunas profesiones u ocupaciones interesantes, las responsabilidades de cada una y cuánto ganan las personas que se dedican a ellas.

PASAPORTE CULTURAL 8

COLOMBIA Y VENEZUELA

La bandera de Colombia.

La bandera de Venezuela.

Bogotá, Colombia.

Colombia y Venezuela hicieron un papel decisivo en la lucha por la independencia de los países sudamericanos, y siguen desempeñando papeles importantes respecto al futuro del continente.

¿QUÉ PODEMOS DECIR?

▶ ¿Asocias los siguientes conceptos y nombres con Colombia y Venezuela? ¿Sí o no?

El Prado
el petróleo
las esmeraldas[1]
los chiles rellenos
Simón Bolívar

▶ ¿Qué más asocias con Colombia y Venezuela?

[1] emeralds

Una estatua de Simón Bolívar en Caracas, Venezuela.

441

Datos esenciales

Nombre oficial:	la República de Colombia
Capital:	Bogotá
Moneda:	el peso
Población:	33.613.000 de habitantes
Gobierno:	república democrática y unitaria
Idiomas:	el español (oficial), el chibcha, el araucano

Nombre oficial:	la República de Venezuela
Capital:	Caracas
Moneda:	el bolívar
Población:	20.226.000 de habitantes
Gobierno:	república federal
Idiomas:	el español (oficial), varios idiomas indígenas

¿SABÍAS QUE...

- el 80 por ciento de las esmeraldas producidas cada año en el mundo proviene[3] de Colombia?
- Colombia es el único país de la América del Sur que tiene costas en el océano Pacífico y en el Atlántico?
- en Venezuela se encuentra la catarata más alta del mundo, el Salto Ángel (978 metros / 3.212 pies), dieciséis veces más alta que las cataratas del Niágara?
- hasta el año 1970, Venezuela exportó más petróleo por año que cualquier otro país del mundo?
- se han registrado 1.250 especies de pájaros en Venezuela, número mayor de las que se encuentran en la América del Norte y Europa juntas?

[3] *comes*

El Salto Ángel en Venezuela.

¡A COMER!

- Uno de los platillos típicos de Venezuela y Colombia es la arepa, una tortilla de maíz bastante gruesa.[1] Se suele servir con relleno[2] de queso, jamón, camarones, chorizo, huevos, aguacate, pulpo... o casi cualquier alimento que le apetece a uno.

[1] *thick*
[2] *filling*

La tradición cultural

- Es probable que uno de los escritores latinoamericanos más famosos sea Gabriel García Márquez, autor de la novela *Cien años de soledad*. Natural de Aracataca (en la costa caribeña de Colombia), García Márquez recibió el Premio Nobel de Literatura en 1982. Sus novelas combinan la historia de su región con una fuerte dosis de la fantasía que los críticos literarios han llamado «el realismo mágico».

Un participante del carnaval en Barranquilla, Colombia.

¡A divertirnos!

- Si te encuentras en Colombia durante los cuatro días anteriores al Miércoles de Ceniza, no dejes de participar en el carnaval de Barranquilla. El carnaval ha sido una tradición que se ha conservado en esta ciudad caribeña por más de cien años. La fiesta empieza el sábado con un desfile de disfraces, bailes y conciertos de música caribeña, y continúa sin parar hasta la noche del martes siguiente por la noche, cuando termina con el entierro[1] simbólico de «Joselito Carnaval».

- Si te gusta hacer excursiones y acampar, Venezuela te ofrece una experiencia única: puedes escalar el pico Roraima en la frontera con el Brasil y Guyana. El pico Roraima es un *tepui*, o sea, una meseta muy elevada aislada por acantilados.[2] Los tepuis forman islas ecológicas en el mar herboso de la sabana.[3] En la cima[4] de cada tepui viven plantas y animales que no se encuentran en ninguna otra parte del mundo... ¡ni en ningún otro tepui!

[1] burial
[2] cliffs
[3] mar... large, grassy areas of the savanna
[4] summit

Un tepui en el Parque Canaima en Venezuela.

Colombia y Venezuela
VISTAZO FINAL

Y AHORA, ¿QUÉ MÁS PODEMOS DECIR?

▶ Todas estas afirmaciones son falsas. Corrígelas.

1. Colombia y Venezuela forman una región geográficamente homogénea.
2. En Venezuela no hay mucha diversidad ecológica.
3. Colombia no ha producido ningún escritor importante.

¿QUÉ OPINAS TÚ?

▶ Escoge por lo menos dos temas en esta sección que te interesan.

- Primero, haz una lista de varias cosas de Colombia y Venezuela relacionadas con estos temas.
- Segundo, haz una lista de algunas cosas de tu país que se relacionan con estos temas.
- Tercero, haz una comparación y contraste entre Colombia y Venezuela y tu país con respecto a estos temas. ¿En qué son similares los tres países? ¿En qué son diferentes?
- Finalmente, escribe un párrafo para describir esas semejanzas y diferencias. En tu párrafo, trata de contestar las siguientes preguntas:

  ¿Por qué te interesan estos aspectos de Colombia y Venezuela? ¿Hay algo semejante en tu país que podría compararse con estos aspectos? Si crees que no existe nada comparable, di por qué.

  ¿Cómo sería tu vida si estos conceptos existieran —o no existieran— en la comunidad donde tú vives? ¿Cómo sería la vida de tus parientes? ¿y la de tus amigos?

444

CLÁSICOS ilustrados

Doña Bárbara

Durante los años veinte, algunas partes de Venezuela permanecían sin orden. Pero las injusticias de los poderosos pronto llegarían a su fin. Santos Luzardo vuelve a la tierra salvaje de sus padres, después de pasar muchos años estudiando en Caracas. Tiene un propósito: encargarse de la finca familiar... Altamira.

—¿Qué sabe usted sobre Doña Bárbara? ¿Es verdad que ella es una mujer mala, como dice la gente?

—Tenga cuidado con lo que dice; hay orejas por todas partes. Esa mujer es muy peligrosa y sabe todo lo que ocurre.

—Un bongo sube el Arauca...

Algunos problemas familiares han destruido la finca de Santos Luzardo. Pero él todavía no sabe que Doña Bárbara, la dueña de la finca El Miedo, era el factor principal de su ruina, así como del terror en la zona.

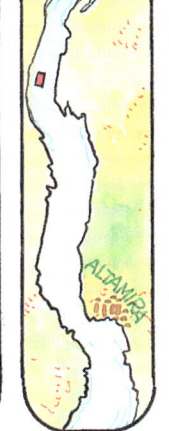

—Doña Bárbara le ha robado tierras y ganado a todo el mundo. A Lorenzo Barquero, por ejemplo, lo dejó sin nada: lo único que le queda es su hija.

—¡¡Hummm!!

Cuando Santos llega a su destino, los recuerdos de su infancia son destruidos por el mal estado de Altamira.

—¿Para qué he venido si aquí no hay nada que salvar?

—Parece que por aquí Doña Bárbara también ha metido su mano.

Antonio, uno de los trabajadores de Altamira, le cuenta a Santos la historia de la ruina de la finca. Él duda que Santos, un hombre de ciudad, pueda resolver los problemas que enfrentará.

—...y Doña Bárbara, con la ayuda del gobierno, le ha robado vacas, caballos y tierra a usted.

—¿Dónde está mi mayordomo, Balbino Paiba?

—Usted no lo va a creer. Balbino está en El Miedo. Él lo ha engañado. Él permite que Doña Bárbara haga todos sus malos negocios.

—Mañana lo despido.

—Sí, señora, ese hombre parece fuerte y viene con ganas de hacer justicia.

—Ya vamos a ver quién hace «justicia».

—¡¡Hummm!!

Doña Bárbara, Balbino Paiba y El Brujeador.

A la mañana siguiente llega Balbino a Altamira. Santos necesita un caballo. Sin que nadie se dé cuenta, Balbino selecciona un caballo muy salvaje y le dice a un campesino que se lo dé a Santos Luzardo, con la idea de que lo tumbe por el suelo y así quede humillado frente a todos.

—¡¡¡Jiiiipaaaa!!!

CLÁSICOS ILUSTRADOS   cuatrocientos cuarenta y cinco   445

¡¡APRIETE FUERTE, SEÑOR LUZARDO!!!
BALBINO: NO LO QUIERO VER MÁS POR ACÁ. DÍGALE A DOÑA BÁRBARA QUE LA JUSTICIA HA LLEGADO A ESTAS TIERRAS.
ESTE HOMBRE HA BORRADO LAS DUDAS QUE YO TENÍA SOBRE ÉL.
...Y POR FIN SANTOS DOMINA AL ANIMAL Y CON ESTO PRUEBA QUE SÍ ES CAPAZ DE ASUMIR LA RECONSTRUCCIÓN DE LA FINCA.
VÉNGASE A VIVIR CONMIGO EN ALTAMIRA. POR ALLÁ ESTAMOS TRABAJANDO MUCHO PARA ARREGLAR LAS COSAS.
NO SE HAGA ILUSIONES. HACE AÑOS YO FUI A LA UNIVERSIDAD Y VOLVÍ A ESTAS TIERRAS PARA TRAER LA CIVILIZACIÓN. PERO DOÑA BÁRBARA DESTRUYÓ TODOS MIS PROYECTOS. DE TODAS MANERAS, GRACIAS POR SU INVITACIÓN. MAÑANA IRÉ A SU CASA CON MI HIJA MARISELA.
AL DÍA SIGUIENTE, SANTOS VA A VISITAR A LORENZO BARQUERO. ESTE HOMBRE ES UN PRIMO LEJANO DE ÉL QUE TUVO PROBLEMAS CON SU FAMILIA Y ESTUVO LIADO CON DOÑA BÁRBARA DURANTE MUCHOS AÑOS. SANTOS QUIERE HACER LAS PACES CON ÉL.
SANTOS ESTÁ MUY PREOCUPADO POR LO QUE LORENZO LE HA DICHO. SIENTE QUE PUEDE TERMINAR COMO ÉL, POBRE Y DESTRUIDO.
BUENOS DÍAS.
BUENOS DÍAS. ¿QUÉ HACES POR AQUÍ?
¿Y POR QUÉ PREGUNTA?
BUENO, PORQUE ESTA ZONA ES PELIGROSA.
YO SÉ CÓMO DEFENDERME.
¿TÚ ERES MARISELA, LA HIJA DE LORENZO?
CLARO QUE SÍ. USTED ES MUY PREGUNTÓN, ¿NO?
SANTOS, CON LA AYUDA DE ANTONIO Y OTROS HOMBRES, COMIENZA A TRABAJAR EN ALTAMIRA. TOMA UNA DECISIÓN IMPORTANTE.
¿CUÁL ES EL LÍMITE DE ALTAMIRA?
EL LÍMITE NO ESTÁ MARCADO Y HA SIDO MOVIDO ILEGALMENTE POR DOÑA BÁRBARA. MUCHO DE NUESTRO GANADO ESTÁ AHORA EN EL MIEDO.
VAMOS A PONER UNA CERCA Y RECUPERAR NUESTRO GANADO.
ALTAMIRA
EL MIEDO
A NOSOTROS NOS GUSTA LA TIERRA SIN CERCAS, COMO LA HIZO DIOS.
PERO DOÑA BÁRBARA NO RESPETA LA PROPIEDAD DE ALTAMIRA. TENGO QUE HABLAR CON ELLA.
...Y ME PARECE BUENA IDEA CONSTRUIR UNA CERCA. SI YO HUBIERA TENIDO DINERO, LA HABRÍA CONSTRUIDO YO MISMA. ¿QUIERE CENAR CONMIGO?
YO NO VINE PARA HACERME AMIGO SUYO. YO ESTOY EN CONTRA DE TODO LO QUE USTED REPRESENTA.
DOÑA BÁRBARA ESTÁ MUY MOLESTA CON SANTOS, PERO TAMBIÉN SE SIENTE ATRAÍDA HACIA ESE HOMBRE DE LA CIUDAD. ELLA LE MIENTE.
ALTAMIRA
EL MIEDO

ANTES.
SANTOS COMIENZA A ARREGLAR LAS COSAS EN ALTAMIRA, CONSTRUYENDO LA CERCA, LUCHANDO CONTRA LOS MÉTODOS TRADICIONALES E IMPONIENDO FORMAS MÁS ECOLÓGICAS DE MANEJAR LA TIERRA.
DESPUÉS.
LOS CAMPESINOS DE ALTAMIRA OFRECEN UNA FIESTA PARA CELEBRAR EL ÉXITO DE SANTOS COMO JEFE DE LA FINCA. SANTOS LE CONFIESA SUS SENTIMIENTOS A MARISELA.
YO TE QUIERO MUCHO, DESDE EL DÍA EN QUE TE VI POR PRIMERA VEZ.
YO TAMBIÉN TE QUIERO, PERO ESTO NO PUEDE SER.
¿POR QUÉ NO?
YO SOY HIJA DE DOÑA BÁRBARA, TU ENEMIGA.
DEPRIMIDO PORQUE MARISELA, DESPUÉS DEL BAILE, SE VA DE ALTAMIRA CON SU PADRE, SANTOS CONTINÚA TRABAJANDO. ESTÁ RECUPERANDO EL GANADO QUE DOÑA BÁRBARA LE HABÍA ROBADO.
ALTAMIRA
DOÑA BÁRBARA, FURIOSA POR LAS ACCIONES DE SANTOS, MANDA AL BRUJEADOR A GOLPEARLO.
SANTOS SE ARREPIENTE DE HABER GOLPEADO AL BRUJEADOR. ESTÁ TRISTE PORQUE PIENSA QUE HA CAÍDO EN EL MISMO JUEGO DE VIOLENCIA DE ESAS TIERRAS.

SANTOS SE DA CUENTA DE QUE EL AMOR QUE SIENTE POR MARISELA ES MÁS GRANDE QUE EL ODIO QUE SIENTE HACIA DOÑA BÁRBARA.

—A mí no me importa nada de quién seas hija tú. Lo que me importa es que te quiero. Cásate conmigo.

—Tienes razón. Mi madre nunca se acordó de mí. Yo también te quiero mucho.

—Desde que llegó he escuchado muchos cuentos sobre usted. Ya veo que es verdad lo que dicen: usted es muy guapo, inteligente y fuerte.

DESPUÉS DE ALGUNOS MESES, DOÑA BÁRBARA, ANTE EL FRACASO DE TODOS SUS INTENTOS DE TRIUNFAR SOBRE SANTOS, DECIDE JUGAR SU ÚLTIMA CARTA.

DOÑA BÁRBARA SE DA CUENTA DE QUE MARISELA ES LA ESPOSA DE SANTOS Y DE QUE ELLA YA NO PUEDE HACER NADA.

CELOSA, MUY FRUSTRADA Y VENCIDA POR LA JUSTICIA DE SANTOS, DOÑA BÁRBARA HUYÓ DE ESAS TIERRAS QUE AHORA SERÍAN CIVILIZADAS. LE DEJÓ SUS POSESIONES A MARISELA. ALGUNOS DICEN QUE MURIÓ, OTROS DICEN QUE VIVE TODAVÍA EN ALGÚN PAÍS VECINO. CON ELLA, LA BARBARIE DESAPARECIÓ DE ESA REGIÓN DE VENEZUELA.

GRUAAAAAK.

FIN

VERBS

A. Regular Verbs: Simple Tenses

Infinitive Present Participle Past Participle	Indicative					Subjunctive		Imperative
	Present	Imperfect	Preterite	Future	Conditional	Present	Imperfect	
hablar hablando hablado	hablo hablas habla hablamos habláis hablan	hablaba hablabas hablaba hablábamos hablabais hablaban	hablé hablaste habló hablamos hablasteis hablaron	hablaré hablarás hablará hablaremos hablaréis hablarán	hablaría hablarías hablaría hablaríamos hablaríais hablarían	hable hables hable hablemos habléis hablen	hablara hablaras hablara habláramos hablarais hablaran	habla tú, no hables hable usted hablemos hablen
comer comiendo comido	como comes come comemos coméis comen	comía comías comía comíamos comíais comían	comí comiste comió comimos comisteis comieron	comeré comerás comerá comeremos comeréis comerán	comería comerías comería comeríamos comeríais comerían	coma comas coma comamos comáis coman	comiera comieras comiera comiéramos comierais comieran	come tú, no comas coma usted comamos coman
vivir viviendo vivido	vivo vives vive vivimos vivís viven	vivía vivías vivía vivíamos vivíais vivían	viví viviste vivió vivimos vivisteis vivieron	viviré vivirás vivirá viviremos viviréis vivirán	viviría vivirías viviría viviríamos viviríais vivirían	viva vivas viva vivamos viváis vivan	viviera vivieras viviera viviéramos vivierais vivieran	vive tú, no vivas viva usted vivamos vivan

B. Regular Verbs: Perfect Tenses

Indicative			Subjunctive	
Present Perfect	Past Perfect	Conditional Perfect	Present Perfect	Past Perfect
he has ha } hablado hemos comido habéis vivido han	había habías había } hablado habíamos comido habíais vivido habían	habría habrías habría } hablado habríamos comido habríais vivido habrían	haya hayas haya } hablado hayamos comido hayáis vivido hayan	hubiera hubieras hubiera } hablado hubiéramos comido hubierais vivido hubieran

449

C. Irregular Verbs

Infinitive Present Participle Past Participle	Indicative					Subjunctive		Imperative
	Present	Imperfect	Preterite	Future	Conditional	Present	Imperfect	
andar andando andado	ando andas anda andamos andáis andan	andaba andabas andaba andábamos andabais andaban	anduve anduviste anduvo anduvimos anduvisteis anduvieron	andaré andarás andará andaremos andaréis andarán	andaría andarías andaría andaríamos andaríais andarían	ande andes ande andemos andéis anden	anduviera anduvieras anduviera anduviéramos anduvierais anduvieran	anda tú, no andes ande usted andemos anden
caer cayendo caído	caigo caes cae caemos caéis caen	caía caías caía caíamos caíais caían	caí caíste cayó caímos caísteis cayeron	caeré caerás caerá caeremos caeréis caerán	caería caerías caería caeríamos caeríais caerían	caiga caigas caiga caigamos caigáis caigan	cayera cayeras cayera cayéramos cayerais cayeran	cae tú, no caigas caiga usted caigamos caigan
dar dando dado	doy das da damos dais dan	daba dabas daba dábamos dabais daban	di diste dio dimos disteis dieron	daré darás dará daremos daréis darán	daría darías daría daríamos daríais darían	dé des dé demos deis den	diera dieras diera diéramos dierais dieran	da tú, no des dé usted demos den
decir diciendo dicho	digo dices dice decimos decís dicen	decía decías decía decíamos decíais decían	dije dijiste dijo dijimos dijisteis dijeron	diré dirás dirá diremos diréis dirán	diría dirías diría diríamos diríais dirían	diga digas diga digamos digáis digan	dijera dijeras dijera dijéramos dijerais dijeran	di tú, no digas diga usted digamos digan
estar estando estado	estoy estás está estamos estáis están	estaba estabas estaba estábamos estabais estaban	estuve estuviste estuvo estuvimos estuvisteis estuvieron	estaré estarás estará estaremos estaréis estarán	estaría estarías estaría estaríamos estaríais estarían	esté estés esté estemos estéis estén	estuviera estuvieras estuviera estuviéramos estuvierais estuvieran	está tú, no estés esté usted estemos estén
haber habiendo habido	he has ha hemos habéis han	había habías había habíamos habíais habían	hube hubiste hubo hubimos hubisteis hubieron	habré habrás habrá habremos habréis habrán	habría habrías habría habríamos habríais habrían	haya hayas haya hayamos hayáis hayan	hubiera hubieras hubiera hubiéramos hubierais hubieran	
hacer haciendo hecho	hago haces hace hacemos hacéis hacen	hacía hacías hacía hacíamos hacíais hacían	hice hiciste hizo hicimos hicisteis hicieron	haré harás hará haremos haréis harán	haría harías haría haríamos haríais harían	haga hagas haga hagamos hagáis hagan	hiciera hicieras hiciera hiciéramos hicierais hicieran	haz tú, no hagas haga usted hagamos hagan

C. Irregular Verbs (*continued*)

Infinitive Present Participle Past Participle	\multicolumn{5}{c|}{Indicative}	\multicolumn{2}{c|}{Subjunctive}	Imperative
	Present	Imperfect	Preterite	Future	Conditional	Present	Imperfect	
ir yendo ido	voy vas va vamos vais van	iba ibas iba íbamos ibais iban	fui fuiste fue fuimos fuisteis fueron	iré irás irá iremos iréis irán	iría irías iría iríamos iríais irían	vaya vayas vaya vayamos vayáis vayan	fuera fueras fuera fuéramos fuerais fueran	ve tú, no vayas vaya usted vayamos vayan
oír oyendo oído	oigo oyes oye oímos oís oyen	oía oías oía oíamos oíais oían	oí oíste oyó oímos oísteis oyeron	oiré oirás oirá oiremos oiréis oirán	oiría oirías oiría oiríamos oiríais oirían	oiga oigas oiga oigamos oigáis oigan	oyera oyeras oyera oyéramos oyerais oyeran	oye tú, no oigas oiga usted oigamos oigan
poder pudiendo podido	puedo puedes puede podemos podéis pueden	podía podías podía podíamos podíais podían	pude pudiste pudo pudimos pudisteis pudieron	podré podrás podrá podremos podréis podrán	podría podrías podría podríamos podríais podrían	pueda puedas pueda podamos podáis puedan	pudiera pudieras pudiera pudiéramos pudierais pudieran	
poner poniendo puesto	pongo pones pone ponemos ponéis ponen	ponía ponías ponía poníamos poníais ponían	puse pusiste puso pusimos pusisteis pusieron	pondré pondrás pondrá pondremos pondréis pondrán	pondría pondrías pondría pondríamos pondríais pondrían	ponga pongas ponga pongamos pongáis pongan	pusiera pusieras pusiera pusiéramos pusierais pusieran	pon tú, no pongas ponga usted pongamos pongan
querer queriendo querido	quiero quieres quiere queremos queréis quieren	quería querías quería queríamos queríais querían	quise quisiste quiso quisimos quisisteis quisieron	querré querrás querrá querremos querréis querrán	querría querrías querría querríamos querríais querrían	quiera quieras quiera queramos queráis quieran	quisiera quisieras quisiera quisiéramos quisierais quisieran	quiere tú, no quieras quiera usted queramos quieran
saber sabiendo sabido	sé sabes sabe sabemos sabéis saben	sabía sabías sabía sabíamos sabíais sabían	supe supiste supo supimos supisteis supieron	sabré sabrás sabrá sabremos sabréis sabrán	sabría sabrías sabría sabríamos sabríais sabrían	sepa sepas sepa sepamos sepáis sepan	supiera supieras supiera supiéramos supierais supieran	sabe tú, no sepas sepa usted sepamos sepan
salir saliendo salido	salgo sales sale salimos salís salen	salía salías salía salíamos salíais salían	salí saliste salió salimos salisteis salieron	saldré saldrás saldrá saldremos saldréis saldrán	saldría saldrías saldría saldríamos saldríais saldrían	salga salgas salga salgamos salgáis salgan	saliera salieras saliera saliéramos salierais salieran	sal tú, no salgas salga usted salgamos salgan

C. Irregular Verbs (*continued*)

Infinitive Present Participle Past Participle	Indicative					Subjunctive		Imperative
	Present	Imperfect	Preterite	Future	Conditional	Present	Imperfect	
ser siendo sido	soy eres es somos sois son	era eras era éramos erais eran	fui fuiste fue fuimos fuisteis fueron	seré serás será seremos seréis serán	sería serías sería seríamos seríais serían	sea seas sea seamos seáis sean	fuera fueras fuera fuéramos fuerais fueran	sé tú, no seas sea usted seamos sean
tener teniendo tenido	tengo tienes tiene tenemos tenéis tienen	tenía tenías tenía teníamos teníais tenían	tuve tuviste tuvo tuvimos tuvisteis tuvieron	tendré tendrás tendrá tendremos tendréis tendrán	tendría tendrías tendría tendríamos tendríais tendrían	tenga tengas tenga tengamos tengáis tengan	tuviera tuvieras tuviera tuviéramos tuvierais tuvieran	ten tú, no tengas tenga usted tengamos tengan
traer trayendo traído	traigo traes trae traemos traéis traen	traía traías traía traíamos traíais traían	traje trajiste trajo trajimos trajisteis trajeron	traeré traerás traerá traeremos traeréis traerán	traería traerías traería traeríamos traeríais traerían	traiga traigas traiga traigamos traigáis traigan	trajera trajeras trajera trajéramos trajerais trajeran	trae tú, no traigas traiga usted traigamos traigan
venir viniendo venido	vengo vienes viene venimos venís vienen	venía venías venía veníamos veníais venían	vine viniste vino vinimos vinisteis vinieron	vendré vendrás vendrá vendremos vendréis vendrán	vendría vendrías vendría vendríamos vendríais vendrían	venga vengas venga vengamos vengáis vengan	viniera vinieras viniera viniéramos vinierais vinieran	ven tú, no vengas venga usted vengamos vengan
ver viendo visto	veo ves ve vemos veis ven	veía veías veía veíamos veíais veían	vi viste vio vimos visteis vieron	veré verás verá veremos veréis verán	vería verías vería veríamos veríais verían	vea veas vea veamos veáis vean	viera vieras viera viéramos vierais vieran	ve tú, no veas vea usted veamos vean

D. Stem-Changing and Spelling-Change Verbs

Infinitive Present Participle Past Participle	Indicative					Subjunctive		Imperative
	Present	Imperfect	Preterite	Future	Conditional	Present	Imperfect	
huir (y) huyendo huido	huyo huyes huye huimos huís huyen	huía huías huía huíamos huíais huían	huí huiste huyó huimos huisteis huyeron	huiré huirás huirá huiremos huiréis huirán	huiría huirías huiría huiríamos huiríais huirían	huya huyas huya huyamos huyáis huyan	huyera huyeras huyera huyéramos huyerais huyeran	huye tú, no huyas huya usted huyamos huyan
dormir (ue, u) durmiendo dormido	duermo duermes duerme dormimos dormís duermen	dormía dormías dormía dormíamos dormíais dormían	dormí dormiste durmió dormimos dormisteis durmieron	dormiré dormiste durmió dormimos dormisteis durmieron	dormiré dormirás dormirá dormiremos dormiréis dormirán	duerma duermas duerma durmamos durmáis duerman	durmiera durmieras durmiera durmiéramos durmierais durmieran	duerme tú, no duermas duerma usted durmamos duerman
pedir (i, i) pidiendo pedido	pido pides pide pedimos pedís piden	pedía pedías pedía pedíamos pedíais pedían	pedí pediste pidió pedimos pedisteis pidieron	pediré pedirás pedirá pediremos pediréis pedirán	pediría pedirías pediría pediríamos pediríais pedirían	pida pidas pida pidamos pidáis pidan	pidiera pidieras pidiera pidiéramos pidierais pidieran	pide tú, no pidas pida usted pidamos pidan
pensar (ie) pensando pensado	pienso piensas piensa pensamos pensáis piensan	pensaba pensabas pensaba pensábamos pensabais pensaban	pensé pensaste pensó pensamos pensasteis pensaron	pensaré pensarás pensará pensaremos pensaréis pensarán	pensaría pensarías pensaría pensaríamos pensaríais pensarían	piense pienses piense pensemos penséis piensen	pensara pensaras pensara pensáramos pensarais pensaran	piensa tú, no pienses piense usted pensemos piensen
reír (i, i) riendo reído	río ríes ríe reímos reís ríen	reía reías reía reíamos reíais reían	reí reíste rió reímos reísteis rieron	reiré reirás reirá reiremos reiréis reirán	reiría reirías reiría reiríamos reiríais reirían	ría rías ría riamos riáis rían	riera rieras riera riéramos rierais rieran	ríe tú, no rías ría usted riamos rían
seguir (i, i) (g) siguiendo seguido	sigo sigues sigue seguimos seguís siguen	seguía seguías seguía seguíamos seguíais seguían	seguí seguiste siguió seguimos seguisteis siguieron	seguiré seguirás seguirá seguiremos seguiréis seguirán	seguiría seguirías seguiría seguiríamos seguiríais seguirían	siga sigas siga sigamos sigáis sigan	siguiera siguieras siguiera siguiéramos siguierais siguieran	sigue tú, no sigas siga usted sigamos sigan

D. Stem-Changing and Spelling-Change Verbs (*continued*)

Infinitive Present Participle Past Participle	Indicative					Subjunctive		Imperative
	Present	Imperfect	Preterite	Future	Conditional	Present	Imperfect	
sentir (ie, i) sintiendo sentido	siento sientes siente sentimos sentís sienten	sentía sentías sentía sentíamos sentíais sentían	sentí sentiste sintió sentimos sentisteis sintieron	sentiré sentirás sentirá sentiremos sentiréis sentirán	sentiría sentirías sentiría sentiríamos sentiríais sentirían	sienta sientas sienta sintamos sintáis sientan	sintiera sintieras sintiera sintiéramos sintierais sintieran	siente tú, no sigas sienta usted sigamos sigan
volver (ue) volviendo vuelto	vuelvo vuelves vuelve volvemos volvéis vuelven	volvía volvías volvía volvíamos volvíais volvían	volví volviste volvió volvimos volvisteis volvieron	volveré volverás volverá volveremos volveréis volverán	volvería volverías volvería volveríamos volveríais volverían	vuelva vuelvas vuelva volvamos volváis vuelvan	volviera volvieras volviera volviéramos volvierais volvieran	vuelve tú, no vuelvas vuelva usted volvamos vuelvan

VOCABULARIO ESPAÑOL-INGLÉS

This Spanish-English vocabulary contains all the words that appear in the text except most identical cognates that do not appear in the chapter vocabulary lists. Only meanings used in this text are given. An abbreviation and a number in parentheses follow some entries; the abbreviation refers to the unit, and the number in parentheses to the lesson in which the word or phrase is listed in the end-of-lesson **Vocabulario**. **U4 (2)**, for example, refers to **Unidad 4, Lección 2**. The abbreviation **UR** refers to **Unidad de repaso**.

Gender of nouns is indicated as *m.* (masculine) or *f.* (feminine). When a noun refers to a person, both masculine and feminine forms are given. Adjective listings give both the masculine and the feminine endings. When only one form of an adjective is shown, such as **inteligente**, the given word is identical for both masculine and feminine forms. Verbs are listed in the infinitive form. In addition, verb forms listed as lexical items in the end-of-lesson **Vocabulario** are also included. Stem-changing verbs are indicated by giving the change in parentheses after the infinitive: **dormir (ue, u)**. Spelling changes are also indicated in parentheses: **leer (y)**. When only the **yo** form is irregular, it is written out in parentheses after the infinitive: **conocer (conozco)**. Verbs with other irregularities are followed by *irreg.*

Words beginning with **ch** or **ll** are under separate headings following the letters **c** and **l**, respectively. The letters **ch**, **ll**, **ñ**, and **rr** within words follow **c**, **l**, **n**, and **r**, respectively. For example, **cochazo** follows **cocodrilo**, **callado/a** follows **calvo/a**, **piña** follows **pinzón**, and **perro** follows **pero**.

The following abbreviations are used.

abbrev.	abbreviation	*i.o.*	indirect object
adj.	adjective	*irreg.*	irregular
adv.	adverb	*m.*	masculine
Arg.	Argentina	*Mex.*	Mexico
chron.	chronological	*n.*	noun
coll.	colloquial	*obj. of prep.*	object of a preposition
conj.	conjunction	*pl.*	plural
contr.	contraction	*pol.*	polite
d.o.	direct object	*poss.*	possessive
f.	feminine	*p.p.*	past participle
fig.	figurative	*prep.*	preposition
gram.	grammatical	*pron.*	pronoun
indef.	indefinite	*refl. pron.*	reflexive pronoun
inf.	informal	*sing.*	singular
infin.	infinitive	*Sp.*	Spain
interj.	interjection	*sub. pron.*	subject pronoun
inv.	invariable		

A

a to; for
  a la(s)... at . . . o'clock
  a causa de because of **U2 (1)**
  a fondo thoroughly **U4 (1)**
  al (*contr. of* **a** + **el**) to the; at the; for the
abad *m.* abbot
abajo *adv.* below
  interj. down with
  boca (*f.*) **abajo** *adj.* face down(ward)
abandonar to abandon
abarcar (qu) to include
abierto/a *p.p.* open
abogado *m.*, **abogada** *f.* lawyer
abolido/a abolished
abrazar (c) to hug
abrazo *m.* hug
abrelatas *m. sing. & pl.* bottle opener
abrigar (gu) to keep warm
abrigo *m.* jacket
abril *m.* April
abrir (*p.p.* **abierto/a**) to open
absolutamente absolutely
absoluto: en absoluto not at all **U7 (1)**
abstracto/a abstract
abuelito *m.*, **abuelita** *f.* grandfather, grandmother
abuelo *m.*, **abuela** *f.* grandfather, grandmother
  abuelos *m. pl.* grandparents
  tío abuelo *m.*, **tía abuela** *f.* great uncle, great aunt
abundar to abound, be plentiful
aburrido/a bored; boring
aburrirse to get, become bored
abuso *m.* abuse
acá here
  por acá around here
acabar to finish, end **U5 (2)**
  acabar de + *infin.* to have just (*done something*)

academia *f.* academy
  Real Academia Española (de la Lengua) Royal Spanish Academy (of Language)
académico/a academic
acampar to camp
acantilado *m.* cliff
acaso: si acaso if by chance
acceso *m.* access
accesorio *m.* accessory
accidentado *m.*, **accidentada** *f.* accident victim
accidente *m.* accident
acción *f.* action
  Día (*m.*) **de Acción de Gracias** Thanksgiving
acebo *m.* holly (tree)
aceite *m.* oil
acelerado/a accelerated
  ritmo (*m.*) **acelerado de la vida** fast pace of life
acelerador *m.* accelerator
acelerar to accelerate
aceptable acceptable
aceptación *f.* acceptance
aceptar to accept
acera *f.* sidewalk **U2 (1)**
acerca de *prep.* about, on, concerning
acercarse (qu) (a) to approach
acero *m.* steel
acertado/a correct, right **U4 (2)**
ácido/a *adj.* acid
aclarar to explain
acobardado/a cowardly
acompañamiento *m.* accompaniment
acompañar to accompany
acondicionado/a: aire (*m.*) **acondicionado** air conditioning
aconsejar to advise **U3 (1)**
acontecer (acontezco) to happen, occur
acontecimiento *m.* event, happening **U6 (2)**
acordarse (ue) (de) to remember

acostarse (ue) to go to bed
acostumbrar to be used to
  acostumbrarse a + *infin.* to be used to (*doing something*)
acotación *f.* stage direction
acre *m.* acre
actitud *f.* attitude
actividad *f.* activity
activo/a active
acto *m.* act
actor *m.*, **actriz** *f.* (*pl.* **actrices**) actor, actress
actual *adj.* current, present
actualidad *f.* present (*time*)
actualmente currently
actuar (actúo) to act
acueducto *m.* aqueduct
acuerdo *m.* agreement
  de acuerdo agreed, I agree
  de acuerdo con in accordance with
  estar de acuerdo (con) to agree, be in agreement (with)
  ponerse de acuerdo to reach an agreement, agree
acusar to accuse **U6 (2)**
acústico/a acoustic
adaptación *f.* adaptation
adaptar to adapt
adecuado/a adequate
adelantarse to go forward, go ahead
adelante *adv.* forward
  de ahora/aquí en adelante from now on
  seguir adelante to carry on
ademán *m.* gesture, movement
además *adv.* moreover, besides
  además de *prep.* besides, in addition to
adiós good-bye
adivinanza *f.* riddle
adivinar to guess
adjetivo *m.* adjective
adjuntar to attach

administración (*f.*) **de empresas** business administration
administrar to administrate
admiración *f.* admiration **U6 (1)**
admirador *m.*, **admiradora** *f.* admirer
admirar to admire
admitir to admit
adolescencia *f.* adolescence
adolescente *m., f.* adolescent
¿adónde? (to) where?
adopción *f.* adoption
adoptar to adopt
adorno *m.* adornment, decoration
adquirir (ie) to acquire
adquisición *f.* acquisition
adulto *m.*, **adulta** *f.* adult
adverbio *m.* adverb
advertencia *f.* warning
advertir (ie, i) to advise, warn **U2 (2)**
aeróbico/a: hacer ejercicios aeróbicos to do aerobics **UR (2)**
aeropuerto *m.* airport
afanarse to toil, labor
afectar to affect, have an effect on
afeitarse to shave oneself
aficionado *m.*, **aficionada** *f.* enthusiast; fan
afirmación *f.* affirmation
afirmar to affirm
afligir (j) to distress
afortunadamente fortunately
afortunado/a fortunate
africano *m.*, **africana** *f.* (*n. & adj.*) African
afuera *adv.* out, outside
afueras *f. pl.* outskirts **U2 (1)**
agencia *f.* agency
 agencia de viajes travel agency
agente viajero *m.*, **agente viajera** *f.* travel agent
ágil agile
agonía *f.* agony
agosto *m.* August

agradable pleasant, agreeable
agradar to please, be pleasing to
agradecer (agradezco) to thank
agradecido/a grateful
agrado *m.*: **con agrado** willingly
agregar (gu) to add
agresión *f.* aggression
agresivamente aggressively
agresivo/a aggressive
agrícola *adj.* agricultural
agricultor *m.*, **agricultora** *f.* farmer
agricultura *f.* agriculture
agronomía *f.* agronomy, agriculture
agrónomo *m.*, **agrónoma** *f.* agronomist
agua *f.* (*but* **el agua**) water
 agua salada salt water
 caída (*f.*) **de agua** waterfall
 esquiar sobre el agua to water-ski
 ir en balsa en agua blanca to go white-water rafting **U2 (2)**
aguacate *m.* avocado
aguantar to stand, put up with
agudo/a acute
águila *f.* (*but* **el águila**) eagle
aguinaldo *m.* traditional song
aguja *f.* needle
ahogado/a muffled
ahora now
 de ahora en adelante from now on
 por ahora for the moment
ahorrar to save
ahorro *m.* saving
aire *m.* air
 aire acondicionado air conditioning
 al aire libre outdoors
 contaminación (*f.*) **del aire** air pollution

aislado/a isolated **U2 (1)**
aislamiento *m.* isolation **U2 (1)**
ajedrez *m.* chess
ajillo *m.*: **gambas** (*f., pl.*) **al ajillo** *shrimp cooked in a garlic sauce*
al (*contr. of* **a** + **el**) to the; at the; for the
 al + *infin.* upon (*doing something*) **U7 (1)**
ala *f.* (*but* **el ala**) wing
alabar to praise
alai: jai alai *m.* Basque ball game
álamo *m.* poplar tree
alargar (gu) to lengthen, stretch out
alba *f.* (*but* **el alba**) dawn
álbum *m.* album
alcantarilla *f.* sewer
alcanzar (c) to reach, attain **U6 (1)**
alcázar *m.* fortress; royal palace
aldea *f.* village
alegrarse (de) to become happy (about) **U3 (1)**
alegre happy
alegremente happily
alegría *f.* happiness
alejarse to move, go away
alemán *m.* German (*language*)
alemán *m.*, **alemana** *f.* (*n. & adj.*) German **U4 (2)**
Alemania *f.* Germany
alerta: ¡ojo alerta! watch out!
alfabetismo *m.* literacy
alfombra *f.* carpet; rug
álgebra *f.* (*but* **el álgebra**) algebra
algo something
 tirar algo a la basura to throw something away
algodón *m.* cotton
alguien someone
 caerle bien/mal a alguien to make a good/bad impression on someone **U3 (1)**

VOCABULARIO ESPAÑOL–INGLÉS 457

alguien (*continued*)
   guardarle secretos a alguien to keep someone's secrets **U1 (1)**
   pasar por alguien to pick someone up
   salirle bien/mal a alguien to turn out well/badly for someone **U5 (2)**
   tenerle cariño a alguien to like, be fond of someone **U1 (1)**
   tomarle el pelo a alguien to pull somebody's leg **U1 (1)**
algún, alguno/a some, any
   algún día someday
   alguna vez once, ever
alienado/a alienated
alimento *m.* food
alineación *f.* alignment
aliviar to alleviate
alma *f.* (*but* **el alma**) soul **U7 (1)**
almacén *m.* department store
almacenero *m.*, **almacenera** *f.* shopkeeper
almohada *f.* pillow
almorzar (ue) (c) to have lunch, eat lunch
alojamiento *m.* lodging
alpaca *f.* alpaca (*South American animal related to the llama*)
alquilar to rent
alrededor *m.* surrounding area
   alrededor de *prep.* around
altamente highly
altar *m.* altar
alterar to alter
alternativa *f.* alternative
altiplano *m.* highland plain
alto/a tall; high
   en voz alta out loud, aloud
altruista *m., f.* altruist (*one who performs good deeds for others*)
alturas *f. pl.* heights
aluminio *m.* aluminum

alumno *m.*, **alumna** *f.* student
alzar (c) to lift (up), raise (up)
allá there
   más allá de beyond
allí there
amable lovable **UR (1)**
amado *m.*, **amada** *f.* lover
amanecer *m.* dawn, daybreak
amanecer (amanezco) to wake up (in the morning)
amar to love
Amazonas *m.* Amazon River
amazónico/a *adj.* Amazon
   selva (*f.*) **amazónica** Amazon jungle
ambición *f.* ambition
ambiental environmental **U2 (1)**
ambiente *m.* atmosphere **U2 (1)**
   medio ambiente environment **U2 (2)**
ambos/as both
ambulancia *f.* ambulance
amenaza *f.* threat **U2 (2)**
amenazar (c) to threaten **U2 (1)**
América *f.* America
   América del Norte North America
   América del Sur South America
   América Latina Latin America
americano *m.*, **americana** *f.* (*n. & adj.*) American
   fútbol (*m.*) **americano** football
amigo *m.*, **amiga** *f.* friend
   amigo/a por correspondencia pen pal
amistad *f.* friendship **U1 (1)**
amistoso/a friendly
amo *m.*, **ama** *f.* (*but* **el ama**) master
   amo/a de casa homemaker
amor *m.* love

amoroso/a loving, affectionate
amparo *m.* protection
amplio/a wide, extensive
amuleto *m.* amulet, charm
analfabetismo *m.* illiteracy
analfabeto *m.*, **analfabeta** *f.* illiterate person
   adj. illiterate
análisis *m. sing. & pl.* analysis
analista *m., f.* analyst
   analista de sistemas systems analyst **U5 (1)**
analizar (c) to analyze
ancestral *adj.* ancestral
anciano *m.*, **anciana** *f.* elderly person
andar *irreg.* to walk; to go
   andar con to go around with
   andar en bicicleta to ride a bicycle
andino *m.*, **andina** *f.* (*n. & adj.*) Andean **U4 (1)**
anécdota *f.* anecdote
anexar to annex
anfiteatro *m.* amphitheater
ángel *m.* angel
anglo/a of, pertaining to English
angosto/a narrow
angustia *f.* anguish
anillo *m.* ring
animación *f.* animation
animado/a animated
   dibujos (*m. pl.*) **animados** cartoons
animador *m.*, **animadora** *f.* animator
animal *m.* animal
   animal doméstico domesticated animal, pet
   animal salvaje wild animal
animar to animate **U6 (1)**
ánimo *m.* energy; mind
   estado (*m.*) **de ánimo** state of mind
aniversario *m.* anniversary
anoche last night
anochecer *m.* dusk, nightfall

anónimo/a anonymous
anotar to note, jot down
ansiedad *f.* anxiety
ante *prep.* before, in the presence of
anteanoche the night before last
anteayer the day before yesterday
antena *f.* antenna
antepasado *m.*, **antepasada** *f.* ancestor
anterior previous
antes *adv.* before
  antes de *prep.* before
  antes (de) que *conj.* before
  cuanto antes *adv.* as soon as possible
anticipación *f.*: **de anticipación** in advance **U5 (2)**
anticipado/a: por anticipado in advance
anticuado/a antiquated
antigüedad *f.* antiquity
antiguo/a old; ancient
Antillas *f. pl.* Antilles, West Indies
antojito *m.* appetizer (*Mex.*)
antropología *f.* anthropology
antropólogo *m.*, **antropóloga** *f.* anthropologist
anuario *m.* yearbook
anunciar to announce
anuncio *m.* advertisement
añadir to add
añicos *m. pl.* pieces, fragments
año *m.* year
  año escolar school year
  Año Nuevo New Year's
  cumplir años to have a birthday
  (de)... años . . . years old
  el año pasado last year
  el año que viene next year
  el próximo año next year
  hace... años . . . years ago
  los años... the . . .'s
  tener... años to be . . . years old
apagar (gu) to turn off
aparato *m.* appliance
aparcar (qu) to park
aparecer (aparezco) to appear
aparentemente apparently
apariencia *f.* appearance
apartado (*m.*) **postal** post office box
apartamento *m.* apartment
aparte *adv.* apart, aside
  aparte de *prep.* apart from
apasionadamente enthusiastically
apasionamiento *m.* passion, enthusiasm
apellido *m.* surname, last name
apenas *adv.* hardly, scarcely
apetecer (apetezco) to appeal to
aplastado/a crushed
aplicación *f.* application
aplicado/a applied
aplicar (qu) to apply
  aplicarse a to apply to
Apocalipsis *m.* Apocalypse
apoderarse de to seize
apodo *m.* nickname
aporte *m.* contribution
apoyar to support
  apoyar (en todo) to support (in everything) **U1 (1)**
apoyo *m.* support
apreciar to appreciate
aprender to learn
  aprender a + *infin.* to learn how (*to do something*)
aprendizaje *m.* apprenticeship **U5 (1)**
apresuradamente hurriedly
apretar to press (*a button*); to clasp, grip
aprobación *f.* approval **U3 (2)**
aprobar (ue) to pass (*an exam*)
apropiado/a appropriate
aprovechado/a industrious
aprovechar to make use of **U5 (1)**
aproximadamente approximately
aproximar to approximate
aptitud *f.* aptitude
apuntar (a) to note, make a note of; to aim, point (at)
apuntes *m. pl.* notes
aquel, aquella *adj.* that (*over there*)
aquél *m.*, **aquélla** *f.* (*pron.*) that (one) (*over there*)
aquello *pron.* that
aquellos/as *adj.* those (*over there*)
aquéllos *m.*, **aquéllas** *f.* (*pron.*) those (ones) (*over there*)
aquí here
  de aquí en adelante from now on
  por aquí around here
árabe *m.* Arabic (language)
árabe *m., f.* Arab; *adj.* Arabic
aragonés *m.*, **aragonesa** *f.* person from Aragon (*region of Spain*)
araña *f.* spider
árbitro *m.* referee
árbol *m.* tree
  árbol genealógico family tree
arbusto *m.* shrub, bush **U2 (1)**
arca *f.* (*but* **el arca**) chest (*container*)
arcángel *m.* archangel
archipiélago *m.* archipelago
ardilla *f.* squirrel
área *f.* (*but* **el área**) area
arena *f.* sand **U2 (2)**
arenoso/a sandy
arepa *f.* corn pancake often filled with meat, seafood, or cheese
arepera *f.* stand where **arepas** are sold
arete *m.* earring

argentino *m.*, **argentina** *f.* (*n. & adj.*) Argentine
argumentar to argue
argumento *m.* plot
aristocrático/a aristocratic
arma *f.* (*but* **el arma**) arm, weapon
armado/a: fuerzas (*f. pl.*) **armadas** armed forces
armario *m.* closet
armonía *f.* harmony **U4 (2)**
arqueológico/a archaeological
arqueólogo *m.*, **arqueóloga** *f.* archaeologist
arquitecto *m.*, **arquitecta** *f.* architect **U5 (1)**
arquitectura *f.* architecture **U4 (1)**
arrancar (qu) to pull; to start (*a motor*)
arrebato *m.* rage
arrecife *m.* reef
arreglar to fix; to arrange
arreglar el coche to fix the car **UR (2)**
arreglo *m.* arrangement, settlement
arrepentirse (ie, i) to repent, be repentant
arrestar to arrest
arriba *adv.* above
arriesgado/a daring **U6 (1)**
arriesgarse (gu) to take a risk **U6 (1)**
arrimarse a to join, keep company with
arrojar to throw, hurl
arroyo *m.* stream, brook
arroz *m.* rice
arrullar to howl
arte *f.* (*but* **el arte**) art
artefacto *m.* artifact
artesanía *f.* handicrafts
artesano *m.*, **artesana** *f.* artisan
artículo *m.* article
artista *m., f.* artist
artísticamente artistically
artístico/a artistic
arveja *f.* pea
arzobispo *m.* archbishop
asa *f.* (*but* **el asa**) handle

asado/a roasted
ascendencia *f.* ancestry
ascendente *adj.* ascending
ascenso *m.* promotion **U5 (2)**
asco *m.* disgust
dar asco to disgust
¡me da asco! that disgusts me! **U2 (2)**
¡qué asco! how disgusting! **U2 (2)**
asegurar to assure
asentado/a established
asentir (ie, i) to assent, agree
asesinar to kill
asesino/a murderous
así so, thus; like this, like that
así como as well as
así que so
asiático/a Asian
asiento *m.* seat
asistencia *f.* assistance
asistir (a) to attend (*a function*)
asociación *f.* association
asociar (con) to associate (with)
asombro *m.* astonishment, surprise
asombroso/a surprising
aspecto *m.* aspect; look, appearance
aspirante *m., f.* candidate, aspirant
astilla: de tal palo, tal astilla a chip off the old block
astro *m.* star
astronauta *m., f.* astronaut
asumir to assume
asunto *m.* matter, issue
asustar to frighten, scare
asustarse to be frightened, get scared
atacar (qu) to attack
ataque *m.* attack
ataque de nervios nervous breakdown **U6 (2)**
atar to tie
ataúd *m.* coffin

atención *f.* attention
con atención attentively
llamar la atención to attract attention **U3 (1)**
prestar atención to pay attention
atenuar (atenúo) to minimize
atisbar to spy on, watch
atlántico/a *adj.* Atlantic
océano (*m.*) **Atlántico** Atlantic Ocean
atleta *m., f.* athlete
atlético/a athletic
atletismo *m.* track and field
atmósfera *f.* atmosphere
atónito/a amazed
atracción *f.* attraction
atractivo/a attractive
atraer (*like* **traer**) to attract
atraído/a attracted
atrás *adv.* behind; backwards
dar marcha atrás to go in reverse
de atrás *adj.* back, rear
hacia atrás back(wards)
atrasado/a behind (*time*)
atravesar (ie) to go across
atreverse to dare
atrevido/a daring
atrocidad *f.* atrocity
atropelladamente hastily
atropellar to run over
atún *m.* tuna
audaz (*pl.* **audaces**) bold, audacious
audiencia *f.* audience
aumentar to increase **U2 (2)**
aumento *m.* increase
aumento de sueldo raise **U5 (2)**
aun even, yet, although
aún yet, still
aunque though, although, even though
ausentarse to make oneself absent
auténticamente authentically
auténtico/a authentic
auto *m.* car, auto

VOCABULARIO ESPAÑOL–INGLÉS

autobiografía *f.* autobiography
autobús *m.* bus
autodisciplina *f.* self-discipline **U5 (1)**
autoencuesta *f.* self-survey
autoexpresión *f.* self-expression **U7 (1)**
automático/a automatic
automóvil *m.* car, automobile
autonomía *f.* autonomy
autónomo/a autonomous, self-governing
autoprueba *f.* self-test
autor *m.*, **autora** *f.* author
autoridad *f.* authority
autorizar (c) to authorize
autoreflexión *f.* self-reflection
autorretrato *m.* self-portrait
autosacrificio *m.* self-sacrifice **U6 (2)**
autosuficiencia *f.* self-sufficiency
avance *m.* advance
avanzar (c) to advance
ave *f.* (*but* **el ave**) bird
aventura *f.* adventure
aventurero *m.*, **aventurera** *f.* adventurer, adventuress
avergonzado/a: estar avergonzado/a to be ashamed
averiguar to verify
avión *m.* airplane
avisar to inform, notify
aviso *m.* notice, notification
¡ay! oh!; ouch!
ayer yesterday
ayuda *f.* help
ayudante *m., f.* helper
ayudar to help, aid, assist
ayuntamiento *m.* district
azorado/a alarmed, upset
azotar to lash
azteca *m., f.* (*n. & adj.*) Aztec
azúcar *m.* sugar
azucena *f.* white lily
azul blue
azulejo *m.* tile

B

bachillerato *m.* high school degree
  Bachillerato por Madurez Graduate Equivalency Diploma
  Bachillerato Unificado Polivalente (B.U.P.) high school (*Sp.*)
bahía *f.* bay
bailar to dance
bailarín *m.*, **bailarina** *f.* dancer
baile *m.* dance
bajar to lower
  bajar de peso to lose weight
bajo *adv.* under, below
bajo/a short (*height*); low
  en voz baja in a low voice or whisper
balance *m.* balance
balneario *m.* resort
balneario/a pertaining to a resort
balón *m.* ball
baloncesto *m.* basketball
balsa: ir en balsa en agua blanca to go white-water rafting **U2 (2)**
ballena *f.* whale **U2 (2)**
bambú *m.* bamboo
bambúa *f.* bamboo tree
banano *m.* banana tree
banco *m.* bank; bed
bandeja *f.* tray
bandera *f.* flag
bandido *m.* bandit
bandoneón *m.* large accordion
banquero *m.*, **banquera** *f.* banker **U5 (1)**
bañarse to take a bath
baño *m.* bathroom
  traje (*m.*) **de baño** bathing suit
barato/a cheap, inexpensive
barba *f.* beard
barbacoa *f.* barbecue
barbaridad *f.*: **¡qué barbaridad!** how awful!
barbarie *f.* barbarity, cruelty
¡bárbaro! great! (*coll.*) **U2 (2)**
barco *m.* boat
barra (*f.*) **de hierro** iron bar
barrer to sweep
barril *m.* barrel
barrio *m.* neighborhood
barro *m.* mud
basarse en to be based on
base *f.* basis
  a base de on the basis of
básicamente basically
básico/a basic
  Educación (*f.*) **General Básica (E.G.B.)** elementary school (*Sp.*)
básquetbol *m.* basketball
bastante *adv.* rather, quite; enough
bastar to be enough, be sufficient
  ¡ya basta! that's enough!
bastón *m.* walking stick
basura *f.* garbage
  sacar la basura to take out the garbage
  tirar algo a la basura to throw something away
basurero *m.* trash can; garbage dump
batalla *f.* battle
batallón *m.* battalion
batería *f.* battery
bautizo *m.* baptism **U1 (2)**
bebé *m., f.* baby
beber to drink
bebida *f.* drink
béisbol *m.* baseball
beisbolista *m., f.* baseball player
belleza *f.* beauty **U3 (2)**
bello/a beautiful
bendito/a blessed
beneficiarse to benefit
beneficio *m.* benefit
benevolencia *f.* benevolence
besar to kiss
Biblia *f.* Bible
biblioteca *f.* library

VOCABULARIO ESPAÑOL–INGLÉS

bibliotecario *m.*, **bibliotecaria** *f.* librarian
bicicleta *f.* bicycle
  andar/montar en bicicleta to ride a bicycle
  bicicleta de montaña mountain bike
bien *m.* good U7 (2)
bien *adv.* well
  bien educado/a well-mannered UR (1)
  caerle bien a alguien to make a good impression on someone U3 (1)
  llevarse bien to get along well
  pasarlo bien to have a good time
  portarse bien to behave
  salirle bien a alguien to turn out well for someone U5 (2)
bienes *m. pl.* goods
bienestar *m.* well-being
bienvenido/a welcome
bife *m.* (beef)steak
bigote *m.* moustache
bilingüe bilingual
billete *m.* bill
biología *f.* biology
biológico/a biological
bisabuelo *m.*, **bisabuela** *f.* great-grandfather, great-grandmother U1 (1)
  bisabuelos *m. pl.* great-grandparents U1 (1)
blanco *m.*, **blanca** *f.* white (*person*) U4 (1)
  adj. white
  ir en balsa en agua blanca to go white-water rafting U2 (2)
blancura *f.* whiteness
bloqueado/a blocked
blusa *f.* blouse
boca *f.* mouth
  boca abajo *adj.* face down(ward)
bocina *f.*: **tocar la bocina** to honk the horn

boda *f.* wedding
boicoteo *m.* boycott
boleadoras *f. pl.* a throwing weapon made of two or three thongs tied together with balls on the ends
boleto *m.* ticket
bolígrafo *m.* pen
boliviano *m.*, **boliviana** *f.* (*n. & adj.*) Bolivian
bolsa *f.* bag; purse
  bolsa de malla mesh bag
bolsillo *m.* pocket
bomba *f.* bomb
  bomba neutrónica neutron bomb
bombero *m.*, **mujer** (*f.*) **bombero** firefighter U5 (1)
bombilla *f. tube for drinking mate* (*Arg.*)
bombón *m.* chocolate candy
bondadoso/a kind, good
bongo *m.* large canoe
bonito/a pretty
borbotón *m.*: **a borbotones** in great numbers
boricua *m., f.* (*n. & adj.*) Puerto Rican
Borinquén *m.* Puerto Rico
borinqueño *m.*, **borinqueña** *f.* (*n. & adj.*) Puerto Rican
borrador *m.* rough draft
borrar to erase
bosque *m.* forest
bota *f.* boot
botella *f.* bottle
botín *m.* loot
botón *m.* button
Brasil *m.* Brazil
brasileño *m.*, **brasileña** *f.* (*n. & adj.*) Brazilian
brazo *m.* arm
breve *adj.* brief
brevedad *f.* shortness, brevity
brevemente briefly
brillante brilliant
brillar to shine
brillo *m.* shine
brisa *f.* breeze

británico/a British
bróculi *m.* broccoli
bromista *m., f.* prankster
bronceador(a): loción (*f.*) **bronceadora** tanning lotion
brujo *m.*, **bruja** *f.* sorcerer, witch
  Día (*m.*) **de las Brujas** Halloween
brújula *f.* compass
brusco/a sudden, brusque
buceador *m.*, **buceadora** *f.* scuba diver
bucear to scuba dive UR (2)
buen, bueno/a good
  buen gusto good taste U3 (2)
  buen provecho enjoy your meal
  buenos días good morning
  en buena forma in good shape UR (1)
  en buena hora fortunately
  estar de buen humor to be in a good mood
  llevarse una buena sorpresa to be really surprised
  (no) es bueno que it's (not) good that U3 (1)
  sacar buenas notas to get good grades
bueno... well . . .
buñuelo *m. a type of pastry* (*Mex.*)
burro *m.* donkey
busca *f.*: **en busca de** in search of
buscar (qu) to look for
búsqueda *f.* search
butacón *m.* large armchair

C

cabalgar (gu) to ride (a horse)
caballería *f.* cavalry
caballero *m.* knight; gentleman

caballo *m.* horse
   montar a caballo to ride horseback
cabaña *f.* hut
cabello *m.* hair
caber *irreg.* to fit
cabeza *f.* head
cabo *m.* end
   al fin y al cabo finally, in the end
   llevar a cabo to carry out
cacería *f.* hunt
cacique *m.* chief
cada *inv.* each, every
   cada día every day
   cada vez every time
cadena *f.* chain; network
caer *irreg.* to fall
   caerle bien/mal a alguien to make a good/bad impression on someone **U3 (1)**
   caerse to fall down
   dejar caer to drop
café *m.* coffee; café, coffee house
   color (*m.*) **café** brown
cafetería *f.* cafeteria
caída *f.* fall
   caída de agua waterfall
cajeta (*f.*) **de coco** coconut candy
cajón *m.* drawer
calabaza *f.* pumpkin
calamar *m.* squid
calavera *f.* skull
cálculo *m.* calculus
calendario *m.* calendar
calentar (ie) to heat
calidad *f.* quality
caliente warm, hot
calificación *f.* qualification
calificar (qu) to qualify
calma *f.* calm
calmado/a calm, quiet
calmar to calm
   calmarse to calm down
calor *m.* heat
   hace calor it's hot (*weather*)
   tener calor to be hot (*person*)
calvo/a bald

callado/a quiet **UR (1)**
calle *f.* street
cama *f.* bed
cámara *f.* camera; house (*politics*)
   cámara de representantes house of representatives
camarón *m.* shrimp, prawn
cambiar to change
   cambiar de opinión to change one's opinion **U3 (2)**
   cambiar de parecer to change one's mind
cambio *m.* change
   en cambio on the other hand
Camboya *f.* Cambodia
camboyano *m.,* **camboyana** *f.* (*n. & adj.*) Cambodian **U4 (2)**
camello *m.* camel
caminar to walk
   caminar a gatas to crawl
caminata *f.* long walk, hike
   dar una caminata to take a long walk
   hacer caminatas to take long walks
camino *m.* road, path **U2 (1);** way
   en camino a on the way to
camión *m.* truck
camionero *m.,* **camionera** *f.* truck driver **U5 (1)**
camisa *f.* shirt
camiseta *f.* T-shirt
campamento *m.* campground
campana *f.* bell
campaña *f.* campaign
campeador *m.,* **campeadora** *f.* conqueror
campeón *m.,* **campeona** *f.* champion **U6 (1)**
campesino *m.,* **campesina** *f.* peasant
   adj. country
campo *m.* country(side); field
canadiense *m., f.* (*n. & adj.*) Canadian **U4 (2)**
canal *m.* canal
canasto *m.* large basket
cancel *m.* storm door
cancelar to cancel
cáncer *m.* cancer
canción *f.* song
candela *f.* candle
candidato *m.,* **candidata** *f.* candidate
canela *f.* cinnamon
canoa *f.* canoe
canoso/a gray-haired
cansado/a tired
cansarse to get, grow tired
cantante *m., f.* singer
cantar to sing
cantidad *f.* quantity
canto *m.* song
caña *f.* reed; stem
   caña de pescar fishing pole
cañabrava *f.* reed, bamboo
caos *m.* chaos
capa (*f.*) **del ozono** ozone layer **U2 (2)**
capacidad *f.* capacity
capaz (*pl.* **capaces**) capable
capital *f.* capital
capitán *m.* captain
capitolio *m.* capitol (building)
capítulo *m.* chapter
caprichoso/a whimsical
captar to get, pick up; to attract
capturar to capture
cara *f.* face
carácter *m.* (*pl.* **caracteres**) character **U6 (2)**
característica *f.* characteristic
   características físicas physical characteristics **UR (1)**
   características personales personal characteristics **UR (1)**
caracterizar (c) to characterize
caramelo *m.* (piece of) candy
carbón *m.* coal

VOCABULARIO ESPAÑOL-INGLÉS

carbono *m.*: **dióxido** (*m.*) **de carbono** carbon dioxide
cárcel *f.* jail
carecer (zc) de to lack, be without
carga *f.* cargo
Caribe *m.* Caribbean
   Mar (*m.*) **Caribe** Caribbean Sea
caribeño *m.*, **caribeña** *f.* (*n. & adj.*) Caribbean **U4 (1)**
cariño *m.* affection **U1 (1)**
   tenerle cariño a alguien to like, be fond of someone **U1 (1)**
cariñoso/a affectionate
carnaval *m.* carnival
carne *f.* meat
caro/a expensive
carpeta *f.* tablecloth **U7 (2)**
carpintero *m.*, **carpintera** *f.* carpenter **U5 (1)**
carrera *f.* career
carretera *f.* road, highway
carro *m.* car
carrusel *m.* merry-go-round
carta *f.* letter
   carta de recomendación *f.* letter of recommendation
cartel *m.* poster
cartelera *f.* announcement (*of entertainment*)
cartonería *f.* cardboard
casa *f.* house
   amo/a de casa homemaker
   quedarse en casa to stay home
casado/a married
   recién casado/a *adj.* newlywed
casamiento *m.* marriage
casarse to get married
casi almost
casilla *f.* square
casita *f.* cottage **U7 (2)**
caso *m.* case
   en caso de que in case that
   hacerle caso a uno to pay attention to someone
cassette *m.* cassette
castaño/a brown (*hair, eyes*)
castañuelas *f. pl.* castanets
castellano *m.* Spanish (*language*); Castilian (*language of Castile, Spain*)
castigado/a damaged (*hair*)
castigar (gu) to punish
castillo *m.* castle
casualidad *f.*: **por casualidad** by chance
catalán *m.* Catalan (*language*)
catálogo *m.* catalogue
Cataluña *f.* Catalonia
catarata *f.* waterfall
catástrofe *m.* catastrophe
catastrófico/a *adj.* catastrophic
catedral *f.* cathedral
categoría *f.* category
categorizar (c) to categorize
católico/a Catholic
   Reyes (*m. pl.*) **Católicos** Catholic Kings (Ferdinand and Isabella)
catorce fourteen
caudillo *m.* leader, chief
causa *f.* cause
   a causa de because of **U2 (1)**
causar to cause
cautiverio *m.*: **en cautiverio** in captivity
cautivo *m.*, **cautiva** *f.* (*n. & adj.*) captive
cavernoso/a resounding, deep
caza *f.* hunt; hunting
cazar (c) to hunt
cebiche *m.* dish of raw fish or seafood marinated in lime juice and diced onion
cebichería *f.* stand where **cebiche** is sold
cebolla *f.* onion
ceder to give up
cedro *m.* cedar
celebración *f.* celebration
celebrar to celebrate
celeste heavenly; light blue
celoso/a jealous
celta *m., f.* Celt
celtíbero *m.*, **celtíbera** *f.* early inhabitant of the Iberian Peninsula
cementerio *m.* cemetery
cena *f.* dinner, supper
   cena en honor de dinner, supper in honor of **U1 (2)**
cenar to have dinner, supper
ceniza *f.*: **miércoles** (*m.*) **de ceniza** Ash Wednesday
centavo *m.* cent
centenares *m. pl.* hundreds
centímetro *m.* centimeter
centralizado/a centralized
centro *m.* center; downtown
   centro comercial shopping mall
Centroamérica *f.* Central America
centroamericano *m.*, **centroamericana** *f.* (*n. & adj.*) Central American
ceñir (i, i) to gird on (*a sword*)
cerámica *f.* ceramics, pottery
ceramista *m., f.* potter
cerca *f.* fence
   adv. near, nearby
   cerca de *adv.* near, close to
   de cerca close up, closeby
cercano/a nearby
cerebro *m.* brain
ceremonia *f.* ceremony
cerrado/a closed
cerradura *f.* lock
cerrar (ie) to close
cerro *m.* hill
cerrojo *m.* bolt, latch
certificado *m.* certificate
césped *m.* lawn
cesta *f.* basket
cestería *f.* basketry, basket making

ciclismo *m.* cycling
cielo *m.* sky; heaven
cien, ciento/a one hundred
   por ciento percent
ciencias *f. pl.* science
   ciencia ficción science fiction
científico *m.*, **científica** *f.* scientist
   adj. scientific
cierto/a true; certain
ciervo *m.* deer
cifra *f.* number, figure
cima *f.* peak, summit
cinco five
cincuenta fifty
cine *m.* movies; movie theater
   ir al cine to go to the movies
cinematográfico/a *adj.* film
cintura *f.* waist
circo *m.* circus
circuito *m.*: **corto** (*m.*) **circuito** short circuit
círculo *m.* circle
circundante surrounding
circunstancia *f.* circumstance
cirujano *m.*, **cirujana** *f.* surgeon U5 (1)
cirujía *f.* surgery
cita *f.* date; quote
ciudad *f.* city
ciudadanía *f.* citizenship
ciudadano *m.*, **ciudadana** *f.* citizen U4 (2)
civil civil
   guardia (*m., f.*) **civil** member of the Civil Guard (*Sp.*)
civilización *f.* civilization
claramente clearly
claridad *f.*: **con claridad** clearly
claro/a clear, light; evident
   ¡claro! of course!
   claro que sí yes, of course
clase *f.* class
   compañero (*m.*), **compañera** (*f.*) **de clase** classmate

salón (*m.*) **de clase** classroom
clásico *m.* classic
clásico/a *adj.* classic
clasificado/a classified
clausura *f.* conclusion
clave *f.* key
   adj. inv. key, important U6 (2)
cliente *m., f.* client
clima *m.* climate
climático/a climatic
clínica *f.* clinic
club *m.* club
cobarde *m., f.* coward
cobardía *f.* cowardice
cobijar to protect, shelter
cobrar to collect, receive
cocer (ue) (z) to cook
cocido/a cooked
cocina *f.* kitchen; cuisine
cocinar to cook
cocinero *m.*, **cocinera** *f.* cook, chef
coco *m.* coconut
   cajeta (*f.*) **de coco** coconut candy
Coco bogeyman U7 (2)
cocodrilo *m.* crocodile
cochazo *m.* great-looking car (*coll.*)
coche *m.* car
   arreglar el coche to fix the car UR (2)
códice *m.* manuscript
codo *m.* elbow
coexistir to coexist
cofradía *f.* brotherhood, fraternity
coger (j) to pick up
cola *f.* tail
colaboración *f.* collaboration
colaborar to collaborate
colarse (ue) to slip in
colección *f.* collection
coleccionar to collect UR (2)
colectivo *m.* collective
colectivo/a collective
   transporte (*m.*) **colectivo** public transportation
colega *m., f.* colleague
colegio *m.* private

elementary or secondary school
colesterol *m.* cholesterol
colgar (ue) (gu) to hang (up)
colibrí *m.* hummingbird
colina *f.* hill
colocar (qu) to place
colombiano *m.*, **colombiana** *f.* (*n. & adj.*) Colombian
colonia *f.* colony
colonización *f.* colonization
colonizador *m.*, **colonizadora** *f.* colonizer
   adj. colonizing
colonizar (c) to colonize
color *m.* color
   color café brown
colorido/a colored
columna *f.* column
comadre *f.* neighbor; close friend
comandante *m., f.* commander
combate *m.* combat
combinación *f.* combination
combinar to combine
combustible *m.* fuel
comedia *f.* comedy
comedor *m.* dining room
comentar to comment (on)
comentario *m.* commentary
comenzar (ie) (c) to begin
comer to eat
   comerse to eat up
comercial *adj.* commercial
   centro (*m.*) **comercial** shopping mall
comercio *m.* business, commerce
   Tratado (*m.*) **de Libre Comercio (TLC)** North American Free Trade Agreement (NAFTA)
comestibles *m. pl.* food
cometer to commit
cómico/a comic, comical, funny
   tira (*f.*) **cómica** comic strip
comida *f.* food
   comida rápida fast food

VOCABULARIO ESPAÑOL–INGLÉS

comienzo *m.* beginning
  a comienzos de at the beginning of
comilón *m.*, **comilona** *f.* (*n. & adj.*) big eater
comisión *f.* commission
comité *m.* committee
como like; as
  así como as well as
  tal como just as
  tan... como as... as
  tan pronto como as soon as
  tanto/a... como as much... as
  tantos/as... como as many... as
cómoda *f.* chest of drawers
comodidad *f.* commodity
cómodo/a comfortable
compacto *m.*: **disco** (*m.*) **compacto** compact disc
compañero *m.*, **compañera** *f.* companion
  compañero/a de clase classmate
  compañero/a de cuarto roommate
compañía *f.* company
comparación *f.* comparison
comparar to compare
compartir to share
compasión *f.* compassion
compasivo/a compassionate
compatriota *m., f.* compatriot
competencia *f.* competence
competitivo/a competitive
complacer (complazco) to please
completamente completely
completar to complete
completo/a complete
  por completo completely
  tiempo completo full-time
complicado/a complicated
componer (*like* **poner**) (*p.p.* **compuesto/a**) to put together

comportamiento *m.* behavior
composición *f.* composition
compositor *m.*, **compositora** *f.* composer **U7 (1)**
compra *f.* shopping
  hacer la compra to do the shopping
  ir de compras to go shopping
comprar to buy
comprender to understand
comprensión *f.* understanding
comprensivo/a *adj.* understanding
comprometerse (con) to become engaged (to) **U1 (2)**
compromiso *m.* obligation, commitment
compuesto *p.p.* **(de)** made up (of)
computación *f.* computer science
computadora *f.* computer
común common
  común y corriente common, everyday
  en común in common
comunicación *f.* communication
  medios (*m., pl.*) **de comunicación** means of communication, media
comunicar(se) (qu) to communicate
comunicativo/a communicative
comunidad *f.* community
con with
cóncavo/a concave
concebir (i, i) to conceive
conceder to grant **U5 (2)**
concentrarse (en) to concentrate (on)
concepción *f.* conception
concepto *m.* concept
concertado/a ordered; harmonious
conciencia *f.* conscience **U6 (2)**

concienciación *f.* awakening
concierto *m.* concert
concluir (y) to conclude
conclusión *f.* conclusion
concordancia *f.* agreement
concordar (ue) to line up
concreto *m.* concrete
concreto/a *adj.* concrete
condenar to condemn
condescendiente condescending
condición *f.* condition
condicional conditional
condominio *m.* condominium
conducir *irreg.* to drive
conducta *f.* conduct, behavior
conductor *m.*, **conductora** *f.* driver
conectar to connect
conejo *m.* rabbit
conexión *f.* connection
confesar (ie) to confess
confiable trustworthy
confianza *f.* confidence
  digno/a de confianza trustworthy **U5 (2)**
  tener confianza (en sí mismo/a) to have confidence (in oneself) **U6 (1)**
confiar (confío) (en) to confide (in) **U1 (1)**
confidencia *f.*: **hacer una confidencia** to tell a secret
confirmación *f.* confirmation
confirmar to confirm
conflicto *m.* conflict
conformarse (con) to conform (with)
conforme *adj.* content
confort *m.* comfort
confrontar to confront, face **U6 (2)**
confundido/a confused
confundir to confuse
confusión *f.* confusion
congelar to freeze

conjunto *m.* (musical) group; ensemble (*clothing*) **U3 (1)**
conmemoración *f.* commemoration
conmemorar to commemorate
conmigo with me
conmover (ue) to move, touch (*emotionally*) **U7 (1)**
conocer (conozco) to know, be acquainted with; to meet
  llegar a conocer to come to know **U4 (1)**
conocido/a well-known
conocimiento *m.* knowledge
conquista *f.* conquest
conquistador *m.*, **conquistadora** *f.* conqueror
conquistar to conquer
consciente conscious
consecuencia *f.* consequence
conseguir (i, i) (g) to get, obtain
consejero *m.*, **consejera** *f.* counselor
consejo *m.* advice
  dar consejos to give advice **U5 (1)**
conservación *f.* conservation
conservador *m.*, **conservadora** *f.* (*n. & adj.*) conservative
conservar to preserve
consideración *f.* consideration
considerar to consider
consigo with him/her/you (*pol.*)
consistir en to consist of
consolar (ue) to console, comfort
consolidar to consolidate
conspiración *f.* conspiracy
constante constant
constantemente constantly
constar de to consist of
constelación *f.* constellation

constitución *f.* constitution
constitucional constitutional
constituir (y) to constitute, form
construcción *f.* construction
construir (y) to construct
consultar to consult
consultorio *m.* doctor's office
consumidor *m.*, **consumidora** *f.* consumer **U3 (2)**
consumir to consume
consumo *m.* consumption
contabilidad *f.* accounting **U5 (1)**
contable countable
contacto *m.* contact
  lentes (*m. pl.*) **de contacto** contact lenses
contaminación *f.* pollution **U2 (1)**
  contaminación del aire air pollution
contaminar to contaminate
contar (ue) to tell (*a story*); to count
  contar con to count on
contemplar to contemplate
contemporáneo/a contemporary
contener (*like* **tener**) to contain
contento/a happy
contestar to answer
contigo with you (*inf.*)
continente *m.* continent
continuación *f.* continuation
  a continuación immediately following
continuar to continue
continuo/a continuous
contra against
  en contra de against
contraer (*like* **traer**) to contract **U2 (2)**
contraparte *f.* counterpart
contrario: al contrario on the contrary
  lo contrario the opposite
contrastar to contrast

contraste *m.* contrast
  en contraste (con) in contrast (to)
contratar to sign (up)
contribución *f.* contribution
contribuir (y) (a) to contribute (to)
control *m.* control
controlar to control
controversia *f.* controversy
convencer (convenzo) to convince
convencional conventional
convenir (*like* **venir**) to suit, be suited to
convento *m.* convent
conversación *f.* conversation
conversar to converse, talk
convertirse (ie, i) (en) to be transformed (into) **U7 (2)**
convincente convincing
convivir to coexist (in harmony)
cooperación *f.* cooperation
cooperativa *f.* cooperative, co-op
cooperativo/a *adj.* cooperative
Copa (*f.*) **Mundial** World Cup (*soccer*)
copia *f.* copy
copiar to copy
copla *f.* popular song, ballad
coquetear to flirt **U1, (1)**
coraje *m.* courage
coral *m.* coral
corazón *m.* heart
  hacer de tripas corazón to muster up courage **U5 (2)**
corbata *f.* tie (*clothing*)
cordialmente cordially
cordillera *f.* mountain range **U2 (1)**
Corea *f.* Korea
coreano *m.*, **coreana** *f.* (*n. & adj.*) Korean **U4 (2)**
coronado/a crowned
coronel *m.* colonel
corporación *f.* corporation

VOCABULARIO ESPAÑOL–INGLÉS   **467**

corporal *adj.* corporal, bodily
corral *m.* corral
corrección *f.* correction
correcto/a correct
corredizo/a: techo (*m.*) **corredizo** sliding roof
corregir (i, i) (j) to correct
correr to run
   correr riesgos to take risks **U6 (1)**
correspondencia *f.* correspondence
   amigo/a por correspondencia pen pal
corresponder to correspond
correspondiente corresponding
corrida (*f.*) **(de toros)** bullfight
corriente *f.* current
   común y corriente common, everyday
cortar to cut
   cortarse el pelo to get a haircut
corte *m.* cut (*of clothes*) *f.* court
cortejo *m.* entourage
cortés *adj. m., f.* courteous, polite
cortésmente courteously, politely
corteza *f.* bark (*of a tree*)
corto/a short
   corto circuito short circuit
   corto/a de vista nearsighted
   pantalones (*m. pl.*) **cortos** shorts
cosa *f.* thing
cosecha *f.* harvest
coser to sew
cosmético *m.* cosmetic
cosmético/a *adj.* cosmetic
cosmopolita *adj. m., f.* cosmopolitan
costa *f.* coast **U2 (1)**
costar (ue) to cost
costarricense *m., f.* (*n. & adj.*) Costa Rican
costilla *f.* rib

costo *m.* cost
costoso/a costly
costumbre *f.* custom, habit
cotidiano/a daily
coyote *m.* coyote
creación *f.* creation
creador *m.*, **creadora** *f.* creator
   adj. creative
   espíritu (*m.*) **creador** creative spirit **U7 (1)**
crear to create **U7 (1)**
creativamente creatively
creatividad *f.* creativity **U7 (1)**
creativo/a creative
crecer (crezco) to grow
credenciales *f. pl.* credentials
crédito *m.* credit
   tarjeta (*f.*) **de crédito** credit card
creencia *f.* belief
creer (y) to think, believe
   creerse to consider oneself (to be) **U4 (1)**
creíble believable
creyente *m., f.* believer
criado *m.*, **criada** *f.* servant
criar (crío) to raise
criatura *f.* creature
crimen *m.* crime
criminal *m.* criminal
criollo *m.*, **criolla** *f.* Creole
crisis *f. sing. & pl.* crisis
crisol *m.* melting pot
cristal *m.* crystal; glass
cristalería *f.* glassware
cristalino/a crystalline
cristiano *m.*, **cristiana** *f.* (*n. & adj.*) Christian
críticamente critically
criticar (qu) to criticize **U4 (2)**
crítico *m.*, **crítica** *f.* critic
crítico/a: con ojo crítico with a watchful eye
cronología *f.* chronology
cronológicamente chronologically
crucero *m.* cruise ship
crucigrama *m.* crossword puzzle
crueldad *f.* (act of) cruelty
cruz *f.* (*pl.* **cruces**) cross
   Cruz Roja Red Cross

cruzar (c) to cross
cuaderno *m.* notebook
cuadrado *m.* square
cuadrado/a *adj.* square
cuadro *m.* painting
cual *pron.*: **tal y cual** such and such
¿cuál? *pron.* which (one)?
   adj. which?
   ¿cuáles? which (ones)?
cualidad *f.* quality **U6 (1)**
cualquier, cualquiera *adj. indef.* any
cualquiera *pron. indef.* anyone, anybody
cuando when
   de vez en cuando once in a while
¿cuándo? when?
cuanto: cuanto antes *adv.* as soon as possible
   en cuanto *conj.* as soon as
   en cuanto a with regard to
cuánto *adv.* how much
   ¿cuánto/a? how much?
   ¿cuántos/as? how many?
cuarenta forty
Cuaresma *f.* Lent **U1 (2)**
cuartel *m.* barracks
cuarto *m.* room; bedroom; quarter, fourth
   compañero (*m.*), **compañera** (*f.*) **de cuarto** roommate
   menos cuarto quarter to (*time*)
cuarto/a fourth
cuarzo *m.* quartz
cuatro four; four-stringed guitar
cuatrocientos/as four hundred
cubano *m.*, **cubana** *f.* (*n. & adj.*) Cuban
cubanoamericano *m.*, **cubanoamericana** *f.* Cuban-American
cúbico/a cubic
cubierto/a *p.p.* covered
cubismo *m.* cubism
cubista *m., f.* (*n. & adj.*) cubist

cubrir (*p.p.* **cubierto/a**) to cover
cuchara *f.* spoon
cuchillo *m.* knife
cuenca *f.* basin
cuenta *f.* account; bill
   darse cuenta de to realize **U4 (1)**
   tomar en cuenta to take into account **U3 (1)**
cuentista *m., f.* short-story writer
cuento *m.* story, tale; short story
   cuento de hadas fairy tale **U7 (2)**
cuerno *m.* horn
cuero *m.* leather
cuerpo *m.* body
cuestas *f.*: **a cuestas** on one's back
cuestión *f.* matter, question
cuestionario *m.* questionnaire
cueva *f.* cave
cuidado *m.* care
   con cuidado carefully
   tener cuidado to be careful
cuidadosamente carefully
cuidar to take care of
culinario/a culinary
culpa *f.* blame
   echarle a uno la culpa to blame someone **U6 (2)**
   tener la culpa to be to blame **U6 (2)**
culpable guilty
cultivación *f.* cultivation
cultivar to cultivate, grow
cultivo *m.* cultivation, growing
culto *m.* cult
culto/a cultured, educated
cultura *f.* culture **U4 (1)**
cultural cultural
   choque (*m.*) **cultural** culture shock
cumbia *f.* popular Colombian dance
cumbre *f.* peak

cumpleaños *m. sing. & pl.* birthday
   ¡feliz cumpleaños! happy birthday!
cumplir (con) to fulfill
   cumplir años to have a birthday
   cumplir con los requisitos to fulfill the requirements
cuna *f.* cradle
cura *m.* priest
curación *f.* cure
curiosidad *f.* curiosity
curioso/a curious
currículum *m.* résumé **U5 (2)**
curso *m.* course; school year
custodia *f.* guardian
cuyo/a whose; of whom

CH

chaleco *m.* vest **U3 (1)**
champú *m.* shampoo
chapa *f.* license plate
chaqueta *f.* jacket
charlar to chat, talk **UR (2)**
charreada *f. cowboy celebration similar to a rodeo* (*Mex.*)
charro *m. traditional Mexican cowboy*
chasquido *m.* snap
chau ciao, good-bye
checar (qu) to check (*Mex.*)
cheque *m.* check
chévere terrific, great (*coll.*)
   ¡qué chévere! how great!
chicano *m.*, **chicana** *f.* (*n. & adj.*) Chicano (Mexican-American)
chicle *m.* gum
   masticar chicle to chew gum
chico *m.*, **chica** *f.* boy, girl *adj.* small, little
chilaquil *m. appetizer of tortilla strips soaked in a chili pepper broth* (*Mex.*)
chile *m.* chili pepper

chile relleno stuffed chili pepper
chileno *m.*, **chilena** *f.* (*n. & adj.*) Chilean
chino *m.* Chinese (*language*)
chino *m.*, **china** *f.* (*n. & adj.*) Chinese
chiquillo *m.*, **chiquilla** *f.* youngster, child
chisme *m.* (piece of) gossip
chismear to gossip **U3 (1)**
chismoso/a gossipy **UR (1)**
chiste *m.* joke
chistoso/a funny, amusing
chocar (qu) (con) to crash, collide (into)
chocolate *m.* chocolate
choque *m.* collision
   choque cultural culture shock
chorizo *m.* pork sausage
chulo *m.*: **¡qué chulo!** how great!
churrasco *m.* barbecue
churrasquería *f. restaurant specializing in barbecue*

D

dama *f.* lady
dañar to damage **U2 (2)**
daño *m.* damage, harm
   hacer daño to damage, harm
dañoso/a harmful
dar *irreg.* to give
   dar a entender to imply
   dar asco to disgust
   dar consejos to give advice **U5 (1)**
   dar igual / lo mismo to be all the same, not matter
   dar la mano to shake hands **U5 (2)**
   dar la vuelta to turn the corner
   dar las gracias to thank
   dar marcha atrás to go in reverse
   dar miedo to frighten

VOCABULARIO ESPAÑOL–INGLÉS

dar (*continued*)
   dar origen a to cause, give rise to
   dar pena to sadden
   dar risa to make laugh
   dar sabor to make colorful, give flavor **U4 (1)**
   dar un paseo to take a walk **UR (2)**
   dar un paso to take a step
   dar un salto to jump (forward)
   dar una caminata to take a long walk
   dar una fiesta to give, throw a party
   darse cuenta de to realize **U4 (1)**
   darse por vencido/a to give up
   darse prisa to hurry
   darse vergüenza to be ashamed (of oneself)
   decir uno lo que le da la gana to say just as one pleases
   ¡me da asco! that disgusts me! **U2 (2)**
datos *m. pl.* information
de of; from; about
   de acuerdo agreed, I agree
   de anticipación in advance **U5 (2)**
   de aquí en adelante from now on
   de noche in the evening, at night
   del (*contr. of* **de** + **el**) of the; from the
debajo *adv.* under, underneath
debajo de *prep.* under, underneath
debate *m.* debate
deber *m.* duty, obligation
deber should, must, ought to
debido a due to, because of
débil weak
debut *m.* debut
debutar to debut
década *f.* decade

decente decent
decidido/a decided; resolute
decidir to decide
   decidirse a + *infin.* to decide to (*do something*)
décimo/a tenth
decir *irreg.* (*p.p.* **dicho/a**) to say, tell
   decir uno lo que le da la gana to say just as one pleases
   es decir that is to say, I mean
   querer decir to mean
decisión *f.* decision
decisivo/a decisive
declaración *f.* declaration
decoración *f.* decoration
decorar to decorate
decorativo/a decorative
dedicación *f.* dedication
dedicar (qu) to dedicate
   dedicarse (a) to dedicate oneself (to)
dedo *m.* finger
defender (ie) to defend
defensa *f.* defense
defensivo/a defensive
defensor *m.*, **defensora** *f.* defender
definición *f.* definition
definir to define
   definirse to define oneself **U6 (2)**
definitivamente definitely
definitivo/a definitive
deidad *f.* deity
dejar to leave (*something*); to quit; to let, allow
   dejar caer to drop
   dejar de + *infin.* to stop (*doing something*)
   dejarse + *infin.* to let oneself be (+ *p.p.*)
   dejarse engañar to let oneself be fooled **U3 (2)**
   dejarse llevar to get carried away
del (*contr. of* **de** + **el**) of the; from the
delantal *m.* apron

delante de in front of
delantero/a *adj.* front
delgado/a thin
deliberado/a deliberate
deliberar to debate, discuss
delicado/a delicate
delicioso/a delicious
delito *m.* crime **U6 (2)**
demás: los/las demás the others, the rest **U3 (1)**
demasiado *adv.* too, too much, excessively
demasiado/a *adj.* too, too much, too many
democracia *f.* democracy
demostración *f.* demonstration
demostrar (ue) to demonstrate
densamente densely
densidad *f.* density
denso/a dense
dentífrico/a: pasta (*f.*) **dentífrica** toothpaste
dentista *m., f.* dentist
dentro de inside
   dentro de poco shortly
departamento *m.* department; district
depender de to depend on
dependiente *m.*, **dependienta** *f.* clerk
deportar to deport
deporte *m.* sport
   practicar deportes to practice, play sports
deportista *m., f.* athlete
deportivo/a *adj.* sports
depositar to deposit
depresión *f.* depression
deprimido/a depressed
deprimirse to become depressed **U7 (2)**
derecha *f.* right (*side*)
   a la derecha to the right
derecho *m.* law **U5 (1)**; right (*legal*)
derecho/a *adj.* right
derramar to spill **U5 (2)**
derribar to bring down, defeat
derrota *f.* defeat

desafiar (desafío) to challenge
desafío *m.* challenge **U6 (1)**
desafortunadamente unfortunately
desagradable unpleasant
desagüe *m.* drain
desamparado *m.*, **desamparada** *f.* homeless person
desamparado/a helpless
desaparecer (desaparezco) to disappear
desarrollar to develop **U2 (1)**
desarrollo *m.* development
desastre *m.* disaster
desastroso/a disastrous
desayunar to eat, have breakfast
desayuno *m.* breakfast
desbandada *f.*: **en desbandada** in a panic
descansar to rest
descanso *m.* rest
descapotable *adj.* convertible **U4 (2)**
descendencia *f.* descent, origin
descendiente *m., f.* descendant **U4 (1)**
descomponerse (*like* **poner**) (*p.p.* **descompuesto/a**) to decompose
desconcertado/a disconcerted, bewildered
desconectar to disconnect
desconfiado/a distrustful, suspicious
desconocido/a unknown
descortés *adj. m., f.* rude, impolite
descreer (y) to disbelieve
describir (*p.p.* **descrito/a**) to describe
descripción *f.* description
descrito/a *p.p.* described
descubierto/a *p.p.* discovered
descubrimiento *m.* discovery
descubrir (*p.p.* **descubierto/a**) to discover
descuento *m.* discount
descuido *m.* carelessness
desde from; since
  desde hace + *time* (time) ago
  desde... hasta... from . . . to . . .
  desde luego of course
  desde que since
deseable desirable
desear to desire, wish
desecación *f.* desiccation, drying up
desempeñar to perform, carry out
  desempeñar un papel to play a role **U4 (1)**
desencuentro *m.* disagreement
desenrollado/a unrolled, unwound
deseo *m.* desire, wish
desertar to desert
desertor *m.*, **desertora** *f.* deserter
desesperadamente desperately
desfile *m.* parade
desgracia *f.*: **por desgracia** unfortunately
desgraciadamente unfortunately
desgraciado/a unfortunate
deshacerse (*like* **hacer**) to come undone
desheredado/a disinherited
deshonrado/a dishonored
desierto *m.* desert
desilusión *f.* disappointment
desilusionado/a disappointed
deslizarse (c) to glide
desnudo/a: **al desnudo** penniless
desnutrición *f.* malnutrition
desobedecer (desobedezco) to disobey
desodorante *m.* deodorant
desolado/a desolate, distressed
desparramiento *m.* dump site
despedida *f.* good-bye, leave-taking
despedirse (i, i) (de) to say good-bye (to) **U5 (2)**
despeinado/a unkempt **UR (1)**
despejar to clear
desperdiciar to waste
desperdigado/a scattered
despertador *m.* alarm clock
  poner el despertador to set the alarm **U5 (2)**
despertar (ie) to wake
  despertarse to wake up
despierto/a: **soñar despierto/a** to daydream **U7 (1)**
desplomarse to collapse
despojado/a dispossessed, deprived
desprecio *m.* scorn
desproporcionado/a disproportionate
después *adv.* after, afterward
  después de *prep.* after
destacar (qu) to make stand out; to emphasize
  destacarse to be outstanding or exceptional
destierro *m.* exile, banishment
destinar to set aside
destino *m.* destiny; destination
destreza *f.* skill
destrozar (c) to destroy
destrucción *f.* destruction **U2 (2)**
destruir (y) to destroy
desvanecerse (me desvanezco) to faint **U7 (2)**
desvelarse to stay awake
desventaja *f.* disadvantage
desviación *f.* deviation
detalladamente in detail
detallar to detail
detalle *m.* detail

VOCABULARIO ESPAÑOL–INGLÉS 471

detallista *adj. m., f.* meticulous
detener (*like* **tener**) to detain
detergente *m.* detergent
deteriorar to deteriorate
determinación *f.* determination
determinado/a fixed, set; determined
determinar to determine
detestar to detest, hate
detrás *adv.* behind
   detrás de *prep.* behind
   por detrás de behind
devolver (ue) (*p.p.* **devuelto/a**) to return (something) U6 (2)
devuelto/a *p.p.* returned
día *m.* day
   algún día someday
   buenos días good morning
   cada día every day
   Día de Acción de Gracias Thanksgiving
   Día de las Brujas Halloween
   Día de los Muertos Day of the Dead
   Día de los Reyes Magos Epiphany (Day of the Magi) U1 (2)
   día del santo saint's day U1 (2)
   día feriado holiday
   día festivo holiday U1 (2)
   hoy día nowadays
   todos los días every day
diablo *m.* devil
diáfano/a crystal-clear
diagnosis *f. sing. & pl.* diagnosis
diagrama *m.* diagram
dialecto *m.* dialect
diálogo *m.* dialogue
diamante *m.* diamond
diariamente daily
diario *m.* diary
diario/a daily
dibujante *m., f.* cartoonist
dibujar to draw
dibujo *m.* drawing

dibujos animados cartoons
diccionario *m.* dictionary
diciembre *m.* December
dictador *m.,* **dictadora** *f.* dictator
dictadura *f.* dictatorship
dicho/a *p.p.* said
diecinueve nineteen
dieciocho eighteen
dieciséis sixteen
diecisiete seventeen
diente *m.* tooth
   diente de leche baby tooth
dieta *f.* diet
diez ten
diferencia *f.* difference
   a diferencia de unlike, in contrast to
diferenciarse to differ, be different
diferente different
diferir (ie, i) to differ, be different
difícil difficult
difícilmente with difficulty
dificultad *f.* difficulty
difunto *m.,* **difunta** *f.* deceased person
   adj. deceased
difusión *f.* diffusion
digerir (ie, i) to digest
dignidad *f.* dignity
digno/a de confianza trustworthy U5 (2)
dilema *m.* dilemma
diluvio *m.* flood
Dinamarca *f.* Denmark
dinámico/a dynamic
dinamismo *m.* dynamism
dinero *m.* money
dios *m.,* **diosa** *f.* god, goddess
dióxido (*m.*) **de carbono** carbon dioxide
diploma *m.* diploma
diplomacia *f.* diplomacy
diplomático *m.,* **diplomática** *f.* diplomat
dirección *f.* direction; address
directamente directly

directivo/a: junta (*f.*) **directiva** meeting of the board of directors
directo/a direct
   en directo live
director *m.,* **directora** *f.* director
   director(a) de personal personnel director U5 (2)
dirigir (j) to manage, run U5 (1)
   dirigirse a to speak to, address U3 (2); to make one's way to
disciplina *f.* discipline U5 (1)
disciplinario/a disciplinary
discípulo *m.,* **discípula** *f.* disciple
disco *m.* record; disc
   disco compacto compact disc
discoteca *f.* discotheque
discreto/a discreet
discriminación *f.* discrimination
discriminar to discriminate U4 (2)
disculparse to excuse oneself
discurso *m.* discourse
diseminar to spread
diseñador *m.,* **diseñadora** *f.* designer
diseñar to design
diseño *m.* design; drawing, sketch
disfraz *m.* (*pl.* **disfraces**) disguise, costume
disfrazado/a disguised U7 (2)
disfrazarse (c) to disguise oneself
disfrutar (de) to enjoy
disgustar to displease
dislocar (qu) to dislocate
disminución *f.* decrease
disolver (ue) (*p.p.* **disuelto/a**) to dissolve
disponer (*like* **poner**) (*p.p.* **dispuesto/a**) to dispose; to prepare

VOCABULARIO ESPAÑOL–INGLÉS

disponibilidad *f.* availability
disponible available
dispuesto/a *p.p.* prepared
distancia *f.* distance
distinguir (distingo) to distinguish
distintamente distinctly U3 (2)
distinto/a distinct, different
distorsión *f.* distortion
distorsionado/a distorted
distribución *f.* distribution
distrito *m.* district
disuelto/a *p.p.* dissolved
diversidad *f.* diversity U4 (1)
diversión *f.* diversion, pastime
  parque (*m.*) **de diversiones** amusement park
diverso/a diverse
divertido/a fun
divertir (ie, i) to entertain U3 (2)
  divertirse to have a good time
dividir to divide
divino/a divine
divorciarse to get a divorce U1 (2)
divorcio *m.* divorce U6 (2)
doble double
doce twelve
doctor *m.*, **doctora** *f.* doctor
documento *m.* document
dólar *m.* dollar
doler (ue) to hurt, ache
dolor *m.* pain, ache
doméstico/a domestic
  animal (*m.*) **doméstico** domesticated animal, pet
domicilio *m.* residence
dominar to dominate
domingo *m.* Sunday
dominicano *m.*, **dominicana** *f.* (*n. & adj.*) Dominican, from the Dominican Republic
  República (*f.*) **Dominicana** Dominican Republic
dominio *m.* authority
don *m.* title of respect preceding a man's first name
donar to donate
donativo *m.* donation
doncella *f.* maiden
donde where
¿dónde? where?
doña *f.* title of respect preceding a woman's first name
dormir (ue, u) to sleep
  dormir la siesta to take a nap
  dormirse to fall asleep
dormitorio *m.* bedroom
dos two
  dos veces twice, two times
doscientos/as two hundred
dosis *f. sing. & pl.* dose
dotar to endow
drama *m.* drama; play
dramático/a dramatic
dramaturgo *m.*, **dramaturga** *f.* playwright
ducharse to take a shower
duda *f.* doubt
  sin duda without a doubt
dudar to doubt U3 (2)
dudoso/a: es dudoso que it's doubtful that
dueño *m.*, **dueña** *f.* owner
dulces *m. pl.* candy
duplicarse (qu) to duplicate
durante during
durar to last
duro *adv.* hard
duro/a *adj.* hard

E

e and (*used instead of* **y** *before words beginning with* **i** *or* **hi**)
ecología *f.* ecology U2 (2)
ecológico/a ecological
ecologista *m., f.* (*n. & adj.*) ecologist
ecólogo *m.*, **ecóloga** *f.* ecologist U2 (2)
economía *f.* economy
económicamente economically
económico/a economical
ecosistema *m.* ecosystem U2 (2)
ecoturismo *m.* ecotourism
ecuatorial equatorial
  línea (*f.*) **ecuatorial** equator
ecuatoriano *m.*, **ecuatoriana** *f.* (*n. & adj.*) Ecuadorian
echar to throw; to toss; to pour
  echarle a uno la culpa to blame someone U6 (2)
  echarse to fling oneself UR (2)
edad *f.* age
edición *f.* edition
edificio *m.* building
edredón *m.* quilt
educación *f.* education
  Educación General Básica (E.G.B.) elementary school (*Sp.*)
educado/a educated; polite
  bien educado/a well-mannered UR (1)
  mal educado/a poorly mannered
educar (qu) to educate
educativo/a educational
efectivo/a effective U3 (2)
efecto *m.* effect
  en efecto sure enough
eficaz (*pl.* **eficaces**) effective
eficiente efficient
egoísmo *m.* egoism
egoísta *adj. m., f.* egotistical UR (1)
ejecución *f.* execution
ejecutar to execute, carry out
ejecutivo *m.*, **ejecutiva** *f.* executive
ejemplificar (qu) to exemplify

VOCABULARIO ESPAÑOL–INGLÉS   473

ejemplo *m.* example
  por ejemplo for example
ejercer (z) to practice U5 (1)
ejercicio *m.* exercise
  hacer ejercicio to exercise
  hacer ejercicios aeróbicos to do aerobics UR (2)
ejército *m.* army U6 (2)
el *m. sing. definite article* the
él *m. sub. pron.* he
  obj. of prep. him
elaboración *f.* elaboration, working out
elección *f.* election
electricidad *f.* electricity
electricista *m., f.* electrician U5 (1)
eléctrico/a electric
  elevaluna (*f.*) **eléctrica** electric window
electrónica *f. sing.* electronics
electrónico/a electric
elegante elegant
elegantemente elegantly
elegir (i, i) (j) to choose, select
elemento *m.* element
elenco *m.* group
elevación *f.* elevation
elevado/a elevated
elevaluna (*f.*) **eléctrica** electric window
eliminar to eliminate
elocuente eloquent
elogiar to praise U5 (2)
elote *m.* corn (*Mex.*); shoe (*Arg.*)
ella *f. sub. pron.* she
  obj. of prep. her
ellos *m.,* **ellas** *f. sub. pron.* they
  obj. of prep. them
embarazada pregnant
embargo: sin embargo however, nevertheless
embelesado/a spellbound, enraptured
embocadura *f.* mouth (*of a river*)
embotellado/a bottled

embotellamiento (*m.*) **de tráfico** traffic jam
emergencia *f.* emergency
emigrar to emigrate
emoción *f.* emotion
emocionante exciting, thrilling
empanada *f.* (meat) pie
empapar to soak
  empaparse to get soaked
empaquetado/a packaged
emparejar to pair, match
emperador *m.,* **emperatriz** *f.* (*pl.* **emperatrices**) emperor, empress
empezar (ie) (c) to begin
empleado *m.,* **empleada** *f.* employee
emplear to use, employ
empleo *m.* job; employment
  oferta (*f.*) **de empleo** job offer U5 (2)
  solicitud (*f.*) **de empleo** job application U5 (2)
emplumado/a feathered
emprender to embark
empresa *f.* firm, company U5 (2)
  administración (*f.*) **de empresas** business administration
en in; at; on
  en absoluto not at all U7 (1)
  en (buena) forma in (good) shape UR (1)
  en general generally
enamorado/a in love
enamorarse to fall in love
enanito *m.,* **enanita** *f.* little dwarf U7 (2)
enano *m.,* **enana** *f.* dwarf
encantador(a) charming, enchanting
encantar to charm, delight
encanto *m.* charm
encarcelado/a jailed
encargado *m.,* **encargada** *f.* agent, representative
encargarse (gu) de to take charge of
encender (ie) to turn on
encerrar (ie) to enclose

encima as well, besides
  encima de *prep.* on (top of)
  por encima de over
encoger (j) to shrink
encomendar (ie) to entrust, commend
encontrar (ue) to find; to meet
  encontrarse con to meet with
encuentro *m.* encounter; meeting
encuesta *f.* survey
enchilada *f.* enchilada (*rolled tortilla stuffed with meat and cheese and topped with cheese and a chili sauce*)
enemigo *m.,* **enemiga** *f.* enemy
energía *f.* energy
enero *m.* January
enfadado/a angry UR (1)
enfadarse to get angry U3 (1)
énfasis *m. sing. & pl.* emphasis; *pl.* emphases
  poner énfasis en to stress, emphasize
enfermarse to get sick
enfermedad *f.* illness, disease
enfermero *m.,* **enfermera** *f.* nurse
enfermo/a sick, ill
enfocarse (qu) (en) to focus (on) U5 (1)
enfoque *m.* focus
enfrentar to confront
enfrente de across from
enfurecerse (me enfurezco) to get furious
engañar to deceive
  dejarse engañar to let oneself be fooled U3 (2)
  engañarse to delude oneself
engañoso/a deceitful, dishonest

englobar to include, comprise
engordar to put on weight
enjaulado/a caged
enlace *m.* connection; relationship
enloquecerse (me enloquezco) to go crazy
enojado/a angry
enojar to anger
   enojarse to get angry
enojo *m.* anger
enorme enormous
enormemente enormously
enriquecerse (me enriquezco) to get rich
ensalada *f.* salad
ensayar to test, try (out)
ensayo *m.* essay
enseñanza *f.* teaching **U5 (1)**
enseñar to teach
ensoñación *f.* fantasy, daydream
entender (ie) to understand
   dar a entender to imply
entendido/a: tener entendido to gather, understand **U4 (2)**
enterarse de to find out about
entero/a entire
enterrado/a buried
enterrar (ie) to bury **U2 (2)**
entierro *m.* burial
entonces then; well
entornado/a ajar
entrada *f.* entrance
entrar (en) to enter (into)
entre between, among
entregar (gu) to hand in
entrelazar (c) to weave, interlace
entrenador *m.*, **entrenadora** *f.* coach
entrenamiento *m.* training **U5 (1)**
entrenarse to train
entretener (*like* **tener**) to entertain
   entretenerse to entertain oneself **UR (2)**

entrevista *f.* interview **U5 (2)**
entrevistar to interview **U5 (1)**
entristecer (entristezco) to sadden **U7 (1)**
   entristecerse to get sad
entusiasmado/a enthusiastic **UR (1)**
entusiasmar to fire with enthusiasm
   entusiasmarse to become enthusiastic
entusiasmo *m.* enthusiasm
envenenado/a poisoned **U7 (2)**
enviar (envío) to send, mail
envidia *f.* envy **U7 (2)**
   tener envidia to envy
envolver (ue) to wrap up
epidemia *f.* epidemic
época *f.* epoch, era, age
equilibrio *m.* balance
equipo *m.* team; equipment
equivalente equivalent
equivocación *f.* mistake
equivocado/a mistaken **U4 (2)**
érase una vez... once upon a time . . . **U7 (2)**
ermitaño *m.*, **ermitaña** *f.* hermit
error *m.* error
erupción *f.* eruption
escala *f.* scale
escalar to scale, climb
escalera *f.* stairway
escamado/a wary, cautious
escandinavo/a Scandinavian
escapar(se) to escape
escape *m.* escape, flight
escarlata *adj. m., f.* scarlet
escarpado/a steep, sheer
escasez *f.* (*pl.* **escaseces**) shortage
escena *f.* scene
esclavitud *f.* slavery
esclavo *m.*, **esclava** *f.* slave
esclusa *f.* lock (*of a canal*)
escoger (j) to choose **U3 (1)**
escolar *adj.* school

año (*m.*) **escolar** school year
escondido/a hidden
escondite *m.*: **jugar al escondite** to play hide-and-seek
escribir (*p.p.* **escrito/a**) to write
   escribir a mano/máquina to handwrite/type
escrito/a *p.p.* written
   por escrito in writing
escritor *m.*, **escritora** *f.* writer
escritorio *m.* desk
escritura *f.* writing
escuchar to listen (to)
escudo *m.* shield
escuela *f.* school
   escuela primaria/secundaria elementary/high school
escultor *m.*, **escultora** *f.* sculptor, sculptress
ese, esa *adj.* that
ése *m.*, **ésa** *f. pron.* that (one); that person
esencia *f.* essence
esencial essential
esfera *f.* sphere
esférico/a spherical
esforzarse (ue) (c) to make an effort **U6 (2)**
esfuerzo *m.* effort
esmeralda *f.* emerald
eso *inv. pron.* that, that thing, that fact
   por eso therefore, that's why
esos/as *adj.* those
ésos *m.*, **ésas** *f. pron.* those (ones)
espacial: nave (*f.*) **espacial** spaceship
espacio *m.* space
espacioso/a spacious
espada *f.* sword
espalda *f.* back
espantar to frighten, scare
espantoso/a frightening
España *f.* Spain
español *m.* Spanish (*language*)

español *m.*, **española** *f.* Spaniard
adj. Spanish
  de habla española Spanish-speaking
  Real Academia Española (de la Lengua) Royal Spanish Academy (of Language)
especial special
  en especial especially, particularly
especialidad *f.* specialty
especialista *m., f.* specialist U5 (2)
especializarse (c) (en) to specialize, major (in) U5 (1)
especialmente especially
especie *f.* species
  especie en peligro endangered species U2 (2)
específicamente specifically
especificar (qu) to specify
específico/a specific
espectáculo *m.* show
espectador *m.*, **espectadora** *f.* spectator
espejo *m.* mirror
espera *f.* wait
  en espera de waiting for
  salón (*m.*) **de espera** waiting room
esperanza *f.* hope U3 (2)
esperar to wait (for); to hope; to expect
espía *m., f.* spy
espíritu *m.* spirit
  espíritu creador creative spirit U7 (1)
espiritual spiritual
espontáneo/a spontaneous
esposo *m.*, **esposa** *f.* husband, wife
esquela *f.* (death) notice U1 (2)
esqueleto *m.* skeleton
esquema *m.* scheme
esquí *m.* skiing; ski
esquiar (esquío) to ski
  esquiar en la nieve to snow ski UR (2)
  esquiar sobre el agua to water-ski
esquina *f.*: **de la esquina** on the corner
estabilidad *f.* stability
estable *adj.* stable
establecer (establezco) to establish
  establecerse to establish oneself
establecimiento *m.* establishment
estación *f.* station; season (*of the year*)
estacionamiento *m.* parking lot
estacionar to park
estadio *m.* stadium
estadista *m., f.* person in favor of statehood (for Puerto Rico)
estado *m.* state
  estado de ánimo state of mind
  Estados Unidos United States
estadounidense *m., f.* United States citizen
adj. of, from, or pertaining to the United States
estallar to break out
estampilla *f.* stamp
estancia *f.* ranch
estante *m.* bookshelf
estar *irreg.* to be
  estar al tanto to be up-to-date
  estar avergonzado/a to be ashamed
  estar de acuerdo (con) to agree, be in agreement (with)
  estar de buen/mal humor to be in a good/bad mood
  estar de moda to be in style U3 (1)
  estar de vuelta to be back
  estar en huelga to be on strike
  estar en onda to be in style
  estar listo/a to be ready
  estar seguro/a de sí mismo/a to be sure of oneself U3 (1)
estatua *f.* statue
estatura *f.*: **de estatura mediana** of medium height
este, esta *adj.* this
  esta noche tonight
  por esta razón for this reason U2 (1)
éste *m.*, **ésta** *f. pron.* this (one)
estéreo *m.* stereo
estereofónico/a stereophonic
estereotipado/a stereotypical
estereotipo *m.* stereotype
estilo *m.* style
  estilo propio own style U7 (1)
estimado/a dear (salutation in a letter)
estimar to estimate; to esteem, respect U6 (1)
estimulante stimulating U5 (1)
estimular to stimulate
esto *inv. pron.* this, this thing, this fact
estofado *m.* stew
estomacal *adj.* stomach
estómago *m.* stomach
estorbarse to get in each other's way
estos/as *adj.* these
éstos *m.*, **éstas** *f. pron.* these (ones)
estrategia *f.* strategy
estrechamente closely
estrecho/a close U1 (1)
estrella *f.* star
estremecer (estremezco) to shake
estrenar to wear for the first time U3 (1)
estrés *m.* stress
estribillo *m.* refrain, chorus
estricto/a strict
estrofa *f.* verse
estropear to hurt, damage

476 VOCABULARIO ESPAÑOL–INGLÉS

estructura *f.* structure
estructurar to structure
estudiante *m., f.* student
   estudiante de intercambio exchange student
estudiantil *adj.* student
estudiar to study
estudio *m.* study
   estudios técnicos technical studies **U5 (1)**
estudioso/a studious
estupendamente stupendously, brilliantly
estupendo/a marvelous
estúpido *m.*, **estúpida** *f.* stupid person
etapa *f.* period (*of time*)
   etapa de la vida stage of life **U1 (2)**
etcétera et cetera, etc., and so forth
ética *f. sing.* ethics
etnia *f.* ethnic group
étnico/a ethnic
   herencia (*f.*) **étnica** ethnic heritage **U4 (1)**
etnología *f.* ethnology (study of ethnic groups)
Europa *f.* Europe
europeo *m.*, **europea** *f.* (*n. & adj.*) European
euskera *f.* Basque (*language*)
evacuado/a evacuated
evaluación *f.* evaluation
evaluar (evalúo) to evaluate **U5 (1)**
evento *m.* event
eventualmente eventually
evidencia *f.* evidence
evidente evident
evitar to avoid
evolución *f.* evolution
exactamente exactly
exacto/a exact
exagerar to exaggerate
exaltado/a exalted, overexcited
examen *m.* exam, test
examinar to examine

excelencia *f.*: **por excelencia** par excellence
excelente excellent
excepción *f.*: **con excepción de** with the exception of
excepto except (for)
excesivo/a excessive
exceso *m.* excess
   en exceso excessively
   exceso de peso excess weight
   exceso de velocidad speeding
excitante stimulating
exclamar to exclaim
exclusivemante exclusively
exclusivo/a exclusive
excursión *f.* excursion
   hacer excursiones to go on excursions
excusa *f.* excuse
exhibición *f.*: **sala** (*f.*) **de exhibición** exhibition room
exhibir to exhibit
exigente demanding
exigir (j) to demand
exiliado/a exiled
exiliarse to go into exile
exilio *m.* exile
existencia *f.* existence
existir to exist
éxito *m.* success
   tener éxito to be successful
exótico/a exotic
expansión *f.* expansion
expectativa *f.* expectation
experiencia *f.* experience
experimentar to experience; to experiment
experto *m.*, **experta** *f.* expert
explicación *f.* explanation
explicar (qu) to explain
exploración *f.* exploration
explorador *m.*, **exploradora** *f.* explorer
explorar to explore
explotar to exploit **U2 (1)**
exponente *m.* exponent, model

exponerse (*like* **poner**) (*p.p.* **expuesto/a**) **(a)** to expose oneself (to)
exportación *f.* export, exportation
exportar to export
exposición *f.* exhibition
expresar to express
   expresarse to express oneself **U7 (1)**
expresión *f.* expression
expuesto/a *p.p.* exposed
expulsar to expel, deport
exquisito/a exquisite
éxtasis *m. sing. & pl.* ecstasy
extender (ie) to extend
extendido/a extended
extensión *f.* extension, length
extenso/a extensive
extinción *f.* extinction
extinguir (extingo) to extinguish
extinto/a extinct
extracurricular extracurricular
extraer (*like* **traer**) to extract
extranjero *m.* abroad
extranjero *m.*, **extranjera** *f.* foreigner
   adj. foreign
extrañar to miss
extraño/a strange
extraordinario/a extraordinary
extrasensorial extrasensory
extraterrestre *adj.* extraterrestrial, from outer space
extremo *m.* end, extremity
extrovertido/a extroverted

F

fábrica *f.* factory
fabricar (qu) to fabricate, make
fábula *f.* fable, tale
fabuloso/a fabulous
facción *f.* faction
fácil easy

facilidad *f.* ease
  con facilidad easily
facilitar to facilitate, make easy
fácilmente *adv.* easily
facón *m.* long gaucho knife
factor *m.* factor
falda *f.* skirt
falsamente *adv.* falsely
falso/a false
falta *f.* lack
  hacer falta to be lacking, needed
faltar to be lacking, missing, needed
fallecer (fallezco) to pass away, die
fama *f.* fame; reputation
  tener fama to be famous **U6 (1)**
familia *f.* family
  miembros (*m. pl.*) **de la familia** family members **U1 (1)**
familiar *adj.* family; familiar
familiarmente familiarly
famoso/a famous
fanático *m.*, **fanática** *f.* fanatic
fantasía *f.* fantasy **U7 (1)**
fantasma *m.* ghost
fantástico/a fantastic
farmacia *f.* pharmacy
fascinante fascinating
fascinar to fascinate
fastidiar to annoy, bother
fastidio *m.* annoyance, bother
fatal fatal; awful, rotten
favor *m.* favor
  a favor de in favor of
  por favor please
favorecer (favorezco) to favor
favorito/a favorite
fe *f.* faith
febrero *m.* February
fecha *f.* date (*time*)
felicidad *f.* happiness **U3 (2)**
¡felicitaciones! *f. pl.* congratulations!
felicitar to congratulate

feliz (*pl.* **felices**) happy
  ¡feliz cumpleaños! happy birthday!
  ¡Feliz Navidad! Merry Christmas!
felizmente happily
femenino/a feminine
fenicio *m.*, **fenicia** *f.* Phoenician
fenomenal phenomenal; terrific
fenómeno *m.* phenomenon
feo/a ugly
feria *f.* fair, celebration
feriado/a: día (*m.*) **feriado** holiday
feroz (*pl.* **feroces**) fierce, ferocious
ferretería *f.* hardware store
ferrocarril *m.* railroad
fertilizante *m.* fertilizer
festejar to celebrate
festival *m.* festival
festividad *f.* festivity
festivo/a: día (*m.*) **festivo** holiday **U1 (2)**
ficción *f.* fiction
  ciencia (*f.*) **ficción** science fiction
fiebre *f.* fever
fiel faithful **UR (1)**
fiesta *f.* party
  dar una fiesta to give, throw a party
figura *f.* figure
figurarse to suppose; to imagine
fijarse (en) to notice
fijo/a fixed
fila *f.* row, line
filamento *m.* filament
filmar to film
filosófico/a philosophical **UR (1)**
filósofo *m.*, **filósofa** *f.* philosopher
fin *m.* end
  a fin de with the purpose of
  a fines de at the end of
  al fin y al cabo finally, in the end
  en fin in short

fin de semana weekend
  poner fin a to end
  por fin finally
final *m.* end, ending
  adj. final
  a finales de at the end of
finalizar (c) to finalize
finalmente finally
financiar to finance
financiero/a financial
finanzas *f. pl.* finance(s) **U5 (1)**
finca *f.* farm
fingir (j) to feign, pretend
fino/a fine
firma *f.* signature
firmar to sign
firme *adj.* firm
física *f. sing.* physics
físicamente physically
físico/a physical
  características (*f. pl.*) **físicas** physical characteristics **UR (1)**
flaco/a thin **UR (1)**
flamenco *m.* flamenco (*popular Spanish music and dance*)
flauta *f.* flute
flojo/a lazy
flor *f.* flower
  mandar flores to send flowers **U1 (2)**
  ramo (*m.*) **de flores** bouquet of flowers
florido/a lush
  Pascua (*f.*) **Florida** Easter
flotar to float
fluidamente fluidly
fluorocarbono *m.* fluorocarbon
fogón *m.* bonfire
folklórico/a folkloric
folleto *m.* brochure, pamphlet
fomentar to foster, create
fondo *m.* background; fund
  a fondo thorough **U4 (1)**
forma *f.* form
  en (buena) forma in (good) shape **UR (1)**
  ponerse en forma to get into shape

formación *f.* training, education
    formación profesional professional training **U5 (1)**
formalidad *f.* formality
formar to form
fórmula *f.* formula
formular to formulate
foro *m.* forum
fortalecer (fortalezco) to fortify
fortaleza *f.* fort
fortuna *f.* fortune
forzar (ue) (c) to force, compel
foto *f.* photo, picture
    sacar fotos to take pictures
fotocopia *f.* photocopy
fotografía *f.* photo(graph), picture
fotográfico/a photographic
fotógrafo *m.*, **fotógrafa** *f.* photographer
fracasar to fail, be unsuccessful
fracaso *m.* failure
fracturar to fracture
frágil fragile
fragmento *m.* fragment
fragor *m.* roar
francés *m.* French (*language*)
francés *m.*, **francesa** *f.* Frenchman, Frenchwoman
    adj. French
Francia *f.* France
frase *f.* phrase; sentence
frecuencia *f.*: **con frecuencia** frequently
frecuente frequent
frecuentemente frequently
frenar to brake
frenesí *m.* frenzy
freno *m.* brake
frente *f.* forehead
frente a *prep.* opposite (to), facing
fresa *f.* strawberry
fresco/a cool

hace fresco it's cool (*weather*)
frijol *m.* bean
frío/a cold
    hace frío it's cold (*weather*)
    tener frío to be cold (*person*)
frito/a fried
    patatas (*f. pl.*) **fritas** potato chips (*Sp.*)
frívolo/a frivolous
frontera *f.* border, frontier
frotar to rub
frustración *f.* frustration
frustrado/a frustrated **UR (1)**
frustrarse to get frustrated
fruta *f.* fruit
fruto *m.* fruit; result, consequence
frutoso/a fruity
fuego *m.* fire
fuente *f.* source
fuera *adv.* outside
    fuera de *prep.* outside of
fuerte *adj.* strong
    adv. strongly
fuerza *f.* force **U7 (2)**
    fuerzas armadas armed forces
fugitivo *m.*, **fugitiva** *f.* fugitive
fumar to smoke
fumigación *f.* fumigation
fumigar (gu) to dust (*crops*)
función *f.* function
funcionar to function, work
funcionario *m.*, **funcionaria** *f.* public official **U5 (1)**
fundamentalmente fundamentally
fundar to found, establish
funeral *m.* funeral **U1 (2)**
funerario/a funereal
furia *f.* fury
furioso/a furious
fusilamiento *m.*: **pelotón** (*m.*) **de fusilamiento** firing squad
fusión *f.* fusion
fútbol *m.* soccer

fútbol (norte)americano football
futbolista *m., f.* soccer player
futuro *m.* future
futuro/a *adj.* future

G

gafas *f. pl.* glasses
gaita *f. sing.* bagpipes
galán *m.* fellow, guy
gallego *m.* Galician (*language*)
galleta *f.* cookie
gallina *f.* hen
gallo *m.* rooster
gamba *f.* shrimp (*seafood*)
    gambas al ajillo *shrimp cooked in a garlic sauce*
gana *f.* desire, wish
    decir uno lo que le da la gana to say just as one pleases
    tener ganas de + *infin.* to feel like (*doing something*)
ganadería *f.* cattle raising
ganadero/a *adj.* cattle-raising
ganado *m.* livestock
ganar to earn; to win; to beat; to gain
    ganarse la vida to earn a living
gandul *m.* pigeon pea
ganga *f.* bargain
garantía *f.* guarantee
garantizar (c) to guarantee **U3 (2)**
garganta *f.* throat
garra *f.* claw, talon
gas *m.* (natural) gas
gasolina *f.* gasoline
gasolinera *f.* gas station
gastar to spend
gasto *m.* expense
gato *m.*, **gata** *f.* cat
    caminar a gatas to crawl

VOCABULARIO ESPAÑOL–INGLÉS

gauchaje *m.* gaucho way of life
gauchesco/a *adj.* gaucho
gaucho *m.* gaucho, cowboy (*Arg.*)
gazpacho *m.* chilled soup made with tomatoes, onions, green peppers, and herbs
gemelo *m.*, **gemela** *f.* (*n. & adj.*) twin
gemido *m.* moan, wail
genealogía *f.* genealogy
genealógico/a: árbol (*m.*) **genealógico** family tree
generación *f.* generation
general *m.* (*n. & adj.*) general
    Educación (*f.*) **General Básica (E.G.B.)** elementary school (*Sp.*)
    en general generally
    por lo general generally
generalmente generally
generar to generate
genérico/a generic
género *m.* genre
generoso/a generous
genética *f. sing.* genetics
genial pleasant, genial
    ¡genial! wonderful! U2 (2)
genio *m.* genie U7 (2); genius, talent
gente *f. sing.* people
genuino/a genuine
geografía *f.* geography
geográficamente geographically
geográfico/a geographic
geométrico/a geometric
gerencia *f.* management
gerente *m., f.* manager
gerundio *m.* gerund (*gram.*)
gestión *f.* effort
gesto *m.* gesture
gigante *adj.* giant
gigantesco/a gigantic
gimnasio *m.* gymnasium
gira *f.* tour, trip
globo *m.* globe, sphere; balloon

glorioso/a glorious
glosa *f.* gloss
gobelino *m.* French tapestry
gobernador *m.*, **gobernadora** *f.* governor, ruler
gobernante *m., f.* ruler, leader
gobernar (ie) to govern
gobierno *m.* government
golf *m.* golf
golondrina *f.* swallow (*bird*)
golpe *m.* hit, blow
    de golpe suddenly
    de golpe y porrazo suddenly
    golpe militar military coup
golpear to strike
gordo/a fat
    premio (*m.*) **gordo** grand prize
gorra *f.* cap
gota *f.* drop
gotear to murmur
gótico/a Gothic
gozar (c) to enjoy U7 (2)
    gozar de to enjoy
gozo *m.* pleasure, delight
grabadora *f.* tape recorder
grabar to tape, record
gracias thank you; thanks
    dar las gracias to thank
    Día (*m.*) **de Acción de Gracias** Thanksgiving
    gracias a thanks to
    muchas gracias thank you very much
grado *m.* grade
graduación *f.* graduation
gradualmente gradually
graduarse (me gradúo) (en) to graduate (from) U5 (1)
gráfico/a graphic
gramatical grammatical
gran, grande great; big, large
granadino/a of or from Granada, Spain
grandeza *f.* greatness
granja *f.* farm
grasa *f.* fat; grease

gratis *adv.* free
gratitud *f.* gratitude
grato/a pleasing
gratuito/a gratuitous
grave serious
Grecia *f.* Greece
griego *m.*, **griega** *f.* (*n. & adj.*) Greek U4 (2)
gripe *f.* flu
gris *adj.* gray
gritar to yell, shout
griterío *m.* shouting, uproar
grito *m.* shout
    lanzar un grito to give a shout
    último grito latest thing
grotesco/a grotesque
grueso/a thick
grupo *m.* group
guajiro *m.*, **guajira** *f.* (white) peasant
guanábana prickly custard apple
guanaco *m.* guanaco (*domesticated animal related to the llama*)
guante *m.* glove
guapo/a handsome, beautiful
guardaespaldas *m. sing. & pl.* bodyguard
guardar to keep
    guardarle secretos a alguien to keep someone's secrets U1 (1)
guardería *f.* preschool, nursery
guardia (*m., f.*) **civil** member of the Civil Guard (*Sp.*)
guatemalteco *m.*, **guatemalteca** *f.* (*n. & adj.*) Guatemalan
guayaba *f.* guava
güero/a fair-haired and skinned
guerra *f.* war
guerrero *m.* warrior, soldier
guía *m., f.* guide (*person*) *f.* guide (*book*)
guiar (guío) to guide U5 (1)
guionista *m., f.* scriptwriter

guitarra *f.* guitar
gusano *m.* worm
gustar to like, be pleasing to
gusto *m.* taste
   buen gusto good taste **U3 (2)**
   con mucho gusto with pleasure
   gustos *pl.* likes, preferences

H

haber *irreg., infin. form of* **hay** to have *(auxiliary)*
haber de to have to
habilidad *f.* ability
hábilmente skillfully
habitación *f.* room; bedroom
habitante *m., f.* resident
habitar to inhabit
hábitat *m.* habitat
hábito *m.* habit
habituarse (me habitúo) to get used to
habla *f. (but* **el habla***)* language, speech
   de habla española Spanish-speaking
   de habla inglesa English-speaking
hablador(a) talkative **UR (1)**
hablar to speak, talk
   hablar por teléfono to talk on the telephone
hacer *irreg. (p.p.* **hecho/a***)* to do; to make
   desde hace + *time* (time) ago
   hace... años... years ago
   hace calor/fresco/frío/viento it's hot/cool/cold/windy *(weather)*
   hacer caminatas to take long walks
   hacer crucigramas to do crossword puzzles
   hacer daño to damage, harm
   hacer de tripas corazón to muster up courage **U5 (2)**
   hacer ejercicio to exercise
   hacer ejercicios aeróbicos to do aerobics **UR (2)**
   hacer excursiones to go on excursions
   hacer falta to be lacking, be needed
   hacer la compra to do the shopping
   hacer la tarea to do homework
   hacer las paces to make peace
   hacer preguntas to ask questions
   hacer regalos to give gifts
   hacer *surfing* to surf
   hacer (una) trampa to cheat **U6 (2)**
   hacer un papel to play a role
   hacer un picnic to have a picnic
   hacer un viaje to take a trip
   hacer una confidencia to tell a secret
   hacerle a uno pensar en to make someone think about **U7 (1)**
   hacerle caso a uno to pay attention to someone
   hacerse to become **U5 (1)**
hacia towards
   hacia atrás back(wards)
hacienda *f.* country estate, ranch **U2 (1)**
hada *f. (but* **el hada***)* fairy
   cuento (*m.*) **de hadas** fairy tale **U7 (2)**
   hada madrina fairy godmother
haitiano *m.,* **haitiana** *f. (n. & adj.)* Haitian **U4 (2)**
hallar to find
hamaca *f.* hammock
hambre *f. (but* **el hambre***)* hunger
   pasar hambre to go hungry
   tener hambre to be hungry
hambriento/a hungry
hambruna *f.* famine
hamburguesa *f.* hamburger
harpa *f. (but* **el harpa***)* harp
hasta *prep.* up to, until *adv.* even
   desde... hasta... from . . . to . . .
   hasta pronto see you soon
   hasta que *conj.* until
hato *m.* cattle ranch
hawaiano/a Hawaiian
hay (*from* **haber**) there is, there are
   hay que one must
hecho *m.* event, deed **U6 (1)**
   de hecho in fact
hecho/a *p.p.* done; made
heladería *f.* ice cream parlor
helado *m.* ice cream
hembra *f.* female
hemisferio *m.* hemisphere
herboso/a lush, filled with plant life
herencia *f.* heritage
   herencia étnica ethnic heritage **U4 (1)**
herido *m.,* **herida** *f.* injured person
hermanastro *m.,* **hermanastra** *f.* stepbrother, stepsister
hermano *m.,* **hermana** *f.* brother, sister
   hermanos *m. pl.* brothers and sisters, siblings
   medio hermano *m.,* **media hermana** *f.* half brother, half sister **U1 (1)**
hermosamente beautifully
hermoso/a beautiful
hermosura *f.* beauty
héroe *m.,* **heroína** *f.* hero, heroine
heroico/a heroic
heroísmo *m.* heroism

VOCABULARIO ESPAÑOL–INGLÉS

hielo *m.* ice
hierático/a solemn
hierba *f.* blade of grass
hierro *m.*: **barra** (*f.*) **de hierro** iron bar
higiene *f.* hygiene
hijo *m.*, **hija** *f.* son, daughter
   hijos *m. pl.* sons and daughters, children
hipótesis *f. sing. & pl.* hypothesis; *pl.* hypotheses
hispánico/a *adj.* Hispanic **U4 (1)**
hispanidad *f.* Hispanic characteristics
hispano *m.*, **hispana** *f.* (*n. & adj.*) Hispanic
Hispanoamérica *f.* Spanish America
hispanoamericano *m.*, **hispanoamericana** *f.* (*n. & adj.*) Hispanic-American **U4 (1)**
hispanohablante *m., f.* Spanish speaker
   adj. Spanish-speaking
hispanoparlante *m., f.* Spanish speaker
historia *f.* history; story
historiador *m.*, **historiadora** *f.* historian
históricamente historically
histórico/a historical
hogar *m.* home
hoja *f.* leaf; sheet (*of paper*)
hola hello
holandés *m.*, **holandesa** *f.* (*n. & adj.*) Dutch **U4 (2)**
hombre *m.* man
   hombre de negocios businessman **U5 (1)**
homenaje *m.* homage
homogéneo/a homogenous
honestamente honestly
honesto/a honest
honor *m.* honor
   cena (*f.*) **en honor de** dinner, supper in honor of **U1 (2)**
   sentido (*m.*) **del honor** sense of honor **U6 (2)**

honrado/a honorable **UR (1)**
hora *f.* hour
   en buena hora fortunately
   ¿qué hora es? what time is it?
horario *m.* schedule
horizonte *m.* horizon
horno (*m.*) **de microondas** microwave oven
horrendo/a horrendous
horrible horrible, dreadful
horror *m.* horror
   ¡qué horror! how awful!
hospital *m.* hospital
hotel *m.* hotel
hoy today
   hoy día nowadays
hueco *m.* hole, gap
huelga *f.* strike (*labor*) **U6 (2)**
   estar en huelga to be on strike
hueso *m.* bone
huevo *m.* egg
huir (y) to flee
humanidad *f.* humanity
humanitario/a humanitarian
humano/a *adj.* human
   ser (*m.*) **humano** human being
húmedo/a humid
humilde humble **UR (1)**
humillado/a humiliated
humor *m.* humor; mood
   estar de buen/mal humor to be in a good/bad mood
   sentido (*m.*) **del humor** sense of humor **U7 (1)**
humorista *m., f.* humorist
humorístico/a humorous, funny
humo *m.* smoke
huracán *m.* hurricane

I

ibérico/a: Península (*f.*) **Ibérica** Iberian Peninsula (*where Spain and Portugal are located*)
ibero *m.*, **ibera** *f.* Iberian
iberoamericano *m.*, **iberoamericana** *f.* Latin American **U4 (1)**
icono *m.* icon
ida *f.* departure
   ida y vuelta *adj.* round trip
ideal *n. m.* ideal
   adj. m. & f. ideal
idealmente *adv.* ideally
idéntico/a identical
identidad *f.* identity **U4 (1)**
identificar (qu) to identify
   identificarse to identify oneself **U4 (1)**
idioma *m.* language
ídolo *m.* idol **U6 (1)**
iglesia *f.* church
ignorancia *f.* ignorance
ignorar to ignore
igual equal
   dar igual to be all the same, not matter
   igual que like, the same as **U4 (2)**
igualdad *f.* equality
igualmente equally
ilegalmente illegally
ilógico/a illogical
iluminar to illuminate
ilusión *f.* illusion
ilustrar to illustrate
imagen *f.* image **U3 (1)**
imaginación *f.* imagination
imaginar to imagine
   imaginarse to imagine, fancy **U7 (1)**
imaginario/a imaginary
imaginativo/a imaginative
imbécil *m., f.* imbecile
imitar to imitate **U6 (1)**
impaciente impatient
impacto *m.* impact
   tener un impacto to have an impact **U3 (2)**
impedir (i, i) to impede, hinder **U6 (2)**
imperecedero/a undying
imperfecto *m.* imperfect tense (*gram.*)
imperio *m.* empire

impermeable *m.* raincoat
implicar (qu) to imply
imponer (*like* **poner**) to impose
importación *f.* import, importation
importancia *f.* importance
importante important
importar to be important, matter; to import
imposible impossible
imposición *f.* imposition
impostor *m.*, **impostora** *f.* imposter
impreciso/a imprecise, vague
impresión *f.* impression
impresionante impressive **U4 (1)**
impresionar to impress
impreso/a *adj.* printed
impulsivo/a impulsive
impulso *m.* impulse
inactivo/a inactive
inadecuado/a inadequate
inaguantable unsupportable, intolerable
inalcanzable unreachable
inapropiado/a inappropriate
inca *m., f.* Inca
incaico/a *adj.* Incan
incendio *m.* fire
incidente *m.* incident
inclinación *f.* inclination
incluir (y) to include
inclusive including
incluso including
incompleto/a incomplete
incondicional unconditional
inconfundible unmistakable
incorporación *f.* incorporation
incorporar to incorporate
incorpóreo/a incorporeal, bodiless
incorrecto/a incorrect
incrédulo/a skeptical
increíble incredible
incurable uncurable

independencia *f.* independence
independentista *m., f.* one who favors independence (for Puerto Rico)
independiente independent
independizarse (c) to become independent
indeseable undesirable
indicar (qu) to indicate
índice *m.* rate
  índice de natalidad birthrate
indiferente indifferent
indígena *m., f.* indigenous person, native
  adj. native
indignación *f.* indignation
indignarse to become indignant
indio *m.*, **india** *f.* (*n. & adj.*) Indian **U4 (2)**
indirecto/a indirect
indispensable essential
individualmente individually
individuo *m.* individual
industria *f.* industry
inesperadamente unexpectedly
inesperado/a unexpected
inexplorado/a unexplored
inexpresado/a unexpressed
infancia *f.* infancy
infierno *m.* hell
infiltrar to infiltrate
infinidad *f.* infinity
infinitivo *m.* infinitive (mood) (*gram.*)
infinito/a infinite
influencia *f.* influence
influir (y) (en) to influence **U3 (1)**
información *f.* information
informar to inform **U3 (2)**
  informarse to find out, inform oneself **U3 (2)**
informativo/a informative
infusión *f.* infusion
ingeniería *f.* engineering
ingeniero *m.*, **ingeniera** *f.* engineer

ingenuo/a naive
Inglaterra *f.* England
inglés *m.* English (*language*)
inglés *m.*, **inglesa** *f.* Englishman, Englishwoman
  adj. English
  de habla inglesa English-speaking
ingrediente *m.* ingredient
ingresar to deposit
ingreso *m.* income
inhabitado/a uninhabited
inherente inherent
inhospitalario/a inhospitable
iniciación *f.* initiation
inicialmente initially
iniciar to initiate
iniciativa *f.* initiative
inicio *m.* start, beginning
injusticia *f.* injustice
injusto/a unfair
inmaculado/a immaculate
inmediatamente immediately
inmediato/a immediate
  de inmediato immediately
  inmediato/a a close to, next to
inmemorial immemorial
inmenso/a immense
inmigración *f.* immigration
inmigrante *m., f.* (*n. & adj.*) immigrant
inmigrar to immigrate
inmutarse to lose one's cool
innovador(a) innovative
inocente innocent
inquieto/a anxious, worried
inscribirse (*p.p.* **inscrito/a**) to enroll, register **U6 (2)**
inscripción *f.* inscription
inscrito/a *p.p.* enrolled, registered
insecticida *f.* insecticide
insecto *m.* insect **U2 (2)**
insistir (en) to insist (on)
insólito/a untimely
inspiración *f.* inspiration **U6 (1)**
inspirar to inspire

VOCABULARIO ESPAÑOL–INGLÉS

instalación *f.* installation
instantáneamente instantaneously
instantáneo/a instantaneous
instante: al instante instantly
instinto *m.* instinct
institución *f.* institution
instituto *m.* institute
instrucción *f.* instruction
instruido/a well-informed
instrumento *m.* instrument
insultar to insult
insulto *m.* insult
intacto/a intact
integridad *f.* integrity
íntegro/a integral
intelectual intellectual
intelectualmente intellectually
inteligencia *f.* intelligence
inteligente intelligent
inteligentemente intelligently
intención *f.* intention
intentar to try, attempt
intento *m.* intent
interacción *f.* interaction
intercambiable interchangeable
intercambiar to exchange
intercambio *m.*: **estudiante** (*m., f.*) **de intercambio** exchange student
interés *m.* interest
interesante interesting
interesar to interest
interminable endless
internacional international
interpretación *f.* interpretation
interpretar to interpret
interrumpir to interrupt
intimidad *f.* intimacy
íntimo/a intimate
intolerablemente unbearably
intoxicado/a poisoned
intrépido/a intrepid, fearless **U6 (1)**
intrínseco/a intrinsic
introducción *f.* introduction

introducir (*like* **conducir**) to introduce
intruso *m.*, **intrusa** *f.* intruder
inútil useless
inútilmente uselessly, in vain
invadir to invade
invasión *f.* invasion
invencible invincible **UR (1)**
invención *f.* invention
inventar to invent
inventario *m.* inventory **U5 (1)**
invento *m.* invention **U7 (1)**
inversión *f.* investment
investigación *f.* investigation
investigador *m.*, **investigadora** *f.* investigator
investigar (gu) to investigate **U3 (2)**
invierno *m.* winter
invitación *f.* invitation
invitado *m.*, **invitada** *f.* guest
invitar to invite
inyección *f.* injection
ir *irreg.* to go
  ir al cine to go to the movies
  ir de compras to go shopping
  ir de vacaciones to go on vacation
  ir en balsa en agua blanca to go whitewater rafting **U2 (2)**
  irse to go away, leave
  vamos a ver let's see
iraní *m., f.* (*n. & adj.*) Iranian **U4 (2)**
Irlanda *f.* Ireland
irlandés *m.*, **irlandesa** *f.* Irishman, Irishwoman *adj.* Irish
irónicamente ironically
irónico/a ironic
irreal unreal
irresponsable irresponsible
irritar to irritate
isla *f.* island

istmo *m.* isthmus
Italia *f.* Italy
italiano *m.* Italian (*language*)
italiano *m.*, **italiana** *f.* (*n. & adj.*) Italian
izquierda *f.* left (*side*)
  a la izquierda on the left
izquierdo/a *adj.* left
  levantarse con el pie izquierdo to get up on the wrong side of the bed **U5 (2)**

J

jabón *m.* soap
jaguar *m.* jaguar
jai alai *m. Basque ball game*
jamás never
jamón *m.* ham
Jánuca *m.* Hanukkah
Japón *m.* Japan
japonés *m.*, **japonesa** *f.* (*n. & adj.*) Japanese
jardín *m.* garden
jaspeado/a speckled
jaula *f.* cage
jazz *m.* jazz
jeans *m. pl.* jeans
jefe *m.*, **jefa** *f.* boss
jíbaro *m.*, **jíbara** *f.* rural peasant
jota *f.*: **no saber ni jota** to have no idea
joven *m., f.* young person *adj.* young
joya *f.* jewel
joyería *f.* jewelry
jubilarse to retire **U1 (2)**
judío *m.*, **judía** *f.* Jew *adj.* Jewish
  judío/a sefardí Sephardic Jew
juego *m.* game
  Juegos Olímpicos Olympic Games
jueves *m. sing. & pl.* Thursday
jugador *m.*, **jugadora** *f.* player

jugar (ue) (gu) to play (*a sport*)
   jugar a los videojuegos to play videogames
   jugar al escondite to play hide-and-seek
jugo *m.* juice
jugoso/a juicy
juguete *m.* toy
julio *m.* July
junio *m.* June
junta (*f.*) **directiva** meeting of the board of directors
juntarse to join, come together
junto: junto a *prep.* next to
   junto con *prep.* together with
   juntos/as together
jurar to swear
justicia *f.* justice
justificar (qu) to justify
justamente fairly, justly
justo/a fair
juvenil *adj.* youth
juventud *f.* youth **U1 (2)**
juzgar (gu) to judge **U3 (1)**

K

kilómetro *m.* kilometer
kínder *m.* kindergarten

L

la *f. sing. definite article* the
la *d.o. pron.* you (*pol. f. sing.*); her, it (*f.*)
labor *f.* labor, work
laboral *adj.* labor, work
laboratorio *m.* laboratory
lacio/a straight (*hair*)
lado *m.* side
   al lado de next to
   por un/otro lado on the one/other hand
ladrón *m.*, **ladrona** *f.* thief
lagarto *m.* lizard
lago *m.* lake

lágrima *f.* tear (*from crying*)
lagrimeo *m.* crying
lamentación *f.* lamentation, sorrow
lamentar to be sorry about, regret
lamentos *m. pl.* lamentation
lámina *f.* engraving
lámpara *f.* lamp
lana *f.* wool
lanza *f.* lance, spear
lanzar (c) to throw, cast
   lanzar un grito to give a shout
lapa (*f.*) **roja** scarlet macaw
lápiz *m.* (*pl.* **lápices**) pencil
largarse (gu) to scram (*coll.*)
largo/a long
las *f. pl. definite article* the
las *d.o. pron.* you (*pol. f. pl.*); them (*f.*)
lástima *f.* pity
   (no) es lástima que it's (not) a shame that **U3 (1)**
   ¡qué lástima! what a shame!
   tener lástima to feel sorry
lata *f.* tin can
latino *m.*, **latina** *f.* (*n. & adj.*) Latino
   América (*f.*) **Latina** Latin America
Latinoamérica *f.* Latin America
latinoamericano *m.*, **latinoamericana** *f.* (*n. & adj.*) Latin American **U4 (1)**
latir to beat
lavable washable
lavado *m.* washing
lavar to wash
   lavarse to wash oneself
lazo *m.* link, bond, tie **U4 (1)**
le *i.o. pron.* to/for him, her, it, you (*pol. sing.*)
leal loyal **UR (1)**
lección *f.* lesson
lector *m.*, **lectora** *f.* reader **U3 (2)**
lectura *f.* reading

leche *f.* milk
   diente (*m.*) **de leche** baby tooth
   leche de polvo powdered milk
lecho *m.* bed
leer (y) to read
legado *m.* legacy **U5 (2)**
legendario/a legendary
lego *m.*, **lega** *f.* lay person
legumbre *f.* vegetable
lejano/a distant, remote
lejos *adv.* far away
   a lo lejos in the distance
   lejos de *prep.* far from
lema *m.* slogan
lengua *f.* language
   lengua natal native language **U4 (1)**
lenguaje *m.* language
lentamente slowly
lentes *m. pl.* eyeglasses
   lentes de contacto contact lenses
lento/a slow
   ritmo lento de la vida slow pace of life
les *i.o. pron.* to/for them, you (*pol. pl.*)
letargo *m.* lethargy
letra *f.* letter; lyric(s)
letrero *m.* sign
levantador (*m.*), **levantadora** (*f.*) **de pesas** weight lifter
levantar to raise, lift; to wake
   levantarse to wake up
   levantarse con el pie izquierdo to get up on the wrong side of the bed **U5 (2)**
léxico *m.* vocabulary
ley *f.* law **U2 (2)**
leyenda *f.* legend **U7 (2)**
liar (lío) to be involved with
liberación *f.* liberation
libertad *f.* liberty
libertador *m.*, **libertadora** *f.* liberator
libra *f.* pound
libre free
   al aire libre outdoors

VOCABULARIO ESPAÑOL–INGLÉS

libre (*continued*)
   lucha (*f.*) **libre** wrestling
   rato (*m.*) **libre** spare moment
   redacción (*f.*) **libre** free association (*while writing*)
   tiempo (*m.*) **libre** free time
   Tratado (*m.*) **de Libre Comercio (TLC)** North American Free Trade Agreement (NAFTA)
librería *f.* bookstore
libro *m.* book
licencia *f.*: **sacar una licencia** to get a degree U5 (1)
licenciatura *f.* degree
líder *m.* leader
lienzo *m.* canvas
liga *f.* league
ligar (gu) to tie, bind; to get together (*with someone*)
limitación *f.* limitation
limitar to limit
límite *m.* limit
limo *m.* limousine
limón *m.* lemon
limpiar to clean
limpieza *f.* cleaning
limpio/a clean U2 (2)
lindo/a pretty
línea *f.* line
   línea ecuatorial equator
lingüístico/a linguistic
linterna *f.* lantern, lamp
lío *m.*: **meterse en líos** to get into problems
líquido *m.* liquid
lista *f.* list
listo/a ready; clever, smart
   estar listo/a to be ready
   ser listo/a to be clever, smart
literario/a literary
literatura *f.* literature
litro *m.* liter
lo *d.o. pron.* him, it (*m.*); you (*pol. m. sing.*)
   lo contrario the opposite
   lo que what, that which
lobo *m.* wolf
localidad *f.* locality; town

loción (*f.*) **bronceadora** tanning lotion
loco *m.*, **loca** *f.* crazy person *adj.* crazy
locura *f.* insanity
lodo *m.* mud
lógicamente logically
lógico/a logical
lograr to achieve, attain
logro *m.* achievement
Londres *m.* London
lóquer *m.* locker
los *m. pl. definite article* the
los *d.o. pron.* you (*pol. m. pl.*); them (*m.*)
losa *f.* gravestone
lotería *f.* lottery
lúcido/a lucid, clear
lucir (luzco) to shine (*fig.*) U3 (1)
lucha *f.* struggle, fight
   lucha libre wrestling
luchar to struggle, fight U6 (2)
luego then, later
   desde luego of course
lugar *m.* place
   en primer lugar in the first place
   tener lugar to take place
lujo *m.* luxury
lujoso/a luxurious
luna *f.* moon
   luna de miel honeymoon U1 (2)
lunes *m. sing. & pl.* Monday
luz *f.* (*pl.* **luces**) light; electricity

LL

llama *f.* llama (*domesticated animal*)
llamado/a called; so-called
llamar to call
   llamar la atención to attract attention U3 (1)
   llamarse to be named
llamativo/a flashy, attention-getting U3 (2)

llano *m.* plain, flat ground
llanta *f.* tire
llanto *m.* weeping; lamentation
llanura *f.* highland plain
llave *f.* key
llegada *f.* arrival
llegar (gu) to arrive; to reach
   llegar a conocer to come to know U4 (1)
   llegar a ser to become U5 (1)
   llegar a tiempo to be, arrive on time
   llegar tarde/temprano to be, arrive late/early
llenar to fill
lleno/a full
   lleno/a de vida full of life U6 (1)
llevar to wear; to take; to carry
   dejarse llevar to get carried away
   llevar a cabo to carry out
   llevarse to carry off; to take away U6 (2)
   llevarse bien/mal to get along well/poorly
   llevarse una buena sorpresa to be really surprised
llorar to cry
llorón *m.*, **llorona** *f.* tearful person
llover (ue) to rain
   llueve it's raining
lluvia *f.* rain
lluvioso/a rainy

M

macizo/a solid
machete *m.* machete
macho *m.* male
madera *f.* wood
madrastra *f.* stepmother
madre *f.* mother
madrina: hada (*f., but* **el hada**) **madrina** fairy godmother

madrugada *f.* dawn, early morning
madurez *f.* maturity, adulthood **U1 (2)**
  Bachillerato (*m.*) **por Madurez** Graduate Equivalency Diploma
maduro/a ripe
maestría *f.* mastery; Master's degree
maestro *m.*, **maestra** *f.* teacher; master
  adj. master
  obra (*f.*) **maestra** masterpiece
magia *f.* magic
mágico/a *adj.* magic **U7 (2)**
  realismo (*m.*) **mágico** magical realism
magnético/a magnetic
magnífico/a magnificent
mago *m.*, **maga** *f.* magician **U7 (2)**
  m. wizard
  Día (*m.*) **de los Reyes Magos** Epiphany (Day of the Magi) **U1 (2)**
  Reyes (*m. pl.*) **Magos** Three Wise Men
maíz *m.* corn
majestuoso/a majestic
mal *m.* evil **U7 (2)**
  adv. badly
  caerle mal a alguien to make a bad impression on someone **U3 (1)**
  llevarse mal to get along poorly
  mal educado/a poorly mannered
  pasarlo mal to have a bad time
  portarse mal to misbehave
  salirle mal a alguien to turn out badly for someone **U5 (2)**
mal, malo/a *adj.* bad
  estar de mal humor to be in a bad mood
  sacar malas notas to get bad grades

  tener mala suerte to be unlucky
maldad *f.* evil, wickedness **U7 (2)**
malentendimiento *m.* misunderstanding
maleta *f.* suitcase
maletín *m.* briefcase **U5 (2)**
malgastar to waste **U2 (2)**
malgasto *m.* waste
maltratado/a mistreated
malvado *m.*, **malvada** *f.* villain
malla *f.*: **bolsa** (*f.*) **de malla** mesh bag
mamá *f.* mom
mamey *m.* mamey (*tropical fruit*)
mami *f.* mommy (*coll.*)
mamífero *m.* mammal
mandar to send
  mandar flores to send flowers **U1 (2)**
  mandar tarjetas to send cards **U1 (2)**
mandato *m.* command
mandíbula *f.* mandible
manejar to drive; to handle, manage
manejo *m.* handling
manera *f.* way
  de todas maneras in any case
manifestación *f.* manifestation
manifestar (ie) to manifest, express
manipular to manipulate
manjar *m.* dish, food
mano *f.* hand
  dar la mano to shake hands **U5 (2)**
  escribir a mano to handwrite
  pedir la mano to propose
  tender la mano to lend a hand
mantener (*like* **tener**) to maintain **U2 (2)**
  mantenerse to keep, maintain oneself
manzana *f.* apple
mañana *f.* morning; tomorrow
  por la mañana in the morning
mañanita *f.* bed jacket
mapa *m.* map
  mapa semántico semantic map
maquillaje *m.* makeup
maquillarse to put on makeup
máquina *f.* machine
  escribir a máquina to type
maquinaria *f.* machinery
mar *m., f.* (*poetic*) sea
  Mar (*m.*) **Caribe** Caribbean Sea
maratón *m.* marathon
maravilla *f.* wonder
maravilloso/a marvelous
marca *f.* brand name
marcador *m.* marker
marcar (qu) to mark
marcha *f.*: **dar marcha atrás** to go in reverse
marchar to go; to march
  marcharse to leave, go away
margen *m.* margin
marginado *m.*, **marginada** *f.* outcast
mariachi *m.* mariachi (*Mexican musician*)
marido *m.* husband
marina *f.* navy (*military*)
marinero *m.*, **marinera** *f.* sailor
mariposa *f.* butterfly **U2 (2)**
marisco *m.* shellfish, seafood
marítimo/a *adj.* marine, sea
martes *m. sing. & pl.* Tuesday
más more; most
  más allá de beyond
  más que nada more than anything
  más que nunca more than ever
  más tarde later
  más temprano earlier
  más vale que it's better that

masa *f.* dough
máscara *f.* mask
mascota *f.* pet; mascot
masculino/a masculine
masticar (qu) chicle to chew gum
matanza *f.* slaughter
matar to kill
mate *m.* mate (*type of infused tea*)
   yerba (*f.*) **mate** mate (*type of infused tea*)
matemáticas *f. pl.* mathematics, math
matemático *m.*, **matemática** *f.* mathematician *adj.* mathematic
materia *f.* (school) subject; material
material *m.* material
materialista *adj. m., f.* materialistic **U3 (2)**
materializar (c) to materialize
materno/a maternal
matinal *adj.* morning
matriarcal matriarchal
matrícula *f.* registration
matricularse to register **U5 (1)**
matrimonio *m.* marriage **U1 (1)**; married couple
máximo/a maximum
maya *m., f.* (*n. & adj.*) Mayan
mayo *m.* May
mayor older; oldest; greater
mayordomo *m.* butler
mayoría *f.* majority **U4 (2)**
mayoritario/a *adj.* majority
mazorca *f.* cob, ear (*corn*)
me *d.o. pron.* me; *i.o. pron.* to/for me; *refl. pron.* myself
mecánicamente mechanically
mecánico *m.*, **mecánica** *f.* mechanic
mechón *m.* tuft, lock (*of hair*)
medalla *f.* medal
mediano/a medium, average
   de estatura mediana of medium height

medianoche *f.* midnight
mediante by means of, through
media *f.* stocking
medicina *f.* medicine
médico *m.*, **médica** *f.* doctor
medida *f.* measure
medio *m. sing.* means
   medio ambiente environment **U2 (2)**
   medio de transporte means of transportation
   medios de comunicación means of communication; media
   por medio de by means of
medio/a middle; half
   medio hermano *m.*, **media hermana** *f.* half brother, half sister **U1 (1)**
mediodía *m.* noon
medir (i, i) to measure
mejilla *f.* cheek
mejor better; best
   a lo mejor probably
mejoramiento *m.* improvement
mejorar to improve
melancólico/a sad
memoria *f.* memory
mencionar to mention
menor younger; youngest; less; least
menora *f.* Menorah
menos less, fewer; least
   a menos que *conj.* unless
   al menos at least
   menos cuarto quarter to (*time*)
   por lo menos at least
mensaje *m.* message
mente *f.* mind
mentir (ie, i) to lie **U6 (2)**
mentira *f.* lie **U6 (2)**
menú *m.* menu
menudo/a small
   a menudo *adv.* often
mercado *m.* market
merecer (merezco) to deserve **U7 (2)**

merengue *m.* merengue (*Caribbean dance*)
merienda *f.* picnic
meritorio/a meritorious, deserving
mero/a: mera verdad (*f.*) simple truth
mes *m.* month
   al mes per month
mesa *f.* table
   poner la mesa to set the table
mesero *m.*, **mesera** *f.* waiter, waitress
meseta *f.* plateau
mestizaje *m.* crossbreeding
mestizo *m.*, **mestiza** *f.* mestizo, racially mixed person *adj.* mestizo, racially mixed
meta *f.* goal
metáfora *f.* metaphor
metal *m.* metal
metálico/a metallic
metamorfosis *f. sing. & pl.* metamorphosis, transformation; *pl.* metamorphoses
meteorólogo *m.*, **meteoróloga** *f.* meteorologist **U5 (1)**
meterse to join
   meterse en líos to get into problems
método *m.* method
metro *m.* meter; metro, subway
metropolitano/a metropolitan
mexicano *m.*, **mexicana** *f.* (*n. & adj.*) Mexican
México *m.* Mexico
mexicoamericano *m.*, **mexicoamericana** *f.* (*n. & adj.*) Mexican-American
mezcla *f.* mixture **U4 (1)**
mezclar to mix
mezquita *f.* mosque
mi(s) *poss. adj.* my
mí *obj. of prep.* me

microondas *f.*: **horno** (*m.*) **de microondas** microwave oven
miedo *m.* fear
  dar miedo to frighten
  tener miedo to be afraid
miel *adj.* honey-colored
  luna (*f.*) **de miel** honeymoon **U1 (2)**
miembro *m.* member
  miembros de la familia family members **U1 (1)**
mientras *conj.* while
  mientras que *conj.* whereas
  mientras tanto *adv.* meanwhile
miércoles *m. sing. & pl.* Wednesday
  miércoles de ceniza Ash Wednesday
migración *f.* migration
migrante *adj.* migrant
mil *m.* one thousand
milagro *m.* miracle
milagroso/a miraculous
militar *adj.* military
  golpe (*m.*) **militar** military coup
milla *f.* mile
millón *m.* one million
mimar to spoil, pamper
mimado/a *adj.* spoiled (*child*)
mimetismo *m.* mimicry
mina *f.* mine
mineral *m.* mineral
minicuestionario *m.* mini-questionnaire
minidrama *m.* skit
minifalda *f.* miniskirt
mínimo *m.* minimum
mínimo/a *adj.* minimum
minisatélite *m.* mini-satellite
ministerio *m.* ministry
minoría *f.* minority **U4 (2)**
minuto *m.* minute
mío *m.*, **mía** *f.* (*poss. pron.*) mine
  poss. adj. my, (of) mine
mirada *f.* look, glance
mirar to look (at); to watch

mirar la tele/televisión to watch TV/television
¡misericordia! have mercy!
misión *f.* mission
mismo/a same
  refl. pron. -self
  dar lo mismo to be all the same, not matter
  estar seguro/a de sí mismo/a to be sure of oneself **U3 (1)**
  tener confianza en sí mismo/a to have confidence in oneself **U6 (1)**
  ti mismo/a yourself
misterio *m.* mystery
misterioso/a mysterious
místico/a mystical
mitad *f.* half
mítico/a mythical **U7 (2)**
mito *m.* myth **U7 (2)**
mitología *f.* mythology
mochila *f.* backpack
moda *f.* fashion
  estar de moda to be in style **U3 (1)**
  última moda latest fashion **U3 (1)**
modelo *m., f.* (fashion) model; *m.* model
  servir de modelo to serve as a model **U6 (1)**
modernismo *m.* modernism
modernización *f.* modernization
moderno/a modern
modesto/a modest
modificar (qu) to modify
modo *m.* way, manner **U7 (1)**
moldeado/a soft perm (*hair*)
moldear to mold
molestar to bother, annoy
molesto/a bothersome, annoying
mollera *f.* crown of the head
momento *m.* moment
monarquía *f.* monarchy
moneda *f.* coin; currency, money
monetario/a monetary
monja *f.* nun

mono *m.* monkey
monociclo *m.* unicycle
monstruo *m.* monster
montado/a mounted
montaje *m.* montage
montaña *f.* mountain
  bicicleta (*f.*) **de montaña** mountain bike
montañoso/a mountainous
montar to ride
  montar a caballo to ride horseback
  montar en bicicleta to ride a bicycle
monte *m.* mount, mountain
monumento *m.* monument
morada *f.* dwelling
morado/a purple
moraleja *f.* moral
morder (ue) to bite
moreno/a dark (*hair, skin*)
morir(se) (ue, u) (*p.p.* **muerto/a**) to die
moro *m.*, **mora** *f.* Moor, Arab
  adj. Moorish
mosca *f.* fly
mostrar (ue) to show
motivación *f.* motivation
motivado/a motivated **U3 (1)**
motivar to motivate **U7 (1)**
motivo *m.* motive
motocicleta *f.* motorcycle
motor *m.* motor
moverse (ue) to move
movilizarse (c) to mobilize
movimiento *m.* movement
muchacho *m.*, **muchacha** *f.* boy, girl
mucho *m.* a lot
  tener mucho que ofrecer to have a lot to offer **U4 (2)**
mucho/a *adj.* much, a lot (of)
  con mucho gusto with pleasure
muchos/as *adj.* many, a lot (of)
  muchas gracias thank you very much
  muchas veces many times, often

VOCABULARIO ESPAÑOL–INGLÉS

mudanza *f.* move, change of residence
mudarse to move (*residence*) **U6 (2)**
mudez *f.* dumbness, muteness
mudo/a silent
mueble *m.* piece of furniture
muerte *f.* death
muerto/a *p.p.* dead; died
   Día (*m.*) **de los Muertos** Day of the Dead
mujer *f.* woman; wife
   mujer bombero female firefighter **U5 (1)**
   mujer de negocios businesswoman **U5 (1)**
   mujer policía female police officer
   mujer político female politician
   mujer soldado female soldier
mulato *m.*, **mulata** *f.* (*n. & adj.*) mulatto (*of black and white ancestry*) **U4 (1)**
mulo *m.* mule
multa *f.*: **ponerle una multa** to give (*someone*) a ticket **U5 (2)**
multiplicar(se) (qu) to multiply
mundial *adj.* world **U6 (1)**
   Copa (*f.*) **Mundial** World Cup (*soccer*)
mundialmente worldwide
mundo *m.* world
   mundo del trabajo working world
   Tercer Mundo Third World
municipio *m.* municipality
muñeca *f.* doll
muñeco *m.* figure
mural *m.* mural
   adj. mural, wall
muralista *m., f.* (*n. & adj.*) muralist
murmurar to murmur
muro *m.* wall

musculoso/a muscular
museo *m.* museum
musgo *m.* moss
música *f.* music
músico *m.*, **música** *f.* musician **U5 (1)**
musulmán *m.*, **musulmana** *f.* (*n. & adj.*) Muslim
mutualista *m., f.* member of a union formed for mutual benefit
   adj. of or pertaining to a union formed for mutual benefit
mutuo/a mutual
muy very

N

nacer (nazco) to be born
nacido/a born
   recién nacido/a *adj.* newborn **U1 (1)**
nacimiento *m.* birth
nación *f.* nation
nacional national
nacionalidad *f.* nationality
nada nothing, not anything
   más que nada more than anything
   para nada not at all
nadar to swim
nadie nobody, not anybody
náhuatl *m.* Nahuatl (*language spoken by the Aztecs*)
naranja *f.* orange
nariz *f.* nose
narración *f.* narration
narrador *m.*, **narradora** *f.* narrator
narrativa *f.* narrative
natación *m.* swimming
natal *adj.* native
   lengua (*f.*) **natal** native language **U4 (1)**
natalidad *f.*: **índice** (*m.*) **de natalidad** birthrate
nativo/a native
natural natural

   recurso (*m.*) **natural** natural resource **U2 (1)**
naturaleza *f.* nature **U2 (1)**
naturalidad *f.* naturalness
naturalista *m., f.* (*n. & adj.*) naturalist
naturalmente naturally
nave (*f.*) **espacial** spaceship
navegante *m., f.* sailor
navegar (gu) to sail
Navidad *f.* Christmas
   ¡Feliz Navidad! Merry Christmas!
   Navidades *pl.* Christmastime or season
nebuloso/a cloudy **U2 (2)**
necesario/a necessary
necesidad *f.* necessity
necesitado/a needy
necesitar (de) to need
néctar *m.* nectar
negar (ie) (gu) to deny **U6 (2)**
   negarse a + *infin.* to refuse to (*do something*)
negativo/a negative
negociar to negotiate
negocio *m.* business; deal, transaction
   hombre (*m.*), **mujer** (*f.*) **de negocios** businessman, businesswoman **U5 (1)**
negro *m.*, **negra** *f.* black (*person*) **U4 (1)**
   adj. black
neoyorquino *m.*, **neoyorquina** *f.* New Yorker
nervio *m.* nerve
   ataque (*m.*) **de nervios** nervous breakdown **U6 (2)**
nerviosamente nervously
nervioso/a nervous
neutrónico/a: bomba (*f.*) **neutrónica** neutron bomb
ni nor, neither; not even
   ni tan siquiera not even
   no saber ni jota to have no idea

nicaragüense *m., f.* (*n. & adj.*) Nicaraguan
nido *m.* nest
niebla *f.* fog
nieto *m.*, **nieta** *f.* grandson, granddaughter
   nietos *m. pl.* grandchildren
nieve *f.* snow
   esquiar en la nieve to snow ski **UR (2)**
ningún, ninguno/a none, not any
niñez *f.* childhood
niño *m.*, **niña** *f.* little boy, little girl; child
   de niño/a as a child
   niños *m. pl.* children
nivel *m.* level
no no; not
Nobel: Premio (*m.*) **Nobel** Nobel Prize
noble *m., f.* (*n. & adj.*) noble
nocturno/a nocturnal
noche *f.* night
   de/por la noche in the evening, at night
   esta noche tonight
   todas las noches every night
Nochebuena *f.* Christmas Eve
Noel: Papá (*m.*) **Noel** Santa Claus
nombrar to name
nombre *f.* name
   poner nombre a to name
nominación *f.* nomination
nordeste *m.* northeast
norma *f.* norm
normalmente normally
noroccidente *m.* northwest
noroeste *m.* northwest
norte *m.* north
   América (*f.*) **del Norte** North America
Norteamérica *f.* North America
norteamericano/a North American
   fútbol (*m.*) **norteamericano** football
nos *d.o. pron.* us; *i.o. pron.* to/for us; *refl. pron.* ourselves; each other
nosotros *m.*, **nosotras** *f. sub. pron.* we; *obj. of prep.* us
nostálgico/a nostalgic
nota *f.* note; grade
   sacar buenas/malas notas to get good/bad grades
notablemente notably
notar to note
noticia *f.* news item
   noticias *pl.* news
novedad *f.* novelty
novela *f.* novel
novelista *m., f.* novelist
noviazgo *m.* engagement
noviembre *m.* November
novio *m.*, **novia** *f.* boyfriend, girlfriend; groom, bride
nube *f.* cloud
núcleo *m.* nucleus
nudo *m.* knot
nuestro/a *poss. adj.* our, (of) ours
nueve nine
nuevo/a new
   Año (*m.*) **Nuevo** New Year's
   de nuevo again
numeración *f.* numeration
numérico/a numeric
número *m.* number
numeroso/a numerous
nunca never, not ever
   más que nunca more than ever
nutrición *f.* nutrition
nutritivo/a nutritious

O

o or
obedecer (obedezco) to obey **U7 (2)**
obispo *m.* bishop
objetivo *m.* objective
objeto *m.* object
obligado/a obligated
obra *f.* work
   obra de teatro play
   obra maestra masterpiece
obrero *m.*, **obrera** *f.* worker **U5 (1)**
obscuro/a dark
observación *f.* observation
observador *m.*, **observadora** *f.* observer
observar to observe
observatorio *m.* observatory
obstáculo *m.* obstacle
obstante: no obstante nevertheless
obtener (*like* **tener**) to get, obtain
obviamente obviously
obvio/a obvious
ocasión *f.* occasion
occidental western **U2 (1)**
océano *m.* ocean
   océano Atlántico Atlantic Ocean
   océano Pacífico Pacific Ocean
ocio *m.* leisure
octavo/a eighth
octubre *m.* October
ocultar to hide, keep hidden **U3 (1)**
ocupación *f.* occupation
ocupado/a busy; occupied
ocupar to occupy
ocurrir to occur
ochenta eighty
ocho eight
oda *f.* ode
odiar to hate
odio *m.* hatred
oeste *m.* west
ofenderse to get offended
oferta *f.* offer; offering
   en oferta on sale
   oferta de empleo job offer **U5 (2)**
oficial *m., f.* (*n. & adj.*) official
oficina *f.* office
oficio *m.* profession, trade **U5 (1)**

VOCABULARIO ESPAÑOL–INGLÉS

ofrecer (ofrezco) to offer
   tener mucho que ofrecer to have a lot to offer U4 (2)
oír *irreg.* to hear
   ¡oye! hey!
ojalá (que) I hope (that)
ojo *m.* eye
   con ojo crítico with a watchful eye
   ¡ojo! pay attention, take note
   ¡ojo alerta! watch out!
ola *f.* wave
olímpico/a Olympic
   Juegos (*m.*) **Olímpicos** Olympic Games
olmeca *m., f.* Olmec (*indigenous group of southern Mexico*)
olor *m.* smell U7 (1)
olvidar to forget
   olvidarse de + *infin.* to forget to (*do something*)
olvido *m.* oblivion
omitir to omit
once eleven
onceno/a eleventh
onda *f.*: **estar en onda** to be in style
opción *f.* option
ópera *f.* opera
operación *f.* operation
operar to operate
opinar to think, have an opinion
opinión *f.* opinion
   cambiar de opinión to change one's opinion U3 (2)
oponente *m., f.* opponent
oponerse (*like* **poner**) (*p.p.* **opuesto/a**) **a** to be opposed (to)
oportunidad *f.* opportunity, chance
optimista *adj. m., f.* optimistic
opuesto *m.* opposite
opuesto/a *p.p.* opposed
oración *f.* sentence
orden *m.* order (*chron.*)

ordenar to arrange, put in order
ordinario/a ordinary
oreja *f.* (outer) ear
organización *f.* organization
organizar (c) to organize
organizativo/a *adj.* organizing
órgano *m.* organ
orgullo *m.* pride
orgulloso/a proud
orientación *f.* orientation
oriental eastern U2 (1)
origen *m.* origin
   dar origen a to cause, give rise to
original *adj.* original
originalidad *f.* originality
originalmente originally
originarse en to originate in
orilla *f.* shore
   a orillas de on the banks of
oro *m.* gold
orquesta *f.* orchestra
orquídea *f.* orchid
ortografía *f.* spelling
os *d.o. pron.* you (*inf. pl. Sp.*); *i.o. pron.* to/for you (*inf. pl. Sp.*); *refl. pron.* yourselves (*inf. pl. Sp.*)
oscuridad *f.* darkness
oso *m.* bear
otoño *m.* autumn, fall
otro/a other, another
   otra vez again
   por otro lado on the other hand
oveja *f.* sheep
oxígeno *m.* oxygen
ozono *m.* ozone
   capa (*f.*) **del ozono** ozone layer U2 (2)

P

paciencia *f.* patience
paciente *m., f.* patient
pacíficamente peacefully
pacífico/a peaceful
   océano (*m.*) **Pacífico** Pacific Ocean

pactar to agree on
pacto *m.* pact
padrastro *m.* stepfather
padre *m.* father; priest
   padres *pl.* parents
   ¡qué padre! how cool! (*coll.*) U2 (2)
¡padrísimo! great! (*coll.*) U2 (2)
paella *f.* paella (*Spanish dish made with rice, shellfish, often chicken, and flavored with saffron*)
pagar (gu) to pay (for)
página *f.* page
país *m.* country
paisaje *m.* landscape U7 (1)
pájaro *m.* bird U2 (2)
palabra *f.* word
palacio *m.* palace
paleolítico/a Paleolithic
paleta *f.* (painter's) palette
palidecer (palidezco) to turn pale
pálido/a pale
palma *f.* palm
palmera *f.* palm tree
palo *m.* stick
   de tal palo, tal astilla a chip off the old block
pampa *f.* pampa (*treeless grassland in Argentina and Uruguay*)
pampeano/a of or from the pampa
pan *m.* bread
panadería *f.* bakery
panadero *m.,* **panadera** *f.* baker
pandilla *f.* gang
pandillero *m.,* **pandillera** *f.* gang member
pánico *m.* panic
pantalones *m. pl.* pants
   pantalones cortos shorts
pantalla *f.* screen
pantufla *f.* slipper
pañal *m.* diaper
pañuelo *m.* handkerchief
papa *f.* potato
papá *m.* dad
   Papá Noel Santa Claus
papagayo *m.* parrot

492   VOCABULARIO ESPAÑOL–INGLÉS

papel *m.* paper; role
  desempeñar un papel to play a role **U4 (1)**
  hacer un papel to play a role
papeleo *m.* paperwork
papi *m.* daddy (*coll.*)
paquete *m.* package
par *m.* pair
para for; in order to
  no es para tanto it's not all that bad
  para nada not at all
  para que in order that, so that
  ¿para qué? for what reason?
  para siempre forever
paracaidismo *m.* skydiving
paraguas *m. sing. & pl.* umbrella
paraguayo *m.*, **paraguaya** *f.* (*n. & adj.*) Paraguayan
paraíso *m.* paradise
paraje *m.* place, spot
paralelamente parallel
paralelo/a parallel
parar(se) to stop
parcial partial
  tiempo (*m.*) **parcial** part-time
parcialmente partially
parecer *m.*: **cambiar de parecer** to change one's mind
parecer (parezco) to seem, appear
  parece que it seems that
  parecerse (a) to look like, resemble **U1 (1)**
parecido/a similar
pared *f.* wall
pareja *f.* couple; pair
parentesco *m.* (family) relationship **U1 (1)**
paréntesis *m. sing. & pl.* parenthesis; *pl.* parentheses
pariente *m.* relative
parque *m.* park
  parque de diversiones amusement park
  parque zoológico zoo

párrafo *m.* paragraph
parte *f.* part
  por parte de on the part of
  por todas partes everywhere **U4 (1)**
participación *f.* participation
participante *m., f.* participant
participar to participate
participio *m.* participle (*gram.*)
partícula *m.* particle
particular: en particular in particular
partidario *m.*, **partidaria** *f.* supporter, follower
partido *m.* game (*in sports*); (political) party
partir to leave
pasado *m.* past
pasado/a *adj.* last; past
  el año pasado last year
  la semana pasada last week
pasar to pass; to happen; to spend (*time*)
  pasar hambre to go hungry
  pasar por alguien to pick someone up
  pasar tiempo to spend time
  pasarlo bien/mal to have a good/bad time
  ¿qué te pasa? what's wrong (with you)?
pasatiempo *m.* pastime
Pascua (*f.*) **Florida** Easter
pase *m.* pass
pasear to take a walk
paseo *m.* stroll, walk; avenue
  dar un paseo to take a walk **UR (2)**
pasillo *m.* hallway
pasión *f.* passion
pasivo/a passive
paso *m.* step
  dar un paso to take a step
pasta *f.* money (*coll.*)
  pasta dentífrica toothpaste

pastel *m.* cake
pastor *m.*, **pastora** *f.* shepherd, shepherdess
patatas (*f. pl.*) **fritas** potato chips (*Sp.*)
patentar to patent
patente *m.* patent
paterno/a paternal
patinador *m.*, **patinadora** *f.* skater
patinar to skate
  patinar sobre ruedas to roller-skate
patita *f.* little foot
pato *m.* gaucho game in which players try to toss a large leather ball through a net while on horseback
patria *f.* native land **U4 (2)**
patriarca *m.* patriarch
patriótico/a patriotic
patriotismo *m.* patriotism
patrocinador *m.*, **patrocinadora** *f.* sponsor, patron
patrón *m.*, **patrona** *f.* patron saint
paulatinamente gradually
pausa *f.* pause
pavita *f.* kettle
pavo *m.* turkey
payaso *m.*, **payasa** *f.* clown
paz *f.* (*pl.* **paces**) peace **U4 (2)**
  hacer las paces to make peace
peatón *m.*, **peatona** *f.* pedestrian
pecho *m.* chest
pedagogía *f.* pedagogy, teaching
pedagógico/a pedagogical
pedazo *m.* piece
pedir (i, i) to ask for, request
  pedir la mano to propose
pegar (gu) to hit
  pegarse a to attach oneself to
pegatina *f.* sticker
peinado *m.* hairdo
peinarse to comb one's hair
pelear to fight

VOCABULARIO ESPAÑOL–INGLÉS   **493**

película *f.* film, movie; (photographic) film
   rollo (*m.*) **de película** roll of film
peligro *m.* danger
   especie (*f.*) **en peligro** endangered species **U2 (2)**
peligroso/a dangerous
pelirrojo/a redheaded
pelo *m.* hair
   cortarse el pelo to get a haircut
   tomarle el pelo a alguien to pull somebody's leg **U1 (1)**
pelotón (*m.*) **de fusilamiento** firing squad
peludo/a hairy
pena *f.* grief, sorrow
   dar pena to sadden
   valer la pena to be worthwhile **U6 (1)**
pendiente *m.* earring
pendón *m.* banner
penetrar to penetrate
península *f.* peninsula
   Península Ibérica Iberian Peninsula (*where Spain and Portugal are located*)
penoso/a painful
pensador *m.*, **pensadora** *f.* thinker
pensamiento *m.* thought
pensar (ie) to think
   hacerle a uno pensar en to make someone think about **U7 (1)**
   pensar + *infin.* to plan to (*do something*)
   pensar en to think about
pensativo/a pensive
peor worse; worst
pequeño/a small
pera *f.* pear
percibir (i, i) to perceive **U7 (1)**
percusión *f.* percussion
perder (ie) to lose
   perderse to get lost
perdido/a lost

perdón excuse me, pardon me
perdonar to excuse, forgive
peregrinación *f.* pilgrimage
perezoso/a lazy **UR (1)**
perfección *f.* perfection
perfeccionista *m.*, *f.* perfectionist
perfecto/a perfect
perfil *m.* profile
perfume *m.* perfume
perfumería *f.* perfume shop
periódico *m.* newspaper
periodismo *m.* journalism
periodista *m.*, *f.* journalist
período *m.* period
perjudicial harmful, detrimental
perla *f.* pearl
permanecer (permanezco) to stay, remain
permanentado/a permed (*hair*)
permanente *m.* permanent (*hair*)
permanentemente permanently
permiso *m.* permission
permitir to permit, allow
pero but
perro *m.* dog
perseguido/a pursued, followed
perseguidor *m.*, **perseguidora** *f.* pursuer
perseguir (i, i) (g) to pursue, chase
perseverar to persevere
persistencia *f.* persistence
persistente persistent
persistir to persist
persona *f.* person
   son personas que... they are people who . . . **U2 (1)**
personaje *m.* character
   personaje principal main character
personal personal
   características (*f. pl.*) **personales** personal characteristics **UR (1)**

director(a) de personal personnel director **U5 (2)**
personalidad *f.* personality
personalmente personally
personificación *f.* personification
personificar (qu) to personify
perspectiva *f.* perspective **U4 (2)**
persuadir to persuade **U3 (2)**
pertenecer (pertenezco) to belong
peruano *m.*, **peruana** *f.* (*n. & adj.*) Peruvian
pesa *f.*: **levantador** (*m.*), **levantadora** (*f.*) **de pesas** weight lifter
pesadilla *f.* nightmare
   tener pesadillas to have nightmares **U5 (1)**
pesado/a heavy
pésame *m.* sympathy, condolences **U1 (2)**
pesar *m.* grief, sorrow
   a pesar de in spite of
pesar to weigh
pesca *f.* fishing (industry)
pescado *m.* fish (*caught*)
pescador *m.*, **pescadora** *f.* fisherman, fisherwoman
pescar (qu) to fish
   caña (*f.*) **de pescar** fishing pole
peseta *f.* peseta (*monetary unit of Spain*)
pesimista *adj. m., f.* pessimistic
peso *m.* weight; peso (*monetary unit of several Latin American countries*)
   bajar de peso to lose weight
   exceso (*m.*) **de peso** excess weight
pesquero/a *adj.* fishing
pétalo *m.* petal
petróleo *m.* petroleum

picado/a minced, sliced
picante spicy
picar (qu) to chop up, mince
picnic *m.* picnic
   hacer un picnic to have a picnic
pico *m.* peak
pie *m.* foot
   a pie on foot
   levantarse con el pie izquierdo to get up on the wrong side of the bed **U5 (2)**
   ponerse de pie to stand up
piedad *f.* piety
piedra *f.* rock
piel *f.* skin
pierna *f.* leg
pilar *m.* pillar
píldora *f.* pill
pilotear to pilot
piloto *m.*, **pilota** *f.* pilot **U5 (1)**
pinar *m.* pine grove
pintar to paint **UR (2)**
pintor *m.*, **pintora** *f.* painter
pintura *f.* painting
pinzón *m.* finch
piña *f.* pineapple
piñata *f.* piñata (*suspended container filled with sweets; used at parties*)
pionero *m.*, **pionera** *f.* pioneer
pirámide *f.* pyramid
pirata *m., f.* pirate
Pirineos *m. pl.* Pyrenees Mountains
pisar to tread, step on
piso *m.* floor, ground; floor, story (*of a building*); apartment (*Sp.*)
pista *f.* clue
pitar to honk (a horn)
pizarra *f.* chalkboard
placer *m.* pleasure
plan *m.* plan
planeación *f.* planning
planear to plan
planeta *m.* planet
planificar (qu) to plan
planta *f.* plant

plantar to plant
plástico *m.* plastic
plástico/a *adj.* plastic
plata *f.* silver
plátano *m.* banana
platillo *m.* small dish
plato *m.* plate; dish
playa *f.* beach
plaza *f.* plaza, town square
   plaza de toros bullring
plazo *m.* time, period
pleno/a full
plomero *m.*, **plomera** *f.* plumber **U5 (1)**
pluma *f.* feather; pen
plumaje *m.* plumage
pluscuamperfecto *m.* pluperfect tense (*gram.*)
plutonio *m.* plutonium
población *f.* population
poblar to populate
pobre *m., f.* poor thing
   adj. poor
pobreza *f.* poverty
poco *m.* little bit
   adv. little
   dentro de poco shortly
   poco a poco little by little
   un poco a bit
poco/a *adj.* little, not much, not very
   pocas veces rarely
poder *m.* power **U6 (1)**
poder *irreg.* to be able to, can
   poder + *infin.* to be able to (*do something*)
poderoso/a powerful
poema *m.* poem
poesía *f.* poetry; poem **U7 (1)**
poeta *m.*, **poetisa** *f.* poet **U7 (1)**
poético/a poetic
polaco *m.*, **polaca** *f.* Pole
   adj. Polish
polémica *f.* polemic, problem
policía *m.* male police officer; *f.* police (force)
   mujer (*f.*) **policía** female police officer

política *f. sing.* politics **U2 (1)**
político *m.*, politician
   mujer (*f.*) **político** female politician
político/a political
polivalente: Bachillerato (*m.*) **Unificado Polivalente (B.U.P.)** high school (*Sp.*)
póliza *f.* policy
Polonia *f.* Poland
polvo *m.* dust
   leche (*f.*) **de polvo** powdered milk
pollo *m.* chicken
poner *irreg.* (*p.p.* **puesto/a**) to put, place; to turn on
   poner el despertador to set the alarm **U5 (2)**
   poner énfasis en to stress, emphasize
   poner fin a to end
   poner la mesa to set the table
   poner nombre a to name
   ponerle una multa to give (*someone*) a ticket **U5 (2)**
   ponerse to put on, wear (*clothing*)
   ponerse + *adj.* to become (+ *adj.*)
   ponerse a + *infin.* to begin to (*do something*)
   ponerse de acuerdo to reach an agreement, agree
   ponerse de pie to stand up
   ponerse el sol to set (*sun*)
   ponerse en forma to get into shape
popularidad *f.* popularity **U3 (2)**
por by; for; through; during; per
   por acá/aquí around here
   por ahora for the moment
   por anticipado in advance
   por casualidad by chance
   por ciento percent

VOCABULARIO ESPAÑOL–INGLÉS

por (*continued*)
  por completo completely
  por desgracia unfortunately
  por detrás de behind
  por ejemplo for example
  por encima de over
  por escrito in writing
  por eso therefore, that's why
  por esta razón for this reason **U2 (1)**
  por excelencia par excellence
  por favor please
  por fin finally
  por la mañana/tarde/noche in the morning/afternoon/evening, at night
  por lo general generally
  por lo menos at least
  por lo tanto so, therefore
  por medio de by means of
  por parte de on the part of
  por primera/última vez for the first/last time
  ¿por qué? why?
  por suerte luckily
  por supuesto of course
  por todas partes everywhere **U4 (1)**
  por un/otro lado on the one/other hand
porcelana *f.* porcelain
porcentaje *m.* percentage
porción *f.* portion
porque because
porrazo *m*: **de golpe y porrazo** suddenly
portada *f.* cover
portarse to behave
  portarse bien/mal to behave/misbehave
portátil portable
portavoz *m.* (*pl.* **portavoces**) spokesperson
porteño *m.*, **porteña** *f.* person from Buenos Aires
  adj. of or from Buenos Aires
portugués *m.* Portuguese (*language*)
portugués *m.*, **portuguesa** *f.* (*n. & adj.*) Portuguese
posada *f.* shelter, lodging
  posadas *pl. Mexican Christmas festivity lasting nine days*
poseer (y) to possess
posesión *f.* possession
posesivo/a possessive
posibilidad *f.* possibility
posibilitar to make possible
posible possible
posiblemente possibly
posición *f.* position
positivamente positively
positivo/a positive
postal postal
  apartado (*m.*) **postal** post office box
  zona (*f.*) **postal** zip code
poste *m.* post
posterior later, subsequent
postre *m.* dessert
potencia *f.* power
práctica *f.* practice
practicar (qu) to practice
  practicar deportes to practice, play sports
práctico/a practical
precio *m.* price
precioso/a lovely, beautiful
precipitar to precipitate
precisamente precisely
preciso/a necessary
preconcebido/a preconceived
precoz (*pl.* **precoces**) precocious
predecir (*like* **decir**) (*p.p.* **predicho/a**) to predict
predicar (qu) to preach
predicción *f.* prediction
predominante predominant
predominar to predominate
preescolar *adj.* preschool
preferencia *f.* preference
preferiblemente preferably
preferido/a favorite
preferir (ie, i) to prefer
pregunta *f.* question
  hacer preguntas to ask questions
preguntar to ask questions
preguntón *m.*, **preguntona** *f.* inquisitive person
prehispánico/a before the Spaniards arrived (*referring to Latin America*)
prehistoria *f.* prehistory
prehistórico/a prehistoric
preincaico/a pre-Incan
prejuicio *m.* prejudice **U4 (1)**
premio *m.* prize
  premio gordo grand prize
  Premio Nobel Nobel Prize
premonición *f.* premonition
prender to turn on; to attach, fasten
prensa *f.* press
preocupación *f.* worry
preocupado/a worried
preocupar to worry
  preocuparse (de/por) to worry, get worried (about)
preparación *f.* preparation
preparar to prepare
  prepararse to get prepared
preparativo *m.* preparation
presencia *f.* presence
presentación *f.* presentation
presentar to present
  presentarse to present, introduce oneself
presente *m.* present (*time*)
  adj. present
preservación *f.* preservation
preservar to preserve **U2 (2)**
presidencia *f.* presidency
presidencialista *adj. m., f.* of a presidency
presidente *m.*, **presidenta** *f.* president
presionar to put pressure on
préstamo *m.* loan

prestar to lend
   prestar atención to pay attention
prestigio *m.* prestige
prestigioso/a prestigious **U5 (1)**
presupuesto *m.* budget
pretender to try
pretendiente *m.* suitor
pretensión *f.* expectation
pretérito *m.* preterite tense (*gram.*)
pretexto *m.* pretext
prevenir (*like* **venir**) to prevent
primaria *f.* elementary school
primario/a: escuela (*f.*) **primaria** elementary school
primavera *f.* spring (*season*)
primer, primero/a first
   a primera vista at first sight
   en primer lugar in the first place
   por primera vez for the first time
   primer término front of the stage
primero *adv.* first
primitivo/a primitive
primo *m.*, **prima** *f.* cousin
principal principal, main
   personaje (*m.*) **principal** main character
principalmente principally, primarily
príncipe *m.*, **princesa** *f.* prince, princess **U7 (2)**
principio *m.* beginning; principle
   al principio at first, in the beginning
prioridad *f.* priority
prisa *f.* hurry, haste
   darse prisa to hurry
   tener prisa to be in a hurry **U4 (2)**
prisión *f.* prison
prisionero *m.*, **prisionera** *f.* prisoner

prismático *m. sing.* binoculars
privado/a private
privilegio *m.* privilege
probable: es probable que it's probable that
probablemente probably
probado/a proven
probar (ue) to try, taste; to prove
problema *m.* problem
procesión *f.* procession
proceso *m.* process
procurar to try
producción *f.* production
producir (*like* **conducir**) to produce **U6 (2)**
productividad *f.* productivity
producto *m.* product
productor *m.*, **productora** *f.* producer
profesión *f.* profession
profesional *adj.* professional
   formación (*f.*) **profesional** professional training **U5 (1)**
profesionalmente professionally
profesor *m.*, **profesora** *f.* professor, teacher
profundamente profoundly
profundizar (c) to go deeply into
profundo/a profound; deep
programa *m.* program
programador *m.*, **programadora** *f.* programmer
progresar to progress
progresista *adj. m., f.* progressive
progreso *m.* progress
prohibir (prohíbo) to prohibit **U2 (2)**
promedio *m.* average
prometer to promise **U3 (2)**
promocionar to promote **U3 (1)**
promover (ue) to promote **U3 (1)**
pronto *adv.* soon

   de pronto suddenly
   hasta pronto see you soon
   tan pronto como as soon as
pronunciar to pronounce
propicio/a favorable
propiedad *f.* property
propio/a *adj.* own
   estilo (*m.*) **propio** own style **U7 (1)**
proponer (*like* **poner**) (*p.p.* **propuesto/a**) to propose
propósito *m.* purpose
   a propósito by the way
propuesto/a *p.p.* proposed
prosperar to prosper
protagonista *m., f.* protagonist
protección *f.* protection
protector *m.*, **protectora** *f.* protector, protectress
proteger (j) to protect **U1 (1)**
proteína *f.* protein
protestar to protest
provecho *m.*: **buen provecho** enjoy your meal
provenir (*like* **venir**) to come from
provincia *f.* province
provisión *f.* provision
provocar (qu) to provoke
próximo/a next
   el próximo año next year
   la próxima vez next time
proyectar to plan, be thinking of
proyecto *m.* project
prudente prudent
prueba *f.* quiz; test
psicológico/a psychological
psicólogo *m.*, **psicóloga** *f.* psychologist
psiquiatra *m., f.* psychiatrist
publicación *f.* publication
publicar (qu) to publish
publicidad *f.* publicity **U3 (2)**
publicitario/a *adj.* advertising
público *m.* public

público/a *adj.* public
pueblo *m.* town; people, nation **U4 (1)**
puente *m.* bridge
puerta *f.* door
puerto *m.* port **U2 (1)**
puertorriqueño *m.*, **puertorriqueña** *f.* (*n. & adj.*) Puerto Rican
pues... well . . .
puesto *m.* position, job
puesto/a *p.p.* placed, put
  puesto que *conj.* since, as **U2 (1)**
pulido/a polished
pulpa *f.* pulp
pulpo *m.* octopus
pulsera *f.* bracelet
punto *m.* point
  punto de vista point of view
puntuación *f.* punctuation
  señal (*f.*) **de puntuación** punctuation mark
puntual punctual
puntualmente punctually, promptly
purificar (qu) to purify **U2 (2)**

Q

que that; which; who; what
  así que so
  desde que since
  lo que what, that which
  para que in order that, so that
qué how, what
  ¿para qué? for what reason?
  ¿por qué? why?
  ¡qué asco! how disgusting! **U2 (2)**
  ¡qué barbaridad! how awful!
  ¡qué chévere! how great!
  ¡qué chulo! how great!
  ¿qué hora es? what time is it?
  ¡qué horror! how awful!
  ¡qué lástima! what a shame!
  ¡qué padre! how cool! (*coll.*) **U2 (2)**
  ¿qué tal? how's it going?, how are you?
  ¿qué te pasa? what's wrong (with you)?
quechua *m.* Quechua (*language spoken by various indigenous tribes throughout Latin America*)
quedar to stay, remain; to be (place)
  quedar en ridículo to look ridiculous
  quedarse to stay, remain
  quedarse en casa to stay home
quehacer *m.* chore
quejarse (de) to complain (about)
quemadura *f.* burn
  quemadura de sol sunburn
quemar to burn
  quemarse to burn oneself
querer *irreg.* to want; to love
  querer decir to mean
  sin querer without meaning to
quesadilla *f.* folded tortilla filled with melted cheese and topped with salsa
queso *m.* cheese
quetzal *m.* type of bird native to Central America
quiché *m.* Quiché (*language spoken by the Quiché Mayas*); Quiché (*Mayan tribe*)
quien who, whom
¿quién(es)? who?, whom?
  ¿de quién es... ? whose . . . is it?
quilate *m.* carat
química *f.* chemistry
químico/a chemical
quinceañera *f.* party given to a girl celebrating her fifteenth birthday
quinientos/as five hundred
quiosco *m.* kiosk
quitar to take away, remove
  quitarse to take off (*clothing*)
quizás perhaps

R

rábano *m.* radish
rabioso/a furious
ración *f.* ration
radio *m.* radio (*set*); *f.* radio (*medium*)
radioactivo/a radioactive
radiografía *f.* radiography, X-ray photography
radiotelescopio *m.* radio-telescope
raíz *f.* (*pl.* **raíces**) root, origin **U4 (1)**
rama *f.* branch
ramo (*m.*) **de flores** bouquet of flowers
rancho *m.* ranch
rapear to rap
rápidamente quickly, rapidly
rapidez *f.* speed
rápido *adv.* quickly
rápido/a *adj.* rapid, fast
  comida (*f.*) **rápida** fast food
rapto *m.* kidnapping
raqueta *f.* racket
raro/a strange
rascacielos *m. sing. & pl.* skyscraper
rascarse (qu) to scratch
rasgo *m.* trait, feature
rastro *m.* trace
rato *m.* short time, while
  rato libre spare moment
ratón *m.* rat
rayo *m.* ray
  rayos X X-rays
rayuela *f.* hopscotch
raza *f.* race **U4 (2)**
razón *f.* reason
  (no) tener razón to be right (wrong)

VOCABULARIO ESPAÑOL–INGLÉS

por esta razón for this reason U2 (1)
razonable reasonable
reacción *f.* reaction
reaccionar to react
real real; royal
   Real Academia Española (de la Lengua) Royal Spanish Academy (of Language)
realidad *f.* reality
   en realidad in fact, actually
realismo (*m.*) **mágico** magical realism
realista *adj. m., f.* realistic UR (1)
realizar (c) to achieve, fulfill U5 (1)
realmente really
rebaja *f.* sale
rebelarse to rebel
rebelde *m., f.* rebel
rebelión *f.* rebellion
recado *m.* message
recepción *f.* lobby (*hotel*)
receta *f.* recipe
recibir to receive
reciclable recyclable
reciclaje *m.* recycling U2 (2)
reciclar to recycle
recién *adv.* newly, recently
   recién casado/a *adj.* newlywed
   recién nacido/a *adj.* newborn U1 (1)
reciente *adj.* recent
recientemente recently
recipiente *m.* container
reclamar to claim, demand
reclutar to recruit
recobrarse to come to, regain consciousness U7 (2)
recoger (j) to pick up, collect; to harvest
recomendable recommendable, advisable
recomendación *f.* recommendation
   carta (*f.*) **de recomendación** letter of recommendation

recomendar (ie) to recommend
recompensa *f.* reward
reconciliarse (con) to reconcile (with) U1 (1)
reconocer (reconozco) to recognize
reconocimiento *m.* recognition
reconquista *f.* reconquest
reconstrucción *f.* reconstruction
recordar (ue) to remember, recall U7 (1); to remind
recordatorio *m.* reminder
recreación *f.* recreation
recreo *m.* recreation
recuadro *m.* box
recuerdo *m.* memory
recuperar to recuperate
recurso *m.* resource
   recurso natural natural resource U2 (1)
rechazar (c) to reject U5 (1)
red *f.* network
redacción *f.* writing
   redacción libre free association (*while writing*)
redescubierto/a *p.p.* rediscovered
redescubrimiento *m.* rediscovery
redescubrir (*p.p.* **redescubierto/a**) to rediscover
reducir (*like* **conducir**) to reduce
reemplazar (reemplazco) to replace
referéndum *m.* referendum
referirse (ie, i) a to refer to
reflector *m.* reflector
reflejar to reflect
   reflejarse to be reflected
reflejo *m.* reflection
reformado/a reformed
refresco *m.* soft drink
refugiado *m.*, **refugiada** *f.* refugee
refugiarse to take refuge
regalar to give as a gift
regalo *m.* gift

   hacer regalos to give gifts
regañar to scold
regeneración *f.* regeneration
¡regio! great! (*coll.*) U2 (2)
región *f.* region
registrar to register, record
regla *f.* rule
regresar to return
regularmente regularly
rehacer (*like* **hacer**) (*p.p.* **rehecho/a**) to redo; to remake
rehecho/a *p.p.* redone; remade
reina *f.* queen
reinar to rule
reino *m.* kingdom
reírse (i, i) to laugh
relación *f.* relationship
relacionarse (con) to be related (to)
relajarse to relax UR (2)
relámpago *m.* (flash of) lightning
relatar to relate
relativamente relatively
relegar (gu) to relegate
religión *f.* religion
religioso/a religious
reloj *m.* watch; clock
relleno/a stuffed
   chile (*m.*) **relleno** stuffed chili pepper
remedio *m.* remedy, cure
   no tener más remedio to have no alternative
remoto/a remote
remover (ue) to remove
rencor *m.* resentment, bitterness
reno *m.* reindeer
renovar (ue) to renovate
reparación *f.*: **en reparación** under repair
reparar to repair
repartir to share
reparto *m.* cast (*of a play, film*)
repasar to review; to check
repaso *m.* review
repente: de repente suddenly
repercusión *f.* repercussion

VOCABULARIO ESPAÑOL–INGLÉS

repetir (i, i) to repeat
reponer (*like* **poner**) (*p.p.* **repuesto/a**) to replace
reportaje *m.* report
reporte *m.* report
representación *f.* representation
representante *m., f.* representative
   cámara (*f.*) **de representantes** house of representatives
representar to represent
represión *f.* repression
reprimido/a repressed
reproducción *f.* reproduction
república *f.* republic
   República Dominicana Dominican Republic
repuesto/a *p.p.* replaced
reputación *f.* reputation
requerir (ie, i) to require **U5 (2)**
requisito *m.* requirement
   cumplir con los requisitos to fulfill the requirements
rescatar to rescue **U6 (1)**
rescate *m.* rescue
reserva *f.* reserve
reservado/a reserved
resfriado *m.* cold (*illness*)
residencia *f.* residence; dormitory; residency (*medical*)
residente *m., f.* resident
residir to reside
resignación *f.* resignation
resina *f.* resin
resistencia *f.* resistance
resistente resistant
resistir to resist
resolver (ue) (*p.p.* **resuelto/a**) to solve
respecto *m.* respect, matter
   con respecto a with respect to **U4 (2)**
respetar to respect **U1 (2)**
respeto *m.* respect
responder to respond
responsabilidad *f.* responsibility

responsable responsible
respuesta *f.* answer
restablecer (restablezco) to reestablish
restaurante *m.* restaurant
restaurar to restore
resto *m.* rest
restricción *f.* restriction
resuelto/a *p.p.* solved
resultado *m.* result
   como resultado as a result
resultante consequential
resultar to prove to be
   resulta que it turns out that
resumen *m.* summary
retirado/a remote, secluded
retirar to withdraw
retorno-retoño *m., poetic; symbolic of new life that (someone's) return will bring*
retrasado/a backwards, underdeveloped
retrato *m.* portrait
retroceder to go backwards
retrovisor *m.* rearview mirror
retumbar to reverberate
reunión *f.* reunion
reunirse (me reúno) (con) to join, get together (with) **U1 (2)**
revelar to reveal
revés: de un revés in one shot
revisar to revise, look over
revista *f.* magazine
revolución *f.* revolution
revolucionar to revolutionize
revolucionario/a revolutionary
rey *m.* king
   Día (*m.*) **de los Reyes Magos** Epiphany (Day of the Magi) **U1 (2)**
   Reyes Católicos Catholic Kings (Ferdinand and Isabella)
   Reyes Magos Three Wise Men

ricamente deliciously
rico/a rich; delicious
ridiculizar (c) to ridicule
ridículo/a ridiculous
   quedar en ridículo to look ridiculous
riesgo *m.* risk
   correr riesgos to take risks **U6 (1)**
   tomar riesgos to take risks **UR (2)**
riguroso/a rigorous
rima *f.* rhyme
rincón *m.* corner
río *m.* river
riqueza *f.* wealth, riches **U3 (2)**
risa *f.* laughter
   dar risa to make laugh
ritmo *m.* rhythm
   ritmo acelerado (lento) de la vida fast (slow) pace of life
rito *m.* rite, celebration **U1 (2)**
rizado/a curly
robar to rob, steal
roble *m.* oak
robo *m.* robbery
robot *m.* robot
roca *f.* rock
rodaja *f.* slice
rodear to surround
rogarse (ue) (gu) to ask for
rojiblanco/a red and white
rojo/a red
   Cruz (*f.*) **Roja** Red Cross
   lapa (*f.*) **roja** scarlet macaw
rollo (*m.*) **de película** roll of film
romano *m.*, **romana** *f.* (*n. & adj.*) Roman
romántico/a romantic
romería *f.* pilgrimage **U1 (2)**
romper(se) (*p.p.* **roto/a**) to break
ropa *f.* clothing
rosa *f.* rose
rosado/a pink
rostro *m.* face
roto/a *p.p.* broken

rotundo/a forthright
rozar (c) to rub against
rubio/a blond(e)
rueda *f.* wheel
  patinar sobre ruedas to roller-skate
ruido *m.* noise
ruidoso/a noisy
ruina *f.* ruin
ruiseñor *m.* nightingale
rumba *f.* rumba (*popular dance in Latin America*)
rumbo *m.*: **sin rumbo** without direction
rumor *m.* rumor; murmur
ruta *f.* route

S

sábado *m.* Saturday
sabana *f.* savannah
sabelotodo *m. & f.* know-it-all **UR (1)**
saber *m.* knowledge
saber *irreg.* to know (*facts, information*)
  no saber ni jota to have no idea
  ¿sabías que... ? did you? (*inf. sing.*) know that . . .?
sabiduría *f.* wisdom
sabio/a wise
sabor *m.* taste, flavor **U7 (1)**
  dar sabor to make colorful, give flavor **U4 (1)**
sabroso/a tasty
sacar (qu) to take out
  sacar buenas/malas notas to get good/bad grades
  sacar fotos to take pictures
  sacar la basura to take out the garbage
  sacar una licencia to get a degree **U5 (1)**
sacerdote *m.* priest
saco *m.* sack, bag
sacramento *m.* sacrament
sacrificar (qu) to sacrifice

sacrificarse to sacrifice oneself **U6 (1)**
sacrificio *m.* sacrifice
sacudir to shake
sagrado/a sacred
sala *f.* room; living room
  sala de exhibición exhibition room
salado/a: agua (*f. but* **el agua**) **salada** salt water
salarial *adj.* salary
salario *m.* salary
salida *f.* exit
salir *irreg.* to leave; to go out
  salir a bailar to go out dancing
  salirle bien/mal a alguien to turn out well/badly for someone **U5 (2)**
salón *m.* room
  salón de clase classroom
  salón de espera waiting room
salto *m.* jump
  dar un salto to jump (forward)
salud *f.* health
saludable healthy
saludar to greet
saludo *m.* greeting
salvadoreño *m.*, **salvadoreña** *f.* (*n. & adj.*) Salvadoran (from El Salvador)
salvajada *f.* atrocity
salvaje wild
  animal (*m.*) **salvaje** wild animal
salvar to save
salvo *prep.* except (for)
salvo/a: sano y salvo safe and sound
san, santo *m.*, **santa** *f.* saint
  día (*m.*) **del santo** saint's day **U1 (2)**
  Semana (*f.*) **Santa** Holy Week
  santo/a *adj.* holy
sancocho *m.* stew
sandwich *m.* sandwich
sangrar to bleed

sangre *f.* blood
sano/a healthy
  sano y salvo safe and sound
santoral *m.* calendar of saints' days
santuario *m.* sanctuary
sapo *m.* toad **U2 (2)**
sarcasmo *m.* sarcasm
sardina *f.* sardine
satélite *m.* satellite
sátira *f.* satire
satírico/a satirical
satisfacer (*like* **hacer**) (*p.p.* **satisfecho/a**) to satisfy
satisfecho/a *p.p.* satisfied
se *refl. pron.* himself, herself, itself, oneself, yourself (*pol. sing.*); themselves, yourselves (*pol. pl.*); each other
sea: o sea that is, rather
secar (qu) to dry
sección *f.* section
seco/a dry
secretario *m.*, **secretaria** *f.* secretary
secreto *m.* secret
  guardarle secretos a alguien to keep someone's secrets **U1, (1)**
sector *m.* sector
secuela *f.* sequel
secuencia *f.* sequence
secundaria *f.* high school
secundario/a secondary
  escuela (*f.*) **secundaria** high school
sed *f.* thirst
  tener sed to be thirsty
sedán *m.* sedan
sede *f.* seat (*of government*)
sedentario/a sedentary
sedoso/a silky
sefardí: judío (*m.*), **judía** (*f.*) **sefardí** Sephardic Jew
seguida: en seguida right away
seguidor *m.*, **seguidora** *f.* follower
seguimiento *m.* support

VOCABULARIO ESPAÑOL–INGLÉS   501

seguir (i, i) (g) to follow; to continue
   seguir adelante to carry on
según according to
segundo *m.* second
segundo/a *adj.* second
seguramente surely, certainly
seguridad *f.* security
seguro/a sure
   estar seguro/a de sí mismo/a to be sure of oneself **U3 (1)**
seis six
seiscientos/as six hundred
selección *f.* selection
seleccionar to select
selva *f.* jungle
   selva amazónica Amazon jungle
sellado/a sealed
semáforo *m.* traffic light
semana *f.* week
   fin (*m.*) **de semana** weekend
   la semana pasada last week
   Semana Santa Holy Week
semanal *adj.* weekly
semanario *m.* weekly (*magazine*)
semántico/a: mapa (*m.*) **semántico** semantic map
sembrar (ie) to sow, plant **U2 (2)**
semejante similar
semejanza *f.* similarity **U4 (2)**
semestre *m.* semester
semilla *f.* seed
senado *m.* senate
sencillamente simply
sencillo/a simple
sendero *m.* path
sensibilidad *f.* sensitivity
sensible sensitive
sentado/a seated
sentarse (ie) to sit down
sentido *m.* sense, meaning

sentido del honor sense of honor **U6 (2)**
sentido del humor sense of humor **U7 (1)**
sentimiento *m.* feeling **UR (1)**
sentir (ie, i) to feel; to regret
   lo siento I'm sorry
   sentirse to feel
señal *f.* sign
   señal de puntuación punctuation mark
señalar to point to, indicate
señor *m.* (*abbrev.* **Sr.**), man; Mr.; lord
señora *f.* (*abbrev.* **Sra.**) woman; Mrs.
señorita *f.* (*abbrev.* **Srta.**) young woman; Miss
separar to separate
septiembre *m.* September
séptimo/a seventh
ser *m.* being
   ser humano human being
ser *irreg.* to be
   llegar a ser to become **U5 (1)**
   (no) es bueno que it's (not) good that **U3 (1)**
   (no) es lástima que it's (not) a shame that **U3 (1)**
   ser listo/a to be clever, smart **UR (1)**
   son personas que... they are people who . . . **U2 (1)**
   volver a ser to become again
serie *f.* series
serio/a serious
serpentina *f.* streamer
serpiente *f.* serpent; snake
serrín *m.* sawdust
servicio *m.* service
servir (i, i) to serve
   servir de modelo to serve as a model **U6 (1)**
sésamo *m.* sesame
sesenta sixty
setenta seventy

severo/a severe
si if
   si acaso if by chance
sí yes
   claro que sí yes, of course
siempre always
   para siempre forever
   siempre que whenever, every time (that)
sierra *f.* mountain range, sierra
siesta *f.* nap, siesta
   dormir la siesta to take a nap
siete seven
siglo *m.* century
significado *m.* meaning
significar (qu) to signify, mean
significativo/a significant
signo *m.* mark
   signo de puntuación punctuation mark
siguiente following
   lo siguiente the following
silencio *m.* silence
silencioso/a silent
silla *f.* chair
sillón *m.* armchair
simbólico/a symbolic
simbolizar (c) to symbolize
símbolo *m.* symbol
simpatía *f.* sympathy
simpático/a nice
simpatizar (c) to sympathize
simplificar (qu) to simplify
sin without
   sin duda without a doubt
   sin embargo however, nevertheless
   sin parar without stopping
   sin que *conj.* without
   sin querer without meaning to
   sin rumbo without direction
sinceramente sincerely
sinceridad *f.* sincerity
sincero/a sincere

sindical *adj.* of a labor union
sindicato *m.* labor union
sinfín *m.* large amount U4 (2)
sinfonía *f.* symphony
sinfónico/a symphonic
singular singular; odd
sino but rather U7 (2)
siquiera at least
  ni tan siquiera not even
sirena *f.* mermaid, siren U7 (2)
sísmico/a seismic
sismo *m.* earthquake
sistema *m.* system
  analista (*m., f.*) **de sistemas** systems analyst U5 (1)
sistemáticamente systematically
sitio *m.* site
situación *f.* situation
situarse (me sitúo) to be located
soberano *m.* sovereign
sobre *adv.* about; over, above, on top of
  esquiar sobre el agua to water-ski
  patinar sobre ruedas to roller-skate
  sobre todo above all
sobrecogedor(a) frightening
sobrehumano/a superhuman
sobresaliente outstanding, excellent
sobresaltarse to be startled
sobrino *m.*, **sobrina** *f.* nephew, niece
  sobrinos *m. pl.* nephews and nieces
social social
  trabajador (*m.*), **trabajadora social** social worker U5 (1)
socialista *adj. m., f.* socialist
socialmente socially
sociedad *f.* society
sociología *f.* sociology
¡socorro! help!
sodio *m.* sodium
sofá *m.* sofa

sofisticación *f.* sophistication
sofisticado/a sophisticated
soga *f.* rope
sol *m.* sun
  ponerse el sol to set (*sun*)
  quemadura (*f.*) **de sol** sunburn
  tomar el sol to sunbathe
solamente only
soldado *m.*, soldier
  mujer (*f.*) **soldado** female soldier
soledad *f.* solitude U2 (1)
solemne solemn
solemnemente solemnly
solemnidad *f.* formality
soler (ue) + *infin.* to be in the habit of (*doing something*) U3 (1)
solicitar to solicit U5 (2)
solicitud *f.* application
  solicitud de empleo job application U5 (2)
  solicitud de trabajo job application
solidaridad *f.* solidarity
sólido/a solid
solitario/a solitary
sólo *adv.* only
solo/a *adj.* alone
  a solas alone
soltero *m.*, **soltera** *f.* bachelor, unmarried woman
solución *f.* solution
solucionar to solve
sombra *f.* shade; shadow
sombrero *m.* hat
someterse to give in, submit
sonajas *f. pl.* rattle
sonar (ue) to ring; to sound
sonido *m.* sound U7 (1)
sonreír (i, i) to smile
sonrisa *f.* smile
soñar (ue) to dream
  soñar con to dream about U7 (1)
  soñar despierto/a to daydream U7 (1)
soportar to withstand
sor *f.* Sister (*religion*)

sorber to sip
sordo/a deaf; muffled (*sound*)
sorna *f.*: **con sorna** slyly
sorprender to surprise U1 (2)
sorprendido/a surprised UR (1)
sorpresa *f.* surprise
  llevarse una buena sorpresa to be really surprised
sortear to decide by lot
sostener (*like* **tener**) to sustain
sótano *m.* basement
su(s) *poss. adj.* his, her, your (*pol. sing.*)
suave smooth
suavidad *f.* smoothness, softness
subconsciencia *f.* subconscience
subir to raise; to advance
subjuntivo *m.* subjunctive mood (*gram.*)
subsecuente subsequent
subterráneo/a subterranean
suburbio *m.* suburb
suceder to happen U6 (2)
sucesivamente successively
suceso *m.* event
sucio/a dirty
Sudamérica *f.* South America
sudamericano *m.*, **sudamericana** *f.* (*n. & adj.*) South American U4 (1)
suegro *m.*, **suegra** *f.* father-in-law, mother-in-law U1 (1)
  suegros *m. pl.* in-laws U1 (1)
sueldo *m.* salary
  aumento (*m.*) **de sueldo** raise U5 (2)
suelo *m.* floor
sueño *m.* dream U7 (1)
  tener sueño to be sleepy
suerte *f.* luck
  por suerte luckily
  tener suerte to be lucky

VOCABULARIO ESPAÑOL–INGLÉS

suéter *m.* sweater
   tejer un suéter to knit a sweater **UR (2)**
suficiente sufficient
   lo suficiente enough
sufrimiento *m.* suffering
sufrir to suffer
sugerencia *f.* suggestion
sugerir (ie, i) to suggest **U5 (1)**
suicidarse to commit suicide
Suiza *f.* Switzerland
sujeto *m.* subject
sumar to add
súper *adv.* extremely
superar to overcome
supercriminal *m.* super-criminal
superestrella *f.* superstar **U3 (1)**
superficie *f.* surface
superhéroe *m.*, **superheroína** *f.* superhero
Superhombre *m.* Superman
superinteligente extremely intelligent
supermercado *m.* supermarket
superponer (*like* **poner**) (*p.p.* **superpuesto/a**) superimpose
superpuesto/a *p.p.* superimposed
superstición *f.* superstition
supervisor *m.*, **supervisora** *f.* supervisor
supervitamina *f.* supervitamin
suponer (*like* **poner**) (*p.p.* **supuesto/a**) to suppose
suposición *f.* supposition
supremo/a supreme
supuesto/a *p.p.* supposed
   por supuesto of course
sur *m.* south
   América (*f.*) **del Sur** South America
surfing: **hacer** *surfing* to surf
surgir (j) to arise, emerge
suroeste *m.* southwest

surrealismo *m.* surrealism
surrealista *m., f.* (*n. & adj.*) surrealist
suspirar to sigh
suspiro *m.* sigh
sustancia *f.* substance
sustantivo *m.* noun (*gram.*)
susto *m.* fright
susurrar to whisper
susurro *m.* whisper
suyo/a *poss. adj.* your, (of) yours (*pol. sing. & pl.*); his, (of) his; her, (of) hers; its; their, (of) theirs

T

tabaco *m.* tobacco
tabique *m.* partition (*wall*)
tabla *f.* board
taco *m.* taco (*tortilla filled with meat and vegetables*)
taino *m.*, **taina** *f.* member of a tribe that used to inhabit what is now Puerto Rico
tal such
   con tal (de) que provided that
   de tal palo, tal astilla a chip off the old block
   ¿qué tal? how's it going?, how are you?
   ¿qué tal... ? what was . . . like?
   tal como just as
   tal vez maybe, perhaps
   tal y cual such and such
talento *m.* talent
talentoso/a talented
talla *f.* carving
tallar to carve
taller *m.* studio
tamaño *m.* size
tamarindo *m.* tamarind
también also, too
tambor *m.* drum
tampoco neither, not either
tan *adv.* so
   ni tan siquiera not even

   tan... como as . . . as
   tan pronto como as soon as
tango *m.* tango (*popular Argentine dance*)
tanque *m.* tank
tanto *m.* certain amount, so much
   estar al tanto to be up-to-date
tanto *adv.* so much
   mientras tanto meanwhile
   no es para tanto it's not all that bad
   por lo tanto so, therefore
tanto/a *adj.* so much
   tanto/a... como as much . . . as
tantos/as *adj.* so many
   tantos/as... como as many . . . as
tapas *f. pl.* appetizers, snacks (*Sp.*)
tapiz *m.* (*pl.* **tapices**) tapestry
taquilla *f.* box office
tardar en + *infin.* to take a long time to (*do something*)
tarde *f.* afternoon
   por la tarde in the afternoon
tarde *adv.* late
   llegar tarde to be, arrive late
   más tarde later
   tarde o temprano sooner or later
tarea *f.* homework; task
   hacer la tarea to do homework
tarjeta *f.* card
   mandar tarjetas to send cards **U1 (2)**
   tarjeta de crédito credit card
tasa *f.* rate
tatarabuelo *m.*, **tatarabuela** *f.* great-grandfather, great-grandmother
taxista *m., f.* taxi driver
te *d.o. pron.* you (*inf. sing.*); *i.o. pron.* to/for you

(*inf. sing.*); *refl. pron.* yourself (*inf. sing.*)
té *m.* tea
teatral *adj.* theater
teatralidad *f.*: **con teatralidad** dramatically
teatro *m.* theater
  obra (*f.*) **de teatro** play
técnica *f.* technique
técnico *m.*, **técnica** *f.* technician
  adj. technical
  estudios (*m. pl.*) **técnicos** technical studies **U5 (1)**
tecnología *f.* technology
tecnológico/a technological
techo *m.* roof; ceiling
  techo corredizo sliding roof
tejer to knit
  tejer un suéter to knit a sweater **UR (2)**
tejido *m.* knitting
tela *f.* fabric
tele *f.* TV
  mirar/ver la tele to watch TV
telecomunicarse (qu) to telecommunicate
telefónico/a *adj.* telephone
teléfono *m.* telephone
  hablar por teléfono to talk on the telephone
telenovela *f.* soap opera
telera *f. type of bread used to make* **tortas**
telescopio *m.* telescope
televisión *f.* television (*medium*)
  mirar la televisión to watch television
televisivo/a *adj.* television
televisor *m.* television set
telón *m.* curtain
tema *m.* theme
  tema principal main theme
tembloroso/a: **con voz temblorosa** in a shaky voice
temer to fear, be afraid of **U3 (1)**

tempestad *f.* storm
tempestuoso/a stormy
templado/a moderate, temperate
templo *m.* temple
temporada *f.* season (*in sports*)
temprano *adv.* early
  llegar temprano to be, arrive early
  más temprano earlier
  tarde o temprano sooner or later
temprano/a *adj.* early
tendencia *f.* tendency
tender (ie) to stretch; to reach out
  tender a to tend to
  tender la mano to lend a hand
tendido/a spread out
tener *irreg.* to have
  no tener más remedio to have no alternative
  (no) tener razón to be right (wrong)
  tener... años to be . . . years old
  tener calor/frío to be hot/cold (*person*)
  tener confianza (en sí mismo/a) to have confidence (in oneself) **U6 (1)**
  tener cuidado to be careful
  tener entendido to gather, understand **U4 (2)**
  tener envidia to envy
  tener éxito to be successful
  tener fama to be famous **U6 (1)**
  tener ganas de + *infin.* to feel like (*doing something*)
  tener hambre to be hungry
  tener la culpa to be to blame **U6 (2)**
  tener lástima to feel sorry

  tener lugar to take place
  tener (mala) suerte to be (un)lucky
  tener miedo to be afraid
  tener mucho que ofrecer to have a lot to offer **U4 (2)**
  tener pesadillas to have nightmares **U5 (1)**
  tener prisa to be in a hurry **U4 (2)**
  tener que + *infin.* to have to (*do something*)
  tener que ver con to have to do with
  tener sed to be thirsty
  tener sueño to be sleepy
  tener un impacto to have an impact **U3 (2)**
  tener vergüenza to be ashamed
  tenerle cariño a alguien to like, be fond of someone **U1 (1)**
teniente *m.* lieutenant
tenis *m. sing.* tennis
  tenis *pl.* tennis shoes
  zapato (*m.*) **de tenis** tennis shoe
tenso/a tense
tentación *f.* temptation **U6 (2)**
teoría *f.* theory
teponaztli *m.* wooden drum
tepui *m.* high plateau
terapéutico/a therapeutic
terapista *m., f.* therapist
tercer, tercero/a third
  Tercer Mundo Third World
terco/a stubborn **UR (1)**
térmico/a thermal
terminación *f.* ending
terminar to end; to finish
término *m.* term; area
  primer término front of the stage
térraba *m., f.* indigenous Central American tribe
terremoto *m.* earthquake **U6 (2)**
terreno *m.* terrain; field

VOCABULARIO ESPAÑOL–INGLÉS **505**

territorio *m.* territory
terror *m.* terror
terrorista *m., f.* (*n. & adj.*) terrorist
testigo *m., f.* witness
testimonio *m.* testimony
texano *m.*, **texana** *f.* Texan
texto *m.* text
ti *obj. of prep.* you (*inf. sing.*)
   te toca a ti it's your turn
   ti mismo/a yourself
tiempo *m.* time; weather
   a tiempo on time
   llegar a tiempo to be, arrive on time
   pasar tiempo to spend time
   tiempo completo full-time
   tiempo libre free time
   tiempo parcial part-time
tienda *f.* store
tierra *f.* land, earth; dirt
   Tierra Earth
timbre *m.* doorbell
timidez *f.*: **con timidez** timidly
tímido/a timid
tinta *f.* ink
tinte *m.* coloring
tío *m.*, **tía** *f.* uncle, aunt
   tío abuelo, tía abuela great uncle, great aunt
   tíos *m. pl.* aunt(s) and uncle(s)
tipazo *m.* great-looking guy
típicamente typically
típico/a typical
tiple *m. type of wooden string instrument*
tipo *m.* type, kind; guy, character
tira (*f.*) **cómica** comic strip
tirano *m.*, **tirana** *f.* tyrant
tirar to throw **U2 (2)**
   tirar algo a la basura to throw something away
titular *adj.* title
título *m.* title; degree **U5 (2)**
   título universitario university degree
toalla *f.* towel

tocadiscos *m. sing. & pl.* record player
tocar (qu) to touch; to play
   te toca a ti it's your turn
   tocar la bocina to honk the horn
todavía still, yet
todo *pron.* everything
   apoyar en todo to support in everything **U1 (1)**
   sobre todo above all
   todos *pl.* all; everybody, everyone
todo/a all; every
   de todas maneras in any case
   por todas partes everywhere **U4 (1)**
   todas las noches every night
   todos los días every day
tofu *m.* tofu
tolerancia *f.* tolerance **U4 (2)**
tolteca *m., f.* Toltec (*member of an ancient Mesoamerican tribe*)
tomar to take; to eat; to drink
   tomar el sol to sunbathe
   tomar en cuenta to take into account **U3 (1)**
   tomar riesgos to take risks **UR (2)**
   tomarle el pelo a alguien to pull somebody's leg **U1 (1)**
   tomarse to drink
tomate *m.* tomato
tono *m.* tone
tontería *f.* foolish thing
tonto/a silly, foolish
torear to bullfight
torero *m.*, **torera** *f.* bullfighter
tormenta *f.* storm
tornar to return
tornear to turn (*on a lathe*)
torneo *m.* tournament **U6 (1)**
torno *m.* lathe
toro *m.* bull

corrida (*f.*) **de toros** bullfight
plaza (*f.*) **de toros** bullring
torre *f.* tower
torta *f.* cake; pie (*Mex.*)
tortuga *f.* turtle **U2 (2)**
tostada *f.* tostada (*fried corn tortilla, flattened, with beans, meat, cheese, and salsa*)
tostado/a toasted
total *m.* (*n. & adj.*) total
totalidad *f.* totality
tóxico/a toxic
trabajador *m.*, **trabajadora** *f.* worker
   trabajador(a) social social worker **U5 (1)**
trabajar to work
   trabajar de voluntario/a to volunteer
trabajo *m.* job; task
   mundo (*m.*) **del trabajo** working world
   solicitud (*f.*) **de trabajo** job application
tractor *m.* tractor
tradición *f.* tradition **U1 (2)**
tradicionalmente traditionally
traductor *m.*, **traductora** *f.* translator
traducir (*like* **conducir**) to translate
traer *irreg.* to bring
tráfico *m.* traffic
   embotellamiento (*m.*) **de tráfico** traffic jam
tragedia *f.* tragedy
traición *f.* betrayal, treason **U6 (2)**
traicionar to betray
traje *m.* suit
   traje de baño bathing suit
trampa *f.* trick
   hacer (una) trampa to cheat **U6 (2)**
tramposo *m.*, **tramposa** *f.* cheat
   adj. crooked, tricky **U6 (2)**

tranquilidad *f.* calmness, tranquility **U2 (1)**
tranquilo/a quiet, calm
transformación *f.* transformation
transformar to transform **U7 (2)**
transgresor *m.*, **transgresora** *f.* perpetrator
transición *f.* transition
transmisión *f.* transmission
transmitir to transmit
transparencia *f.* transparency
transporte *m.* transportation
   medio (*m.*) **de transporte** means of transportation
   transporte colectivo public transportation
tranvía *f.* streetcar
tras *prep.* after
trascendencia *f.* importance, significance
trasladarse to move, relocate **U6 (2)**
trasnochar to stay out late **UR (2)**
traspasar to go through
trasplantar to transplant
trasplante *m.* transplant
trastorno *m.* upset
tratado *m.* treaty
   Tratado de Libre Comercio (TLC) North American Free Trade Agreement (NAFTA)
tratamiento *m.* treatment
tratar to treat; to try
   tratar de to deal with
   tratar de + *infin.* to try to (*do something*) **U3 (1)**
través: a través de through, across
travieso/a mischievous
trece thirteen
treinta thirty
tremendo/a tremendous
tremolar to wave, flutter
tren *m.* train
tres three

trescientos/as three hundred
tribu *f.* tribe **U2 (1)**
tributo *m.* tribute
tricota *f.* heavy knitted sweater
trineo *m.* sleigh
tripas *f.*: **hacer de tripas corazón** to muster up courage **U5 (2)**
tripode *m.* tripod
tripulación *f.* crew
triste sad
tristeza *f.* sadness
triunfar to triumph **U6 (2)**
triunfo *m.* triumph
trofeo *m.* trophy
tropa *f.* troop
tropezarse (ie) (c) con to bump into each other
trovador *m.* troubadour
trozo *m.* piece
trueno *m.* thunderclap
tu(s) *poss. adj.* your (*inf. sing.*)
tú *sub. pron.* you (*inf. sing.*)
tubería *f.* pipe
tubo *m.* tube
tumba *f.* tomb
tumbado/a lying down
tumbar to knock down
turismo *m.* tourism
turista *m., f.* tourist
turístico/a *adj.* tourist
turnarse to take turns
turno *m.* shift
tuyo/a *poss. adj.* yours, (of) yours (*inf. sing.*)

U

u or (*used instead of* **o** *before words beginning with* **o** *or* **ho**)
ubicación *f.* location
ubicarse (qu) to be located
últimamente lately, recently
último/a last
   por última vez for the last time
   última moda latest fashion **U3 (1)**

   último grito latest thing
un, uno/a *indef. article* a, an; one
   una vez once
únicamente only, solely
único/a only, sole; unique **U4 (1)**
unidad *f.* unit
unido/a united
   Estados (*m. pl.*) **Unidos** United States
unificación *f.* unification
unificado/a: Bachillerato (*m.*) **Unificado Polivalente (B.U.P.)** high school (*Sp.*)
unión *f.* union
unir to unite
unitario/a unitary, as a unit
universalmente universally
universidad *f.* university
universitario/a *adj.* university
   título (*m.*) **universitario** university degree
universo *m.* universe
unos/as some
urbanismo *m.* town planning
urbanizado/a urbanized
urbano/a urban
urdimbre *f.* thread
urgencia *f.* urgency
uruguayo *m.*, **uruguaya** *f.* (*n. & adj.*) Uruguayan
usar to use; to wear
uso *m.* use
usted (*abbrev.* **Ud., Vd.**) you (*pol. sing.*)
ustedes (*abbrev.* **Uds., Vds.**) you (*pl.*)
útil useful
utilización *f.* utilization
utilizar (c) to utilize, use
uva *f.* grape

V

vaca *f.* cow
vacaciones *f. pl.* vacation
   ir de vacaciones to go on vacation

VOCABULARIO ESPAÑOL–INGLÉS

vaciar (vacío) to empty out
vacilar to hesitate
vacuna *f.* vaccine
vagabundo *m.*, **vagabunda** *f.* wanderer, bum
vago/a idle, lazy **UR (1)**
valer *irreg.* to be worth
   más vale que it's better that
   valer la pena to be worthwhile **U6 (1)**
válido/a valid
valiente valiant, courageous **UR (1)**
valioso/a useful, beneficial
valor *m.* worth; courage **U4 (2)**
valorar to value
valle *m.* valley **U2 (1)**
vallenato *m. Colombian regional music*
vanamente in vain, vainly
vanguardia *f.* avant-garde
vanguardismo *m.* avant-garde movement
vano/a unreal, imaginary
   en vano in vain
vapor: a vapor *adj.* steam
vaquero *m.*, **vaquera** *f.* cowboy, cowgirl
variación *f.* variation
variar (varío) to vary
variedad *f.* variety
varios/as several
varón *m.* male
vasallo *m.* vassal, servant
vasco *m.* Basque (*language*)
vasco *m.*, **vasca** *f.* (*n. & adj.*) Basque
vaso *m.* (*drinking*) glass
vecindad *f.* neighborhood
vecindario *m.* neighborhood
vecino *m.*, **vecina** *f.* neighbor
   adj. neighboring
vegetación *f.* vegetation
vegetal *adj.* vegetable
vegetariano *m.*, **vegetariana** *f.* vegetarian
vehículo *m.* vehicle
veinte twenty
veinticinco twenty-five

veintidós twenty-two
veintitrés twenty-three
veintiún, veintiuno/a twenty-one
vejez *f.* old age **U1 (2)**
vela *f.* candle **U1 (2)**
velocidad *f.*: **exceso** (*m.*) **de velocidad** speeding
velorio *m.* funeral wake **U1 (2)**
veloz (*pl.* **veloces**) fast, swift
venado *m.* deer
vencer (venzo) to defeat
vencido/a defeated
   darse por vencido/a to give up
vendedor *m.*, **vendedora** *f.* salesperson
vender to sell
venerable highly respected, venerable
venerar to venerate, revere
venezolano *m.*, **venezolana** *f.* (*n. & adj.*) Venezuelan
vengarse (gu) to take revenge
venir *irreg.* to come
   el año que viene next year
venta *f.* sale; selling
   de venta for sale
ventaja *f.* advantage
ventana *f.* window
ventanilla *f.* window (*of a car, airplane*)
ver *irreg.* (*p.p.* **visto/a**) to see
   a ver let's see
   tener que ver con to have to do with
   vamos a ver let's see
   ver la tele to watch TV
verano *m.* summer
verbalmente verbally
verbo *m.* verb (*gram.*)
verdad *f.* truth
   de verdad really
   mera verdad simple truth
   ¿verdad? right?, correct?
verdaderamente really, truly
verdadero/a true, truthful

verde green
verduras *f. pl.* greens (*vegetables*)
vergüenza *f. pl.* shame
   darse vergüenza to be ashamed (of oneself)
   tener vergüenza to be ashamed
verificar (qu) to verify
versátil versatile
versión *f.* version
verso *m.* verse
vestido *m.* dress
vestir (i, i) to dress
   vestirse to get dressed
vestuario *m.* wardrobe
veterinario *m.*, **veterinaria** *f.* veterinarian **U5 (1)**
vez *f.* (*pl.* **veces**)
   a veces sometimes
   a la vez at the same time
   alguna vez once, ever
   cada vez every time
   de vez en cuando once in a while
   dos veces twice, two times
   en vez de instead of
   érase una vez... once upon a time . . . **U7 (2)**
   la próxima vez next time
   muchas veces many times, often
   otra vez again
   pocas veces rarely
   por primera/última vez for the first/last time
   tal vez maybe, perhaps
   una vez once
vía *f.* way, route
   en vías de in the process of
viajar to travel
viaje *m.* trip
   agencia (*f.*) **de viajes** travel agency
   hacer un viaje to take a trip
viajero/a: agente (*m., f.*) **viajero/a** travel agent

viceversa *adj.* vice versa
víctima *f.* victim
victoria *f.* victory
victorioso/a victorious
vicuña *f.* vicuña (*domesticated South American animal related to the llama*)
vida *f.* life
   etapa (*f.*) **de la vida** stage of life **U1 (2)**
   ganarse la vida to earn a living
   lleno/a de vida full of life **U6 (1)**
   ritmo (*m.*) **acelerado (lento) de la vida** fast (slow) pace of life
videocámara *f.* video camera
videocasetera *f.* videocassette recorder, VCR
videófono *m.* videophone
videojuego *m.* videogame
   jugar a los videojuegos to play videogames
vidrio *m.* glass (*material*)
viejo/a old
viento *m.* wind
   hace viento it's windy
vientre *m.* belly; womb
viernes *m. sing. & pl.* Friday
vigésimo/a twentieth
vigilancia *f.* vigilance
vigilar to watch, keep an eye on
vigilia *f.* vigil
vigoroso/a vigorous
villancico *m.* (Christmas) carol
villano *m.*, **villana** *f.* peasant
vinculado/a linked, tied
vino *m.* wine
violar to violate
violencia *f.* violence
violento/a violent
violeta *adj. m., f.* violet
violín *m.* violin
violinista *m., f.* violinist
violoncelista *m., f.* cellist

virgen *f.* virgin
virrey *m.*, **virreina** *f.* viceroy, vicereine (viceroy's wife)
virtual: realidad (*f.*) **virtual** virtual reality
virtud *f.* virtue
visigodo *m.*, **visigoda** *f.* Visigoth (*Germanic people who established a kingdom in Spain*)
visión *f.* vision
visita *f.* visit
visitante *m., f.* visitor
visitar to visit
vísperas *f.*: **en vísperas de** on the eve of
vista *f.* view
   a primera vista at first sight
   corto/a de vista nearsighted
   punto (*m.*) **de vista** point of view
visto/a *p.p.* seen
vitalidad *f.* vitality
vitamina *f.* vitamin
viudo *m.*, **viuda** *f.* widower, widow
   adj. widowed
vivienda *f.* housing
vivir to live
vivo/a alive; lively; bright (*color*)
   en vivo live (*broadcast*)
vocabulario *m.* vocabulary
volante *m.* steering wheel
   adj. flying
volar (ue) to fly
volcán *m.* volcano **U2 (1)**
volcánico/a volcanic
volcarse (ue) (qu) to overturn
voleibol *m.* volleyball
volumen *m.* volume
voluntad *f.* will
voluntario *m.*, **voluntaria** *f.* volunteer
   trabajar de voluntario/a to volunteer
volver (ue) (*p.p.* **vuelto/a**) to return

volver a + *infin.* to (*do something*) again
volver a ser to become again
volverse to turn, become **U7 (2)**
vosotros/as *sub.pron.* you (*inf. pl., Sp.*); *obj. of prep.* you (*inf. pl., Sp.*)
votar to vote
voz *f.* (*pl.* **voces**) voice
   con voz temblorosa in a shaky voice
   en voz alta out loud, aloud
   en voz baja in a low voice or whisper
vuelo *m.* flight
vuelta *f.* turn
   dar la vuelta to turn the corner
   estar de vuelta to be back
   ida y vuelta round trip
vuelto/a *p.p.* returned
vuestro/a *poss. adj.* your, (of) yours (*inf. pl., Sp.*)

X

X: rayos (*m. pl.*) **X** X-rays

Y

y and
ya already; now
   ¡ya basta! that's enough!
   ya no not any more, no longer
   ya que as, since
yagrumo *m.* tree related to the fig and mulberry trees
yerba (*f.*) **mate** mate (*type of infused tea*)
yo *subj. pron.* I
yoruba *m. & f.* Yoruba (*African tribe*)
yuca *f.* yucca (*plant*)

Z

zaguán *m.* hallway, entry
zapatería *f.* shoe store
zapato *m.* shoe
    zapato de tenis tennis shoe
zapoteca *m.* Zapotec (*language*)
zapoteca *m., f.* Zapotec (*Mesoamerican indigenous tribe*)
zigzaguear to zigzag
zona *f.* area, zone
    zona postal zip code
zoológico/a: parque (*m.*) **zoológico** zoo
zurdo/a left-handed **UR (1)**

VOCABULARIO INGLÉS–ESPAÑOL

This English–Spanish vocabulary contains all the words that are listed in the end-of-lesson **Vocabulario** lists, with an abbreviation and a number in parentheses following each entry. As with the Spanish–English vocabulary, the abbreviation refers to the unit and the number in parentheses to the lesson in which the word or phrase is listed in the **Vocabulario**. **U4 (2)**, for example, refers to **Unidad 4**, **Lección 2**. The abbreviation **UR** refers to **Unidad de repaso**.

See the introduction to the Spanish–English vocabulary for listings of parts of speech, verb forms, special letters in Spanish, and abbreviations used in the English–Spanish vocabulary.

A

account: to take into account **tomar en cuenta** U3 (1)
accounting **contabilidad** f. U5 (1)
accuse **acusar** U6 (2)
achieve **realizar (c)** U5 (1)
address v. (speak to) **dirigirse (j) a** U3 (2)
admiration **admiración** f. U6 (1)
adulthood **madurez** f. U1 (2)
advance: in advance **de anticipación** U5 (2)
advice: to give advice **dar** (irreg.) **consejos** m. pl. U5 (1)
advise **advertir (ie, i)** U2 (2); **aconsejar** U3 (1)
aerobics: to do aerobics **hacer** (irreg.) **ejercicios** (m. pl.) **aeróbicos** UR (2)
affection **cariño** m. U1 (1)
afraid: to be afraid of **temer** U3 (1)
age: old age **vejez** f. U1 (2)
alarm: to set the alarm **poner** (irreg.) (p.p. **puesto/a**) **el despertador** U5 (2)
all: not at all **en absoluto** U7 (1)
American: Hispanic-American n. & adj. **hispanoamericano** m., **hispanoamericana** f. U4 (1)
  Latin American n. & adj. **iberoamericano** m., **iberoamericana** f. U4 (1); **latinoamericano** m., **latinoamericana** f. U4 (1)
  South American n. & adj. **sudamericano** m., **sudamericana** f. U4 (1)
amount: large amount **sinfín** m. U4 (2)
analyst: systems analyst **analista** (m., f.) **de sistemas** U5 (1)
Andean n. & adj. **andino** m., **andina** f. U4 (1)
angry **enfadado/a** UR (1)
  to get angry **enfadarse** U3 (1)
animate v. **animar** U6 (1)
application: job application **solicitud** (f.) **de empleo** U5 (2)
apprenticeship **aprendizaje** m. U5 (1)
architect **arquitecto** m., **arquitecta** f. U5 (1)
architecture **arquitectura** f. U4 (1)
army **ejército** m. U6 (2)
as conj. **puesto que** U2 (1)
  the same as **igual que** U4 (2)
atmosphere **ambiente** m. U2 (1)
attain **alcanzar (c)** U6 (1)
attention: to attract attention **llamar la atención** U3 (1)
attention-getting **llamativo/a** U3 (2)
attract attention **llamar la atención** U3 (1)

B

bad: to make a bad impression on someone **caerle** (irreg.) **mal a alguien** U3 (1)
badly: to turn out badly for someone **salirle** (salgo) **mal a alguien** U5 (2)
banker **banquero** m., **banquera** f. U5 (1)
baptism **bautizo** m. U1 (2)
be: to be clever, smart **ser** (irreg.) **listo/a** UR (1)
  to be famous **tener** (irreg.) **fama** U6 (1)
  to be fond of someone **tenerle cariño a alguien** U1 (1)
  to be in a hurry **tener prisa** U4 (2)
  to be in style **estar** (irreg.) **de moda** U3 (1)
  to be sure of oneself **estar seguro/a de sí mismo/a** U3 (1)
  to be to blame **tener la culpa** U6 (2)
  to be worthwhile **valer** (valgo) **la pena** U6 (1)
because of **a causa de** U2 (1)
become **hacerse** (irreg.) (p.p. **hecho/a**) U5 (1); **volverse (ue)** (p.p. **vuelto/a**) U7 (1)
  to become engaged (to) **comprometerse (con)** U1 (2)
  to become happy (about) **alegrarse (de)** U3 (1)
bed: to get up on the wrong side of the bed **levantarse con el pie izquierdo** U5 (2)
betrayal **traición** f. U6 (2)
bird **pájaro** m. U2 (2)
black n. & adj. **negro** m., **negra** f. U4 (1)
blame: to be to blame **tener** (irreg.) **la culpa** U6 (2)
  to blame someone **echarle a uno la culpa** U6 (2)
bogeyman **Coco** m. U7 (2)
bond n. **lazo** m. U4 (1)
breakdown: nervous breakdown **ataque** (m.) **de nervios** U6 (2)
briefcase **maletín** m. U5 (2)
brother: half brother **medio hermano** m. U1 (1)
bury **enterrar (ie)** U2 (2)
bush **arbusto** m. U2 (1)
businessman **hombre** (m.) **de negocios** U5 (1)
businesswoman **mujer** (f.) **de negocios** U5 (1)
but rather **sino** U7 (2)
butterfly **mariposa** f. U2 (2)

C

Cambodian *n. & adj.* **camboyano** *m.*, **camboyana** *f.* U4 (2)
Canadian *n. & adj.* **canadiense** *m., f.* U4 (2)
candle **vela** *f.* U1 (2)
car: to fix the car **arreglar el coche** UR (2)
cards: to send cards **mandar tarjetas** (*f. pl.*) U1 (2)
Caribbean *n. & adj.* **caribeño** *m.*, **caribeña** *f.* U4 (1)
carpenter **carpintero** *m.*, **carpintera** *f.* U5 (1)
carry off **llevarse** U6 (2)
celebration **rito** *m.* U1 (2)
challenge *n.* **desafío** *m.* U6 (1)
champion **campeón** *m.*, **campeona** *f.* U6 (1)
change one's opinion **cambiar de opinión** U3 (2)
character **carácter** *m.* (*pl.* **caracteres**) U6 (2)
characteristics: personal characteristics **características** (*f. pl.*) **personales** UR (1)
  physical characteristics **características** (*f. pl.*) **físicas** UR (1)
chat **charlar** UR (2)
cheat **hacer** (*irreg.*) (*p.p.* **hecho/a**) **(una) trampa** U6 (2)
citizen **ciudadano** *m.*, **ciudadana** *f.* U4 (2)
clean *adj.* **limpio/a** U2 (2)
clever: to be clever **ser** (*irreg.*) **listo/a** UR (1)
close **estrecho/a** U1 (1)
cloudy **nebuloso/a** U2 (2)
coast *n.* **costa** *f.* U2 (1)
collect **coleccionar** UR (2)
colorful: to make colorful **dar** (*irreg.*) **sabor** U4 (1)

come: to come to (regain consciousness) **recobrarse** U7 (2)
  to come to know **llegar (gu) a conocer** U4 (1)
company (*firm*) **empresa** *f.* U5 (2)
composer **compositor** *m.*, **compositora** *f.* U7 (1)
condolences **pésame** *m. sing.* U1 (2)
confide (in) **confiar (confío) (en)** U1 (1)
confidence: to have confidence (in oneself) **tener** (*irreg.*) **confianza (en sí mismo/a)** U6 (1)
confront **confrontar** U6 (2)
conscience **conciencia** *f.* U6 (2)
consciousness: to regain consciousness **recobrarse** U7 (2)
consider oneself (to be) **creerse (y)** U4 (1)
consumer **consumidor** *m.*, **consumidora** *f.* U3 (2)
contract *v.* **contraer** (*like* **traer**) U2 (2)
convertible *adj.* **descapotable** U4 (2)
cool: how cool! **¡qué padre!** (*coll.*) U2 (2)
correct **acertado/a** U4 (2)
cottage **casita** *f.* U7 (2)
country estate **hacienda** *f.* U2 (1)
courage **valor** *m.* U4 (2)
  to muster up courage **hacer** (*irreg.*) (*p.p.* **hecho/a**) **de tripas corazón** U5 (2)
courageous **valiente** UR (1)
create **crear** U7 (1)
creative spirit **espíritu** (*m.*) **creador** U7 (1)
creativity **creatividad** *f.* U7 (1)
crime **delito** *m.* U6 (2)
criticize **criticar (qu)** U4 (2)
crooked (*tricky*) **tramposo/a** U6 (2)
culture **cultura** *f.* U4 (1)

D

damage **dañar** U2 (2)
daring *adj.* **arriesgado/a** U6 (1)
day: Day of the Magi (Epiphany) **Día** (*m.*) **de los Reyes Magos** U1 (2)
  saint's day **día** (*m.*) **del santo** U1 (2)
daydream *v.* **soñar (ue) despierto/a** U7 (1)
death notice **esquela** *f.* U1 (2)
deed **hecho** *m.* U6 (1)
define oneself **definirse** U6 (2)
degree **título** *m.* U5 (2)
  to get a degree **sacar (qu) una licencia** U5 (1)
deny **negar (ie) (gu)** U6 (2)
depressed: to become depressed **deprimirse** U7 (2)
descendant **descendiente** *m., f.* U4 (1)
deserve **merecer (merezco)** U7 (2)
destruction **destrucción** *f.* U2 (2)
develop **desarrollar** U2 (1)
dinner in honor of **cena** (*f.*) **en honor de** U1 (2)
director: personnel director **director** (*m.*), **directora** (*f.*) **de personal** U5 (2)
discipline **disciplina** *f.* U5 (1)
  self-discipline **autodisciplina** *f.* U5 (1)
discriminate **discriminar** U4 (2)
disguised **disfrazado/a** U7 (2)
disgusting: how disgusting! **¡qué asco!** U2 (2)
disgusts: that disgusts me! **¡me da asco!** U2 (2)
dive: to scuba dive **bucear** UR (2)
diversity **diversidad** *f.* U4 (1)

VOCABULARIO INGLÉS–ESPAÑOL 513

divorce **divorcio** *m.* **U6 (2)**; to get a divorce **divorciarse U1 (1)**
do aerobics **hacer** (*irreg.*) (*p.p.* **hecho/a**) **ejercicios** (*m. pl.*) **aeróbicos UR (2)**
doubt *v.* **dudar U3 (2)**
dream *n.* **sueño** *m.* **U7 (1)**; to dream (about) **soñar (ue) (con) U7 (1)**
driver: truck driver **camionero** *m.*, **camionera** *f.* **U5 (1)**
Dutch *n. & adj.* **holandés** *m.*, **holandesa** *f.* **U4 (2)**
dwarf: dwarf **enanito** *m.*, **enanita** *f.* **U7 (2)**

E

earthquake **terremoto** *m.* **U6 (2)**
eastern **oriental U2 (1)**
ecologist **ecólogo** *m.*, **ecóloga** *f.* **U2 (2)**
ecology **ecología** *f.* **U2 (2)**
ecosystem **ecosistema** *m.* **U2 (2)**
egotistical **egoísta** *m., f.* **UR (1)**
electrician **electricista** *m., f.* **U5 (1)**
end *v.* **acabar U5 (2)**
endangered species **especie** (*f. sing.*) **en peligro U2 (2)**
engaged: to become engaged (to) **comprometerse (con) U1 (2)**
enjoy **gozar (c) U7 (1)**
enroll **inscribirse U6 (2)**
ensemble (clothing) **conjunto** *m.* **U3 (3)**
entertain **divertir (ie, i) U3 (2)**; to entertain oneself **entretenerse** (*like* **tener**) **UR (2)**
enthusiastic **entusiasmado/a UR (1)**

environment **medio** (*m.*) **ambiente U2 (2)**
environmental **ambiental U2 (1)**
envy **envidia** *f.* **U7 (2)**
Epiphany (Day of the Magi) **Día** (*m.*) **de los Reyes Magos U1 (2)**
estate: country estate **hacienda** *f.* **U2 (1)**
esteem *v.* **estimar U6 (1)**
ethnic heritage **herencia** (*f.*) **étnica U4 (1)**
evaluate **evaluar (evalúo) U5 (1)**
event **acontecimiento** *m.* **U6 (2)**
everything: to support (in everything) **apoyar (en todo) U1 (1)**
everywhere **por todas partes U4 (1)**
evil *n.* **mal** *m.* **U7 (2)**; **maldad** *f.* **U7 (2)**
exploit **explotar U2 (1)**
express oneself **expresarse U7 (1)**

F

face *v.* **confrontar U6 (2)**
faint *v.* **desvanecerse (me desvanezco) U7 (2)**
fairy tale **cuento** (*m.*) **de hadas U7 (2)**
faithful **fiel UR (1)**
family: family members **miembros** (*m. pl.*) **de la familia U1 (1)**; family relationship **parentesco** *m.* **U1 (1)**
famous: to be famous **tener** (*irreg.*) **fama U6 (1)**
fancy *v.* **imaginarse U7 (1)**
fantasy **fantasía** *f.* **U7 (1)**
fashion: latest fashion **última moda** *f.* **U3 (1)**
father-in-law **suegro** *m.* **U1 (1)**
fear *v.* **temer U3 (1)**
fearless **intrépido/a U6 (1)**

fight *v.* **luchar U6 (2)**
finance(s) **finanzas** *f. pl.* **U5 (1)**
find out **informarse U3 (2)**
finish *v.* **acabar U5 (2)**
firefighter **bombero** *m.*, **mujer** (*f.*) **bombero U5 (1)**
firm (company) *n.* **empresa** *f.* **U5 (2)**
first: to wear for the first time **estrenar U3 (1)**
fix the car **arreglar el coche UR (2)**
flashy **llamativo/a U3 (2)**
flavor **sabor** *m.* **U7 (1)**; to give flavor **dar** (*irreg.*) **sabor U4 (1)**
fling oneself **echarse UR (2)**
flirt **coquetear U1 (1)**
flowers: to send flowers **mandar flores** (*f. pl.*) **U1 (2)**
focus (on) **enfocarse (qu) (en) U5 (1)**
fond: to be fond of someone **tenerle** (*irreg.*) **cariño a alguien U1 (1)**
fooled: to let oneself be fooled **dejarse engañar U3 (2)**
form: in good form **en buena forma UR (1)**
force *n.* **fuerza** *f.* **U7 (2)**
friendship **amistad** *f.* **U1 (1)**
frustrated **frustrado/a UR (1)**
fulfill **realizar (c) U5 (1)**
full of life **lleno/a de vida U6 (1)**
funeral wake **velorio** *m.* **U1 (2)**

G

gather (*understand*) **tener** (*irreg.*) **entendido/a U4 (2)**
genie **genio** *m.* **U7 (2)**
German *n. & adj.* **alemán** *m.*, **alemana** *f.* **U4 (2)**

VOCABULARIO INGLÉS–ESPAÑOL

get: to get a degree **sacar (qu) una licencia** U5 (1)
to get a divorce **divorciarse** U1 (1)
to get angry **enfadarse** U3 (1)
to get together with **reunirse (me reúno) con** U1 (2)
to get up on the wrong side of the bed **levantarse con el pie izquierdo** U5 (2)
give: to give advice **dar** (*irreg.*) **consejos** *m. pl.* U5 (1)
to give flavor **dar sabor** U4 (1)
to give someone a ticket **ponerle** (*irreg.*) (*p.p.* **puesto/a**) **una multa** U5 (2)
go: to go whitewater rafting **ir** (*irreg.*) **en balsa en agua blanca** U2 (2)
good *n.* **bien** *m.* U7 (2)
good *adj.*: good taste **buen gusto** *m.* U3 (2)
in good form **en buena forma** UR (1)
it's (not) good that **(no) es bueno que** U3 (1)
to make a good impression on someone **caerle** (*irreg.*) **bien a alguien** U3 (1)
good-bye: say good-bye (to) **despedirse (i, i) (de)** U5 (2)
gossipy **chismoso/a** UR (1)
graduate (from) **graduarse (me gradúo) (en)** U5 (1)
grant *v.* **conceder** U5 (2)
great! **¡bárbaro!** (*coll.*) U2 (2); **¡padrísimo!** (*coll.*) U2 (2); **¡regio!** (*coll.*) U2 (2)
great-grandfather **bisabuelo** *m.* U1 (1)
great-grandmother **bisabuela** *f.* U1 (1)

great-grandparents **bisabuelos** *m. pl.* U1 (1)
Greek *n. & adj.* **griego** *m.*, **griega** *f.* U4 (2)
guarantee *v.* **garantizar (c)** U3 (2)
guide *v.* **guiar (guío)** U5 (1)

H

habit: to be in the habit of (*doing something*) **soler (ue)** + *infin.* U3 (1)
Haitian *n. & adj.* **haitiano** *m.*, **haitiana** *f.* U4 (2)
half brother **medio hermano** *m.* U1 (1)
half sister **media hermana** *f.* U1 (1)
hands: to shake hands **dar** (*irreg.*) **la mano** U5 (1)
happen **suceder** U6 (2)
happening *n.* **acontecimiento** *m.* U6 (2)
happy: to become happy (about) **alegrarse (de)** U3 (1)
harmony **armonía** *f.* U4 (2)
have: to have a lot to offer **tener** (*irreg.*) **mucho que ofrecer** U4 (2)
to have an impact **tener un impacto** U3 (2)
to have confidence (in oneself) **tener confianza (en sí mismo/a)** U6 (1)
to have nightmares **tener pesadillas** (*f. pl.*) U5 (1)
heritage: ethnic heritage **herencia** (*f.*) **étnica** U4 (1)
hidden: to keep hidden **ocultar** U3 (1)
hide **ocultar** U3 (1)
hinder **impedir (i, i)** U6 (2)
Hispanic *n. & adj.* **hispánico** *m.*, **hispánica** *f.* U4 (1)

Hispanic-American *n. & adj.* **hispanoamericano** *m.*, **hispanoamericana** *f.* U4 (1)
holiday **día** (*m.*) **festivo** U1 (2)
honeymoon **luna** (*f.*) **de miel** U1 (2)
honor: dinner (supper) in honor of **cena** (*f.*) **en honor de** U1 (2)
sense of honor **sentido** (*m.*) **del honor** U6 (2)
honorable **honrado/a** UR (1)
how disgusting! **¡qué asco!** U2 (2)
humble **humilde** UR (1)
humor: sense of humor **sentido** (*m.*) **del humor** U7 (1)
hurry: to be in a hurry **tener** (*irreg.*) **prisa** U4 (2)

I

identify oneself **identificarse (qu)** U4 (1)
identity **identidad** *f.* U4 (1)
idle *adj.* **vago/a** UR (1)
idol **ídolo** *m.* U6 (1)
image **imagen** *f.* U3 (1)
imagine **imaginar(se)** U7 (1)
imitate **imitar** U6 (1)
impact: to have an impact **tener** (*irreg.*) **un impacto** U3 (2)
impede **impedir (i, i)** U6 (2)
important *adj.* **clave** *inv.* U6 (2)
impression: to make a good/bad impression on someone **caerle** (*irreg.*) **bien/mal a alguien** U3 (1)
impressive **impresionante** U4 (1)
in good form **en buena forma** UR (1)
increase *v.* **aumentar** U2 (2)
Indian *n. & adj.* **indio** *m.*, **india** *f.* U4 (2)
influence *v.* **influir (y) (en)** U3 (1)

VOCABULARIO INGLÉS–ESPAÑOL 515

inform **informar** U3 (2)
   to inform oneself **informarse** U3 (2)
in-laws **suegros** *m. pl.* U1 (1)
insect **insecto** *m.* U2 (2)
inspiration **inspiración** *f.* U6 (1)
interview *v.* **entrevistar** U5 (1); *n.* **entrevista** *f.* U5 (2)
intrepid **intrépido/a** U6 (1)
invention **invento** *m.* U7 (1)
inventory **inventario** *m.* U5 (1)
investigate **investigar (gu)** U3 (2)
invincible **invencible** UR (1)
Iranian *n. & adj.* **iraní** *m., f.* U4 (2)
isolated **aislado/a** U2 (1)
isolation **aislamiento** *m.* U2 (1)

J

job: job application **solicitud** (*f.*) **de empleo** U5 (2)
   job offer **oferta** (*f.*) **de empleo** U5 (2)
join (with) **reunirse (me reúno) (con)** U1 (2)
judge *v.* **juzgar (gu)** U3 (1)

K

keep: to keep hidden **ocultar** U3 (1)
   keep someone's secrets **guardarle secretos a alguien** U1 (1)
key *adj.* **clave** *inv.* U6 (2)
knit a sweater **tejer un suéter** UR (2)
know: to come to know **llegar (gu) a conocer** U4 (1)
know-it-all **sabelotodo** *m. & f.* UR (1)

Korean *n. & adj.* **coreano** *m.*, **coreana** *f.* U4 (2)

L

land: native land **patria** *f.* U4 (2)
landscape **paisaje** *m.* U7 (1)
language: native language **lengua** (*f.*) **natal** U4 (1)
large amount **sinfín** *m.* U4 (2)
late: to stay out late **trasnochar** UR (2)
latest fashion **última moda** *f.* U3 (1)
Latin American *n. & adj.* **iberoamericano** *m.*, **iberoamericana** *f.* U4 (1); **latinoamericano** *m.*, **latinoamericana** *f.* U4 (1)
law **ley** *f.* U2 (2); (*profession*) **derecho** *m.* U5 (1)
layer: ozone layer **capa** (*f.*) **del ozono** U2 (2)
lazy **perezoso/a** UR (1); **vago/a** UR (1)
left-handed **zurdo/a** UR (1)
leg: to pull somebody's leg **tomarle el pelo a alguien** U1 (1)
legacy **legado** *m.* U5 (2)
legend **leyenda** *f.* U7 (2)
Lent **Cuaresma** *f.* U1 (2)
let oneself be **dejarse** + (*p.p.*) U3 (1)
   to let oneself be fooled **dejarse engañar** U3 (2)
lie *v.* **mentir (ie, i)** U6 (2); *n.* **mentira** *f.* U6 (2)
life: full of life **lleno/a de vida** U6 (1)
   stage of life **etapa** (*f.*) **de la vida** U1 (2)
like *conj.* **puesto que** U2 (1), **igual que** U4 (2); *v.* to like someone **tenerle** (*irreg.*) **cariño a alguien** U1 (1)
link *n.* **lazo** *m.* U4 (1)

look: to look like **parecerse (parezco) (a)** U1 (1)
lot: to have a lot to offer **tener** (*irreg.*) **mucho que ofrecer** U4 (2)
lovable **amable** UR (1)
loyal **leal** UR (1)

M

Magi: Day of the Magi (Epiphany) **Día** (*m.*) **de los Reyes Magos** U1 (2)
magic *adj.* **mágico/a** U7 (2)
magician **mago** *m.*, **maga** *f.* U7 (2)
maintain **mantener** (*like* **tener**) U2 (2)
major (in) **especializarse (c) (en)** U5 (1)
majority **mayoría** *f.* U4 (2)
make: to make a good/bad impression on someone **caerle** (*irreg.*) **bien/mal a alguien** U3 (1)
   to make an effort **esforzarse (ue) (c)** U6 (2)
   to make colorful **dar** (*irreg.*) **sabor** U4 (1)
   to make someone think about **hacerle** (*irreg.*) (*p.p.* **hecho/a**) **a uno pensar en** U7 (1)
   to make use of **aprovechar** U5 (1)
manage **dirigir (j)** U5 (1)
manner **modo** *m.* U7 (1)
mannered: well-mannered **bien educado/a** UR (1)
marriage **matrimonio** *m.* U1 (1)
materialistic *adj.* **materialista** *m., f.* U3 (1)
maturity **madurez** *f.* U1 (2)
members: family members **miembros** (*m. pl.*) **de la familia** U1 (1)

VOCABULARIO INGLÉS–ESPAÑOL

mermaid **sirena** *f.* **U7 (2)**
meteorologist **meteorólogo** *m.*, **meteoróloga** *f.* **U5 (1)**
minority **minoría** *f.* **U4 (2)**
mistaken **equivocado/a** **U4 (2)**
mixture **mezcla** *f.* **U4 (1)**
model: to serve as a model **servir (i, i) de modelo** **U6 (1)**
mother-in-law **suegra** *f.* **U1 (1)**
motivate **motivar** **U7 (1)**
motivated **motivado/a U3 (2)**
mountain range **cordillera** *f.* **U2 (1)**
move (*relocate*) **trasladarse** **U6 (2)**; (*emotionally*) **conmover (ue) U7 (1)**
mulatto (*of black and white ancestry*) *n. & adj.* **mulato** *m.*, **mulata** *f.* **U4 (1)**
musician **músico** *m.*, **música** *f.* **U5 (1)**
muster up courage **hacer** (*irreg.*) **de tripas corazón U5 (2)**
myth **mito** *m.* **U7 (2)**
mythical **mítico/a U7 (2)**

N

nation **pueblo** *m.* **U4 (1)**
native: native land **patria** *f.* **U4 (2)**
    native language **lengua** (*f.*) **natal U4 (1)**
natural resource **recurso** (*m.*) **natural U2 (1)**
nature **naturaleza** *f.* **U2 (1)**
nervous breakdown **ataque** (*m.*) **de nervios U6 (2)**
newborn **recién nacido/a** *adj.* **U1 (1)**
nightmares: to have nightmares **tener** (*irreg.*) **pesadillas** (*f. pl.*) **U5 (1)**
not at all **en absoluto U7 (1)**

notice: (death) notice **esquela** *f.* **U1 (2)**

O

obey **obedecer (obedezco) U7 (2)**
off: to carry off **llevarse U6 (2)**
offer: to have a lot to offer **tener** (*irreg.*) **mucho que ofrecer U4 (2)**
official: public official **funcionario** *m.*, **funcionaria** *f.* **U5 (1)**
old age **vejez** *f.* **U1 (2)**
once upon a time **érase una vez U7 (2)**
opinion: to change one's opinion **cambiar de opinión U3 (2)**
origin **raíz** *f.* (*pl.* **raíces**) **U4 (1)**
others: the others **los/las demás U3 (1)**
outskirts **afueras** *f. pl.* **U2 (1)**
own style **estilo** (*m.*) **propio U7 (1)**
ozone layer **capa** (*f.*) **del ozono U2 (2)**

P

paint *v.* **pintar UR (2)**
path **camino** *m.* **U2 (1)**
peace **paz** *f.* (*pl.* **paces**) **U4 (2)**
people **pueblo** *n. sing.* **U4 (1)**
    they are people who . . . **son personas que... U2 (1)**
perceive **percebir (i, i) U7 (1)**
personal characteristics **características** (*f. pl.*) **personales UR (1)**
personnel director **director** (*m.*), **directora** (*f.*) **de personal U5 (2)**

perspective **perspectiva** *f.* **U4 (2)**
persuade **persuadir U3 (2)**
philosophical **filosófico/a UR (1)**
physical characteristics **características** (*f. pl.*) **físicas UR (1)**
pilgrimage **romería** *f.* **U1 (2)**
pilot **piloto** *m.*, **pilota** *f.* **U5 (1)**
plant *v.* **sembrar (ie) U2 (2)**
play a role **desempeñar un papel U4 (1)**
plumber **plomero** *m.*, **plomera** *f.* **U5 (1)**
poet **poeta** *m.*, **poetisa** *f.* **U7 (1)**
poetry **poesía** *f.* **U7 (1)**
poisoned **envenenado/a U7 (2)**
politics **política** *f. sing.* **U2 (2)**
pollution **contaminación** *f.* **U2 (1)**
port **puerto** *m.* **U2 (1)**
power **poder** *m.* **U6 (1)**
practice *v.* (*profession*) **ejercer (z) U5 (1)**
praise *v.* **elogiar U5 (1)**
prejudice **prejuicio** *m.* **U4 (1)**
preserve **preservar U2 (2)**
prestigious **prestigioso/a U5 (1)**
prince **príncipe** *m.* **U7 (2)**
princess **princesa U7 (2)**
produce *v.* **producir** (*irreg.*) **U6 (2)**
profession **oficio** *m.* **U5 (1)**
professional training **formación** (*f.*) **profesional U5 (1)**
prohibit **prohibir (prohíbo) U2 (2)**
promise *v.* **prometer U3 (2)**
promote (*sponsor*) **promocionar U3 (1)**, **promover (ue) U3 (1)**
promotion **ascenso** *m.* **U5 (2)**

VOCABULARIO INGLÉS–ESPAÑOL 517

protect **proteger (j) U1 (1)**
public official **funcionario** *m.*, **funcionaria** *f.* **U5 (1)**
publicity **publicidad** *f.* **U3 (2)**
pull somebody's leg **tomarle el pelo a alguien U1 (1)**
purify **purificar (qu) U2 (2)**

Q

quality **cualidad** *f.* **U6 (1)**
quiet **callado/a UR (1)**

R

race (*heritage*) **raza** *f.* **U4 (2)**
rafting: to go whitewater rafting **ir** (*irreg.*) **en balsa en agua blanca U2 (2)**
raise *n.* **aumento** (*m.*) **de sueldo U5 (2)**
ranch **hacienda** *f.* **U2 (1)**
range: mountain range **cordillera** *f.* **U2 (1)**
rather: but rather **sino U7 (2)**
reach **alcanzar (c) U6 (1)**
reader **lector** *m.*, **lectora** *f.* **U3 (2)**
realistic *adj.* **realista** *m., f.* **UR (1)**
realize **darse** (*irreg.*) **cuenta de U4 (1)**
reason: for this reason **por esta razón U2 (1)**
recall *v.* **recordar (ue) U7 (1)**
reconcile (with) **reconciliarse (con) U1 (1)**
recycling *n.* **reciclaje** *m.* **U2 (2)**
regain consciousness **recobrarse U7 (2)**
register *v.* **matricularse U5 (1); inscribirse U6 (2)**
reject **rechazar (c) U5 (1)**

relationship (*kinship*) **parentesco** *m.* **U1 (1)**
relax **relajarse UR (2)**
relocate (*move*) **trasladarse U6 (2)**
remember **recordar (ue) U7 (1)**
require **requerir (ie, i) U5 (2)**
rescue *v.* **rescatar U6 (1)**
resemble **parecerse (me parezco) a U1 (1)**
resource: natural resource **recurso** (*m.*) **natural U2 (1)**
respect *v.* **respetar (a) U1 (2); estimar U6 (1)**
with respect to **con respecto a U4 (2)**
rest: the rest **los/las demás U3 (1)**
résumé **currículum** *m.* **U5 (2)**
retire **jubilarse U1 (2)**
return (*something*) **devolver (ue)** (*p.p.* **devuelto/a) U6 (2)**
right *adj.* **acertado/a U4 (2)**
risks: to take risks **tomar riesgos** *m. pl.* **UR (2); correr riesgos U6 (1)**
rite **rito** *m.* **U1 (2)**
road **camino** *m.* **U2 (1)**
role: to play a role **desempeñar un papel U4 (1)**
root **raíz** *f.* (*pl.* **raíces) U4 (1)**
run (*manage*) **dirigir (j) U5 (1)**

S

sacrifice: to sacrifice oneself **sacrificarse (qu) U6 (1)**
self-sacrifice **autosacrificio** *m.* **U6 (2)**
sadden **entristecer (entristezco) U7 (1)**
saint's day **día** (*m.*) **del santo U1 (2)**
same: the same as **igual que U4 (2)**
sand **arena** *f.* **U2 (2)**

say good-bye (to) **despedirse (i, i) (de) U5 (2)**
scuba dive **bucear UR (2)**
secrets: to keep someone's secrets **guardarle secretos** (*m. pl.*) **a alguien U1 (1)**
self-expression **autoexpresión** *f.* **U7 (1)**
self-sacrifice **autosacrificio** *m.* **U6 (2)**
send: to send cards **mandar tarjetas** (*f. pl.*) **U1 (2)**
to send flowers **mandar flores** (*f. pl.*) **U1 (2)**
sense: sense of honor **sentido** (*m.*) **del honor U6 (2)**
sense of humor **sentido** (*m.*) **del humor U7 (1)**
serve as a model **servir (i, i) de modelo U6 (1)**
shake hands **dar** (*irreg.*) **la mano U5 (2)**
shame: it's (not) a shame that **(no) es lástima que U3 (1)**
shine *v.* **lucir** (*fig.*) **U3 (1)**
shrub **arbusto** *m.* **U2 (1)**
side: to get up on the wrong side of the bed **levantarse con el pie izquierdo U5 (2)**
sidewalk **acera** *f.* **U2 (1)**
similarity **semejanza** *f.* **U4 (2)**
siren (*mermaid*) **sirena** *f.* **U7 (2)**
sister: half sister **media hermana** *f.* **U1 (1)**
ski: to snow ski **esquiar (esquío) en la nieve UR (2)**
smart: to be smart **ser** (*irreg.*) **listo/a UR (1)**
smell *n.* **olor** *m.* **U7 (1)**
snow ski *v.* **esquiar (esquío) en la nieve UR (2)**
social worker **trabajador** (*m.*), **trabajadora** (*f.*) **social U5 (1)**

VOCABULARIO INGLÉS–ESPAÑOL

solicit **solicitar** U5 (2)
solitude **soledad** *f.* U2 (1)
somebody: to pull somebody's leg **tomarle el pelo a alguien** U1 (1)
someone: to blame someone **echarle a uno la culpa** U6 (2)
　to keep someone's secrets **guardarle secretos a alguien** U1 (1)
　to like, be fond of someone **tenerle** (*irreg.*) **cariño a alguien** U1 (1)
　to make a good/bad impression on someone **caerle** (*irreg.*) **bien/mal a alguien** U3 (1)
　to make someone think about **hacerle** (*irreg.*) **a uno pensar en** U7 (1)
　to turn out well/badly for someone **salirle** (**salgo**) **bien/mal a alguien** U5 (2)
soul **alma** *f.* (*but* **el alma**) U7 (1)
sound *n.* **sonido** *m.* U7 (1)
South American *n. & adj.* **sudamericano** *m.*, **sudamericana** *f.* U4 (1)
sow *v.* **sembrar (ie)** U2 (2)
speak to (*address*) **dirigirse (j) a** U3 (2)
specialist **especialista** *m., f.* U5 (2)
specialize (in) **especializarse (c) (en)** U5 (1)
species: endangered species **especie** (*f. sing.*) **en peligro** U2 (2)
spill *v.* **derramar** U5 (1)
spirit: creative spirit **espíritu** (*m.*) **creador** U7 (1)
stage of life **etapa** (*f.*) **de la vida** U1 (2)
stay out late **trasnochar** UR (2)

stimulating *adj.* **estimulante** U5 (1)
strike (*labor*) **huelga** *f.* U6 (2)
struggle *v.* **luchar** U6 (2)
stubborn **terco/a** UR (1)
studies: technical studies **estudios** (*m. pl.*) **técnicos** U5 (1)
style: own style **estilo** (*m.*) **propio** U7 (1)
　to be in style **estar** (*irreg.*) **de moda** U3 (1)
suggest **sugerir (ie, i)** U5 (1)
superstar **superestrella** *f.* U3 (1)
supper in honor of **cena** (*f.*) **en honor de** U1 (2)
support *v.* (*in everything*) **apoyar (en todo)** U1 (1)
sure: to be sure of oneself **estar** (*irreg.*) **seguro/a de sí mismo/a** U3 (1)
surgeon **cirujano** *m.*, **cirujana** *f.* U5 (1)
surprise *v.* **sorprender** U1 (2)
surprised **sorprendido/a** UR (1)
sweater: to knit a sweater **tejer un suéter** UR (2)
sympathy **pésame** *m. sing.* U1 (2)
systems analyst **analista** (*m., f.*) **de sistemas** U5 (1)

T

take: to take a walk **dar** (*irreg.*) **un paseo** UR (2)
　to take away **llevarse** U6 (2)
　to take into account **tomar en cuenta** U3 (1)
　to take risks **tomar riesgos** UR (2); **correr riesgos** U6 (1)
tale: fairy tale **cuento** (*m.*) **de hadas** U7 (2)
talk **charlar** UR (2)
talkative **hablador(a)** UR (1)
taste *n.* **sabor** *m.* U7 (1)

good taste **buen gusto** *m.* U3 (2)
teaching *n.* **enseñanza** *f.* U5 (1)
technical studies **estudios** (*m. pl.*) **técnicos** U5 (1)
temptation **tentación** *f.* U6 (2)
thin **flaco/a** UR (1)
think: to make someone think about **hacerle** (*irreg.*) (*p.p.* **hecho/a**) **a uno pensar en** U7 (1)
thoroughly **a fondo** U4 (1)
threat *n.* **amenaza** *f.* U2 (2)
threaten **amenazar (c)** U2 (1)
throw **tirar** U2 (2)
ticket: to give someone a ticket **ponerle** (*irreg.*) (*p.p.* **puesto/a**) **una multa** U5 (2)
tie *n.* **lazo** *m.* U4 (1)
time: once upon a time **érase una vez** U7 (2)
　to wear for the first time **estrenar** U3 (1)
toad **sapo** *m.* U2 (2)
together: to get together (with) **reunirse (me reúno) (con)** U1 (2)
tolerance **tolerancia** *f.* U4 (2)
touch *v.* (*emotionally*) **conmover (ue)** U7 (1)
tournament **torneo** *m.* U6 (1)
trade *n.* (*job*) **oficio** *m.* U5 (1)
tradition **tradición** *f.* U1 (2)
training *n.* **entrenamiento** *m.* U5 (1)
　professional training **formación** (*f.*) **profesional** U5 (1)
tranquility **tranquilidad** *f.* U2 (1)
transform **transformar** U7 (2)
transformed: to be transformed (into) **convertirse (ie, i) (en)** U7 (2)
treason **traición** *f.* U6 (2)
tribe **tribu** *f.* U2 (1)
tricky **tramposo/a** U6 (2)

VOCABULARIO INGLÉS–ESPAÑOL 519

triumph *v.* **triunfar** U6 (2)
truck driver **camionero** *m.*, **camionera** *f.* U5 (1)
trustworthy **digno/a de confianza** U5 (1)
try to (*do something*) **tratar de** + *infin.* U3 (1)
turn *v.* (*become*) **volverse (ue)** U7 (2)
   to turn out well/badly for someone **salirle (salgo) bien/mal a alguien** U5 (2)
turtle **tortuga** *f.* U2 (2)

U

understand **tener** (*irreg.*) **entendido/a** U4 (2)
unique **único/a** U4 (1)
unkempt **despeinado/a** UR (1)
upon (*doing something*) **al** + *infin.* U7 (1)
   once upon a time **érase una vez** U7 (2)
use: to make use of **aprovechar** U5 (1)

V

valiant **valiente** UR (1)
valley **valle** *m.* U2 (1)
vest **chaleco** *m.* U3 (1)
veterinarian **veterinario** *m.*, **veterinaria** *f.* U5 (1)
volcano **volcán** *m.* U2 (1)

W

wake: funeral wake **velorio** *m.* U1 (2)
walk: take a walk **dar** (*irreg.*) **un paseo** UR (2)
warn **advertir (ie, i)** U2 (2)
waste *v.* **malgastar** U2 (2)
way **modo** *m.* U7 (1)
wear for the first time **estrenar** U3 (1)
well: to turn out well for someone **salirle (salgo) bien a alguien** U5 (2)
well-mannered **bien educado/a** UR (1)
western *adj.* **occidental** U2 (1)

whale **ballena** *f.* U2 (2)
white *n. & adj.* **blanco/a** U4 (1)
whitewater: to go whitewater rafting **ir** (*irreg.*) **en balsa en agua blanca** U2 (2)
wickedness **maldad** *f.* U7 (2)
wonderful! **¡genial!** U2 (2)
worker **obrero** *m.*, **obrera** *f.* U5 (1)
   social worker **trabajador** (*m.*), **trabajadora** (*f.*) **social** U5 (1)
world *adj.* **mundial** U6 (1)
worthwhile: to be worthwhile **valer (valgo) la pena** U6 (1)
wrong: to get up on the wrong side of the bed **levantarse con el pie izquierdo** U5 (2)

Y

youth **juventud** *f.* U1 (2)

INDEX

This index is divided into two parts: Part I (Grammar) covers topics in grammar, structure, and usage; Part II (Topics) is grouped into cultural and vocabulary topics treated in the text, as well as functional language, reading strategies, and writing activities.

PART I: GRAMMAR

A

a, **a** + infinitive, 413
   a + noun, 271
   a + pronoun, 271
   a + **el** = **al**, 380
   personal, 271
¿a quién(es)?, 190
a veces, 270–271
abrir, 298, 321
absolute superlative, 8, 213
actuar, 42
adjective clauses, defined, 272
   use of indicative or subjunctive in, 272
adjectives, absolute superlative, 8, 213
   agreement with noun, 15–16, 299, 303
   comparative forms, 212
   forms, masculine and feminine, 15–16
   gender, 15–16
   of nationality, 15
   past participles as, 299
   position before and after nouns, 17, 303
   possessive, 303
   possessive (emphatic), 303
   superlative forms, 8, 196, 212–213
   that are also adverbs, 385
   with definite article (**lo**), 381
   with **estar**, 19, 21–22
   with **ser**, 19–20, 22
¿adónde?, 190
adverbs, comparison of, 384–385
   defined, 384
   formation with **-mente**, 384
   interrogative, 189–190
   superlative forms, 212, 385
   that are also adjectives, 385
   to modify adjectives, 196, 384
   used with past tenses, 100
agreement, in comparisons, 212
   noun-adjective, 15–16, 303
   past participle–subject (passive voice), 326
al, 380
   + infinitive, 414
algo, alguien, 270–271
   preceded by personal **a**, 271
algún, alguno/a, 270–271
andar, 98. *See also* Verbs
   in progressive tense, 411
-ar verbs. *See* Verbs
-ara/-iera (imperfect [past] subjunctive), 69, 242, 244. *See also* Verbs
articles,
   definite, 80–81, 380–381
      with adjectives (**lo**), 381
      with possessives, 303
   gender and number, 380–382
   indefinite, 380, 382
   omission of, 382
-azo suffix, 69

B

become, expressed with reflexive, 433
bien (mejor) (*adverb*), 384
buen(o) (mejor) (*adjective*), 212
buscar (qu), 94, 184, 321

C

caer(se), 41, 95, 410. *See also* Verbs
changes of state, expressed with reflexives, 433
comenzar (ie) (c), 41, 413
comer, 40. *See also* Verbs
commands, affirmative **tú**, 321–322
   affirmative **usted, ustedes**, 321–322
   giving, 313
   indirect (*let's*), 435–436
   irregular, 321–322
   negative **tú**, 321–322
   related to present subjunctive forms, 321. *See also* Verbs
   with pronouns, 322
como si, 359
¿cómo?, 189
comparisons, 212, 385
con + infinitive, 413
conditional tense, conditional perfect, 346, 361–362

INDEX 521

conditional tense (*continued*)
    formation of, 151. *See also* Verbs
    uses of, 152, 244
conducir (zc, j), 41
conjugation, 40
conjunctions, defined, 266
    followed by the subjunctive, 301
    of time, with indicative or subjunctive, 266–267, 301
conocer (zc), 41, 210
construir (y). *See* Verbs
contractions, **al**, 380, 414
    del, 380
contrary-to-fact sentences (**si** clause), 244, 359, 361–362
corregir (i), 42
creer (y), 95, 207–208, 243
¿cuál(es)?, 189–190
¿cuándo?, 189
¿cuánto/a/os/as?, 189
cubrir, 298, 410
cuyo/a/os/as, 325

D

dar, 41, 98, 184, 322. *See also* Verbs
    idiomatic expressions with, 155
dates and years, 20
de, de + el = del, 380
    indicating possession, 20
    + infinitive, 413
    with **ser**, to express possession, origin, or material, 19–20
    with superlatives, 196, 212–213
¿de dónde?, 190
¿de quién(es)?, 190
deber, 412
decir, 42, 98, 130, 151, 243, 298, 321–322, 410. *See also* Verbs
definite article, 380–381
    gender and number, 380
    with clothing and parts of the body, 380
    with days of the week and seasons, 381
    with emphatic possessive adjectives, 303
    with titles of address, 380
del, 380
diminutives, 8
direct object pronouns, personal, 133–134
    placement, 133–134, 322, 411, 413, 435
direct objects, defined, 133
divertirse (ie, i), 95
doler (ue), 154–155
¿dónde?, 189
dormir (ue, u), 41, 95, 242. *See also* Verbs
double object pronouns, 133–134, 322, 411, 413, 435
doubt, expressions of, with subjunctive, 207–208, 243

E

e used for **y**, 11
el, la, los, las, 303, 380–381
el que and **el cual**, 325
empezar (ie) (c), 94, 184, 321, 413
en + infinitive, 413
-er verbs. *See* Verbs
escoger (j), 41
escribir, 298
esquiar, 42
estar, command, 322
    imperfect (past) subjunctive of, 243
    in progressive tenses, 410–411
    present of, 19
    preterite of, 98
    subjunctive of, 184. *See also* Verbs
    tastes or appearance, 19, 21–22
    to describe emotional and physical condition, 19, 21–22
    uses of, versus **ser**, 19, 21–22
    with adjectives, 19, 21–22
    with location, 19, 21–22

F

feeling and emotion, expressions of, with subjunctive, 185, 243
future, future tense, 130
    ir a + infinitive, 130, 413
    meaning in the present tense, 130
    plans and intentions in the subjunctive, 267
    to express probability, 131

G

gender, adjectives, 15–16
    nouns, 45–46
generalizations, with **se**, 269
gerunds, 410–411
gustar, 151, 154, 412
    used before the subjunctive, 185
    used with infinitives, 154, 412
    verbs like, 154–155

H

haber, as auxiliary verb, 298, 346, 357, 359, 361
    conditional of, 151, 361
    future of, 131
    imperfect of, 76, 357
    imperfect (past) subjunctive of, 243, 359, 361
    preterite of, 98, 210
    saying what you would have done, 346, 361–362

522 INDEX

subjunctive of, 184, 299. *See also* Verbs
hablar, 40. *See also* Verbs
hacer, as a reflexive verb, 433
   command, 321
   conditional of, 151
   future of, 130
   past participle of, 298
   present of, 41
   preterite of, 98
   subjunctive of, 435. *See also* Verbs
hay, conditional of (**habría**), 151
   future of (**habrá**), 131
   imperfect of (**había**), 76
   preterite of (**hubo**), 98
hopes and wishes, expressing, with the subjunctive, 183, 243

I

idiomatic expressions, with **dar**, 155
   with reflexives, 433
   with **tener**, 39, 412
if (**si**) clauses, with the imperfect (past) subjunctive, 244
   with the past perfect subjunctive, 359, 361
imperative. *See* Commands; Verbs
imperfect (past) subjunctive, 69, 242–244, 361
imperfect tense, forms, 75. *See also* Verbs
   uses of, 76, 100–101
   changes in meaning of certain verbs, 210
   in past progressive, 410
   versus preterite, 64, 100–101
impersonal expressions, formed with **ser**, 185
   with **se**, 11, 269

with subjunctive, 185
indefinite article, 380, 382
indefinite words and negative, 270–271
indicative, or subjunctive in adjective clauses, 272, 299
   or subjunctive with conjunctions, 266–267, 301. *See also* Verbs; Tenses
indirect commands, 435–436
indirect discourse, with verbs of reporting, 152, 257, 275, 357
indirect object nouns, 133–134
indirect object pronouns, forms, 133–134
   placement, 133–134, 154, 322, 411, 413, 435
   with commands, 322, 435
   with **gustar**, 151, 154–155
   with progressive tenses, 411
indirect objects, defined, 133
infinitives, defined, 40
   of **-ar**, **-er**, **-ir** verbs, 40
   preceded by conjugated verb, 412–413
   used as nouns, 413–414
   with **gustar**, 154, 412
   with **ir, a**, 130, 413, 435
   with object pronouns, 413
influence, expressions of, with subjunctive, 183, 185
interrogatives, information questions, 189–190
-ir verbs. *See* Verbs
ir, commands, 321–322, 435
   imperfect of, 75
   in progressive tense, 411
   ir a + infinitive, 130, 413, 435
   present of, 42
   preterite of, 98
   subjunctive of, 184. *See also* Verbs

vamos a + infinitive, 435
irregular verbs. *See* Individual entries; Verbs
-ísimo/a/os/as, 8, 213

J

jamás, 270–271
joven (menor), 212
jugar (ue) (gu), 41, 321

L

languages, names of, with definite article, 381
leer (y), 242, 298, 321, 357
lo (neuter article), **lo más/menos** + adverb, 385
   lo mejor/peor, 384
   with adjectives, 382
location, described with **estar**, 19, 21
lo que, 324, 382

LL

llegar (gu), 242

M

mal (peor) (*adverb*), 384
mal(o) (peor) (*adjective*), 212
más/menos... de/que, 212
mayor: el/la/los/las **mayor(es)**, 212
mejor: el/la/los/las **mejor(es)**, 212
menor: el/la/los/las **menor(es)**, 212
-mente, 384
mientras, 76, 100–101
mío, tuyo, etc., 303
morir(se) (ue, u), 95, 188, 243, 298, 410

INDEX 523

N

nada, nadie, nunca, 270–271
    preceded by personal **a**, 271
narration in the past, 64–65
-ndo (*gerund*), forms, 410
    with **estar**, 410–411
negative, commands, 321–322, 435
    words and affirmative words, 270–271
ni/ni, 271
ningún, ninguno/a, 270–271
no, 270
nosotros forms in commands, 435
nouns, comparatives, 212
    gender, 45–46
    indirect object, 133
    infinitives used as, 413–414
    plural, 47
    with **gustar**, 154–155

O

object pronouns. *See* Pronouns
oír, 42, 95, 298, 321, 357, 410. *See also* Verbs
ojalá (que), 185
o... o..., 271
opinion, expressions of, with subjunctive, 183, 185, 243

P

para and **por**, uses of, 31, 246, 326
¿para qué?, 190
participles, past, 298
    present, 410–411
passive voice, with **se**, 11, 269, 326
    with **ser**, 326
past participles, formation, 298–299, 357
    in conditional perfect, 346, 361–362
    in passive voice, 326
    in past perfect, 357
    in past perfect subjunctive, 359, 361
    in present perfect, 298. *See also* Verbs
past perfect subjunctive, 359, 361. *See also* Verbs
past perfect tense, 357. *See also* Verbs
past progressive, 410
past tense. *See* Preterite
pedir (i, i), 41, 243. *See also* Verbs
pensar (ie), 321, 412. *See also* Verbs
peor: el/la/los/las peor(es), 212
perfect tenses, conditional perfect, 346, 361–362
    past perfect, 357
    past perfect subjunctive, 359, 361
    present perfect, 298–299. *See also* Verbs
personal **a**, 271
plural, nouns, 47
poder (ue, u), 98, 130, 151, 210, 410, 412. *See also* Verbs
polite requests with conditional, 152
poner(se), 41, 98, 130, 151, 298, 321, 413, 433. *See also* Verbs
por and **para**, uses of, 31, 246, 326
¿por qué?, 31, 189–190, 247
possessives, adjectives, 20, 303
    adjectives (emphatic), 303
    pronouns, 303
    with **de**, 19–20
preferir (ie, i), 95, 412
prepositions, before infinitives, 267, 302, 413–414
present participle, 410–411
present perfect subjunctive, 299. *See also* Verbs
present perfect tense, 298–299. *See also* Verbs
present progressive, 410–411
present tense, irregular verbs. *See* Individual verbs
    reflexive, 44, 433
    regular plural forms, 40
    regular singular forms, 40
    stem-changing, 41–42. *See also* Verbs
preterite, irregular forms. *See* Individual entries
    regular forms, 94
    spelling changes, 94
    stem changes, 95. *See also* Verbs
    uses of, changes in meaning of certain verbs, 210
    versus imperfect, 64, 95, 100–101
progressive tenses, 410–411
pronouns, interrogative, 189–190
    object, **a** + [*a name or pronoun*], 271
    direct, 133–134
    double, 133–134, 322, 411, 413, 435
    indirect, 133–134, 154
    placement, 133–134, 322, 411, 413, 435
    possessive, 303
    reflexive, 44, 322, 433
    relative, 324–325
    subject, **tú** versus **usted**, 69
    vosotros/as, 69
    with commands, 322, 435
    with **gustar**, 151, 154–155
    with infinitives, 413

Q

que, in indirect commands, 436
¿qué?, 189–190
querer, 98, 130, 151, 210, 243, 412. *See also* Verbs
question words. *See* Interrogatives
¿quién(es)?, 189–190

R

reflexive pronouns, placement, 44, 322, 411, 413, 435
reflexive verbs, describing daily routine, 44
  idiomatic, 433
  showing physical or emotional change, 44, 433
  versus non-reflexive uses, 433
reír(se) (i, i). *See* Verbs
relative pronouns, 324–325
romper, 298

S

saber, 41, 98, 130, 151, 184, 210, 242, 322, 412. *See also* Verbs
salir, 41, 130, 151, 184, 321, 411, 435. *See also* Verbs
se, expressing a passive subject, 11, 269, 326
  reflexive pronoun, 44
  to replace indirect object pronoun, 135
  with generalizations, 269, 326
seguir (i, i) (g), 95, 411. *See also* Verbs
-self/-selves, 44
sentir(se) (ie, i), 95, 410. *See also* Verbs
ser, command, 321–322
  imperfect of, 75
  in passive voice, 326
  present of, 19
  preterite of, 98
  ser de, 19–20
  subjunctive of, 184. *See also* Verbs
  uses of, versus **estar**, 19–20, 22
  with adjectives, 19–20, 22
si clauses, with the imperfect (past) subjunctive, 244
  with the indicative, 244
  with the past perfect subjunctive, 359, 361
siempre, 270–271
sino (que), 426
spelling changes, in adjectives (superlative), 8, 213
spelling changes in verbs,
  -car: c → qu, 94, 184, 321
  -gar: g → gu, 94, 184, 321
  i → y, 42, 410
  -zar: z → c, 94, 184, 321
stem-changing verbs, command forms, 321
  present tense, e → i, 41, 188
    e → ie, 41, 188
    o → ue, 41, 188
    u → ue, 41, 188
  present participle, 410–411
  preterite tense, **-ir** verbs, 95
  subjunctive, 184, 188. *See also* Verbs
subject pronouns, **tú** versus **usted**, 69
  vosotros/as, 69
subjunctive mood, forms, 183–184
  imperfect (past) subjunctive, 69, 242–244, 359, 361
  in adjective clauses describing something indefinite or nonexistent, 272, 299
  past perfect subjunctive, 359, 361
  present perfect subjunctive, 299. *See also* Verbs
  summary of uses, 272
  with certain conjunctions, 266–267, 301
  with expressions of doubt, and uncertainty, 207–208, 243
  with expressions of feeling and emotion, 185, 243
  with expressions of influence, 183, 185, 313
  with expressions of opinion, 183, 185, 243
  with hopes and wishes, 183, 243
  with impersonal expressions, 185
  with indirect commands, 436
  with necessity and obligation, 185
suffixes, 8, 69
superlative, absolute, 8, 213
  of adjectives, 196, 212–213

T

tal vez, with indicative or subjunctive, 208
también, 270–271
tampoco, 270–271
tan... como, tanto/a... como, 212
tener (ie), command, 321
  conditional of, 151

INDEX 525

future of, 130
idioms with, 39, 412
present of, 40, 42
preterite of, 98, 210
subjunctive of, 207. See also Verbs
   tener _____ **años**, 39
   tener que + infinitive, 39, 412
tenses, imperfect, 75–76, 100–101
   past perfect, 357, 359
   present, 40
   present perfect, 298–299
   present progressive, 410–411
   preterite, 64, 94, 98, 100–101. See also Verbs
   progressives, 410–411
time, adverbs of, 100
   telling, 20
traer, 41, 98, 298, 357. See also Verbs
tú and **usted**, 69

U

un(o), una, unos, unas, 380, 382
uncertainty, expressions of, with subjunctive, 207–208
usted. See **tú**

V

vamos a + infinitive (*let's*), 435
venir, command, 321
   conditional of, 151
   future of, 130
   in progressive tense, 411
   present of, 42
   present participle of, 410
   preterite of, 98. See also Verbs
ver, imperfect of, 75

past participle of, 298
present of, 41. See also Verbs
verbs. See also Verbs 449–454.
   -ar, **-er**, **-ir**, command forms of, 321–322, 435
   conditional of, 151–152, 244
   conditional perfect of, 46, 361–362
   future of, 130
   imperfect of, 64, 5–76, 100–101
   imperfect (past) subjunctive of, 69, 242, 44, 359, 361
   infinitive of, 40, 412–414
   past participle of, 298, 326, 346, 357, 361
   past perfect of, 357
   past perfect subjunctive of, 359, 361
   present of, 40
   present participle of, 410–411
   present perfect of, 298–299
   present perfect subjunctive of, 299
   preterite of, 64, 94, 98–101
   progressive tenses of, 410–411
   subjunctive of, 183–185, 207–208
   irregular. See Individual entries
   of motion, 411
   reflexive, 44, 322
   spelling changes in, 41–42, 94
   stem-changing, in commands, 321
   in the present, 41–42
   in the preterite, 94, 98
   in the subjunctive, 184

with direct objects, 133–134
very (noun/adjective emphasis), 8
vestir(se) (i, i), 95, 188, 322
viejo (mayor), 212
vivir, 40. See also Verbs
volver (ue), 188, 298, 321, 413, 433. See also Verbs
vosotros/as, 69

W

word order, in commands, 322, 435–436
   in indirect commands, 436
   in negative statements, 270–271
   in questions, 189–190
   of adjectives, 17, 303
   of pronouns, 133–134, 411, 413, 435
   of reflexive pronouns, 44, 322, 411, 413, 435

PART II: TOPICS

Culture
Allende, Isabel (1942–), 176
Altamira (Spain), 416
Andes, 161–164
   music of the, 163
architecture and culture, 114–115
Argentina, 192–193, 331–333
art, 9–10, 409, 416–417
Asturias, Miguel Ángel (1899–1974), 107
los aymaras (Bolivia), 320
Aztec culture, 58–59, 93
Bécquer, Gustavo Adolfo (1836–1870), 416
Bolívar, Simón (1783–1830), 375

Bolivia, 161–164, 320
books into movies, 176
Borges, Jorge Luis (1899–1986), 427
Brandt, Federico (1879–1932), 394
Burgos, Elizabeth, 238–239. See also Rigoberta Menchú
Cabrera Infante, Guillermo (1929–), 279
Calderón de la Barca, Pedro (1600–1681), 417
Cardenal, Ernesto (1925–), 107
career choices, 292–295
Carpentier, Alejo (1904–1980), 279
Caribbean, 277–280
Central America, 105–108
Cervantes (*Don Quijote*) (1547–1616), 4–5
Chávez, Carlos (1899–1978), 55
Chávez, César (1927–1992), 352
Chile, 161–164
El Cid (*El Poema de Mío Cid*), 221–224
Colombia, 343, 441–443
Como agua para chocolate (*Laura Esquivel*), 178–180
Cortázar, Julio (1914–1984), 428–431
Costa Rica, 105–106
Cruz, Sor Juana Inés de la (1651–1695), 376–378
Cuba, 277–278
Dalí, Salvador (1904–1989), 9
Darío, Rubén (1867–1916), 107
Del Río, Marcela, 406–407
Denevi, Marco (1922–), 317–318
Díaz Alfaro, Abelardo (1920–), 261–263
diversity of the Hispanic world, 225–227, 232–233

Doña Bárbara (Rómulo Gallegos), 445–448
Ecuador, 116–117, 161–164
education in Spain, 67–68
El Salvador, 105–106
environmental concerns, 136–137
Esquivel, Laura (1950–), 178–180
Estefan, Gloria, 390
the fantastic, 416–417, 437
Félix, María, 206
festivals, Antigua (Guatemala), 107
  Barranquilla (Colombia), 443
  Oaxaca (Mexico), 55
  San Juan (Puerto Rico), 279
Fidencio (El Niño) (?–1938), 432
fine art, 9–10, 409, 416–417
Fombona, Jacinto (1901–1959), 394
Fuentes, Carlos (1928–), 416
Galápagos islands (Ecuador), 163
Gallegos, Rómulo (1884–1969), 394, 445–448
García Márquez, Gabriel (1928–), 417, 432, 443
Gardel, Carlos (1887–1935), 333
Goya y Lucientes, Francisco de (1746–1828), 416
Gris, Juan (1887–1927), 10
Guatemala, 105–106
  international aid programs, 236–237
  Rigoberta Menchú (1959–), 237–238
Guillén, Nicolás (1904–1989), 279
Hadley-García, George (1956–), 203
Hidalgo y Costilla, Padre Miguel (1753–1811), 375

Hispanic, culture in the U.S., 182, 250–251, 255, 265, 389–392
  participation in the American Revolution, 265
  presence in the movies, 201–204
holidays and celebrations, 82–83, 85
Honduras, 105–106
Inca culture, 80–81, 146
  Machu Picchu, 146
independence movements, nineteenth-century, 375
international aid programs (Guatemala), 236–237
Kahlo, Frida (1907–1954), 11–14
legends, 89–91
Lezama Lima, José (1912–1976), 279
life-cycle events, celebration of, 82–83, 93
Linares, Miguel, 417
Machu Picchu (Perú), 146
magical realism in literature, 427
marriage customs, 93
Martí, José (1853–1895), 34, 36, 38, 279
Martín Fierro, (José Herdández) 335–338
Menchú, Rigoberta (1959–) (Guatemala), 238–239
Mexico, 53–55
Miró, Joan (1893–1983), 14
Montero, Rosa, 125–127
los mutualistas (mutual aid societies), 356
names, addressing others, 69
  Hispanic first names, nicknames, surnames, 69
  of professions, 289
Nasca (Perú), animal images at, 150
Neruda, Pablo (1904–1973), 146–148

New Mexico (Santa Fe), 391
Nicaragua, 105–106
Panamá, 105–106, 306–307
Paraguay, 331–332
Peraza, Miguel Ángel, 395
Perú, 150, 161–164
Picasso, Pablo (1881–1973), 10, 12, 14
Piñera Llera, Virgilio (1912–1979), 279
El Popol Vuh, 109–112, 432
Portillo, Rafael, 69–72
Puente, Tito, 390
Puerto Rico, 260, 277–278
el quetzal, 89–90
Ramón y Rivera, Luis Felipe, (1913–) 395
la Real Academia Española (dictionary), 241
la República Dominicana, 277–278, 364–365, 379
Revueltas, Silvestre (1899–1940), 55
el Río de la Plata, 331–333
Rivera, Diego (1886–1957), 10, 12
sacred places, 129
San Martín, José de (1778–1850), 375
Santana, Carlos, 390
Secada, Jon, 390
slavery in the New World, 379
Spain, 217–220
   Cervantes (*Don Quijote*) (1547–1616), 4–5
   education in, 67–68
   Moslem heritage of, 219
   Pamplona, 219
Spanish language,
   in the workplace, 297
   spread of, 182
el tango, 333
technology and its problems, 316
los tepuis (Venezuela), 443
transportation, el metro, 124
Uruguay, 331–333
   Punta del Este, 333

Valderrama, Carlos, 342
Varo, Remedios (1908–1963), 405
Venezuela, 394–395, 441–443
women, historical images of, 74
   in the professions, 289
el Zurquí (Costa Rica), 90–91

Functions
describing, actions in progress, 410–411
   what's "in" and what's not, 170
explaining, connections among ideas, 402
   one's reasons, 31, 231
   suppositions, 121, 135
   the significance of something, 374
   what you would have done, 346, 361–362
expressing, emphasis, 8
   feelings, 142
   probability, 131
giving, suggestions and advice, 313
invitations, extending, accepting, or declining, 73
name, telling one's, 69
relating past events, 64
reporting what someone has said, 88, 257, 357
restating the words of others, 88, 257
speculating in the future tense, 121

Reading Tips
anticipating content, 9, 125
contextual guessing, 67
first/second/post-reading, 67
identifying, the main idea, 9
   the parts of speech, 292

   the subject of the sentence or clause, 236
   the verb (simplifying), 67
information, scanning to locate specific, 9
looking up verbs, 123
main idea, reading for the, 9
making inferences, 404
pre-reading activities, 9
reading between the lines, 404
scanning, 9
selecting an appropriate definition, 351
skimming, 9
using the dictionary, to identify parts of speech, 292
   to look up verbs, 123
   to select appropriate definitions, 351
using words you know to guess meanings, 175, 178
visualizing, 67

Vocabulary
admiration, terms of, 342–343, 345, 363
advertising, 194–195, 214
   and culture, 199
celebrations, 82–83, 102
characteristics, 2–5, 25
childhood, 60–61, 66, 79, 82, 102
choices and taste, 168–169, 191
countries, 254
creativity and self-expression, 396–397, 415
cultural stereotyping, 252–253, 274
descriptions, 2–5
ecology, 138–139, 141, 157
education and training, 282–285, 305
employment, 284–285, 293,

305, 308–309, 327
environmental issues, 138–139, 141, 157
ethics and human relations, 366–367
ethnic diversity, 228–229, 249
extracurricular activities, 28–29, 33, 49
fairy tales, 418–419, 437
family members and relationships, 60–61, 66, 79, 102
fashion, 168–169, 191
feelings, reactions, and emotions, 25, 64, 191
geographical features, 116–117, 135
heroes and heroines, 342–343, 345, 363
Hispanics in the U.S., 389–392

holidays, 82–83, 85, 102
human relations and ethics, 366–367
job applications, 307–309, 327
leisure activities, 28–29, 33, 49
life-cycle celebrations, 82–83, 102
life events, key, 366–367, 386
nationalities, 254, 274
personal development, 342–343, 345, 363
personality, 2–5, 25
physical description, 2–5, 25
professions, 284–285, 286, 289, 293, 305
relationships, 60–61, 66, 79, 102
relatives, 60–61, 66, 79
self-expression and creativity, 396–397, 415

sports, 28–29, 33, 49
weekends, 28–29, 33, 49
work/jobs, 284–285, 286, 289, 293, 305, 308–309, 327

Writing
a letter to the instructor, 438–439
answering the questions: Who? What? When? Where? How? Why?
clusters, using, 50
evaluations, 438–439
free writing, 51
influencing others, 103
keeping a diary, 158–159
letters of recommendation, 328
semantic maps and Venn diagrams, 50–51, 422
summarizing a story, 215

(*Credits continued from p. iv*)

Chicago; (*right*) © Kal Muller/Woodfin Camp & Associates; *54* (*bottom*) © Robert Frerck/Odyssey/Chicago; *55* (*top*) © Clive Barda/Performing Arts Library; (*bottom*) © Robin J. Dunn/DDB Stock Photo; *57* (*clockwise from top center*): © Barbara Cerva/DDB Stock Photo; © Jim Pickerell/Stock, Boston; © Blair Seitz/Photo Researchers, Inc.; © Bob Daemmrich/Stock, Boston; © Ulrike Welsch; *74* (*clockwise from top left*) *La Dama de Baza*. Museo Arqueológico Nacional, Madrid, Spain. Photo: ARXIU MAS; © Jack Kurtz/Impact Visuals; Museo Nacional de Antropología, Mexico City, Mexico. Photo: Werner Forman/Art Resource, NY; "Isabella the Catholic and Ferdinand of Aragon with their daughter Juana la Loca" from *Devotional of Queen Juana la Loca* by Pedro Marcuello (Ms 604/1339, fol. 30 v.), Spain after 1482. Musée Condé, Chantilly, France. Photo: Giraudon/Art Resource, NY; *77* (*left*) © Stuart Cohen; (*right*) © Ken Fisher/Tony Stone Images; *81* (*top*) © Howard Liverance/The Image Works; (*bottom*) © Malcolm S. Kirk/Peter Arnold, Inc.; *83* © Ulrike Welsch; *85* (*clockwise from top left*) © Robert Frerck/Woodfin Camp & Associates; © Ulrike Welsch; © Cesar Vera/Leo de Wys, Inc.; © Bob Daemmrich/The Image Works; © Suzanne Murphy-Larronde/DDB Stock Photo; © Bob Daemmrich/The Image Works; *87* © Stuart Cohen; *89* (*top*) © Gunter Ziesler/Peter Arnold, Inc.; (*bottom*) © Jean-Paul Nacivet/Leo de Wys, Inc.; *92* © Stuart Cohen; *103* © Stuart Cohen; *105* © Donna Carrol/Travel Stock; *106* © Wenzel Fischer/FPG International; *107* (*top right*) © D. Donne Bryant/DDB Stock Photo; (*center*) © AP/Wide World; (*bottom right*) © Robert Frerck/Odyssey/Chicago; *113* (*clockwise from top right*) © Bob Daemmrich/The Image Works; © Earth Imaging/Tony Stone Images; © Brad Markel/Gamma Liaison; © Bob Daemmrich/The Image Works; © Robert Frerck/Woodfin Camp & Associates; *114* (*clockwise from top left*) © Thomas Fletcher/Stock, Boston; © Will & Deni McIntyre/Photo Researchers, Inc.; © Beryl Goldberg; *115* (*clockwise from top right*) © Robert Frerck/Odyssey/Chicago; © Robert Frerck/Odyssey/Chicago; © D. Donne Bryant/DDB Stock Photo; *116* (*clockwise from top left*) © Cindy Charles/Gamma Liaison; © Suzanne Murphy-Larronde/DDB Stock Photo; © George Holton/Photo Researchers, Inc.; *117* (*clockwise from top left*) © D. Donne Bryant/DDB Stock Photo; © Victor Englebert/Photo Researchers, Inc.; © Gianni Tortoli/Photo Researchers, Inc.; *124* © Mark Antman/The Image Works; *129* (*clockwise from top right*) Pablo Picasso, *Guernica*, (detail), 1937. Centro de Arte Reina Sofía, National Museum, Madrid, Spain. Photo: Giraudon/Art Resource, NY. © 1996 Artists Rights Society (ARS), NY/SPADEM, Paris; © D. Donne Bryant/DDB Stock Photo; Photo: Kenneth Garrett; *Cave of the Bisons*, (detail), Altamira, Spain. Photo: Scala/Art Resource, NY; *136* © William Dyckes; *137* © L. B. Bastlan/DDB Stock Photo; *138* (*clockwise from top right*) © Renee Lynn/Photo Researchers, Inc.; © Laguna Photo/Gamma Liaison; © Stuart Cohen; *139* (*left*) © Charly Nes/Gamma Liaison; (*right*) © Gregory Dimijian/Photo Researchers, Inc.; *143* © Jeff Greenberg/MRP/The Image Works; *146* © OAS (Organization of American States); *148* © Kent Wood/Photo Researchers, Inc.; *150* © Loren McIntyre/Woodfin Camp & Associates; *152* (*clockwise from top right*) © Larry Ulrich/Tony Stone Images; © T. J. Koch Jr./DDB Stock Photo; © Frank Tapia; *153* © Joe Sohm/Chromosohm/The Image Works; *157* © Schafer & Hill/Peter Arnold, Inc.; *161* (*top left*) © David Ryan/DDB Stock Photo; (*bottom right*) © Mireille Vautier/Woodfin Camp & Associates; *162* © Charles Stebbings/Anthony Blake Photo Library; *163* (*top left*) © Wolfgang Kaehler; (*center right*) © Frans Lanting/Minden Pictures; (*bottom*) © Peter Cummings/Tom Stack & Associates; *165* (*bottom left*) © Stuart Cohen; *177, 178, 182* © Frank Tapia; *192* (*clockwise from top right*) © Beryl Goldberg; © Julie Weisz/DDB Stock Photo; © Carlos Goldin/DDB Stock Photo; © Carlos Goldin/DDB Stock Photo; *193* (*clockwise from top center*) © Beryl Goldberg; © Carlos Goldin/DDB Stock Photo; © Stuart Cohen/Comstock, Inc.; © Stuart Cohen; © Carlos Goldin/DDB Stock Photo; © Stuart Cohen; © Stuart Cohen; *201* © Frank Tapia; *202* (*clockwise from top left*) © Edie Baskin/Onyx; © Windsor Publ./FPG International; © Michael Probst/Reuters/The Bettmann Archives; © Alan Levenson/Onyx; © Chris Carroll/Onyx; © Mark Hanauer/Onyx; *215* © Jerry Bauer/Bantam Doubleday Dell; *217* (*top left*) © Age Fotostock/FPG International; (*bottom right*) © Robert Frerck/Odyssey/Chicago; *218* © Gerrit Buntrock/Anthony Blake Photo Library; *219* (*top right*) © Shinichi Kanno/FPG International; (*bottom left*) © Robert Frerck/Odyssey/Chicago; *225* (*clockwise from top left*) © Adam Woolfitt/Woodfin Camp & Associates; © Joe Sohm/Chromosohm/The Image Works; © Rob Crandall/The Image Works; © Robert Frerck/Odyssey/Chicago; © D. Donne Bryant/DDB Stock Photo; *226* (*clockwise from top left*) © Chip and Rosa Maria de la Cueva Peterson; © Peter Chartrand/DDB Stock Photo; © Stuart Cohen; © Chip and Rosa Maria de la Cueva Peterson; *227* (*clockwise from top right*) © Georg Gerster/Comstock, Inc.; © Suzanne Murphy-Larronde; © Milton C. Toby/DDB Stock Photo; © Mathias Oppersdorff/Photo Researchers, Inc.; *228* © Robert Frerck/Odyssey/Chicago; *229* © Tony Clark/The Image Works; *231* © Skip O'Rourke/The Image Works; *232* (*top*) © Mario Algaze/The Image Works; (*bottom*) © Stuart Cohen/Comstock, Inc.; *233* (*left*) © Robert Frerck/Woodfin Camp & Associates; (*right*) David Alfaro Siqueiros, *Nuestra imagen actual*, (detail), 1947. Museo de Arte Moderno INBA, Mexico City. Photo: Robert Frerck/Odyssey/Chicago; *238* © Lonny Shavelson/Impact Visuals; *240* © Bob Daemmrich/Stock, Boston; *241* (*top*) © Frank Tapia; *250* (*left*) © Linda Dufurrena; (*right*) © Suzanne Murphy-Larronde; *251* (*clockwise from top left*) © Frank Tapia; Courtesy of Cecelia Vela-Bailey; © D. Donne Bryant/DDB Stock Photo; *260* © Jack Delano/Farm Security Administration Collection/Library of Congress; *262* © Suzanne Murphy-Larronde; *265* (*top*) © Gerald Schuman/Reuters/The Bettmann Archives; (*bottom*) Eugene Lami, *Storming of a Redoubt*. State Capitol, Commonwealth of

Virginia. Photographed by Mark Fagerburg and Pierre Courtois, 1992, VSLA.; *277* (*top left*) © Hazel Hankin Photography; (*bottom right*) © Byron Augustin/Tom Stack & Associates; *278* © A. M. Tedeschi/Travel Stock; *279* (*top*) © Jeff Greenberg/MRP/Photo Researchers, Inc.; (*bottom*) © Mary Altier Photography; *281* (*clockwise from top left*) © Robert Frerck/Odyssey/Chicago; © Rob Crandall/The Image Works; © Robert Frerck/Odyssey/Chicago; © Jeff Greenberg/MRP/The Image Works; © Ulrike Welsch; © David Woo/Stock, Boston; *292* © Peter Menzel; *294* Courtesy of Polly Hodge; *297* © Greg Harrison; *306* © Olivier Rebbot/Stock, Boston; *307* © Will & Deni McIntyre/Photo Researchers, Inc.; *316* © Elsa Peterson/DDB Stock Photo; *320* © Alan Kolata/University of Chicago; *331* (*top*) © Sergio Penchansky/Photo Researchers, Inc.; (*bottom*) © Gary Milburn/Tom Stack & Associates; *332* © Chris R. Sharp/DDB Stock Photo; *333* (*top right*) Sipa Press; (*center right*) © Ocampo/DDB Stock Photo; (*bottom*) © Robert Frerck/Odyssey/Chicago; *339* (*clockwise from top left*) © John Curtis/DDB Stock Photo; © D. Donne Bryant/DDB Stock Photo; © UPI/The Bettmann Archives; © Blair Seitz/Photo Researchers, Inc.; © R. I. Nesmith/FPG International; © The Bettmann Archives; *347* © Larry Kolvoord/The Image Works; *350* (*from top to bottom*) © Raphael Gaillarde/Gamma Liaison; © Rick Rickman/Duomo; © Guzman/Sipa Press; © PolyGram Latino U.S.; © Lecturas/P. Sanchez/Globe Photos Inc.; *352* © UPI/The Bettmann Archives; *353* © Don Barletti/*Los Angeles Times*; *356* (*top*) Sylvia Acevedo: S. E. A.; (*bottom*) San Diego Historical Society, Photograph Collection; *361* © Robert Fried/DDB Stock Photo; *362* © Beryl Goldberg; *365, 366* © Chip and Rosa Maria de la Cueva Peterson; *374* © Bill Bachmann/Photo Researchers, Inc.; *375* (*top*) © Chip and Rosa Maria de la Cueva Peterson; (*center*) © Frank Tapia; (*bottom*) © Byron Augustin/ DDB Stock Photo; *376 Sor Juana Inés de la Cruz*. Museo de América, Madrid. Photo: ARXIU MAS; *379* © Suzanne Murphy-Larronde/DDB Stock Photo; *389* (*top*) © Lynn Pelham/Leo de Wys Inc.; (*bottom*) © Robert Frerck/Woodfin Camp & Associates; *390* © Oliver Marill/Sipa Press; *391* (*top*) © R. Brandon/Alaska Stock Images; (*bottom*) © Ben Asen/Envision; *393* (*clockwise from top left*) © Peter Menzel; © Chip and Rosa Maria de la Cueva Peterson; © Michael Paris/Shooting Star Photo Agency; © Robert Frerck/Odyssey/Chicago; © Beryl Goldberg; © Mark Reinstein/FPG International; *394* (*clockwise from top right*) © Nellaine Price/Bruce Coleman Inc.; Federico Brandt, *Paisaje*, 1924. Permanent Collection, Galería de Arte Nacional, Caracas, Venezuela. Photo: Peter Maxim; © Richard H. Smith/FPG International; *395* (*top left*) © Chip and Rosa Maria de la Cueva Peterson; (*bottom right*) Photo: Audrey von Leitberg, published in *Armitano Arte*; *405* (*clockwise from top left*) Remedios Varo: *Catedral vegetal*, 1957. Oil on masonite, 29½ × 17⅜ in. (75 × 45 cm.) Private Collection. Permission and photograph courtesy of Walter Gruen; Remedios Varo: *Mimetismo*, 1960. Oil on masonite, 18½ × 19⅜ in. Private Collection. Permission and photograph courtesy of Walter Gruen; Remedios Varo: *Música solar*, 1955. Oil on masonite, 35¾ × 24 in. Private Collection. Permission and photograph courtesy of Walter Gruen; *407* Courtesy of Polly Hodge; *409* (*clockwise from top right*) Diego Rivera, *Creation*, (detail), 1922–23. Anfiteatro Bolívar, Escuela Nacional Preparatoria, Mexico City, Mexico. Photo: James Prigoff; Alejandro Romero, *The Procession of the Virgin*, 1993. Watercolor, pen and ink. Collection of the artist; Nicolás Francés, *Retable with the Lives of the Virgin and St. Francis*: (Detail of central panel "The Virgin with Child Between Angels.") The Prado Museum, Madrid, Spain. Photo: ARXIU MAS; *411* © Bill Horsman/Stock, Boston; *416* (*clockwise from top right*) © Peter Menzel; Francisco de Goya y Lucientes: *El sueño de la razón produce monstruos* (Plate 43 of *Los Caprichos*). Photograph: Foto Marburg/Art Resource, NY; *Cave of the Bisons*, (detail), Altamira, Spain. Photo: Scala/Art Resource, NY; *417* (*left*) Miguel Linares: *Winged alebrije with baby*. Papier-mâché, width 30½ in. UCLA Fowler Museum of Cultural History. X91-142A,B. Museum purchase with Manus Fund, Los Angeles, CA. Photo: Denis J. Nervig; *427* © Columbus Memorial Library/OAS (Organization of American States); *428* © Layle Silbert; *432* Martinez/Dore Gardner; *441* (*top*) © Robert Frerck/Odyssey/Chicago; (*bottom*) © Cameramann International, Ltd.; *442* © Joseph Shomon/Photo Researchers, Inc.; *443* (*top*) © Diego Samper; (*bottom*) © Domenico Ruzza/Envision.

Realia: Page 6 (*top left*) © Quino/Quipos; (*bottom left*) Garfield © Paws, Inc. Dist. by Universal Press Syndicate. Reprinted with permission. All rights reserved; *35* CBS/Columbia Records; *38* Centro de Estudios Martianos and Editorial Letras Cubanas, Havana, 1989; *42* Piaget (International) S.A. Photo: Roger A. Dick; *62* © Quino/Quipos; *119* (*left*) Cartoon by Mena. Distributed by ALI Press Agency; (*right*) © Quino/Quipos; *136* (*bottom left*) *Más*; *137* (*top left*) *Muy Interesante*, Madrid; *165* (*top left*) Cruz Roja Española; (*center left*) Zinnia, Puig; (*center top*) Courtesy of Vilore Foods Company, Inc.; (*center bottom*) Alberto-Culver Co.; (*top right*) *Tú*, Editorial América, S.A.; *171* Ebel; *174* © Quino/Quipos; *182 Cambio 16*; *189* © Quino/Quipos; *193* Matt Bags; *197* (*top left*) Goya Foods, Inc.; (*center top*) Mi Vaquita; (*center bottom*) Loring; (*right*) Saara; *198* (*left*) Gruner + Jahr España; (*right*) *Trofeo Pesca*; *199* Riviana Foods, Inc.; *206* (*left*) Galavision; (*right*) Reprinted with permission of Colgate-Palmolive Company; *243* Courtesy of AT&T; *247* © Quino/Quipos; *264* The Christmas Shop; *319 Conocer*. Photo by Angel Vico; *354* Courtesy of the Chicano/Latino Drama Club/University of California, Irvine; *369* © Hanna-Barbera Productions, Inc. All rights reserved; © Turner Broadcasting Systems, Inc. All rights reserved.; *392* The Mission Cultural Center for Latino Arts, San Francisco, California; *400* (*top, bottom*) © Quino/Quipos; *417* Marvel Entertainment Group; *423* © Quino/Quipos.

Readings: *Page 70–72* Reprinted with permission from Rafael Portillo and Publications of the University of Sevilla; *90–91* From "La leyenda del Zurquí," *Leyendas Costarricenses* (Heredia, Costa Rica: Museo de Cultura Popular); *126–127* "El arrebato" by Rosa Montero; *148* © Pablo Neruda and Heirs of Pablo Neruda; *179–180* From *Como agua para chocolate* by Laura Esquivel (Mexico, D.F.: Editorial Planeta); *203* From *Hollywood Hispanics: Los Latinos en el Mundo del Cine* by George Hadley-García. Published by arrangement with Carol Publishing Group; *239* From *Me llamo Rigoberta Menchú y así me nació la conciencia* by Elizabeth Burgos (Mexico, D.F.: Siglo Veintiuno Editores); *262–263* From *Santa Clo va a La Cuchilla* by Abelardo Díaz Álfaro (Hato Rey, P.R.: Editorial Cordillera); *318* From "Apocalipsis" by Marco Denevi (Buenos Aires: Ediciones Corregidor); *376–378* Adaptation of "Sor Juana Inés de la Cruz" from *Hispanic Stories* by Kathleen Thompson (Austin, TX: Steck-Vaughn); *407* "Mimetismo" by Marcela del Río, Mexican poet, novelist, and playwright. Professor at University of Central Florida. From her book *Homenaje a Remedios Varo*. Prize: Letras de Oro. Miami: Iberian Studies Institute, 1993; *427* Reading Area Community College, Pennsylvania; *428–431* © Julio Cortázar and the Heirs of Julio Cortázar.